本书由西藏民族大学重点学科建设经费支持出版

清末张荫棠藏事改革研究

陈鹏辉 著

QINGMO ZHANG YINTANG ZANGSHI GAIGE YANJIU

中山大学出版社
·广州·

版权所有　翻印必究

图书在版编目（CIP）数据

清末张荫棠藏事改革研究/陈鹏辉著. —广州：中山大学出版社，2021.4
ISBN 978－7－306－07127－9

Ⅰ.①清… Ⅱ.①陈… Ⅲ.①中央政府—行政管理—政治制度史—西藏—清后期　Ⅳ.①D691.2

中国版本图书馆 CIP 数据核字（2021）第 025780 号

出 版 人：	王天琪
策划编辑：	嵇春霞
责任编辑：	叶　枫
封面设计：	曾　斌
责任校对：	吴政希
责任技编：	何雅涛
出版发行：	中山大学出版社
电　　话：	编辑部 020－84111946，84113349，84111997，84110779，84110776
	发行部 020－84111998，84111981，84111160
地　　址：	广州市新港西路 135 号
邮　　编：	510275　　传　真：020－84036565
网　　址：	http://www.zsup.com.cn
	E－mail：zdcbs@mail.sysu.edu.cn
印 刷 者：	广州一龙印刷有限公司
规　　格：	787mm×1092mm　1/16　25.625 印张　474 千字
版次印次：	2021 年 4 月第 1 版　2021 年 4 月第 1 次印刷
定　　价：	78.00 元

如发现本书因印装质量影响阅读，请与出版社发行部联系调换。

序

  陈鹏辉博士多年来潜心西藏地方近代史研究的力作《清末张荫棠藏事改革研究》脱稿付梓，我感到十分欣慰。

  我和鹏辉认识已过十个年头了。这是他进入民族史、西藏地方和祖国关系史研究领域，勤思苦研清末张荫棠藏事改革的十年。十年前他考进我校攻读硕士学位，方向是西藏地方和祖国关系史；继而考入陕西师范大学，师从周伟洲教授攻读中国少数民族史专业博士学位，毕业后回校任教。十年学术之路虽说不算长，但他本科历史专业扎实，有研读民族史、西藏地方和祖国关系史的坚实基础，自进入西藏历史文化研究领域后，他更加勤勉好学，专注用功，一直注重西藏近代历史文化的钻研，以清末藏事改革为研究方向。记得就在他攻读硕士学位的第一个学年，西藏社会科学院邀我组成一个班子，配合他们选辑"西藏百年史"汉文核心史料，我挑选陈鹏辉参加，其中清代后期部分就是由他承担完成的。应该说自爬梳"清末藏事改革"的核心史料始，他就暗下决心以此为研究的主攻方向了。两年后，他以《普适伦理：张荫棠劝导的藏俗改良》为题出色地完成硕士学位论文。2016年他的博士学位论文《清末张荫棠藏事改革研究》，已是在导师大力指导下的成功之作，他完全可像通常人们所做的那样，稍做修改，即可出书完事，接着去申报另一个科研项目，忙着多出成果。然而他恪守专业方向，不为那些利好的热门课题所摇惑，潜心他的张荫棠藏事改革研究，一心做大做强，一干又是四年。多年的辛勤耕耘，终于结成硕果。这种甘于寂寞、执著追求、锲而不舍、"十年磨一剑"的学术探索精神和价值取向，值得提倡，当大为点赞。

  不过，一部学术著作的价值，并不能仅以作者的用功来衡量，更应回到作品本身，重在所研究问题的价值，以及是否能以新的视角建立新的研究架构，创新研究方法，对具体问题进行由表及里的剖析。就史学研究而言，此类"小题大做"式的论著，更有可能达到一定深度，体现史学研究的科学性，不见得比那些崇论闳议逊色。或许这正是具体问题研究在遭遇"整体史"批判为"碎片化"以来，依然深受青睐、名篇佳作不断问世的原因所在。当然，研究具体问题，小题能否大作，作品内容是否饱满而富有新意，就有赖于作者的眼光和功力了。陈鹏辉的这部作品，不仅全面展示清末张荫棠藏事改革的过程与内容，而且在这些之上，从改革对于清朝应对危机、捍卫主权，维护西藏地方和祖国关系的意义，改革对后世反对分裂、维护主权的经验教训，改革对后世中央政府治藏的启示，以及改革对后世西藏经济社会的影响等多个层次展开深刻阐述。这种以小见大式的研究，使所研究的问题并不显小。当然，相比纵论古今中外的鸿篇巨制来说，通过深刻阐论清末张荫棠藏事改革，写出一本四十多万字的著作，也算得上是"小题大做"了。

　　确实，这正是这部作品的成功之处。陈鹏辉的这本力作全面准确地呈现了清末张荫棠藏事改革的整体图景。这充分体现在谋篇上，全书共七章，其中第二、三、四、五整整四章阐论张荫棠举旨入藏"查办事件"，整饬吏治，倡言革新，推行改革。阐论张荫棠藏事改革的核心内容，是这本书的重点。该书将张荫棠的全面藏事改革归纳为相辅相成的七大方面，即一是以"以崇体制而重事权"为核心的政治改革；二是以"兴办实业"为核心的经济改革；三是以"编练新军"为核心的军事改革；四是以坚守国家主权、警惕"西藏独立"为核心的外事改革；五是以"兴学开报馆"为核心的文化教育改革；六是以倡导与践行"卫生新风"为核心的医疗卫生改革；七是以劝导"藏俗改良"为核心的民俗改革。这本书通过系统地梳理张荫棠倡言革新、推行改革的第一手资料，把握核心史料，一一探讨，深刻揭示其各项改革的思想来源、现实依据、落实情况，以及在全局中的地位、影响与意义等，从而深刻揭示了：张荫棠彻查、参革以有泰为首的驻藏系统腐败官吏，使清季驻藏官员"声名狼藉"的丑恶形象得以洗刷，将清朝中央政府在藏权威从低谷推向一个新高，巩固西藏地方与中央政府关系的根基；其以空前广度和深度谋求推行的藏事改革，尤其是行政体制改革的主张与实践有力地冲击了西藏地方政教合一的封建农奴制,为半个世纪后封建农奴制最终废除做了历史铺垫;其一系列经济改革的主张与实践,以及劝导的"藏俗改良",打破了清朝治藏"统驭之意多,而充实之力少"和"因俗而治"的传统,为西藏注入了与时俱进的发展活力,拉开了西藏地方近现代历史进程的帷幕。如此全面准确地呈现张荫棠藏事改革图景,除了分论的四章外,其他三章及绪论和结语两个部分均是围绕着这一主旨进行深刻阐论,从而使这本书成为一本具有学术研究深度的清末藏事改革研究的专著。

《清末张荫棠藏事改革研究》得以做大做强,成为一本学术力作,功成于作者多年的潜心耕耘,锲而不舍。更完整地讲,乃是因其将研究紧紧置于中国统一多民族国家历史演进的总体架构中,十年砥砺终磨就熠熠生辉之剑。中国作为一个由包括藏族在内的各民族共同缔造的统一多民族国家,经历了漫长的孕育、开端、发展到确立的演进阶段,并始终保持着延续性。到了近代,尤其是19世纪末20世纪初,中国统一的多民族国家遭受到世界列强的疯狂侵略,面临着国家解体、民族危亡的历史上前所未有的挑战。就是在这严峻的历史关头,张荫棠查办藏事,倡言革新,大力推行藏事改革。对此,唯有从中国统一多民族国家历史的总体演进的角度来考察、阐论、评价,才能准确深刻揭示其历史真实。如此论著,才能达到应有的学术研究高度并富于现实意义。全书本着这一要旨展开论述,并列有专章"多维视野下的张荫棠藏事改革"进行集中探讨,抒发创新之见。这是应予以充分肯定的。

史学研究重在创新,创新的第一要义就是更准确、更深刻地揭示历史的真实。《清末张荫棠藏事改革研究》就是这样的创新之作。在我的阅读记忆中,这本书还是学界有关张荫棠藏事改革论述的第一本专著。改革开放初期,一度受挫的"中国少数民族简史"丛书编写工作重新启动,记得1984年我应邀到北京参加《藏族简史》的统稿会,由于当时对张荫棠藏事改革的研究尚不充分,认识不够深刻,经过慎重讨论,这部分内容只能从略。时隔近40年,陈鹏辉的这部研究张荫棠藏事改革作品的问世,就具有通常所谓填补研究"空白"之意义。看到老一辈学人所开创的事业后继有人,我深感欣慰。

然而,学术研究高度的攀登实无止境,"空白"往往不是一下子就填补得了的。即使是一本"填补空白"的力作也每每仍有"空白",即书中总会存在一些不足或缺陷，还需要不断努力去填补。本书的不足之处，主要在于对藏文资料的发掘、运用不够。如果要填补这方面的"空白"，实非一日之功，亟望作者矢志不渝、坚持拼搏，在这本书日后的修订升级之时能做到填补这一"空白"。

当前，在决胜全面建成小康社会，奋力实现中华民族伟大复兴中国梦的新时代，习近平总书记强调，"要系统梳理传统文化资源，让收藏在禁宫里的文物、陈列在广阔大地上的遗产、书写在古籍里的文字都活起来"，为历史文化之类的研究指明了方向，提供了根本遵循，使我们深受鼓舞，信心大为提振。尤其是总书记在中央第七次西藏工作座谈会上首次明确提出，"要深入开展西藏地方和祖国关系史教育"，无疑增强了西藏地方和祖国关系史研究者的使命感和信心。可以期望，此类学术研究定会得到更广泛的关注、更大的支持；会有年轻有为的新一代学者矢志献身这一对建成社会主义现代化强国、实现中华民族伟大复兴的目标来说不可或缺的学术研究事业。

顾祖成
2020年9月于西藏民族大学新村寓所

绪论 / 1

第一章　张荫棠藏事改革前的局势 / 17
第一节　清末西藏地方危机 …………………… 17
第二节　清末新政与"筹藏"呼声 …………………… 32

第二章　张荫棠奉旨入藏"查办事件" / 40
第一节　结缘藏事，奉旨入藏 …………………… 40
第二节　藏事改革的时机与挑战 …………………… 61
第三节　整饬吏治，倡言革新 …………………… 79

第三章　张荫棠政治、经济改革思想与实践 / 114
第一节　政治改革 …………………… 114
第二节　经济改革 …………………… 141

第四章　张荫棠军事、外事改革思想与实践 / 188
第一节　军事改革 …………………… 188
第二节　外事思想与实践 …………………… 206

第五章　张荫棠文化教育、医疗卫生、民俗改革思想与实践 / 272
第一节　文化教育改革 …………………… 272
第二节　医疗卫生改革 …………………… 280
第三节　劝导"藏俗改良" …………………… 285

第六章　张荫棠离藏及其后的藏事改革 / 305
第一节　遭弹劾与奉旨离藏 …………………… 305
第二节　联豫继续推行的新政 …………………… 339

第七章　多维视野下的张荫棠藏事改革 / 354
　　第一节　张荫棠藏事改革与清朝治藏思想的转变……354
　　第二节　清末西藏建省论与张荫棠藏事改革…………368
　　第三节　清末边疆治理视野下的张荫棠藏事改革……376

结语 / 382

参考文献 / 388

附录　张荫棠生平 / 399

后记 / 402

绪　　论

一、张荫棠及其藏事改革的研究价值

西藏自治区，地处青藏高原西南部，南与喜马拉雅山脉南麓的缅甸、印度、不丹、尼泊尔等国接壤，边境线长近4000公里，是中国西南边疆的重要门户，战略位置十分重要。晚清以降，随着清朝由盛转衰，西藏与全国其他地方一样，遭到西方列强的侵略。19世纪70年代起，英国、俄国为争夺中国西藏展开激烈角逐，西藏边疆危机凸显。1888年，英国发动第一次侵藏战争后，清政府未能及时采取措施巩固西藏边防，使得危机进一步加剧。1903—1904年，英国发动第二次侵藏战争，逼迫西藏地方签订"拉萨条约"，以致西藏边疆危机空前。迫于舆论压力，清廷原本决定派外务部侍郎唐绍仪入藏"查办事件"，但时论严厉批评此为"搪塞天下之举"，敦请清廷要先与英国辩明"拉萨条约"是非法的，再"徐图挽救之法"。① 由是，清廷改派唐绍仪为全权代表，率张荫棠、梁士诒等赴印度加尔各答与英国谈判重订"拉萨条约"事宜。正是此次赴印谈判，张荫棠始与藏事结缘。

张荫棠（1860—1935），字朝弼，号憩伯。广东新会双水人，出身官宦之家。生父张蓉光（？—1886），早年随兄张其光到浙，统领水师船巡洋，积功升至副将。生母莫氏，诰赠夫人。张荫棠为张蓉光长子，出嗣堂叔张同。张同"壮岁从戎，殁于王事"，覃恩貤赠振威将军。叔父张其光（1831—1896）在浙江水师屡立战功，擢至署理浙江提督，是清朝在东南沿海筹办海防事宜的重要将领，其地位和人脉关系对张荫棠的人生道路"有过重要影响"。

光绪八年（1882），张荫棠中举人，遵例报捐内阁中书。次年三月到阁，十一月派充海军衙门船政股章京，并充该衙门撰文。"这项差事，大概与其叔父张其光长期统帅浙江水师的人脉关系有因由。"光绪二十年（1894）正月，张荫棠派充万寿庆典撰文并缮写恩诏；二月派充总办万寿庆典点景。"这些都

---

① 《论挽救西藏之策》，见《外交报》第九十三期（甲辰第二十四号），1904年10月23日（光绪三十年九月十五日）。

是海军衙门的优差，足以说明张荫棠善于撰述，确实是该衙门里有才干、受重用的小京官。"甲午战争后，海军衙门被裁撤，张荫棠的人生轨迹随之改变，又转回内阁派充管理中书科事务，兼办诰敕房事务。其间，与粤籍同乡、京官陈昭常、何藻翔、曾习经及浙江海盐人张元济等在京结"健社"，"相约探讨实学，以自相勉"。后参与张元济筹设通艺学堂，"算得上是京城中适应时代潮流的趋新官员"。光绪二十二年（1896）十一月，经粤籍同乡、出使美国、西班牙、秘鲁大臣伍廷芳奏调，张荫棠奉旨随使出洋，开始涉足外交。次年正月，奏准为美使署三等参赞官，三月随伍廷芳抵达华盛顿，九月兼充驻美国旧金山总领事。二十四年（1898）闰三月，抵达马德里，任驻西班牙代办。四月，以"明敏干练"，经伍廷芳奏报，改任驻西班牙二等参赞，代办驻西班牙出使事务。至庚子事变，张荫棠一直为驻外领事。二十六年（1900），因时局变幻，中外交涉陷入混乱；六月，交卸西班牙代办回国。次年，报捐知府，分发试用并奖戴花翎。二十八年（1902）七月，经前驻美公使伍廷芳奏保，以出使美国、西班牙劳绩，"荫棠免补本班，以道员分省补用，并请赏加布政使衔"。①

光绪三十一年（1905）初，张荫棠随唐绍仪抵达印度与英国谈判。由于英方蓄意刁难，以撤走全权代表向中方施压，在此情况下，清廷调回唐绍仪，"藏约一事著派张荫棠接议"②。张荫棠在与英方交涉中，饱尝"敌谋之狡悍"，深感"藏事危险"，由是产生了强烈的整顿藏事的想法。光绪三十一年十二月十三日，他向外务部上《请速整顿藏政收回政权》一折，首次正式奏请整顿藏事。光绪三十二年（1906）正月二十三日，张荫棠递呈《致外部丞参函详陈英谋藏阴谋及治藏政策》一折，再次奏请整顿藏事。此两折所提旨在巩固清朝中央政府对藏主权与治权的改革藏事意见，深得清廷肯定。光绪三十二年四月初四日，《中英续订藏印条约》签订，张荫棠议约使命完成。随即，清廷于四月初六日（4月29日）下旨："命直隶特用道张荫棠以五品京堂候补前往西藏查办事件。"③ 张荫棠到藏后，在彻查腐败、整饬吏治的基础上，大刀阔斧地开启了以"收回政权"为核心的藏事改革。

清末张荫棠以"收回政权"为核心的藏事改革，内容涉及政治、经济、军事、外事、文化教育、医疗卫生以及民俗等领域，是一场全面的、系统的改

---

① 以上张荫棠之生平履历参见马忠文《清季查办藏事大臣张荫棠的家世、宦迹与交游》，载《学术研究》2019年第6期。
② 《清实录·德宗实录》卷五四八，光绪三十一年八月戊午。
③ 《清实录·德宗实录》卷五五八，光绪三十二年四月癸卯。

革,不仅于捍卫中国对西藏的主权具有重要意义,同时开启了西藏近代化进路,因而具有重要的学术研究价值和现实意义。就学术价值而言,张荫棠藏事改革研究可为西藏地方与中央政府关系史、西藏地方史、藏族史、清代治藏政策以及清末边疆新政等相关领域的研究提供重要支撑,同时不失历史人物研究的价值。就现实意义而言,张荫棠藏事改革是西藏近代化的开端,从中汲取经验教训、探索规律,可为当前西藏经济社会跨越式发展的战略目标提供鉴戒;同时,总结张荫棠反侵略斗争的得失,可为西藏当前的反分裂斗争及"治国必治边、治边先稳藏"的治藏战略提供历史借鉴。

二、先行研究及本书的研究意义

民国时期直接研究张荫棠藏事改革的成果虽不多,但吴丰培、丁实存的相关研究影响甚巨。1938 年,吴丰培辑录的《清季筹藏奏牍》出版,其中在收录的"张荫棠奏牍"部分有简要的《张荫棠传》和《张荫棠奏牍·跋》,此两文是目前所见最早研究张荫棠生平及其整顿藏事的专文。跋文道:"荫棠之在印与英交涉诸事,权利颇有争回之处。班禅额尔德尼赴印,荫棠力争而得遄返。……,以清官政,撰译《藏俗改良》《训俗浅言》两篇,宣示民间,以改革旧习。其意非不善。乃为政日浅,积习难除,故未克有所成效。且其所订章程俱仿欧西之法,殊失因地适宜之意。但赴印续订商约,争回权利甚多,实为外交之良才。惟处于国势屡弱之时,其中仍不觉有委曲求全之处。然贤于前任驻藏大臣动辄授人以柄者,其亦远矣。"① 1994 年,吴丰培辑录出版《清代藏事奏牍》(是在《清季筹藏奏牍》的基础上增补了内容,重新出版),其中,《张荫棠驻藏奏稿》部分将原作之传更名为《张荫棠小传》,并对原跋进行了补充。在补充的跋文中,吴先生对张荫棠被排挤出藏叹息道:"这是清廷用人不当","设张(荫棠)赵(尔丰)联手办事,则藏政必有革新,何至引起辛亥革命时之仇杀,益信改革端赖乎得才善用了"。吴先生还特地写道:"今重整此稿,深佩他在藏的政见,确是有所借鉴的。"② 吴先生所作跋文虽很扼要,但勾勒出了张荫棠整顿藏事的要旨,对其评价高屋建瓴。《清季筹藏奏牍》与《清代藏事奏牍》是治清代西藏史者案头必备的史料集,尤其是后者,嘉惠当代学人甚巨。后辈学人对张荫棠生平的认知及对其整顿藏事的评价,几乎都受

---

① 吴丰培:《张荫棠奏牍·跋》,见吴丰培辑《清季筹藏奏牍》,国立北平研究院史学研究会 1938 年版。

② 吴丰培:《张荫棠驻藏奏稿·跋》,见吴丰培编辑《清代藏事奏牍·张荫棠驻藏奏稿》,中国藏学出版社 1994 年版,第 1457 页。

到吴先生所作《张荫棠小传》与跋文的影响。

1943年,丁实存的《清代驻藏大臣考》一书出版,此为最早对驻藏大臣做专题研究的一部专著。其中有关张荫棠部分,简要梳理其整顿藏事的大体经过,并引用吴丰培所作跋文对其的评价。但该著在评价有泰、联豫时分别指出:"夫张荫棠之批评有泰,诚为定评。指斥当时大臣之积弊,亦或有之";联豫"实无开济之才,其所办理事项","多为张荫棠、赵尔丰之主张创设"。①丁著中的张荫棠部分是继吴丰培之后,民国时期研究张荫棠整顿藏事的重要成果。

值得指出的是,1914—1927年由赵尔巽主撰的《清史稿》中关于张荫棠整顿藏事的记载容易误导人们。《清史稿》载:"荫棠入藏,三十二年,专办开设商埠事。……三十四年,政府以光绪三十二年附约第三款内载'中、英条约所有更改之处另行酌办'等语,特派张荫棠为全权大臣,与英专使韦礼敦议订藏、印通商章程十五款。其要者……初,张荫棠以西藏地当冲要,英、俄环伺,自非早筹整顿,难以图存。建议以汉员指挥,另派北洋新军入藏,分驻要塞,以厚声援。"这些侧重记张荫棠筹办开埠事宜及敦请整顿藏事,无可厚非。但其中又载:"(政府)因思光绪三十三、四年间联豫等条陈有善后办法二十四条,创财政、督练、路矿、盐茶、学务、巡警、农务、工商、交涉九局,拟即采择试办。"②此一书写方式显然容易让人们误以为条陈善后办法及饬立"九局"是联豫所为。《清史稿》虽然并非官方认可的清朝国史,但毕竟史料价值极高,如此书写所造成的影响不言而喻。张荫棠于清末民初"颇著政声",且撰修《清史稿》之时他尚健在,尤其是赵尔巽于光绪三十三年(1907)任四川总督时与其在藏事上是有交集的,对其条陈善后办法及饬立"九局"等情应当清楚,然而《清史稿》出现如此纰漏,让人费解。

1959年,佘素(杨公素化名)在其《清季英国侵略西藏史》一书中简要梳理张荫棠两次与英国议约的经过,指出张荫棠在与英国谈判《中英藏印通商章程》中为中国争回了三项权益:①十一处旅舍,中国照原价收回,但租一半与英国经营;②俟中国电线修至江孜,英国可酌量将由印边界至江孜的电线移售与中国;③中国在各商埠筹办巡警后,英国允将商务委员的卫队撤退。③但张荫棠藏事改革不是此书的关注重点,故着墨不多。

---

① 丁实存:《清代驻藏大臣考》,蒙藏委员会1943年版,第151、155-156页。
② 赵尔巽:《清史稿》卷五二五《藩部传八·西藏》。
③ 佘素:《清季英国侵略西藏史》,世界知识出版社1959年版,第145页。该书经作者修订,以《中国反对外国侵略干涉西藏地方斗争史》为题,由中国藏学出版社于2001年出版。

1972 年，萧金松发表的《张荫棠查办藏事始末》一文，认为张荫棠通过改革，"一时风气丕变，深受藏众尊敬，称为再生活佛"，其改革规划"更为西藏内属远景预示蓝图"。① 同年，萧金松在其硕士学位论文《清代驻藏大臣之研究》中，视张荫棠为"事功彪炳，不可多得之良选"的驻藏大臣之一，认为"清季藏政，在张荫棠、联豫、赵尔丰等人积极整顿经营下，曾有相当的转机，所惜藏人昧于中外大势深闭团结，不与中央团结合作，故新政进展缓慢，最后功亏一篑，但已为后来康藏建设，树一远景"。② 萧氏以此为基础于1996 年出版专著《清代驻藏大臣》，其中认为"张荫棠筹藏政策之理念，以破除汉藏畛域，固结人心为第一要义；以收回政权，兴学练兵为入手办法。其有关整饬吏治，改良藏俗，革新政治，筹办商埠，振兴农工商矿诸务，莫不以巩固主权为前提，以西藏富强为目标"③。萧著虽涉及张荫棠藏事改革，但这不是该著论述的重点，故未做充分探讨。

20 世纪 80 年代以来，张荫棠藏事改革的研究成果渐多，以下以专题性研究为主，扼要梳理具有代表性的观点。

（1）关于改革内容。许广智将张荫棠藏事改革内容分为改革政权体制、军事体制、经济体制，发展西藏的文化教育与卫生事业，发展联盟外交五个方面。④ 赵富良将之归纳为四大方面：改革机构，整顿吏治；加强兵备，睦邻御敌；发展经济，增强实力；启发民智，移风易俗。⑤ 汪霞将之分为政治、军事、经济、文教、外交五个方面。⑥ 另外，一些相关研究论及张荫棠茶业改革、创办《西藏白话报》、教育改革、盐业改革、外交实践及藏俗改良。⑦ 可见，以往对张荫棠藏事改革内容有不同的归纳，也有就某一改革内容进行探讨。其中较多关注政治、经济、教育改革，藏俗改良及涉藏外交等，尚未呈现

---

① 萧金松：《张荫棠查办藏事始末》，载台湾《中国边政》1972 年第 44 期，第 9 页。
② 萧金松：《清代驻藏大臣之研究》，台湾政治大学硕士学位论文，1972 年，第 117、124 页。
③ 萧金松：《清代驻藏大臣》，台湾唐山出版社 1996 年版，第 229 页。
④ 许广智：《张荫棠"查办藏事"始末》，载《西藏研究》1988 年第 2 期。
⑤ 赵富良：《试论张荫棠"查办藏事"及其治藏方针》，载《西藏研究》1992 年第 2 期。
⑥ 汪霞：《清末查办藏事大臣张荫棠在藏"新政"之研究（1906—1907）》，四川师范大学硕士学位论文，2012 年。
⑦ 参见：陈一石的《印茶侵销西藏及清王朝的对策》（载《民族研究》1983 年第 6 期），白润生的《西藏最早的藏文报》（载《西藏研究》1989 第 3 期），顾祖成的《清末藏事改革中的兴学堂》（载《西藏民族学院学报》1991 年第 1 期），房建昌的《西藏盐史研究》（载《盐业史研究》1995 年第 1 期），关培凤的《张荫棠：清末民初的"外交良才"》（载《世界知识》2010 年第 3 期），陈鹏辉的《普适伦理：张荫棠劝导藏俗改良的文化诠释》（西藏民族学院 2012 年硕士学位论文）、《试论张荫棠藏事革新中的"藏俗改良"》（见周伟洲主编《西北民族论丛》第十辑，中国社会科学出版社 2014 年版）、《清末"藏俗改良"：一个文化认同的个案研究》（载《西北民族大学学报》2015 第 5 期）。

出张荫棠藏事改革的整体图景,且缺乏对各项改革的地位及相互之间的关系等的讨论。改革内容是认识和理解张荫棠藏事改革的基础,如果对此认识上存在不足,难免影响研究者对改革广度、深度及影响等的认识和评价。

(2)关于改革思想。成崇德、张世明指出:"有些学者认为,张荫棠的思想是资产阶级改良派的思想,……在我们看来,这种观点与张荫棠开发思想的真实情况之间尚存在一定距离,不甚贴切,对张荫棠的思想评价有点过高","我们不能一看到史料中有张荫棠在拉萨大昭寺僧俗大会上痛陈英国生物学家赫胥黎'物竞开择,适者生存'的进化论观点这一记载,便给张荫棠贴上资产阶级改良派的标签","张荫棠的开发思想比当时其他清朝官员所受的西方资本主义的影响更为明显,其认识的角度、深度与当时其他官员相比有较大的区别。另一方面,……其开发西藏的思想带有中国儒家传统的用夏变夷的色彩。西方文化和中国儒家传统思想在张荫棠的头脑中互相影响、绷缊、渗透,加之张荫棠在清政府中作为封建官员的特殊地位,使张荫棠开发西藏的方案成为一个'中学为体,西学为用'的思想产物"。① 康欣平等分别考察张荫棠的涉藏外交、治藏思想资源及筹藏经济思想,认为其在涉藏外交上形成了自己的一些外交思想;② 其治藏思想资源来自四个方面:中国传统儒家思想、中国近代变法维新思想、西方现代思想、西藏地方宗教思想;③ 其筹藏经济思想主要表现在三个方面:振兴实业论、对外商战论、创办西藏银行及进行币制改革论。这些思想主张虽在现实层面上的贯彻效果很不理想,甚至有些思想不现实不准确,但在西藏近代发展史上具有"开风气之先"的历史作用。④ 赵君认为张荫棠的涉藏外交思想充分展现出其炽热的民族感情和强烈的爱国情怀。⑤

(3)关于改革的性质。冯丽霞认为张荫棠藏事改革"带有资产阶级改良的性质,亦不乏封建色彩"⑥。成崇德、张世明认为,"张荫棠开发西藏并不是为了在西藏实行资本主义,而是仅仅采取一些近代西方资本主义的先进生产方式改变西藏的贫困面貌,维护清王朝的统治。张荫棠的开发方案并不触动西藏封建农奴制度,而是希望消除一些西藏封建农奴制原有的自腐败因素并注入一

---

① 成崇德、张世明:《清代西藏开发研究》,北京燕山出版社1997年版,第172-173页。
② 康欣平、李志松:《张荫棠外交思想探论——1906—1908年间张荫棠的涉外言行考察》,载《西藏民族学院学报》2006年第2期。
③ 康欣平:《张荫棠治藏的思想资源》,载《西藏民族学院学报》2007年第2期。
④ 康欣平:《张荫棠筹藏时期的经济思想》,载《西藏大学学报》2009年第1期。
⑤ 赵君:《试论张荫棠查办藏事前后的外交思想》,载《西藏大学学报》2010年第1期。
⑥ 冯丽霞:《试论张荫棠"查办藏事"的性质》,载《西藏研究》1987年第4期。

些近代西方文明的新因素，从而使西藏封建农奴制获致新生"①。顾祖成认为，张荫棠的改良革新具有鲜明的爱国主义性质。② 许广智认为张荫棠的改革具有浓郁的时代特色和资本主义性质，符合世界发展的历史潮流。③

（4）关于改革的意义。许广智认为，张荫棠查办藏事是西藏近代史上的一次重要事件，是一场值得充分肯定的进步的改革，对后来西藏社会的发展产生了不可忽视的作用和影响。④ 朱先华梳理藏事革新期间新设的机构，认为其为后来西藏建设各职能机构打下了基础，开创了先例。⑤ 赵云田认为清末西藏实施新政是西藏走向近代化的开端，对维护清政府对西藏的主权具有重要意义。⑥ 扎洛重点从近代民族国家建设的视角展开讨论，指出"在某种意义上，张荫棠的西藏新政是对在中国这样一个多民族社会如何构建现代民族国家的历史性命题的尝试性解答，其中的得失利弊，值得深入研究"⑦。

（5）关于张荫棠的大民族主义思想。学界对此的讨论主要围绕张荫棠向民间颁发的《训俗浅言》《藏俗改良》两本小册子展开。以往的观点认为，这两本小册子虽然不乏积极内容，但总体上，张荫棠试图以儒家伦理取代西藏传统伦理，强令藏族人民改变千百年来已经定型的风俗习惯、生活方式、道德规范、宗教生活等，流露出文化偏见，体现出"大民族主义"思想。⑧ 近年来，始有论者对此提出了不同意见，顾浙秦认为张荫棠藏俗改良有利于西藏社会的进步和风俗的改良，体现了其维新改良的思想，具有爱国主义性质。⑨ 康欣平认为张荫棠是以儒家文化为本位的大民族主义者，并非狭隘的民族主义者，其撰译的两本小册子是以中西方的主流价值、普遍知识、历史经验作为参考，不可否认其中透射出普适主义价值的一面。⑩ 陈鹏辉通过考释张荫棠遭弹劾案，

---

① 成崇德、张世明：《清代西藏开发研究》，北京燕山出版社 1997 年版，第 173 页。
② 顾祖成：《明清治藏史要》，西藏人民出版社、齐鲁书社 1999 年版，第 301 页。
③ 许广智：《西藏地方近代史》，西藏人民出版社 2003 年版，第 217 页。
④ 许广智：《张荫棠"查办藏事"始末》，载《西藏研究》1988 年第 2 期。
⑤ 朱先华：《清末西藏新政机构及其活动概述》，载《中国藏学》1988 年第 2 期。
⑥ 赵云田：《清末西藏新政述论》，载《近代史研究》2002 年第 5 期。
⑦ 扎洛：《清末民族国家建设与张荫棠西藏新政》，载《民族研究》2011 年第 3 期。
⑧ 参见：郭卫平的《张荫棠治藏政策失败原因初探》（载《青海民族学院学报》1988 年第 1 期），苏发祥的《清代治藏政策研究》（民族出版社 2001 年版第 130 页），曾国庆的《论清季驻藏大臣张荫棠》（载《康定民族师范高等专科学校学报》2005 年第 5 期），刘士岭的《清末西藏新政失败的主观原因探析》（载《兰州学刊》2007 年第 3 期）。
⑨ 顾浙秦：《20 世纪初维新改良文献〈藏俗改良〉、〈训俗浅言〉新解》，载《西藏研究》2003 年第 2 期。
⑩ 康欣平：《"大民族主义"抑或"普适主义"——张荫棠〈藏俗改良〉、〈训俗浅言〉析论》，载《西藏民族学院学报》2010 年第 1 期。

认为其藏俗改革的方式是"劝导"而非"强令",藏俗改良是以20世纪初的中国维新思想引领西藏文化发展。① 可见,有关张荫棠藏俗改良的研究形成了截然相反的两种观点,一种可视为传统的观点,即认为藏俗改良体现出大民族主义思想,是"强令","脱离了西藏实际";另一种可视为近年来的新观点,即对大民族主义的观点提出了质疑。

(6) 关于改革失败的原因。牙含章认为,张荫棠藏事改革的一些消极措施违背了西藏各阶层人民的意愿,自然不会得到西藏上下层人民的支持。就是积极的部分,也因触犯了西藏广大农奴主的利益,所以噶厦不愿意彻底执行这些措施。② 郭卫平认为,资产阶级改良派思想决定了其治藏政策失败的必然性;清廷的腐败、驻藏官员之间的尔虞我诈,是其治藏失败的主要原因;大民族主义的民族压迫政策不得人心。③ 黄维忠认为,改革推行者主观上没有切实考虑到西藏实情,客观上缺少资金作为强有力的后盾。④ 周伟洲认为,张荫棠幻想不触动腐朽的清朝封建制度和西藏农奴制度,通过发展西藏的民族工商业,使西藏走上发展资本主义的道路,是注定要失败的。⑤ 赵云田认为,清政府没有能力调整好西藏新政涉及的中外关系、清朝中央政府与西藏地方的关系、改革和西藏各阶层利益的关系等,是失败的重要原因。⑥ 罗布认为,外国的无理干涉是导致其失败的外部因素,而新政的推行不力、面临的重重"壁空"和政策的失误是失败的内部因素。⑦ 刘士岭认为,张荫棠潜意识中存在大民族主义和文化沙文主义,其对藏民族的文化心理缺乏尊重和了解,这些主观因素导致新政无法取得进展。⑧ 史云峰认为,失败原因有三:封建农奴制对社会经济发展的制约,政教合一制度对社会变革容纳能力的限制,传统教育—文化体制对社会变革的抵制。⑨

(7) 关于改革的总体评价。牙含章认为,张荫棠反对英国侵略,取得了西藏人民的好感;张荫棠受资产阶级产业革命的影响,有一定的变法维新思想,如果他提出的发展工商业、开发矿产等措施能一一实现,对西藏人民是有

---

① 陈鹏辉:《普适伦理:张荫棠劝导藏俗改良的文化诠释》,西藏民族学院硕士学位论文,2012年。
② 牙含章:《达赖喇嘛传》,华文出版社2013年版,第153页。
③ 郭卫平:《张荫棠治藏政策失败原因初探》,载《青海民族学院学报》1988年第1期。
④ 黄维忠:《清末筹藏新政评述》,载《中国藏学》1995年第1期。
⑤ 周伟洲:《英国俄国与中国西藏》,中国藏学出版社2000年版,第303页。
⑥ 赵云田:《清末西藏新政述评》,载《近代史研究》2002年第5期。
⑦ 罗布:《清末西藏新政失败原因探》,载《西藏研究》2003年第3期。
⑧ 刘士岭:《清末西藏新政失败的主观原因探析》,载《兰州学刊》2007年第3期。
⑨ 史云峰:《20世纪初西藏新政改革失败原因的制度分析》,载《西藏民族学院学报》2009年第1期。

好处的；但改革也有一些消极面。① 恰白·次旦平措等与牙含章的意见基本一致。② 赵富良认为，张荫棠"以其大智大勇和远见卓识在清季西藏史册上写下了不同凡响的一笔。恰如一颗闪亮耀眼的彗星，划破二十世纪初叶祖国西南昏沉的夜空，虽然短暂，但毕竟是一线光明"③。黄维忠指出，要全面而恰当地评价清末新政的成败得失，首先要达成两点共识，一是必须摆正清廷筹措新政的位置；二是不应太苛求古人。④ 曾国庆认为，张荫棠在西藏的一系列治藏举措，"由于受到当时内外交困环境影响和封建社会的局限，他所奉行的政策必定是为他所生活的那个时代的统治者服务，这就不可避免地存在着这样或者那样的消极甚至错误的东西"；但是，观过知仁，张荫棠可谓恪尽职责，"无论在谈判桌上，还是实行一系列治藏政策和措施，他都坚决地维护中央政府对西藏地方的主权，反对帝国主义入侵西藏，其本质是好的，主流是积极进步的，具有极其重大的意义"⑤。周源认为，"张荫棠不愧是清代历任驻藏官员中眼光最为远大、最有作为的佼佼者。他受命于危难之中，高屋建瓴、提纲挈领，提出了全面改革、整顿西藏政治、经济、军事、文化的方案，得到了包括部分开明的藏族官员和上层人士在内的各界的欢迎，给长期停滞、落后、沉闷的西藏社会带来了一股强劲的改革东风"⑥。

与国内相比，海外学界直接研究张荫棠藏事改革的成果屈指可数，仅在一些以西藏历史、"英属印度与中国西藏"等为研究对象的成果中有所涉及，但多侧重于张荫棠的涉藏外交。其中，英国学者阿拉斯泰尔·兰姆博士（Dr. Alastair Lamb）在其于 1966 年出版的专著《麦克马洪线：1904—1914 年间印度、中国与西藏关系史研究》（*The McMahon Line: A Study in the Relations between India, China and Tibet 1904 to 1914*）中，集中涉及张荫棠整顿藏事的内容，认为张荫棠使清政府在西藏取得的相当大的进展之一，是"消除了英国在西藏高原残留的威望"⑦。该著涉及张荫棠的部分虽侧重于其外交斗争，但运用大量英国的第一手档案资料，展现了一些细节，且作者立场客观、评价公

---

① 牙含章：《达赖喇嘛传》，华文出版社 2013 年版，第 153 页。
② 恰白·次旦平措等著，陈庆英等译：《西藏通史——松石宝串》（下），西藏古籍出版社 2008 年版，第 970 页。
③ 赵富良：《试论张荫棠"查办藏事"及其治藏方针》，载《西藏研究》1992 年第 2 期。
④ 黄维忠：《清末筹藏新政评述》，载《中国藏学》1995 年第 1 期。
⑤ 曾国庆：《论清季驻藏大臣张荫棠》，载《康定民族师范高等专科学校学报》2005 年第 5 期。
⑥ 周源：《清末张荫棠的藏事改革》，见西藏民族学院编《藏族历史与文化论文集》，西藏人民出版社 2009 年版，第 71 页。
⑦ [英] 阿拉斯泰尔·兰姆著，梁俊艳译，张云校：《中印涉藏关系史（1904—1914）——以"麦克马洪线"问题为中心》，社会科学文献出版社 2017 年版，第 146 页。

允,因此具有较高的参考价值。加拿大藏学家谭·戈伦夫(A. Tom Grunfeld)的《现代西藏的诞生》(*The Making of Modern Tibet*)①、美国藏学家梅·戈尔斯坦(Melvyn C. Goldstein)的《喇嘛王国的覆灭》(*A History of Modern Tibet, 1913 – 1951: The Demise of the Lamaist State*)②等著作中涉及张荫棠的部分,虽着墨不多,但持论客观公正,不失参考价值。另外,荣赫鹏(Francis Younghusband,曾充当第二次侵藏战争英军头目)于1910年出版的《英国侵略西藏史》③与查尔斯·贝尔(Charles Bell,英国侵藏头目)于1924年出版的《西藏之过去与现在》(*Tibet, Past and Present*)中涉及张荫棠的内容两者意见基本一致。荣赫鹏与贝尔是张荫棠抵制英国侵略过程中的直接对手,此两书不免有颠倒是非的论说,但同时也是"罪证和供词",可为我们深化认识提供一种参考。如贝尔在《西藏之过去与现在》中写道:"西藏人大都视彼为抵抗英国侵略之干城","虽其方法有不为英人所赞许者,但须承认吾等之在西藏,实为彼所不喜。彼依一己之信仰,竭力为其国家谋利益,凡吾政府之政策,或当或不当,皆足为彼促进中国利益之具也",张荫棠的改革收到了"中国在藏权威日盛"的效果。④这些无疑可加深对张荫棠一些改革措施成效的理解。

由上可见,张荫棠藏事改革的研究成果已有不少,尤其是20世纪80年代以来,经过学者们的努力,学界对张荫棠藏事改革的内容、性质、失败原因、影响等均有所涉及,其中较多关注"收回政权"等一些重要方面,为进一步研究奠定了基础。总体而言,张荫棠藏事改革的研究成果虽有不少,但此项研究还很不充分;同时,由于种种原因,已有成果难免存在一些失误。如受《清史稿》的影响,一些论者认为,张荫棠"传谕藏众善后问题二十四条"是其筹拟的善后办法或治藏方案。实际上,这只是向西藏地方征求意见的"下行文",其条陈的"治藏刍议十九条"与"善后事宜十六条"才是真正的改革方案。再如,以往论者多认为清末重臣张荫桓(1837—1900)是张荫棠的兄长,并由此阐述一些相关问题。但据马忠文新近的翔实考证,二张并非兄弟关系,由此一些问题须重新探讨。⑤

---

① [加拿大]谭·戈伦夫著,伍昆明、王宝玉译:《现代西藏的诞生》,中国藏学出版社1990年版。
② [美]梅·戈尔斯坦著,杜永彬译:《喇嘛王国的覆灭》,中国藏学出版社2005年版。
③ [英]荣赫鹏著,孙煦初译:《英国侵略西藏史》,西藏社会科学院资料情报研究所1983年内部资料。
④ [英]贝尔著,宫廷璋译,竺可桢、向达校:《西藏之过去与现在》,商务印书馆1930年版,第59-62页。
⑤ 参见马忠文《清季查办藏事大臣张荫棠的家世、宦迹与交游》,载《学术研究》2019年第6期。

需要指出的是，由已有研究可见，学者们对张荫棠整顿藏事有言之"改革"，有言之"革新"，也有将其与联豫的改革一并言之为清末西藏"新政"或对西藏的"开发"等；同时，张荫棠进藏之前，清廷及国内舆论则更多地言之为"整顿藏事"。本研究主题定为"张荫棠藏事改革"，理由如下：第一，按照《现代汉语词典》，"改革"与"革新"两者都有"革除旧的，创造新的"的意思；所不同的是，革新强调思想上、做法上的创新点，改革则强调从体制机制上的彻底改变。张荫棠整顿藏事的诸多措施涉及建章立制，完全具有改革的性质，称之为"改革"名副其实。但本书在讨论张荫棠酝酿改革方案时，因侧重其思想上的创新点，也使用"倡言革新"。第二，从对中外历史上的一系列被冠以"新政"之称的改革（如庆历新政、清末新政、美国罗斯福新政）的性质及内容看，新政指对政治、经济、社会等方面进行革新的运动，强调改革的全局性。据此，从西藏地方的角度视之，张荫棠整顿藏事完全算得上为新政。但从清末新政的角度视之，张荫棠藏事改革只是其中的一部分，将整体言之新政、局部言之改革，便于从概念上将整体和局部加以区分。学界使用"清末西藏新政"的概念，当是从西藏地方的角度视之，并无不妥。本书在涉及联豫的各项改革时，仍按学界惯例，使用"联豫新政"的概念。第三，张荫棠本人在奏牍中，使用较多的字眼是"改革"。第四，自吴丰培、丁实存两位先生对张荫棠整顿藏事以"改革"言之以来，这也是学界的一个共识。第五，至于"整顿藏事"实际更多的是清廷及时人筹藏视角的一个概念，整顿藏事的最终落实即是改革。另外，学界使用的张荫棠"查办藏事"或"查办事件"等，当是基于清廷委派张荫棠的角度；"开发西藏"的概念则侧重经济社会领域，这些在本研究中只是一个方面。

本书以清末张荫棠藏事改革为研究对象，拟在前人研究基础上继续拓展、深化，以期最大限度地对张荫棠藏事改革的各项具体内容及与改革密切相关的各个方面加以综合的、全面的考察。

第一，讨论张荫棠开启藏事改革的过程。从应对西藏边疆危机角度而言，张荫棠开启藏事改革的必要性不言而喻。问题是，1888年英国发动第一次侵藏战争后，西藏边疆危机开始凸显，但历任驻藏大臣并没有实际上的应对措施，而张荫棠开启藏事改革时的身份是"查办事件"大臣，清廷也一再明确他的主要使命是"专办开设商埠事"，即开启藏事改革本是其分外之事。本书试图通过对张荫棠面对危机主动请旨整顿藏事，再到立"军令状"彻查腐败的过程的梳理，一步步厘清清廷对藏事的态度；以及从其条陈"治藏刍议十九条"，再到条陈"善后事宜十六条"，最终得到清廷同意改革的过程的讨论，加深对张荫棠开启藏事改革的理解。

第二，讨论张荫棠藏事改革的核心内容是本书的重点。龚书铎、金冲及、宋小庆认为史学研究的"创新就是要更准确、更深刻地揭示历史的真实"①。循此理解，研究张荫棠藏事改革的基础是准确把握其改革的内容。本研究通过仔细爬梳张荫棠整顿藏事的核心史料，将其以"收回政权"为核心的全面藏事改革的主要内容归纳为相辅相成的七大方面：一是以"以崇体制而重事权"为核心的政治改革，二是以"兴办实业"为核心的经济改革，三是以"编练新军"为核心的军事改革，四是以坚守国家主权、警惕"西藏独立"为核心的外事改革，五是以"兴学开报馆"为核心的文化教育改革，六是以倡导与践行"卫生新风"为核心的医疗卫生改革，七是以劝导"藏俗改良"为核心的民俗改革。在此基础上，分别讨论各项改革的思想来源、现实依据、落实情况，以及在改革全局中的地位、影响与意义等。

第三，清末张荫棠藏事改革发生于历史大转折的重要时期，对西藏地方与中央政府关系的演变具有承上启下的重要意义。张荫棠以"收回政权"为核心的藏事改革旨在巩固清朝中央政府对西藏的主权与治权，改善西藏地方与清朝中央政府的关系。虽然清朝不久就被革命所推翻，但张荫棠铸牢西藏地方与中央政府关系的一些改革措施并不因此而失去意义，所以这是本书的一个关注重点。

第四，讨论张荫棠藏事改革对西藏地方的影响。张荫棠藏事改革的一个重要目标是谋求西藏"蒸蒸日上，蔚成富强"，由此他敢为天下先地打破清朝治藏"统驭之意多，而充实之力少"的传统，致力于发展西藏农牧业、工商业、路矿业、盐茶业等一系列改革措施，对后世西藏地方经济社会发展影响深远。已有研究高屋建瓴地指出张荫棠藏事改革是西藏近代化的开端，而本书试图结合各项改革措施对此加以具体讨论。

第五，张荫棠藏事改革是清季治理西藏的重要举措，也是清朝对西藏治理中的最后一次重大改革，在清朝治藏史上占有重要的地位。本书的一条基本线索是将张荫棠藏事改革放置于清朝两百多年的治藏过程，通过"长时段"的审视和纵向比较，加深对张荫棠藏事改革本身和整个清朝治藏思想与政策的理解，并总结其中的经验教训。

第六，讨论张荫棠遭弹劾及其藏事改革的结局，以及其离藏后联豫继续推行的新政等相关问题。本书试图通过考释其遭弹劾案的真相，加深对相关问题的理解，并讨论整个清末藏事改革的结局及其影响。此外，本书还试图透过近

---

① 龚书铎、金冲及、宋小庆：《历史的回答：中国近代史研究中的几个原则问题争论》，北京师范大学出版社2001年版，第283—284页。

代民族国家建设、清朝筹边方略的转变、清末边疆新政、清末西藏建省论等多维视角，对张荫棠藏事改革加以审视，以深化对其藏事改革的宏观认识。

就目前的中国近代史研究而言，本书的研究似乎须在"现代化范式"与"革命史范式"两者之间做出选择，但正如两种范式互相指出的，现代化范式存在对反侵略斗争及改革关注不够的弊端，革命史范式则存在对经济社会发展关注不够的弊端。① 由此，本书本着实事求是的原则，既如实反映张荫棠为捍卫国家主权所进行的一系列反侵略斗争，也如实反映其改革对西藏经济社会发展的意义。张荫棠抵制侵略是其藏事改革全局中的一个重点，而关于其改革与西藏近（现）代化之间关系的问题，西藏近代史研究中通常视此为西藏近代化的开端。如郭克范认为，从20世纪初"张荫棠－联豫新政"到20世纪50年代，是西藏在传统与现代之间进行探讨的时期，可称之为"西藏现代化的过渡时期"，并将"张荫棠－联豫新政"作为"西藏现代性植入情形"加以考察。② 许广智将西藏近（现）代化发展历程分为两大阶段：西藏地方近代社会历史发展时期的近代化改革阶段和1951年西藏和平解放后在中国共产党领导下进行的社会主义现代化建设阶段。并将前者分为清朝中央政府在西藏地方推行的近代化改革和西藏地方政府及龙厦、西藏革命党的近代化改革两个不同时期。其中，清朝中央政府在西藏推行的近代化改革，即清末张荫棠、联豫等的改革。③ 本书的重要研究视角，也是将张荫棠藏事改革作为西藏近代化的起点，并力图探讨其在西藏近代化历程中的地位及意义。

就具体研究方法而言，本书坚持以马克思主义唯物史观与民族观为指导，综合运用史学、民族学、政治学、边疆学等多学科的方法。在一些具体问题的讨论上，书中也涉及历史比较法及坚持"有几分材料说几分话"的原则。姜义华、瞿林东认为历史比较法的功能之一，是可发挥"间接实验法"的作用。④ 本书将张荫棠的一些改革思想及实践与有泰、联豫等进行比较，以及将张荫棠藏事改革与清末其他边疆地区的新政进行比较，目的正在于此。傅斯年

---

① 参见：吴剑杰的《关于近代史研究"新范式"的若干思考》（载《近代史研究》2001年第2期），张海鹏的《20世纪中国近代史学科体系问题的探索》（载《近代史研究》2005年第1期），井建斌的《正确评价中国近代史研究的现代化取向》（载《社会科学论坛》2005年第5期），郑师渠的《近代史教材的编撰与近代史研究的"范式之争"》（载《近代史研究》2010年第2期），夏明方的《中国近代历史研究方法的新陈代谢》（载《近代史研究》2010年第2期），左玉河的《中国近代史研究的范式之争与超越之路》（载《史学月刊》2014年第6期），徐秀丽的《中国近代史研究中"范式"问题》（载《清华大学学报》2015年第1期）。

② 郭克范：《本世纪上半叶西藏政事的现代性分析》，载《西藏研究》1999年第4期。

③ 许广智：《西藏近（现）代化发展历程评述》，载《西藏大学学报》2007年第3期。

④ 姜义华、瞿林东：《史学导论》，复旦大学出版社2018年版，第147页。

倡导"有几分材料说几分话",在本书中,诚如成崇德所说的,不以一看到史料中有张荫棠宣讲《天演论》的记载,便给其贴上"资产阶级改良派"的标签。

三、核心材料

1908年,张荫棠由印度返回北京后,将其在藏期间与军机处、外务部等清中央相关各部往来电文的底稿自著成10多万字的《使藏纪事》5卷,"冀后之筹藏防者有所考焉",这为后世研究提供了珍贵资料。《使藏纪事》的原稿尚未见流传,但目前有两种抄本出版。一种是吴丰培的父亲吴燕绍的抄本。20世纪30年代,吴燕绍对张荫棠"曾慕英名,特行走访","他慨谈藏事,犹存遗憾。兹以此稿借抄,始得流传"。① 1938年,吴丰培辑录出版的《清季筹藏奏牍》② 收录了其父的抄本,命名为《张荫棠奏牍》。1994年,吴丰培对《清季筹藏奏牍》"重加整理、充实",出版《清代藏事奏牍》③,其中对《张荫棠奏牍》继续加以收录,并更名为《张荫棠驻藏奏稿》。显然,吴丰培前后辑录整理的《清季筹藏奏牍》与《清代藏事奏牍》中的张荫棠藏事奏稿部分,依据均是其父由《使藏纪事》原稿誊出的抄本。另一种抄本现存于国家图书馆,题为"(清)佚名辑"。2009年,张羽新主编出版的《唐宋元明清藏事史料汇编》中对国家图书馆抄本予以收录,保留《使藏纪事》原名。④ 相比较而言,吴丰培在整理时采用誊写方式,删去了与藏事无关的内容,并有一些其他改动;张羽新则对国家图书馆的抄本采用影印方式收录,保存了其原貌。两者的核心内容基本一致,可参酌并用。此外,何藻翔所著《藏语》⑤ 对研究张荫棠藏事改革具有极高的史料价值。何氏是张荫棠赴藏时奏调的随员之一,专门负责文案,张荫棠的不少奏稿由其起草,其收录进《藏语》的部分可与《使藏纪事》互证。《藏语》也有一定的日记性质,可补正一些细节。以上三种史料的出版,为研究张荫棠藏事改革提供了一手史料支撑。此外,研究张荫棠藏事改革还凭借以下史料。

(1) 与张荫棠藏事改革紧密相关的官方文献和档案。如由中国第一历史

---

① 吴丰培:《张荫棠驻藏奏稿·跋》,见吴丰培编辑《清代藏事奏牍·张荫棠驻藏奏稿》,中国藏学出版社1994年版,第1457页。
② 吴丰培辑:《清季筹藏奏牍》,国立北平研究院史学研究会1938年版。
③ 吴丰培编辑:《清代藏事奏牍》,中国藏学出版社1994年版。
④ 张羽新主编:《唐宋元明清藏事史料汇编》(第32册),学苑出版社2009年版。
⑤ 何藻翔:《藏语》,广智书局宣统二年(1910)版。

档案馆所编的《光绪宣统两朝上谕档》①《光绪朝朱批奏折》②《清代军机处电报档汇编》③，顾祖成等编的《清实录藏族史料》④，中国藏学研究中心等合编的《元以来西藏地方政府与中央政府关系档案史资料汇编》⑤，王彦威、王亮辑编的《清季外交史料》⑥ 等。

（2）张荫棠在藏前后的驻藏大臣与四川总督，如文硕、升泰、有泰、联豫、丁宝桢、鹿传霖等的奏稿，吴丰培辑录的《有泰驻藏日记》⑦《赵尔丰川边奏牍》⑧，以及四川省民族研究所编的《清末川滇边务档案史料》⑨ 等。

（3）一些关切藏事的官员的筹藏建言。具有代表性的有姚锡光的《筹藏刍议》⑩、徐鼒霖的《筹边刍言》⑪ 等。

（4）《东方杂志》《新民丛报》《申报》《时报》《广益丛报》《外交报》等报纸的一些相关的涉藏报道。卢秀璋主编的《清末民初藏事资料选编（1877—1919）》⑫ 为查阅以上报纸的相关报道提供了便利。

（5）与张荫棠藏事改革紧密相关的英国、俄国官方档案。要者有：英国外交部档案《英国政府有关西藏事务函电》⑬（F. O. 535），《英国印度事务部涉藏档案》⑭（IOR），以及由陈春华编译的《俄国与西藏——俄国档案文件汇编（1893—1914）》⑮ 等。

---

① 中国第一历史档案馆编：《光绪宣统两朝上谕档》，广西师范大学出版社1996年版。
② 中国第一历史档案馆编：《光绪朝朱批奏折》，中华书局1996年版。
③ 中国第一历史档案馆编：《清代军机处电报档汇编》，中国人民大学出版社2005年版。
④ 顾祖成等编：《清实录藏族史料》，西藏人民出版社1982年版。
⑤ 中国藏学研究中心、中国第一历史档案馆、中国第二历史档案馆、西藏自治区档案馆、四川省档案馆合编：《元以来西藏地方与中央政府关系档案史料汇编》，中国藏学出版社1994年版。
⑥ 王彦威、王亮辑编：《清季外交史料》，书目文献出版社1987年版。
⑦ 〔清〕有泰撰，吴丰培整理：《有泰驻藏日记》，全国图书馆文献缩微复制中心1991年版。
⑧ 吴丰培编：《赵尔丰川边奏牍》，四川民族出版社1984年版。
⑨ 四川省民族研究所《清末川滇边务档案史料》编写组编：《清末川滇边务档案史料》（全三册），中华书局1989年版。
⑩ 姚锡光：《筹藏刍议》（全一册），光绪三十四年（1908）版，现藏于国家图书馆。陈家琎等主编的《西藏学文献丛书别辑》（第十二函，线装本）予以收录，中国藏学出版社1995年版。
⑪ 〔清〕徐鼒霖：《筹边刍言》。陈家琎等主编的《西藏学文献丛书别辑》（第十二函，线装本）予以收录，中国藏学出版社1995年版。
⑫ 卢秀璋主编：《清末民初藏事资料选编（1877—1919）》，中国藏学出版社2005年版。
⑬ *Foreign Office* 535（简称F. O. 535），英国外交部档案，全宗535号，共27卷，是英国政府1903—1923年有关中国西藏事务函电汇编，现藏于伦敦公众档案馆。
⑭ *Great Britain, India Office Record*（简称IOR），英国印度事务部档案，现藏于大英图书馆印度事务图书与档案部。
⑮ 〔俄〕E. A. 别洛夫主编，陈春华编译：《俄国与西藏——俄国档案文件汇编（1893—1914）》，社会科学文献出版社2017年版。

（6）现已出版的西藏地方的相关档案。要者有：中国社会科学院民族研究所历史室、西藏自治区历史档案馆合编的《藏文史料译文集》①，西藏自治区政协文史资料研究委员会编的《第十三世达赖喇嘛年谱》②，西藏自治区档案馆编的《西藏历史档案荟萃》③，中国社会科学院民族研究所、西藏自治区档案馆合编的《西藏社会历史藏文档案资料译文集》④，中国第一历史档案馆、中国藏学研究中心合编的《清末十三世达赖喇嘛档案史料选编》⑤ 等。

其他恕不一一赘述。总体而言，目前张荫棠藏事改革相关的史料比较充分，具备开展进一步研究的条件。

---

① 中国社会科学院民族研究所历史室、西藏自治区历史档案馆合编：《藏文史料译文集》，1985年版。

② 西藏自治区政协文史资料研究委员会编：《第十三世达赖喇嘛年谱》[《西藏文史资料选辑》（第11辑）]，民族出版社1989年版。

③ 西藏自治区档案馆编：《西藏历史档案荟萃》，文物出版社1995年版。

④ 中国社会科学院民族研究所、西藏自治区档案馆合编：《西藏社会历史藏文档案资料译文集》，中国藏学出版社1997年版。

⑤ 中国第一历史档案馆、中国藏学研究中心合编：《清末十三世达赖喇嘛档案史料选编》，中国藏学出版社2002年版。

第一章　张荫棠藏事改革前的局势

第一节　清末西藏地方危机

一、英俄竞相侵藏及英国第二次侵藏战争

西藏作为中国的一部分，与近代中国其他地区一样，遭受了被西方殖民主义势力侵略的历史厄运。众所周知，英国、俄国是西方殖民势力全球扩张时期侵略中国西藏的急先锋，学界对此已有较多的相关研究。① 英国、俄国竞相侵藏，尤其是1903—1904年英国第二次侵藏战争造成的空前的西藏边疆危机，是张荫棠奉旨入藏"查办事件"的直接原因，以下予以扼要勾勒。

19世纪70年代起，英国、俄国对中国西藏的争夺日趋激烈。周伟洲认为19世纪70年代后，俄国从西藏的北部，英国从南部，法国从东部，纷纷派遣探险家、传教士潜入西藏，形成了一个高潮。② 随着列强之间的矛盾及全球扩张格局的变化，英俄为争夺西藏展开了激烈角逐。英国、俄国争夺中国西藏，不只是为了经济掠夺，还各有更大的野心。英国企图通过控制西藏，一则打通由中国西南侵华的路线，进而将其与由中国内地侵华的路线连通；二则从西藏进入中亚，以便与俄国在中亚角逐。俄国最大的野心是通过控制西藏，从而实现"直叩印度的大门"③ 的目标；同时，控制西藏不仅可以利用达赖喇嘛的藏

---

① 国外有以英国学者阿拉斯泰尔·兰姆博士的《麦克马洪线：1904—1914年间印度、中国与西藏关系史研究》、美国藏学家梅·戈尔斯坦的《喇嘛王国的覆灭》等为代表的一批成果。20世纪90年代以来，国内有杨公素的《中国反对外国侵略干涉西藏地方斗争史》、王远大的《近代俄国与中国西藏》、周伟洲的《英国俄国与中国西藏》、吕昭义的《英属印度与中国西南边疆（1774—1911）》等一批有代表性的成果相继问世，近年来更有不少新著及研究文章不断推出。

② 周伟洲：《英国俄国与中国西藏》，中国藏学出版社2000年版，第86页。

③ 《马克思恩格斯全集》（第12卷），人民出版社1960年版，第642页。

传佛教领袖地位影响蒙古佛教徒，便于其将蒙古地区从中国分裂出去，还可以牵制波斯和阿富汗，从而在与英国争夺中亚的角逐中处于有利地位。时论一针见血地指出："顾外人之垂涎西藏者久矣。惟英忌俄，故欲得西藏以固印度之门户，惟俄忌英，故亦欲得西藏以拊印度之背，而扼其吭。"①

英国在19世纪70年代以前，通过战争以及拉拢、收买等手段，先后控制与西藏接壤的清朝外藩廓尔喀（尼泊尔）、哲孟雄（锡金）、布鲁克巴（不丹）等国家和地区，做好了侵藏准备。1873年起，英印当局再也做不到安于现状，急于突破"横梗于印人之前"的各种障碍，"努力以压迫中国当局放弃其与西藏有关之封锁政策"。② 1876年，英国逼迫清政府签订不平等的《烟台条约》，通过其中的"西藏专条"取得了英人入藏游历、探险的特权，从此清政府被迫开放西藏。1886年，驻藏大臣文硕指出，英俄对西藏已形成了"一隅藏地，两国并争"，"俄国更有甚于他国者"的严峻形势。③ 1888年，英国发动侵藏战争后，俄国也不甘落后，加紧其侵藏步伐，由是19世纪末至20世纪初英国和俄国为争夺西藏展开了激烈较量。

张荫棠就英俄竞相侵略西藏、英国发动第二次侵藏战争指出：

> 英乘日俄战事之际，中俄不暇兼顾，兴兵进藏，其祸实源于二十六年达赖遣使到俄，俄待以殊礼，隐触英忌。当时英使警告我总理衙门大臣，言俄诱藏自立，归俄保护，俄藏若立密约，西藏便非中国所有。经总理衙门电询驻俄使臣胡维德，特向俄声明，如与藏人订约，中国决不承认。英人恐俄藏交通，于英不便，窥藏之谋日亟。印度政府屡以达赖通俄，信任俄人多哲夫（德尔智）为口实，日以防俄耸动英廷。④

这段分析从"达赖遣使到俄"引发英印当局忌惮俄国"诱藏自立"从而"日以防俄耸动英廷"发动武装侵略，道明了英国、俄国争夺西藏的激烈程度。然而，俄国"诱藏自立"，又源于其与英国争夺西藏。

---

① 《西报论中国经营西藏问题续论》，见《广益丛报》第一百五十四号（第五年第二十六期），1907年12月4日（光绪三十三年十月二十九日）。

② ［英］荣赫鹏著，孙熙初译：《英国侵略西藏史》，西藏社会科学院资料情报研究所1983年内部资料，第31—33、40页。

③ 〔清〕文硕：《预筹藏事并请增派熟习洋务人员》，见吴丰培编辑《清代藏事奏牍·文硕驻藏奏稿》，中国藏学出版社1994年版，第559页。

④ 张荫棠：《奏复西藏情形并善后事宜折》，见吴丰培编辑《清代藏事奏牍·张荫棠驻藏奏稿》，中国藏学出版社1994年版，第1396页。

俄国从1870年起，以"地理学会"的名义，先后10多次有计划、有组织地派遣由陆军部、外交部指挥的"西藏考察队"，试图深入西藏刺探情报。[①] 同时，俄国派间谍潜入西藏为其侵略服务，其中，俄国籍布里亚特蒙古僧侣洛桑·阿旺·德尔智（1853—1938）对俄国侵略西藏发挥了重要作用。1873年，德尔智掩饰其出身，伪装成蒙古人以深造佛学名义进入拉萨哲蚌寺修习，1888年获得格西学位后，被哲蚌寺推荐担任十三世达赖喇嘛的7名侍读之一。"由于受达赖喇嘛超乎其他侍读的特别赏识"，很快被提升为三品僧官，从而便利了其在西藏散布"亲俄"思想。[②] 西藏地方第一次抗英斗争失败后，德尔智乘机向西藏地方上层大肆鼓吹"俄国是唯一能制止英国阴谋的大国"，在西藏地方抗英情绪高涨而又得不到清政府支持的情势下迎合了一些人，致使在西藏地方上层中逐渐形成了以噶伦夏扎·边觉夺吉（bshad-sgra-dpal-vbyor-rdo-rje）为核心的"亲俄派"。1894年，驻藏边务官员嵇志文奏报，新授噶伦边觉夺吉"交通俄使，险诈用事"[③]；然而驻藏两大臣奎焕、延茂对此意见"迥不相符"[④]，嵇志文反而被以"玩视边务"为由"据实奏参"[⑤]，这使清政府错失了对西藏地方"亲俄派"防微杜渐的时机。随后，四川总督刘秉璋奏称："通俄之说，颇有端倪，却非边觉夺吉一人之意"，建议密饬驻藏大臣"不动声色，暗中防闲，以弭边衅"。[⑥] 1896年，四川总督鹿传霖奏报："年来定议勘界，藏番以我左袒英人，心怀不忿。俄人从而生心，暗勾藏番，许以有事救护，藏番遂持俄为外援"，尤其是十三世达赖喇嘛"恃俄国为外援，公然恣肆"。[⑦] 随后，鹿传霖进一步奏报："查藏番通俄一节，事在印藏构兵之时。"[⑧] 可见，英国第一次侵藏战争后，在德尔智利诱拉拢下，十三世达赖喇嘛对俄国的态度由坚决抵御转向"亲俄"。俄国学者坦言，西藏"亲俄"，德尔智在其中起了极大的作用。1898—1902年，在十三世达赖喇嘛的授意下，德尔智4次前往俄

---

① 详见王远大《近代俄国与中国西藏》，生活·读书·新知三联书店1993年版。
② 《阿旺·德尔智自传》，见〔俄〕E. A. 别洛夫主编，陈春华编译《俄国与西藏——俄国档案文件汇编（1893—1914）》，社会科学文献出版社2017年版，第58—63页。
③ 《清实录·德宗实录》卷三三一，光绪十九年十二月己未。
④ 《清实录·德宗实录》卷三三七，光绪二十年三月壬寅。
⑤ 《清实录·德宗实录》卷三三〇，光绪十九年十一月己亥。
⑥ 〔清〕刘秉璋：《请密饬驻藏大臣防闲藏僧片》，见吴丰培编辑《清代藏事奏牍·鹿传霖藏事奏牍》，中国藏学出版社1994年版，第728页。
⑦ 〔清〕鹿传霖：《密陈西藏情形可虑疏》，见吴丰培编辑《清代藏事奏牍·鹿传霖藏事奏牍》，中国藏学出版社1994年版，第974—975页。
⑧ 〔清〕鹿传霖：《瞻对收复请撤回番官并陈英俄窥藏情形疏》，见吴丰培编辑《清代藏事奏牍·鹿传霖藏事奏牍》，中国藏学出版社1994年版，第1015页。

国寻求"援助",而清政府向俄国提出抗议的结果仅为表明国家主权立场,对德尔智的活动"禁而不止"。①

在德尔智加紧活动期间,1899年,英国侵藏急先锋寇松(Lord George Curzon)出任英印总督。寇松的野心是,为确保英国在与俄国争夺亚洲霸权中处于优势,必须通过发动侵藏战争,从而使中国西藏成为英国控制下的"缓冲国"。② 在未得到英国政府同意之前,寇松先是接连致信十三世达赖喇嘛,企图"与西藏人直接交往",但信件均以"无权与任何外国政府通信"为由被退回。③ 寇松认为"直接交涉"的失败,正是德尔智煽动十三世达赖喇嘛"亲俄"造成的,这就为其实施武装侵藏找到了借口。④ 1902年8月,正值寇松加紧发动侵藏战争之际,中外报纸先后披露了所谓的"中俄关于西藏密约"。其核心内容是,清政府将西藏权益让予俄国,以换取俄国保持对中华帝国的支持。周伟洲认为,所谓"中俄关于西藏密约"纯属传闻,但"在当时却起到了加深英俄争夺西藏矛盾的作用","促使英国政府积极寻找对抗俄国势力深入西藏的策略"。⑤ 1903年,寇松进一步向英国印度事务大臣汉密尔顿(Lord George Hamilton)鼓吹:"我们认为,所谓中国在西藏的宗主权(suzerainty),乃是一种法律上的虚构,一种政治上的幌子。它只是为了双方的方便而得以维持下来的。"⑥ 寇松颠倒是非,企图以"宗主权"的概念否认中国对藏主权,以为其武装侵藏进一步寻找借口。更为甚者,这为以后中国反侵略斗争埋下了一个祸根。

寇松在说服英国政府同意侵藏的同时,又以西藏地方拒不履行《中英藏印条约》《中英藏印续约》为借口,不断挑起事端,加紧武装入侵准备。1903年底,寇松发起蓄谋已久的武装入侵后,西藏地方誓死抵抗,但一味奉行清政府妥协退让政策的驻藏大臣裕钢冷眼旁观地提出"战后而和";有泰接任后

---

① 参见王远大《近代俄国与中国西藏》,生活·读书·新知三联书店1993年版,第163、174页。
② 参见吕昭义《英属印度与中国西南边疆(1774—1911)》,中国社会科学出版社1996年版,第215-220页。
③ 《英印总督致英国印度事务大臣》(1901年11月3日电报),见《西藏地方历史资料选辑》,生活·读书·新知三联书店1973年版,第182页。
④ [英]荣赫鹏著,孙熙初译:《英国侵略西藏史》,西藏社会科学院资料情报研究所1983年内部资料,第51-52页。
⑤ 周伟洲:《英国俄国与中国西藏》,中国藏学出版社2000年版,第188-189页。
⑥ 《印度政府外务部致英国印度事务大臣汉密尔顿函》(1903年1月8日发,1903年1月20日收),见《西藏地方历史资料选集》,生活·读书·新知三联书店1973年版,第183页。

"坐误事机""釜底抽薪",认为"非任其战、任其败,终不能了局"①,由是西藏地方第二次抗英斗争的失败在所难免。1904年7月28日,侵藏英军开进拉萨前,十三世达赖喇嘛出走内地。9月7日,侵藏英军头目荣赫鹏逼迫西藏地方签订"拉萨条约"10款。

"拉萨条约"除要求亚东、江孜、噶大克三处开埠及划界、赔款外,要害在于英国企图不顾清朝对藏主权,取得与西藏地方政府"直接交涉"的特权。对于这一点,最关键的是条约第九条中含混的"外国"字样。荣赫鹏的险恶用意是此"外国"字样暗含中国在内,妄图以此否认中国对藏主权。但他心知肚明,条约如果得不到清政府承认,便是无效的。为诱导作为清政府代表的有泰签字,荣赫鹏在给有泰的照会中称:"无论是何外国字样,系除中国不在内。第二条亚东、江孜、噶大克通商码头,凡中国商民亦应往来买卖,理合立据照会。"有泰回复:"第九条内开各节,查西藏系中国二百余年藩属,凡中国官民,皆可自行举办……江孜驻扎之官,听便来藏。"②荣赫鹏给有泰的照会实际上是哄骗有泰签字,而有泰未得清政府授权,便自作主张地允许英国驻江孜商务代表享有前往拉萨的权利。清政府外务部接到报告后,立即指出"第九款尤为窒碍",并强调"至无论何外国各节,中国实有万难应允之势",最后要求有泰"不能遽行画押,免滋口实"。③ 有泰最终没有签字,"拉萨条约"无疑是非法的。

在清政府与英国交涉的同时,"各国议论蜂起,俄尤从中牵制"④。为缓解国际压力,1904年9月23日,侵藏英军撤离拉萨。11月11日,未经与中方再次谈判,新任英印总督敏托(Lord Minto)单方面批准了"拉萨条约",同时声明,将75年赔款750万卢比减为3年赔付250万卢比;赔款付清之后,英军即刻撤离春丕。

英国第二次侵藏战争带给西藏地方的灾难是空前的。荣赫鹏描述古鲁大屠杀:"数秒钟后,我之来复枪与大炮已将藏人扫射无余。拉萨将军本人开始时已被杀死,数分钟后,战斗结束,藏人死体遍布原野","此诚惨酷可怖",

---

① 〔清〕有泰:《致外务部陈藏印开衅情形》,见吴丰培编辑《清代藏事奏牍·有泰驻藏奏稿》,中国藏学出版社1994年版,第1187页。

② 〔清〕有泰:《致外务部陈与英员商议条约情形电》,见吴丰培编辑《清代藏事奏牍·有泰驻藏奏稿》,中国藏学出版社1994年版,第1196页。

③ 《外务部以藏约有丧主权须另行议定电》,见吴丰培编辑《清代藏事奏牍·有泰驻藏奏稿》,中国藏学出版社1994年版,第1199页。

④ 张荫棠:《上外部签注驻藏赵大臣函》,见吴丰培编辑《清代藏事奏牍·张荫棠驻藏奏稿》,中国藏学出版社1994年版,第1435页。

"英政治家谓为屠杀'非武装之人民'"。① 英人费莱明（Peter Fleming）写道："这不是战斗，而是一场大屠杀。"② 兰姆（Dr. Alastair Lamb）评价道："毋宁说这是一次对藏人的大屠杀，而这次大屠杀竟然发生在藏人同意缴出武器之后！"③ 继古鲁大屠杀后，西藏人民在江孜保卫战中付出的代价更加沉重。英军开进拉萨后的一系列侵略行径及逼签"拉萨条约"的影响，比之战争创伤有过之而无不及。侵藏头目贝尔（Charles Bell）承认，西藏地方因遭受他们的武装侵略而"积弱不振"。④ 总之，这次英国侵藏战争使得西藏地方民生凋敝、人心浮动，整个社会沉寂于战火洗劫后的苍凉之中。张荫棠入藏途中，目睹"生灵涂炭，白骨遍野，四民失业，十室九空"的悲凉场景后，伤感地说道："触目伤心，实深悯恻，不能不太息。"⑤

对于英国发动第二次侵藏战争，俄国自然担心丧失其在西藏的优势。1903年，俄国警告英国，如果英军侵藏造成严重的局势，俄国将采取措施确保他们在西藏的利益。但当时英日已经缔结了针对俄国的同盟，日俄战争爆发在即，俄国看似态度强硬，实则无力顾及。1904年，英国为换取俄国对其独占埃及的承认，向俄国提出声明："只要他国不力图干预西藏事务，陛下政府将不试图并吞西藏，不对西藏建立保护关系，不以任何方式控制西藏内政。"⑥ 如此，英国和俄国在争夺中国西藏问题上达成了一次政治交易。俄国虽无力干涉英国入侵西藏，但仍不甘心就此罢休。俄国沙皇尼古拉二世继续接见德尔智，以与十三世达赖喇嘛联系，实际上是俄国政府在西藏问题上对英国采取的一种对抗行动。⑦ 后经过讨价还价，英俄双方于1907年签订《西藏协定》，俄国同意英国将"中国对西藏之宗主权"的条款塞进该约，这是帝国主义列强在国际条约中首次杜撰了"中国对西藏之宗主权"。英俄背着清政府，企图以"宗主权"的概念否认中国对西藏的主权，这严重损害了中国的国家利益。列宁评

---

① ［英］荣赫鹏著，孙熙初译：《英国侵略西藏史》，西藏社会科学院资料情报研究所1983年内部资料，第137页。

② ［英］彼得·费莱明著，向红笳、胡岩译：《刺刀指向拉萨》，西藏人民出版社1987年版，第133－134页。

③ Alastair Lamb, British India and Tibet, 1766－1910, London: Routledge and Kegan Paul, 1986, p.238.

④ ［英］贝尔著，宫廷璋译，竺可桢、向达校：《西藏之过去与现在》，商务印书馆1930年版，第59页。

⑤ 张荫棠：《传谕善后问题二十四条》，见吴丰培编辑《清代藏事奏牍·张荫棠驻藏奏稿》，中国藏学出版社1994年版，第1333页。

⑥ 《兰斯多恩侯爵致斯普林·赖斯先生》（1904年5月10日），见《英国政府有关西藏事务函电》（F.O.535），第3卷，第35号文件。

⑦ 周伟洲：《英国俄国与中国西藏》，中国藏学出版社2000年版，第257页。

价英俄《西藏协定》道:"瓜分波斯、阿富汗、西藏(准备同德国作战)。"①此后,英国、俄国竞相侵藏,直到1917年沙皇政府被二月革命推翻。

英俄竞相侵藏及英国侵藏战争,致使清朝治藏面临空前挑战。对张荫棠而言,他在英国第二次侵藏战争后进藏善后,至少面临以下直接挑战和严峻考验。其一,由于英国第一次侵藏战争后,清政府未及时采取措施加强西藏边防,长期积累的边防空虚问题日益突出;并且英俄没有停止侵藏的脚步,由此抵御侵略、维护主权的斗争形势十分严峻,尤其处理交涉开埠、赔款、撤军等具体问题刻不容缓。其二,英俄挑拨、拉拢十三世达赖喇嘛与九世班禅这两大宗教领袖以及西藏地方上层部分官员的侵略手段,不仅严重破坏了西藏社会内部的原有关系,激化了旧矛盾,制造了新矛盾;更为甚者,西藏地方上层出现了"亲俄""亲英"分子,致使局势错综复杂,这加重了清朝中央政府在藏施政的困难。其三,清政府在西藏地方两次抗英斗争中,不仅未能提供支持,反而压制他们"即便西藏男丁死尽,妇女亦愿坚决抵御到底,矢志不移"②的抵抗精神,由此西藏地方对清政府产生了极大不满,从而导致清朝中央政府在藏权威下降。其四,遭受两次战火洗劫以及英俄等的经济掠夺后,西藏地方民生凋敝、人心浮动,经济社会遭到严重创伤。不仅如此,英国继发动武装侵略战争后,又改变侵略策略,妄图制造"西藏独立",使得抵御侵略、维护主权斗争面临的形势更加严峻;并且英俄侵略使得晚清以来治藏过程中长期积累的矛盾激化,这些都是清朝治藏面临的新问题,更是张荫棠进藏后直接面临的考验。

二、驻藏官员的腐败

雍正五年(1727),雍正帝"著内阁学士僧格、副都统马喇差往达赖喇嘛处"③,由是清朝正式推行驻藏大臣制度④,直至清朝灭亡。驻藏大臣制度是清朝治理西藏地方的重要制度。以驻藏大臣为首的驻藏系统官员是清朝在藏权威的象征,代表清朝中央政府行使对西藏地方的管理权。乾隆五十七年(1792),鉴于"派往驻藏办事之员多系中材谨饬。伊等前往居住只图班满回京,于藏中诸事并不与闻,听达赖喇嘛等率意径行,是驻藏大臣竟成虚设"

---

① 《列宁全集》(第54卷),人民出版社1990年版,第776页。
② 中国社会科学院民族研究所、西藏自治区档案馆合编,陆莲蒂、王玉平等译:《西藏社会历史藏文档案资料译文集》,中国藏学出版社1997年版,第220页。
③ 《清实录·世宗实录》卷五二,雍正五年正月丁巳。
④ 关于驻藏大臣制度的设立时间,学界有"康熙年间说"与"雍正年间说",此处暂取后者。

的弊端，乾隆下旨"定立章程"，"更改积弊"。① 乾隆五十八年（1793），大将军福康安等奏准颁行《钦定藏内善后章程二十九条》（以下简称《章程》），对包括驻藏大臣制度在内的各项制度进行全面改革。《章程》中将西藏地方的人事权、行政权、财税权、军事权、司法权、外事权等集中于驻藏大臣，把驻藏大臣的地位和职权提到了"总揽事权，主持藏政"② 的高度。乾隆时期清朝国力鼎盛、朝纲威严，虽有巴忠、雅满泰、鄂辉等"办理藏政不善"，但直接参与制订《章程》的和琳以及其后的和宁、松筠等，在各自驻藏大臣任内都积极贯彻执行《章程》的各项规定，切实提高了驻藏大臣的地位，扩大了驻藏大臣的职权，为治藏开辟了新局面。总体而言，以驻藏大臣为首的驻藏系统官员在维护国家主权、戡定内乱以及维持西藏社会稳定等方面发挥了重要的历史作用。

学界对于驻藏大臣已有较为充分的研究③，本节主要讨论晚清以降以驻藏大臣为首的驻藏系统官员腐败积弊导致的严重后果。吴丰培认为，晚清时期，不仅驻藏大臣"大都庸碌之辈，岂求有功，且冀瓜代有期，升迁有望，藏地民情，素不关心"，其他驻藏官员"亦均为川省待罪之吏，借此仕途，以作升迁捷径。而藏官之补缺，非贿莫成，视为利薮"。④ 曾国庆认为，嘉庆、道光、咸丰、同治时期，清廷所派驻藏官员多是满族"缘事革职"或年迈多疾者，"大量有志报国、博学多才之汉蒙等民族人才却闲置不用"，以致"多数驻藏大臣平平碌碌"。个别官员如成林、文弼、阳春、庆惠等"颠顸用事""舛谬糊涂"，因索要挪借银两、营私贿赂被革职；但也有孟保、赫特贺、满庆等不辱使命，较好地履行了职责。光绪、宣统时期的驻藏大臣中，既有文硕、张荫棠、联豫等奋发有为者，也有裕钢、升泰、有泰等颠顸偾事者。究其原因，除了晚清国势衰微、朝廷腐朽没落、思想文化禁锢、民族歧视政策外，也有西方列强侵凌践踏中国主权等，导致驻藏大臣声望每况愈下，朝廷指令难以贯彻。当然也有个别官员本身品行低劣，丧权辱国，不敷委任等原因。⑤ 祈美琴、赵阳分析驻藏大臣的来源，认为"嘉道时期是驻藏大臣来源职位最混乱的时期，

---

① 《清实录·高宗实录》卷一四一一，乾隆五十七年八月癸巳。
② 张羽新：《驻藏大臣政治地位和职权的历史考察》，载《中国藏学》1998 年第 2 期。
③ 代表性的专题研究成果有：丁实存的《清代驻藏大臣考》，吴丰培、曾国庆的《清代驻藏大臣传略》《驻藏大臣制度的建立与沿革》等，西藏通史类论著也多有涉及，近年来专题研究文章更是不断推出。
④ 吴丰培：《讷钦驻藏奏稿·跋》，见吴丰培整理《清代藏事奏·讷钦驻藏奏稿》，中国藏学出版社 1994 年版，第 965 页。
⑤ 曾国庆：《论驻藏大臣对治理西藏的影响》，载《中国藏学》2009 年第 1 期。

也是清廷在西藏的统治真正受到挑战的开始"①。

驻藏官员的腐败无能导致的后果是十分严重的。道光二十四年（1844），驻藏大臣琦善奏陈《酌拟裁禁商上积弊章程二十八条》，以期通过整顿吏治、改革藏军、驻藏清军若干弊端等，加强驻藏大臣权力。周伟洲认为，琦善的改革措施不仅"收效不大"，反而是其奏请放弃对商上②财政的审核权及训练、巡查藏军旧例，有损清朝中央政府对西藏地方的管理权，开启了以后削弱驻藏大臣权力之端倪，对其后清朝治藏产生了不良影响。③ 吴丰培指出，驻藏大臣文海与成都将军恭寿"二人受到藏人重贿，奏请将瞻对仍还藏管辖，使鹿传霖筹划多时、派兵收瞻之功毁于一旦，并将德格、章谷、朱窝各土司的改土归流全案推翻"④。对驻藏大臣的腐败及其造成的恶果，光绪十年（1884），七品京官陈炽斥责："向来驻藏大臣不皆洁清自守，往往横征暴敛。"⑤ 光绪十二年（1886），驻藏大臣文硕痛陈，"历任驻藏大臣贤愚不等，劣者或清操有忝，或信任私人，见轻取侮，因有由来。即其贤者，亦因势成积重，骤难挽回。间有渐图振作之人，转至损威失体，遂益相率因循，聊图敷衍，积之愈久，纲纪凌夷"。文硕是晚清时期驻藏大臣中为数不多的贤良者之一，对驻藏系统官员贪腐无能的严重程度有切肤之感，以至其对驻藏大臣能否"上维国体，下系人心"深表忧虑。文硕还揭批驻藏大臣所属文员："平时固足敷衍，若值有事之时，不特紧要差委深虑乏人，即办理折奏公文，亦恐难期得力。"⑥ 光绪三十三年（1907），《大同报》刊文揭批道："驻藏大臣例用旗人充之，多候道补，其入藏也，诸处债主多随之往，盖赴藏者多系穷臣，至则幕僚官属皆系债主，百方罗掘，无财不取，家丁兵役，任意行事，一俟三年任满，即行满载而归，藏民视之不啻虎狼蛇蝎，惟恐避之不及。"⑦

晚清以降，西方各色人等以传教、游历、探险、通商等各种名义频频入藏，尤其是英俄侵藏形势日甚一日，驻藏官员履职本身要面临新的挑战，然而他们腐败无能，造成的后果更为恶劣。这突出表现为自《烟台条约》签订后，清政府允许洋人进藏，而当时西藏地方对洋人进藏的态度是"纵死力阻"，由

---

① 祁美琴、赵阳：《有关清代藏史及驻藏大臣研究的几点思考》，载《中国藏学》2009年第2期。
② 清代文献中对西藏地方管理库藏及财赋收支机构的总称，也泛指西藏地方行政总机构。
③ 周伟洲：《驻藏大臣琦善改订西藏章程考》，载《中国边疆史地研究》2009年第1期。
④ 吴丰培：《文海驻藏奏稿·跋》，见吴丰培编辑《清代藏事奏牍·文海驻藏奏稿》，中国藏学出版社1994年版，第1061页。
⑤ 《清实录·德宗实录》卷一九七，光绪十年九月丙午。
⑥ 〔清〕文硕：《上醇王条陈藏事说帖》，见吴丰培编辑《清代藏事奏牍·文硕驻藏奏稿》，中国藏学出版社1994年版，第547页。
⑦ 袁仲：《西藏》，《大同报》（东京）第二号，1907年8月5日（光绪三十三年六月二十七日）。

是一味奉旨"劝导"西藏地方的驻藏大臣与西藏地方长期积累的矛盾，因对洋人入藏问题的态度不同而日趋激化。光绪五年（1779），四川总督丁宝桢就指出："自道光末年以后，抚驭稍宽，番官因与汉官分而为二，各不相统。而番官之气焰渐长，其后习为故常，遂不复遵汉官约束，而汉官之呼应亦觉不灵。惟驻藏大臣之体制，一切犹遵定制，不敢违背，然亦不免于羁縻矣。"①光绪十一年（1785），文硕奏陈："迩来延访川省来人，有谓近年来藏中僧俗因朝廷允许洋人游历通商之事，人心颇觉涣散，不惟不听驻藏大臣约束，转致驻藏大臣办公掣肘。甚者公文折报，须先关白，然后乃得遄行。"②文硕认为，"此虽辗转传闻，无足深信"，但是"或又不尽无因"。可见，清政府与西藏地方在洋人进藏问题上态度截然相反，致使西藏地方对奉行清政府妥协退让政策的驻藏大臣产生了抵触，并且这一矛盾随着英俄加紧侵藏步伐而不断加深。吴丰培认为，"自道咸以后，（驻藏大臣）渐为失势满人之转缺，使藏者鲜有贤能之辈。于是失藏人之心，中朝威令渐不行矣。殆至光绪朝，英俄窥藏，非如前之可闭门自守也。边衅屡开，交涉日繁，藏臣非昧于大势，庇藏以御英，即抑勒藏人以媚外"③。面对外国侵略"只见其（驻藏大臣）挟英以要藏，未闻挟藏以拒英。帝国野心进不已者，固其成性，亦当时在藏统治者之无能，汉藏之失睦，竟开门而揖盗。藏政不修，而深责藏员顽固不化，岂成定论？弊政积习数十年矣"④。

英国两次侵藏战争期间的驻藏大臣升泰、奎焕、裕钢、有泰等，不顾西藏地方的抗英热情，一味奉行妥协退让政策，其与西藏地方的矛盾由是激化。英国第一次侵藏战争后，逼迫清政府签订不平等的《中英会议藏印条约》《中英会议藏印续约》，据此不仅正式吞并了哲孟雄，还割占了藏南的隆吐、捻纳至则利拉一带的领土。对此，西藏地方"聚同三大寺僧众肆口交讥，纷纷攀辕呈递禀词"，"直斥"负责谈判的升泰"失信藏番，意图见好（英国）"⑤，"归

---

① 〔清〕丁宝桢：《会筹藏中应办事宜折》，见吴丰培编辑《清代藏事奏牍·丁宝桢藏事奏牍》，中国藏学出版社1994年版，第495页。

② 〔清〕文硕：《上醇王条陈藏事说帖》，见吴丰培编辑《清代藏事奏牍·文硕驻藏奏稿》，中国藏学出版社1994年版，第547页。

③ 吴丰培：《张荫棠驻藏奏稿·跋》，见吴丰培编辑《清代藏事奏牍·张荫棠驻藏奏稿》，中国藏学出版社1994年版，第1457页。

④ 吴丰培：《讷钦驻藏奏稿·跋》，见吴丰培编辑《清代藏事奏牍·讷钦驻藏奏稿》，中国藏学出版社1994年版，第965页。

⑤ 〔清〕升泰：《致保政司函议复印度分晰陈明完结后三款》，见吴丰培编辑《清代藏事奏牍·升泰驻藏奏稿》，中国藏学出版社1994年版，第827页。

怨升泰阻战"，"以致失地"。① 不仅如此，"升泰所请赏番之款，多未发给，（西藏僧俗）益怀怨望"②。后升泰病故，奎焕接任。但奎焕"性情举动稍近轻率"③，"行止不检""持己不端"，"久为藏番所轻，竟至威令不行"。④ 总之，在西藏地方第一次抗英斗争中，"深得藏番爱戴"的文硕被清廷革职，奉行妥协退让政策的升泰、奎焕等与西藏地方矛盾激化，从而让西藏地方对清政府大失所望，以致"达赖喇嘛谓中朝不知用人，无足依赖"⑤。在西藏地方第二次抗英斗争中，"裕钢一误于前，有泰再误于后"，尤其是有泰颟顸误国，激起了以十三世达赖喇嘛为首的西藏地方上层的强烈不满，"故达赖丑诋（驻藏大臣）为'熬茶大臣'，日形骄蹇"⑥。后文还将进一步讨论有泰腐败无能所造成的严重后果。综上，晚清以降，随着清王朝的腐朽，以驻藏大臣为首的驻藏系统官员贪腐无能问题十分突出，至清末，其"一切政权得贿而自甘废弃"的积弊，导致了清朝中央政府在藏权威严重受损的恶果，而这正是张荫棠入藏后所面临的严峻形势。

三、西藏地方政局的恶化

晚清以降，随着清王朝的衰落，西藏地方政局日益动荡不安。学界对此已有较多研究⑦，以下扼要勾勒晚清时期西藏地方各种矛盾交织演变至清末致使政局恶化的严重形势。西藏地方政局的逐渐恶化，内在原因在于政教合一的封建农奴制随着清王朝的腐朽衰落而日趋腐朽。西藏地方政教合一的封建农奴制，是封建制度的一种特殊形式。牙含章认为，五世达赖喇嘛时期（17 世纪

---

① 《裕钢为藏众御侮之志牢不可破恐非战后不能议和致外务部电》，见中国藏学研究中心、中国第一历史档案馆、中国第二历史档案馆、西藏自治区档案馆、四川省档案馆合编《元以来西藏地方与中央政府关系档案史料汇编》（第4册），中国藏学出版社1994年版，第1419页。
② 〔清〕鹿传霖：《密陈西藏情形可虑折》，见吴丰培编辑《清代藏事奏牍·鹿传霖藏事奏牍》，中国藏学出版社1994年版，第974页。
③ 〔清〕刘秉璋：《请密饬驻藏大臣防闲藏僧片》，见吴丰培编辑《清代藏事奏牍·文硕驻藏奏稿》，中国藏学出版社1994年版，第728页。
④ 〔清〕鹿传霖：《密陈西藏情形可虑折》，见吴丰培编辑《清代藏事奏牍·鹿传霖藏事奏牍》，中国藏学出版社1994年版，第974页。
⑤ 吴丰培：《文硕驻藏奏稿·跋》，见吴丰培编辑《清代藏事奏牍·文硕驻藏奏稿》，中国藏学出版社1994年版，第699页。
⑥ 张荫棠：《致外部电请代奏办事艰难情形吁恳收回成命》，见吴丰培编辑《清代藏事奏牍·张荫棠驻藏奏稿》，中国藏学出版社1994年版，第1317页。
⑦ 专题性的成果主要有东噶·洛桑赤列的《论西藏政教合一制度》，多杰才旦的《西藏封建农奴制社会形态》，牙含章的《达赖喇嘛传》《额尔德尼传》，王献军的《西藏政教合一制研究》等，西藏通史类论著也多有涉及。

20年代至80年代），"是西藏农奴制上升时期并达到了它的顶峰，这时西藏农奴制正式形成了三大领主，即寺院领主，政府领主与贵族领主"①。乾隆十六年（1751），清政府为加强在藏施政主持设立西藏地方噶厦政府。东噶·洛桑赤列认为，这次改革同时"增强了以达赖喇嘛为首的西藏的封建制的政教合一制度的统治"②。晚清以降，西藏政教合一的封建农奴制的腐朽，不仅体现出封建制度腐朽的一般性，还有宗教上层腐朽的特殊性。"这个标榜神人一体、政教兼摄的寺庙领主集团，一方面同地方贵族结合在一起，相互利用，一方面又以所谓转世制度扩大实力，形成了一套臃肿、腐朽的官僚机构，这个机构在清朝中央政府的庇护下日臻僵化，严重阻碍了藏族社会的进一步发展"③，以致"西藏地方广大农牧区的农奴起义反抗和逃亡的事件也逐年增多，许多原先村落繁盛的地区变得荒凉颓败，西藏政教合一制度也像灯油耗尽的灯火一样开始走向没落"④。

  光绪二十三年（1897），《国闻汇编》中一篇名为《论西藏弊政》的报道指出，西藏宗教上层"外贩释迦之名，内行豹虎之毒，刻剥百姓，无恶不为，遇事推诿，绝不料理地方各事及案情等件，总以银钱为第一义，专为盘剥小民，其意以为只顾寺中富足，于土人死活不计及也"⑤。随侵藏英军入藏的英国《每日邮报》驻印度记者埃德蒙·坎德勒（Edmund Candler）在其1905年出版的《拉萨真面目》一书中写道：旧西藏"具有中世纪的性质"，"实行的是封建制度"，"喇嘛是太上皇，农奴是他们的奴隶"，"人民还停留在中世纪的年代，不仅仅是他们的政体、宗教方面，在他们的严厉惩罚、巫术、灵童转世以及要经受烈火与沸油的折磨方面是如此，而且在他们日常生活的所有方面也都不例外"，"藏人如牛似马地劳累，而赢来的却是为数甚微的生活必需品"，布达拉宫"这座居住着佛教领袖、菩萨化身的宫殿比起欧洲血债最多的中世纪城堡来说，它目睹的杀人场面和怂恿人去犯罪的情景更多"⑥。

  随着政教合一的封建农奴制日益腐朽，西藏地方政教上层内讧不断，以致政局不稳。咸丰六年（1856），三世热振活佛阿旺益西·楚臣坚赞（ngag-dbang-ye-shes-tshul-khrims-rgya-mtsho）再次担任摄政后，与首席噶伦夏扎·汪

---

  ① 牙含章：《试论西藏封建农奴制度》，载《中国藏学》1988年第1期。
  ② 东噶·洛桑赤列著，陈庆英译：《论西藏政教合一制度》，中国藏学出版社2001年版，第65页。
  ③ 《藏族简史》编写委员会：《藏族简史》，西藏人民出版社2006年版，第233页。
  ④ 东噶·洛桑赤列著，陈庆英译：《论西藏政教合一制度》，中国藏学出版社2001年版，第67页。
  ⑤ 《论西藏弊政》，载《国闻汇编》第四册，1898年1月7日（光绪二十三年十二月十五日）。
  ⑥ [英]埃德蒙·坎德勒著，尹建新、苏平译：《拉萨真面目》，西藏人民出版社1996年版，第186、192页。

曲杰布（bshad-sgra-dbang-phyug-rgyal-po）的矛盾公开化，汪曲杰布被免去噶伦职务。咸丰十年（1861），在哲蚌寺一年一度的布施会上，很多僧人没有得到布施，因而掀起了反对热振活佛的政潮，汪曲杰布趁机进行报复，史称"哲蚌寺布施事件"。此次事件中，汪曲杰布的心腹贝丹顿珠（dpal-ldan-don-grub）等人联合哲蚌寺、甘丹寺以及部分噶厦官员等成立"甘哲仲基三方会议"（dgav-vbras-drungs-spyi），向热振活佛一方发起攻击，双方"僧众互相残杀"①，"不受汉官约束"②，"以致酿成巨案"③。之后，热振活佛逃往北京向清廷提起控诉，但被清廷免职。不久，热振活佛客死北京，控诉不了了之。然而，此一事件累及支持热振活佛的大批僧俗官员，热振寺拉章财产也被洗劫。牙含章认为，这一事件"显见是当时政府官员反对摄政的行动，是贵族和摄政之间的斗争，不过通过堪布革退事件爆发而已"④。

热振活佛去职后，汪曲杰布如愿出任摄政。同治三年（1864），汪曲杰布因病去世，驻藏大臣景纹奏请德柱活佛出任摄政。然而，此时贝丹顿珠的野心日益膨胀，其以"甘哲仲基"为核心，培养心腹、剪除异己，不久便将矛头指向德柱活佛，企图谋取摄政之位。当获悉阴谋暴露后，贝丹顿珠铤而走险，逃往甘丹寺公开反叛，以致酿成了同治十年（1871）甘丹寺与噶厦之间的战争，史称"甘丹战争"。驻藏大臣与噶厦调集军队，经半月激战，才平息了这场叛乱。

在西藏地方上层的争权夺利中，摄政一直处于斗争的风口浪尖。摄政是清廷直接任命的在前辈达赖喇嘛圆寂后、后辈达赖喇嘛亲政前代理执掌政务的要职。多杰才旦认为，"摄政的特殊身份，也使他与达赖喇嘛、驻藏大臣的关系失去平衡，恋栈不舍的摄政直接威胁着年幼或即将成年的达赖喇嘛的地位，甚至他们的生命"⑤。九世至十二世达赖喇嘛，都是在少年和青年时短命而亡，⑥而且都是在布达拉宫暴亡。"人们都怀疑达赖是被人毒死，但始终破不了案，抓不到凶手。其实，谋害达赖的就是西藏的僧俗大农奴主。这几世达赖都是作了这些僧俗大农奴主争权夺利的牺牲品"⑦，而驻藏大臣追查不力，使得那些

---

① 《清实录·文宗实录》卷三三，同治元年七月丁亥。
② 《清实录·文宗实录》卷三二，同治元年六月癸酉。
③ 《清实录·文宗实录》卷三六，同治元年八月庚申。
④ 牙含章：《达赖喇嘛传》，华文出版社1999年版，第73页。
⑤ 多杰才旦：《元以来西藏地方与中央政府关系研究（上）》，中国藏学出版社2005年版，第531页。
⑥ 九世达赖喇嘛隆朵嘉措（1805—1815），只活了11岁。十世达赖喇嘛楚臣嘉措（1816—1837），只活了22岁。十一世达赖喇嘛克珠嘉措（1838—1855），只活了18岁。十二世达赖喇嘛成烈嘉措（1856—1875），只活了20岁。
⑦ 牙含章：《达赖喇嘛传》，华文出版社1999年版，第75页。

凶手更加肆无忌惮。十三世达赖喇嘛亲政以前，西藏统治阶级集团内部亦是乘其年幼，"进行争权夺利的斗争，矛盾越来越尖锐"①。

按照惯例，达赖喇嘛年满18岁即应亲政，然而，十三世达赖喇嘛土登嘉措（thub-bstan-rgya-mtsho）满18岁后未立即亲政，于是一些人开始归怨时任摄政第穆活佛阿旺洛桑赤列饶杰（de-mo-ngag-dbang-blo-bzang-vphrin-las-rab-rg-yas）。光绪二十一年（1895），十三世达赖喇嘛亲政。次年，四川总督鹿传霖奏报："探闻达赖近日情形狂悖，实奏称有众叛亲离之势，班禅与之水火，而乍丫（察雅）之呼图克图亦有怨言，今复有察木多（昌都）呼图克图与其辖喇嘛龃龉，聚众互斗之事，是藏中之内乱已萌。"②光绪二十五年（1899），十三世达赖喇嘛将第穆活佛软禁，不久便发生了第穆被杀事件，史称"第穆事件"。③恰白·次旦平措认为，虽然第穆遇害"众说纷纭"，但"清楚地表明了当时西藏统治者之间正进行着尖锐、激烈、复杂的权力之争"④；牙含章认为，"基本上反映了西藏统治集团内部的矛盾和斗争"。第穆被杀后，十三世达赖喇嘛"威服全藏，莫敢有违"⑤。

光绪二十九年（1903），十三世达赖喇嘛将夏扎·班觉多吉（bsdad-sgra-dpal-vbyor-rdo-rji）、雪康·次旦旺秋（zhol-khang-tshe-brtan-dbang-phyug）、强钦巴·阿旺白桑（chang-khyim-ngag-dbang-dpal-bzang）与扎萨霍康·索南多杰（hor-khang-pa-bsod-nams-stobs-rgyal）四噶伦全部软禁。多杰才旦认为，十三世达赖喇嘛"完全采用'欲加之罪，何患无辞'的手段，强加了若干莫须有的罪名，并以这些冠冕堂皇的罪名，使得驻藏大臣不能不首肯并报光绪皇帝批准，其独断专横，且精于权谋的政治手腕由此可见一斑"⑥。至此，十三世达赖喇嘛自亲政后，通过铲除第穆活佛及四噶伦等异己，使自己的权威进一步稳固。可见，西藏地方上层长期争权夺利的斗争发展至清末已十分激烈，这是清末西藏政局恶化的内在原因。

清末西藏地方政局恶化还突出表现为十三世达赖喇嘛与九世班禅额尔德尼

---

① 恰白·次旦平措等著，陈庆英等译：《西藏通史——松石宝串》（下），西藏古籍出版社2008年版，第943页。

② 〔清〕鹿传霖：《统筹川藏情形瞻对亟宜收回改设汉官疏》，见吴丰培编辑《清代藏事奏牍·鹿传霖藏事奏牍》，中国藏学出版社1994年版，第1003页。

③ 第穆活佛遇害经过参见牙含章《达赖喇嘛传》（华文出版社1999年版，第118－119页），霍康索朗边巴《第穆活佛受害经过》（载《西藏文史资料选辑》第8辑）。

④ 恰白·次旦平措等著，陈庆英等译：《西藏通史——松石宝串》（下），西藏古籍出版社2008年版，第954页。

⑤ 牙含章：《达赖喇嘛传》，华文出版社1999年版，第119页。

⑥ 多杰才旦：《十三世达赖喇嘛阿旺洛桑土登嘉措浅析》，载《中国藏学》2004年第3期。

之间矛盾突出。历代达赖喇嘛与班禅额尔德尼本互为师徒,彼此间一直相安无事。但在八世班禅时期(1855—1882),英印间谍萨拉特·钱德拉·达斯(Sarat Chandra Das)乔装成佛教徒潜入西藏活动,班禅系统的一位活佛因不了解其来藏的真实目的,向其给予了通行证等一些善意帮助。噶厦以为这是扎什伦布寺与英国"私通关节",对这位活佛"处以宗教上的极刑而丧失生命","可以说这是达赖、班禅这两大黄教活佛系统之间有史以来的第一次公开的裂痕,亦是英印侵略势力蓄意制造西藏内部矛盾的一个结果",① 这也为日后达赖喇嘛与班禅额尔德尼之间关系失和埋下了一个祸根。

光绪二十二年(1896),鹿传霖奏称:"乃后藏班禅素与达赖不睦,而附于英。"② 虽然这一时期一些四川总督及驻藏大臣注意到了英国拉拢九世班禅及十三世达赖喇嘛"结好"俄国的情势,但未能采取有效的"防闲"措施,致使在英俄有恃无恐的挑拨、拉拢下,十三世达赖喇嘛与九世班禅的关系日趋恶化。张荫棠的文案何藻翔在其《藏语》一书中说,"光绪二十八年(1902),班禅往朝达赖,在(布达拉)山下击鼓,鼓为活佛前引仪仗。达赖怒谓班禅过师门击鼓,妄自尊大。罚藏银三十平,每平合汉银三十三两。自是左右互相谗构,嫌隙日深"③,足见当时十三世达赖喇嘛与九世班禅的矛盾已经公开化,导致前后藏关系紧张。据侵藏头目贝尔观察:"拉萨与扎什伦布之间,妒忌甚深,但西藏人必谓大喇嘛自己毫无敌意,惟其部下互相倾轧。东方人之习惯,凡事有过则归咎于臣而不归咎于君,西藏人亦然。以吾观之,其部下之敌视,诚较其主更为激烈。"④

尽管导致十三世达赖喇嘛与九世班禅关系失和的因素还有清朝治藏政策、驻藏大臣施政措施以及两大活佛系统积累的矛盾等⑤,但英俄竞相拉拢、挑拨,无疑是一重要原因。后文还将论及,十三世达赖喇嘛出走库伦后,德尔智加强煽动其"亲俄",以及英国诱骗九世班禅赴印,加紧拉拢,这使得两人相互猜疑加深,关系进一步恶化;并且在英俄的利诱拉拢下,西藏上层形成了

---

① 《藏族简史》编写委员会:《藏族简史》,西藏人民出版社2006年版,第250页。
② 〔清〕鹿传霖:《瞻对收复请撤回番官并陈英俄窥藏情形疏》,见吴丰培编辑《清代藏事奏牍·鹿传霖藏事奏牍》,中国藏学出版社1994年版,第1015页。
③ 何藻翔:《藏语》,上海广智书局宣统二年(1910)版,第27页。
④ 〔英〕贝尔著,宫廷璋译,竺可桢、向达校:《西藏之过去与现在》,商务印书馆1930年版,第56页。
⑤ 参见:孙宏年的《清朝末年达赖、班禅关系与治藏政策研究》(载《中国边疆史地研究》2009年第1期),陈柏萍的《再探十三世达赖与九世班禅的矛盾成因》(载《青海民族研究》2012年第4期),星全成的《历史上达赖与班禅两大系统矛盾的原因探幽》(载《青海民族大学学报》2014年第1期)。

"亲英""亲俄"两派势力，使局势更加错综复杂。此外，西藏地方政局的恶化还表现为英俄竞相侵藏加剧了西藏地方与驻藏大臣之间的矛盾，尤其是有泰请旨褫革十三世达赖喇嘛名号，致使两者矛盾公开，局势雪上加霜。综上，张荫棠进藏之时，西藏政局的恶化集中表现为西藏统治集团内部矛盾尖锐，十三世达赖喇嘛与九世班禅关系失和，以及西藏地方与驻藏大臣矛盾激化等，而这些都与英国、俄国的侵略紧密相关。

第二节 清末新政与"筹藏"呼声

一、清末新政

学界通常将清政府在其统治的最后十年（1901—1911）所推行的各项改革统称为清末新政。赵云田认为清末新政是清政府在内外交困的情况下"为了自救而采取的改革措施"①。清末新政虽未能挽救清王朝，但对中国社会由传统向近（现）代转型具有重要的历史意义。

光绪二十六年十二月（1901年1月），清廷颁布新政上谕，"一切政事，尤须切实整顿，以期渐图富强"，"著军机大臣、大学士、六部、九卿、出使各国大臣、各省督抚，各就现在情形，参酌中西政要，举凡朝章国故，吏治民生，学校科举，军政财政，当因当革，当省当并，或取诸人，或求诸己，如何而国势始兴，如何而人才始出，如何而度支始裕，如何而武备始修，各举所知，各抒所见"，②清末新政由此拉开了序幕。

光绪二十七年三月（1901年4月），清政府成立"督办政务处"，作为推行新政的专门机构。"督办政务处"以庆亲王奕劻，大学士李鸿章、荣禄等为督办政务大臣，刘坤一、张之洞"亦著遥为参预"③。五六月间，张之洞、刘坤一等先后联衔上奏《变通政治人才为先拟旨筹议折》《遵旨筹议变法谨拟整顿中法十二条折》《遵旨筹议变法谨拟采用西法十一条折》三折，即"江楚会奏变法三折"。三折内容涉及政治、经济、军事、教育、社会生活等领域，是一套系统的、全面的改革方案，对清末新政的启动和实施发挥了重要作用。八

---

① 赵云田：《清末新政——20世纪初的中国边疆》，黑龙江教育出版社2004年版，第41页。
② 《清实录·德宗实录》卷四七六，光绪二十六年十二月丁未。
③ 《清实录·德宗实录》卷四八一，光绪二十七年三月己巳。

月二十日（10月2日），清廷下旨："刘坤一、张之洞会奏整顿中法，仿行西法各条，事多可行，即当按照所陈，随时设法，择要举办，各省疆吏亦应一律通筹，切实举行。"① 至此，以"江楚会奏变法三折"为理论基础与指导大纲，清末新政正式进入实施阶段，各地次第展开了编练新军、发展实业、兴办新式学堂、革除陋俗等改革措施。光绪三十一年（1905）以后，随着"预备立宪"的推行，政治改革以前所未有的力度实施。

由于空前的边疆危机导致清朝在边疆地区的统治出现不稳现象，为加强对边疆地区的主权与治权，清末新政期间提出的各项改革举措也延伸至各边疆地区，并以空前的力度、深度和广度予以推行。光绪三十二年（1906），鉴于"各国竞争，殖民为要，蒙、藏、青海，固圉防边，其行政事宜实与各部并重"②，清政府遂将此前专门执掌蒙古、回部及西藏等少数民族地区事务的理藩院更名为理藩部，并增设调查、编纂两个附属局，以加强对边疆地区推行新政的部署与指导。由于各边疆地区自身的诸多特殊性，清末边疆新政呈现出不平衡性、复杂性。如东北地区自清兴以来，因盛京的陪都地位而一直被皇室列为"禁区"；但在东北面临日俄争夺而形势严峻之际，清廷不得不摒弃传统，在东北建省的同时，开禁放垦、移民实边。蒙古地区在进行行政体制改革、取消盟旗制的同时，开禁放垦。新疆在建省的基础上进一步改革官制，取消伯克制。西南地区则掀起了"改土归流"高潮。清末边疆新政标志着清朝的治边思想和政策在其统治的最后十年均发生了重大转变。正如马大正所言，清末边疆新政"标志着清王朝对边疆危机有了新的认识，也是清朝在垮台前在边疆管理上的一种回光返照"。③

就西藏地方而言，光绪三十年八月二十四日（1904年10月3日），上谕军机大臣等："西藏为我朝二百余年藩属，该处地大物博，久为外人垂涎。近日英兵入藏，迫胁番众立约，情形叵测。亟应思患豫防，补救筹维，端在开垦实边，练兵讲武，期挽利权而资抵御，方足自固藩篱。"④ 这是清廷在部署整个西南边疆地区实施新政时对西藏做出的总体安排，但无奈因英国发动第二次侵藏战争而被迫停顿。光绪三十二年（1906）四月，《中英续订藏印条约》签订后，清廷立即派张荫棠入藏"查办事件"。此时清末新政正处于高潮之际，张荫棠正是在此大背景下开启藏事改革的。

---

① 《清实录·德宗实录》卷四八六，光绪二十七年八月癸丑。
② 故宫博物院明清档案部：《清末预备立宪档案史料》，中华书局1979年版，第470页。
③ 马大正：《中国边疆经略史》，中州古籍出版社2000年版，第416–417页。
④ 《清实录·德宗实录》卷五三四，光绪三十年八月庚午。

崔志海认为，清末新政"是继洋务运动和戊戌变法之后，清政府发动的第三次也是最后一次改革运动，其力度远远超出前两次改革"，"是晚清历史上一场比较完整意义上的现代化运动，对清末民初历史产生了深远影响"①。罗志田认为，清季十年间，清政府"以前所未有的速度和广度推行全面改革，并无太多特别明显的暴戾苛政和'失道'作为"②。循此思路去理解作为清末新政在边疆地区实施的一个典型个案的张荫棠藏事改革，无疑可加深对一些问题的认识。

二、"筹藏"呼声

19世纪末20世纪初，在空前的边疆危机刺激下，国人反对列强侵略、维护国家主权与领土完整的意识与日俱增，并且各种或揭露列强侵略进而引发爱国舆情或力批清廷卖国投降进而敦勉改革自强的时论，随着报纸的不断创办而得以广泛表达。兰姆注意到，当时中国"公众舆论形成了一股相当重要的力量"，这股力量"对于外国威胁到中国陆地边疆极为敏感"③。西藏边疆危机就是当时公众舆论的一个焦点。

在舆论高度关注藏事之际，光绪十八年（1892）的壬辰科殿试设置了一道专门考查参加应试的317名贡生对于西藏历史、地理掌握程度的策论题，题目是：

> 朕纂承大宝今十八年……西藏屏蔽川滇，为古吐蕃地，何时始通朝贡？地分四部，由中国入藏有三路，幅员广狭奚若？试详言之。元置吐蕃宣慰司及硐门等处宣抚司，复置乌斯藏郡县，以八思巴领之，其沿革若何？唐时吐蕃建牙何地？阿耨达当今何山？其相近大山有几？雅鲁藏布江为藏中巨川，而澜沧江、潞江之属亦发源藏境，能究其原委欤？由藏至天竺，程途远近何如？中隔部落几许？亦考边备者所宜知也。……多士勤学洽闻，能宣究其意者，毋泛勿隐，朕将亲览焉。④

时值英国第一次侵藏战争后，清政府与英国谈判《中英藏印续约》之际，

---

① 崔志海：《建国以来的国内清末新政史研究》，载《清史研究》2004年第3期。
② 罗志田：《革命的形成：清季十年的转折（上）》，载《近代史研究》2012年第3期。
③ ［英］阿拉斯泰尔·兰姆著，梁俊艳译，张云校：《中印涉藏关系史（1904—1914）——以"麦克马洪线"问题为中心》，社会科学文献出版社2017年版，第109页。
④ 《清实录·德宗实录》卷三一〇，光绪十八年四月甲寅。

殿试中设置这道题目，用意不可谓不大：除选取精通藏事的人才之外，广开言路、集思广益以及引导广大知识分子关注藏事的用意是显见的。

时人对西藏形势的关切，加之清廷通过殿试引导，及后英国第二次侵藏战争及迫签订"拉萨条约"，激起了国人关注藏事的一股高潮，一时间，各种"筹藏"时论不断。对此，《东方杂志》《新民丛报》《益闻报》《申报》《时报》《广益丛报》《外交报》等一批热心藏事的报刊进行了大量报道。据刘永文、张廷芳的统计，仅《东方杂志》一刊的"涉藏"类报道，自光绪三十年（1904）创刊起至1912年就至少有91条（篇），相关报道的栏目涉及社论、军事、时评、外交、内务、教育、商务、言论、法令、宗教、调查、图画、附录、记载、杂纂、中国大事记、内外时报、文件等不同形式，内容极为丰富。① 陈学然将这些报道归纳为"三大主题一个中心"。"三大主题"即剖析英人侵藏的深远谋略、监察清廷当局的对藏方略以及向国人力陈西藏危机与民族国家的存亡关系；"一个中心"即旨在敦勉朝野多加重视藏事发展态势，借以兴发民族危机感和守卫国土完整的情意。② 总体而言，针对西藏边疆危机，大量匡时济世的名篇佳作形成了一条鲜明的舆论主线，即从力批清廷治藏政策，到阐述西藏战略位置的重要性，最终达到敦勉清政府及时整顿藏事，巩固对藏主权与治权的目的。这些议论主要有：

其一，对清廷治藏政策及驻藏大臣"颠顸误国"的揭批。光绪三十年（1904）《东方杂志》的一篇名为《论英人侵略西藏》的文章，对升泰、有泰兄弟二人在英国两次侵藏战争中的误国行为以及清廷的妥协退让政策揭批道：

> 英人加兵于藏，即无异开衅于中国，而朝廷乃命驻藏大臣升泰为之作两国和解之人。观升泰当日奏牍，亦俨然以局外中立自居，……竟坐视英兵侵入而责藏人不当开战，此真大惑不解之事。则无怪藏人以朝廷为不可倚赖而欲倚赖于俄也。……夫升泰当时受钦差全权之衔命，办理藏事，如此草草，事后且受朝旨褒奖，则不能不疑朝廷之政策矣。……更以此次英兵侵藏交战之时地证之，益足以暴白其政策。……揣其情状，殆又局外中立，默然不关喜戚于心，此皆本朝廷之政策以行彰著耳目，无可掩讳者。奈何吾民之犹梦梦不觉耶。③

---

① 刘永文、张廷芳：《〈东方杂志〉与中国西藏》，载《西藏研究》2006年第4期。
② 陈学然：《〈东方杂志〉所见之清末藏事评议：以1904年英军侵藏为例》，载《西藏研究》2010年第5期。
③ 《论英人侵略西藏》，见《东方杂志》1904年第1卷第8期。

《新民丛报》转载《中外日报》一篇名为《论英藏新约》的文章，对清廷在英国第二次侵藏战争之际任命有泰为驻藏大臣的决定批评道：

惟当英兵大举进藏之时，英之与藏，必有另订新约之举，已在人人意中，则补救之策，更不能不讲，乃又遣一不谙外交，素无名望，而又迟迟不欲往之有泰当之，遂致一误再误，无可救药。政府之咎，可胜道哉。①

侵藏英军逼签"拉萨条约"后，清廷在舆论压力下原本决定派唐绍仪入藏"查办事件"，但《外交报》刊载的《论挽救西藏之策》一文，严厉批评此为"搪塞天下之举"，敦请清廷要先与英国辩明"拉萨条约"是非法的，再"徐图挽救之法"。该文首先揭批：

我政府自昨年派有泰为驻藏大臣，有泰徘徊即往。……及有泰电告约成，而政府乃派唐绍仪至藏查办事件。此事自首至尾，积一年余。……我政府始终不闻有一定谋，卒至失之而后已，于是论者以为此由于政府漫不经心，视西藏之存亡，犹秦越人之肥瘠，图穷而匕首见，乃以派一使臣为搪塞天下之举。此一使即可谓本朝与西藏交涉最后之历史矣。本报以为以此言我政府之诸老，似太邻于无赖。本报深知我执政诸老之不至若是之无心肝也。而其行迹之所以涉此者，盖别有故。

批评之后，该文提出："本报以为，国家宜于此时择一至贵之大臣，而予以全权之号，使之径至西藏，或赴伦敦，先与英人辩明英藏草约，不可以为典要，而后与之徐图挽救之法。"最后，该文敦勉清廷：

我政府若能灼见此事之是非，勿灰其心，勿馁其气，安详审慎，以与英人磋磨，以势度之，欲使英人即行退去，不复干预，恐时已太晚，未必得成。然必不能置我国于无何有之乡，则可决者也。若夫因循不断，而仅派一唐绍仪以塞天下之责，夫称曰查办事件，则不能办理外交。仅为三品京堂，则不能当此大事。事必出于无功。②

---

① 《论英藏新约》，原载《中外日报》，1904年9月18日（光绪三十年八月初九日），转引自《哀西藏》，见《新民丛报》第五十五号（第三年第七号），1904年10月23日（光绪三十年九月十五日）。

② 《论挽救西藏之策》，见《外交报》第九十三期（甲辰第二十四号），1904年10月23日（光绪三十年九月十五日）。

此文对敦勉廷意改变,最终决定改派唐绍仪赴印度与英国谈判重订"拉萨条约"事宜,当是有一定的作用。上引力批驻藏大臣,进而"将堂堂朝廷之无能丑态尽呈于纸"的时论,字里行间无不流露出对清廷"于经营西藏,畏难苟安,因循不进"①的强烈不满,足见时人对清廷怠于藏事的抨击趋于炽热。

其二,阐述西藏战略地位的重要性,敦勉清廷整顿藏事之类的建言。光绪三十年（1904）,《新民丛报》转载《时报》一篇名为《论中国弃让西藏之事》的文章,指出:

> 惟藏地之利害关系,于我中国之安危者,至深且钜,凡彼（英国、俄国）一出一入之间,皆足以遗其不利于我。……夫我国人于西藏之事,多数之庸众,或未之闻。即少数之贤哲者流,亦闻之而不甚措意。则岂不以西藏之地,不及东三省之要。英人之政策,不逮俄人之狡。而世界列国于英人侵藏之举动,其注视亦不若满洲问题之殷,遂因此而疑他日之祸患,未来之纠葛,亦不至如东三省之甚乎。……故东三省地居东北,其地理之利害,专在京师,而西藏一隅之地形,实足以扼中国之吭,而拊其背,以制我全国之生命。形胜若此,固不当与东三省轩轾而异视矣。且西藏之通蒙古……今者青海、贺兰、伊犁内二部,以迄内六盟、外四盟之蒙古,其所奉宗教,莫不出于西藏,而以藏地为教门之宗,则藏之影响于西北藩部者,又岂浅鲜耶。今此约遂行,而西藏果入英之势力范围,则英因此旁睨新疆,而新疆危；俯瞰滇、蜀,而滇、蜀危；据江河两源所发流之山脉,以遥握其全权,而黄河、长江所经过之流域皆若不安。至于平日黄教流行之蒙古藩部,其震慑声势更不待言。然则谓西藏不系要害者非也。……俄人于英人之所为,则固寤寐不忘,而较日本之于满洲问题无异也。②

《新民丛报》转载的《时报》一篇名为《英藏新约书后》的文章指出:

> ……中国自来以弃地之风,高于天下,而不出一辞,不措一策,安坐

---

① 袁仲:《西藏》,《大同报》（东京）第二号,1907年8月5日（光绪三十三年六月二十七日）。
② 《论中国弃让西藏之事》,原载《时报》,1904年9月17日（光绪三十年八月初八日）,转引自《哀西藏》,见《新民丛报》第五十五号（第三年第七号）,1904年10月23日（光绪三十年九月十五日）。

而去六十万里之地,盖莫此次之弃藏地若。……然而就主位以立言,彼英人之所不利者,或未必并为我所不利者。此尤必当详察原约,斟酌从违,以先向英人抗议者矣。①

由上可见,在英国第二次侵藏战争致使西藏边疆危机空前之际,时人对晚清以来清政府任由列强宰割、动辄割地赔款的悲剧在西藏上演,表现出了极大的担忧。尤其是在东三省告急,清政府"乃注重东北,不暇西顾,坐听英人拊其吭背,俄瞰左肩"之时,时论从地理位置角度深刻阐述西藏对于川、滇等省的屏障作用,并从格鲁派的广泛影响阐述西藏对于蒙古、青海、新疆安全的重要性,以此敦勉清廷要及时大加整顿藏事,确保西藏不被英国侵占。也有时论指出,英国第二次侵藏战争"于我有三难":"以兵拒之,则无其力,一也;以言拒之,则穷于辞,二也;听之则效尤者起,而中国分,三也","欲求免此三难,戛戛乎其难之";但同时认为"难则难矣,而尚非无可图也",英印当局武装侵藏之举,英国下院"颇非之","日来各英报所论,无一赞成此举者","此我之一线之生机也",由此敦勉清廷勉为其难,及时以此为突破口整顿藏事。②总之,此类时论对清廷最终决定整顿藏事无疑起到了积极的推动作用。

其三,具体的"筹藏"建言。光绪二十四年(1898),《蜀学报》刊载的《统筹蜀藏全局论》一文提出,筹边之策有四:一曰审边隘,即详细考核边疆地理,绘制舆图,"庶可为筹边者一助";二曰联番众,即加强经济联系,"使彼族之欢心";三曰审敌情,即审视敌情,预谋办法;四曰兴屯田,即"垦未垦之田,兴未兴之利","化荒野为膏腴"。③另一篇题为《经藏卫以固蜀江议》的文章提出八点建议:一,设川藏总督,以保藏为专责,并设抚藏大臣,以重事权;二,从藏民中选拔优秀人才治理西藏;三,劝导藏番允许川民进入,开发西藏;四,通过川茶官营,抵制印茶;五,变通军制,加强边防;六,统揽税收权利;七,在险要之地驻军扼守;八,在防务中重视三十九族等

---

① 《英藏新约书后》,原载《时报》,1904年9月23日(光绪三十年八月十三日),转引自《哀西藏》,见《新民丛报》第五十五号(第三年第七号),1904年10月23日(光绪三十年九月十五日)。

② 《论中国不宜委弃西藏》,见《外交报》第七十三期(甲辰第四号),1904年4月10日(光绪三十年二月二十五日)。

③ 〔清〕王荣懋撰:《统筹蜀藏全局论》,见《蜀学报》第四册,1898年6月(光绪二十四年四月下旬)。

部力量。① 光绪二十八年（1902），《政艺通报》刊载了南方诸督抚奏呈的一份治藏方略提议：将西藏分成六大行政区，各置巡督官；巡督官有军政大权；喇嘛担任巡督官后，与宗教分离；全西藏实行联合行政制度，平时每年开协议会一次，战时相互协力；各区军队编制及经费由巡督官筹划；拉萨设置参务官，考察各地政况、商业、矿山、宗教等情形及其他事务。② 光绪三十一年（1905），《大陆报》刊载的《整顿西藏条呈》一文，公开了著名外交家吕海寰上奏的整顿藏事纲目八条：垦荒地、开屯田、设防戍、立商市、开矿产、建铁路、设巡警、兴学校。③ 同年，《东方杂志》刊载的《筹藏论》一文提出，驻藏大臣总揽军事、财政、外交大权，达赖仅掌宗教事务权；同时征盐税、铸货币、设银行、开矿、编练新军、自行开放口岸通商，以及实行川茶专卖以抗印茶等。④ 光绪三十二年（1906），《东方杂志》刊载的《拟改设西藏行省策》一文，建议从设官、练兵、兴办教育、设巡警等方面着手整顿藏事。⑤ 可见，清末之际时论关于"筹藏"的具体建言，涉及政治、经济、军事、外事、文化教育等方方面面，其中不少富于真知灼见，这为清政府和张荫棠整顿藏事提供了丰富的思想资源。

综上，在清末西藏边疆危机空前之际，时论形成了一股强大的"筹藏"舆论力量，这不仅是敦勉，乃至逼使清廷决定整顿藏事的重要力量；也对提振人心、激发国人捍卫国家主权与领土完整的爱国热情发挥了积极作用。张荫棠身处其中，难免不受影响。可以说，清末各类筹藏思想为张荫棠筹划藏事改革提供了直接的思想资源。

---

① 〔清〕陈其昌撰：《经藏卫以固蜀疆议》，见《蜀学报》第十册，1898 年 8 月（光绪二十四年六月下旬）。
② 《新定统治西藏制度》，见《政艺通报》壬寅第二十一期，1902 年 12 月 30 日（光绪二十八年十二月初一日）。
③ 《整顿西藏条呈》，见《大陆报》第三年第六号，1905 年 5 月 13 日（光绪三十一年四月十日）。
④ 《筹藏论》，见《东方杂志》1905 年第 2 卷第 10 期。
⑤ 《拟改设西藏行省策》，见《东方杂志》1906 年第 3 卷第 2 期。

第二章 张荫棠奉旨入藏"查办事件"

第一节 结缘藏事,奉旨入藏

一、赴印谈判,结缘藏事

光绪三十年(1904),侵藏英军头目荣赫鹏逼迫西藏地方签订"拉萨条约",不仅激起了国人的一致声讨,也受到其他列强的谴责,"各国议论蜂起,俄尤从中牵制"①。后经清政府提议,英国同意由中英两国各派专使,在印度加尔各答重新订约。九月二十七日(11月4日),外务部奏准以唐绍仪为议约全权大臣,取海道前往印度谈判。② 唐绍仪受命后,奏调张荫棠、梁士诒等为参赞随行。由是,张荫棠始与藏事结缘。

唐绍仪一行于十二月二十六日出国,光绪三十一年正月(1905年2月)抵达加尔各答。英国方面,第二次侵藏战争的主谋英印总督寇松是反对与清政府重新谈判订约的,其虽不得不接受英国政府的指示,但在谈判代表人选上蓄意以"中方代表级别不高"为由,将原拟由英印总督参加谈判降为由英印政府外交大臣(the India Foreign Secretary)费礼夏(S. M. Fraser)为全权代表,荣赫鹏侵藏团伙的韦礼敦(E. C. Wilton)为费礼夏的助手。

此次谈判,中方的目标无疑是力挽主权,但寇松的野心则更大。他的如意算盘是逼迫中方承认非法的"拉萨条约",并企图变本加厉地将"宗主权"条款写进新约。寇松在发动第二次侵藏战争前,就蓄意将中国对西藏的主权歪曲为"宗主权"。对于荣赫鹏逼迫西藏地方签订的"拉萨条约",其团伙骨干贝

---

① 张荫棠:《上外部签注驻藏赵大臣函》,见吴丰培编辑《清代藏事奏牍·张荫棠驻藏奏稿》,中国藏学出版社1994年版,第1435页。

② 《光绪朝东华录》,光绪三十年九月壬寅(九月二十七日)。

尔表示:"此约因吾等所认为西藏宗主之中国不允同意而终未订妥。"① 可见,寇松对"拉萨条约"中没有"宗主权"条款是不满意的,由是其对此次谈判的一个企图就是迫使中方代表认可有关"宗主权"的条款。

双方首次谈判时,费礼夏向唐绍仪抛出"拉萨条约",要求他定期签字。唐绍仪果断拒绝,同时声明"拉萨条约"是非法的,须由中英两国议订新约。随后,双方争论的焦点集中到了中国对藏主权这一原则性问题上。费礼夏抛出的条约草案6款②中,最要害即是寇松蓄谋好的两款:一是"英国政府承认中国对西藏的宗主权"③;二是要求将"拉萨条约"作为新约附件,仅做一些小的修改,即"若其他国家不干涉西藏事务,则英国不欲吞并西藏或将其变为保护国和控制其内政;放弃'拉萨条约'第九款第四节,但保留在西藏架设电报线和新开商埠等的权利"。

针对英方抛出的"宗主权"(suzerainty)条款,中方代表首先从概念上"竭力剖辨"。"查'上国'二字,英文系'苏索伦梯'(即suzerainty),译言所管为属国,而属国自有治民之权,若自认为'上国',则西藏等于韩、越、球、缅。'主国'二字,英文系'骚付伦梯'(即sovereignty)④,译言臣民推为极尊,归其管辖,而各事可定者也。费愿认藏为华属,惟英文于属国与属地,本同一字,嗣彼声出'上国'二字,不能不竭力剖辨。……盖英若认我为'主国',则藏约全无效力,不废自废。"⑤通过剖辨概念,唐绍仪向费礼夏严正申明,中国对西藏所拥有的是主权而不是"宗主权";并"援引国际公法,指'拉萨条约'为英藏私约,不肯承认"⑥。然而费礼夏拒不让步,其向唐绍仪表示:"英费数年心力,耗兵费八十余万镑,冻毙士卒百余人,始成立'拉萨条约'。今将约内已得利益全行让出,无此办法。谨直告贵大臣,此稿断不能更改。"唐绍仪针锋相对地辩驳:"英国与番僧立约只有一面,并非两平等国,不能视为约内已得利益,若照此稿,我手上断不能画押。"同时,唐绍仪列举清朝中央政府册封达赖喇嘛、班禅额尔德尼,采用"金瓶掣签"的

---

① [英]贝尔著,宫廷璋译,竺可桢、向达校:《西藏之过去与现在》,商务印书馆1930年版,第46页。
② 《印度政府致布罗德里克先生》(1905年4月26日),见《英国政府有关西藏事务函电》(F.O.535),第6卷,第30号文件《印度事务部致外交部》(1905年4月27日)附件。
③ 原文: The British government recognize the suzerainty of China over Thibet. 当时汉文译为:"英国国家允认中国为西藏之'上国'"。
④ 宗主权(suzerainty)与主权(sovereignty),当时分别译为"上国"与"主国"。
⑤ 何藻翔:《藏语》,广智书局宣统二年(1910)版,第19-20页。
⑥ 张荫棠:《上外部签注驻藏赵大臣函》,见吴丰培编辑《清代藏事奏牍·张荫棠驻藏奏稿》,中国藏学出版社1994年版,第1435页。

办法规范活佛转世，西藏地方官员任免须由清朝中央政府批准，军队操练由驻藏大臣主持等确凿事实，申明中国对西藏的主权。随后，为推动谈判，唐绍仪经请示外务部同意后，向费礼夏提出删去其草案6款中的第一款，即"英国政府承认中国对西藏的宗主权"，改为"英国允认中国在西藏原有及现时享受应得之权利"。但费礼夏"愈说愈远，愈缚愈牢"①，不仅拒绝此一提议，同时以与西藏地方"直接交涉"进行威胁，结果"彼此相持，未有成议"。此间，寇松因与英国政府及英印军方高层间政见不合，于1905年8月以辞职要挟英国政府，而英国巴尔福内阁正欲借机将其调离，因此很快接受了寇松的辞呈。寇松为了在离任前逼迫中方签字，故意将费礼夏调离加尔各答，改由韦礼敦为谈判代表，以此向中方施压。面对英方的刁难，清廷采纳唐绍仪的建议，于八月十六日（9月16日）下旨："唐绍仪现在患病，著即赏假回国。藏约一事著派张荫棠接议。"② 随后，张荫棠作为中方谈判代表，与韦礼敦继续谈判。中英双方谈判代表易人，无疑表明此次外交斗争十分激烈。

张荫棠曾多次出使欧美，外交经验丰富，接议后紧紧抓住寇松离任在即的有利时机，坚决维护主权，不为韦礼敦的威胁恫吓所动，采取"延宕不认则可，在我罢议以致生事则不可"的策略与之周旋。对于韦礼敦要求其在费礼夏末次稿上签字，张荫棠以"既奉命接议，便使我政府不以费（费礼夏）所拟为然，绝无此训条"。韦礼敦要挟，"英政府决意照此办法，否则作为罢议，当与西藏直接（交涉）"，并限定十月初三日之前以书面形式答复。张荫棠向其申明："我只知道遵政府和平接议训条，如因我政府不照费拟定议作罢，系出自贵政府之意，棠可告知我政府。"③ 经过一番交锋，九月二十七日，韦礼敦致函张荫棠称，英方同意删除第一款，但"余款均须照允办法，饬由敝处画押，否即罢议"。张荫棠仍以"未奉训条"为由拒绝签字，韦礼敦要求张不管十月三日之前有无签字训条，须复以"墨信"。对此，张荫棠十分清楚"其意系凭我复函作为不允之据"，即如果回函，就会给对方留下了罢议的字据，所以他"旋答以届时当再面达"，决不让英方抓住任何把柄。这迫使韦礼敦在所限定签字日期的当天，不得不改称"当经以费（费礼夏）系英国全权，自应候费商办。无论该约允与不允，亦无与韦（韦礼敦）商议之理"。如此，张荫棠成功击退了韦礼敦的发难。然而，寇松急于在其和费礼夏十月二十日卸任

---

① 何藻翔：《藏语》，广智书局宣统二年（1910）版，第21—22页。
② 《清实录·德宗实录》卷五四八，光绪三十一年八月戊午。
③ 张荫棠：《致外部电论韦礼敦要请罢议》，见吴丰培编辑《清代藏事奏牍·张荫棠驻藏奏稿》，中国藏学出版社1994年版，第1298页。

离职前逼迫张荫棠签字，于是指示韦礼敦告以"恐费（费礼夏）使无暇前来商议，只能于十七日至二十一日数日内来此画押"。十月五日，韦礼敦再次威胁："除第一款不计外，请预备画押，寇（寇松）督方允费（费礼夏）使前来办理"，若不能预备照办，寇松即报告英国政府，请求罢议。面对英方"措词亦复决绝，不使我得有可商之机"，张荫棠洞悉到"盖寇（寇松）费（费礼夏）去任在即，亟欲乘此定局，以竟其未了之事"，他抓住寇松的这一心理，"于无可拖延之时设法拖延"；同时考虑到"在我国万不能罢议"，且"不宜以直言拒绝，予以藉口之凭证"。因此，他坚持向韦礼敦申明"约内尚有应行商改之处"，拒不签字，也不主动罢议。①

十月十八日，寇松派费礼夏发出最后通牒，其条件与之前韦礼敦所提基本相同。张荫棠向其表示，"我政府以第一款中英文义不同，暂且删去，使以下各款易于商定。并非放弃主权，亦非允将各款画押"②，拒不签字。次日，寇松向英国政府印度事务大臣布罗德里克（Hon. St. John Brodrick）汇报称，张荫棠"不能签署任何违背中国政府意愿的协议"；并提出，"我认为，……陛下政府无需中国认可'拉萨条约'。陛下政府过去和现在都认为，条约有效与否完全在条约本身；陛下政府应采取认为必要的措施实行条约的诸项条款，而无须中国政府干预"③，这显然是妄图单方面将非法的"拉萨条约"强加给中国。同日，费礼夏威逼张荫棠："今日只问画押与否"，"既不画押，即以此时作为罢议"。张荫棠申明："今日贵使约我来署，我但预备与贵使会议，今既不与我会议，径行罢议，则今日罢议明系出自英廷。"④ 由是双方谈判中断。

双方谈判虽然中断，但"拉萨条约"所规定的第一期赔款日期迫近，张荫棠随即筹谋赔款对策。关于如何赔款，唐绍仪在离印回国前与张荫棠已经有过筹议，他们形成的共识是，无论重订"拉萨条约"的谈判结果如何，英方不可能放弃其中的赔款、开埠两项规定；而争取由清政府承担赔款，"一则示英人以'主国'名分所在；二则可益坚藏人内附之心"⑤。按照唐绍仪与张荫

---

① 张荫棠：《致外部丞参函述与韦礼敦三次会晤详情》，见吴丰培编辑《清代藏事奏牍·张荫棠驻藏奏稿》，中国藏学出版社1994年版，第1299页。

② 张荫棠：《致外务部电述费使要请画押》，见吴丰培编辑《清代藏事奏牍·张荫棠驻藏奏稿》，中国藏学出版社1994年版，第1301页。

③ 《印度政府致布罗德里克先生》（1905年11月15日），见《英国政府有关西藏事务函电》（F. O. 535），第6卷，第127号文件《印度事务部致外交部》（1905年11月16日）附件。

④ 张荫棠：《致外务部电述费使要请画押》，见吴丰培编辑《清代藏事奏牍·张荫棠驻藏奏稿》，中国藏学出版社1994年版，第1300－1301页。

⑤ 光绪十八年至三十一年《西藏档》第七册，光绪三十一年八月二十五日外务部收唐绍仪函，转引自冯明珠《中英西藏交涉与川藏边情：1774—1925》，中国藏学出版社2007年版，第147页。

棠的意见,十月十七日(11月13日),清廷下旨:"前因英兵入藏,议由藏赔款,分三年交付。现在藏中番情困苦,财力维艰,朝廷实深轸念。所有此次赔款共计银一百二十余万两,著即由国家代付,以示体恤。"① 同旨要求有泰立即向西藏地方宣布这一决定。据有泰奏称,西藏地方对此"莫不欢欣鼓舞","叩谢天恩"。② 在清廷开始行动的同时,张荫棠立即与英印政府展开交涉。由于双方谈判中断,张荫棠不便直接向英方交涉,因此,十月二十一日(11月17日),他派助手英人韩德森(V. C. Henderson)向英印政府外务大臣戴诺爵士(Sir Louis Dane)递去一份便函,表达了两层意思,一是"驻藏办事大臣请求张大臣询问赔款应交付哪位官员名下,并询问交付地点";二是告知赔款将由清政府承担。戴诺答复:"张大臣若希望询问有关西藏条约的任何事情,应致函英国委员费礼夏。"③ 从戴诺的态度,张荫棠看到英印政府不会轻易接受由清政府承担赔款,于是向外务部指出,"英若允由我交,即是认我主权,恐不愿收"④。紧接着,张荫棠进一步向外务部提出,"伏思现在既经罢议,惟藏案内赔款、开埠二事,系为按期撤退英兵要款,自应从速筹办,免致再生枝节",同时提出了"均系暗寓不失主权之意"的具体交涉策略,即建议外务部照会英国驻华公使"谓赔款我国已给达赖,俟其回藏妥交",目的在于以此策略性地交涉,最终将赔款方式引向由他在印度"届时饬令藏官随同交付"。⑤ 外务部会办大臣那桐及唐绍仪等完全赞同张荫棠的方案,随后外务部要求有泰选派藏官准备赴印。

清廷决定承担赔款后,外务部即正式照会英国驻华公使萨道义(Sir Ernest Mason Satow),进行交涉。11月14日,萨道义将此函告英国外交大臣兰斯多恩侯爵(Marquess of Lansdowne),同时表示了本人的反对意见。⑥ 次日,兰斯多恩致信布罗德里克表示拒绝接受。信中指出,如果接受由清政府承担赔款,则赔款将失去对西藏的惩罚作用和约束性;而清政府在藏权威将得到加强,并

---

① 《清实录·德宗实录》卷五五〇,光绪三十一年十月丙辰。
② 〔清〕有泰:《代偿赔款藏番贡物叩谢据情代陈折》,见吴丰培编辑《清代藏事奏牍·有泰驻藏奏稿》,中国藏学出版社1994年版,第1220页。
③ 《印度政府致布罗德里克先生》(1905年11月30日),见《英国政府有关西藏事务函电》(F.O.535),第6卷,第142号文件《印度事务部致外交部》(1905年12月1日)附件。
④ 张荫棠:《致外部电商付赔款》,见吴丰培编辑《清代藏事奏牍·张荫棠驻藏奏稿》,中国藏学出版社1994年版,第1302页。
⑤ 张荫棠:《致外部丞参函陈议约详情及班禅赴印情形》,吴丰培编辑《清代藏事奏牍·张荫棠驻藏奏稿》,中国藏学出版社1994年版,第1303页。
⑥ 《萨道义爵士致兰斯多恩爵士》(1905年11月14日),见《英国政府有关西藏事务函电》(F.O.535),第6卷,第125号文件。

且中方的"目的还可能在保证不致因不能按应付日期支付各期赔款,而有碍英军撤走"。同时,兰斯多恩侯爵在信中表示,如果清政府认可费礼夏所提条约草案,英国政府可能考虑清政府的建议。① 布罗德里克的复信进一步表示,如果清政府认可费礼夏所提条约草案,"方可接受中国政府每年支付赔款";同时他又评估了无需每年强迫西藏地方支付赔款的做法所产生的影响,认为:"对英印政府来说,强迫西藏人直接赔款所产生的道义上的影响,将可能远远不及无需25年每年均要强迫直接偿付所产生的宽慰感更有价值。"②

兰斯多恩侯爵与布罗德里克商定之后,分别向萨道义和英印政府发去指示。萨道义以英国的条件照会了清朝外务部,但以新任英印总督敏托为首的英印政府为谋求他们对西藏的约束,提出,即使同意由清政府提供赔款,也要由西藏地方每年在江孜交付。同时,敏托提出了具体的交涉计划:首先由英印政府通知西藏在江孜向英国驻江孜商务委员交付第一期赔款;再由英国驻华公使向清政府提出,由于清政府不承认"拉萨条约",则不能干预赔款;如果清政府要交涉赔款,就要接受被张荫棠拒绝的条约草案。③ 布罗德里克与兰斯多恩侯爵都同意敏托的计划。④ 于是,十一月十一日(1905年12月7日),萨道义正式照会清朝外务部,其内容为:"若不画押,中国政府所拟代付赔款一节,请毋庸再议;若画押,亦允中国代付,但声明所有拉萨条约之权利一概无所减损。"⑤ 面对英方的逼迫,清朝外务部根据张荫棠的建议坚持与之交涉。由是,中英双方此次重订"拉萨条约"的谈判,重点转移到了以张荫棠与敏托两人意见为主的赔款问题交涉,而赔款问题是重订"拉萨条约"的重点之一。这其中,英国之所以同意以清政府承担赔款为条件,逼迫清政府按费礼夏所提条约草案签字,主要原因在于,此间正值英国大选,布罗德里克与兰斯多恩侯爵(两人都属于保守党成员)很可能即将因为内阁更迭而卸任,所以他们急于要

---

① 《外交部致印度事务部》(1905年11月15日),见《英国政府有关西藏事务函电》(F.O.535),第6卷,第126号文件。

② 《印度事务部致外交部》(1905年11月21日),见《英国政府有关西藏事务函电》(F.O.535),第6卷,第133号文件。

③ 《印度政府致布罗德里克先生》(1905年11月30日),见《英国政府有关西藏事务函电》(F.O.535),第6卷,第142号文件《印度事务部致外交部》(1905年12月1日)附件。

④ 《印度事务部致外交部》(1905年12月1日)、《兰斯多恩侯爵致萨道义爵士》(1905年12月2日)、《印度事务部致外交部》(1905年12月4日)、《外交部致印度事务部》(1905年12月4日),分别见《英国政府有关西藏事务函电》(F.O.535),第6卷,第143号、第144号、第145号、第146号文件。

⑤ 光绪十八年至三十一年《西藏档》第七册,光绪三十一年十一月十一日收英使照会,转引自冯明珠《中英西藏交涉与川藏边情:1774—1925》,中国藏学出版社2007年版,第147页。

在离任前结束中英重订"拉萨条约"谈判,并通过签订条约获得他们渴望染指的侵藏利益。

不久,英国大选结果出炉,新上台的自由党内阁出于英国全局战略利益的考虑,急于结束中英谈判;同时,不断有下议院议员质询新任外交大臣格雷(Sir Edward Grey),为何中英谈判迁延日久而没有结果。① 在此形势下,英国自由党内阁决定,如果清政府同意在条约上签字,则英国政府同意由一名噶伦在加尔各答交付赔款,这一决定无疑更加接近张荫棠所提方案。② 然而,1906年2月22日,新任印度事务大臣莫利(John Morley)向英印政府传达这一决定后,总督敏托却在付清赔款期限及第一期赔款数额的事宜上,企图按照侵藏谋略专家荣赫鹏当初的铺垫,在赔款问题上大做文章,而这为张荫棠所拒绝,于是双方在此问题上出现了严重分歧。

荣赫鹏谋划赔款要求有何玄机?原来,寇松领导的英印政府在谋划向西藏地方索要赔款时,于1904年6月30日荣赫鹏率领的侵藏英军开进拉萨前向布罗德里克提出,按10月份以前撤军计算,侵藏英军的军费支出不低于64.8万英镑,而10月份以前撤军的可能性不大,因此,即便向西藏地方索要100万英镑也可能远远不够填补这笔巨额开支。③ 7月6日,布罗德里克就英国侵略西藏所要谋求的一系列利益向英印政府做出指示,其中指出:"要求的赔款总额不应超过西藏人的支付能力。如有必要,可采用分期付款的方式,宽限至三年付清。"④ 7月26日,布罗德里克向英印政府传达英国政府对其此前指示的修改意见,其中,英国政府对索要赔款的指示表示完全同意。⑤ 据9月2日有泰向外务部抄陈的荣赫鹏送来的条约10款中的第六款,荣赫鹏要求的赔款总金额为750万卢比,"按三年三期清缴",每期250万卢比,于1906年1月1

---

① 《1906年2月22日下院质询》《1906年2月26日下院质询》《1906年3月1日下院质询》,分别见《英国政府有关西藏事务函电》(F.O.535),第7卷、第32号、第36号、第40号文件。

② 《莫利先生致印度政府》(1906年2月22日),见《英国政府有关西藏事务函电》(F.O.535),第7卷,第34号文件《印度事务部致外交部》(1906年2月23日)附件。

③ 《印度政府致布罗德里克先生》(1904年6月30日),见《英国政府有关西藏事务函电》(F.O.535),第4卷,第19号文件《印度事务部致外交部》(1904年7月19日)附件。

④ 原文:The sum to be demanded should not exceed an amount which it is believed it will be within the power of the Thibetans to pay, by instalments, if necessary, spread over three years. 《布罗德里克先生致印度政府》(1904年7月6日),《布罗德里克先生致印度政府》(1904年7月26日),见《英国政府有关西藏事务函电》(F.O.535),第4卷,第9号文件《印度事务部致外交部》(1904年7月7日)附件。

⑤ 《布罗德里克先生致印度政府》(1904年7月26日),见《英国政府有关西藏事务函电》(F.O.535),第4卷,第29号文件《印度事务部致外交部》(1904年7月27日)附件1。

日交付第一期赔款，交付地点由英方预先知照。① 显然荣赫鹏此时确实遵照了布罗德里克对赔款期限的指示。然而，在9月7日荣赫鹏逼迫西藏地方代表签订的"拉萨条约"中，赔款期限改成了按75年缴清，每年支付金额改成了10万卢比，并将缴清全部赔款作为英军从春丕撤走的条件。荣赫鹏本想以此"杰作"邀功，然而，英国政府出于其狮子大开口般地索要赔款及企图以此要挟西藏75年的做法将引起其他列强抗议的考虑，对荣赫鹏的提议表示"十分惊讶"，批评其违抗命令。② 9月13日，布罗德里克向英印政府指出，"赔款的数额遇到了麻烦，特别是将其交付的规定同条约第七款联系在一起，那就意味着我们占领春丕谷可能要持续75年。这违背了我7月26日电所传达的指示，也违背陛下政府关于撤兵的声明"，因此要求荣赫鹏立即和西藏地方修改已经签订的条约。③

英印政府接到布罗德里克的指示后，于次日在给布罗德里克的回复中表示，目前西藏地方每年贸易收入不少于15万卢比，可用作赔款；并且，以贸易收入作为赔款有三项好处：①贸易将从中获利；②赔款不仅有保证，而且可以加快进程；③可以避免冲突。同时还告知布罗德里克，他们已经指示荣赫鹏探询西藏地方是否同意在乍丫（今察雅县）开设商埠，是否同意英国派人勘察察隅，以及是否会对英方减少其三分之一的赔款表示感激；如果西藏地方接受这些条件，英印总督在批准条约时可减少赔款，并会声明赔款每年支付不超过10万卢比，分期赔款的"期数无须特别规定"。④ 可见，英印政府接到布罗德里克的指示后并没有收敛，不仅坚持索要苛刻的赔款，还提出了乍丫开埠等进一步的要求。

9月16日，布罗德里克向英印政府传达英国政府的决定："陛下政府授权将赔款从750万卢比减到250万卢比，此项赔款以关税收入为担保"，"关税有效征收三年，且商埠应有效开设三年后，付清赔款的一定数目（例如50万），停止占领春丕"。⑤ 面对英国政府的批评和决定，10月6日，英印政府向布罗

---

① 〔清〕有泰：《致外务部抄陈英送条约十章电》，见吴丰培编辑《清代藏事奏牍·有泰驻藏奏稿》，中国藏学出版社1994年版，第1191页。
② 《布罗德里克先生致印度政府》（1904年12月2日），见《英国政府有关西藏事务函电》（F.O.535），第5卷，第83号文件《印度事务部致外交部》（1904年12月3日）附件2。
③ 《布罗德里克先生致印度政府》（1904年9月13日），见《英国政府有关西藏事务函电》（F.O.535），第4卷，第88号文件《印度事务部致外交部》（1904年9月14日）附件。
④ 《印度政府致布罗德里克先生》（1904年9月14日），见《英国政府有关西藏事务函电》（F.O.535），第4卷，第89号文件《印度事务部致外交部》（1904年9月15日）附件。
⑤ 《布罗德里克先生致印度政府》（1904年9月16日），见《英国政府有关西藏事务函电》（F.O.535），第4卷，第92号文件《印度事务部致外交部》（1904年9月19日）附件。

德里克辩解称，其9月13日的指示未能在荣赫鹏离开拉萨前送达，以致荣赫鹏未能按照该指示及时与西藏地方修改条约。① 10月8日，荣赫鹏向英印政府专门提交了一份长篇《备忘录》，进一步为自己喊冤："我很遗憾，陛下政府竟然会认为这是无视命令。"其中表示，他当时提出索要750万卢比的条件是根据所率侵藏英军开支计算得出的，现在政府要求减到250万卢比，虽然数目变小，但在政治上是可取的，会获得西藏地方的感激。同时，荣赫鹏辩称，他曾向西藏地方提出分3年付清赔款，但由于西藏地方出于财力困难，请求"在75年间分期每年交付10万卢比"，如果他坚持要求3年付清，就会遭到藏人的诅咒；而同意延长赔款期限则可被西藏地方视为"提供方便"，从而便于诱骗西藏地方承认条约，于是他答应了请求。荣赫鹏的此番辩解意思显然是将75年的赔款期限问题的始作俑者推给了西藏地方。一番辩解后，荣赫鹏建议由英印总督在"拉萨条约"上签字时发表一项"声明"，宣布赔款金额减少为250万卢比，分期付款前3年按时支付，且江孜和噶大克商埠有效开办3年后，停止占领春丕。②

荣赫鹏所建议的"声明"，确实遵照了英国政府将赔款总金额降为250万卢比的决定，但在赔款期限上又玩弄起了其作为侵藏谋略专家的手段。一方面，荣赫鹏仅以分期付款前3年按时支付作为条件，而对赔款期限又不予明确，这实际上是企图按"拉萨条约"中每年支付10万卢比的规定执行，这样赔款期限自然为25年。抑或荣赫鹏没有明确赔款期限为25年，目的是诱导英国政府同意他的建议。另一方面，荣赫鹏认为在春丕留驻英军对英印政府掌控西藏局势十分重要，为确保此项权利，他有意以缴清赔款作为撤军条件，而他深知西藏财力困难，必然无法按期支付赔款，因此3年后以西藏地方未能履行声明为由，英军可堂而皇之地获得继续留驻春丕的权利。总之，荣赫鹏所建议的"声明"，是在不得不遵照英国政府的决定的形势下，仍最大限度地谋求侵藏利益。

11月7日，布罗德里克电告英印政府，英国政府同意荣赫鹏的建议。③ 于

---

① 《印度政府致布罗德里克先生》（1904年10月6日），见《英国政府有关西藏事务函电》（F.O.535），第5卷，第83号文件《印度事务部致外交部》（1904年12月3日）附件1。

② 荣赫鹏建议的声明中的赔款期限与条件原文为：The occupation of the Chumbi Valley by us would cease when the first three instalments have been punctually paid and when the trade marts at Gyantse and Gartok have been effectively opened for three years. 荣赫鹏《备忘录》（1904年10月8日），见《英国政府有关西藏事务函电》（F.O.535），第5卷，第58号文件《印度事务部致外交部》（1904年11月7日）附件。

③ 《布罗德里克先生致印度政府》（1904年11月7日），见《英国政府有关西藏事务函电》（F.O.535），第5卷，第64号文件《印度事务部致外交部》（1904年11月14日）附件。

是11月11日，时任英印代理总督的庵士尔（Lord Ampthill）在"拉萨条约"上签字时提出的附加声明中，赔款期限与荣赫鹏的建议如出一辙，只是将荣赫鹏的措辞修改为："该约所定之赔款，初缴三年三期之后，英国所派占守春丕之兵可以撤退。"① 由上可见，荣赫鹏与寇松等自开始谋划向西藏地方索要赔款起就一直用心险恶，而谋划拖延赔款期限的主谋是荣赫鹏。

按照荣赫鹏的阴谋，以敏托为首的英印政府在与张荫棠交涉具体赔款事宜时，一面指示英国驻锡金政务官惠德（J. C. White）告知噶厦，第一期赔款数额为10万卢比；② 一面在有泰选派的噶伦才旦旺秋（tshe-brtan-dbang-phyug）③ 到达加尔各答后，同样函告第一期赔款数额为10万卢比。④

对张荫棠而言，英印政府仅告知第一期赔款为10万卢比，意味着他们可能不遵守庵士尔的声明；即便是遵守，他们虽不明言分25年缴清全部赔款，但按其要求每年支付10万卢比计算，缴清250万卢比显然需要25年，这就意味着英印政府企图将偿清全部赔款的期限拖延至25年之久。抑或张荫棠早在与唐绍仪筹拟赔款对策时就洞悉了英印政府的狼子野心，所以清廷根据他们的建议，决定在关于承担赔款的谕令中明确说明赔款"分三年交付"。此时，不管英印政府告知第一期赔款为10万卢比是否遵守庵士尔的声明，他们将赔款期限设定为超过3年的险恶企图已是昭然若揭。因此，张荫棠立即指示由才旦旺秋向英印政府明确申明中方的理解。3月23日，才旦旺秋两次致函英印政府，申明"成案"内赔款总数为250万卢比，分3年3期付清，第一期应交三分之一，计833333卢比；同时表示，为方便起见，赔款将由他以香港银行或

---

① 此为中方当时的译文，见西藏社会科学院等编《西藏地方是中国不可分割的一部分》（史料选辑），西藏人民出版社1986年版，第424页。原文：And to declare that the British occupation of the Chumbi Valley shall cease after the due payment of three annual instalments of the said indemnity as fixed by the said Article.《印度总督阁下签署附于已经批准的1904年9月7日〈条约〉的声明》（1904年11月11日），见《英国政府有关西藏事务函电》（F.O.535），第5卷，第89号文件《印度事务部致外交部》（1904年12月17日）附件4。

② 《西藏色琼噶伦致印度政府》（1906年3月23日），见《英国政府有关西藏事务函电》（F.O.535），第7卷，第88号文件《印度事务部致外交部》（1906年5月1日）附件6。〔清〕有泰：《致议约大臣张为藏偿英赔款函》，见吴丰培编辑《清代藏事奏牍·有泰驻藏奏稿》，中国藏学出版社1994年版，第1224页。

③ 才旦旺秋（tshe-brtan-dbang-phyug, 1857—1914），在有泰、张荫棠的往来电文中译为策丹汪曲。才旦旺秋出身贵族萨迥（gsar-byung）家族，1904年被任命为噶伦。

④ 《印度政府致西藏色琼噶伦》（1906年3月20日），见《英国政府有关西藏事务函电》（F.O.535），第7卷，第88号文件《印度事务部致外交部》（1906年5月1日）附件2。

汇丰银行的支票的形式向英印方支付。① 英印政府随即于3月26日致函莫利，说明他们找出庵士尔声明的原文进行了核对，确定其含义是在支付完前3年应付款之后，英军停止对春丕的占领，所以仍坚持要求每年按10万卢比进行支付；并指出要求3年付清赔款是中国削弱他们在西藏地位的一个策略。② 由是，赔款问题的焦点变成了张荫棠坚持赔款分3年3期付清、第一期支付833333卢比，与英印政府坚持每年支付10万卢比、分25年付清两种意见的较量。出于外交斗争需要，张荫棠以才旦旺秋不耐炎热，"饬往大吉岭守候"③。

值得指出的是，在张荫棠与英印政府激烈交涉赔款期限之际，有泰并不完全明白英印政府告知第一期赔款为10万卢比的用意，甚至不明白争取3年付清赔款的利害。他在给张荫棠的电文中虽也指出英方"设心甚险，似欲欺蒙藏番"，但仅理解为"系仍按照初约所载柒佰伍拾万元而言，非照后案减数三年偿清摊算也"。④ 随后外务部电告有泰："现户部筹拨第一期赔款，计银四十一万余两，合卢比八十三万元有奇，存沪候汇。"⑤ 有泰更为不解，为此分别致函张荫棠和外务部，指出赔款"卢比数目不合"⑥，足见有泰之昏庸。有泰虽不理解其中利害，但其给张荫棠的电文对张荫棠决策当是有一定帮助的。有泰从荣赫鹏递送的条约十条中得知赔款期限是"按三年三期清缴"，不管他对随后荣赫鹏逼迫西藏地方签订的"拉萨条约"以及庵士尔的声明中所做的两次修改是否详知，此时在给张荫棠的电文中指出"非照后案减数三年偿清摊算"，表明他一直是按"三年偿清摊算"理解的。有泰或许是无心的，但对张荫棠而言，这无疑可作为向英印政府坚持要求3年付清的重要依据。另外，荣赫鹏递送给有泰的条约十条中的"按三年三期清缴"，与"拉萨条约"及庵士尔声明所表达的"分期付款前3年按时缴清"，两者语意截然不同，但英文措

---

① 《西藏色琼噶伦致印度政府》（1906年3月23日），见《英国政府有关西藏事务函电》（F.O.535），第7卷，第88号文件《印度事务部致外交部》（1906年5月1日）附件5、6。

② 《印度政府致莫利先生》（1906年3月26日）、《爱德华·格雷爵士致萨道义爵士》（1906年3月30日），分别见《英国政府有关西藏事务函电》（F.O.535），第7卷，第57号文件《印度事务部致外交部》（1906年3月27日）附件、第59号文件。

③ 张荫棠：《致外部电论第一期赔款应照案办理》，见吴丰培编辑《清代藏事奏牍·张荫棠驻藏奏稿》，中国藏学出版社1994年版，第1307页。

④ 〔清〕有泰：《致议约大臣张为赔偿英赔款函》，见吴丰培编辑《清代藏事奏牍·有泰驻藏奏稿》，中国藏学出版社1994年版，第1224页。

⑤ 《外务部赔款存沪如何提拨电复酌办电》，见吴丰培编辑《清代藏事奏牍·有泰驻藏奏稿》，中国藏学出版社1994年版，第1224页。

⑥ 〔清〕有泰：《致议约大臣张为赔款数目不合请函商印督函》《为外务部英索赔款数目不符已电张荫棠商印督电》，见吴丰培编辑《清代藏事奏牍·有泰驻藏奏稿》，中国藏学出版社1994年版，第1224页。

辞接近，容易混淆，而当时不致存在中英文翻译不确切的问题，因为上述荣赫鹏的谋划过程表明是其将前者修改成了后者，后来中英双方批准换文的《中英续订藏印条约》中措辞亦是"初缴三年三期之后"①。无论如何，张荫棠坚持要求3年付清全部赔款的根本出发点在于尽早清除英方在藏影响，而英印政府则是心虚的。

赔款问题的交涉虽陷入僵持，但尽快结束重订"拉萨条约"的谈判已是英国自由党内阁的既定方针。在交涉赔款问题期间，英国外交部照会中国驻英大使张德彝，同意删去费礼夏所提条约草案6款中的第一款，即将中国对藏主权扭曲为"宗主权"的条文。② 在此基础上，中英双方同意在北京恢复谈判。后几经交涉，清政府成功争取到关键性的一条："英国国家允不占并藏境及不干涉其一切政治，中国国家亦应允不准其他外国干涉藏境及其一切政治"③，这一款即随后写进正式条约中的第二款；但不得不同意英国将"拉萨条约"作为附约的要求，即正式条约中的第一款。中英双方就此两条达成一致后，赔款问题随之迎刃而解，于是很快就签约达成了一致。光绪三十二年四月初四日（1906年4月27日），唐绍仪仍作为中方代表，萨道义为英方代表，双方签订《中英续订藏印条约》（又称《北京条约》）6款。其主要内容除以上两款外，还包括："拉萨条约"第九款内第四节所声明各项权利，"除中国独能享受外，不许他国国家及他们人民享受"；按"拉萨条约"规定的亚东、江孜、噶大克三处开埠外，英国应得由三埠架设电报线至印度境内的利益；1890年与1893年中英所订藏印条约各款，"如与本约及附约无违背者，概应切实施行"；等等。④

对清政府而言，签订《中英续订藏印条约》虽有无可奈何之处，但不承认荣赫鹏逼迫西藏地方签订的"拉萨条约"，改由中英两国重新谈判、重新签订条约本身就表明了中国对西藏拥有无可争议的主权。具体而言，条约第二款的规定，挫败了寇松、荣赫鹏等将中国对藏主权扭曲为"宗主权"的企图，

---

① 《中英续订藏印条约》，见西藏社会科学院等编《西藏地方是中国不可分割的一部分》（史料选辑），西藏人民出版社1986年版，第424页。

② 光绪十八年至三十一年《西藏档》第七册，光绪三十一年十二月四收驻英大使张德彝函，转引自冯明珠《中英西藏交涉与川藏边情：1774—1925》，中国藏学出版社2007年版，第148页。

③ 原文：The government of Great Britain engages not to annex Thibetan territory or interfere in the administration. The government of China also understakes not to permit any other foreign state to interfere with the territory or internal administration of Thibet。《中英续订藏印条约》，见《英国政府有关西藏事务函电》（F. O. 535），第7卷，第132号文件《萨道义爵士致爱德华·格雷爵士》（1906年4月28日发，6月18日收到）附件1。

④ 《中英续订藏印条约》，见西藏社会科学院等编《西藏地方是中国不可分割的一部分》（史料选辑），西藏人民出版社1986年版，第420页。

捍卫了中国的主权完整。《中英续订藏印条约》签订后，荣赫鹏表示："签订这样一则条约，远远没能改善我们在西藏的地位，或增强英藏交流沟通的规律性，似乎反而起到了完全相反的作用。"① 英方的不满，正是中方的胜利。应当说，唐绍仪、张荫棠等人的外交斗争，使英国侵藏急先锋的嚣张气焰受到了一定程度的打击。张荫棠本人也指出，《中英续订藏印条约》"看似平淡，实已煞费苦心"，"于拉萨约已失之利权暗中收回不少"，尤其是遏制了英印当局与西藏地方"直接交涉"的企图。② 总体而言，《中英续订藏印条约》挽回了一定权益，是清末中国外交取得的少有的积极成果之一。但该约仍然具有不平等的性质，英国从中获得了开埠、通商等特权，尤其是新条约追认旧条约，为以后清政府与英国交涉造成了极大的困难。

《中英续订藏印条约》签订后，莫利于5月3日指示英印政府，英国政府同意赔款按3年3期付清，并同意由才旦旺秋以支票形式支付第一期赔款。③ 次日，格雷指示英国驻华代办卡内基（Lancelot D. Carnegie）（此时萨道义已离任）将英方意见照会清政府外务部。④ 外务部接到照会后立即通知户部将833333卢比（约合银41万两）由汇丰银行电汇张荫棠。⑤ 张荫棠则召回一直在大吉岭守候的才旦旺秋，于5月29日按照他的指示向英印政府财政部转交了一张833333卢比的汇丰银行支票，⑥ 张荫棠"取有收据"⑦。次日，张荫棠向外务部汇报第一期赔款交付情况后，庆亲王奕劻于6月1日正式函告卡内基。⑧ 至此，张荫棠预筹的"饬令藏官随同交付"方案得以实现，其中争取到

---

① 转引自［英］阿拉斯泰尔·兰姆著，梁俊艳译，张云校《中印涉藏关系史（1904—1914）——以"麦克马洪线"问题为中心》，社会科学文献出版社2017年版，第61页。

② 张荫棠：《上外部签注驻藏赵大臣函》，见吴丰培编辑《清代藏事奏牍·张荫棠驻藏奏稿》，中国藏学出版社1994年版，第1436页。

③ 《莫利致英印政府》（1906年5月3日），见《英国政府有关西藏事务函电》（F.O.535），第7卷，第91号文件《印度事务部致外交部》（1906年5月3日）附件。

④ 《爱德华·格雷爵士致卡内基先生》（1906年5月4日），见《英国政府有关西藏事务函电》（F.O.535），第7卷，第97号文件。

⑤ 《外务部致卡内基先生》（1906年5月17日），见《英国政府有关西藏事务函电》（F.O.535），第8卷，第16号文件《卡内基先生致爱德华·格雷爵士》（1906年5月19日）附件。

⑥ 《印度政府致莫利先生》（1906年5月26日）、《印度政府致莫利先生》（1906年5月29日），分别见《英国政府有关西藏事务函电》（F.O.535），第7卷，第115号文件《印度事务部致外交部》（1906年5月28日）附件2、第117号文件《印度事务部致外交部》附件。

⑦ 张荫棠：《致外部电赔款已交拟先赴噶大克查勘请拨经费并请韩税司随往办理开埠事宜》，见吴丰培编辑《清代藏事奏牍·张荫棠驻藏奏稿》，中国藏学出版社1994年版，第1308页。

⑧ 《庆亲王致卡内基先生》（1906年6月1日），见《英国政府有关西藏事务函电》（F.O.535），第8卷，第42号文件《卡内基先生致爱德华·格雷爵士》（1906年6月10日）附件。

了至关重要的两点，一是由清政府承担赔款，二是全部赔款3年付清，且驻春丕英军在赔款付清后即行撤走，这就挫败了英印政府的阴谋。由清政府承担赔款，再由张荫棠督饬才旦旺秋向英方转交支票的方式偿付赔款的交涉过程虽然曲折，但结果无疑是宣示了中国对藏主权，就连侵藏头目贝尔也不得不承认这一点。①

清政府在内忧外患的时局中，与英国签订《中英续订藏印条约》，妥善解决赔款问题，唐绍仪、张荫棠二人功不可没。张荫棠在印度谈判之时，有泰称赞其"争雄坛坫"，"青史麻扬"。② 条约签订后，有泰再次致函张荫棠，对其功劳大加赞扬道："改订争回主权，第一期赔款在印交收，是皆阁下与唐大臣内外主持，乃能成此特出功效。鄙怀钦佩莫名。"③ 吴丰培认为，"荫棠之在印与英交涉诸事，权利颇有争回之处"④。此外，张荫棠此次在印期间，正值英方图谋诱骗九世班禅至印度加尔各答，扬言"劝令班禅请英保护，拒绝达赖，以图独立"⑤。第三章将详细讨论张荫棠奉旨"密为探闻"及"力争而得遄返"的努力。总之，张荫棠此次赴印，虽是初涉藏事，但他坚决维护国家利益，展示出了突出的外交才能，圆满完成了议约及赔款事宜，并积极应对英印当局拉拢九世班禅赴印的阴谋等，这使他始与藏事结下了不解之缘，也为筹谋藏事改革打下了基础。

二、奏请整饬藏事及奉旨入藏

在印度与英方一年多的交涉中，张荫棠饱尝"敌谋之狡悍"，深感"藏事危险"，⑥ 这促使他对抵御侵略、维护中央对藏主权的认识以及思考、见解日深。应当说，正是此次在印经历使张荫棠产生了强烈的整顿藏事思想，并随着对藏事介入日深而日益完善、成熟。

---

① ［英］贝尔著，宫廷璋译，竺可桢、向达校：《西藏之过去与现在》，商务印书馆1930年版，第62页。

② 〔清〕有泰：《复议约大臣张荫棠达赖明年回藏函》，见吴丰培编辑《清代藏事奏牍·有泰驻藏奏稿》，中国藏学出版社，1994年，《清代藏事奏牍》，第1223页。

③ 〔清〕有泰：《复议约大臣张嘱备夫马已译行商上照办函》，见吴丰培编辑《清代藏事奏牍·有泰驻藏奏稿》，中国藏学出版社1994年版，第1238页。

④ 吴丰培：《张荫棠驻藏奏稿·跋》，见吴丰培编辑《清代藏事奏牍·张荫棠驻藏奏稿》，中国藏学出版社1994年版，第1457页。

⑤ 张荫棠：《致外部丞参函详陈英谋藏阴谋及治藏政策》，见吴丰培编辑《清代藏事奏牍·张荫棠驻藏奏稿》，中国藏学出版社1994年版，第1306页。

⑥ 张荫棠：《使藏纪事·自序》，见吴丰培编《清代藏事奏牍·张荫棠驻藏奏稿》，中国藏学出版社1994年版，第1287页。

光绪三十一年十二月十三日（1906年1月7日），张荫棠向外务部上《请速整顿藏政收回政权》一折，首次正式奏请整顿藏事。该折扼要奏陈英国诱骗九世班禅赴印及其进一步的阴谋后，重点奏陈整顿藏事的初步建议：

> 我国整顿藏事，迟早皆应举办。今事机迫切，尤为刻不容缓。拟请奏简贵胄总制全藏，一面遴派知兵大员，统精兵二万，迅速由川入藏，分驻要隘，所有一切内政外交，均由我国派员经理，并次第举行现办新政，收回治权。其达赖、班禅等，使为藏中主教，不令干预政治。侯布置既定，逐年递减兵额，以节糜费。①

该折最后表示，"棠为藏事危险，有关大局起见。伏候钧裁"，这是张荫棠首次奏请整顿藏事。从中可见，其建议的具体措施主要有两点：一是由清廷直接简贵胄"总制全藏"，"所有一切内政外交，均由我国派员经理，并次第举行现办新政"；二是达赖喇嘛、班禅额尔德尼等"使为藏中主教，不令干预政治"，即政教分离。建议次第举办新政显然是受全国新政的直接影响，而政教分离的建议则出于抵制"达赖亲俄"与英国拉拢九世班禅的分裂行径的现实需要。②

光绪三十二年（1906）正月二十三日，张荫棠递呈《致外部丞参函详陈英谋藏阴谋及治藏政策》一折，再次奏请整顿藏事。该折首先对局势做了几点分析：其一，英方诱骗九世班禅赴印，"以班禅取代达赖，以图独立"的威胁十分严峻。其二，驻藏大臣的权威式微。"现在藏中情形，驻藏大臣虽拥尊号，而举办一事，藏番外示诚朴，阴实抗违。近年藏中内政外交，驻藏大臣不得不以开导为词，诚实情也。"其三，西藏的边疆屏障战略地位十分重要，整顿藏事就是加强整个西南边防。"窃思藏地东西七千余里，南北五千余里，为川、滇、秦、陇四省屏蔽。设有疏虞，不独四省防无虚日，其关系大局实有不堪设想者。且各省办理边防均有重兵镇守，西藏密通印度，边患交涉，与行省不同，其危险情形尤与上年不同，诚如当轴所谓整顿西藏有刻不容缓之势矣。惟整顿西藏非收政权不可，欲收政权非用兵力不可。"第四，西藏驻军严重不足，非调遣新练劲卒，不足示威。"查驻藏汉兵除护粮台官兵外，只有六百二十一员名，半供塘递巡卡之役。番兵不过三千名，又星散数百里外。非调遣新

---

① 张荫棠：《请速整顿藏政收回政权》，见吴丰培编辑《清代藏事奏牍·张荫棠驻藏奏稿》，中国藏学出版社1994年版，第1304页。

② 详细论述见第三章第一节之"二、政教分离"及第四章第二节之"三、警惕'西藏独立'"。

练劲卒,不足示威。盖兵威不壮,则兴革各事既有多方掣肘之虑,尤有变生意外之险。明知经费浩大,国帑支绌,诚属为难,但外患方殷,内变自亟,一旦有事,英人乘机入藏,我则鞭长莫及,将来再图补救,亦复无济,得失相权不待智者而后知矣。"在深入分析严峻形势的基础上,该折提出具体建议:

  拟请奏简贵胄,总制全藏,并派知兵大员统精兵二万人,迅速由川入藏,分驻要隘,以救目前之急。俟大局稍定,陆续添练番兵,再行逐年递减汉兵额数。此后常年驻藏汉兵约需五千,即足以资弹压。一面将达赖班禅优加封号,尊为藏中教主。所有内政外交以及一切新政,由国家简员经理,恩威并用,使藏人实信国家权力深有可恃,则依仗之心益坚,又何敢再萌异志?况英人亦视我在藏兵力强弱能否治藏地以为因应,我能自治,外人无隙可乘,自泯其觊觎之心。①

  很显然,此折奏陈整顿藏事的具体建议与前折是一致的,但此折对整顿藏事的认识更为深刻,强调"整顿西藏有刻不容缓之势矣。惟整顿西藏非收政权不可,欲收政权非用兵力不可",并分别奏陈了请简贵胄"总制全藏"及"政教分离"等的具体原因。总之,张荫棠以上奏请整顿藏事的两折,不仅陈明了及时整顿藏事的原因,也提出了初步建议。

  以上两折表明,"惟整顿西藏非收政权不可"是张荫棠整顿藏事的核心思想和根本目标。当时,他正在印度与英方进行激烈的外交斗争,抵御侵略、维护主权的现实需要首先使他对"收回主权"形成了深刻认识;而张荫棠曾出使多国,深明近代国家主权与治权关系,他的前折中也明确提出"收回治权"。可见,张荫棠所提的"收回政权"包括"收回主权"与"收回治权"两大方面。具体而言,针对英国、俄国竞相侵藏致使国家对藏主权严重受损的形势时,"收回政权"主要指"收回主权",表示抵御侵略、维护和加强中央政府对藏主权;针对驻藏大臣"威令不行",严重影响清朝中央政府对藏治权时,"收回政权"主要指"收回治权",表示改善和加强中央政府对藏治权,巩固西藏地方与中央政府关系。

  从以上两折看,"收回主权"的直接措施是"政教分离"。由于英国、俄国分别在加紧拉拢达赖喇嘛、班禅额尔德尼,企图利用他们在藏的地位和影响力达到侵略目的,如果"不令(达赖、班禅)干预政治",英俄的侵略企图不

---

① 张荫棠:《致外部丞参函详陈英谋藏阴谋及治藏政策》,见吴丰培编辑《清代藏事奏牍·张荫棠驻藏奏稿》,中国藏学出版社1994年版,第1305-1306页。

攻自破，因此，张荫棠从抵制侵略的现实需要出发，提出"政教分离"是出于"收回主权"的考虑。"收回治权"的措施则为简贵胄"总制全藏"，"所有一切内政外交，均由我国派员经理，并次第举行现办新政"，即通过彻底的行政体制改革改善和加强中央政府对藏治权。结合后来多次奏陈的治藏意见看，张荫棠有时根据所论陈的侧重点不同，将"收回政权"加以严格区分使用，具体分为"收回主权""挽回主权"与"收回治权"两大方面；有时也统称为"收回政权"。总体而言，张荫棠基于清朝中央政府对藏主权与治权严重受损的形势，所提出的"收回政权"这一贯穿其整顿藏事始终的核心思想，内涵既指反对侵略、维护中国对藏主权；也指加强中央政府对藏治权，巩固西藏地方与中央政府关系。

张荫棠上述两折，应当是引起了清廷的高度重视。据二月二十日《广益丛报》的一篇报道称：

> 前拟改西藏为行省及增置将军之说，均以窒碍未能实行。现政府拟将驻藏办事大臣特简尚书侍郎充补，其帮办大臣由三四品京堂简调，另派将军都统驻扎拉萨、札什伦布等处地方，并拨练军若干名驻扎各处要地，以资保守，而重边防。①

可见，清廷所讨论的方案与张荫棠上述两折的建议基本一致。虽尚无直接证据表明清廷是根据张荫棠的建议筹拟方案，但即便是不谋而合，张荫棠无疑也会因此得到清廷赏识。此外，上述张荫棠将西藏视为"川、滇、秦、陇四省屏蔽"的西南边疆防御战略意识，与清廷正在酝酿的把西藏由与西北紧密相连转变到与西南紧密相连的战略思想是不谋而合的。在时间上，张荫棠上奏《致外部丞参函详陈英谋藏阴谋及治藏政策》一折，与姚锡光递呈的"规划川藏说帖"中建议创设"川滇边务大臣"，加强西南边防的治藏意见前后相隔不久。因此张荫棠奏陈的上述建议，对清廷做出宏观上加强西南边疆治理的部署决定，应当起到了一定作用，② 至少对清廷选派他入藏"查办事件"是有直接作用的。

光绪三十二年（1906）四月初四日，《中英续订藏印条约》签订，张荫棠"议约"使命完成。条约签订后的第三天，即四月初六日（4月29日），清廷

---

① 《拟崇驻藏大臣体制》，见《广益丛报》第九十九号（第四年第三期），1906年7月14日（光绪三十二年二月二十日）。

② 详细论述见第七章第一节"张荫棠藏事改革与清朝治藏思想的转变"。

下旨"命直隶特用道张荫棠以五品京堂候补前往西藏查办事件"①。四月十四日，清廷再次下旨"赏候补五品京堂张荫棠副都统衔"②。四月二十二日，清廷第三次下旨强调：

> 皇帝饬谕副都统衔候补五品京堂张荫棠：朕惟西藏地方关系至为重要，现在中英两国新定约章，特命尔前往藏地查办事件。所有按约开埠事宜，亟应切实筹办。至藏中应行布置一切，并即悉心经画，随时详晰具奏。其随行员弁暨番众人等，听尔节制调遣。尔其敬谨将事，毋负委任。特谕。③

清政府与英国完成重订"拉萨条约"，即签订《中英续订藏印条约》，是应对英国第二次侵藏战争造成的严重危局的第一步；而紧接着连下三道谕旨特派张荫棠前往西藏"查办事件"，则表明清廷在第一步的基础上，顺势将重点转向了全面整顿藏事。之所以以"查办事件"委任张荫棠，梁士诒当时的理解是："'查办'二字，分两截做去。查明奏准方能办，今日只可办开埠、交款二事耳。"④梁士诒曾与张荫棠一起随唐绍仪赴印谈判，此时已返京，他对"查办"二字的理解是谨慎，一定程度上反映了清廷的态度，但更多的是从落实《中英续订藏印条约》条款角度来理解的。从当时的局势看，英国要取得条约规定的开埠通商等权利必须经过清政府同意，但英国并不希望清廷采取措施加强在藏权威，因此清廷以"查办事件"之名委任张荫棠，并强调筹办"按约开埠"，可以减少来自英国方面的压力；同时，"查办事件"有"善后"之意，便于西藏地方接受。抑或清廷正是虑及此两点，所以顺理成章地以"查办事件"委任张荫棠，然而谕旨也明确强调"至藏中应行布置一切"，表达了整顿之意。应当说，清廷委以张荫棠查办大臣的身份，体现了一定的政治智慧。

在藏事危急的关头，清廷派往西藏大员的人选至关重要，最终选派张荫棠入藏作为"查办事件"大臣，除上述原因外，应当还包括：其一，当时朝野

---

① 《清实录·德宗实录》卷五五八，光绪三十二年四月癸卯。
② 《清实录·德宗实录》卷五五八，光绪三十二年四月辛亥。
③ 《谕张荫棠查办西藏事件》（一史馆藏军机处录副奏折），见中国藏学研究中心、中国第一历史档案馆、中国第二历史档案馆、西藏自治区档案馆、四川省档案馆合编《元以来西藏地方与中央政府关系档案史料汇编》（第4册），中国藏学出版社1994年版，第1511页。
④ 何藻翔离京赴任前向梁士诒"细询西藏善后办法，从何下手"时，梁士诒做了上引回答，见何藻翔《藏语》，广智书局宣统二年（1910）版，第1页。

呼吁"满汉不分畛域"的政治氛围正浓,清廷打破驻藏大员历用满蒙亲贵的定制,选用汉族官员张荫棠,可作为回应"满汉不分畛域"的一个政治姿态。其二,当时揭批历任驻藏大臣贪腐无能及呼吁任用贤能的时论日盛,张荫棠曾出使西方多国,深谙世界形势,可谓"通达时务之才",且其在印谈判期间的表现以及上述两折所奏陈的治藏见解,表现出可堪此重任的才能。其三,清廷在选派入藏大员之时,虽虑及改革驻藏体制,但尚未议决,最终采纳派一大员入藏以稳住局面的主流意见,委任张荫棠为具有临时性质的"查办大臣",是以权宜之计先解时急,并为进一步筹拟体制改革留有余地。其四,清廷选派张荫棠,与唐绍仪的推荐是分不开的。① 此外,从张荫棠个人角度而言,他在赴印谈判时只是参赞,品级不高,抑或也未得到清廷重视,但通过在印度一年多时间中的外交表现及奏请整顿藏事的见解等,深得清廷赏识,接连赏给五品京堂候补并加副都统衔,委以重任是顺理成章的。

张荫棠临危受命后,立即开始行动。闰四月初十日,奏调随员"以资臂助",其所奏调的外务部主事何藻翔,靖西同知周翔凤,候选同知高恩洪,浙江候补巡检贺师贞,通判衔全楔卿、陆国兴等,清廷均准其调往。② 在这些人中,何藻翔对其规划藏事改革方案等起到很大作用。

何藻翔(1865—1930),初名国炎,字翙高,广东顺德人。光绪二十二年(1896)考取总理各国事务衙门章京。在京参与强学会,热衷新学,与张元济、张荫棠等结社,习英文。才识颇为张荫棠赏识,张赞其"学贯中外,沉毅有为"③。光绪三十年(1904)"服阕入都,仍官外务部主事","以憨直,为左丞邹嘉来所龃龉","浩然有去志",适随唐绍仪由印返京的翰林院编修梁士诒"劝佐"张荫棠。④ 不久,即接张荫棠奏调。准备赴任期间,何藻翔于四月十七日谒见唐绍仪,得指示:"此行必能行其志。开埠事想不至十分棘手,但求为国家办一两事,亦何必自居其名。寄语憩伯,善后法只管条陈,惟恐为财力所限,须择要先办。一时亦难十分完善,徐图改良耳。……故开埠事刻不容缓。君宜速往助憩伯。"何藻翔表示"惟竭绵薄以副厚期耳"。随后又分别拜谒了庆亲王奕劻、外务部会办大臣那桐等主持藏事的朝廷要员,据其所著《藏语》一书云:

---

① 详细论述见第六章第一节之"二、奉旨离藏及其藏事改革的结局"。
② 张荫棠:《致外部电奏调随员》《旨随员等准其调往电》,见吴丰培编辑《清代藏事奏牍·张荫棠驻藏奏稿》,中国藏学出版社1994年版,第1308页。
③ 何藻翔:《藏语》,广智书局宣统二年(1910)版,第1页。
④ 吴天任编著:《清何翙高先生国炎年谱》,台湾商务印书馆1981年版,第25—26页。

（闰四月）十四日黎明赴颐和园军机处门外，谒庆邸（庆亲王奕劻），询张荫棠平日相熟否，翔答是旧交。邸谕：到藏与张荫棠体察情形，详细商酌，好为办理。十五日到署见那相（那桐），禀称奉张大人（张荫棠）函嘱，请示到藏办事宗旨。那相云：此事极不易办，藏众蠢顽，不可理喻，将来办到如何地步，亦难预计。到藏后，体察情形，条陈到部，如可为力，必力与维持，诸事可禀商唐侍郎遵行，我宗旨与唐同，帮办大臣联豫是舍亲，人亦明达，惜体太弱，有大臣（有泰）大约须调回京矣。……二十八日唐侍郎招饮，谈藏事颇详尽。①

奕劻、那桐及唐绍仪等对"查办事件"的指示，无疑为张荫棠贯彻清廷的意见起到了重要作用。从他们对何藻翔的指示看，唐绍仪对"查办事件"是积极支持的；但从那桐对"到藏办事宗旨"所表示的"此事极不易办""将来办到如何地步，亦难预计"等来看，其对"查办藏件"并没有过高期许。那桐身为皇亲贵胄，时任外务部会办大臣等要职，他的意见一定程度上代表了清廷的态度。可见，清廷虽然委派张荫棠入藏"查办事件"，但此时对"查办事件"是缺乏充分思想准备的。

拜谒朝廷大员期间，按照张荫棠电嘱，何藻翔在京代购哈达四五百条，藏缎十余匹，以及小帽、毡帽、镰包、烟杆等物，以备到藏犒赏之用。做好各项准备后，即由京启程，闰四月三十日到达天津，"谒袁宫保（袁世凯），未获见"。后经上海至香港，再附轮经新加坡于七月十八日到达印度加尔各答与张荫棠汇合，② 同时带到由印赴藏的敕谕关防。③ 七月二十二日，张荫棠率何藻翔、韩德森等启程入藏。考其行程大致如下：七月二十二日由加尔各答乘火车赴大吉岭，二十七日由大吉岭换马入藏。八月初五日到亚东，初七日移驻靖西署，在靖西视察情形并筹划亚东开埠事宜月余。九月初八日由靖西启程，途经格林卡（嘎林岗）、打塘，初九日到帕克里（帕里），初十日到堆朗（堆纳），十一日到噶拉（嘎拉），十二日到萨马达，十三日到康马，十六日到达江孜后，筹划部署江孜开埠事宜半月。十月初三日由江孜起程往拉萨，十二日

---

① 何藻翔：《藏语》，广智书局宣统二年（1910）版，第3-4页。
② 何藻翔：《藏语》，广智书局宣统二年（1910）版，第4-11页。
③ 张荫棠在《致外部电告启程入藏》中汇报"十八日奉到敕谕关防"，而何藻翔《藏语》一书记此日与张荫棠会合，从时间看敕谕关防当是何藻翔带到。

（1906年11月27日）到达拉萨。①

由于《中英续订藏印条约》规定划亚东、江孜、噶大克三处作为商埠，张荫棠在进藏途中，一面筹划部署开埠事宜，一面与英国驻春丕武官坎贝尔中尉（Lieutenant W. L. Campbell）、擅自闯入江孜的时任英国驻锡金政务官贝尔（Charles Bell）等的侵略行径进行针锋相对的斗争，坚决维护主权。②晚清以来，驻藏大臣对外妥协退让，声名狼藉，张荫棠在亚东、江孜等地抵制坎贝尔、贝尔等侵略行径的斗争，不仅打击了侵略分子的嚣张气焰，也使当地藏族百姓亲眼看见了张荫棠不同于以往软弱无能的驻藏大臣，从而重新树立起了驻藏大臣的威仪。于是当地藏族百姓盛传"张荫棠将驱逐当地欧洲人及英军，如果英印当局反对，他就调遣中国军队予以武力驱逐"，这无疑极大地提振了士气、鼓舞了人心。③尤其是江孜人民在第二次抗英战争中伤亡惨重，他们对清政府未派军队予以支持心存不满，对驻藏大员更是心存芥蒂。为"固结人心"，张荫棠向他们解释"时间匆迫，不及征调军队"。同时，张荫棠向藏族僧俗百姓公平采购粮草，按市价支给所雇差费等体恤藏民的做法，更是赢得了广大僧俗百姓的极大拥护与爱戴。如坎贝尔禁止张荫棠等人向藏民采购薪草伙食之时，"幸上下卓木头目四更逾岭，背薪草私来接济"④。

总之，张荫棠进藏途中坚决抵制侵略的行动与体恤藏族百姓的作风，逐步重塑了驻藏大员的威严形象。"藏民连年苦英兵苛虐，今复见汉官威仪，颇为欢迎。"⑤他抵达拉萨之日，广大僧俗百姓"如枯旱之望雨"⑥，"跻磨盘山，恭诣万岁牌位。达赖代理人暨四噶布伦均亲郊迎，廓尔喀酋长排队来接，藏民万余夹道焚香顶礼欢呼"⑦。见此情形，张荫棠感慨："查藏众素称愚梗，自二十年亚东开埠，三大寺禁民贸易，弗遵开导，今如此恭逊，良非始念所及。"

---

① 据张荫棠《致外部电告启程入藏》《致外部丞参函详陈由印过大吉岭至靖西沿路情形》《致外部电告到靖西察看情形》《致外部丞参函详述由靖西至江孜路程及视察各地情形》《致外务部电告到藏日期及藏民欢迎情形》等奏牍。

② 详细论述见第四章第二节之"四、围绕开埠的斗争"。

③ ［英］荣赫鹏著，孙煦初译：《英国侵略西藏史》，西藏社会科学院资料情报研究所1983年内部资料，第264页。

④ 张荫棠：《致外部丞参函详陈由印过大吉岭至靖西沿路情形》，见吴丰培编辑《清代藏事奏牍·张荫棠驻藏奏稿》，中国藏学出版社1994年版，第1311页。

⑤ 何藻翔：《藏语》，广智书局宣统二年（1910）版，第43页。

⑥ 张荫棠：《游布达拉山记》，见吴丰培编辑《清代藏事奏牍·张荫棠驻藏奏稿》，中国藏学出版社1994年版，第1373页。

⑦ 张荫棠：《致外务部电告到藏日期及藏民欢迎情形》，见吴丰培编辑《清代藏事奏牍·张荫棠驻藏奏稿》，中国藏学出版社1994年版，第1316页。

鉴于"民情可感",他深受鼓舞,表示将"黾励从事"。① 张荫棠到达拉萨之时,除驻藏大臣有泰外,新任驻藏帮办大臣联豫已于七月二十二日(9月10日)抵达拉萨。因此,有泰、联豫、张荫棠三人一度同在拉萨。

第二节 藏事改革的时机与挑战

一、十三世达赖喇嘛出走及其影响

英军开进拉萨前夕,十三世达赖喇嘛委任甘丹赤巴洛桑坚赞(blo-bzang-rgyal-mtshan)为代理摄政,然后于光绪三十年六月十五日(1904年7月27日)后半夜时分②,"向所依靠和供奉的护法神作嘱托后,带了少量随行人员离开拉萨"③。十三世达赖喇嘛的出走对时局影响至深,学界已有较多的相关研究。④ 以下主要围绕其出走后的去向问题与在清廷筹措期间张荫棠因势利导力主其"暂缓回藏"及赴京觐见等展开探讨。

十三世达赖喇嘛之所以在这个微妙的时间离开拉萨,就客观形势而言,在于侵藏英军已进至曲水、逼近拉萨。侵藏英军头目荣赫鹏早在行至江孜时就企图逼迫十三世达赖喇嘛与他"直接谈判",从而签订条约以获取侵略利益;其致函十三世达赖喇嘛威胁道,他将奉命开进拉萨,"奉命缔结之条约,一经达

---

① 张荫棠:《致外务部电告到藏日期及藏民欢迎情形》,见吴丰培编辑《清代藏事奏牍·张荫棠驻藏奏稿》,中国藏学出版社1994年版,第1316页。

② 此时间为《第十三世达赖喇嘛年谱》所记,有泰奏稿及日记均与之一致;而李苏·晋美旺秋等撰写的《西藏人民抗英斗争史料》中记:"藏历六月十五日(农历六月十六,公历七月二十八日),天亮前,达赖喇嘛偕少数随员,其中有三大寺的蒙古布热图喇嘛等三十余人,秘密离开了拉萨。"[见西藏自治区政协文史资料研究委员会编《西藏文史资料选辑》(第7辑),1985年内部发行,第68页]实际上,《第十三世达赖喇嘛年谱》及有泰所记的"十五日后半夜",与李苏·晋美旺秋等所记的"十六日天亮前",时间是一致的。

③ 西藏自治区政协文史资料研究委员会编:《第十三世达赖喇嘛年谱》[《西藏文史资料选辑》(第11辑)],民族出版社1989年版,第75页。

④ 专题性研究成果主要有:郭卫平的《清季十三世达赖出走库伦考》(载《西藏研究》1986年第3期),陈锵仪的《简述十三世达赖入觐》(载《中国藏学》1988年第1期),索文清的《一九〇八年十三世达赖喇嘛晋京朝觐考》(载《历史研究》2002年第3期),苏振玉、郭苏星的《汉文史料所见光绪末年十三世达赖出走事件之年谱》(载《内蒙古师范大学学报》2002年第1期)等。

赖签字盖印","即立当退出拉萨"。① 而此时清政府对英国的侵略行径一味妥协退让,英军进至曲水后,外务部急忙借用英国驻华公使与侵藏英军之间联系的电报渠道,指示驻藏大臣有泰:"近据总税司探称,英国荣大臣定准用兵直达拉萨,到时如达赖及驻藏大臣即出议和,尚易转圜,倘已避离拉萨,无人与议,只得暂踞地方,徐俟达赖回心乞和";同时询问有泰"近日藏番情形若何,达赖有无悔意",最后要求"务劝达赖即与英员迅速开议,切弗退避,致误事机","收到照办"。② 按照清廷的指示,有泰不断"开导"十三世达赖喇嘛,要求其与侵藏英军议和,这让十三世达赖喇嘛对清廷大失所望。然而,西藏地方虽遭惨绝人寰的古鲁大屠杀及江孜保卫战的失利,但仍然不失斗志,尤其是十三世达赖喇嘛当时抗英立场坚定,不愿沦为英国侵略者的阶下囚,更不愿被逼迫签订条约。侵藏英军行至曲水时,十三世达赖喇嘛派基巧堪布帕西·阿旺欧珠前去交涉,但荣赫鹏"坚持要到拉萨同达赖喇嘛直接谈判","达赖喇嘛考虑,如果会见英国军官,谈判时只能屈从于英方的条件,这样本人难以承担由此而给政教大业的现今和未来带来危害的责任。于是产生了出走内地,向皇太后和天子以及内臣面奏佛业遭难的念头"。③ 可见,十三世达赖喇嘛在荣赫鹏侵藏英军开进拉萨前夕秘密出走,确系情势所迫。

十三世达赖喇嘛出走后的第七天,六月二十二日(8月3日),荣赫鹏侵略军即开进了拉萨。此时有泰及荣赫鹏均不知十三世达赖喇嘛早已出走,外务部则指示有泰"藏人此时当知悔悟,希即相机切实开导,与英员妥为商议"④。有泰对荣赫鹏逼签条约束手无策,方才得知十三世达赖喇嘛早已出走,但不知去向。七月十一日,有泰上《达赖潜逃乞代奏请旨褫革其名号》一折,指责十三世达赖喇嘛"本年战事,该达赖实为罪魁,背旨丧师,拂谏违众,及至事机逼迫,不思挽回,乃复遁迹远扬,弃土地而不顾,致使外人藉口,振振有词",最后请"将达赖喇嘛名号暂行褫革,以肃藩服,而谢邻封。并请旨饬令班禅额尔德尼暂来前招主持黄教,兼办交涉事务"。⑤ 七月十六日,清廷下旨:

---

① [英]荣赫鹏著,孙熙初译:《英国侵略西藏史》,西藏社会科学院资料情报研究所1983年内部资料,第182页。
② 《外务部闻英将入藏务劝达赖及与英员开议电》,见吴丰培编辑《清代藏事奏牍·有泰驻藏奏稿》,中国藏学出版社1994年版,第1188页。
③ 西藏自治区政协文史资料研究委员会编:《第十三世达赖喇嘛年谱》[《西藏文史资料选辑》(第11辑)],民族出版社1989年版,第74页。
④ 《外部嘱与英员妥议藏务电》,见吴丰培编辑《清代藏事奏牍·有泰驻藏奏稿》,中国藏学出版社1994年版,第1190页。
⑤ [清]有泰:《致外务部达赖潜逃乞代奏请旨褫革其名号电》,见吴丰培编辑《清代藏事奏牍·有泰驻藏奏稿》,中国藏学出版社1994年版,第1190页。

"著即将达赖喇嘛名号暂行革去，并著班禅额尔德尼暂摄。"① 七月二十日，有泰再上《达赖喇嘛兵败潜逃声名狼藉据实纠参折》，继续指责十三世达赖喇嘛有"种种劣迹"，强调"若不严行纠参，实无以谢邻封而肃藩服"。② 有泰请旨褫革十三世达赖喇嘛名号后，又大加纠参，全然不顾西藏地方的反应，幻想以此达到"谢邻封而肃藩服"的效果，殊不知此举使局势雪上加霜；同时，有泰一厢情愿的邀请九世班禅到拉萨主持事务的计划，也因九世班禅以"若分身前往"，"恐有顾此失彼之虞"为由推辞而落空。③ 英军从拉萨撤走后，有泰称"现在藏中安堵如常，汉番亦尚静谧"。直到十二月，有泰还不知道十三世达赖喇嘛的去向，奏称其"数月以来……踪迹杳然"。④ 不仅有泰不知十三世达赖喇嘛的去向，清廷也一度既不掌握其动向，也未见对其去往何处做出查明安排。总之，有泰作为驻藏大臣，本该对十三世达赖喇嘛的出走负有直接责任，而其以"不遵开导""兵败潜逃"论处，难免有为自己开脱之意；同时，清廷在不明十三世达赖喇嘛去向之时，就采纳有泰的建议，褫革名号，更加让十三世达赖喇嘛及西藏地方对清廷心生不满。应当说，十三世达赖喇嘛出走后，清廷及有泰的上述应对之策是欠妥的。

据笔者目前所见史料记载，十三世达赖喇嘛出走的主观愿望有两种说法：一是赴京觐见，一是赴俄"求援"。然而清廷起初对此不得而知，直到在得知其一路北走，并判断出其有可能前往俄国后，才匆忙采取了防止达赖赴俄的措施。关于十三世达赖喇嘛一行的出走路线，《第十三世达赖喇嘛年谱》有详细记载。大体上，从拉萨出发往北经过那曲，翻越唐古拉山进入青海境内；然后从玉树过通天河，穿越柴达木盆地行抵甘肃嘉峪关，再经甘新交界进入外蒙古；最后被清廷"迎护"到库伦。就笔者目前所见史料记载，十三世达赖喇嘛一行进入外蒙古之前，清廷一直无法掌握其动向，也没有予以足够重视；直到其一行进入外蒙古境内，清廷通过库伦办事大臣德麟的报告方才得知情形，开始意识到其极有可能前往俄国的事态严重性，于是匆忙采取措施。光绪三十年九月二十四日（11月1日），谕军机大臣等："电寄德麟，电悉。达赖喇嘛被难逃出求救，请为代奏等语。著德麟迅即派员迎护到库，优加安抚，以示朝

---

① 《清实录·德宗实录》卷五三三，光绪三十年七月壬辰。
② 〔清〕有泰：《达赖喇嘛兵败潜逃声名狼藉据实纠参折》，见吴丰培编辑《清代藏事奏牍·有泰驻藏奏稿》，中国藏学出版社1994年版，第1193–1194页。
③ 〔清〕有泰：《请留班禅额尔德尼住后藏以资镇摄片》，见吴丰培编辑《清代藏事奏牍·有泰驻藏奏稿》，中国藏学出版社1994年版，第1206页。
④ 〔清〕有泰：《达赖喇嘛兵败潜逃已行文库伦办事大臣询其行踪并令设法阻挡片》，见吴丰培编辑《清代藏事奏牍·有泰驻藏奏稿》，中国藏学出版社1994年版，第1205页。

廷德意。"① 同时，军机大臣面奉谕旨，要求传知新授西宁办事大臣延祉②"迅速请训"。二十五日，军机大臣面奉谕旨，"新授西宁办事大臣延祉现在出差库伦，由库伦前赴西宁本任"③。二十六日，谕军机大臣等："电寄德麟。昨据电奏达赖喇嘛求救，已有旨谕令优加安抚，现派延祉前往库伦迎护，延祉未到任以前，仍著德麟妥为照料。"④ 由此可见，清廷为防止十三世达赖喇嘛赴俄，接连三天的应对之策是要求德麟迅速将其"迎护"至库伦"优加安抚"，再由延祉护送到西宁。九月二十四日的安排是目前所见史料记载的清廷最早采取的措施，因为清廷是绝不允许十三世达赖喇嘛赴俄的，所以应当是在得知其动向后第一时间就做出部署，因此清廷得知其动向的时间很有可能就是九月二十四日，不会比这再早太多。

后据乌里雅苏台将军连顺奏称，他"忽于九月二十间，闻蒙人传说达赖有行入喀尔喀地面信息"，于是于十月初一日派员，"再三请其暂到乌城安歇"，但被十三世达赖喇嘛婉拒。至十月初十日，连顺才接到库伦办事大臣转来外务部电咨："无论达赖行抵何处，务即迎护内地，妥为款留，勿任北去。"此时十三世达赖喇嘛一行距库伦仅十日路程，连顺随即"密函哲布尊丹巴，以达赖初到库伦，未悉情形，俄人居心叵测，嘱其勿与往来"。又迟至十月二十五日，连顺接到新疆巡抚转来陕甘总督电咨称："达赖有往赴俄国之意。探明七月二十八日由柴达木赴大库伦，恐其入俄，咨令阻止，劝其返回青海。"连顺表示，驻藏大臣以及青海、甘肃、新疆等地督抚、大臣"于事前未知防范，岂于事出仍无所闻"，"况由藏到库，必经青海、甘、新边界，彼处电信往来，朝夕可通。纵未能就近挽留，亦当早知，各处先事预防，何竟迟之十月下旬，达赖已到库伦，始行转来一咨，亟亟以阻止达赖，勿令入俄为急"。连顺对事后才接到电咨批评道："其谋似忠，其虑似远，而其实竟为事后无祸之空谈。"同时，连顺对"达赖入俄"的可能性分析道："至云达赖入俄一节，诚为可虑，然由藏而往，固有捷径，自新而入，亦有便途，既因情急外逃，尚知携带印信，其心亦概可想见。总之，入俄一语，可深虑不可明言，恐达赖闻

---

① 《清实录·德宗实录》卷五三五，光绪三十年九月己亥。
② 延祉于光绪三十年八月十六日被派为西宁办事大臣。见《清实录·德宗实录》卷五三四，光绪三十年八月壬戌。
③ 中国第一历史档案馆编：《光绪宣统两朝上谕档》，广西师范大学出版社1996年版，第180-181页。
④ 《清实录·德宗实录》卷五三五，光绪三十年九月辛丑。

知，反生他志也。"① 从连顺的奏陈看，青海、甘肃、新疆等地方大员并未及时掌握十三世达赖喇嘛的动向；陕甘总督虽于七月二十八日较早探明了情形，但未及时采取有效措施，至于其是否及时上奏，尚不得尽知。九月二十四日起，经过清廷一番周密安排，十三世达赖喇嘛一行于十月二十日（11月26日）抵达库伦时，受到了库伦办事大臣、蒙古王公大臣、八世哲布尊丹巴呼图克图等僧俗各界的热烈欢迎。②

　　值得注意的是，十三世达赖喇嘛进入外蒙古境内后，距俄国边境仅一步之遥，但为何没有直接前往，而是通过库伦办事大臣德麟主动向清廷发出"求救"信息？主要原因在于，当时十三世达赖喇嘛不管是选择赴俄还是赴京觐见都没有做好准备。进入外蒙古境内后，赴俄虽易，但尚没有得到俄国同意，不可直接前往，至于赴京觐见时机更不成熟。而库伦是清代藏传佛教四大活佛之一哲布尊丹巴的驻锡地，也是蒙古藏传佛教的中心，信徒众多，十三世达赖喇嘛作为藏传佛教的精神领袖，前往库伦不仅会得到很大的精神慰藉，也会获得极大的安全感。在此形势下，前往地理位置上既便于赴京觐见，也可为赴俄留有余地的库伦暂住，然后根据局势发展进一步抉择，不失为明智之举。然而他们一直是秘密行动，此时不能贸然前往，必须充分考虑到清廷得知其去向后的反应。于是他们向清廷发出"求救"信息，等于是主动报告自己的行踪。此举当是经过精心谋划的，以此试探清廷有无同意其赴京之意；也极有可能是他们分析过，清廷获悉后必然采取措施防止他们赴俄，而清廷最切实的措施是首先将他们迎护至库伦，这样他们就会顺利达到库伦。结果是，清廷接到德麟的报告后，自然十分担心十三世达赖喇嘛一行赴俄，因此急忙采取措施，一面谕令德麟迎护十三世达赖喇嘛到库伦"妥为照料"，一面让哲布尊丹巴以开展佛事活动为名邀请其前来库伦。如此，十三世达赖喇嘛一行顺利到达了库伦。

　　十三世达赖喇嘛到库伦后，因新授库伦办事大臣朴寿尚未到任，③清廷以延祉"暂署库伦办事大臣"④，负责办理相关事宜。十一月初六日，延祉奉懿旨赍交蟒袍料所制皮袍一件、同缎八卷、银六千两。对于清廷"赏赐多珍"，

---

① 《连顺密陈达赖已抵库伦请早抚慰以安众心》，见中国第一历史档案馆、中国藏学研究中心合编《清末十三世达赖喇嘛档案史料选编》，中国藏学出版社2002年版，第83页。

② 十三世达赖喇嘛到达库伦的时间，目前汉文史料仅见延祉于光绪三十一年四月奏称"去岁六月出藏，十月始抵库伦"[见中国第一历史档案馆编《光绪朝朱批奏折》（第116辑），中华书局1996年版，第815页]，其中并无确切日期。《第十三世达赖喇嘛年谱》所记为"十月二十日"（见该书第80页），此处暂取此说。

③ 朴寿于光绪三十年八月二十四日被派为库伦办事大臣。见《清实录·德宗实录》卷五三四，光绪三十年八月庚午。

④ 《清实录·德宗实录》卷五三七，光绪三十年十一月甲申。

西藏地方"仰见圣恩优隆","不独达赖喇嘛感激,即阖藏僧俗莫不长跽北向,顶礼加额"。① 然而对于清廷令延祉"偕同该达赖喇嘛前赴西宁,再令启程,自行回藏"② 的安排,十三世达赖喇嘛先后以"建庙"做佛事活动、病重等为由拖延了一年半之久。其间,为防止十三世达赖喇嘛赴俄,清廷一面不断电令朴寿、延祉二人督促其早日返藏,一面加强防范。光绪三十一年(1905)七月,清廷改授延祉为库伦办事大臣,专门负责十三世达赖喇嘛回藏事宜,要求"遴派廉干妥员沿途护送","一俟病痊及早启程,毋再延缓"。③ 光绪三十二年(1906)三月,清廷又派御前大臣博迪苏、内阁大学士达寿等人专程赴库伦"宣慰"④。

在清廷为防止十三世达赖喇嘛赴俄而百般周折期间,西藏地方对清廷褫革达赖名号的决定表示了强烈不满,噶厦、三大寺等联名向有泰"再三禀诉,请求开复(名号)"。光绪三十一年五月,有泰奏称西藏地方给他的一道公禀内称:"惟是达赖喇嘛前经被议,咎固难辞,然当离藏之时,亦属迫不得已。第达赖喇嘛为黄教之主,一旦革去名号,恐难号召番众,维系人心。用是联名,务请代恳天恩,开复名号。"有泰迫不得已,转而为十三世达赖喇嘛"翻案"。他奏称十三世达赖喇嘛的侍从"率多小人,往往不知大体,一味逢迎,于藏印边务情形粉饰多端",尤其是"箭头寺护法,假托神灵附体,蛊惑达赖,欺诈愚民,而又干预交涉事件。藏印决战失和,实由护法主之。丧师肇乱,实为罪魁。然而怨毒于人,番民恨之不置"。将责任推给箭头寺护法后,有泰为十三世达赖喇嘛开脱,"是战争之议,并非出于达赖本心,已有明证",并称请旨褫革名号"为一时权宜之计",最后奏请"开复名号以顺番情"。⑤ 此时清廷正在积极筹措其返藏事宜,九月初六日下旨:"著俟达赖喇嘛由库伦启程后再降谕旨。"⑥ 箭头寺护法后被张荫棠查处,其"苛敛横行"等属实,但有泰对十三世达赖喇嘛"参革在先,回护于后",前后态度大相径庭,足见其请旨褫革名号是缺乏远见的冒失之举。

---

① 〔清〕有泰:《请开复达赖喇嘛名号》,见吴丰培编辑:《清代藏事奏牍·有泰驻藏奏稿》,中国藏学出版社1994年版,第1211页。
② 《清实录·德宗实录》卷五四一,光绪三十一年正月乙酉。
③ 《清实录·德宗实录》卷五四七,光绪三十一年七月壬申。
④ 《字寄博迪苏等著前往宣问达赖喇嘛妥定栖止》,见中国藏学研究中心、中国第一历史档案馆、中国第二历史档案馆、西藏自治区档案馆、四川省档案馆合编《元以来西藏地方与中央政府关系档案史料汇编》(第4册),中国藏学出版社1994年版,第1475页。
⑤ 〔清〕有泰:《请开复达赖喇嘛名号》,见吴丰培编辑《清代藏事奏牍·有泰驻藏奏稿》,中国藏学出版社1994年版,第1211页。
⑥ 《清实录·德宗实录》卷五四七,光绪三十一年七月己丑。

关于十三世达赖喇嘛的赴俄意图，牙含章认为，"根据达赖自拉萨直赴库伦，并带了德尔智的情况推断，达赖原先有由此往俄国的企图"①，学界多持此说。以下据俄国现已公开的相关档案就此问题进行具体讨论。据俄国驻库伦领事吕巴给俄外交部的一份密电，十三世达赖喇嘛从拉萨出走的"隐秘内情"是，"无疑受到德尔智影响，并对多数谋士（的反对）进行了抵制"②。德尔智以寻求俄国援助抵抗英国为由蛊惑十三世达赖喇嘛出走，但他们到达库伦后，并没有取得俄国对其入境的允许；并且清廷已于11月1日派延祉赶往库伦即刻将其迎护至西宁。11月6日，俄国驻华公使雷萨尔在给俄外交大臣拉姆兹多夫的密电中表示："在查明达赖喇嘛来到库伦的后果，或他不会有危险以前，最好切勿采取任何行动把他拉到我们这边来。"③ 德尔智为争取说服俄国的时间，煽动十三世达赖喇嘛以"建庙"为由暂居库伦过冬，次年四月启程往西宁。其间，俄方对十三世达赖喇嘛的去向问题产生了意见分歧。俄驻远东总督阿列克谢耶夫海军上将向拉姆兹多夫建议："倘能使移居俄国境内一事是出于达赖喇嘛本人决定，则最好促使他移居俄国境内。"④ 然而，以俄国驻华公使雷萨尔为代表的一派出于确保俄国自身利益的考虑，是坚决反对十三世达赖喇嘛赴俄的。1904年12月26日，雷萨尔在给拉姆兹多夫的密电中指出"前往西宁就是流放"，建议"最好推迟一段不长的时间再做最后决定，何况当时情况使我们有可能安排达赖喇嘛前往中国内地，这比目前我们所能做的更符合我们的宗旨"。⑤ 1905年1月28日，雷萨尔根据吕巴的报告，在给拉姆兹多夫的密电中建议让十三世达赖喇嘛直接返回拉萨，而不必移往西宁。对此意

---

① 牙含章：《达赖喇嘛传》，华文出版社2013年版，第162页。
② 《俄驻库伦领事吕巴就达赖喇嘛请他查明沙皇政府能否保证俄国将公开保护西藏以防英、中侵略事致外交部密电》（1905年4月27日），见陈春华编译《俄国外交文书选译——关于英军第二次侵藏、达赖喇嘛出逃外蒙以及沙俄的对策》，载《中国藏学》2013年第3期。
③ 《俄国驻华公使雷萨尔就达赖喇嘛蒙古之行可能造成后果事致外交大臣拉姆兹多夫密电》（1904年11月6日），见陈春华编译《俄国外交文书选译——关于英军第二次侵藏、达赖喇嘛出逃外蒙以及沙俄的对策》，《中国藏学》，载《中国藏学》2013年第3期。
④ 《沙皇驻远东总督阿克列谢耶夫海军上将就建议将达赖喇嘛移居俄国事致外交大臣拉姆兹多夫函》（1905年1月30日），见陈春华编译《俄国外交文书选译——关于英军第二次侵藏、达赖喇嘛出逃外蒙以及沙俄的对策》，载《中国藏学》2013年第3期。
⑤ 《俄国驻华公使雷萨尔就推测俄国若在蒙古采取积极政策，达赖喇嘛留居蒙古可能有好处事致外交大臣拉姆兹多夫密电》，见陈春华编译《俄国外交文书选译——关于英军第二次侵藏、达赖喇嘛出逃外蒙以及沙俄的对策》，载《中国藏学》2013年第3期。

见，沙皇尼古拉二世做出批示："必须进行讨论。"① 2 月 14 日，拉姆兹多夫向沙皇上奏讨论结果，"应着重研究下述设想：一、达赖喇嘛留在库伦；二、按中国要求前往西宁；三、移居俄国境内；四、返回西藏"，最后提议"故从各方面看，最适当的办法是达赖喇嘛返回西藏，他本人想返回西藏，当地宗教界也希望他返回西藏；自然，这种情势使他更加坚信，事情能如此解决主要应归功于俄国的关切。显然，中国人不再坚持达赖喇嘛迁居西宁，准备让他返回西藏"。②

鉴于俄国方面不同意十三世达赖喇嘛赴俄，而距离清政府规定的起程往西宁时间也越来越近，德尔智又急忙煽动十三世达赖喇嘛以病重为由拒不起程，从而继续拖延时间以与俄国进一步联系。为争取沙皇同意，德尔智甚至利用俄国外贝加尔地区的佛教徒对十三世达赖喇嘛的宗教崇拜大做文章。据俄驻库伦领事吕巴向雷萨尔报告：

> 来此处的布里亚特人散布说，伊罗尔图耶夫奉召到赤塔安排达赖喇嘛俄国之行，且经蒙古人传到了办事大臣那里，他们似乎已经报告北京。达赖喇嘛为此感到不安，务请阁下请（中国）外交部要中国人放心，但他并未放弃去俄国的想法，故请求转告：他对委身沙皇陛下保护充满信心，他欲了解，面对各国俄国能否公开保护西藏抵抗英国和中国人。③

雷萨尔指示吕巴："倘中国人问起俄国似乎已采取措施接纳达赖喇嘛一事，我会让他们放心。另一方面，达赖喇嘛请求保证：俄国面对各国将公开保护西藏抵抗英国和中国人。（我们）根本不可能作这种保证。"④ 从吕巴给雷萨尔的报告看，俄外贝加尔地区的佛教领袖伊罗尔图耶夫"安排达赖喇嘛俄国

---

① 《俄国驻华公使雷萨尔就达赖喇嘛最好返回西藏事致外交大臣拉姆兹多夫密电》（1905 年 1 月 28 日），见陈春华编译《俄国外交文书选译——关于英军第二次侵藏、达赖喇嘛出逃外蒙以及沙俄的对策》，《中国藏学》，载《中国藏学》2013 年第 3 期。

② 《俄外交大臣拉姆兹多夫建议使达赖喇嘛返藏事的奏折》（1905 年 2 月 14 日），见陈春华编译《俄国外交文书选译——关于英军第二次侵藏、达赖喇嘛出逃外蒙以及沙俄的对策》，载《中国藏学》2013 年第 3 期。

③ 《俄国驻华公使雷萨尔就达赖喇嘛希望移居俄国承担保护西藏免遭英国和中国侵犯事致外交大臣拉姆兹多夫密电》（1905 年 5 月 15 日），见陈春华编译《俄国外交文书选译——关于英军第二次侵藏、达赖喇嘛出逃外蒙以及沙俄的对策》，载《中国藏学》2013 年第 3 期。

④ 《俄国驻华公使雷萨尔就达赖喇嘛希望移居俄国承担保护西藏免遭英国和中国侵犯事致外交大臣拉姆兹多夫密电》（1905 年 5 月 15 日），见陈春华编译《俄国外交文书选译——关于英军第二次侵藏、达赖喇嘛出逃外蒙以及沙俄的对策》，载《中国藏学》2013 年第 3 期。

之行",仅是信奉藏传佛教的布里亚特蒙古人的"散布说",这可能是布里亚特佛教徒出于对达赖喇嘛的宗教崇拜,希望促成其到俄国做佛事活动而诱导俄政府同意的一个说辞。而德尔智在给俄外贝加尔省督军霍尔谢夫尼科夫的信中表示"非常希望根据布里亚特人的请求,正式邀请达赖喇嘛前往外贝加尔地区"①,可见布里亚特佛教徒希望十三世达赖喇嘛前往俄国极有可能是德尔智煽动的。无论如何,雷萨尔给吕巴的指示表明,他不仅向清政府否定了此事,同时拒绝了十三世达赖喇嘛的请求。清政府得知消息后也立刻电令驻俄公使胡惟德"俄派佛教人随行一节断难允许",要求"务向(俄)外务部力阻"。②最终,德尔智煽动十三世达赖喇嘛以做佛事活动为名前往俄国的阴谋失败。

与此同时,十三世达赖喇嘛的随行人员在就赴俄问题召开的会议上,"明显分成对立的两派:达赖喇嘛本人相信只有前往俄国才有利,而他周围的多数人,包括有影响的年长堪布均表示反对,他们认为,在目前形势下俄国不可能给予西藏切实帮助"。在此情势下,十三世达赖喇嘛急需得知俄国政府在面对各国"公开保护西藏抵御英、中两国"这一重要问题上的明确态度。③ 为此,德尔智巧言说服俄国反对派解除对他的阻止,然后带着十三世达赖喇嘛给沙皇尼古拉二世的亲笔信前往圣彼得堡。此信经拉姆兹多夫转呈给尼古拉二世。尽管十三世达赖喇嘛在这封信中恳求"伟大国君,往日慈悲为怀护佑西藏,今后请勿丢下恭顺的西藏不管"④,然而,沙皇对此并没有做任何批示,这使德尔智未能达到此行的目的。

1906年6月,俄新任外交大臣伊兹沃尔斯基组织了由俄外交部官员,以及俄皇家地理协会副会长谢苗诺夫、俄前任驻库伦总领事希施马廖夫、俄前任外贝加尔总督纳达罗夫中将等相关人员参加的一次会议,专门为俄国就十三世达赖喇嘛是返藏还是移往西宁的问题研究制定策略。与会者认为,"俄国在西

---

① 《阿旺·德尔智就说明他为何必须前往彼得堡事呈外贝加尔省督军霍尔谢夫尼科夫报告》(1905年5月8日),见陈春华编译《俄国外交文书选译——关于十三世达赖喇嘛身边的三品僧官和全权代表、沙俄政府驻拉萨的政治密使俄籍布里亚特僧人阿旺·德尔智的活动(1888—1910)》,载《中国藏学》2013年第2期。

② 《外务部为俄派佛教人护送达赖断难允许致胡惟德电》,见中国藏学研究中心、中国第一历史档案馆、中国第二历史档案馆、西藏自治区档案馆、四川省档案馆合编《元以来西藏地方与中央政府关系档案史料汇编》(第4册),中国藏学出版社1994年版,第1474页。

③ 《俄驻库伦领事吕巴就达赖喇嘛请他查明沙皇政府能否保证俄国将公开保护西藏以防英、中侵略事致外交部密电》(1905年4月27日),见陈春华编译《俄国外交文书选译——关于英军第二次侵藏、达赖喇嘛出逃外蒙以及沙俄的对策》,载《中国藏学》2013年第3期。

④ 《拉姆兹多夫奏折所附达赖喇嘛致尼古拉二世的函》(1906年2月23日),见陈春华编译《俄国外交文书选译——关于英军第二次侵藏、达赖喇嘛出逃外蒙以及沙俄的对策》,载《中国藏学》2013年第3期。

藏并无直接利益。故在诸多问题中西藏问题是同英国人最容易达成协议的问题之一。在这方面应利用这一问题做可作出的让步,使我们有可能在对我们更为重要的其他问题上从英国那里得到好处"。会议还指出,英国拥有对西藏施加影响的有效手段,而俄国没有,"由此得出结论,俄国应通过同英国政府缔结外交协定竭力保障自己为数不多的利益"。基于此,会议认为俄国随后要解决的问题不过是"如何履行对达赖喇嘛承担的道义上的责任,即如何保障他的生命安全,维护他的地位";而"摆脱困境之唯一办法","是让达赖喇嘛住在西藏中心附近地区,好处是,即使他不返回拉萨,依然对西藏人和蒙古人有影响,且也不会遭受任何危险"。会上,"精通西藏事务的专家们"则明确指出,"青海高原上一座寺院是最方便的驻锡地,它在西藏势力范围内",这里"俄国与其来往并不特别困难",而"英国不可能像在拉萨那样轻易对达赖喇嘛全部的行动进行监督"。俄外交部的这次会议实际确立了俄国西藏政策的基本方针,即在英俄"西藏协定"谈判中,以出让其西藏利益给英国换取英国对其中亚利益的承认;而按此方针,俄国对清政府将十三世达赖喇嘛迁往西宁不予干涉。① 6月24日,伊兹沃尔斯基上奏会议意见后,尼古拉二世欣然同意。② 至此,德尔智鼓动十三世达赖喇嘛赴俄的阴谋彻底宣告失败。

由上可见,十三世达赖喇嘛出走及其在库伦时的赴俄动向,都是受德尔智以获取"俄援"为诱饵的煽动、蛊惑;而俄国当时在日俄战争中战败,无力与英国抗衡,加之国内革命形势风起云涌,俄国自顾不暇,所以不可能同意德尔智的请求。十三世达赖喇嘛对此早有估计,从1904年8月11日的一则时论分析"达赖喇嘛近日因闻俄军在辽东之败报,故其信赖俄国之心亦渐薄"可以反映出其对赴俄并不抱太大的希望。③

俄方档案除了记载了十三世达赖喇嘛有赴俄动向外,对其赴京觐见的愿望也有记载。俄恰克图边界委员希特罗沃在《关于达赖喇嘛于1904—1905年留居蒙古的情况报告》中称:"达赖喇嘛起初推断并怀疑英国人和在西藏任职的中国人可能背信弃义要谋害自己而未遂,于是决定远走毗邻俄国的蒙古,即库伦,那里十分安全。他打算通过与中国皇帝的关系,查明自己未来的地位和恢

---

① 《俄国外交大臣伊兹沃尔斯基关于达赖喇嘛命运问题即返藏或驻锡青海问题会议情况报告》(1906年6月19日),见陈春华编译《俄国外交文书选译——关于英军第二次侵藏、达赖喇嘛出逃外蒙以及沙俄的对策》,载《中国藏学》2013年第3期。

② 《俄国外交大臣伊兹沃尔斯基奏折,建议让达赖喇嘛暂时迁往离西藏不远的中国境内事》(1906年6月24日),见陈春华编译《俄国外交文书选译——关于英军第二次侵藏、达赖喇嘛出逃外蒙以及沙俄的对策》,载《中国藏学》2013年第3期。

③ 《西藏不复信赖俄人》,见《萃新报》第四期,1904年8月11日(光绪三十年七月初一日)。

复被英国人践踏的权利,并希望在这方面得到以当地领事为代表的俄国人非公开或公开的支持。"① 除俄方档案外,更有藏文、汉文史料表明十三世达赖喇嘛自出走时就有赴京觐见的主观愿望。《第十三世达赖喇嘛年谱》载,其在出走前"产生了出走内地,向皇太后和天子以及内臣面奏佛业遭难的念头"②。李苏·晋美旺秋等人撰写的《西藏人民抗英斗争史料》也记载,十三世达赖喇嘛出走之前向西藏地方上层明确表示:"先去蒙古,再赴北京陛见皇太后和光绪皇帝","拟亲谨大清皇帝全面计议"。③ 张荫棠到拉萨后,代理摄政洛桑坚赞当面向其禀称:"达赖濒行,曾言拟赴北京吁请陛见,面陈西藏情形,恭请圣训,俾得有所遵循。"④ 总之,十三世达赖喇嘛出走前就有赴京觐见之意。但当时清廷及驻藏大臣一直对英国侵藏行径妥协退让,且十三世达赖喇嘛与驻藏大臣之间矛盾重重,已经具备成熟政治素质的他,不可能贸然直接赴京;更为甚者,他出走后不久,清廷即褫革其名号,无疑加重了其赴京觐见的顾虑。

然而,清廷拒绝承认"拉萨条约",派唐绍仪等赴印度与英方重订条约,以及承担向英国支付的战争赔款、"赏发巨款"犒劳西藏地方在抗英战争中的有功之人等一系列措施,应当在一定程度上打消了十三世达赖喇嘛对清廷的一些不满和顾虑,因此其在库伦时虽受德尔智煽动有赴俄之意,但也没有打消赴京觐见的想法。《第十三世达赖喇嘛年谱》载,延祉赶赴库伦后,于"赏赐多珍"的次日,会同驻库伦满蒙大员会见十三世达赖喇嘛时,"达赖喇嘛略谈了此次去京向皇帝面奏政教前途一事"⑤。光绪三十一年(1905)四月十九日有泰奏报,"兹据番众禀称,达赖有由库伦到京朝觐之说"⑥。四月二十八日(5月31日),有泰在给理藩院的《达赖喇嘛自库伦行将赴京朝觐请沿途照料片》中报告,"现据噶布伦等禀称:达赖喇嘛行将赴京朝觐恩主大皇帝",因随从

---

① 《恰克图边界委员希特罗沃关于达赖喇嘛于1904—1905年留居蒙古的情况报告》(1905年5月15日)。见陈春华编译《俄国外交文书选译——关于英军第二次侵藏、达赖喇嘛出逃外蒙以及沙俄的对策》,载《中国藏学》2013年第3期。

② 西藏自治区政协文史资料研究委员会编:《第十三世达赖喇嘛年谱》[《西藏文史资料选辑》(第11辑)],民族出版社1989年版,第74页。

③ 李苏·晋美旺秋、恰宗·其米杰布、德苏·仁钦旺堆、色仲·旺杰:《西藏人民抗英斗争史料·第二次抗英斗争》,见西藏自治区政协文史资料研究委员会编《西藏文史资料选辑》(第7辑),1985年内部发行,第71页。

④ 张荫棠:《致军机处外务部电请代奏达赖班禅应令其陛见》,见吴丰培编辑《清代藏事奏牍·张荫棠驻藏奏稿》,中国藏学出版社1994年版,第1330页。

⑤ 西藏自治区政协文史资料研究委员会编:《第十三世达赖喇嘛年谱》[《西藏文史资料选辑》(第11辑)],民族出版社1989年版,第81页。

⑥ 〔清〕有泰:《致外务部藏地安谧及现由噶勒丹池巴代理商上事务电》,见吴丰培编辑《清代藏事奏牍·有泰驻藏奏稿》,中国藏学出版社1994年版,第1207页。

乏人，西藏地方也已拣派其兄顿珠多吉（don-grub-rdo-rje）公爵①，随侍达喇嘛雍和宫扎萨克罗桑顿珠（dzs-sag-blo-bzang-don-grub）以及商上、三大寺代表等，由那曲取道西宁一带前往，"恭送达赖佛爷需用物件，并随侍供差"，恳请发给路照。有泰称："查该噶布伦来禀所请，系为照料达赖喇嘛起见，词甚恳切，意尚无他，自应照准办理"，"缮发路照一张，承领起程"。② 同时，有泰将"该差人名、年岁及骑驮、军械、什物等项"清单，向理藩院"抄单咨明"，请求"查照施行"。③ 然而关于顿珠多吉一行人的目的，牙含章、恰白·次旦平措等认为是"迎接返藏"④，这当是以后来的实际作用为出发点的。当时清廷是坚持要十三世达赖喇嘛返藏的，而十三世达赖喇嘛有返藏、入京觐见，甚至是等待俄国援助这几种选项。据《第十三世达赖喇嘛年谱》载，此一行人于当年十月、十二月先后抵达库伦，但未明记是为入京觐见还是为"迎接返藏"。据1905年1月31日俄驻库伦领事吕巴给俄外交部的密电称："西藏僧侣、寺院和百姓代表已抵达这里，请求达赖喇嘛返藏。"⑤《第十三世达赖喇嘛年谱》也载，1905年7月2日（六月二日），"接见由拉萨派来迎接达赖喇嘛返回西藏的官员孜准旦年·强巴曲桑一行"⑥。就目前所见史料来看，西藏地方派往库伦"迎接返藏"的代表不止一批，顿珠多吉一行人的目的虽不能确知，但西藏地方向有泰禀称是为入京觐见做准备，至少体现出他们的一种意见。总之，十三世达赖喇嘛在库伦滞留期间，不顾清廷不断催促其返藏，一再推迟行程，其中是有赴京觐见之意的。

十三世达赖喇嘛虽有赴京觐见意愿，但不仅未得到清廷同意，更为俄国所

---

① 关于此人的身份，牙含章认为是达赖之兄（参见牙含章《达赖喇嘛传》，华文出版社2013年版，第163页）；恰白·次旦平措认为是达赖的侄子［参见恰白·次旦平措等著，陈庆英等译《西藏通史——松石宝串》（下），西藏古籍出版社2008年版，第974页］。此处暂取前说。

② 〔清〕有泰：《达赖喇嘛自库伦行将赴京朝觐请沿途照料片》，见吴丰培编辑《清代藏事奏牍·有泰驻藏奏稿》，中国藏学出版社1994年版，第1210页。

③ 〔清〕有泰：《抄录噶伦等请派员送物照料达赖入觐清单致理藩院咨》（理藩部档案），见中国第一历史档案馆、中国藏学研究中心合编《清末十三世达赖喇嘛档案史料选编》，中国藏学出版社2002年版，第97 – 99页。

④ 持"迎接返藏"论者如恰白·次旦平措、牙含章等。详见恰白·次旦平措等著，陈庆英等译《西藏通史——松石宝串》（下），西藏古籍出版社2008年版，第974页；牙含章《达赖喇嘛传》，华文出版社2013年版，第163页。

⑤《俄国驻库伦领事吕巴就报告抵达库伦的藏人代表请求达赖喇嘛返藏事致外交部密电》（1905年1月31日），见陈春华编译《俄国外交文书选译——关于英军第二次侵藏、达赖喇嘛出逃外蒙以及沙俄的对策》，载《中国藏学》2013年第3期。

⑥ 西藏自治区政协文史资料研究委员会编：《第十三世达赖喇嘛年谱》［《西藏文史资料选辑》（第11辑）］，民族出版社1989年版，第85页。

不允许。1906年2月21日,俄外交大臣拉姆兹多夫在给俄新任驻华公使璞科第的密电中写道:"据堪布德尔智所接电报,达赖喇嘛拒不前往中国北京,给聚在北京的蒙古王公留下不良印象,他们认为最高教主拒绝来京是您的主意,并指责他过于屈从俄国的影响","而从德尔智报告可以看出,目前达赖喇嘛健康状况不佳,有充分理由拒绝北京之行,更重要的是……庆亲王对蒙古王公转告他的关于此行的情况作了否定的答复。最好您通过最合适的途径向蒙古王公说明实情",尼古拉二世明确同意其中意见。① 这份密电表明俄国是反对十三世达赖喇嘛赴京觐见的;但更为重要的是,俄国此番表态正透露出他们掌握到十三世达赖喇嘛是有赴京觐见动向的。可见,德尔智为向俄国表达十三世达赖喇嘛赴俄的诚意,向俄国称其拒绝前往北京;而十三世达赖喇嘛则就赴京觐见与清廷是有沟通的,只是双方的沟通是秘密进行的。清廷之所以未予同意,至少是受到俄国一定程度的干涉。

1906年4月,《中英续订藏印条约》签订前,十三世达赖喇嘛通过奉旨前来"宣慰"的御前大臣博迪苏、内阁学士达寿代奏,就开埠等事项表达意见,提出除亚东之外,"英国商人不得任意于江孜、帕里等藏区各地流窜经商"②。此时,他即将按清廷要求启程前往西宁,其请为代奏确系因事而奏;但不得不说,此举有试探清廷对他赴京觐见的态度的用意,这是十三世达赖喇嘛离开库伦之前为赴京觐见所做的最后努力。

在赴俄、赴京觐见都无望,且与哲布尊丹巴产生矛盾、不能再滞留库伦的情况下,十三世达赖喇嘛只得遵照清廷要求前往西宁。实际上,早在1905年年底,他就已经在为赴西宁塔尔寺做准备。《第十三世达赖喇嘛年谱》载,其在给塔尔寺僧俗会议的信中写道:"最近收到你处执事和都基共同委派的医学院卸任洛本英西扎活佛和拉章代表面呈的信函和哈达,乃缘起立场,甚喜。……关于信中提到,望按前几世达赖喇嘛亲赴塔尔寺的惯例,要我们去会见众生,讲经说法的心愿,我已铭记在心。我等师徒一行返拉萨前,如无紧要政教事务,定将前往。……此事已详细面示前来此地的人员、活佛等人,望铭

---

① 《俄国外交大臣拉姆兹多夫就达赖喇嘛拒绝前往北京事致驻华公使璞科第密电文稿》(1906年2月21日),见陈春华编译:《俄国外交文书选译——关于英军第二次侵藏、达赖喇嘛出逃外蒙以及沙俄的对策》,载《中国藏学》2013年第3期。

② 《达赖请仍以乾隆五十九年鄂博为界除亚东以外不准通商奏书稿》[原件藏文,西藏自治区档案馆,藏历火马年(1906)四月初一日],见中国藏学研究中心、中国第一历史档案馆、中国第二历史档案馆、西藏自治区档案馆、四川省档案馆合编《元以来西藏地方与中央政府关系档案史料汇编》(第4册),中国藏学出版社1994年版,第1474页。

记。"① 这封书信实际是为前往塔尔寺做准备。光绪三十二年四月（1905年5月），按清廷的安排，十三世达赖喇嘛在延祉等的护送下启程前往西宁。

以上可见，十三世达赖喇嘛自从拉萨出走至行至库伦前，清廷对其出走未予足够重视；而自"迎护"至库伦直到其启程前往西宁期间，清廷的主要应对之策是督促返藏，为此清廷颇费周折。但清廷要求十三世达赖喇嘛前往西宁，实际只是出于防止其赴俄而采取的权宜之计，其返藏的具体问题仍须进一步筹措。

光绪三十二年九月二十二日，十三世达赖喇嘛一行即将抵达西宁时，张荫棠接内阁学士达寿以军机处名义发来的电文：

> 据达侍郎来电，顷与达赖晤面，据称在甘州休息三日，前赴西宁。到彼住月余，即起身由柴达木入藏，并问青海沿途供给归何处办理。查达赖归藏，柴达木以下二十余站无人烟，地属西藏，非驻藏大臣给发兵来接至柴达木，难以行走。达赖并无他心，但使台驮早齐，自畅行无阻等语。达赖回藏，番众自是欢迎，即或英人不愿，然达赖主持黄教是其本职，若肯安分，不生枝节，自可消弭后患，亦藉以维系番情。此中消息，极有关系。②

最后，达寿就"究竟达赖到藏后能否驾驭相安，及番众意向若何"，向张荫棠征询意见，要求他"会商有（泰）、联（豫）两大臣，详察妥筹"。由此，张荫棠开始介入十三世达赖喇嘛返藏事宜的筹措。

张荫棠接到军机处来电时，他正由印入藏，行至江孜。实际上，早在印度谈判期间，张荫棠在筹谋整顿藏事的整体方案中就已虑及十三世达赖喇嘛的去向问题。上文探讨了他上奏的整顿藏事初步意见的两折，其中虽未明确十三世达赖喇嘛去向问题，但所提整顿藏事方案的重要前提是十三世达赖喇嘛其时不在西藏。此外，张荫棠还根据其与英印陆军司令基钦纳（Horatio Herbert Kitchener，张荫棠原折作"吉治纳"）的谈话专门向外务部报告："印陆军总统与棠私言，达赖通俄，我英自有办法。韩税司（韩德森）探称，印政府派前经入藏之提督马顿和日间赴藏勘察进兵路途，似此情形，英人进取之心日决。"他

---

① 西藏自治区政协文史资料研究委员会编：《第十三世达赖喇嘛年谱》［《西藏文史资料选辑》（第11辑）］，民族出版社1989年版，第87－88页。

② 张荫棠：《军机处来电达赖行将返藏》，见吴丰培编辑《清代藏事奏牍·张荫棠驻藏奏稿》，中国藏学出版社1994年版，第1314页。

据此建议"拟请设法阻止达赖,勿令回藏,抑或令其留京,以杜衅端"。① 可见,张荫棠尚在印度之时,就根据局势奏陈"勿令回藏"的意见。

此次军机处向张荫棠征询意见的上引电文,对他筹拟意见最有参考价值的信息有两点,一是十三世达赖喇嘛愿意在西宁休整月余后,经柴达木回藏;二是军机处虽担心十三世达赖喇嘛回藏后节外生枝,但倾向于按回藏部署。九月二十三日,张荫棠结合军机处的通报,对英国加紧拉拢九世班禅、"达赖亲俄"、十三世达赖喇嘛与九世班禅的关系紧张,以及"埠事未妥"、驻春丕英军还未撤走等情势做综合分析后,向军机处奏陈意见道:

> 英人现虽无阻止达赖回藏举动,然班禅与达赖仇隙已深,班禅久堕英煽惑术中,难保达赖回藏时不借端挑衅,而英即乘此坐收渔人之利。昨班禅派扎萨克来见,语次颇有大志,恃英庇不讳。今若以接达赖事会商有(有泰)、联(联豫)大臣,黄教自是欢迎。惟现值埠事未妥、春丕兵未撤之时,可否缓接回藏,以免牵动大局。且冬令严寒,应准其在西宁过冬,以示体恤。②

同时,张荫棠进一步建议"若欲达赖回藏后驾驭相安",必须予以保护,"乃能收主权而弭隐患"。总体而言,张荫棠的意见是让十三世达赖喇嘛"暂缓回藏",最后被清廷采纳。十月十八日,陕甘总督升允电告有泰:"达赖喇嘛抵甘,弟赴平番接见。现到西宁驻塔尔寺。奉旨款留,暂不回藏。"③ 十三世达赖喇嘛遂在西宁停留了一年多的时间。

美国著名学者梅·戈尔斯坦(Melvyn C. Goldstein)认为,清廷采纳张荫棠让十三世达赖喇嘛"暂缓回藏"的意见,促使十三世达赖喇嘛改变策略,开始寻求两条新的行动路线。一是在遭到俄国拒绝后,寻求与清朝中央政府改善关系,最后得以赴京觐见;二是认识到了改善同英国关系的重要性,于是恢复了1903年以"亲英罪"罢免职务的夏扎·边觉夺吉(bshad-sgra-dpal-vbyor-rdo-rje)、雪康·次旦旺秋(zhol-khang-tshe-brtan-dbang-phyung)和羌庆巴·阿

---

① 张荫棠:《致外部电述英议员与印大臣问答之词及请阻达赖回藏》,见吴丰培编辑《清代藏事奏牍·张荫棠驻藏奏稿》,中国藏学出版社1994年版,第1307页。
② 张荫棠:《致外部电请阻达赖暂缓回藏俾预妥筹再谋迎返》,见吴丰培编辑《清代藏事奏牍·张荫棠驻藏奏稿》,中国藏学出版社1994年版,第1314页。
③〔清〕有泰:《甘督升允报达赖抵甘并请派员送哈电》,见吴丰培编辑《清代藏事奏牍·有泰驻藏奏稿》,中国藏学出版社1994年版,第1235页。

旺白桑（chang-khyim-pa-bsod-nams-stobs-rgyal）三位噶伦的权力。① 戈尔斯坦将十三世达赖喇嘛立场转向亲英完全归咎于清廷采纳张荫棠"暂缓回藏"的意见，是有失偏颇的。

从张荫棠以上奏请"暂缓回藏"的考虑看，他的出发点主要是为了防止十三世达赖喇嘛回藏后被英俄等利用。前述俄国在其西藏政策上已经确立了对英国妥协的方针；而英国此时是有希望其返藏之意的。十三世达赖喇嘛出走内地后，荣赫鹏等立即将注意力转移到了九世班禅身上，他们诱骗九世班禅赴印的阴谋中是不希望十三世达赖喇嘛回藏，乃至提出让清政府将其监禁。然而诱骗九世班禅赴印的阴谋失败后，他们反过来又加紧拉拢十三世达赖喇嘛，对其回藏"并无阻止"。对张荫棠而言，"暂缓回藏"实际上也是权宜之计，他在进一步筹拟方案时不得不警惕英俄的侵略阴谋。

张荫棠对英方诱骗九世班禅赴印、扬言"以班禅取代达赖，已成独立"的阴谋高度警惕②，担心十三世达赖喇嘛回藏后与九世班禅矛盾激化，而英国得以坐收渔翁之利。同时，张荫棠为阻止英国拉拢九世班禅的阴谋，所采取的一个针对性措施是"转劝"九世班禅入京觐见。九世班禅为向清政府澄清本人赴印是被英方"以兵威胁"前往，而非出于自愿，也有入京觐见之意，于是请张荫棠代奏其即将入京觐见："开春后拟亲赴北京援案吁请陛见，跪聆圣训，为皇太后、皇上虔诵万寿经典。一俟奉到谕旨，即当由北道入都。"然而噶厦得知九世班禅请求入京觐见后，立即向张荫棠提出"令达赖于班禅未到之先速行入觐"的建议。在此情况下，张荫棠认为："今达赖班禅各争先吁请陛见，想为望恩幸泽起见。倘令联袂同来，获聆圣训，猜嫌互释，永固屏藩，似于藏防不无裨益。"③ 后来，张荫棠就噶厦主动提出让十三世达赖喇嘛入京觐见的原因奏陈道："窃惟达赖以桀骜称，班禅以阴鸷著。棠在印度时，亟欲设法致二人于京师羁縻之"，"以便我整顿藏事，不至有所牵制"，"及棠奉命入藏，道经江孜，班禅差扎萨克来迎。谈次，微露班禅有欲代理达赖之意。棠于是乘机即令转劝班禅呈请来京陛见。及抵拉萨，以前情告知藏王（指代理摄政洛桑坚赞——引者注）。当时噶布伦等颇为惊惶，以为班禅来京后达赖必致失位，是以情急，乃电达赖亦援请陛见。此当时代奏之原委也"。④ 由此可

---

① ［美］梅·戈尔斯坦著，杜永彬译：《喇嘛王国的覆灭》，中国藏学出版社2005年版，第10页。
② 详细论述见第四章第二节之"三、警惕'西藏独立'"。
③ 张荫棠：《致军机处外务部电请代奏达赖班禅同请入京陛见》，见吴丰培编辑《清代藏事奏牍·张荫棠驻藏奏稿》，中国藏学出版社1994年版，第1325页。
④ 张荫棠：《上外部条陈招待达赖事宜说帖》，见吴丰培编辑《清代藏事奏牍·张荫棠驻藏奏稿》，中国藏学出版社1994年版，第1444页。

见，张荫棠起初是通过"转劝"九世班禅入觐以抵制英方对其拉拢，后以此策略性地促成了噶厦请十三世达赖喇嘛入觐，于是事情发展成了"达赖班禅各争先吁请陛见"。不得不说，在当时"达赖通俄"，而英国先后拉拢九世班禅和十三世达赖喇嘛，以及十三世达赖喇嘛与九世班禅在英俄分别拉拢下彼此矛盾日益加深的复杂情势下，力促他们联袂入觐是张荫棠挫败英国和俄国侵略阴谋的一个策略。诚然，这其中是有"以便我整顿藏事，不至有所牵制"的考虑的。

十二月三十日，针对张荫棠奏请的十三世达赖喇嘛与九世班禅联袂入觐的意见，清廷下旨：

> 班禅额尔德尼吁请陛见等语，具见悃忱。著俟藏务大定后听候谕旨，再行来京陛见。达赖喇嘛现在留住西宁，并著暂缓来京。究竟达赖、班禅等来京是否相宜，著张荫棠体察情形，再行详晰电奏。①

光绪三十三年（1907）正月二十六日，张荫棠向军机处、外务部转呈代理摄政洛桑坚赞请他代奏的十三世达赖喇嘛觐见请求："达赖现驻西宁，商上等众议，令达赖就近吁恳陛见，乞据情代奏。如蒙俞允，即由西宁起程赴京。"同时，张荫棠指出，"达赖、班禅自乾隆后久未入觐，致启强邻觊觎，得所藉口。今天诉其衷，先后吁请陛见，则万国观瞻所系，主国名义愈见巩固"。又指出，联袂入觐"于地方情形尚无窒碍"，但清廷仍未允准。②

同年四月，陕甘总督升允奏称："达赖喇嘛久驻思归，惟性情贪嚚，难资镇摄（慑），应否准回藏，请旨遵行。"清廷批示："著暂缓回藏，俟藏务大定，再候谕旨。"③ 十三世达赖喇嘛在库伦时，清廷为防止其"赴俄"，急切地催促返藏；但当其到西宁后，清廷采纳张荫棠"暂缓回藏"的意见，却不同意十三世达赖喇嘛立即觐见，反而让其滞留西宁，足见清廷在十三世达赖喇嘛去向问题上犹豫不决。

六月二十七日，张荫棠布置善后的各项事宜先后开启，即"藏务大定"，他再次向外务部奏呈达赖与班禅入京觐见意见，同时提出："可否将达赖、班

---

① 《清实录·德宗实录》卷五六八，光绪三十二年十二月壬辰。
② 张荫棠：《致军机处外务部电请代奏达赖班禅应令其陛见》，见吴丰培编辑《清代藏事奏牍·张荫棠驻藏奏稿》，中国藏学出版社1994年版，第1330页。
③ 《清实录·德宗实录》卷五七二，光绪三十三年四月庚辰。

禅请陛见一节宣扬，试探英使及各国声口如何。"① 这反映出当时十三世达赖喇嘛的去向问题是十分错综复杂的，但张荫棠通过分析形势，始终坚持认为同意十三世达赖喇嘛入京觐见为妥。清廷最终采纳了张荫棠的意见，准许十三世达赖喇嘛由西宁起程经五台山入京。对十三世达赖喇嘛而言，张荫棠严查有泰、有泰受惩以及清廷许诺恢复其名号等，应当再次给了他心理抚慰，且当时寻求俄援的希望已经破灭，所以他是乐于入京觐见的。光绪三十三年十一月，经西宁办事大臣庆恕遵旨"料理"好相关事宜后，十三世达赖喇嘛于三十日从西宁启程，经兰州、五台山，最终于次年九月到达北京。与十三世达赖喇嘛出走后，有泰贸然奏请褫革其名号，以及清廷随后在筹措其去向问题时一味督饬其返藏的方案相比，张荫棠力主的入京觐见，综合了各种因素，是较为稳妥的，也体现出其在应对上的积极主动性。

从藏事改革的角度而言，在十三世达赖喇嘛去向问题上，清廷先后采纳张荫棠因势利导的"暂缓回藏"及赴京觐见意见，自然就减少了日后十三世达赖喇嘛对改革的干扰，在客观上为藏事改革赢得了一定的有利时机。然而，在十三世达赖喇嘛觐见前后，英、俄、美、日、法等对其加紧利诱拉拢，② 尤其是在英人庄士敦（R. F. Johnston）等的蛊惑拉拢下，他的立场逐渐由抗英转向了亲英，使得抵御侵略的斗争险象环生。

二、清朝中央政府在藏施政面临的挑战

前文分别讨论了晚清以来，英国、俄国竞相侵藏及英国发动侵藏战争，驻藏官员的腐败与西藏地方的政局恶化等，这些问题交织导致的恶果是，清朝中央政府对藏主权与治权严重受损，由是清朝中央政府在藏施政面临着十分严峻的挑战，这也是张荫棠进藏后直接面临的形势。

一方面，英国、俄国侵藏严重侵犯了清朝对藏主权，抵御侵略、维护主权是当务之急，而这面临着巨大挑战。自西方势力向西藏地方渗透，抵制侵略、维护主权就一直是清朝治藏的一大任务，但清政府一直奉行妥协退让政策。直到英国通过第二次侵藏战争逼迫西藏地方签订"拉萨条约"后，清政府的态度才有所改变。然而从此时起，英国、俄国开始改变侵略手段，使得形势空前严峻。英国先是诱骗九世班禅赴印，扬言通过支持九世班禅制造"西藏独立"；继之转而拉拢十三世达赖喇嘛，妄图通过在西藏地方上层中扶植、培养

---

① 张荫棠：《致外部电番官革职请准达赖班禅入京陛见》，见吴丰培编辑《清代藏事奏牍·张荫棠驻藏奏稿》，中国藏学出版社1994年版，第1381页。
② 参见索文清《一九〇八年第十三世达赖喇嘛晋京朝觐考》，载《历史研究》2002年第3期。

亲英分裂分子的方式，把西藏从中国分裂出去。俄国则通过德尔智加紧向十三世达赖喇嘛灌输"亲俄"思想。这是张荫棠直接面对的最大外部挑战。

另一方面，驻藏大臣与西藏地方矛盾激化，以及十三世达赖喇嘛亲政后权力膨胀，使得清朝中央政府对藏行使治权面临来自西藏本土的严重干扰。前述晚清以来西藏地方与驻藏大臣的矛盾，随着清王朝的衰落以及外国侵略的加剧而不断凸显，西藏地方对驻藏大臣的政令越来越抗拒；尤其是在西藏地方两次抗英斗争中，奉行妥协退让政策的一些驻藏大臣"竟至威令不行"，甚至被诋丑为"熬茶大臣"。与此同时，十三世达赖喇嘛亲政后，更是直接与驻藏大臣分庭抗礼。据时任边务开导委员何长荣给四川总督的一份报告指出："光绪二十年以前，商上事务归第穆呼图克图掌办，达赖喇嘛未尝干预一切公事，驻藏大臣尚可译行，甚则加以申斥，前大臣升泰赴边阻战，尚能创设亚东关者，盖事权犹在也。今则达赖自行掌办商上事务，以清净恭修之人，忽而干预公事，其毫无识见可知。且其体制与驻藏大臣平行，先有一不受笼络之心，所任噶布伦等半皆私人，罔识大体，平日高居山寺，驻藏大臣不易见之，即见之彼亦傲睨自若，默无多语，公事但凭译咨来往，稍拂其意，咨亦不答。"① 这些情况使得张荫棠进藏后首先面临重塑中央政府在藏权威的任务。

此外，西藏地方刚刚遭受英国第二次侵藏战争的洗劫，民不聊生、人心不稳、百废待举，而西藏地方上层及广大僧俗百姓"绝不图自强之策"②，这也是张荫棠筹措善后及推行改革的一个不利因素。总之，张荫棠进藏之时，英国、俄国改变手段加紧侵略，加上晚清以来长期积累的矛盾激化，各种新老问题交织在一起，使得清朝中央政府对藏主权与治权严重受损，对他而言，在藏施政是一个巨大的考验。

第三节　整饬吏治，倡言革新

一、整饬吏治

前文讨论了晚清以来驻藏系统官员与西藏地方吏治腐败问题以及其造成的

---

① 牙含章：《达赖喇嘛传》，华文出版社2013年版，第115页。
② 〔清〕有泰：《复议约大臣张荫棠达赖明年回藏函》，见吴丰培编辑《清代藏事奏牍·有泰驻藏奏稿》，中国藏学出版社1994年版，第1223页。

严重后果。张荫棠到藏后对此有一个基本认识,指出"维系边圉人心,首在澄肃吏治"①。可见,澄肃吏治在张荫棠边疆治理理念中位列第一。在此深刻认识下,张荫棠进藏后,立即从彻查腐败开始放手履行"查办事件"使命。

就在张荫棠刚刚着手查处腐败之际,光绪三十二年(1906)十月二十日,清廷下旨"赏候补五品京堂张荫棠副都统衔,作为驻藏帮办大臣"②。因已有前旨"赏候补五品京堂张荫棠副都统衔",此次任命为驻藏帮办大臣,品级虽仍为五品,算不上实际擢升,但对张荫棠个人而言,他此前是候补序列,"查办事件"大臣的身份实际上也是临时性质的,所以如果接受此次任命,就可从候补转为实缺。换言之,接受驻藏帮办大臣的任命,张荫棠个人仕途可算上进了一步,这无疑是一般为官者梦寐以求的。

然而,张荫棠十月二十二日接到清廷的任命后,立即于二十五日密电外务部上《请代奏办事艰难情形吁恳收回成命》一折,表示坚辞不受。在该折中,张荫棠首先直言驻藏系统官员"腐败已极","非大为更张,不足挽危局",不将腐败问题"摧陷而廓清之",一切无从入手。他指出:"查驻藏两大臣,徒有办事之名,几同守府,已为藏人所轻视。政权多出藏僧之手,遇事掣肘,莫能过问,英人故藉口于我在西藏不能尽主国义务,日图煽诱。班禅与达赖内哄,以隐肆侵略之谋。……盖深知藏事,非大为更张,不足挽危局也","查藏中吏治兵制,腐败已极,非通盘筹画,一切摧陷而廓清之,亦无从措手。……及今不极力整顿,十年后西藏恐非我有。不特川滇不得安枕,而内外蒙古亦从此多事矣"。紧接着,张荫棠指出要彻查腐败就不能"蹈常袭故"地担任驻藏帮办大臣。他表示:"臣此次奉命入藏,全藏极为震动,屏息以觇我措施,以为臣系奉特旨查办藏事人员,与寻常驻藏者不同。臣因得乘机宣扬朝廷威德……自达赖代表至噶布伦以下,非常畏惧。今经画尚未就绪,若遽履帮办大臣新任,蹈常袭故,复为藏人所轻视,反致一事不能办,适为英人所藉口,于大局无益而有碍。英人对付西藏政策,实视我此次能否整顿以为因应。"张荫棠直言"腐败已极"的现状以及导致的严重恶果,实际表明了彻查腐败十分必要,是重树中央政府在藏权威的关键之举,也是整顿藏事的重要前提。最后,张荫棠表示"实不敢贪恋宠荣,虚应故事",恳请收回成命,同时建议驻藏帮办大臣由联豫兼署,他本人则"得专心筹办开埠诸事","将善后切实办

---

① 张荫棠:《奏复西藏情形并善后事宜折》,见吴丰培编辑《清代藏事奏牍·张荫棠驻藏奏稿》,中国藏学出版社1994年版,第1395页。

② 《清实录·德宗实录》卷五六五,光绪三十二年十月癸未。

法竭诚筹画，密为布置"。① 从中可见，张荫棠从整顿藏事大局出发，不计个人得失，下定了彻查腐败的决心，该折相当于向清廷立下了"军令状"。十月三十日，清廷下旨，从其所请，② 实际上是同意张荫棠以"查办事件"大臣的身份彻查腐败、整饬吏治。

立下彻查腐败"军令状"后，张荫棠迅速展开行动。至十一月十八日，在不到一个月的时间里，他通过查访，在拉萨市场设立举报箱，以及从"藏民纷纷呈控"等方式获取线索，基本查明了包括驻藏大臣有泰在内的汉、藏官员腐败情况，其《致外部电请代奏参藏中吏治积弊请旨革除惩办》③ 一折，揭开了驻藏官员腐败的盖子。该折开门见山地指出："窃维安边之要，首在察吏，必大吏廉洁，率属办事，乃能刚正而服远人。今藏中吏治之污，弊孔百出，无怪为藏众轻视，而敌国生心。"接着，对驻藏系统官员和藏官的腐败分别予以奏陈。

（一）对驻藏官员腐败的查处

在《致外部电请代奏参藏中吏治积弊请旨革除惩办》一折中，张荫棠对驻藏大臣的整体腐败揭露道："驻藏大臣照章会同达赖奏补噶布伦缺，陋规一万二千两，额外需索犹不止此。挑补戴琫甲琫各官，陋规二三千至数百不等。藏官皆摊派于民间，民之何幸，罹此荼毒。至签掣达赖之年，则尤视为利薮，故达赖丑诋为熬茶大臣，日形骄蹇，一切政权得贿而自甘废弃。十五年（此处应为光绪二十五年——引者注）查抄藏王第穆家产一案，商民至今冤之。又靖西、前藏粮台节寿酬应，岁需三千两，此驻藏大臣积弊也。"

查处驻藏系统官员，重点和难点是驻藏大臣。时任驻藏大臣有泰，字梦琴，蒙古正黄旗人，大学士富俊之孙。光绪二十八年（1902）十一月派为驻藏大臣，次年十二月二十四日行抵拉萨。有泰到任时正值英国第二次侵藏，但其奉行"非任其战、任其败，终不能了局"的投降政策，是西藏地方军民抗英斗争失败的一个重要原因，战后西藏地方也因此归怨有泰。有泰为权贵之后，且在藏年久，要将其查处是需要一定的政治勇气的。张荫棠从大局出发，不畏权势，据实将有泰的罪状总结为"三不能为其讳言"。

其一，颠顸误国。张荫棠揭露："有泰二十九年十一月到任，英军犹驻堆

---

① 张荫棠：《致外部电请代奏办事艰难情形吁恳收回成命》，见吴丰培编辑《清代藏事奏牍·张荫棠驻藏奏稿》，中国藏学出版社1994年版，第1317–1318页。
② 《清实录·德宗实录》卷五六五，光绪三十二年十月癸巳。
③ 张荫棠：《致外部电请代奏参藏中吏治积弊请旨革除惩办》，见吴丰培编辑《清代藏事奏牍·张荫棠驻藏奏稿》，中国藏学出版社1994年版，第1318–1321页。

朗,约赴帕克里议和,照十六年条约切实办理,愿即休兵,初无直捣拉萨之意。乃裕钢一误于前,有泰再误于后,藉口商上不肯支应乌拉,不能起程,仅派李福林前往,半途逗遛。迨英兵至江孜,又日请有泰往议,仍不敢去,仅派马全骥、刘文通赴孜(江孜),不得要领而还,卒酿成六月之变。有泰始往见荣赫鹏,自言无权受制商上,不肯支应夫马等情,以告无罪,媚外而乞怜。荣赫鹏笑颔之,载入蓝皮书,即以为中国在藏无主权确证。庸懦无能,辱国已甚。查藏人虽疲玩,现无顽梗抗命之势,非国初第巴桑结时可比。有泰到任半年,毫无经画,坐误事机。其三月十七日致外部电云,番众再大败,即有转机。谬诩为釜底抽薪,冀幸英军进拉萨,为我压服藏众,诚不知是何肺肠。坐视藏僧与英军在布达拉山议约十条,无一语匡救,约成哄令画押,仓皇失措。幸经外务部电阻诘责,又讳饰非。英番径行画押。英官与泰筹商再四,复为荣赫鹏不画押日偿卢比五万元之语所恫喝,自认督率番众先行画押。又格外允许江孜英员听便入拉萨会商商务,并见于八月初十日有泰致外部电。""此颠顸误国之弊","臣所不能为有泰讳也"。

其二,报销浮冒。张荫棠揭露:"英军驻拉萨两月,伙食均自备,其犒赏牛羊薪草等项约费千五六百两,藉端报销至四万。八月外部汇款未到,先电称经费甚不能敷,预留浮冒地步。向章系由粮台报销,李梦弼初销三千两,被有泰驳斥,改由洋务局骁骑校江潮、县丞余钊报销。又闻乍雅兵变围署,及噶布伦因赔款赴印京,所费亦不过六七百两,报销至二万。洋务局员皆驻藏大臣文案兼差,岁提边防项下经费一万两,委任私人,朋比分肥。""此报销浮冒之弊","臣所不能为有泰讳也"。

其三,纵容门丁需索。张荫棠揭露:"有泰信任门丁刘文通,自称系外委功牌,以之署理前藏游击,领带两院卫队,又总办全藏营务处,凭权纳贿,卖缺鬻差,其门如市。各台汛员弁纷纷藉端更调,下至挑补兵丁台粮,需索藏银四五百不等。靖西游击周占彪,亲言被刘索到任礼一千百六十两、又都司李福林获咎撤任,贿刘五千两转升游击,虽不自认,而人言藉藉,谅非无因。藏印军务倥偬之际,警报屡至,催赴敌前开议,有泰置若罔闻。刘文通购进藏姬五六人,献媚固宠,白昼挈随员等赴柳林子,招妓侑酒,跳唱纳凉,该大臣醉生梦死,一唯所愚弄。又于巴塘案为之滥保千总。帮办大臣联豫抵任,以刘出身微贱,劣迹昭著,呵斥弗见,两大臣遂成仇隙,两月未尝会商公事。地方官出而再三和解。""此纵容门丁需索之弊","臣所不能为有泰讳也"。

在查处有泰贪腐罪状的同时,张荫棠对驻藏系统其他贪腐官员也一一进行了严查。"查驻藏大臣历任所带员弁,率皆被议降革之员,钻营开复,幸得差委,身名既不足惜,益肆无忌惮,鱼肉藏民,侵蚀库款。驻藏大臣利其节寿,一切暧昧供亿，反为讳饬，转求商上垫借亏挪，又暗许其藉差浮冒报销，以为抵偿。藏中文武大小官，无不以边防报销为唯一之目的"，"此藏中员弁积弊也"。具体而言，光绪十三年（1887）以来的历任粮台寅支卯粮，亏挪侵吞最甚，并利用边防经费与洋务局经费易于准销之便浮冒报销。"查前藏粮台川省岁拨六万两，自光绪二十三年讷钦岁提一万归洋务局，又市价九折兑，实得四万五千两。自十三年起，前粮台黄绍勋、王延龄、郭镜清、胡用霖、杨兆龙历任亏挪银五万两。至二十八年有泰到任，粮台知县李梦弼、同知恩禧亏空骤增至十一万两，寅支卯粮，先将三十四年份川饷均预支用讫。粮员余钟麟不肯接任，有泰嘱李福林设法指三十五年份川饷向商上垫借，商上不肯信。现有泰将去任，粮台例办夫马等项约需五千两，有泰婉求商上借五千，以利巡行。适廓尔喀贡使过拉萨，粮台又须供给夫马等项三千金，无法垫发。查兵饷关系紧要，似此无米为炊，不特饥溃堪虞，而东挪西借，亦为藏官所轻视。推原其弊，前藏粮台向系优缺，故两院大臣事事责之供应，而边防项下又宽以报销之故。近年汇兑价跌，又提去洋务局经费，川省于边防项下核销较严，旧例供应则有增无减，而不肖粮台因得藉口亏空，腾挪预支，浮冒报销。虽明知建昌道核销必驳，然已饱扬而去，参革弗恤矣"；"已革县丞范启荣前充文案委员，招摇撞骗，现委署后藏粮台，兼署都司，物议沸腾"。另外，"卸任靖西同知松寿欠发兵饷六个月，侵吞入己，计共亏空银八千余两"。

以上涉案各员中，黄绍勋、王延龄、郭镜清、胡用霖、杨兆龙系光绪十三年以来的历任前藏粮台，此五人都已离任返回四川；刘文通、恩禧、余钊、江潮、范启荣、余钟麟、李梦弼、李福林、松寿、周占彪、马全骧等均为在任。其中，刘文通，号化臣，系有泰奉旨派为驻藏大臣后，与其关系甚笃的亲朋溥芰臣所荐，随有泰由京进藏。① 到藏后，有泰委以前藏游击、驻藏大臣衙门卫队长、全藏营务总办等职，张荫棠视其为有泰"门丁"。恩禧，号惠臣，补用知府分省补用同知。余钊，号鹤孙，浙江人，候选县丞四川试用盐茶大使。江潮，号少韩，满人，成都驻防尽先即补骁骑校。范启荣，号湘梅，湖南人，已革四川试用直隶州州判。② 恩禧、余钊、江潮、范启荣四人是有泰赴任途中行至成都时奏调的随员③，有泰常以"委员"称之，恩禧、范启荣到藏后，分别

---

① 俞冰、杨光辉编辑：《稿本有泰文集》（第七册），全国图书馆文献缩微复制中心2005年版，第282页。

② 俞冰、杨光辉编辑：《稿本有泰文集》（第七册），全国图书馆文献缩微复制中心2005年版，第457页。

③ 〔清〕有泰：《奏调候补知府恩禧等赴藏差遣片》，见吴丰培编辑《清代藏事奏牍·有泰驻藏奏稿》，中国藏学出版社1994年版，第1183页。

担任过前后藏粮台，此四人及刘文通均为有泰的亲信。余钟麟（号介臣）、李梦弼（号肖臣）、李福林（号海山）、松寿（号介臣）、周占彪、马全骥六人基本上在有泰到任之前就已是驻藏系统官员。有泰到任后，余钟麟、李梦弼分别担任过前藏粮台和拉里粮台，李福林时任都司衔边务委员，松寿为靖西同知，周占彪为靖西游击，马全骥为后藏都司。此六人作为有泰的下属，与有泰的关系各不相同。从有泰奏牍及日记观之，除李福林颇得有泰信赖外，其他几人与有泰并没有过于密切的私交，其中有泰曾向联豫"告以李梦弼大宜留神，声气不好"①，反映出有泰对李梦弼印象不好。从涉案人员的范围看，张荫棠整饬吏治并非针对某个人，尤其是并非如后来有泰向清廷诬告的"欲置泰于死地，显系有心陷害"。

面对驻藏系统官员的严重腐败情弊，张荫棠奏陈："及今不彻底查究，应追应免，斩尽藤葛，将愈积愈深，愈借愈远，猝有边衅，闹饷师溃，藏事有不堪设想者。"同时，他奏陈了对有泰以下各员的具体处理意见："以上各员，声名狼藉，无可宽容。可否请旨，将现在西藏之刘文通、松寿、李梦弼、恩禧、江潮、余钊、范启荣七员先行革职，归案审办，分别监追，以警贪黩。松寿之子善佑随任把持公事，贪横最著，应请革职，永不叙用，递解回籍，交该旗严加管束。署靖西游击周占彪、前署后藏都司马全骥，营务废弛，均请勒令休致。游击李福林在藏年久，熟悉藏情，应请革职留任，暂准交臣差遣，以功赎罪。倘仍前玩愒，即从严参办。"

对于如何处理有泰，张荫棠十分谨慎。他表示："有泰系二品大臣，应如何示惩之处，圣明自有权衡，非臣所敢擅拟。"按照张荫棠对有泰颠顸误国、报销浮冒、纵容门丁需索"三不能为其讳言"，有泰罪状明确，如何处理自然可依罪而论。张荫棠之所以表示"非臣所敢擅拟"，并非因有泰系二品大员这么简单。在官员腐败十分普遍、严重的清季政坛，张荫棠所指有泰报销浮冒、纵容门丁需索两罪，被视而不见不足为奇，更何况下文论及有泰在清廷内部有那桐、溥颋等人从中"操作"。所以如何处理有泰，颠顸误国是关键性罪状，然而如果以此定罪，关乎清廷治藏态度这一重大问题。晚清以降，对外奉行投降妥协政策的驻藏大臣并非仅有泰一人，更有甚者，文硕因积极支持西藏地方的抗英斗争，反而被清廷革撤。驻藏大臣对外投降妥协，从根本上说，这是清廷的态度决定的。由此，有泰可以认为他在这一点上没有过错。所以如何裁定有泰颠顸误国的罪状，关系到清廷是继续对外妥协让步，还是转变立场，这不

---

① 〔清〕有泰撰，吴丰培整理：《有泰驻藏日记》，全国图书馆文献缩微复制中心1991年版，第263页。

是张荫棠所能决定的。清廷派张荫棠入藏"查办事件",看似有基本立场,但又下旨任命张荫棠为驻藏帮办大臣,其中用意令人费解。这应当才是张荫棠不敢擅拟如何处理有泰意见的最重要的原因。

在《致外部电请代奏参藏中吏治积弊请旨革除惩办》一折最后,张荫棠表示:"臣为整顿吏治,以安边围起见,是否有当,伏候圣裁。"清廷接到张荫棠的奏报后,极为重视。光绪三十二年十一月二十五日(1907年1月9日),即张荫棠报告后的第七天,清廷下旨:

> 电寄张荫棠,电悉。据陈藏中吏治之污,鱼肉藏民,侵蚀饷项,种种弊端,深堪痛恨。刘文通、松寿、李梦弼、恩禧、江潮、余钊、范启荣等均著革职归案审办,分别监追。善佑著革职永不叙用,递解回旗,严加管束。周廷[占]彪、马全骥均著勒令休致。李福林著革职留任,带罪效力,倘仍前玩愒,即行从严参办。有泰庸懦昏愦,贻误事机,并有浮冒报销情弊,著先行革职,不准回京,听候归案查办。仍著张荫棠严切彻查,据实复奏。①

这是清廷接到张荫棠的奏报后初次做出的批示。其中对有泰先行革职,要求继续严切彻查,而对其他各员的处理则完全采纳了张荫棠的意见。总体而言,清廷态度十分严厉,这表明清廷对张荫棠整饬吏治是十分支持的。对张荫棠而言,至为重要的是,清廷对有泰严厉的处理意见等于是对其查处有泰的首肯,这就可打消张荫棠之前的顾虑,放手彻查,同时也可使张荫棠了解清廷的对外立场。

根据清廷"严切彻查""据实复奏"的批示,张荫棠随即对各员贪腐案情一一进行了复查核实。由于前任粮台黄绍勋、王延龄、郭镜清、胡用霖、杨兆龙五人已卸任返回四川,且"粮台销册向归建昌道核销",张荫棠分别于十二月十五日、十八日两次致函四川总督请求协查,"以昭核实","如数追缴议罚"。② 其中特别指出,杨兆龙任内"欠银一万七千百余两,有欠发二十六七年番俸缎银六千余两","尤应赔罚",充公作为筹办汉文学堂经费。③

光绪三十三年(1907)正月二十六日,张荫棠根据复查结果上《致军机

---

① 《清实录·德宗实录》卷五六七,光绪三十二年十一月戊午。
② 张荫棠:《致川督电请查追亏挪款项》,见吴丰培编辑《清代藏事奏牍·张荫棠驻藏奏稿》,中国藏学出版社1994年版,第1324页。
③ 张荫棠:《致川督电请追缴前粮台杨兆龙亏款》,见吴丰培编辑《清代藏事奏牍·张荫棠驻藏奏稿》,中国藏学出版社1994年版,第1325页。

处外务部请代奏复查各员贪污情形请旨惩办》一折,专门汇报复查结果,同时提出了具体处理意见。对历任粮台亏空的复查结果为:"查得前任粮台黄绍勋亏欠一万八千三百八十余两,郭镜清亏欠四千一百五十余两,胡用霖亏欠八千五百余两,杨兆龙亏欠一万七千一百余两。以上四员共欠四万八千余两。除电川督严追外,应请饬下川督,照数监追清缴,以重公款。李梦弼、恩禧两任销册尚未据建昌道核销批回,无从确知亏欠实数。仅就该员呈开清折,计李梦弼约亏三万两,又欠如善堂公款四千三百余两,恩禧约亏万余两。又范启荣销册亦未核回。应请将李梦弼、恩禧、范启荣押解回川,听候建昌道复核驳款分别追缴";"此查明历任粮台亏空、分别监追之实情也"。①

对靖西同知松寿的复查结果为:"又查松寿交代各款,现据禀称,已与后任马吉符核算,拨补了结。唯报销英军入藏一案,犒赏侦探银一千三百余两。臣过靖西沿途查访,松寿到任时,英军已过江孜,并无犒赏侦探等事,实属浮冒。又修理亚东关一案,报销卢比二千二百元,仅裱糊客厅五间、修葺短墙一道,且亚东关岁费数万,向皆由税务司报销,何庸越俎,显系藉端浮冒。"据此,张荫棠奏陈处理意见:"虽经建昌道准销有案,应请将松寿拘解四川,照数追缴。"

对有泰的复查主要有三点新进展。其一,核实了有泰通过洋务局报销浮冒,"竟幸恩溺职至此"。"又查洋务局报销英军进藏一案,据江潮供称,报销五万数千两,均系有泰自行经理,署中并无案卷。历任驻藏大臣奏销册,去任时均自携去,从无存案,臣自无从稽核。余钊供此案以电报费三千余两为大宗,余不过牛羊米面之类,或有礼物,系有泰预科英兵有入藏之变,托友从四川、印度预购者,委员无从知等语。浮冒情形想亦难逃洞鉴。有泰供称以牛羊米面犒赏士卒,以礼物应酬办事诸员,十月二十八日奏销,已奉朱批:该部知道。钦此。其意以为款已准销,臣无庸过问。然臣思英军纪律素严,营官不得私受礼物。拉萨之变事属创举,报销本无成案,朝廷信任该大臣,初不疑具有欺罔浮冒之弊,故予准销。而有泰竟幸恩溺职至此。无论是否侵吞入己,而一任群下侵蚀,毫无觉察,亦应责令填偿。"此"查明洋务局报销浮冒之实情也"。

其二,新查实有泰收受下属节寿礼,"不能洁己率属"。"且李梦弼亏空清折内供,前后送节寿到任礼六千两,恩禧供送节寿礼三千两,范启荣供每年节寿礼千二百两。"

---

① 张荫棠:《致军机处外务部请代奏复查各员贪污情形请旨惩办》,见吴丰培编辑《清代藏事奏牍·张荫棠驻藏奏稿》,中国藏学出版社1994年版,第1330—1332页。

其三，有泰罪状与其亲信刘文通牵涉极深，"有泰声名之坏，尽坏于刘文通一人之手"。"又十一月十九日刘文通闻奉旨归案审办，私自逃脱，经联豫派兵缉拿送案。查该革弁出身猥贱，以外委越署游击，三十年三月派充行营营务处总办。有泰初意非不欲赴边开议。刘文通统带两院卫队，何难护送有泰赴江孜，乃辄藉口商上不供夫马，不能起程，卒酿成拉萨之变。是藏事之坏，刘文通实为罪魁。至卖差鬻缺各节，以有与受同科之律，无人指证，不肯招认。而勒索周占彪到任礼一千一百六十两，系臣过靖西时周占彪面禀，断非虚诬。其平日招摇婪劣，人言藉藉，有泰声名之坏，尽坏于刘文通一人之手。该革弁日用金杯玉碗，奢汰已极，此财从何而来。又提审尚未定谳，怂恿在藏之拉达克部民及缠头回民（即维吾尔族）禀乞宽贷。该革弁居藏日久，岂不知藏属汉回番民杂处，遇事生风，容易激变，其意欲藉此挟制。幸经批斥，劝谕解散。""此查明刘文通贪恶审拟之实情也。"查明刘文通罪状关键之处在于其与有泰牵涉极深。至于对刘文通的处理，张荫棠奏陈的意见为："该革弁罪固无可容，情尤属可恶。可否请旨从宽，将刘文通解回四川永远监禁，不准释放。一面将该革弁沧州原籍及顺天府寄居家产查抄充公。"①

从上述复查结果看，张荫棠进一步查实了前任粮台黄绍勋、郭镜清、胡用霖、杨兆龙四人的贪腐罪状，也进一步查实了有泰及其下属刘文通、李梦弼、恩禧、范启荣、松寿等人的罪状；但王延龄、余钊、江潮、周占彪、马全骥不在惩处意见之列，即对此五人不再追究。可见，复查的确起到了进一步澄清案情的作用。

根据复查结果，张荫棠除奏陈对有泰以下各员的处理意见外，也奏陈了对有泰的处理意见："有泰之不能洁己率属，已可概见。第念积弊相沿，亦难专责一人。而有泰历任三年，宦囊丰裕，可否请旨加恩从宽罚缴银六万两，交川库充西藏兴学之用。"按照对有泰的复查结果，刘文通与其牵涉极深，按理可分担有泰的一些罪状，但进一步核实了有泰浮冒报销罪状，同时查出了其收受下属节寿礼等新问题，显然有泰的罪状总体上是增加而非减少。前述查处有泰十分敏感，张荫棠无论是初查还是复查，自然十分慎重；尤其是复查时，张荫棠应当走出了初次查得知其"颠顸误国"时的极大"震惊"，表现更加冷静和理智；而且清廷已有先行革职的批示，有泰受惩大致可定。因此，张荫棠对有泰的复查结果应当可信。吴丰培认为，"张荫棠劾其庸懦无能，颠顸误国之

---

① 张荫棠：《致军机处外务部请代奏复查各员贪污情形请旨惩办》，见吴丰培编辑《清代藏事奏牍·张荫棠驻藏奏稿》，中国藏学出版社1994年版，第1331–1332页。

语，虽有过甚之辞，然所指各款，皆实有之事也。是藏之速叛，有泰不得辞其咎"①；有泰"劣迹多端，丧权辱国，媚外苟延，贪婪昏聩，乃驻藏大臣昏之最"②。丁实存也认为，"夫张荫棠之批评有泰，诚为定评。指斥当时大臣之积弊，亦或有之"③。

有泰的罪状如此严重，尤其是复查结果是增加了罪状，为何张荫棠却在复查后请旨"加恩从宽"，仅奏陈了"罚缴银六万两"的惩处意见呢？这不能简单地认为是因为刘文通可分担有泰的罪状。结合初查和复查结果看，张荫棠有充分的依据奏请对有泰从严惩处。其一，复查后有泰罪状更加确凿，且罪状增加，奏请从严惩处有充分的基本依据。其二，清廷前旨的惩处意见是"有泰庸懦昏愦，贻误事机，并有浮冒报销情弊，著先行革职，不准回京，听候归案查办"，并要求继续严切彻查，态度十分严厉；按清廷的态度，在复查后罪状增多的基础上，奏请从严惩处符合清廷的要求。其三，有泰所有罪状最要害之处在于"媚外而乞怜"，颠顸误国，就算其他罪状不予追究，仅就这一条，若不从严惩处，不足以重塑中央政府在藏权威。其四，张荫棠整饬吏治之初就向清廷表明："维系边圉人心，首在澄肃吏治"，"必大吏廉洁，率属办事，乃能刚正而服远人"，"藏中吏治兵制，腐败已极，非通盘筹画，一切摧陷而廓清之，亦无从措手"。因此，奏请从严惩处也是张荫棠整饬吏治的初衷。总之，张荫棠当时完全可以有理有据地奏陈从严惩处意见。而他不仅没有奏请从严惩处，反而请旨"加恩从宽"，其中很关键的原因是，有泰后来为了自保，反控告张荫棠，使张荫棠受到了清廷的训诫，④ 以及外务部会办大臣那桐做出了"案子须平和了，并不准虚张生事，总要谨慎等语"⑤ 的训示。在此情势下，张荫棠建议对有泰"从宽"处理，实际是为平衡各方关系，以免引起更大的矛盾从而干扰藏事改革的进程。

张荫棠对有泰请旨"加恩从宽"，从表面上看，惩处与罪状是不相匹配的，即实际惩处远远低于罪状应受的惩处，且不符合清廷前旨的严厉态度，但这不能简单认为是他在重大案情面前因受到"压力"而置大局于不顾，实际

---

① 吴丰培：《有泰驻藏奏稿·跋》，见吴丰培编辑《清代藏事奏牍·有泰驻藏奏稿》，中国藏学出版社1994年版，第1241页。
② 吴丰培：《升泰与有泰》，见《藏学研究论丛（吴丰培专辑）》，西藏人民出版社1999年版，第69页。
③ 丁实存：《清代驻藏大臣考》，蒙藏委员会民国三十二年（1943）版，第151页。
④ 详细论述见第六章第一节"遭弹劾与奉旨离藏"。
⑤〔清〕有泰撰，吴丰培整理：《有泰驻藏日记》，全国图书馆文献缩微复制中心1991年版，第280页。

上，他的做法仍是十分慎重，甚至是十分明智的。其一，有泰罪状确凿，案情重大，影响十分恶劣，清廷真要从重发落，可不用采纳张荫棠的意见。张荫棠的职责在于查明案情，据实奏报即可，应如何惩处，正如他自己所言，"圣明自有权衡，非臣所敢擅拟"，这一点他把握分寸相当到位。其二，清廷前旨对有泰"庸懦昏愦，贻误事机"的定性十分严重，但张荫棠对那桐"案子须平和了"的训示不得不重视，而要使案子"平和了"，定性自然不能过重。换言之，在清廷已从重定性的情况下，要使案子"平和了"，作为案件直接审理人的张荫棠必须重新奏陈一个较轻的定性，以给清廷最后裁定提供一个依据。因此，张荫棠奏陈较为笼统的"不能洁己率属"的定性意见，是比较明智的。其三，张荫棠奏陈的"不能洁己率属"的意见，并非完全是为了遵照那桐的训示而置事实于不顾。"不能洁己率属"实际是对已经一一奏明的有泰所有罪状给出了一个可重可轻的定性。从重可包括前奏"三不能为其讳言"的罪状，以及复查出来的收受下属节寿礼等新问题；从轻则可只作为作风不端问题对待。其四，张荫棠既根据复查结果进一步奏陈了有泰报销浮冒的事实，但惩处意见不再提报销浮冒，代之以"有泰历任三年，宦囊丰裕"，这既坚持事实又留有余地，将如何处理报销浮冒一项留给了清廷定夺。至于奏陈"罚银六万两"的意见，当是根据查实的报销浮冒核算得出，这也是为"案子须平和了"给出的一个很轻的惩处意见。其五，很现实的一点，有泰系二品大员，出身蒙古正黄旗，张荫棠以候补五品京堂、副都统衔的身份参劾有泰，在满汉畛域问题突出的时局下，不得不虑及有泰身后的满蒙亲贵的态度，尤其是那桐有明确训示。总体而言，对张荫棠来说，只要有泰受惩，整饬吏治就是成功的，又可从中看出清廷对整顿藏事的态度，这对他来说是最为关键的，至于从重还是从轻惩处有泰并不是十分重要，也非他能左右。而根据前旨，有泰受惩已属无疑。因此，张荫棠实际上是在有泰受惩的前提下，按照那桐"案子须平和了"的指示，本着圆满结案的目标奏陈处理意见。他请旨"加恩从宽"，实际是将如何惩处留给清廷定夺；同时，张荫棠在奏陈有泰"不能洁己率属"后，表示"第念积弊相沿，亦难专责一人"，对有泰表现出宽容，为自己留有余地。

根据张荫棠的复查结果及奏陈的处理意见，光绪三十三年二月初三日（1907年3月16日），清廷下旨：

> 据称查明各员亏空情形各节。黄绍勋、郭镜清、胡用霖、杨兆龙等均著交四川总督照数监追。李梦弼、恩禧、范启荣、松寿等均著押解四川，分别追缴。刘文通著解往四川永远监禁，并将原籍寄居财产查抄充公。有泰身为大臣，未能洁己率属，实属辜恩。所请议罚，不足蔽辜，著改为发

往军台效力赎罪。嗣后驻藏大臣应如何筹给津贴之处，著张荫棠妥拟具奏，并严禁浮冒婪索。倘再有前项情弊，定行从重治罪。另，电奏整顿前藏粮台各条及靖西同知等缺办法，著岑春煊妥核，奏明办理。①

从清廷前后两道谕旨看，对有泰以下涉案各员的裁定完全采纳了张荫棠的意见，但对有泰则不同。两道谕旨给有泰的定性均是采纳了张荫棠的意见，而具体定罪量刑是由清廷裁定的。比较而言，第一道谕旨中"庸懦昏愦，贻误事机"的定性重，留有从重定罪量刑的余地；第二道谕旨中"未能洁己率属"的定性轻，但在定罪上，对张荫棠以"宦囊丰裕"委婉的奏陈的报销浮冒问题，以及"罚银六万两"的建议，最终裁定"所请议罚，不足蔽辜，著改为发往军台效力赎罪"。表面上看，这惩罚比张荫棠所建议的罚银要重。不仅如此，清廷还同时要求张荫棠筹拟"驻藏大臣如何筹给津贴"方案及严禁"浮冒婪索"办法，以杜绝"前项情弊"，体现出惩前毖后的严厉态度。至此，有泰案顺利结案。

清廷对有泰的最终裁定，采纳张荫棠"未能洁己率属"这一较轻的定性，却给予比张荫棠的罚银建议要重的惩处，这其中的"门道"，很重要的一点是英国的从中干涉。有泰与荣赫鹏逼迫西藏地方签订"拉萨条约"一事有扯不清的关系，因此英方也密切关注着清廷如何惩处有泰。英国驻华公使朱尔典（John Jordan）照会外务部指出，惩处有泰"是与中国对'拉萨条约'的承认不相容的"，外务部明确回复，有泰是因为贪污腐化受到了法律的惩处，"没有任何人因与条约谈判有关而被惩罚"。显然，面对英国干涉，清廷对有泰只能按腐败论处，而不宜按颟顸误国治罪。而按腐败论处，又为有泰为自保所倚重的那桐、溥颋从中"操作"提供了机会，使惩处不至过重，因此采纳张荫棠建议的较轻的定性顺理成章。可以说，定性轻是为实际惩处不致过重留有余地，而给予比张荫棠的建议要重的惩处，是要体现出十分严厉的态度。

清廷最终的结论，看似对张荫棠建议的"罚银六万两"以更为严厉的"所请议罚，不足蔽辜"予以回应。但从有泰对通过那桐、溥颋的"操作"，获得发往张家口军台"效力赎罪"的结果表示相当满意②来看，这更像是饰以严厉的姿态，为免予追究其报销浮冒、纵容门丁索需、收受节寿礼等罪做铺垫。不仅如此，清廷为使英国看到有泰不是因为与"拉萨条约"有关而受惩，并没有将其"枷锁到京"。有泰在亲信余钊的陪侍下，携家眷由拉萨起程，经

---

① 《清实录·德宗实录》卷五七〇，光绪三十三年二月甲子。
② 详细论述见第六章第一节"曹弹劾与奉旨离藏"。

四川、陕西到河南郑州，沿途各地官员"仍同驻藏大臣规格"，予以迎送。再从郑州乘火车返京，溥颋等人亲自迎接。到家后，有泰京城好友连日"看望"，其中那桐、溥颋二人多次"看望"。最后在溥颋分别致信察哈尔都统诚果泉、副都统额容龛、粮台麟又峰，将一切"安排"妥当后，① 有泰才前往"效力赎罪"。溥颋对有泰的这些安排，更像是对其发往张家口军台提前有所谋划，早在掌控之中，既能让有泰回原籍，也能便于对其"关照"。翻检有泰日记可知，其"效力赎罪"期间，整日"无事看书"，过得相当舒坦。可以说，那桐、溥颋的"操作"使有泰所受惩处实际上也是很轻的，而这还是因英国干涉，只以贪污腐败罪论处的；如果数罪并罚，有泰所受惩处当不至于如此轻。吴丰培指出："（有泰）因有内援，故从轻处理。设在乾隆时代，早已枷锁到京，严于惩办，何容他从容回京？清末吏治，只靠攀援，不问是非，以致如此。"② 事实上，有泰靠"攀援"获得从轻处理是实，没有"枷锁到京"则是受惠于英国。有泰案的结局，就有泰实际罪状而言，其不仅获得了从轻定性，也获得了从轻定罪的结果。对清廷而言，给予有泰发往张家口军台"效力赎罪"的惩处，虽说惩处远低于罪状，但以此体现出十分严厉的态度，足以表明其一改对外妥协退让的态度，也足以使张荫棠整饬吏治得以圆满，从而给张荫棠"大为更张"藏事一个明确的肯定态度。

总体而言，有泰所有罪状中最要害的是颟顸误国，至于报销浮冒、纵容门丁索需、收受节寿礼等其他罪状都是次要的，即有泰案远非简单的一般腐败案件，但由于英国从中干涉，不宜按"颟顸误国"罪从重发落，而按腐败论处，又有那桐、溥颋二人从中争取清廷从轻发落。清廷不得不虑及处理有泰案背后的相关重大问题，最终结论显然是综合各种因素而做出的，这也体现出了一定的政治智慧。清廷最终对有泰给予笼统的"未能洁己率属"的定性，但给予比张荫棠的建议要重的惩处，体现出十分严厉的态度，达到了"定性轻惩处重"的效果。在当时，清廷将驻藏大臣有泰绳之以法具有十分重要的现实意义。一是表明了对英国、俄国侵略西藏的态度的转变，尤其是给英国一个强烈的回击；二是向西藏地方表明了抵御侵略的立场和态度，有利于重树中央政府在藏权威；三是有泰受惩使张荫棠整饬吏治得以圆满，从而也为整顿藏事表明了态度。

---

① 俞冰、杨光辉编辑：《稿本有泰文集》（第10册），全国图书馆文献缩微复制中心2005年版，第351页。

② 〔清〕有泰撰，吴丰培整理：《有泰驻藏日记》，全国图书馆文献缩微复制中心1991年版，第304页。

在案件复查中，张荫棠也进一步查清了前藏粮台余钟麟的严重贪腐问题。他向军机处、外务部奏报："查前藏粮台候补知县余钟麟，听断草率，业经川督撤差在案。兹查该员复有在外藉案招摇撞骗情事，经臣查明属实，追缴。该员畏罪捐银六千两，充地方义举。臣拟将罚款共一万两发交商上生息，充西藏汉文武备学堂常年经费。"与此同时，张荫棠一并奏呈了处理意见："除咨部暨川督藏臣备案外，相应请旨从宽，将知县余钟麟以县丞降补，以示惩儆，留川察看，以观后效。"① 之所以请旨从宽处理，当与余钟麟积极配合调查，以及在各项改革面临经费困难之际主动"畏罪捐银"等有关。清廷对此批示"著照所请"②。

从有泰以下官员贪腐的总体情况看，粮台无疑是重灾区。因此在查处粮台腐败的同时，为"整顿前藏粮台起见"，张荫棠拟订了"善后办法"六条。其奏呈的"前藏粮台暂拟善后办法"内容如下：

一、历任亏欠转归川藩追缴运库，其无着之款准作正开销，以清界限。自三十三年起，按年仍解藏饷川铸卢比银五万两，由粮台派兵赴炉自领，以免番商折扣。

一、五万两内，岁提四万两，专款存储，为前后藏兵饷之用，不准私挪，以军法论罪。

一、裹带台站贡差三项，无定之款，准该粮台按年另册报领，其余不准有别项报销。一切官兵因公过境支应及两院杂差供应，节寿到任礼等项陋规，一概革除。

一、报销册，每年分两季造报具领，建昌道限三个月核销批回。

一、三十三年份藏饷，于奉旨后饬川藩赶解，以济急需。以后仍照旧例，于上年十月内将下年饷解炉，不准预借来年之饷。

一、洋务局经费一万两，自三十三年由边防项下提拨专储，备边务洋务之用，半饱藏臣私囊。以后应由藩另款解交驻藏大臣，实用实销。③

张荫棠指出，"以上六条系为整顿前藏粮台起见"。同时奏呈了整顿后藏粮台等的意见："又查靖西同知、游击，后藏粮台、都司四缺，此后交涉繁

---

① 张荫棠：《致军机处外务部电请代奏前藏粮台候补知县余钟麟已交罚款请降为县丞》，见吴丰培编辑《清代藏事奏牍·张荫棠驻藏奏稿》，中国藏学出版社1994年版，第1359页。
② 《清实录·德宗实录》卷五七一，光绪三十三年三月丙辰。
③ 张荫棠：《查前藏粮台暂拟善后办法片》，见吴丰培编辑《清代藏事奏牍·张荫棠驻藏奏稿》，中国藏学出版社1994年版，第1332页。

难,应由川督慎拣熟谙交涉新政能员接充。仿靖西同知章程,优加盘川津贴,以励廉能。期满,俟接替之员到藏,方准交卸,不准仍前以被议降革劣员滥竽。"

在清廷的大力支持下,张荫棠彻查驻藏系统官员的腐败积弊,取得了极大成效。在特殊时期,以驻藏大臣有泰为首的驻藏系统的贪腐官员一一受惩,使晚清以降驻藏官员腐败无能、声名狼藉的丑恶形象得以洗刷,对重塑中央政府在藏权威具有十分重要的积极意义。

(二) 对西藏地方腐败官员及亲英分子的查处

在查处驻藏系统官员的腐败的同时,张荫棠也对西藏地方的腐败官员及亲英分子予以严查。关于当时西藏地方官员的腐败问题,他在《致外部电请代奏参藏中吏治积弊请旨革除惩办》一折指出:"再查噶布伦彭措汪垫①贪黩顽梗,勒索百姓,赏差银两任意苛派。浪子辖②番官阳买③,贪酷素著,民怨沸腾,均请先行革职查办。"④ 清廷初次谕旨中批示对以上两人"均著革职究办"。

随后,张荫棠向军机处、外务部专折奏参乃琼寺护法曲吉道:"窃臣自抵拉萨,叠据藏民纷纷呈控箭头寺(乃琼寺——引者注)降神护法曲吉,藉神苛敛,亩抽十之四五,怙势横行,重利盘剥,抄家害命,强夺庄田,积资数百万。印藏之战,以降神符咒蛊惑达赖,力言英兵不能到曲水,致大局糜烂等语。经臣访查属实。当以符咒妖术,大背黄教宗旨,饬商上将该护法曲吉斥

---

① 噶伦彭措汪垫(phun-tshogs-dbang-ldan,1860—1910?),出身贵族宇妥(g.yu-thog)家族,现常译为宇妥·彭措班丹。1903年被任命为噶伦,是与荣赫鹏谈判"拉萨条约"的主要谈判者之一,因此被特别赋予履行"拉萨条约"的微妙的任务。张荫棠的文员何藻翔所此折底稿中对此人名译作"齐丁温珠"(见何藻翔《藏语》,广智书局宣统二年版,第120页);清廷的批示中亦作"齐丁温珠"(见《清实录·德宗实录》卷五六七,光绪三十二年十一月戊午,当为音译所致。

② 浪子辖(snang-rtse-shag),今译为朗孜夏。"朗孜",藏语意为"光辉的顶峰";"夏",藏语意为"府邸"。朗孜夏最早为贵族朗孜家族驻拉萨的府邸,位于今拉萨市城关区八廓北街。17世纪五世达赖喇嘛时期改为朗孜夏列空,是维护拉萨的社会治安,管理税务、宗教活动、商业、文化卫生等事务的政务机构;同时也是司法机关和旧西藏地方政府设在拉萨的一所监狱。1959年民主改革,朗孜夏列空关闭。1996年被列为西藏自治区区级文物保护单位;1999年成立朗孜夏陈列馆,同年被拉萨市列为爱国主义教育基地。

③ 张荫棠原折中作"阳买",其文员所拟此折底稿中作"荡孟"(见何藻翔《藏语》,上海广智书局宣统二年版,第120页);清廷的批示中亦作"荡孟"(《清实录·德宗实录》卷五六七,光绪三十二年十一月戊午)。当为音译所致,系指同一人。

④ 张荫棠:《致外部电请代奏参藏中吏治积弊请旨革除惩办》,见吴丰培编辑《清代藏事奏牍·张荫棠驻藏奏稿》,中国藏学出版社1994年版,第1321页。

革,永禁藉神苛敛,为地方除一大害。而商上仍畏该护法曲吉权势熏灼。"对于处理意见,张荫棠同折提出:"似此元奸巨蠹,殃民病国。可否请旨将箭头寺四品护法曲吉罗桑四朗、桑叶寺(桑耶寺)护法曲吉罗桑彭错即行革职,永远监禁。一面饬商上将箭头寺资产查明,除酌留若干养瞻寺僧外,由商上查抄充公,为练兵兴学之用。是否有当,谨奏请旨。"① 光绪三十三年三月初八日,清廷下旨:

  电寄张荫棠,电悉。据称护法曲吉苛敛横行情事,自应惩儆。惟将寺产查抄充公,于番情未必协服,有失大体。应如何妥慎办理之处,著张荫棠会同联豫查明妥议具奏。②

  此一批示表明清廷对查处藏官是十分慎重的。按照清廷的要求,张荫棠会同联豫对案件进行了核查。三月十三日,他们向军机处、外务部上奏:"钦奉初八日电旨,惶悚殊深。该护法曲吉等久行不法,实为全藏人民所痛恨。现荫棠、联豫会同妥议,拟将箭头寺四品护法曲吉罗桑四朗、桑叶寺护法曲吉罗桑彭错请旨即行革职,永不叙用。嗣后不准再行藉神苛敛,以示惩儆,而戒将来。至被控霸产各款,应即严饬商上认真秉公办理。是否有当,候旨遵行。"③ 清廷做出了"著照所请"④ 的批示。
  后来,张荫棠进一步查明乃琼寺贪腐案情,向外务部"一一详陈"其中原委道:"查箭头寺苛敛病民,藏番积愤已久,只以护法曲吉罗桑四朗日在达赖左右煽惑,故莫能控诉。噶勒丹池巴、噶布伦等对棠屡言其恶,亦知之而不敢办。驻藏大臣久成守府,藏政概不能干预,平日欲撤一营官而无权。棠到藏后,番民呈控箭头寺罪状至十余起。"同时,对于清廷指出其原奏将乃琼寺查抄寺产充公"有失大体",张荫棠检讨道:"棠自奏参噶布伦彭错汪垫、密琫⑤

---

① 张荫棠:《致军机处外务部电请代奏请惩办藏官》,见吴丰培编辑《清代藏事奏牍·张荫棠驻藏奏稿》,中国藏学出版社 1994 年版,第 1343 页。
② 《清实录·德宗实录》卷五七一,光绪三十三年三月己亥。
③ 张荫棠:《致军机处外务部电请代会奏惩革藏官并寺产办法》,见吴丰培编辑《清代藏事奏牍·张荫棠驻藏奏稿》,中国藏学出版社 1994 年版,第 1358 页。
④ 《旨奏悉着照所请电》,见吴丰培编辑《清代藏事奏牍·张荫棠驻藏奏稿》,中国藏学出版社 1994 年版,第 1359 页。
⑤ 密琫(mi-dpon),现译为米本,旧西藏地方政府管理城市居民的官吏,见恰白·次旦平措著,陈庆英等译《西藏通史——松石宝串》(下),西藏古籍出版社 2008 年版,第 969 页。

汤买①后，又将嘉玉桥②等处贪劣官数人，勒令商上即行撤换究办，志在为我国收回百年来已放失之政权。藏人颇知敬畏。棠以民信已孚，故敢将罗桑四朗揭参。初意以藏地贫瘠，举办新政筹款维艰，故拟将箭头寺寺产查抄充公。原奏称除酌留养赡寺外，由商上自行查抄云云。一切资财仍归藏官，充藏地公用，不经汉官之手，以示无私，自不至有失大体。而番情亦无所疑忌。此棠愚虞审慎筹画数月，然后敢发之苦心也。今朝旨宽大，言义而不言利，番情更感激矣。"对查处贪腐藏官的方法方式、西藏地方的态度等，张荫棠奏报："又闻外间议论，或以棠办事为操切。棠居拉萨，身命攸关，凡事必审量再三，能发能收，然后敢行，断不敢孟浪以激变。但操切固足偾事，柔懦已足养奸，人心疲玩之后，似不能不威以济恩。棠遇事力持收回政权，藏番日久知其心实为唐古特百姓办事，并无自私自利之见，故无怨言，亦无抗阻之事。棠到藏数月，一事无成，番民皆言棠太宽，而汉官反讥棠太猛。"③

由上可见，张荫棠查处的西藏地方腐败官员包括噶伦彭措班丹、朗孜夏米本阳买、乃琼寺四品护法曲吉罗桑四朗、桑叶寺护法曲吉罗桑彭错，以及嘉玉桥等处贪劣僧俗官员数人。查处招致"民怨沸腾"的贪腐藏官是西藏僧俗百姓的人心所向，因此他们予以积极支持。据张荫棠奏报，"藏民禀控案件数百起"。他将一些案件线索交由噶厦处理，但"迭经札催商上迅速持平集讯"，"尚未尽具报办结"，可见噶厦办理不力。④ 总体而言，在清廷支持下，张荫棠查处贪腐藏官虽有噶厦配合不力等一些曲折，但查处的重大案件让西藏地方广大僧俗百姓大快人心，取得了"民信已孚"的效果，对重塑中央政府在藏权威具有积极意义。

在惩处腐败、整肃吏治的同时，张荫棠还特别采取了肃清亲英分子的措施。对靖西同知松寿"谄求"英国驻靖西武官坎贝尔（Lieutenant W. L. Campbell）保护及令其子善佑"拜甘波洛（即坎贝尔——引者注）门，认作师生"

---

① "汤买"在张荫棠奏呈查处腐败的几份原折中两次出现，均与彭措班丹案一起奏报，此处指明其职务为米本；另一处未指明职务，而上引对朗孜夏藏官阳买也是与彭措班丹一起奏报的，从案情处理看系指一人，则汤买、荡孟、阳买系指同一人，几处不同系音译所致。由此可以判断，此人为旧西藏地方政府下辖机构朗孜夏的官员，具体职务为朗孜夏管理城市居民的米本；后引英国档案中汤买为代本，则其同时身兼米本与代本。

② 清代文献亦作"嘉裕桥"。位于今西藏昌都市洛隆县东北的马利镇嘉玉村，因横跨怒江，交通地位十分重要，是茶马古道上的重要通衢，清代进藏官员的必经之地。

③ 张荫棠：《致外部丞参函述筹藏详情及参劾番官原委》，见吴丰培编辑《清代藏事奏牍·张荫棠驻藏奏稿》，中国藏学出版社1994年版，第1361页。

④ 张荫棠：《谕全藏僧俗官民筹办要政亟图自强》，见吴丰培编辑《清代藏事奏牍·张荫棠驻藏奏稿》，中国藏学出版社1994年版，第1371页。

等有失大体的行径,张荫棠严肃指出:"诇求英官甘波洛营救保护,潜回拉萨,令其子善佑拜甘波洛门,认作师生,借敌国势力以图挟制。又私托洋官求臣派差,实小人无耻之尤。"① 随后根据张荫棠所奏,清廷下旨将其"押解回川",并追缴污款。查处松寿等人无疑起到了震慑亲英分子的作用。

对于张荫棠肃清亲英分子的一系列措施,英国驻锡金政务官贝尔(当时在江孜活动)、英国驻江孜代理商务委员贝利(Lieutenant Bailey)等人极为关注,及时将相关情报向上级汇报,又不断从中干扰、破坏张荫棠施政。荣赫鹏称:

> 自张氏(张荫棠)来藏后,各方情况皆恶化。为余1904年交涉对手之驻藏大臣有泰,据传已于1907年一月受革职拿办处分,其秘书亦然。张氏之为此殆肃清一切亲英派人物,故印度政府认为决心破坏现状并有意摧毁吾人新获得之地位,毫无疑义矣。张氏所恃而无恐者,似以为《中英条约》(指《中英续订藏印条约》——引者注)中已正式确定中国在藏之宗主权也。②

英国印度事务部(India Office)在给英国外交部的文件中称,张荫棠"惩罚或者侮辱被认为曾对我们友好的任何一个人,并且喜爱我们的敌人"③,由是英国直接插手干涉张荫棠整饬吏治。1907年2月17日,英国驻华公使朱尔典在给清朝外务部的照会中指出:

> 根据印度政府接到从西藏来的报告,钦差大臣张荫棠阁下的行为似乎表明,自从他到达西藏以来,他就希望将所有曾经有助于改进英国人和西藏人之间的关系的所有中国官员撤职。据说,钦命驻藏大臣有泰阁下与1904年"拉萨条约"的谈判有关,他在1月12日被解除了职务,并且被监禁了起来,他的秘书也被监禁了;前日喀则和春丕的粮务和两个其他中国官员都被撤职了。并且,据说对一些涉及最近与英国当局谈判的西藏官

---

① 张荫棠:《致外部电请代奏参藏中吏治积弊请旨革除惩办》,见吴丰培编辑《清代藏事奏牍·张荫棠驻藏奏稿》,中国藏学出版社1994年版,第1320页。

② [英]荣赫鹏著,孙煦初译:《英国侵略西藏史》,西藏社会科学院资料情报研究所1983年内部资料,第265页。

③ 《贝利中尉致惠德先生》(1907年2月4日),见《英国政府有关西藏事务函电》(F.O.535),第9卷,第107号文件《印度事务部致外交部》(1907年3月20日)附件2。

员，也采取了类似的行动，噶伦宇妥①和汤买代本（原文对其称作 General Tang）都被撤职了，色琼噶伦②也有受到类似惩处的危险。我奉命提请中国政府注意以上报告，并且指出，对牵涉"拉萨条约"谈判的官员进行任何惩处，这是与中国对"拉萨条约"的承认不相容的，1906 年 4 月 27 日的条约中正式记录了"拉萨条约"。③

外务部随即针对朱尔典的照会回复道：

> 外务部希望说明，张荫棠是上谕钦命的查办西藏事务的钦差大臣，有权审查对政府官员的指控。目前的例子，有大臣犯有贪污腐化罪，因此招到法律的惩处。他的秘书、西藏官员和其他的人，也有贪污腐化行为，而受到惩处；所有这些人虽然在监视下，但是未判决；没有任何人被监禁，并且没有任何人因与条约谈判有关而被惩罚。④

朱尔典根据外务部的回复，向英国外交大臣格雷表示，张荫棠查处有泰等人，是对他们贪污腐化问题的指控，与谈判"拉萨条约"等与英国交涉事务"均没有任何关系"，有泰"并无戴上镣铐予以监禁的问题，事实上有泰仍然未受到惩罚"。英国的从中干涉是上述清廷对有泰的最终裁定时不得不顾虑的一个重要因素。

当时，在西藏地方上层扶植培养亲英分子是英国侵略西藏的一个重要手段，张荫棠惩处、革撤被英国拉拢利用之人，让英国"各方情况皆恶化"，这正表明肃清亲英分子取得了抵制侵略的积极作用。同时，有泰颟顸误国、"媚外而乞怜"的形象被荣赫鹏载入蓝皮书，张荫棠彻查有泰之举无疑向英国表明，有泰的这些行为是不能代表中方立场的，这就给了英国一个强烈的回击。

在肃清亲英分子的同时，张荫棠通过提拔擦绒·旺秋杰布（tsha-rong-dbang-phyug-rgyal-po，1866—1912）为噶伦等，任用了一批政治立场坚定，能

---

① 即噶伦宇妥·彭措班丹（g. yu-thog phun-tshogs-dbang-ldan）。
② 即噶伦擦绒·旺秋杰布（tsha-rong-dbang-phyug-rgyal-po）。
③ 《（朱尔典）1907 年 2 月 19 日递交外务部的备忘录》，见《英国政府有关西藏事务函电》（F. O.535），第 9 卷，第 144 号文件《朱尔典爵士致爱德华·格雷爵士》（1907 年 3 月 4 日发，4 月 20 日收到）附件 1。
④ 《外务部 1907 年 2 月 27 日递交朱尔典爵士的照会》，见《英国政府有关西藏事务函电》（F. O. 535），第 9 卷，第 144 号文件《朱尔典爵士致爱德华·格雷爵士》（1907 年 3 月 4 日发，4 月 20 日收到）附件 2。

与英国侵略势力划清界限的汉、藏官员。英印政府给英国外交部的报告称："现在西藏政治中，最显著和独特的人物是代本特林（当指擦绒·旺秋杰布——引者注），自从我们最初在 1903 年夏天到达岗巴宗以来，他就顽固地反对我们。……他对拉萨当局来说，是一位能够把他们从其困难中拯救出来的人，能够驱逐外国人出他们的国家的人。"①"特林先生将被委任噶伦，因为他受张先生的喜爱。他是声名狼藉的反英人士。米如嘉娃（Meru Gyalwa）代本，他是西藏官员，被任命给张先生安排供给品，他也受张先生喜爱。"② 显然，张荫棠肃清亲英分子、任用反侵略立场坚定的汉藏官员的正义举措，引起了英方的忌惮。英印当局即从中予以阻扰，英印陆军司令基钦纳试图向张荫棠发难："闻与我国立'拉萨条约'之人，贵国将治之以罪，有此事否？"张荫棠向其申明，"凡地方官不应为而为之，其人亦自知有应得之罪，此各国所共有也"③，使得基钦纳无言以对。英印政府给英国政府的报告则称张荫棠的措施令他们感到十分"遗憾"：

> 遗憾的是，最近一年半以来（自从张先生进入西藏以来），我们有理由认为，中国对我们的态度很有可能是敌意的和嫉妒的，而非友好的态度。这种态度表现在许多方面，张先生（张荫棠）从他进入春丕谷之日就表现出，他怀疑我们的官员，对我们的官员怀有敌意，他利用一切机会表现出他的排外癖性。④

尽管张荫棠肃清亲英分子及任用反侵略立场坚定的官员等措施遭到了英方的阻扰，但毕竟沉重打击了英国侵略分子的嚣张气焰，对抵制侵略势力渗透起到了积极作用，这也是其"收回主权"的一项重要措施。总体而言，张荫棠一改晚清以来驻藏大员对英妥协政策，通过肃清亲英分子，旗帜鲜明地树立起了坚决反对侵略的正义立场，不仅向英国等侵略势力表明了清政府治藏政策的转变，同时使西藏地方看到了在反对外国侵略上有来自清政府的依靠，晚清以

---

① 《奥康纳上尉截至 1907 年 1 月 26 日一周日志》，见《英国政府有关西藏事务函电》（F.O.535），第 9 卷，第 109 号文件《印度事务部致外交部》（1907 年 3 月 20 日）附件 2。
② 《贝利中尉致惠德先生》（1907 年 2 月 4 日），见《英国政府有关西藏事务函电》（F.O.535），第 9 卷，第 107 号文件《印度事务部致外交部》（1907 年 3 月 20 日）附件 2。
③ 张荫棠：《与吉治纳问答节略》，见吴丰培编辑《清代藏事奏牍·张荫棠驻藏奏稿》，中国藏学出版社 1994 年版，第 1366 页。
④ 《奥康纳上尉关于西藏的备忘录》（1908 年 3 月 13 日），见《英国政府有关西藏事务函电》（F.O.535），第 11 卷，第 101 号文件《印度事务部致外交部》（1908 年 9 月 21 日）附件 1。

来驻藏大员在西藏僧俗百姓心目中"开门揖盗"的形象得以洗刷。张荫棠本人赢得广大僧俗百姓的支持和拥护,据英侵藏头目贝尔称:"西藏人大都视彼(指张荫棠)为抵抗英国侵略之干城","多敬仰此海外驻藏大臣也"。①

综上,张荫棠惩处腐败、整饬吏治,使以驻藏大臣有泰为首的汉藏贪腐官员受到了惩处,其中虽有有泰为了自保实施反控告、噶厦办理不力以及英方阻扰等一些曲折,也引起了"番民皆言棠太宽,而汉官反讥棠太猛"等一些议论,但清廷始终对其予以大力支持,西藏地方广大僧俗百姓更是"无怨言,亦无抗阻之事",对其予以大力支持和拥护,最终"业将贪劣汉藏官分别奏参惩撤",取得了"汉官威令始行,民气一震"②的显著成效。

总体而言,在西藏地方遭受英国第二次侵略战争的特殊时期,张荫棠彻查腐败、整饬吏治,稳定了人心、扭转了局面、树立了权威,具有十分重要的、积极的意义:其一,晚清以来驻藏系统官员在西藏僧俗百姓心目中腐败无能的形象得以洗刷,中央政府在藏权威得以重塑。其二,彻查驻藏大臣有泰及其受惩是对英国的一个强烈回击。其三,肃清亲英分子起到了震慑、警示作用,有利于西藏地方各界同仇敌忾反击侵略。据英国的官方文件称,张荫棠"抵达拉萨之后,几次命令查办罪犯,拉萨所有西藏官员和中国官员都非常害怕被监禁"③。其四,惩处欺压、勒索百姓的藏官,让西藏僧俗百姓大快人心,张荫棠本人因此获得了尊敬和拥护。从张荫棠"善后"的总体思路而言,彻查腐败、整饬吏治取得了积极成果,为藏事改革开辟了道路,打下了基础。

二、倡言革新

(一) 与西藏地方筹磋"善后"

在整饬吏治的同时,张荫棠就在竭诚筹划"善后办法"。为广泛听取西藏地方的意见,张荫棠一方面"屡与喇嘛演说佛理","借宗教以联络藏众,因所明以通所蔽",④从中听取意见并以此"固结人心";另一方面专门在拉萨市

---

① [英]贝尔著,宫廷璋译,竺可桢、向达校:《西藏之过去与现在》,商务印书馆1930年版,第59—61页。

② 张荫棠:《奏复西藏情形并善后事宜折》,见吴丰培编辑《清代藏事奏牍·张荫棠驻藏奏稿》,中国藏学出版社1994年版,第1395页。

③ 《贝利中尉致惠德先生》(1907年2月4日),见《英国政府有关西藏事务函电》(F.O.535),第9卷,第107号文件《印度事务部致外交部》(1907年3月20日)附件2。

④ 张荫棠:《致军机处外务部电请代奏辩未强令喇嘛改装》,见吴丰培编辑《清代藏事奏牍·张荫棠驻藏奏稿》,中国藏学出版社1994年版,第1328页。

场中设置了一个意见箱，据英方文件称，"任何人可以向箱子投进公禀。人们希望他注意这些公禀"①。与此同时，为充分听取西藏地方上层人士的意见，张荫棠将善后"应查应办诸端，分条设为问题，译行商上、噶布伦，饬令与三大寺会同筹议，逐一答复"，"以觇众志，而协询谋"。②随后，他"撰译西藏善后问题二十余条"，交由西藏上层筹议；然而，西藏地方上层一度"百端推诿"③，为此他"严词训责藏官，振刷其泄沓积习"④，鞭策西藏上层认真对待此事。这些措施成功调动了西藏地方各界踊跃表达建议与意见的积极性。张荫棠"日接见噶勒丹池巴、商上、噶布伦、三大寺、大堪布等，商议善后办法。所有年老致仕之沙札、札萨克、堪布、胡土克图，不远数百里来见，颇为踊跃"⑤。这就改变了"汉番隔膜，民信未孚"⑥的被动局面。

经过听取西藏各方面的意见及与西藏上层反复磋商，次年（1907）正月十一日，张荫棠将筹议的"善后"问题最终确定为"善后问题二十四条"（以下简称"二十四条"）⑦；但直到二月，西藏地方才有了筹议结果，递呈了"藏众答词"。他将"藏众答词"附于"二十四条"⑧之后一并抄送给了军机处。

---

① 《贝利中尉致惠德先生》（1907年2月4日），见《英国政府有关西藏事务函电》（F.O.535），第9卷，第107号文件《印度事务部致外交部》（1907年3月20日）附件2。

② 张荫棠：《为抄送查办西藏事件与商上噶布伦僧俗问答词致军机处咨呈》（一史馆藏军机处来文），见中国藏学研究中心、中国第一历史档案馆、中国第二历史档案馆、西藏自治区档案馆、四川省档案馆合编《元以来西藏地方与中央政府关系档案史料汇编》（第4册），中国藏学出版社1994年版，第1523页。

③ 张荫棠：《奏复西藏情形并善后事宜折》，见吴丰培编辑《清代藏事奏牍·张荫棠驻藏奏稿》，中国藏学出版社1994年版，第1395页。

④ 张荫棠：《致外部电请代奏办事艰难情形吁恳收回成命》，见吴丰培编辑《清代藏事奏牍·张荫棠驻藏奏稿》，中国藏学出版社1994年版，第1317页。

⑤ 张荫棠：《致外部丞参函述筹藏详情及参劾番官原委》，见吴丰培编辑《清代藏事奏牍·张荫棠驻藏奏稿》，中国藏学出版社1994年版，第1359页。

⑥ 张荫棠：《奏复西藏情形并善后事宜折》，见吴丰培编辑《清代藏事奏牍·张荫棠驻藏奏稿》，中国藏学出版社1994年版，第1395页。

⑦ 张荫棠：《致军机处外务部电请代奏辩未强令喇嘛改装》，见吴丰培编辑《清代藏事奏牍·张荫棠驻藏奏稿》，中国藏学出版社1994年版，第1328页。

⑧ 关于张荫棠向军机处上报"传谕藏众善后问题二十四条"的时间，《清代藏事奏牍·张荫棠驻藏奏稿》记为光绪三十三年（1907）二月；其中"藏众答词"落款明确是"光绪三十三年二月递呈"。张荫棠自著《使藏纪事》与前书两处时间一致。而在《元以来西藏地方与中央政府关系档案史料汇编》第4册中，"二十四条"上报时间为光绪三十三年正月十八日（或为收到时间），"藏众答词"落款明确是"光绪三十二年十一月二十二日"，此两处时间当均属误录。关于"二十四条"的条数，由于张荫棠各条均由"一"起，以上3个出处所记均为23条，而"藏众答词"是逐条对应答复的，共24条；对照"藏众答词"看，"答词"的第二条、第三条回复的问题包括在"二十四条"的第二条之中，当是张荫棠在第三条上少起了一个"一"。

"二十四条"① 集中体现了张荫棠与西藏地方筹议善后的主要措施。其主要内容如下：

第一条② 从英国第二次侵藏战争造成的"生灵涂炭，白骨遍野，四民失业，十室九空"的悲惨场景谈起，结合世界各国"贫者弱而富者强，智者兴而愚者亡"的道理，勉励西藏上层"经此创巨痛深之后，宜亟筹惩前毖后之谋"。同时表明："本大臣奉命来藏查办事件，首以启发民智、日进富强为唯一之目的"，希望西藏上层能"各洗心涤虑，痛改前非，竭智尽忠"，最后警示："倘仍虚骄谬妄，贪黩残刻，罔恤民艰，本大臣执法如山，唯以军法从事，决不庇纵，勿谓本大臣不教而诛也。"

第二条 批评西藏地方与侵藏英军订立"拉萨条约"属"专擅妄为"，陈明中央通过与英国重订《中印续订藏印条约》，"争回许多利权体面"；但其中条款要"切实遵守"。

第三条 如何按约开办亚东、江孜、噶大克三埠等。

第四条 要求详报"全藏文武大小藏官共若干员，如何分地而治，某官每年租俸出息若干，各处喇嘛寺地租若干，僧徒若干"等情，以备查核。

第五条 如何使英国按约撤兵无可藉口。

第六条 揭露英俄竞相拉拢西藏地方"背汉自立"的诡谋，陈明中央政府"未尝取西藏一文钱"，"反为西藏縻费去数千百万"，"西藏百姓与中国血脉一线，如同胞兄弟一样"，以此教育西藏地方坚定立场，不为英俄拉拢所动。

第七条 如何加强对外交涉，强调西藏地方对外交涉权归中央。

第八条 如何编练新军，加强边防。

第九条 如何为练兵筹饷等相关事宜。

第十条 如何振兴农工商业。

第十一条 如何开采矿产。

第十二条 如何预防英军"由哲孟雄之干多新修两路"入侵。

第十三条 黄教、红教"如何相互联络，释前嫌而共谋御外侮"。

第十四条 如何联络布鲁克巴（不丹）、廓尔喀（尼泊尔），"以冀巩固吾圉"。

第十五条 如何与尼泊尔"结攻守同盟之约"及学习其先进兵制兵法。

---

① 张荫棠：《传谕藏众善后问题二十四条》，全文详见吴丰培编辑《清代藏事奏牍·张荫棠驻藏奏稿》，中国藏学出版社1994年版，第1333—1337页。

② 《传谕藏众善后问题二十四条》原文各条序号均为"一"，为论述方便，此处在不打乱原文次序的前提下，对各条加上序号。

第十六条 如何革除苛政,"以苏民困"。
第十七条 如何宽厚刑法,"以平讼狱"。
第十八条 如何发展教育,以开民智。
第十九条 如何设立巡警局,修治道路,保护行旅。
第二十条 如何设银行,"以便(资金)转输而扩商利"。
第二十一条 如何"男女均平"。
第二十二条 如何讲究个人卫生及环境卫生;如何设卫生局及医院,以保护民命。
第二十三条 如何设院收养"鳏寡孤独残废老弱之人",以惠穷黎。
第二十四条 如何规范喇嘛的宗教活动。

二十四条"藏众答词"①的主要内容如下:

第一条 汇报战前交涉及抗英斗争相关情况,"以期得荷圣明洞鉴,务恳照前维持施行"。

第二条 感激中央政府与英国重订条约,解释与英军"订立条约"是有有泰在场,"藏人实无违背朝廷"。

第三条 "所有抵制英商并筹备兵饷事宜,俟奉训示,再当节次陈明。"

第四条 "前将僧俗文武大小花名,每年租俸庄田若干递呈清单。至于商属各处营官地方人民共有若干,昨奉示谕,俟发到刻画底表,再行查明禀复。"

第五条 按约开埠事宜"应遵大人之意"。但英国如有"照前仍有前言后背开端藉口时,惟有据情向朝廷陈诉,此外别无所倚。以期免致争论"。

第六条 "英人不特惯用诡谋,且教道相反,是以商议拒绝,未敢轻率前往。伏念西藏,唯靠大皇帝作主施恩。至于俄罗斯国,亦属与英相同。将来西藏中有倚靠大皇帝,此外别无所望。务恳照前保护扶持。"

第七条 "所有公法,即当遵谕商询。至于设法自强及新练兵丁各事,当如后开办理。"

第八条 检讨抗英战争中"不知战法,且未设法筹备",以致战败;提出"自应新练防守兵丁,于旧有前后藏番兵三千名之上增添,后开共拟一万名",并请"赏给速率有劲新枪一万杆,配足弹药,并抬枪多杆。再将巧妙工艺数名,请由四川调藏,俾资教习番民"等。

第九条 具体禀复了练兵数额及筹饷等相关事宜。

---

① 张荫棠:《传谕藏众善后问题二十四条·附录藏众答词》,全文详见吴丰培编辑《清代藏事奏牍·张荫棠驻藏奏稿》,中国藏学出版社1994年版,第1337–1341页。

第十条 "练兵饷项尚应从新开垦,并设法振兴商务,总当遵谕,尽力筹办。"

第十一条 西藏各山为"保佑黄教灵异护法各神山","是以将此节除开,实非不遵示谕,置诸膜外";但"查明果有矿产,若系合宜之地,自当尽力开采"。

第十二条 "遽于要地设防",但"时下番兵军械尚未操练,暂时搁置"。"其间一面操练新兵,筹备器械;一面划分边界,并安设商埠,定明内外诸事章程"应如何能合宜,请示遵行。

第十三条 "查向奉白教及红帽教道内,只有布鲁克巴别为一部。所有藏内各萨迦黄教红教、竹巴教,凡尊从教道者,于掌宣保护,皆能同心维持大局,向无袒徇。至于布鲁克巴若果未被英人强服,应照前和睦。大众将黄教在心,协力共谋一节,谨当遵谕奉行。"

第十四条 与不丹"力敦和睦";"至藏廓(廓尔喀)犹如兄弟敬爱,向来立有和约,更宜设法彼此扶助。应如何再行会商,俟详细请示后,即当层次办理"。

第十五条 "俟练兵筹械备办时,自应参仿办法,藉作常规,认真筹画。"

第十六条 乌拉"甚为繁多",但"日久相沿之事,一旦革除,筹画甚觉繁琐";"刻下将如何办理方资裨益之处,实难上陈"。

第十七条 "所谓管刑裁判,若有书籍,应即译成藏文,大众会议再行禀复。"

第十八条 "谨当催饬大众,应如何设所教读,俟奉训诲,陆续遵照办理。"

第十九条 "应如何设立巡警局,俟奉到复训,挨次办理。"

第二十条 应设银行,但"万难设措";"拟将现铸银钱暂行停止,用净银铸造五钱七钱五分两重钱模"。

第二十一条 妇女脱离种田、乌拉,"恐难以饬办";"至匹配一节,应遵从前贤王所定十六条事宜"。

第二十二条 "洁净洗浴,即当遵行。至于医药,向来商上在当差内派有喇嘛医生二名,且贾热札仓系医道精晓者。现只有喇嘛五十余人,总须便于医治病人,惟有竭力保护民命。"

第二十三条 "设立博济善院,诚恐日久难乎为继。应如何办理,请示遵行。"

第二十四条 "西藏为佛教正宗根本所系之地,允宜纯一崇奉,宣衍真诠，实非敢违示谕"等。

由上可见，张荫棠"二十四条"是在深入分析形势、对西藏地方僧俗进行教育敦勉的基础上提出的，从第一条对西藏地方第二次抗英斗争失败的训勉起，所列各条在阐明各个"问题"的同时，向西藏地方传达了应办事宜的主张，内容涉及政治、经济、军事、外事、教育、卫生、民俗等方面。与之一一对应的二十四条"藏众答词"，基本反映了西藏上层对各项应办事宜的态度，虽然大多是"谨当遵谕奉行"，但也有一些或明或暗的反对意见。无论西藏地方的态度是支持还是推诿，都与当时西藏地方的政局及"亟图自强"意识缺乏等因素紧密相关，尤其与十三世达赖喇嘛的态度密切相关。张荫棠与西藏地方通过一问一答的方式深入磋商善后问题，使西藏地方的意见得到了充分表达，从而有利于调动他们对改革的积极性。张荫棠通过设"二十四条"的方式与西藏地方上层集中磋商，不仅确定了藏事改革主张的基本内容，也起到了统一思想认识与"固结人心"的重要作用。

（二）条陈"治藏刍议十九条"

在与西藏地方筹磋"善后"的过程中，张荫棠通过多方努力，赢得了"现藏众悔祸输诚，愿变法听指挥"的良好局面。光绪三十三年正月十三日（1907年2月25日），结合西藏地方对"善后"的意见和态度，他向外务部上奏《致外部电陈治藏刍议》一折，其内容包括政治、经济、军事、外事与文教等的改革意见共十九条，一般称之为"张荫棠治藏刍议十九条"（以下简称"十九条"）。该折开篇指出：

> 印政府主侵略，开埠只表面名词，应亟待收回政权，练兵兴学，以图抵制而杜藉口。欲收政权，必趁达赖未回，得陆军毕业生百十人，密为布置，事半功倍。①

接着，条陈了十九条"治藏刍议"②，其主要内容如下：

政治方面（3条）：①达赖班禅优加封号，厚给岁俸；专理宗教，"不令干预政治"。②"设西藏行部大臣，或就国，或遥领"，设会办大臣一员，统制

---

① 张荫棠：《致外部电陈治藏刍议》，见吴丰培编辑《清代藏事奏牍·张荫棠驻藏奏稿》，中国藏学出版社1994年版，第1328页。
② 张荫棠原奏"治藏刍议"各条序号均用"一"，共十九条，详细内容见《致外部电陈治藏刍议》（吴丰培编辑：《清代藏事奏牍·张荫棠驻藏奏稿》，中国藏学出版社1994年版，第1328—1330页）。

全藏，下设参赞、副参赞、参议左右、副参议五缺，分理内治、外交、督练、财政、学务、裁判、巡警、农、工、商、矿等局事务。③革除弊政。

经济方面（8条）：①架设巴塘至拉萨电线。②赶修打箭炉、江孜、亚东牛车路，以便商运。俟矿务旺，再修铁轨。③凡五金煤矿，准西藏军民人等报明矿务局开采。④藏中向无盐税，拟于喀喇乌苏①、鹿马岭②等处各盐井设局征税，官商并运。⑤三埠设关后，应酌定出入口税则。⑥收回铸币权，设银行以利转输，官兵俸饷均由此发。⑦以川茶子输藏，教民自种，以图抵制。炉茶或暂由官局督运，以平市价。⑧各项改革经费每年约二百万，由度支部核议筹拨。

军事方面（4条）：①拨北洋新军六千驻藏，藉壮声威。②训练"藏番民兵约十万"。③创设巡警，以警兵兼督修路。④派南北洋制造局匠头来藏，并另购机器，扩充拉萨制枪厂。

外事方面（2条）：①联络布鲁克巴、廓尔喀，"密结廓藏攻守同盟之约。②"由部拣派明干总领事驻印京"。

文教方面（2条）：①广设学堂，兴办教育。②设汉、藏文白话句报，进以新智识。

"十九条"是张荫棠与西藏地方反复磋商"善后"，"以觇众志，而协询谋"，即在充分听取意见的基础上形成的。按照常理，作为征求西藏地方意见的"二十四条"的形成要早于"十九条"，但张荫棠上报两者的时间却正好相反。其原因在于，张荫棠是将"藏众答词"作为"二十四条"的"附录"一并上报的，而西藏地方向其递呈正式的"藏众答词"较晚，影响到"二十四条"上报，但这并未影响张荫棠拟订"十九条"时参考"藏众答词"的意见。到拉萨的十几天后，即光绪三十二年十月二十五日（1906年12月10日），在《致外部电请代奏办事艰难情形吁恳收回成命》一折中，张荫棠就提到"撰译西藏善后问题二十余条"，显然当时他已经就"善后问题"与西藏地方展开了磋商，但尚未定论。经过一段时间的酝酿筹议，到次年正月十一日，"善后问题"最终确定为"二十四条"。③ 两天后，即正月十三日，他据此向外务部上奏《致外部电陈治藏刍议》。然而西藏上层直到二月才"将向日情形不敢不以己事为重，陆续据实申诉"，"出具图记公禀是实"，即向其递呈了正式的"藏

---

① 清代文献也作"哈喇乌苏""哈拉乌苏"等，即今西藏那曲市。"哈喇乌苏"系蒙古语，"哈喇"意为黑，"乌苏"意为河，本意为"黑河"。

② 清代文献也作"禄马岭""罗马岭"等，地处今西藏林芝市工布江达县城以西。

③ 张荫棠：《致军机处外务部电请代奏辩未强令喇嘛改装》，见吴丰培编辑《清代藏事奏牍·张荫棠驻藏奏稿》，中国藏学出版社1994年版，第1328页。

众答词"。① 得到"藏众答词"后，张荫棠及时将其作为"二十四条"的"附录"，一并上呈军机处，"谨请查照"。上报"十九条"时，张荫棠表示："咯血日剧，本欲埠事妥后回京调理，但以大局攸关，机不可失。苟能为国家办一事，驱命亦何足惜？倘敷衍塞责，非棠入藏初意，亦负公经营苦心。因先献刍议，乞公裁正，或交外部作公牍，密向邸枢妥筹。"② 显然，为了争取时间，张荫棠经与西藏人士筹议，掌握了其基本意见后就拟订了"十九条"，而不是一直在等待正式的"藏众答词"出炉。因此，"二十四条"的上奏时间晚于"十九条"约半个月。

总之，"二十四条"是"十九条"的基础，是听取西藏地方意见的"下行文"，"十九条"是请求清廷批示的"上行文"，两者内容基本一致。在到拉萨后两个月的时间里，从"二十四条"到"十九条"，表明张荫棠形成了初步的"善后办法"，即初步的改革方案。上报"十九条"时，张荫棠向外务部表示："倘蒙采纳，即代奏赐复，俾先布置"，"倘鄙意不可行，则棠开埠事竣，查而不办，奉身而退，以俟能者而已"。然而清廷并未立刻批示。

（三）饬立"九局"

面对"西藏地方百废待举"的现状，在清廷尚未对"十九条"做出批示之时，张荫棠就开始依据清末新政期间中央机构改革的方案，着手创立推动藏事改革的职能机构。

在与西藏地方磋商善后问题的过程中，张荫棠"传集噶勒丹池巴、各噶布伦以及商上公所暨三大寺办事僧俗职官人等，会商善后办法，并令各陈意见，冀得集思广益"，然而"讵集议多次，迄无定论"。他意识到"盖藏人虽有补牢顾犬之心，而苦于不知办法，无从着手"。③ 为此，他一面利用到大公所会议的机会，"痛陈天演物竞生存淘汰之公理，怵以印哲亡国覆辙"，使得"藏众感泣"；④ 一面劝导"藏俗改良"⑤，"冀荡涤藏众龌龊窳惰之积习，而振

---

① 张荫棠：《传谕藏众善后问题二十四条·附录藏众答词》，见吴丰培编辑《清代藏事奏牍·张荫棠驻藏奏稿》，中国藏学出版社1994年版，第1341页。

② 张荫棠：《致外部电陈治藏刍议》，见吴丰培编辑《清代藏事奏牍·张荫棠驻藏奏稿》，中国藏学出版社1994年版，第1328页。

③ 《咨设各局》，见《广益丛报》第一百五十四号（第五年第二十六期），1907年12月4日（光绪三十三年十月二十九日）。

④ 张荫棠：《奏复西藏情形并善后事宜折》，见吴丰培编辑《清代藏事奏牍·张荫棠驻藏奏稿》，中国藏学出版社1994年版，第1395页。

⑤ 关于"藏俗改良"的详细论述，见第五章第三节"劝导'藏俗改良'"。

其日新自强之气"①。这些举措使得广大僧俗百姓"颇知警悟"②，对激发"亟图自强"的意识起到了一定作用。

经过多次劝谕动员，"察验众志既孚"，张荫棠"于是提议设立交涉、督练、盐茶、财政、工商、路矿、学务、农务、巡警九局，附设植物园一区，并为创定草章"③。为获得西藏地方官员的支持，在与西藏地方官员的会议上，张荫棠申明："我中国并非利西藏土地财产，反为西藏縻费千数百万，以救我唐古特黄种同胞。"同时他动情地"自誓"道："使者力疾来此，不避艰险，痰喘吐血，日夜焦劳，无非为唐古特计。只饮西藏一杯水，指佛前剖心自誓。"对此，与会者"万众惊愕，叩头流涕"，向其倾诉并表态道：

> 某等生平未尝闻此议论。从前驻藏大臣三年一任，满即去，亦未尝计及此者。及今不改图，我唐古特其为人奴隶牛马矣。从此我藏人决不存歧视汉人之心，同心协力，以御外侮，唯大人所以教之。④

调动起西藏地方官员的积极性后，张荫棠不失时机地"袖出""九局章程"，"并示之曰：此就目前力所能行者，粗拟办法，扩充改良，在办事者善为变通也"。通过动员，"藏官复聚议月余，民间争相传抄（九局章程）。至二月初间噶布伦等始禀复，决计遵办"。应当说，在西藏地方遭受英国第二次侵略战争后，"汉番隔膜，民信未孚"的艰难局面下，张荫棠能在短短两三个月内取得西藏地方对改革的支持，除与其整饬吏治使中央权威得以重塑直接相关外，更与其紧密团结并依靠西藏地方官员和群众，对他们进行一系列晓之以理、动之以情的规劝引导等是分不开的。总之，张荫棠到藏后重新树立了驻藏大员的权威，其本人得到了西藏僧俗官员及百姓的信赖和拥护，尤其是"九局章程"业已酝酿成熟，这为饬立"九局"赢得了良好的局面。

光绪三十三年三月初十日（1907年4月22日），张荫棠向外务部上《咨外部为西藏议设交涉等九局并附办事草章》一折，就饬立"九局"的前期筹

---

① 张荫棠：《使藏纪事·自序》，见张羽新主编《唐宋元明清藏事史料汇编》（第32册），学苑出版社2009年版，第188页。
② 张荫棠：《奏复西藏情形并善后事宜折》，见吴丰培编辑《清代藏事奏牍·张荫棠驻藏奏稿》，中国藏学出版社1994年版，第1395页。
③ 张荫棠：《咨外部为西藏议设交涉等九局并附办事草章》，见吴丰培编辑《清代藏事奏牍·张荫棠驻藏奏稿》，中国藏学出版社1994年版，第1343页。
④ 张荫棠：《致外部丞参函述筹藏详情及参劾番官原委》，见吴丰培编辑《清代藏事奏牍·张荫棠驻藏奏稿》，中国藏学出版社1994年版，第1360页。

备情况专门汇报:"(九局章程)当经译发去后。旋据噶布伦等禀复,大公所集议,询谋佥同,情愿遵办",现已"庶几粗具规模,俾可次第兴办,以翼逐渐改良"。① 同时,他一并上呈了"就局章程","谨请查照备案"。"九局"名称及其具体职能为(顺序以张荫棠上奏的"九局章程"为准):①交涉局,具体负责对外交涉事宜。②巡警局,具体负责创设巡警。③督练局,负责编练新军,整军备战。④盐茶局,主要负责"盐由官营",以及"教民种茶"与"炉茶官营"以"抵制印茶"。⑤财政局,主要负责设官银行、铸币厂等。⑥工商局,主要负责引进工艺,以及商品制造加工与贸易。⑦路矿局,主要负责修路(包括铁路)、开矿。⑧学务局,主要负责兴办近代教育。⑨农务局,主要负责提高农业、畜牧业生产水平。此外,附设植物园,主要负责种植五谷、蔬菜、果实、树木、花草等。②

"九局章程"对改革总体任务做出了条理化、系统化的规定,明确了各局职责和主要任务,使得各项具体改革有章可循。康欣平认为,这"可视为西藏近代化的一个基本纲领"③。

在前期筹办的基础上,三月十二日(4月24日),张荫棠会同驻藏大臣联豫颁发了"九局"掌管"委任令"。这份"委任令"原件用藏文书写而成,现藏于西藏自治区档案馆,是一份十分珍贵的历史档案。兹迻录其内容如下:

> 经本二大臣详议,决定在西藏设置纠察(当为交涉局——引者注)、督练、监茶(应为盐茶——引者注)、财政、工商、路矿、学务、农务、巡警并另建植物院,任噶丹池巴为九局统领基巧,任噶伦·才旦旺久为纠察、工商、农务三局之掌管,任噶伦·旺久杰布为督练、路矿、监(盐)茶三局之掌管,任噶伦·洛桑成来为财政、学务、巡警三局之掌管。九局职员由统领基巧提名选任。二大臣适才按时接到统领基巧的咨文和九局职员的选任名册后,经本二大臣详议同意任命。各职员须将"委任令"的条款作为座右铭来遵行,并耿耿于公务,力求褒奖。倘若查出对公务敷衍了事,假公济私,必将革职法办,为此所有职员保证对工作尽职尽责。
>
> 光绪三十三年三月十二日
> 著财政局掌管玉托·平措旺旦和粮饷官堪穷·旦增曲扎,助理拉亚加

---

① 张荫棠:《咨外部为西藏议设交涉等九局并附办事草章》,见吴丰培编辑《清代藏事奏牍·张荫棠驻藏奏稿》,中国藏学出版社1994年版,第1344页。

② 张荫棠:《咨外部为西藏议设交涉等九局并附办事草章》,见吴丰培编辑《清代藏事奏牍·张荫棠驻藏奏稿》,中国藏学出版社1994年版,第1344—1353页。

③ 康欣平:《张荫棠筹藏时期的经济思想》,载《西藏大学学报》2009年第1期。

日巴·多吉杰布、孜堪仲·楚成尼玛、孜恰桑颜色·洛布次旦，档案员孜仲·洛桑顿珠，贡噶宗堆若朗巴·顿珠次仁，职员罗林·洛桑扎巴、降泽·洛桑加措、林噶溪堆雪仲·贾夏瓦·才旺玉加、曼措瓦·才旺仁增一体知晓。①

由这份"委任令"可知，张荫棠委任的"九局"总管为代理摄政洛桑坚赞，纠察（交涉）、工商、农务三局掌管为噶伦才旦旺久，督练、路矿、盐茶三局掌管为噶伦旺久杰布，财政、学务、巡警三局掌管为噶伦洛桑成来。"九局"职员先由总管提名，再由他会同联豫审议通过后予以正式任命。张荫棠向清廷汇报："因会联大臣（联豫）点派九局总会办及各委员，皆藏官也。现计藏中汉官无可派之人，派而不得人，不如不派之为愈。将来俟有廉能之员，每局再派汉提调及教习等，亦易事耳。"② 可见，张荫棠在"九局"选人用人上十分慎重，但重用藏族官员。当时在任的四位噶伦除彭措班丹因"贪黩顽梗"被张荫棠查处，不能任用外，代理摄政与其他三位噶伦都被分别委以要职。摄政和噶伦是西藏地方的核心掌权者，张荫棠重用他们及任用其他藏族官员，反映出他紧密团结和依靠西藏地方上层及藏族官员的思想与作风。

张荫棠会同联豫颁发"九局"总管及各局掌管"委任令"，标志着"九局"正式成立，这是其藏事改革的重要举措。"九局"作为推行改革的中枢机构，为各项具体改革措施的推行打下了坚实基础。

六月底，正值各项改革深入推行的关键时刻，清政府与英国将在印度谈判议定《中英藏印通商章程》，清廷派张荫棠为中方全权代表。由此，张荫棠不得不离开西藏，转向维护中国对藏主权的外交斗争。离藏之前，为使业已开启的各项改革继续推行下去，张荫棠分别致函驻藏大臣联豫、噶厦、九世班禅及代理摄政洛桑坚赞等，进一步地进行思想动员与具体指导，敦勉和督饬他们抓紧落实，后文将对此进行具体讨论。

（四）条陈"西藏善后事宜十六条"

与英国代表在印度谈判期间，张荫棠对藏事改革"未尝一刻忘"。其以进一步地完善改革方案并促使清廷同意为要，即便他本人离开西藏，也能保证藏

---

① 《驻藏大臣张荫棠等为新设路矿等局发布委任令书》，见西藏自治区档案馆编《西藏历史档案荟萃》，文物出版社1995年版，第69号档案。

② 张荫棠：《致外部丞参函述筹藏详情及参劾番官原委》，见吴丰培编辑《清代藏事奏牍·张荫棠驻藏奏稿》，中国藏学出版社1994年版，第1360页。

事改革继续推行。

在印期间，张荫棠在藏事改革已经开启的基础上，根据形势进一步完善改革方案，最终形成了"西藏善后事宜十六条"（以下简称"十六条"）。光绪三十三年十一月，他在上奏朝廷的《奏复西藏情形并善后事宜折》中对各条予以详细条陈。该折首先从"到藏布置之大略情形""英俄关涉西藏之大略情形""我国应及时整顿之大略情形""藏防关系全局之大略情形"以及"西藏内讧危险之大略情形"五个方面对总体情况进行了总结分析。第一，"到藏布置之大略情形"，扼要回顾总结了整饬吏治、饬立"九局"以及藏俗改良等业已采取的各项措施。第二，"英俄关涉西藏之大略情形"，通过对英、俄等国的侵藏野心及其行径的分析，重点向清廷阐述了两点意见：一是英俄《西藏协定》"貌似和平，实则英要求俄承认其藏约。英以波斯权利让俄，俄以西藏、阿富汗权利让英"，因此，英俄《西藏协定》签订后，"藏地益危"；二是《中英续订藏印条约》中虽然有英国"不占土地、不干预政治"的规定，但"非有实力盾其后，万不足恃"。第三，"我国应及时整顿之大略情形"，通过对当时印度民族意识逐步觉醒、反对英国殖民统治的活动不断的时局分析，认为英印局势不稳正是整顿藏事一大时机，警示清廷"失今不图，后益难治"。第四，"藏防关系全局之大略情形"强调指出："西藏苟有挫失，蒙古、新疆、青海、川滇必不一日安枕"，"能保西藏，则巴塘自形巩固"。第五，"西藏内讧危险之大略情形"，对驻藏大臣为藏众轻视、"汉番龃龉"，以及英俄"百端笼络"九世班禅与十三世达赖喇嘛致使其二人矛盾加深、"互相猜贰"等情形进行了深入分析。对当前形势做出深入分析研判后，该折紧接着强调："为今之计，自以破除汉番畛域，固结人心为第一要义，以收回政权、兴学练兵为入手办法。在我绝不存利西藏土地财产之见，助以经费，派员代理农、工、商、矿诸务，以西藏之财办西藏之事，但求西藏多筹一文，我国即可少补助一文。握其政权，不宜占其利权，使先怀疑贰。西藏苟能自固其圉，则边境安谧。"①这实际上是张荫棠向清廷表达了他对藏事改革的基本原则的意见。

由上可见，张荫棠对形势的分析研判，高屋建瓴，切中要害，实际是向清廷表明了进一步推行藏事改革的必要性、紧迫性，这也是条陈对策的重要依据。接着，该折将"十六条""开列清单，恭呈御览"。"十六条"②的主要内

---

① 张荫棠：《奏复西藏情形并善后事宜折》，见吴丰培编辑《清代藏事奏牍·张荫棠驻藏奏稿》，中国藏学出版社1994年版，第1397页。

② 张荫棠原奏各条序号均为"一"，为论述方便，此处在不打乱原文次序的前提下，对各条加上序号。

容涉及政治、经济、军事、外事、文教、卫生等领域，具体包括：①拟设西藏行部大臣，以崇体制而重事权；②"收回政权"；③广设汉文蒙小学堂；④练汉兵以资震摄；⑤番兵由汉官充教习统带；⑥迅速架设电线；⑦设卫生局；⑧设矿务局；⑨设工艺局；⑩设茶务局；⑪官俸优给；⑫购制枪炮；⑬开银行、铸钱币；⑭设驻加尔各答总领事；⑮与布鲁克巴、廓尔喀结为攻守同盟；⑯经费预算。①

总体而言，"十六条"与"十九条"的内容基本一致，但"十六条"是在广泛征询西藏地方各方意见，将维新思想与西藏实际充分结合，并经过一年多的实践的基础上进一步修订完善而成的，较之"十九条"更为成熟。同时，较之当时其他的筹藏方案，张荫棠的藏事改革方案更有广度和深度，兼具加强西藏地方与清朝中央政府关系发展及西藏经济社会发展的双重意义，可以说是一份全面的、系统的藏事改革方案。

张荫棠对局势的分析意见及条陈的"十六条"最终引起了清廷的高度重视。光绪三十四年三月初三日（1908年4月3日），清廷下旨：

> 张荫棠奏沥陈西藏情形并善后事宜，开单呈览一折。西藏地方紧要，前已特简赵尔丰前往经理。兹据张荫棠条陈兴学、练兵、整顿实业、统筹经费各节，颇多可采。著赵尔巽、赵尔丰、联豫、张荫棠按照单开各条体察情形，会同悉心妥议，随时奏明，请旨办理。②

至此，张荫棠自上陈初步的整顿藏事意见，到结合在藏实践条陈"十九条"，再到进一步地条陈"十六条"，前后经过一年多的时间，终于推动清廷正式地、明确地做出了改革藏事的决定。清廷的批示奠定了"十六条"藏事"改革大纲"的地位，为联豫在张荫棠开启藏事改革的基础上继续推行改革提供了直接依据。

张荫棠规划的改革方案集中体现出其藏事改革思想，那么，其改革思想从何而来？成崇德认为其开发西藏的方案是"中学为体，西学为用"的思想产物。康欣平认为其治藏思想来自中国传统儒家思想、中国近代变法维新思想、西方现代思想、西藏地方宗教思想四个方面。③ 此两种意见不无道理。清末新

---

① 张荫棠：《奏复西藏情形并善后事宜折》，见吴丰培编辑《清代藏事奏牍·张荫棠驻藏奏稿》，中国藏学出版社1994年版，第1397—1402页。
② 《清实录·德宗实录》卷五八八，光绪三十四年三月戊子。
③ 康欣平：《张荫棠治藏的思想资源》，载《西藏民族学院学报》2007年第2期。

政上谕明确要求"取外国之长""补中国之短",即试图在不危及"中体"的前提下引入"西学",这使"中体西用"得以合法化。张荫棠出使欧美多年,受"西学"的影响比其他官员更为深刻,维新思想更具前瞻性;但他作为一位忠君体国的封建官员,借鉴"西学"只能限于"中体"之内。张荫棠在"中体西用"的框架下规划藏事改革,"中学"与"西学"无疑是其改革思想的源头。不过,在当时,"中学"经维新派的阐发,已非一成不变的"旧学",张荫棠称之为"中国新学",实际上是晚清以来"中体西用"催生的维新思想。此外,前文论及的清末各类筹藏思想对张荫棠规划藏事改革也有直接影响,后文还将具体探讨清末振兴实业思想、清末新政等对其的直接影响。应当说,一位敢为天下先的改革者往往力图站在时代的最前沿,捕获自己所处时代的一切对改革有利的先进思想。以此观之,张荫棠藏事改革思想的来源是多方面的。

成崇德、张世明认为,"张荫棠的开发思想对西藏传统的封建农奴制社会具有重要的启蒙作用,张荫棠的开发方案为西藏勾勒出一幅美好的建设前景。与姚锡光等当时人的治藏思想比较,张荫棠的开发思想显得高出一筹。这表现为:①张荫棠的开发思想比较全面、系统、具体;②张荫棠的开发思想突出重点,有轻重缓急之分,而不是平均用力,万端提挈;③张荫棠的开发思想考虑到了西藏社会的特殊性,在一定程度上比姚锡光等当时人的治藏思想更为切实可行一些。尽管如此,张荫棠的开发思想仍然有理想主义成份过多,脱离西藏社会客观实际的瑕疵"。①

不少论者也认为,张荫棠藏事改革中存在脱离西藏实际的问题,但相比之下,在当时,经时任四川总督的锡良提议、清政府邮传部正式筹拟的修筑川藏铁路②的计划更加显得脱离实际,而后世认为,此为国人的百年川藏铁路梦之始。一般情况下,进步性的社会改革的目标往往高于现实,否则就不能称之为改革。改革也往往是在不具备充分条件的基础上进行的,否则无须由杰出人物担当改革先行者。就当时西藏地方实际而论,改革的基础十分薄弱,并不具备充分的条件,张荫棠的诸多改革主张显然高于实际,但张荫棠始终是站在西藏现实基础上探索适合的改革进路。如在经济改革领域,张荫棠了解到"西藏出产以畜牧为大宗,除皮货、药材外,牛皮、羊毛、猪鬃、牛尾皆为出口佳

---

① 成崇德、张世明:《清代西藏开发研究》,北京燕山出版社1997年版,第173-174页。
② 参见:《奏设川藏铁路》,见《广益丛报》第一百〇五号(第四年第九期),1906年5月13日(光绪三十二年四月二十日);《邮部拟设川藏轻便铁路》,见《广益丛报》第二百二十九号(第八年第八期),1910年4月19日(宣统二年三月初十日)。

品"，由此主张学习外界先进工艺，使用机器生产；他也具体指出"藏地土货以牛皮、羊毛为大宗，拟先办制皮、织毛两事"；等等。这些发展实业的主张就是实事求是地建立在西藏既有土产的基础之上的。

还需关注的特殊情况是，张荫棠藏事改革是在英国、俄国危及中国对藏主权的特殊形势下进行的，他改革的一个出发点是通过改革自强以抵御外侮，从而加强清朝中央政府对西藏的主权和治权，由此他一再强调改革刻不容缓，而不是因条件不充分就不及时进行改革，任由危机蔓延。张荫棠一面向清廷表示"及今不极力整顿，十年后西藏恐非我有"①，一面在给西藏地方的"临别赠言"中指出："藏事岌岌可危，及今图之，已憾其晚，失今不图，悔将何及！"② 这些充分反映出为应对危机，张荫棠对改革有十分强烈的紧迫感。此外，实践过涉藏外交的张荫棠，针对"弱国无外交"的论调，表示"辄叹中国无外交专门之学，未可尽诿于国力孱弱也"③，体现出不悲观、不甘屈服，实事求是地在既有条件下积极探寻应对之策的精神。

另值得一提的是，在藏事改革期间，张荫棠拟写了一份《奏陈立宪事宜》折，本拟针对当时不少人以"国民程度不高"为由反对立宪，表达他支持立宪的理由。此折虽未上陈，但从中完全可以看出张荫棠对在条件不充分的情况下仍须进行改革的一种基本认识，其中写道："臣窃以为中国今日当因国民之程度定中国今日相当之宪法。宪法者，所以扶植国民程度。程度进，即以改良他日之宪法。宪法立，则程度之进愈速。若待程度高始议宪法，则宪法无成书之日，立宪终无实行之期。且宪法者，非官吏所能创定之书而国民所共议认可者也。英、法、德、美、日各国因其国历史习惯而立宪法，彼此不能强同。复经数百年之圣君贤相、地方议绅采集各国之长，迭次修改，始有今日，而今日仍不敢自信美备，日图改良。"④

由上可见，面对改革基础薄弱、条件不充分的现状，张荫棠不是消极地坐等时机和条件成熟，而是在现有条件基础上实事求是地探索出路，表现出锐意进取的改革精神。由此观之，张荫棠藏事改革方案即便有瑕疵，也是可以理解的。

---

① 张荫棠：《致外部丞电请代奏办事艰难情形吁恳收回成命》，见吴丰培编辑《清代藏事奏牍·张荫棠驻藏奏稿》，中国藏学出版社1994年版，第1317页。
② 张荫棠：《为劝令速办九局事宜致罗藏坚参译行》，见中国藏学研究中心、中国第一历史档案馆、中国第二历史档案馆、西藏自治区档案馆、四川省档案馆合编《元以来西藏地方与中央政府关系档案史料汇编》（第4册），中国藏学出版社1994年版，第1547页。
③ 张荫棠：《使藏纪事·自序》，见张羽新主编《唐宋元明清藏事史料汇编》（第32册），学苑出版社2009年版，第188页。
④ 张荫棠：《奏陈立宪事宜》（此折标题下注明"折未上"），见张羽新主编《唐宋元明清藏事史料汇编》（第32册），学苑出版社2009年版，第212页。

第三章　张荫棠政治、经济改革思想与实践

第一节　政治改革

一、行政体制改革

适时调整和完善西藏地方行政体制是清朝中央政府对藏主权和治权的制度保障。清朝前期通过对西藏地方行政体制的几次适时的重大改革，逐步建立起了具有西藏地方特色的行政体制。康熙五十九年（1720），清廷正式废除西藏沿袭了近80年的蒙古汗王制度与第巴制度，选用在"平准安藏"战争中有功的藏族官员康济鼐、阿尔布巴、隆布鼐3人为噶伦，共同执掌西藏事务；后来增补颇罗鼐、扎尔鼐，噶伦员额定为5人，受清朝中央政府直接领导。此次改革是清朝治藏的一个历史性转折。雍正五年（1727），清廷正式设立派大员常川驻藏的驻藏大臣制度，进一步完善了治藏体制。乾隆十六年（1751），清朝废除西藏的郡王制度，主导成立噶厦地方政府，分权于一僧三俗四噶伦，同时提高驻藏大臣的职权，加强了对西藏地方的直接治理。乾隆五十八年（1793）清朝颁行的《钦定藏内善后章程二十九条》是对包括西藏地方行政体制在内的一次重大改革，其重点是明确提高与加强驻藏大臣的地位与职权。此次改革标志着清朝前期对西藏地方的行政体制建设达到完善，为此后治藏奠定了坚实的基础。

晚清以降，以驻藏大臣为首的驻藏系统官员贪腐无能，特别是英国第二次侵藏战争中，驻藏大臣有泰的"颟顸误国"，导致以十三世达赖喇嘛为首的西藏地方与驻藏大臣的关系恶化，进而对清政府强烈不满的严重后果。这种情势

的根源固然在于清朝处于内忧外患，无力西顾，但也暴露了西藏地方行政体制的弊端。当时批评者一致把矛头指向了驻藏大臣，加之西藏面临外敌入侵的严峻形势，在此情况下，清廷内部就如何改革西藏地方行政体制以加强中央政府在藏权威展开了激烈讨论。前文论及，讨论中朝野上下提出的改革方案至少有建省及设督抚、改设将军、选派汉官、提高驻藏大员级别以崇体制等。清廷最终采纳了驻藏帮办大臣移驻昌都的方案，试图以此来加强中央政府在藏统治；但凤全受任驻藏帮办大臣后尚未到达昌都即遭戕害。"凤全事件"后，接任者联豫向清廷建议驻藏帮办大臣"宜复旧制，仍驻前藏"，清廷认为联豫的理由"不为无见"，遂采纳了其建议。① 可见，张荫棠进藏前，清廷对西藏地方行政体制的改革虽有过激烈讨论，甚至已有驻藏帮办大臣改驻昌都的决定，试图对驻藏大臣制度予以改进，但未能真正实施。上述各种方案虽未实施，但相关讨论以及清末全国新政期间官制改革的推行等，无疑为张荫棠筹划西藏行政体制改革提供了丰富的思想资源。

基于抵制侵略、维护主权的现实需要及清末筹藏思想的影响，张荫棠在酝酿以"收回政权"为核心的全面藏事改革方案时，逐渐形成了行政体制改革方案。早在奏请整顿藏事的两折中，张荫棠就强调"惟整顿西藏非收政权不可"，其中也就"收回政权"的现实需要提出了行政体制改革的大体思路，即简贵胄"总制全藏"，"所有内政外交以及一切新政，由国家简员经理"，达赖喇嘛与班禅额尔德尼"不令干预政治"。② 张荫棠奏陈此建议后，清廷即有提高驻藏大员品级之议。另据光绪三十二年五月二十九日《广益丛报》的一篇报道称：

> 政府现藏事关系紧要，本拟改设将军，嗣以办事大臣与将军体制无大区别，不便更张，复有改用汉员之议。延意以雍、乾平定西藏之时，驻藏大臣均以尚书、侍郎充之，现多以阁学、京卿简派，品位稍轻，拟嗣后凡驻藏办事大臣一缺均以尚书、侍郎简授，其系侍郎者加尚书衔，帮办大臣一缺则以三、四品京堂简调，以崇体制而资震慑。③

同年七月十日，《广益丛报》的一篇时论指出：

---

① 《清实录·德宗实录》卷五四九，光绪三十一年九月癸酉。
② 张荫棠：《请速整顿藏政收回政权》《致外部丞参函详陈英谋藏阴谋及治藏政策》，见吴丰培编辑《清代藏事奏牍·张荫棠驻藏奏稿》，中国藏学出版社1994年版，第1304、1306页。
③ 《驻藏体制》，见《广益丛报》第一百十二号（第四年第十六期），1906年7月20日（光绪三十二年五月二十九日）。

西藏帮办大臣联豫奉命将及一年，尚故意逗留，延不到任。近闻有御史递封奏，以西藏门户既已开放，将来交涉日繁，非得通达时务之才不能胜任。联豫以庸碌之才，怀畏缩之念，即到任后亦不足镇慑番族，转启外人轻视之心，请另简贤员等语。闻政府以驻藏大臣均用满员，现值满汉不分畛域之际，拟参用汉员简任以资得力云。①

由上可见，清廷委任张荫棠为"查办大臣"之后，仍在筹拟提高派往西藏大员的品级，"以崇体制而资震慑"，且此时有了打破驻藏大员历用满蒙亲贵的定制，拟参用汉员简任的考虑。而报道指出有御史奏参新派驻藏帮办大臣联豫，请另简贤员，正反映出清廷内部对旧体制的不满。清廷一直筹议提高驻藏大员品秩，虽议而未决，但这与张荫棠奏请简贵胄"总制全藏"的改革思路基本一致，无疑为其进一步筹拟改革方案明确了方向。

到拉萨后，鉴于驻藏大臣有泰在侵藏英军头目荣赫鹏逼迫西藏地方签订"拉萨条约"时"媚外而乞怜"，被荣赫鹏"载入蓝皮书，即以为中国在藏无主权确证"的恶果，张荫棠痛斥有泰"庸懦无能，辱国已甚"，并由此对晚清驻藏大臣体制不崇以及西藏地方政教合一制的腐朽批评道：

西藏内属二百余年，康乾间屡烦兵力，为平定内乱，设驻藏大臣以镇抚其地，迥非越南、高丽藩属可比。但我朝政尚宽厚，向不干涉其政教，至今日而时移势易，强邻窥伺，封豕长蛇，势不可遏。加以汉番自分畛域，互相仇视，二十二年藏中至有剿洗汉人之谣，传播印度，致启戎心。驻藏大臣素不理事，久为藏众所轻视，既无兵力以资镇抚，政事概不能过问。英人诮我在藏无主权，不能尽主国义务，自问亦滋惭恧。汉番既如此龃龉，近年达赖、班禅又互相猜贰。②

此一批评与检讨指明了当时西藏行政体制所存在的严重问题及改革的必要性。随后，结合清末新政中行政制度方面的改革措施，张荫棠提出："今欲谋保藏，必先收回政权。欲收回政权，非先镇压以兵力，改定官制，更换名目，

---

① 《驻藏帮办大臣被参》，见《广益丛报》第一百十五号（第四年第十九期），1906年8月29日（光绪三十二年七月十日）。

② 张荫棠：《奏复西藏情形并善后事宜折》，见吴丰培编辑《清代藏事奏牍·张荫棠藏事奏稿》，中国藏学出版社1994年版，第1396—1397页。

假以重权,不足新藏人之耳目,而巩固我主权。"① 从其"改定官制,更换名目"的主张可见,当时张荫棠已经形成了较为明确的行政体制改革思想,但仍未能形成具体的改革方案。其间,对于清廷任命他为驻藏帮办大臣,他以不能拘泥于旧制为由请辞,显然已经有了改革驻藏大臣制度的构想。不久,在"十九条"中,张荫棠于强调"亟待收回政权"的基础上,初步提出了以"拟特简亲贵为西藏行部大臣"的行政体制改革方案。其主要内容如下:

> 拟特简亲贵为西藏行部大臣,或就国,或遥领,候圣裁。……设会办大臣一员,统制全藏,下设参赞、副参赞、参议左右、副参议五缺,分理内治、外交、督练、财政、学务、裁判、巡警、农、工、商、矿等局事务。其亚东、江孜、扎什伦布、阿里、噶大克②、察木多③、三瞻、三十九族、工布、巴塘等处,酌设道府同知,均用陆军学堂毕业生督率番官,治理地方,兼办巡警裁判,均优给廉俸。查藏番以营官分治,如内地之州县,每有番官之地应设一汉官。④

此中,行政体制改革的核心是设西藏行部大臣,其职官系统的基本架构为:行部大臣→会办大臣→参赞、参议→各局掌事;地方职官参照内地州县制设置。其中"拟特简亲贵为西藏行部大臣,或就国、或遥领"的重要意义在于"主国名义自定",即只要设立西藏行部大臣,由位高权重的亲贵出任,不管其是否实际到藏就任,都可加强中央政府对藏主权与治权,这是张荫棠拟订的行政体制改革初步方案。

经过近一年的实践及继续酝酿,光绪三十三年(1907)十一月,张荫棠在其可视为全面藏事改革大纲的"十六条"中,提出了行政体制改革的完整方案。其中首条即"拟设西藏行部大臣,以崇体制而重事权";第二条为"政权宜收回也";第十一条为行政体制改革保障性"官俸宜优给也"。这一系列

---

① 张荫棠:《致外部电请代奏办事艰难情形吁恳收回成命》,见吴丰培编辑《清代藏事奏牍·张荫棠驻藏奏稿》,中国藏学出版社1994年版,第1317页。

② 清代汉文文献亦作"噶达克""噶尔渡"(陶思曾:《藏輏随记》,见吴丰培辑《川藏游踪汇编》,四川民族出版社1985年版,第377页),是清末至民国时期汉文文献对西藏阿里地区总管噶本的夏季驻地噶尔雅萨(位于今西藏阿里地区噶尔县东南)的称谓;噶本冬季驻地为噶尔昆萨。1960年1月噶尔县设立,县城设在噶尔昆萨,5月迁至噶尔雅萨,1968年又迁回噶尔昆萨,1988年至今设在狮泉河镇。

③ 即今西藏昌都市。

④ 张荫棠:《致外部电陈治藏刍议》,见吴丰培编辑《清代藏事奏牍·张荫棠驻藏奏稿》,中国藏学出版社1994年版,第1328-1329页。

的规划不仅强调设西藏行部大臣,同时详细制定了行部大臣署内的职官系统、各地方的职官制度、相应的财政制度以及"官俸优给"等相关改革配套方案,标志着张荫棠以设行部大臣为核心的行政体制改革方案的最终形成。

设西藏行部大臣的具体规划如下:

> 拟设西藏行部大臣,以崇体制而重事权也。……百年以来驻藏大臣久已放失政权,非改革官制不足以耸观听。拟将驻藏大臣、帮办大臣两缺裁撤,改设行部大臣,似宜特简亲贵或内外文武兼资大臣,畀以重权,便宜行事,以资镇摄。所有达赖班禅等均归节制,以重事权而定主国名义。其下应设左右参赞、左右参议四缺,分理内治外交各局事务。应由行部大臣参酌奉天将军赵尔巽奏定奉天官制章程,奏明办理。①

这是张荫棠最终拟订的"拟特简亲贵为西藏行部大臣"权力体系的顶层设计。这一改革方案除前述清末朝野热议的西藏改设督抚、将军,以及派一大员入藏"以崇体制"等一些筹藏建言为其提供了思想资源外,也借鉴了当时一些筹边实践,如他就明确提到参酌时任奉天(盛京)将军赵尔巽为东北改设行省而筹划的"奉天官制章程"。光绪三十二年(1906)赵尔巽奏陈的《更定奉省官制折》提出,合盛京将军、奉天总督及原五部、府尹之政于一署,称为盛京行部,以行省大臣一员总理庶务,② 张荫棠设西藏行部大臣的规划明显直接受此方案影响。另外,在1907年清政府中央官制改革中,管理蒙古、新疆及西藏等边疆地区事务的理藩院改为理藩部,其主事名称随之由尚书更名为大臣,张荫棠所规划的西藏行部大臣所行之部自然是理藩部。将西藏行政体制改革与清政府中央官制改革紧密相连,这也遵循了理藩院管理西藏事务的定制。

张荫棠强调改革行政体制的直接原因是驻藏大臣"久已放失政权,非改革官制不足以耸观听",这是裁撤驻藏大臣、帮办大臣的现实依据;同时,晚清以降驻藏大臣品秩不高,如驻藏大臣联豫是从七品雅州知府开始任帮办大臣;有泰系亲贵,且在藏多年,也仅为二品,这是"拟特简亲贵为西藏行部大臣"的一个重要依据。然而,彻底改革驻藏大臣制度,只是张荫棠拟设西

---

① 张荫棠:《奏复西藏情形并善后事宜折》,见吴丰培编辑《清代藏事奏牍·张荫棠驻藏奏稿》,中国藏学出版社1994年版,第1397—1398页。

② 参见李治亭《东北通史》,中州古籍出版社2003年版,第611页。

藏行部大臣从而达到"总制全藏"的改革目标的一部分，上述规划中还有十分关键的一点是"所有达赖班禅等均归（行部大臣）节制，以重事权而定主国名义"。按照乾隆五十八年《钦定藏内善后章程》规定，驻藏大臣与达赖喇嘛、班禅额尔德尼"地位平等"，若要"所有达赖班禅等均归节制"，行部大臣的地位必须尊崇，这即张荫棠强调"拟特简亲贵为西藏行部大臣，以崇体制而重事权"。后文将深入探讨张荫棠的"政教分离"方案，其与"所有达赖班禅等均归节制"相关的是，实行政教分离后，达赖喇嘛、班禅额尔德尼等宗教领袖的宗教权力也将归行部大臣节制。

行部大臣署内职官系统的改革规划如下：

> 西藏政权向在四噶布伦掌握，番兵向归戴琫统带。均宜由我优给月薪，于行部大臣署内设立材（财）政、督练、交涉、学务、巡警、裁判、农、工、商、路矿、盐茶九局，令该噶布伦、戴琫等每日赴署禀承办公，归行部大臣节制。①

由上可见，行部大臣署内职官系统的核心是"九局"。前述"九局"已于光绪三十三年三月十二日张荫棠会同驻藏大臣联豫颁发各局掌管"委任令"宣告正式成立，其中委任的"九局"总管为任代理摄政洛桑坚赞，各局掌管分别由几位噶伦担任。从张荫棠的改革方案及实践看，委任代理摄政及噶伦分别担任"九局"总管及各局掌管，要求他们每日赴行部大臣署内"禀承办公，归行部大臣节制"，即将"九局"纳入行部大臣权力体系，从而可从体制上解决"番官与汉官分而为二，各不相统"的问题。结合张荫棠行政体制改革目标与思路看，饬立"九局"，委任代理摄政及噶伦分别担任"九局"总管及各局掌管有着十分重要的意义。因为在清朝前期，清廷主导建立的驻藏大臣与达赖喇嘛共同领导噶厦的权力结构，使西藏地方存在噶厦政府及"政教合一"的特殊性。而要行部大臣"总制全藏"，就必须将这种"二元"权力结构整合为"一元"化的权力结构。然而，骤然改革西藏地方政府——噶厦，必然招致西藏地方上层的反对，是行不通的。在一时难以彻底改革噶厦的情势下，委任代理摄政及噶厦核心成员为"九局"总管及职掌，归行部大臣节制，实际是以平稳的方式对噶厦逐步改革，是尝试整合"二元"权力结构的重要一步，这实际已经涉及对西藏地方政教合一的封建农奴制的改革。可见，张荫棠饬立

---

① 张荫棠：《奏复西藏情形并善后事宜折》，见吴丰培编辑《清代藏事奏牍·张荫棠驻藏奏稿》，中国藏学出版社1994年版，第1398页。

"九局"，将其纳入行政体制改革，作为行部大臣署内的九大职能部门，使得"九局"具有行政体制改革的性质。可以说，以"九局"为纽带，行政体制改革与其他各项改革是相辅相成的。"九局"的角色与地位表明，饬立"九局"是张荫棠藏事改革中的重要一环。后文还将分别探讨"九局"对推进经济社会等各项具体改革的作用。

由张荫棠对行部大臣与行部大臣署内职官系统的规划及其饬立"九局"可见，其改革思路是废除驻藏大臣制度，改为设立地位尊崇的西藏行部大臣，同时逐步改革噶厦以及实施政教分离，最终将"二元"权力结构整合为行部大臣"一元"化的权力结构，从而实现行部大臣"总制全藏"的改革目标。其中，改革噶厦以及政教分离是改革西藏地方政教合一的封建农奴制的两大关键所在，因而张荫棠的行政体制改革方案及其实践，具有打破西藏地方政教合一的封建农奴制的重要意义。

各地方职官制度改革方案如下：

> 西藏向以番营官管理地方职任，如内地州县官，率皆卑鄙贪酷，民不聊生。拟请于各营官分驻之地，择繁盛冲要之处，如江卡、察木多、拉里①、三十九族、达木、哈喇乌苏、阳八井②、山南、亚东、十卡子③、拉孜④、定日、巴尔喀⑤、噶大克、卢多克⑥等处，先设巡警局、裁判局作为差使，勿限以官阶，暂用陆军巡警法律学堂毕业生署理。俟办有成效，再行分别改设道府同通州县等缺。所有巡警裁判局长，均加四品衔，秩视同知，准食五品俸，以资镇摄，而示鼓励。除靖西同知兼管税务，暂免裁撤外，其余夷情司员，前后藏、拉里、察木多各粮台，均一律裁撤。⑦

---

① 清代汉文文献亦作"剌里""拉里工""拉日""拉日果""嘉里"等，即今西藏那曲市嘉黎县。
② 今作"羊八井"。
③ 十卡子，即日喀则。
④ 今作"拉孜"，即今西藏日喀则市拉孜县。
⑤ 清代汉文文献亦作"巴喀""巴客赫""巴格达桑"等，即今西藏阿里地区普兰县巴嘎乡，此地是清代拉萨至阿里途中的一处重要驿站。成书于乾隆二十八年（1763）的《钦定西域同文志》中"巴尔喀塘"条注解："西番语：巴尔喀，居中之谓；甸居地势之中，故名。"（见〔清〕傅恒等纂《钦定西域同文志》卷十八《西番地名，叶五十三）其中的"居中之谓"指位于冈仁波齐与玛旁雍错之间。
⑥ 清代汉文文献亦作"鲁多克""罗多克""朵宗""茹托"等，即今西藏阿里地区日土县。
⑦ 张荫棠：《奏复西藏情形并善后事宜折》，见吴丰培编辑《清代藏事奏牍·张荫棠驻藏奏稿》，中国藏学出版社1994年版，第1398页。

由上可见，对各地方一级行政制度改革的总体目标是建立州县制，但不急于求成，而是逐步推行。具体规划是裁撤旧的粮台以及夷情司员等，"择繁盛冲要之处"先设巡警局、裁判局"作为差使"，等到时机成熟后再改设州县。此处虽未明确改革地方一级传统的宗谿行政制度，但州县制的改革目标无疑是要打破这一旧制，抑或不明确提破旧是为避免各地方官员因不甘失去既得利益而强烈反对。① 张荫棠对此当是有充分考虑的，如对地方官的任用，他主张按照"每有番官之地应设一汉官"的原则进行，所需汉官选调陆军巡警法律学堂毕业生。应当说，"一藏一汉"的地方官员配备原则，着眼于整合地方一级"二元"权力结构，既能以此将地方一级的权力直接纳入新的行部大臣权力体系之内，集权于行部大臣，又能兼顾各地方官员利益，这样的慎重考虑体现出一定的稳妥性。

"官俸优给"的主要改革内容如下：

> 官俸宜优给也。……拟请行部大臣岁给养廉三万六千两，公费三万六千两。左右参赞岁给养廉各一万八千两，公费各八千两。左右参议岁给养廉各一万二千两，公费各六千两。各属巡警局、裁判局长，各岁给养廉银三千六百两，公费三千六百两。其公费一项，系无定之款，既优给养廉，应责令实用实销，虚冒者重治其罪。其噶布伦、戴琫等各藏官廉薪，计岁需十二万。至汉番营兵、各统带教习薪俸，应按照陆军部新章，从优发给。②

"官俸优给"是行部大臣制度的重要组成部分，张荫棠对此是有多方面考虑的。其一，他指出"藏地苦瘠无外销之款，与各省情形不同。万里戍边，非优给养廉公费，无以激励廉能"，这是"官俸优给"的现实依据。其二，在整饬吏治过程中，汉藏官员的贪腐问题让其触目惊心，"官俸优给"可以预防腐败，从而确保行部大臣制度的健康运行。其三，"官俸优给"与选官用人结合，以便吸引内地人才。改革自然少不了大量的内地人才支持，张荫棠指出，"今拟将藏事着实经营，需材甚伙。尤必取有专门学识之人，方能各举其事"，但"西藏道路险远，差况瘠苦，随员每多裹足"。为此，他提出"凡需用各

---

① 关于清代西藏地方行政制度，参见周伟洲《清代西藏的地方行政建制研究》，载《中国边疆史地研究》2012年第4期。
② 张荫棠：《奏复西藏情形并善后事宜折》，见吴丰培编辑《清代藏事奏牍·张荫棠驻藏奏稿》，中国藏学出版社1994年版，第1401页。

员,皆当妙选通材,劝以重禄"。① 其四,藏族官员同样"官俸优给",这是十分重要的。一方面,张荫棠主张藏族文武官员"均宜由我优给月薪",并进一步提出:"诚能优予月俸,必将就我范围,乐为我用。藏民素苦营官鱼肉,倘易以廉惠之吏,更如风草之偃,诚本此意,以善为经理,全藏政权均将潜移于我掌握。"② 可见,张荫棠主张给藏族官员"优给官俸",着眼于"收回主权",是对西藏地方政府行政体制进行改革的重要前提和保障。另一方面,对藏族官员"官俸优给"可起到"以资激劝"的重要作用。面对各项改革急需大量人才的问题,张荫棠的一个重要措施是督饬西藏地方政府要唯才是举,他就此向噶厦强调,"至于用人,不拘一格,人材愈多,事愈易办",并具体推荐了"已革前任噶布伦布赖绷鲁领、卸任堪布青饶丹增能珠、大招卸任商卓特巴小堪布降巴曲桑"等一批"更事较多,阅历较深"之人;但"藏官岁俸微薄",而"现在各事派令襄办",要调动他们的积极性,就必须"官俸优给","以资激劝"。据张荫棠预算,"噶布伦戴琫等各藏官廉薪","计岁需十二万"。③

此外,为切实加强新的行部大臣的权力,张荫棠还制定了与行部大臣制度配套的财政制度改革规划,本章经济改革一节将予以专门讨论。

综上,清末张荫棠西藏行政体制改革方案的总体目标是设西藏行部大臣以"总制全藏",主要内容包括:①废止驻藏大臣制度,"特简亲贵为西藏行部大臣,以崇体制而重事权";②行部大臣之下设左右参赞、左右参议;③行部大臣署内设"九局",即交涉局、巡警局、督练局、盐茶局、财政局、工商局、路矿局、学务局、农务局;④地方一级职官先按"每有番官之地设一汉官"的原则,设巡警局、裁判局等,逐步改革传统的宗豁制,最终建立州县制(见图 3-1)。这一改革方案的总体思路是逐步改革噶厦,同时实施"政教分离",最终将"二元"权力结构整合为行部大臣"总制全藏"的"一元"化的权力结构。这一方案,不仅废止了沿袭 180 多年的驻藏大臣制度,同时具有打破西藏地方长期以来实行的政教合一的封建农奴制的重要意义。由于西藏政教合一的封建农奴制一时难以骤改,张荫棠采取了饬立"九局",再委任噶厦核心成员为"九局"职掌,归行部大臣节制的策略,实际上是以平稳的方式

---

① 张荫棠:《上外部条议筹办藏政经费说帖》,见吴丰培编辑《清代藏事奏牍·张荫棠驻藏奏稿》,中国藏学出版社 1994 年版,第 1449 页。

② 张荫棠:《奏复西藏情形并善后事宜折》,见吴丰培编辑《清代藏事奏牍·张荫棠驻藏奏稿》,中国藏学出版社 1994 年版,第 1397 页。

③ 张荫棠:《译行商上暨札噶厦劝令速办九局事宜》,见吴丰培编辑《清代藏事奏牍·张荫棠驻藏奏稿》,中国藏学出版社 1994 年版,第 1371 页。

对噶厦逐步改革，体现出一定的策略性。就改革方案本身而言，废止驻藏大臣制度，逐步改革西藏地方政教合一的封建农奴制，建立以设西藏行部大臣"总制全藏"的"一元"权力结构模式，这是对清朝治藏体制的重构。可以说，张荫棠以设西藏行部大臣"总制全藏"为核心的行政体制改革方案，是一套完整的、彻底的行政体制改革方案。第六章还将进一步探讨其行政体制改革方案实际是不求省治虚名，但具有省治的实质。

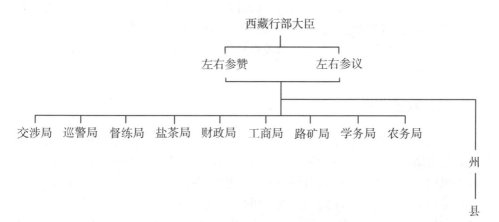

图3-1 张荫棠西藏行政体制改革规划简图

尽管张荫棠的改革方案存在囿于封建制度，且对地方一级行政体制的改革规划仅是提出了设州县的大体目标，未有详细规划等不足；但总体而言，其规划的权力结构"一元"化的行部大臣制度，是其"收回政权"改革目标的核心，具有抵御侵略、加强中央政府对藏主权与治权重要现实意义；同时，对与时代发展格格不入的西藏地方政教合一的封建农奴制进行改革，符合20世纪初的时代发展潮流，具有进步意义。此外，张荫棠围绕西藏行政体制改革，在当时就提出的"万里戍边，非优给养廉公费，无以激励廉能"等论断，至今仍不失现实意义。

然而，张荫棠的行政体制改革方案在落实上面临巨大困难，不仅清政府缺乏支持此一重大改革的实力和勇气，以十三世达赖喇嘛为首的西藏地方上层部分人士更是反对。张荫棠离藏前，除作为关键一环的"九局"得以设立外，其他行政体制措施尚未深入推行。张荫棠离藏后，联豫仅对驻藏大臣制度进行了不彻底的改革，至于张荫棠推进行政体制改革所倚重的"九局"方案则未能深入推行。与此同时，张荫棠所倚重的代理摄政洛桑坚赞，则在十三世达赖喇嘛回藏后大权旁落，难以发挥作用。清廷急于加强对藏主权与治权，自然十分重视张荫棠的行政体制改革方案，进行了反复筹议，但就在与此紧密相关的西藏改设行省问题上还议而未决之时，清朝就为辛亥革命所推翻。

清代西藏地方的行政体制是清朝在治理西藏的过程中逐步摸索形成并不断完善的，对清朝有效治藏发挥了积极的历史作用。清末，具有维新意识的张荫棠在近代民族国家理念的驱使下规划实施的西藏行政体制改革，是对清朝传统的治藏权力结构与时俱进的重构。在清朝覆灭、民国肇立的历史大转折中，张荫棠试图为建立"一元"化的治藏权力体系所做的努力，具有打破西藏根深蒂固的政教合一的封建农奴制的意义，为后世西藏政治制度的变革奠定了一定的基础，亦为西藏地方与中央政府关系从王朝时代向现代主权国家时代的过渡迈出了重要一步。

二、政教分离

清代西藏地方政教合一制度，是清朝中央政府根据西藏历史发展中政治与宗教紧密结合的特点主导确立的，其核心是宗教领袖兼具世俗政治权力，以及政府机构人员由僧官与俗官共同组成。一般认为，乾隆十六年（1751），清朝在平定珠尔默特那木札勒之乱后颁行的《酌定西藏善后章程十三条》中正式授权七世达赖喇嘛掌理西藏行政事务，标志着西藏地方政教合一制度的形成。① 总体而言，在清朝前期，西藏地方政教合一制度对清朝治藏发挥了积极作用，清廷通过大力扶持格鲁派，借助佛法社会秩序理念以维持西藏社会稳定的治藏方略是成功的。然而，晚清以降，随着清王朝的衰落，西藏地方政教合一制度的弊端日益突出。前文论及晚清时期西藏政教上层统治集团内讧不断，致使政局动荡。此外，西藏政教合一的封建农奴制的日益腐朽，不仅成了社会发展的枷锁，也对清朝在藏施政造成了越来越大的阻碍。而俄国、英国等以各种手段利诱拉拢十三世达赖喇嘛与九世班禅，企图利用他们的宗教影响与地位，达到侵略西藏的目的，这使得宗教领袖参与政治的弊端更加凸显。正如兰姆所言，西藏政教合一体制的保守性，成了"20世纪清朝的西藏政策遇到的最大障碍"②。

有鉴于宗教领袖参与政治的弊端，清末"筹藏"呼声中，就有推行政教分离的提议。1902年《政艺通报》刊载了南方某督抚的筹藏建言，提议将西

---

① 关于清代西藏政教合一制度正式确立的时间，学界多持"七世达赖喇嘛时期说"，但也有"五世达赖喇嘛时期说"，此处暂取前者。

② ［英］阿拉斯泰尔·兰姆著，梁俊艳译，张云校：《中印涉藏关系史（1904—1914）——以"麦克马洪线"问题为中心》，社会科学文献出版社2017年版，第147页。

藏分成六大行政区，各置巡督官，"喇嘛担任巡督官后，与宗教分离"①。1905年《东方杂志》刊载的一份筹藏建言也提议"达赖仅掌宗教事务权"②。可见，实行"政教分离"已是清末有识之士"筹藏"的一个共识。张荫棠曾出使欧美，深谙世界形势，抑或他已洞悉到政教合一与时代发展格格不入，而"宗教的归宗教、政治的归政治"的政教分离原则必然成为时代潮流。总之，西藏政教合一制度的弊端、政教分离思想的影响以及抵制侵略、维护国家主权的现实需要等，促使张荫棠在筹划其以"收回政权"为核心的全面藏事改革时，逐渐形成了政教分离的改革思想。

具体而言，张荫棠之所以形成政教分离的改革思想，主要原因在于：英国、俄国等企图利用十三世达赖喇嘛、九世班禅的地位与影响达到其侵藏目的。1906年秋，英国"诱骗"九世班禅至印度，加紧拉拢，扬言"劝令班禅请英保护，拒绝达赖，以图独立"③。当时张荫棠正在印度与英方谈判，对此洞察至深，同时他对俄国加紧拉拢十三世达赖喇嘛亦密切关注。在反侵略斗争的现实需要下，实行政教分离正是挫败他们侵略野心的直接有效措施。为此，在奏请整顿藏事、奏陈初步治藏意见的《致外部电请速整顿藏政收回政权》《致外部丞参函详陈英谋藏阴谋及治藏政策》两折中，张荫棠就提出了政教分离的大体性意见。前折提出："拟请奏简贵胄总制全藏，……所有一切内政外交，均由我国派员经理，并次第举行现办新政，收回治权。其达赖班禅等，使为藏中主教，不令干预政治。"④ 这是针对英国加紧拉拢九世班禅，欲以"班禅取代达赖以图独立"的侵略行径提出的。其中"使为藏中主教"充分照顾到达赖与班禅的宗教领袖地位；"不令干预政治"明显出于抵御侵略的现实需要，但尚未提出政教分离的具体措施。随后在《致外部丞参函详陈英谋藏阴谋及治藏政策》一折中，张荫棠进一步提出：

> 将达赖班禅优加封号，尊为藏中教主。所有内政外交以及一切新政，由国家简员经理，恩威并用，使藏人实信国家权力深有可恃，则依仗之心

---

① 《新定统治西藏制度》，见《政艺通报》壬寅第二十一期，1902年12月30日（光绪二十八年十二月初一日）。
② 《筹藏论》，见《东方杂志》1905年第2卷第10期。
③ 张荫棠：《致外部丞参函详陈英谋藏阴谋及治藏政策》，见吴丰培编辑《清代藏事奏牍·张荫棠驻藏奏稿》，中国藏学出版社1994年版，第1306页。
④ 张荫棠：《致外部电请速整顿藏政收回政权》，见吴丰培编辑《清代藏事奏牍·张荫棠驻藏奏稿》，中国藏学出版社1994年版，第1304页。

益坚，又何敢再萌异志？①

此折中强调政教分离的出发点仍是抵制英国、俄国等的侵略行径，维护中央政府对藏主权。其中对"不令干预政治"的措施，虽也提出了一切新政"由国家简员经理"，不给十三世达赖喇嘛、九世班禅等萌"异志"的机会，但仍不够具体。

奏呈以上二折后，清廷派张荫棠前往西藏"查办事件"，由是从根本上加强中央政府对藏主权与治权成了他的重要使命。在张荫棠看来，达赖与班禅两大活佛系统的矛盾、驻藏大臣办事受到掣肘，尤其是有泰与十三世达赖喇嘛矛盾激化，以致中央政府在藏权威严重受损等，都是宗教领袖参与政治导致的。因此，政教分离是其"收回政权"，即以加强中央政府对藏主权与治权为核心的全面藏事改革的重要内容。

基于对政教分离重要性的深刻认识，张荫棠在其初步的藏事改革方案"十九条"中，首条内容即为政教分离：

> 拟达赖班禅优给封号，厚给岁俸，……照旧制复立藏王体制，视达赖专管商上事，而以汉官监之。②

此中"照旧制复立藏王体制"，系指复立颇罗鼐时期的郡王体制。十三世达赖喇嘛出走内地之前，委任甘丹池巴洛桑坚赞为代理摄政，张荫棠认为此人"老道持重"，多次奏请以其"暂行"十三世达赖喇嘛的世俗权力。结合行政体制改革方案看，张荫棠当时的考虑当是通过提高洛桑坚赞的权力，逐步将十三世达赖喇嘛的世俗权力剥离，令其"专管商上事"，即宗教事务，并且"以汉官监之"。在当时十三世达赖喇嘛"威服全藏，莫敢有违"的形势下，难以直接实现"不令干预政治"，而先由洛桑坚赞"暂行"其世俗权力，平稳过渡后再进一步深入推行，无疑可在一定程度上减少实行政教分离的阻力，体现了一定的策略性。

光绪三十三年（1907）十一月，张荫棠对政教分离的酝酿，以及行政体制改革等其他各项改革方案的筹划业已成熟，奏呈了其全面藏事改革大纲

---

① 张荫棠：《致外部丞参函详陈英谋藏阴谋及治藏政策》，见吴丰培编辑《清代藏事奏牍·张荫棠驻藏奏稿》，中国藏学出版社1994年版，第1306页。

② 张荫棠：《致外部电陈治藏刍议》，见吴丰培编辑《清代藏事奏牍·张荫棠驻藏奏稿》，中国藏学出版社1994年版，第1328页。

"十六条"。其中第一条主要内容为:

> 拟设西藏行部大臣,以崇体制而重事权也。……百年以来驻藏大臣久已放失政权,非改革官制不足以耸观听。拟将驻藏大臣、帮办大臣两缺裁撤,改设行部大臣,……所有达赖班禅等均归节制,以重事权而定主国名义。

第二条主要内容为:

> 政权宜收回也。达赖班禅拟请赏加封号,优给厚糈,专理黄红教事务。……①

较之"十九条"中的规划,"十六条"中将其中"视达赖专管商上事"明确为"专理宗教事务";将"以汉官监之"明确为"所有达赖、班禅等均归（行部大臣）节制,以重事权而定主国名义"。

由上可知,张荫棠政教分离的原则与具体措施为:其一,政教分离的前提是"教宜保旧",即对达赖、班禅等宗教领袖"优加封号""厚给岁俸",确保他们享有宗教权力,在遵循历史传统的基础上,充分照顾了达赖、班禅等的宗教地位及影响。这一点,张荫棠在给西藏地方的"离别赠言"中讲得十分清楚:"要而言之,今日之西藏,教宜保旧,而政必维新。"② 这相当于为减少西藏地方对政教分离的反对而做出的一项重要承诺。其二,政教分离的具体措施是与行政体制的改革相辅相成的。要实现政教分离,必须对达赖、班禅等僧侣的世俗权力重新安排,这就需要通过行政体制改革来实现。这一点,前述行政体制改革方案,实际已经明确他们的世俗权力由行部大臣权力体系来行使。其三,实行政教分离后,宗教领袖要接受行部大臣的节制,宗教服从政治,这就要打破乾隆五十八年（1793）《钦定藏内善后章程二十九条》中,驻藏大臣与达赖喇嘛"地位平等"的规定,代之以"所有达赖、班禅等均归（行部大臣）节制,以重事权而定主国名义"。其四,张荫棠筹划政教分离看似将焦点主要集中于达赖、班禅等宗教领袖身上,未明确西藏地方政府政治与宗教功能的分

---

① 张荫棠:《奏复西藏情形并善后事宜折》,见吴丰培编辑《清代藏事奏牍·张荫棠驻藏奏稿》,中国藏学出版社 1994 年版,第 1397–1398 页。

② 张荫棠:《译行商上暨札噶厦劝令速办九局事宜》,见吴丰培编辑《清代藏事奏牍·张荫棠驻藏奏稿》,中国藏学出版社 1994 年版,第 1371 页。

离，但前述其规划的行部大臣权力体系是不涉及宗教的，即从权力结构上实现了政治与宗教功能的分离。总体来看，就政教分离方案本身而言，张荫棠充分关照了达赖、班禅的宗教地位，并与行政体制改革相辅相成，从而体现出一定的稳妥性、可行性。

兰姆指出："1906年，抵达西藏之后，张荫棠便开始对西藏政府体系实行世俗化改革，创立了世俗政府委员会，以取代达赖喇嘛封建体系的无政府主义。"① 兰姆所说的世俗化改革，实际指饬立"九局"等行政体制改革，即其注意到了张荫棠通过行政体制改革逐步实现政教分离的用意。兰姆的研究所用资料主要为英国的档案，可见，就连英印方面也注意到张荫棠为实现西藏地方政教分离所做的努力。然而，对张荫棠而言，西藏地方政教合一的传统根深蒂固，一时难以骤改，但十三世达赖喇嘛出走内地，又对其推行改革减少了一些干扰。可以说，十三世达赖喇嘛出走内地后，张荫棠始终坚持"（达赖）暂缓回藏"及请旨令其入京觐见的意见，都是为"不令干预政治"而做出的努力。

光绪三十四年（1908）九月至十一月，十三世达赖喇嘛入京觐见，在此期间，张荫棠已完成《中英藏印通商章程》的谈判，回到了北京，他奉旨"随时照料"，其间他就如何实现"不令干预政治"，继续向朝廷奏呈了一系列具体意见。

其一，将十三世达赖喇嘛"暂供于黄寺"，以为藏事改革创造机会，等通过改革"收回政权"后再令其回藏。他详细奏陈道：

> 现达赖已到北京，我羁留之固无不可。惟当此各国观听所集，稍著痕迹，恐滋议论，且伤藏人感情。计莫如奏请优加达赖封号，月给厚糈，似可藉考校经典为词，供养于黄寺。转瞬冬令，藏地大雪，小路被封，不能行走，须俟至明年三四月方可行走。一面迅饬藏臣，密筹布置，按照棠原奏，优给噶布伦戴琫薪俸，令其逐日到藏臣衙门筹办九局事宜，先从汉文学堂、巡警裁判入手，则政权归我掌握，达赖特为从属耳。收回政权，为保藏一定办法。……在办理者相机应变，不露形迹，无伤藏人之感情也。②

---

① ［英］阿拉斯泰尔·兰姆著，梁俊艳译，张云校：《中印涉藏关系史（1904—1914）——以"麦克马洪线"问题为中心》，社会科学文献出版社2017年版，第147页。

② 张荫棠：《上外部条陈招待达赖事宜说帖》，见吴丰培编辑《清代藏事奏牍·张荫棠驻藏奏稿》，中国藏学出版社1994年版，第1444页。

其二，变通陛见礼节，以示严肃。由于各国使臣对此次达赖陛见礼节"甚为注意"，为此，张荫棠奏请将陛见时"皇上起迎，赐达赖坐"等旧制予以变通，改为："皇上不必起迎，达赖跪拜后，起立奏封数语，即时宣退，以示严肃。俟陛见之后，或即恩赐谯享，再行赏座，或派新贵及蒙古王公陪享。"他认为这样既"不失优待之典"，又能从陛见礼节中向各国使臣宣示中国对西藏的主权。此外，要裁抑"王公大臣不请谒"的旧制，"当未陛见之先，应使人授意，令其拜谒邸枢"。对于朝旨要求其本人往见十三世达赖喇嘛，张荫棠更是重视有加。他指出："达赖自西宁所来照会，语意颇恭顺。棠在藏时，自噶勒丹池巴等来见，均以属员之礼。现闻藏僧到京，拘牵旧制，妄自尊大，若待之过优，虑日后藏臣更难办事，必折其骄蹇之气，乃能就我范围。"为此，他提出："棠往见达赖，当待以平行之礼。俾知棠官职之卑，与之平行，则层累而上者，益望若帝天，自甘臣仆。藏僧素性愚陋，或非出于骄蹇，而不晓中朝体制。似宜于十二日以前先见之，宣述朝廷威德及此次办理藏约之难，谕以执礼宜恭顺谦下，冀长承恩眷，庶知敛抑也。"① 以上张荫棠变通达赖陛见礼节的建议，意在突出达赖宗教身份，而淡化政治身份，实际是通过仪式宣示政教分离。

其三，加强代理摄政的权力。张荫棠多次奏请由代理摄政洛桑坚赞"暂行"达赖的世俗权力，其中就有"不令干预政治"的考虑。此次他进一步强调："达赖自去藏后，藏官公推噶勒丹池巴署理。现达赖一时未能回藏，可否请旨，即派噶勒丹池巴暂行署理达赖之位，以维藏心，且隐示我主权。"②

其四，陛见中将达赖以宗教领袖对待，尽量避免谈及政事。十三世达赖陛见之前，张荫棠专门奏请："如提及一切政务，拟奏请谕以汝是出家人，以清静为主，应遵守历辈达赖宗教，专理黄教事务，凡内政外交一切事宜，有驻藏大臣自能妥慎筹办。现下藏内大局已定，英兵亦已撤退，黄教可以无虑，汝其勉之。"③ 此中用意显然是尊重其宗教地位，但"不令干预政治"。

其五，优加封号、岁给厚糈。张荫棠"政教分离"的一个主导思想是对达赖、班禅等"优加封号、岁给厚糈，专理黄红教事务"。此次他专门请旨：

---

① 张荫棠：《上外部条陈招待达赖事宜说帖》，见吴丰培编辑《清代藏事奏牍·张荫棠驻藏奏稿》，中国藏学出版社1994年版，第1444–1445页。

② 张荫棠：《上外部条陈招待达赖事宜说帖》，见吴丰培编辑《清代藏事奏牍·张荫棠驻藏奏稿》，中国藏学出版社1994年版，第1445页。

③ 张荫棠：《上外部请预筹达赖提议瞻事及优加赏赍说帖》，见吴丰培编辑《清代藏事奏牍·张荫棠驻藏奏稿》，中国藏学出版社1994年版，第1445页。

"请赏加封号,优给岁俸。似宜从优岁给俸银二万两,以示优待。"① 在其大力推动下,清廷最终采纳了此一建议。十三世达赖喇嘛先后陛见慈禧太后、光绪皇帝后,光绪三十四年十月初十日(1908年11月3日),清廷下旨:

> 达赖喇嘛上月来京陛见,本日率徒祝嘏,备抒悃忱,殊堪嘉尚,允宜特加封号,以昭优异。达赖喇嘛业经循照从前旧制封为"西天大善自在佛",兹特加封为"诚顺赞化西天大善自在佛"。……并按年赏给廪饩银一万两,由四川藩库分季支发。……到藏以后,务当遵守主国之典章,奉扬中朝之信义,并化导番众,谨守法度,习为善良。所有事务依例报明驻藏大臣,随时转奏,恭候定夺,期使疆宇永保治安,僧俗悉除畛域,以无负朝廷护持黄教、绥靖边陲之至意,并著理藩部传知达赖喇嘛祇领钦遵。②

清廷在达赖喇嘛封号旧制前特加"诚顺赞化"四字,封十三世达赖喇嘛为"诚顺赞化西天大善自在佛",不仅是为其恢复了名号,更体现了"优加封号";同时,按年赏给"廪饩银一万两",确保了"岁给厚糈",这使张荫棠力促的"赏加封号,优给厚糈"得以实现,也即政教分离得以部分推进。

其六,请旨给予十三世达赖喇嘛有限的奏事权。对十三世达赖喇嘛觐见期间提出"直接奏事权"的请求,朝臣们有提议"历辈达赖向由藏臣转奏,照旧制不应准行";有提议"达赖本主黄教,关于教务之事应准其会奏,关于政务之事应不准其会奏,庶于允准之中仍寓限制之意";还有提议"如准达赖会奏,则达赖之权愈重,而驻藏大臣办事将更无权";等等。但张荫棠认为"达赖如请单衔具奏,固不可行;若但求得与驻藏大臣会奏,似于事实尚无妨碍"③,他详细奏陈:

> 何则,盖今之西藏情势异昔,拘牵旧制似非所宜。且政教糅杂,分之甚难,实不足以示限制。又查西藏政权从前原操诸驻藏大臣,今则久成守府,一切事权实握于达赖之手。今值其以是请,正可因势利导,藉以收回政权。盖既与驻藏大臣会奏,则西藏重大事件,达赖必待奏准始能施行,

---

① 张荫棠:《上外部请预筹达赖提议瞻事及优加赏赉说帖》,见吴丰培编辑《清代藏事奏牍·张荫棠驻藏奏稿》,中国藏学出版社1994年版,第1445页。
② 《清实录·德宗实录》卷五九七,光绪三十四年十月壬戌。
③ 张荫棠:《上外部请准达赖会衔奏事说帖》,见吴丰培编辑《清代藏事奏牍·张荫棠驻藏奏稿》,中国藏学出版社1994年版,第1446页。

而凡所奏事项，驻藏大臣转得而签察之限制之。况准其会衔具奏，则非会衔不得单行具奏可知。凡藏臣见为事理不合者，可以不允其会衔，彼即不能具奏。即会奏之件，其准驳之权仍在政府。若有疑似，犹可交议，理藩部亦得而限制之。凡事须请朝旨，则主国之权益形坚固。按中英修订藏印通商章程，载有凡商务委员及地方官因意见难合，不能断定之事，请拉萨西藏大吏及印度政府核办等语。其拉萨西藏大吏即指达赖而言，是其权限之范围，于外交上大有影响。今若准其会衔具奏，则向称小僧者，应改为一体称臣，则达赖已甘居臣仆之列，于外交尤觉无妨。①

由上可见，针对十三世达赖喇嘛要求的"直接奏事权"，张荫棠本着因势利导的原则，主张给予其与驻藏大员联衔会奏这一有限的"奏事权"。他认为准其联衔会奏，一方面，彰显中央政府对藏主权"益形坚固"；另一方面，会奏可使达赖喇嘛由"向称小僧"改为"一体称臣"，这是其"甘居臣仆之列"的体现，有利于在对外事务中宣示中国对藏主权。张荫棠坚持给予十三世达赖喇嘛有限的"奏事权"有多方面的考虑，从实现政教分离的角度观之，给予有限的"奏事权"着眼于收回其世俗权力，"一给一收"是为了减少十三世达赖喇嘛对实行政教分离的抗阻。然而，由上引敕封十三世达赖喇嘛的朝旨中的"所有事依例报明驻藏大臣，随时转奏"可知，清廷没有同意其"直接奏事权"的请求，这无疑引起了十三世达赖喇嘛对清廷一定程度上的不满，从而增加了对政教分离的抗阻。

由上可见，张荫棠政教分离的一个重要原则是"教宜保旧，而政必维新"。他为政教分离所做的努力是多措并举的，从中可见其推进思路是，"教"的方面遵循历史定制，将达赖喇嘛与班禅额尔德尼"尊为藏中教主"，使其"专理宗教事务"，并"优加封号""厚给岁俸"，充分尊重他们的宗教领袖身份；"政"的方面是建立以"收回政权"为核心的行部大臣体制，在此一新的治藏权力体系中，"不令干预政治"，即不再行使世俗权力，并且其宗教权力归行部大臣节制。张荫棠在推进政教分离上，促成了其中的"赏加封号，优给厚糈"，但作为关键环节的"不令干预政治"，因其所规划的行政体制改革没有完全实施，而未能深入推行。尽管如此，张荫棠为推进政教分离所做的努力，与有泰不顾十三世达赖喇嘛的特殊地位与影响，简单粗暴地请旨褫革其名号相比，无不体现出稳妥性和策略性。

---

① 张荫棠：《上外部请准达赖会衔奏事说帖》，见吴丰培编辑《清代藏事奏牍·张荫棠驻藏奏稿》，中国藏学出版社1994年版，第1446–1447页。

自张荫棠提出政教分离至十三世达赖喇嘛入京觐见，清廷对此虽未有明确态度，但十三世达赖喇嘛出走内地后，张荫棠奏请"暂缓回藏"、入京觐见及恢复名号等意见得到清廷采纳，而这些在张荫棠政教分离的思路中是至关重要的。十三世达赖喇嘛觐见期间，清廷虽否决了其所提的"直接奏事权"，但对"不令干预政治"仍未表示出明确的态度。后来随着形势的变化，清廷对张荫棠所力主的政教分离，在改与不改之间出现了反复。

据光绪三十四年十二月初十日（1909年1月1日）的《广益丛报》报道，政务处王大臣会议议定："现在整顿西藏政务，最注意者莫过于政权与教权之区分，亟宜奏请谕旨，将国初以来钦定之管理西藏各条例及唐古忒教律提出，与达赖从长计议，斟酌修改。务期划清权限，于政事、教务均有裨益。"① 宣统元年二月三十日（1909年3月21日）及三月二十日（4月29日）的《广益丛报》报道，清廷已令四川总督赵尔巽、川滇边务大臣赵尔丰"查照办理"，"妥筹划分权限办法，详细奏闻，以备饬各部及宪政、法律两馆会同酌议修订"。② 由此可见，清廷也有在西藏推行政教分离的考虑，并且随后已开始着手布置。

正当清廷开始行动之时，十三世达赖喇嘛由内地返回西藏后，与驻藏大臣联豫"不相能"，而川军入藏直接导致其出逃印度，使形势急转直下。宣统二年正月十六日（1910年2月25日），清廷应联豫之请下旨，"著即革去达赖喇嘛名号，以示惩处。嗣后无论逃往何处及是否回藏，均视为与齐民无异"，并下令联豫迅即访寻灵异幼子数人，"掣定作为前代达赖喇嘛之真正呼毕勒罕"。③ 此后，清廷连续下旨，催促联豫寻访转世灵童，强调"达赖喇嘛掌理教务，名位不可久虚"④，这些安排表明清廷仍有推行政教分离之意。但二月二十一日（3月31日），清廷下旨："藏地关系紧要，正宜示以镇静，勿遽更张……总之，（藏事）目下重在整顿而不重在改革，齐其政不易其宜，明其教不变其俗，此自来绥边之良策，即今日治藏之要图。"⑤ 这份朝旨反映出清廷似有否定刚刚着手推行的政教分离之意，然而随后又有反复筹议。据宣统二年

---

① 《议改管理西藏法律》，见《广益丛报》第一百九十二号（第六年第三十二期），1909年1月1日（光绪三十四年十二月初十日）。

② 《议改管理西藏法律》，见《广益丛报》第一百九十六号（第七年第四期），1909年3月21日（宣统元年二月三十日）；《饬妥议西藏政教权限》，见《广益丛报》第一百九十八号（第七年第六期），1909年4月29日（宣统元年三月二十日）。

③ 《宣统政纪》卷三〇，宣统二年正月辛酉。

④ 《宣统政纪》卷三一，宣统二年二月癸未。

⑤ 《宣统政纪》卷三二，宣统二年二月乙未。

四月二十一日《国风报》报道:

> 枢府近议,以现在西藏之呼毕勒罕已经选定,所有一切政教分权事宜,即须陆续措施,以立将来改建行省之基本。惟事务繁忙,应宽筹办法,以备抉择。现拟定办法四端:一为急进政体,一为缓急并用政体,一为政教分行政体,一为政教兼行政体,由政务处会同理藩部,详细覆核,再行决议。①

五月二十一日(1910年6月27日)的《国风报》报道:

> 自达赖喇嘛黜革后,政府屡议西藏政教分离问题,惟当时以各国之干涉,迄未决定。日来藏事稍平,枢廷议定乘达赖喇嘛更迭之时机,取决政教分离主义,以后凡关西藏一切教务,由新立之达赖专司其事,所有全藏之商务、外交,在西藏省治未设以前,悉由驻藏大臣随时禀承政府命令,相机处置,达赖不得越权干涉。刻已将关于西藏政教分离之条件,由外部照会驻京各公使,此后事无巨细,非经驻藏大臣禀商政府认可,概无效力。如遇有达赖私与外人缔结条约情事,中国政府一律不能承认。②

以上可见,清廷经过反复筹议后,最终还是下定了实施政教分离的决心,具体措施是趁十三世达赖喇嘛出逃之机,重新寻访前辈达赖喇嘛的转世灵童,另立为新的达赖喇嘛,并只准其专司宗教事务,不得干预政治。然而,十三世达赖喇嘛在西藏人民中影响广泛,另立达赖喇嘛有伤西藏人民的宗教情感,势必遭到西藏地方上下反对,因此清廷试图通过另立达赖喇嘛的方式为实施政教分离寻找突破口,是很难行得通的。实际上,在褫革十三世达赖喇嘛名号后,通过另立达赖的方式强行实现政教分离并非张荫棠的改革思路。

宣统三年正月十八日(1911年2月16日),清廷就联豫代为九世班禅请求开复十三世达赖喇嘛名号下旨:

> 现在达赖是否确系悔过安分自愿回藏?如班禅与达赖消除从前意见,

---

① 《预筹藏地政教分权办法》,见《国风报》第一年第十一期,1910年5月29日(宣统二年四月二十一日)。

② 《西藏政教分离之时机》,见《国风报》第一年第十四期,1910年6月27日(宣统二年五月二十一日)。

为彼求复职掌,似可趁此机会体察情形,酌量筹商。惟权限必须分明,只准管理教务,不准丝毫干预政权,一切均应从严限制,以杜后患。①

圣旨中不提另立新达赖喇嘛,而强调以恢复十三世达赖喇嘛的名号为条件,只准其专管宗教事务,表明清廷经过一番筹议,意识到通过另立达赖的方式强行实现政教分离是行不通的。此后不久,辛亥革命爆发,清廷焦头烂额,筹议政教分离便不了了之。

综上,清末张荫棠藏事改革期间奏请推行政教分离后,清廷对此态度虽有迟疑和反复,但直到清朝灭亡前夕,还是采纳了这一建议。清廷之所以迟疑反复,主要原因在于清廷虽已认识到了政教分离的必要性,但此一重大改革推行起来困难重重。首先,政教分离必然涉及与之紧密相关的行政体制改革,尤其是西藏改设行省,但此时清廷对于实行这些重大改革已力不从心。与之相关的是,前期清廷一直因势利导地借助西藏佛法社会秩序理念根深蒂固的传统,支持西藏地方的政教合一制度。② 如果实施政教分离,意味着治藏方略的重大转变,此时清廷难以突破传统、骤然改革相沿两百多年的定制。其次,政教分离遭到十三世达赖喇嘛等西藏政教上层坚决反对。再次,英国、俄国等外国侵略势力为达到侵藏目的,一直采取拉拢利用达赖、班禅等手段,对此事从中干涉阻扰。总之,晚清政府是无法实现西藏政教分离的。

美国学者梅·戈尔斯坦指出,"虽然从某种意义上说,宗教是西藏政治中的一种和谐的力量,但是它又是一种导致分裂和纷争的力量。各种宗教集团为了扩大自己的声势和影响,展开了激烈的竞争和角逐,他们在有关宗教利益的政策上不能达成一致意见,从而给20世纪的西藏历史带来了灾难"。③ 显然,就连西方学者也承认,张荫棠对西藏地方政教合一的封建农奴制的改革,是顺应历史潮流的,是构建近代国家秩序的必然要求。尽管清末张荫棠在其以加强中央政府对藏主权与治权为核心的全面藏事改革中,为推行政教分离所做的努力以失败告终,但在一定程度上冲击了西藏长期存在的政教合一制,具有积极

---

① 《宣统政纪》卷四八,宣统三年正月丁巳。
② 参见陈鹏辉《清代布达拉宫的历史人类学考察》,载《西藏大学学报》2015年第2期。
③ [美] 梅·戈尔斯坦著,杜永彬译:《喇嘛王国的覆灭》,中国藏学出版社2005年版,第3页。

的、进步的历史意义，为后世治藏提供了重要的思想资源。①

三、革除弊政

清末新政的指导性文件"江楚三折"明确提出去差役、恤刑狱等革除弊政的主张。有关西藏地方的弊政，光绪二十三年十二月十五日（1898年1月7日）《国闻汇编》刊登的一篇名为《论西藏弊政》的时论指出：

> 西藏国事自归达赖并四大呼图克图办理以来，外贩释迦之名，内行豺虎之毒，刻剥百姓，无恶不为，遇事推诿，绝不料理地方各事及案情等件，总以银钱为第一义，专为盘剥小民，其意以为只顾寺中富足，于土人死活不计及也。②

另据与张荫棠同时期的驻藏系统官员张其勤的《炉藏道里最新考》一书记载：

> 藏中富者，以达赖为最，次则各寺之呼图克图及大小番官，盖一得职官，则所属地方、不拘贫富，皆有贡献。而又藉事苛派，浮销肥己，贫民不聊生矣。③

由上，张荫棠藏事改革之时，腐朽的西藏地方政教合一的封建农奴制弊政丛生的状况可见一斑。按照清末新政中"革除弊政"的要求，结合西藏地方实际，张荫棠集中采取了"宽厚"刑罚、革除苛政以及加强官员队伍管理与廉能教育等革除弊政的具体措施。

其一，"宽厚"刑罚。张荫棠在"十九条"中就指出了"藏中差徭之重，

---

① 1959年3月28日，国务院发布《关于解散西藏地方政府由西藏自治区筹备委员会行使西藏地方政府职权的命令》，彻底废除了西藏政教合一的封建农奴制度，真正实现了"宗教的归宗教、政治的归政治"的政教分离原则，翻身当家做主的广大农奴享受到了宪法和法律所保护的宗教信仰自由。实践证明，晚清政府以及民国历届政府是不可能实现西藏政教分离的，只有在中国共产党领导下，西藏才能建立起政教分离这一顺应历史发展潮流的现代政治秩序。

② 《论西藏弊政》，见《国闻汇编》第四册，光绪二十三年十二月十五日（1898年1月7日）。

③ 〔清〕张其勤撰，〔清〕联豫补记：《炉藏道里最新考》，见吴丰培辑《川藏游踪汇编》，四川民族出版社1985年版，第407页。

刑罚之苛,甲于五洲"的弊政,并明确提出"应一律革除,以苏民困"。① 随后,他逐步提出了具体改革措施。在征询西藏地方上层意见的"二十四条"中,张荫棠就革除弊政训诫西藏地方上层:"倘仍虚娇谬妄,贪黩残刻,罔恤民艰,本大臣执法如山,唯以军法从事,决不庇纵,勿谓本大臣不教而诛也",随即就如何"宽厚"刑罚向西藏地方上层指出:

> 藏中刑罚惨酷,动辄抄家灭产,自应查照大清律例,酌定宽厚简易之法。应如何分设中高初等裁判所,以平讼狱。②

西藏地方上层经讨论后,给出的意见是:

> 西藏番刑,昔日迭经各贤王定明,凡杀毙、伤人、偷窃三项,唯视犯事大小,以定轻重惩罚。至于杀人,无论何国,其罪最重。虽应抵偿,但西藏系属佛地,凡遇杀人案件,应确查其人存心极恶,情罪最重人等,向规即将其人治以死罪。其余出手杀人凶手,并未定以死罪,将其人重加责惩,饬交命价,俾作善事。此外若有违犯法度重犯,由商上查抄家产,酌定惩罚,并无不分罪过轻重以微事由商上即行抄家之事。此后必蒙鉴照。所谓管刑裁判,若有书籍,应即译成藏文,大众会议再行禀复。③

"藏众答词"所说的"迭经各贤王定明"的法律,至少包括17世纪藏巴汗噶玛丹迥旺布时期制定的《十六法典》与五世达赖喇嘛时期制定的《十三法典》等,一般认为后者是参照前者制定的。孙镇平指出,《十三法典》"刑名较少,刑罚较为严酷、繁多,死刑有弃崖、溺水;肉刑有剜眼、刖膝、剁肢、割舌、鞭笞、拷枷;财产刑有罚锾、给付命价、赔礼费、退赃、赔偿金等"④。关于刑罚的执行,据《西藏图考》载:

> 西藏相沿番例三本,计四十一条,所载刑法甚酷。大诏(即大昭寺)

---

① 张荫棠:《致外部电陈治藏刍议》,见吴丰培编辑《清代藏事奏牍·张荫棠驻藏奏稿》,中国藏学出版社1994年版,第1329页。
② 张荫棠:《传谕藏众善后问题二十四条》,见吴丰培编辑《清代藏事奏牍·张荫棠驻藏奏稿》,中国藏学出版社1994年版,第1334-1336页。
③ 张荫棠:《传谕藏众善后问题二十四条·附录藏众答词》,见吴丰培编辑《清代藏事奏牍·张荫棠驻藏奏稿》,中国藏学出版社1994年版,第1340页。
④ 孙镇平:《清代西藏法制研究》,知识产权出版社2004年版,第394页。

旁有黑房数间拘挛罪人，犯法者不论罪之轻重，皆禁于内，用绳缚四肢，以待援法。……凡犯重罪，先以绳缚之，挞以皮鞭，复浸于水，逾时再挞，如是者三。然后询其辞，如讳，则以沸油浇其胸，利刃裂其肉。……其刑罚惨酷，殆未之闻。①

另据上引名为《论西藏弊政》的时论揭露：

番官遇有土人犯法之事，即按家之贫富照罚银钱若干，或抄其家，或严加治罪，若人命杀伤等案，罪分轻重，轻用银若干可免，谓死者不能复生，办之无益，不如罚银，以故富家杀人遂为小事，其罚黄金有上中下三等，上等罪轻者罚黄金二三十两，中等罚五六十两，下等罚二三百两，其贫苦无金可罚者或挖其目，然后掷其人于河，或割去手足指头，以沥其血，或带长枷脚镣，用不开除，除死方已，种种非刑，毫无人理。②

总之，作为维护农奴主阶级利益工具的刑罚是极其惨酷的。张荫棠结合时局指出："西藏交通日繁，英印往来内地，交涉横生，裁判之权，万难处于平等地位。英官尝谓藏人野蛮，遇有讼事，不问曲直，半属藏人吃亏，而英人常得道遥法外，殊失持平之道。"于是，"拟将藏地旧日刑律一律蠲除，参用中西法律，务期逐渐改良，以达保持治外法权之目的"。③当时清政府正参酌西方近代法律改良《大清律例》，张荫棠要求西藏地方查照《大清律例》，"酌定宽厚简易之法"。然而，从代表农奴主阶级利益的西藏地方上层的"藏众答词"中不难看出其推诿之意。同时，见于张荫棠改良西藏法律困难重重，英使声言："中国如能将西藏刑律改良，英政府允将治外法权收回。"显然，英方认为改良西藏法律是难以成功的。面对英方的讽刺，张荫棠"务请将新律渐次改善，推及西藏"。时论就此指出："中国苟能改良刑律，大举警政，以公理争之，各国自当一律收回治外法权。岂独英人？岂独英人之于西藏！"④最终，因张荫棠离藏，其改良西藏法律的尝试收效不大，但其从改良法律方面

---

① 〔清〕黄沛翘：《西藏图考》，见《西藏研究》编辑部编《〈西招图略〉〈西藏图考〉合刊》，西藏人民出版社1982年版，第188页。

② 《论西藏弊政》，见《国闻汇编》第四册，1898年1月7日（光绪二十三年十二月十五日）。

③ 《外交近事》，见《广益丛报》第一百五十四号（第五年第二十六期），1907年12月4日（光绪三十三年十月二十九日）。

④ 《改良藏律之希望》，见《振华五日大事记》第三十八期，1907年10月16日（光绪三十三年九月初十日）。

革除弊政的本意值得肯定。

其二，革除苛政。西藏地方名目繁多的乌拉杂役（农奴为官府或农奴主所服的劳役）是压在广大农奴身上的一座沉重的大山。《卫藏通志》载：

> （乾隆六十年）唐古忒百姓本来穷苦，百姓内除出花亡故外，又因差事繁多，逃散甚众。……查百姓逃散之故，原因乌拉、牛马、人夫、柴草、饭食费用繁多，以致逃散。①

可见，乾隆末年，广大农奴因不堪忍受繁重的乌拉杂役而逃亡的情况十分严重。为此，在乾隆六十年（1751）抚恤天下之际，朝廷下旨"永远免派割草扫地乌拉银两，以抒民力"②。此次抚恤虽然缓解了一时民困，但不可能阻止西藏三大领主对广大农奴的盘剥压榨。晚清时期，随着政教合一的封建农奴制日益腐朽，三大领主巧立名目，规定的乌拉杂役进一步增多，对广大农奴的盘剥达到了"敲骨吸髓"的惊人程度。据统计，"西藏噶厦制定和征收的差税达200多种"③。为革除苛政，"以苏民困"，张荫棠向西藏地方上层提出"扰民之苛政，应一律革除"，并提出设立"乌拉公司"等改革措施。他具体指出：

> 藏官来往，责民间供应乌拉夫马，实属扰民之苛政，应一律革除。或招商于拉萨、江孜、扎什伦布设立乌拉公司。应如何明定章程，按日照给市价，以苏民困。④

西藏地方上层讨论后，给出的意见是：

> 查此事并非仅番边官员，尚有汉边官兵。廓、布、拉达克、各蒙古，以及商上各公所。应进差徭，如甲薪欧三项，并其余差赋、炉茶、呈进大

---

① 〔清〕松筠：《卫藏通志》卷十四《抚恤》，见吴丰培整理《〈西藏志〉〈卫藏通志〉合刊》，西藏人民出版社，1982年，第454－455页。
② 〔清〕松筠：《卫藏通志》卷十四下《抚恤下》，见吴丰培整理《〈西藏志〉〈卫藏通志〉合刊》，西藏人民出版社1982年版，第486－487页。
③ 郝时远：《旧西藏：西方的记录与失意的想象》，见西藏民族学院编《藏族历史与文化论文集》，西藏人民出版社2009年版，第2页。
④ 张荫棠：《传谕藏众善后问题二十四条》，见吴丰培编辑《清代藏事奏牍·张荫棠驻藏奏稿》，中国藏学出版社1994年版，第1336页。

皇帝贡品等差，供应马牛人夫三项，宿站铺垫柴草各项，均归百姓预备，支应一切，甚为繁多。若能定章，嗣后免其供备之时，虽与百姓生计裨益甚巨，但日久相沿之事，一旦革除，筹画甚觉繁琐。刻下将如何办理方资裨益之处，实难上陈。日昨公所替身前往面陈事件，随奉示谕马牛乌拉一事，当由此间传示，尔等不必为难，询属感佩。俟奉训谕，再将地方向来情形陆续禀闻。①

从西藏地方上层所答"（乌拉）日久相沿之事，一旦革除，筹画甚觉繁琐"来看，农奴主阶级是不甘心失去既得利益的，所以极力反对改革乌拉杂役。尽管面临重重阻力，张荫棠还是尽一切可能推行此项改革，如规定："不准汉藏官供应、报销一文，一切乌拉饮食草料等物，皆照市价从优发给，以市民心。"② 这些措施赢得了"藏民欢声如雷"③ 的称赞，足见革除乌拉杂役是民心所向。

其三，加强官员队伍管理。在整饬吏治、惩处腐败的基础上，张荫棠进一步采取了一系列倡导廉政、预防弊政的改革措施。

一是核查官员的任职、薪俸等情况，以便加强监管。在"二十四条"中，张荫棠要求"全藏文武大小藏官共若干员，如何分地而治，某官每年租俸出息若干，各处喇嘛寺地租若干，僧徒若干，一一详报，以备查核"。噶厦按要求递呈了官员花名册、租俸庄田清单等，这就便利了对各级官员的监管。

二是各级官员"优给官俸"，以预防弊政滋生。张荫棠指出"西藏向以番营官管理地方职任，如内地州县官，率皆卑鄙贪酷，民不聊生"，并进一步认为"番官薪俸素薄，几不自给，半多卑琐"是滋生弊政的一大原因，为此他主张"非优给养廉公费，无以激励廉能"。④ 这一主张无疑反映出"高薪养廉"的改革思想。

三是对西藏地方官员进行"廉能"教育。张荫棠十分注意利用各种机会对西藏地方官员进行"廉能"教育，在即将奉调离藏之时，他一面专门致函

---

① 张荫棠：《传谕藏众善后问题二十四条·附录藏众答词》，见吴丰培编辑《清代藏事奏牍·张荫棠驻藏奏稿》，中国藏学出版社1994年版，第1340页。

② 张荫棠：《致外部丞参函述筹议详情及参劾番官原委》，见吴丰培编辑《清代藏事奏牍·张荫棠驻藏奏稿》，中国藏学出版社1994年版，第1361页。

③ 张荫棠：《致外部丞参函述筹议详情及参劾番官原委》，见吴丰培编辑《清代藏事奏牍·张荫棠驻藏奏稿》，中国藏学出版社1994年版，第1361页。

④ 张荫棠：《奏复西藏情形并善后事宜折》，见吴丰培编辑《清代藏事奏牍·张荫棠驻藏奏稿》，中国藏学出版社1994年版，第1397—1398、1401页。

代理摄政洛桑坚赞，向其指出"西藏政治疲敝极矣，非一切改良，不能争雄于天演物竞时代，识时务者当能早见及此也"①，以此敦勉其切实"改良政治"；一面勉励各级僧俗官员道："做官者不顾身家，以为百姓办事，为民者同心协力，以赴公家之急。庶西藏蒸蒸日上，驯致富强，足与环球各大国争衡，大皇帝亦可稍纾西顾之忧，佛教日见昌隆之势，亦不枉本大臣一场苦心也。"② 此番对西藏僧俗官员的敦勉显然具有革除弊政的意义。

此外，张荫棠整饬吏治、制定"前藏粮台暂拟善后办法"以及创办西藏巡警等亦具有革除弊政的意义。尽管革除弊政阻力重重，但张荫棠以上革除弊政的措施是饱受三大领主剥削压迫的农奴阶级所期盼的，具有积极的历史意义。

综上，清末张荫棠藏事改革中的政治改革，主要内容涉及紧密相连的行政体制改革、政教分离以及革除弊政三大方面，尤其是行政体制改革与政教分离两者相辅相成。张荫棠始终认为，"盖政权不收回，藏事无从经理，亦难杜强邻口实"，换句话说，"收回政权"是解决晚清以来一切问题的关键。他从抵制侵略、加强西藏地方与中央政府关系的现实需要出发，以"总制全藏"为总体改革目标，所筹划的"一元"化权力结构改革方案，是继乾隆五十八年（1793）颁行《钦定藏内善后章程二十九条》之后，清朝最为深刻的西藏行政体制改革方案。此改革方案事关重大，从而面临巨大困难。当时就有人担心"收回政权，藏官恐滋反抗，致酿第巴桑结、朱尔默特之乱"③，这是清朝国力衰微所致，而不应因此否定方案本身的价值。后世有论者认为张荫棠的政治改革没有触及西藏政教合一的封建农奴制，进而认为这是改革不成功的主要原因之一，实际上是对其改革寄予了过高的期望。尽管张荫棠离藏后，其政治改革规划没有被深入推行，但其通过饬立"九局"以平稳的方式对噶厦进行逐步改革，以及策略性地实施政教分离，是改革西藏政教合一的封建农奴制的一次有益尝试。同时，张荫棠的政治改革方案体现出传统皇权体制下的"藩属"治理理念向近代主权国家边疆治理理念转变的积极意义，对后世治藏不失借鉴作用。

---

① 张荫棠：《复噶勒丹池巴函饬改良政治》，见吴丰培编辑《清代藏事奏牍·张荫棠驻藏奏稿》，中国藏学出版社1994年版，第1420–1421页。

② 张荫棠：《谕全藏僧俗官民筹办要政亟图自强》，见吴丰培编辑《清代藏事奏牍·张荫棠驻藏奏稿》，中国藏学出版社1994年版，第1373页。

③ 张荫棠：《奏复西藏情形并善后事宜折》，见吴丰培编辑《清代藏事奏牍·张荫棠驻藏奏稿》，中国藏学出版社1994年版，第1397页。

第二节 经济改革

庚子之役后,在全面危机的刺激与清末新政的直接助推下,"实业救国"成了一股强劲的救亡图存思潮,对近代中国经济社会发展产生了深远影响。张荫棠的西藏经济改革思想无疑受此影响,而清末新政中与"振兴农工商业"相关的政策则为其提供了直接依据。康欣平从振兴实业思想、对外商战思想及币制改革思想三个方面探析张荫棠的经济改革思想,认为其经济思想虽然在现实层面贯彻得很不理想,甚至有些思想不现实不准确,但对西藏此后的经济变革具有重要的借鉴意义,在西藏近代发展史上具有"开风气之先"的历史作用。① 张荫棠经济改革的主要内容涉及农牧业、工商业、路矿业、盐茶业与金融业等领域,以下分别予以探讨。

一、农牧业

农业、畜牧业是西藏传统经济的重要支柱。然而,由于自然、人文等种种原因,西藏农业虽然经历了漫长岁月的发展,但长期以来生产技术落后,"二牛抬杠"的耕作方式无大的改变,广种薄收。畜牧业中,畜产品的收获与加工均靠传统的手工操作,一般只借助简单的生产工具(刀、酥油桶等)或直接用手(如抓绒)进行,劳动强度大,生产效率低。② 总之,直到清末,西藏自给自足的自然经济长期占主导地位。清末新政的纲领性文件"江楚三折"中,就发展农业方面强调:"近年工商皆间有进益,惟农事最疲,有退无进","近日欲图本富,首在修农政"。③ 受此影响,并结合西藏农牧业生产力水平低下的实际,张荫棠在全面藏事改革中逐渐形成了农牧业改革思想。

张荫棠首先就如何发展农牧业向西藏地方上层征询意见:

> 藏地未开垦者甚多,某地宜种植,某地宜畜牧,亟应讲求。其出口货

---

① 康欣平:《张荫棠筹藏时期的经济思想》,载《西藏大学学报》2009年第1期。
② 多杰才旦:《西藏封建农奴制社会形态》,中国藏学出版社2005年版,第20、58页。
③ 〔清〕张之洞:《遵旨筹议变法谨采用西法十一条折》,见《张文襄公全集》卷五四。

以羊毛、牛皮、大黄、麝香为大宗。并宜设法推广,以辟地源。①

对此,西藏地方上层答复:

练兵饷项尚应从新开垦,并设法振兴商务,总当遵谕,尽力筹办。②

为切实推动农牧业改革与发展,在与西藏地方上层磋商的同时,张荫棠制定"农务局章程"十四条,交由西藏地方上层筹议,得到"决计遵办"的答复后,张荫棠饬立农务局。农务局设总办二人,专职负责农业、畜牧业的具体改革发展事宜。张荫棠改革发展农牧业的具体规划与主要内容,集中体现在"农务局章程"之中,其内容如下:

农务局应办事宜③

总办二员。帮办二员。文案二员。劝农官员八员(往各处访购秧种农器详询种植法)。植物园园丁十余名(讲求种植诸术司灌溉培植之事)。

一、凡西藏除有主各庄田外,凡荒山废坡,各地招民领耕,每人限若干秆。第一二年不收地租,第三年以后按其收获之物十分取一。

一、凡领官地种草、养牛羊、种果木柳松树及蔬菜各种者,亦照以上办法。

一、凡中国、四川、云南、廓尔喀、布鲁克巴、哲孟雄、印度、蒙古各处土产,米麦蔬果树木花草各物,西藏所无者,或西藏所有而生殖不繁者,皆宜专差往各处购运种子数百包,在拉萨植物园试种,发生后,将种子颁发民间种植。

一、养牧牛羊骡马,为西藏天生大利。宜购蒙古羊种,青海、阿拉伯马种,山西骡马种,广植草地,以广畜牧之业。

一、山坡各地宜多掘土坑沟渠,以贮水。

一、多种树木,则雨水必多。

一、多买开井机器数副,每副约八十元,随地可以开井,以资灌溉。

---

① 张荫棠:《传谕藏众善后问题二十四条》,见吴丰培编辑《清代藏事奏牍·张荫棠驻藏奏稿》,中国藏学出版社1994年版,第1335页。

② 张荫棠:《传谕藏众善后问题二十四条·附录藏众答词》,见吴丰培编辑《清代藏事奏牍·张荫棠驻藏奏稿》,中国藏学出版社1994年版,第1339页。

③ 张荫棠:《咨外部为西藏议设交涉等九局并附办事草章》,见吴丰培编辑《清代藏事奏牍·张荫棠驻藏奏稿》,中国藏学出版社1994年版,第1351-1352页。

事易办而利甚薄。

一、往各处访购农器式样，以便照式仿造，如犁、锄、水、车、耒、耜之类。

一、研究灌溉培植之法，如粪尿兽骨，及硝黄化学电学制造各种肥田材料，收获必倍。

一、闻各庄田及寺院岁收青稞甚多，食用不尽，岁久屯积，霉蠹废弃可惜。因藏世家大寺皆以贩卖青稞为耻。今拟变通办理，每家除岁收青稞足供一年食用外，可令佃户随时运至墟市售卖，以供民食，而平市价。业主亦得银钱，以作自用，彼此均属有益。

一、闻各家庄田常有荒废，无人领耕者，或领耕后而逃亡者，想业主不明农学公理。所索租税、差徭太重，耕户不足糊口。查农学公理，耕户终岁勤劬播种耕耨、购买牛骡农器、灌溉，及养育父母妻子费用甚繁。每秤地每年收获之物，业主只可取十分之二，以为地租。若租徭太重，耕户即难觅食，地无人耕，业主亦属吃亏。以上两条，须向各庄田寺院业主讲明其理，使家喻户晓。

一、藏俗不食米麦，种植既多，收获后可贩别处贩卖，得银钱以买别物。

一、印度、廓尔喀等处山岭既可种茶，西藏天气土地大略相同，想亦可种植。宜往打箭炉、印度购茶子自种，以兴地利。

一、木棉花、胡椒、草绳、蓝靛、柴草、染料、草席包等，销路甚广，亦购种试种，以谋桑叶之利。

饬立农务局之外，为"广搜异种"、培育苗木、试种及探索积累种植技术经验，张荫棠还制定"植物园章程"六条，积极筹设具有农业试验田性质的植物园，以为农业改革树立先行示范。"植物园章程"内容如下：

植物园应办事宜[①]

五谷区、蔬菜区、果实区、树木区、花草区。

一、拟将拉萨内柳林子二十余处为种植园，即派园主为总理，分类试种。

一、每园园丁数名，司理掘地种植灌溉之事。

---

① 张荫棠：《咨外部为西藏议设交涉等九局并附办事草章》，见吴丰培编辑《清代藏事奏牍·张荫棠驻藏奏稿》，中国藏学出版社1994年版，第1352–1353页。

一、每园须开三两个井，以备灌溉，或掘水沟池以贮水。

一、往各处搜采蔬果花木各种秧，或托人寄购，系园主专责。开单由公家每岁筹给津贴。

一、园中收获，及分卖各种秧年中出息，系归园主专利，分别赏给各园丁工食。

一、园主能广搜异种，办有成效，由公家优给奖励。

由上可见，张荫棠农牧业改革的核心内容是荒地利用、提高土地肥力、引进优良品种、学习先进耕种方法、购买农业生产机器、开井灌溉、农产品贸易、减免农牧业税收以及奖励先进等，具体做法是设立农务局及植物园，由"一局一园"分别负责落实。应当说，"农务局章程"与"植物园章程"不失为西藏农业近代化的纲领。

此外，张荫棠对农业生产还给予了一些具体指导，如"拟从移植茶秧、培植林木入手，并拟于拉萨设一农事试验场，广罗植物种类，随时试种，考其发育，择宜推广"①。在向民间刊发的《藏俗改良》中，张荫棠就购买农业器械、如何因地种植、如何提高牧业生产等具体指出："印度有开井机器，每副价银百元。无论何地，皆可开井，计三五日开竣。宜多买机器，学习最易，可获大利，于种植有益"；"凡地方种树木多，则年中雨水必多。因树根入地，引泉水上升，接天气下降也。西藏每患雨水少，而荒地荒山极多，宜先多种树木，收成获利甚大，数年后雨水必加多，可种青稞、麦、稻矣。每百姓每年种树十株，以为义务功课，十年后材木不可胜用矣"；"羊种以蒙古者为佳，最肥大。藏人宜贩蒙古羊来媾种，乃获大利"②。

在制订规划的同时，为确保农牧业改革顺利开展，张荫棠对所需经费做了预算。"畜牧，计经理各费，约需资本银十万两"，"种植，计兴办各费约需资本银十万两"，③ 这几笔经费通过请旨拨款解决。在拨款到位前，张荫棠先从驻藏大臣经费中"拨公款银一千两，发给农务局具领，以为兴办种植之用"。

解决了兴办种植的经费问题后，张荫棠要求农务局"先从拉萨、江孜间往来大路之两旁匀种柳树办起"。为确保种植柳树的效果，他"并发去图样一

---

① 张荫棠：《上外部条议筹办藏政经费说帖》，见吴丰培编辑《清代藏事奏牍·张荫棠驻藏奏稿》，中国藏学出版社1994年版，第1448页。

② 张荫棠：《藏俗改良》，见吴丰培编辑《清代藏事奏牍·张荫棠驻藏奏稿》，中国藏学出版社1994年版，第1355－1358页。

③ 张荫棠：《上外部条议筹办藏政经费说帖》，见吴丰培编辑《清代藏事奏牍·张荫棠驻藏奏稿》，中国藏学出版社1994年版，第1448页。

纸，以冀他日长成，足以表道而荫人"。然而农务局对其"不惜实力提倡"的这一"良法美意"并未"切实奉行"，"不过敷衍搪塞"。张荫棠亲自检查发现，"所种柳树，若断若续，寥寥无几，其栽种之处，亦排列太密，难使生机发达"。为此，他向农务局提出严肃批评：

  该局办理此事，既不得地，又不合法，不过敷衍搪塞，非独大负本大臣初心，尤非尔藏官为地方兴利之至计也。且经沿途查访所种各树，并未遵谕购买树秧，亦未雇工施种，仍是沿照向来积习，分派各处头人转派民人栽种，如派差徭一般，仅于种完之后略给赏钱，总计所费已种各树不过用去藏银六七百元而已。以本大臣所拨汉平银一千两计之，应合藏钱一万元，今仅用六七百元，是盈余之款尚存九千二三百元，尽可将种植之事继续兴办。①

批评之后，张荫棠责令主管农务局的噶伦立即要求农务局整改补种：

  应俟明春仍照本大臣前议，将由拉萨至江孜大路两旁应种柳树一律补种，中留若干丈尺，以为人马行路。左右两边每间一丈种柳树一株，由拉萨城外一直种到江孜，毋得稍有间断。若依山临水之路，则只种靠水一边亦可。又喀拉湖地方风景绝佳，若有余费，再将湖之沿岸周种柳树，亦足以点缀景致。为此札仰该噶布伦等遵照，迅即转行农务局，将札饬事理认真遵办，以竟前功。毋得仍蹈故常，敷衍了事。并将农务局领去本大臣拨给银一千两，究竟用过若干，实存若干，确切查明储备需用，不得任其蒙混开销。是为至要。②

从为拉萨至江孜道路两旁种植柳树一事可见：第一，张荫棠对发展农牧业的规划是与其他改革结合在一起的，如种植柳树要求"点缀景致"，以及农牧产品与工商业紧密结合等；第二，在朝廷拨款到位前，先自行筹款落实措施，反映出张荫棠既重规划又重落实；第三，对所栽柳树亲自检查，发现未达要求后严肃责成整改，体现出张荫棠对改革的务实作风。

---

  ① 张荫棠：《札饬噶布伦转行农务局补种拉萨至江孜两旁柳树并查明捐款存银数》，见吴丰培编辑《清代藏事奏牍·张荫棠驻藏奏稿》，中国藏学出版社1994年版，第1379页。
  ② 张荫棠：《札饬噶布伦转行农务局补种拉萨至江孜两旁柳树并查明捐款存银数》，见吴丰培编辑《清代藏事奏牍·张荫棠驻藏奏稿》，中国藏学出版社1994年版，第1380页。

张荫棠为改革发展西藏农牧业而设立的农务局,是西藏近代第一个统管农业、牧业的行政管理机构。由给农务局拨款及督饬其植树可见,张荫棠离藏前,农务局已经正式运转。张荫棠离藏后,联豫继续推行农牧业改革,采取了派人"速购秧苗,并办农器,使之试种"①等具体措施,但对开垦荒地则认为"尚难轻议举办"②。

二、工商业

"江楚三折"就振兴工商业方面强调:"今日中国讲富国之术,若欲以商务敌欧美各国,此我所不能者也;若欲以工艺敌各国,此我所必能者也","世人多谓西国之富以商,而不知西国之富实以工。盖商者运已成之货,粗者使精,贱者使贵,朽废者使有用;有工艺,然后有货物,有货物,然后商贾有贩运","总之,欲养穷民,查荒地不如劝百工;欲塞漏卮,拒外人不如造土货"。③ 光绪二十九年三月(1903),清廷下旨:"通商惠工,为经国之要政。自积习相沿,视工商为末务;国计民生,日益贫弱,未始不因乎此,亟应变通尽利。"同年,清廷以"提倡工艺,鼓舞商情一切事宜"④ 为宗旨,饬立商部。商部在清政府各部中的地位仅次于外务部,足见清廷一改"农本商末"的传统,对振兴工商实业的重视。这些为张荫棠振兴西藏工商业提供了思想资源和直接依据。

然而,张荫棠面对的是一个工商业基础十分薄弱的西藏。历史上,西藏的手工业主要是农奴个体劳动,他们资金少、工具简单,技艺传统以投师学艺为主,加之社会分工不发达,因而农副产品商品率很低。多杰才旦认为,"在农牧业剩余产品不多、被束缚于土地上的广大农奴普遍贫困,从而对手工业品的社会需求量少的情况下,没有形成较大规模的作坊";"由于社会生产力低下,农奴人身不自由,生活贫困,手工业不够发达,需求市场狭小,限制了商业的发展,也没有形成商人阶层。同时,高原交通不便,只靠人背畜驮运输货物,也影响了商品的流通"。⑤

在西藏工商业严重滞后的状况下,振兴工商业自然需要改进工艺、扩大商

---

① 〔清〕联豫:《开设白话报馆及汉文藏文传习所片》,见吴丰培编辑《清代藏事奏牍·张荫棠驻藏奏稿》,中国藏学出版社1994年版,第1490页。
② 〔清〕联豫:《详陈筹办西藏事宜折》,见吴丰培编辑《清代藏事奏牍·张荫棠驻藏奏稿》,中国藏学出版社1994年版,第1517-1518页。
③ 〔清〕张之洞:《遵旨筹议变法谨采用西法十一条折》,见《张文襄公全集》卷五四。
④ 《清实录·德宗实录》卷五一三,光绪二十九年三月庚辰。
⑤ 多杰才旦:《西藏封建农奴制社会形态》,中国藏学出版社2005年版,第94页。

品生产。张荫棠了解到西藏有丰富的农牧业初级产品及土产资源："西藏出产以畜牧为大宗，除皮货、药材外，牛皮、羊毛、猪鬃、牛尾皆为出口佳品"；"惜工艺未兴，皆生货而无熟货，利权未免外溢"；"藏中牛皮极贱，惜所用皆生皮，不晓制熟皮之法，致多废弃。白狐、猞猁诸皮货亦多霉坏。氆氇、毡毯纯用羊毛所织，织工颇粗，仅销于内外蒙古等处，不能得重价"。他还注意到，"印茶运藏，可以贱价换羊毛、牛皮、大黄、硼砂，英人通商目的，首在于此"；虽然西藏地方官员在贸易观念上"素持闭关主义，禁阻互市"，但民间"牛羊骡马出口仍极多"。针对此一状况，张荫棠指出："藏地宜于畜牧，视种植获利尤丰。倘能设法扩充，定卜利市三倍。"① 通过调研，他在改革大纲"十六条"中专列"工艺宜讲求也"一条，计划通过让手工业者学习、引进先进工艺，对西藏的农牧业初级产品以及土特产进行加工，以增加商品种类、提高品质，并提出了"工艺宜从牛羊皮毛着手"的具体措施。

在调研的同时，张荫棠就如何振兴工商业，向西藏地方征询意见：

  商战之败，害尤烈于兵战。方今地球上万国交通，断无闭关绝市而可以立国之理。稍知时务者，当破除昔日禁民贸易之迂见，盖商务旺则其国富，国富然后可以筹饷制械而兵强，自然之理也。西藏地广人稀，荒芜未辟，当用何法以振兴农工商业。②

西藏地方答复：

  所有抵制英商并筹备兵饷，俟奉训示，再当节次陈明。③

经过前期调研及与西藏地方磋商，张荫棠制定了"工商局章程"二十四条，，继而饬立工商局这一专门职能机构。"工商局"设总办二人，主要负责落实引进工艺、指导商业发展等事宜。张荫棠振兴西藏工商业的规划与主要内容集中体现在"工商局章程"之中，其内容如下：

---

 ① 张荫棠：《奏复西藏情形并善后事宜折》，见吴丰培编辑《清代藏事奏牍·张荫棠驻藏奏稿》，中国藏学出版社1994年版，第1400页。
 ② 张荫棠：《传谕藏众善后问题二十四条》，见吴丰培编辑《清代藏事奏牍·张荫棠驻藏奏稿》，中国藏学出版社1994年版，第1334－1335页。
 ③ 张荫棠：《传谕藏众善后问题二十四条·附录藏众答词》，见吴丰培编辑《清代藏事奏牍·张荫棠驻藏奏稿》，中国藏学出版社1994年版，第1338页。

工商局应办事宜①

总办二员。劝工官八员。文案二员。帮办二员。工艺场委□员。

一、先就西藏所有土产之物，招工匠，选少年勤敏子弟，教以制造。

一、买机器，将羊毛制精细毡毯。

一、氆氇②宜求精细，新鲜花样款式，颜色鲜艳。

一、牛骨制玩具，雕刻精巧。

一、牛角可制玩物，用化学熔化，可制各种器具。山牛尾可制蝇拂，外洋销路极大。

一、藏地猪鬃，毛极长，可销外洋。

一、人发可销外洋，可做妇女发饰。

一、牛皮可烧熟做皮箱皮鞋，销路极大。英商甚注意谋此大利。宜亟学硝烧皮之法。其余碎皮片亦可熬胶。又驴皮熬胶漉净，贩中国作药材。

一、牛油可作蜡烛、洋枧。牛肉、牛奶、羊肉、羊奶制罐头，久贮不坏。贩运外洋，可获大利。

一、藏人素愚，欲限制牛羊出口，恐藏属民食因此价贵，实是大谬愚见。不知出口货愈多，则藏民可获大利。来藏畜牧之人愈多，购外国人之银钱回藏，以作别用矣。须将此理晓谕大众咸知。

一、藏江之沙可制玻璃，宜派工匠往印度学习，购机器回藏自制。

一、印度织呢绒洋布、俄国加拉机器宜购习，又廓尔喀金丝、假缠头回锦、四川巴缎亦学织，以免利权外溢。

一、学烧砖瓦，以济民用。

一、学制磁［瓷］器③、洋磁［瓷］杯盘、各种家具、自来火柴、白铁罐盒及刀剪、针线、鞋帽、各种民间日用之物，能自制造，即不假外求。西藏犷獉未开，器物粗陋，多仰给于外来，民即日贫，断非长策。

一、草根树叶烂布废物，皆可制纸，宜购机器学制。

---

① 张荫棠：《咨外部为西藏议设交涉等九局并附办事草章》，见吴丰培编辑《清代藏事奏牍·张荫棠驻藏奏稿》，中国藏学出版社1994年版，第1348－1349页。

② 清代人周霭联所撰《西藏纪游》载："氆氇以山南所织为最细，西藏（此处特指拉萨）本地皆粗料也。"（〔清〕周霭联撰，张江华、季垣垣点校：《西藏纪游》，中国藏学出版社2006年版，第59页）

③ 《西藏纪游》载："藏地烧瓷器皿绝少，寻常一碗直［值］数金。"（〔清〕周霭联撰，张江华、季垣垣点校：《西藏纪游》，中国藏学出版社2006年版，第51页）1906年，张其勤在进藏途中见到墨竹工卡以东三十二里的接赏尖地方有陶厂，据其记载："山根下有陶厂，出陶器甚多，惟质粗式拙，未知研究改良，以致销路不广，殊为可惜"（〔清〕张其勤撰，〔清〕联豫补记：《炉藏道里最新考》，见吴丰培辑《川藏游踪汇编》，四川民族出版社1985年版，第406页）。

一、甘蔗、萝卜皆可制糖。①

一、白狐、天马、猞猁、羊皮等皮货,藏人不晓烧皮之法,贩运至天津,始烧熟拣配制成裘料,始能出售。半途经中国、印度暑热之地,皮每霉烂,故不能沽重价。亦招匠学烧皮缝裘诸法,更可获大利。

一、各山大黄、黄连、麝香、各类药材、出产甚多,宜讲求采洗泡制之法。

一、丈尺升斗称戥,宜参酌中国之制,用竹木制成一定之式,颁发墟市民间通用。凡买丈尺升斗称戥,皆须向工商局分局购买,此为工商局专利。

一、商务局委员在各商埠,每月宜将出入货物价值详报总局,俾知某物畅销,某物宜图改良,某物滞销,某物应如何筹抵制之法,以免外人夺我利权,随时详告各工商人等。

一、宜选派年轻勤敏子弟数十人,分赴印度、四川各工艺局学习工艺,每年优给学费津贴。学成回藏,可教授藏众,兼购式样机器,以备参考。大约手艺一年可学成,机器三年可学成。

一、医学为民命所关,兼可考究物理化学。宜选派聪明少年,往印度学医,或学制药剂,六年可以学成回藏。②

一、往外国学工艺,并非心随了外人。此等议论,是粗人浅见。我因外国人由此富强利器,学问材具,将挟以制我死命,我必忍辱。苦心学了他的本事,我亦可以抵制他矣。又恐外国人不肯尽以秘法教我,必多派学生,或往中国、印度、俄国、日本、哲孟雄、廓尔喀等处,分门学习,融成一贯矣。现万国交通,各国亦不能私其法。此国不教我,彼国亦教我也。学生忍辱游学,是第一等人物,热心爱国报仇,第一妙方。勿效粗人浅见,骄傲自误,致终为他人之奴隶牛马。又先派学生往保定入陆军学堂、机器局、工艺局学习,可奏明办理,不用学费,而盘川亦较廉。但宜先习汉文汉语一二年,以为预备。

一、藏民能自出心裁,制造新货物,或仿外国法用机器制造民间日用有益之物者,工商局查实系新法自造,给以专利文凭,准在藏专卖十年,别人不得搀夺。准给以特用商标牌记,以杜冒充,俾始创者得获大利。

---

① 《西藏纪游》载:"藏地亦有蔗糖,价不甚贵。喇嘛熬成丸,较梧桐子略大,红白二色,辄以馈岁。"(〔清〕周霭联撰,张江华、季垣垣点校:《西藏纪游》,中国藏学出版社2006年版,第62页)
② "九局"不包括单独的"卫生局",所以张荫棠在"工商局章程"中列出了"学医"这一条。

由上可见，"工商局章程"是遵循"江楚三折"中所提的"商者运已成之货，粗者使精，贱者使贵，朽废者使有用；有工艺，然后有货物，有货物，然后商贾有贩运"①等清末振兴实业的原则，并结合西藏地方实际制定的。章程不仅对西藏土特产如何加工及贸易等予以具体指导，并规划采购机器制造日用"新货物"。难能可贵的是，章程还规定对"新法自造"的商品，给以"专利文凭"，意在鼓励改良创新工艺。应当说，"工商局章程"不失为一份西藏近代工商业改革发展大纲，而饬立的工商局则是近代西藏第一个统管和指导工商业发展的行政机构。

在成立工商局的同时，为激发和调动西藏地方官民振兴工商业的意识与积极性，张荫棠还在劝导"藏俗改良"②的过程中进行了一系列的思想动员和具体指导。

其一，积极引导西藏地方从事工商业。张荫棠劝导："男子出外谋生，充农工商乌拉"，"出外容易发财，不可呆守家乡。贫苦之人，宜往四川、印度谋生，或学工艺，或作贸易，或学种地，勿怕辛苦。不宜贪做喇嘛，苟图安逸，不宜沿街讨钱，望人施舍。如此安有发达之日？"，"（喇嘛）宜兼做农工商业，以生财，不可望人施舍"。

其二，具体指导工商业经营之道。受清末振兴实业中"苟有爱国之心，应起而响应股份之招募"③经营模式的影响，张荫棠积极支持采用募股及合股集成大公司的经营方式。他指出："畜牧牛羊骡马，开采五金煤矿，筑造铁路，为西藏天然之利。宜合股集成大公司，贩运往外国贸易。宜往印度学习西法，以夺外人之利。凡贸易股本愈大，获利愈丰，断非三数人之力所能胜也。凡集股公司，股份愈小愈妙，如每股股银二两，使人人易做，集十万股，则得银二十万矣。外国大公司专用此法"；"羊只在西藏卖卢比五元，运到噶伦绷④卖十七元。羊毛百斤，在西藏卖银八两，运得噶伦绷买二十七两。可见出外贸易之获大利，不止一二端。众人勿惮远出以生财"。

其三，结合西藏土特产指导改进生产、加工工艺。张荫棠指出："凡种蔗制糖，种竹制纸，种麻制绳，种棉织布，种樟制脑，采铁炼钢，织毛成毯，以及种茶种桑等业，皆民生日用所必需，大利所在，亟应讲求。又佛灯之酥油可

---

① 〔清〕张之洞：《遵旨筹议变法谨采用西法十一条折》，见《张文襄公全集》卷五四。
② 详细论述见第五章第三节"劝导'藏俗改良'"。
③ 汪敬虞编：《中国近代工业史资料（1895—1914）》（第2辑，下册），科学出版社1957年版，第737页。
④ 即今印度噶伦堡。此地交通位置重要，当时是印度、不丹、锡金与中国西藏民间货物交流与贸易的一个重要集散地。

设法烹炼,制成外国罐装牛油,又销售于外洋,又可制洋枧[碱],洋蜡烛,以利民用";"羊则剪取其毛,牛则取其骨革尾角,肉则制为罐头,乳则炼为酥油";"藏地土货以牛皮羊毛为大宗,拟先办制皮织毛两事"。就如何聘请工艺技师等,张荫棠指出:"制皮则招致华人在印设厂之技师,织毛则改良土法,概用机器,染色、配花,均仿洋法。此外再推及骨角,并附设工艺传习所,广授别项工艺,以期利用土产,出品日多。"① 为便于引进与推广先进的工艺,张荫棠在"十六条"中还对成立"工艺传习所""工艺局"做了规划:"宜于江孜设工艺局,学制熟皮,并购机器,以织氆氇。"②

其四,进行贸易诚信教育。张荫棠劝导"贸易者要勤要慎,要信实,要洁净"等。

其五,劝导西藏地方认识到交通事业对工商业发展的重要性。如在展修工布至巴塘道路波密段时,他开导波密总管,一旦修通道路,波密将"百商云集","商务发达,利益均沾,实系有益于波密之民生"。③

由上可见,张荫棠一系列振兴西藏工商业的主张,主要是实事求是地指导西藏地方如何对西藏土特产进行加工、贸易等,这表明张荫棠十分重视改革与西藏实际相结合。对于振兴工商业的各项经费,他预算"约需资本银二十万两"④,全部通过请旨拨款解决。

值得注意的是,在英印当局逼迫西藏开埠,企图加紧对西藏经济掠夺的特殊情势下,张荫棠振兴商业的思想,饱含鲜明的"商战"意识。如他向西藏地方强调:"开埠办法种种不同,必如何方能不失主权,而兴商利。稍有不慎,事权为人所牵制,而通商适成漏卮,商战之败,害尤烈于兵战。"为此,他敦勉西藏地方:"外何以抵制洋商,内何以扩充民利。"⑤ 张荫棠重视"商战",对抵制英印商品向藏倾销、维护西藏经济起到了一定的积极作用。据英国官方文件记载:"印度商品的价格在拉萨下落。羊毛和牦牛尾现在在拉萨也

---

① 张荫棠:《上外部条议筹办藏政经费说帖》,见吴丰培编辑《清代藏事奏牍·张荫棠驻藏奏稿》,中国藏学出版社1994年版,第1448页。
② 张荫棠:《奏复西藏情形并善后事宜折》,见吴丰培编辑《清代藏事奏牍·张荫棠驻藏奏稿》,中国藏学出版社1994年版,第1400页。
③ 张荫棠:《札复波密总管等谕以修路利益》,见吴丰培编辑《清代藏事奏牍·张荫棠驻藏奏稿》,中国藏学出版社1994年版,第1367页。
④ 张荫棠:《上外部条议筹办藏政经费说帖》,见吴丰培编辑《清代藏事奏牍·张荫棠驻藏奏稿》,中国藏学出版社1994年版,第1448页。
⑤ 张荫棠:《传谕藏众善后问题二十四条》,见吴丰培编辑《清代藏事奏牍·张荫棠驻藏奏稿》,中国藏学出版社1994年版,第1334-1335页。

更便宜了。来自中国的砖茶的贸易现在也在复苏。"① 可见,张荫棠的"商战"意识收到了一定的实效。

综上,张荫棠振兴西藏工商业,核心内容是"劝工艺""造土货"与"兴商利",具体措施是设立工商局,由工商局负责落实引进先进工艺、购置机器,对农牧业初级产品与大量的土特产进行加工,以扩大商品种类、提高商品品质,从而提升市场竞争力,最终达到"外抵洋商,内充民利"的目的。这些因地制宜的改革,其思路是把引进工艺以扩大商品种类与发展商业紧密结合在一起,只有学习、引进先进工艺,才能扩大商品生产种类与提升品质,进而才能振兴商业。应当说,在振兴实业的时代洪流中,张荫棠结合西藏地方实际制定的一系列工商业发展规划,为西藏近代工商业指明了发展进路。然而,张荫棠离藏后,由联豫继续推行新政,仅落实了设立商品陈列馆及"遣番民赴川学习工艺"等,收效不大。② 尽管如此,张荫棠、联豫的努力,对西藏近代工商业是有一定启蒙意义的。

三、路矿业

清末,在国人收回路矿权的呼声中,清政府对路矿业的政策由以往的压抑、禁止转变为鼓励和支持。为抵制列强"攘利侵权,或藉开矿而揽及铁路,或因铁路而涉及开矿",造成"各省利权,将为尽夺""中国无从自重"③ 的严重后果,清廷提出"占先开办"的原则,允许以民办、官商合办、官督商办等形式发展路矿业,以期达到"权自我控,利不外溢"的实效。光绪二十九年(1903),商部准允设立铁路、矿务、工艺等各公司,为各省发展路矿业打开了大门。此外,清末新政期间,路矿业的重要性也已被清朝官员普遍认识到,如外务部总理大臣庆亲王奕劻提出"庶务振兴,亟宜经营路、矿,以期驯致富强"④,山西巡抚岑春煊提出"富国之本,路矿为先"⑤。这些无疑为张荫棠发展西藏路矿业提供了思想资源和政策支撑。

---

① 《贝利中尉致惠德先生》(1907年2月4日),见《英国政府有关西藏事务函电》(F.O.535),第9卷,第107号文件《印度事务部致外交部》(1907年3月20日)附件1。

② 〔清〕联豫:《详陈藏中情形及拟办各事折》,见吴丰培编辑《清代藏事奏牍·张荫棠驻藏奏稿》,中国藏学出版社1994年版,第1477页。

③ 〔清〕张之洞:《遵旨筹议变法谨采用西法十一条折》,见《张文襄公全集》卷五四。

④ 《奕劻奏派员任办山西河南铁路矿务以保利权折》,光绪二十七年十一月十六日。见宓汝成编《中国近代铁路史资料》,中华书局1984年版,第731页。

⑤ 《山西巡抚岑春煊致外务部咨》,光绪二十八年三月二十一日。见宓汝成编《中国近代铁路史资料》,中华书局1984年版,第896页。

就西藏矿产具体而言，早在乾隆十一年（1746），驻藏大臣傅清就奏请"踏看藏内附近山中产煤处所"，乾隆帝批示"此并非伊任内应办之事"，并怀疑是"该处驻扎绿营人等欲藉此希图获利开挖银矿"，最后指示："实有产煤山厂，亦当作伊自己主见，告知彼处人等：'京师之人皆系挖煤烧用，汝等何不寻产煤处所挖取，实伊等有益之事。'其挖与否，听其自便可也，奚用具奏请旨耶！"① 此后，再未见清廷对西藏矿产的重视。直至20世纪初，西方殖民者对西藏矿产垂涎三尺，才引起了朝野的重视，始有自行开采、以图抵御的提议。对于西藏修路，在清末朝野筹藏建议中虽多已提及，张荫棠进藏之前，四川总督锡良甚至提出了修筑川藏铁路，②但都仅是提议而已。

张荫棠对修路、开矿事宜是一体规划的。在"十九条"中，他就修路方面提出："赶修打箭炉、江孜、亚东牛车路，以便商运。俟矿务旺，再修铁轨。现查江孜至帕克里可行电车，由工布至巴塘有草地平坦，向无人行，比官路近千余里。已派员踏勘。"对于开矿，因面临"英俄交伺"的形势，必须"占先开办"，确保"利不外溢"。张荫棠指出："（西藏）藏矿丰富，西人以为冠绝全球。三十年英军入藏记，纪述藏属各矿颇详，其尤著者为纳尔仓七百里之金田及噶大克之金矿。"③因此，他提出："藏属纵横七千里，矿产甲五洲，将来必为我绝好边地。经理得人，十年收效必倍，每岁商务所入何啻千万？及今不经理，恐落他人之手。况英俄交伺，在我虽欲为瓯脱之弃而不能，以他日边防之费，为今日治藏之用，所省实多矣。"④

为征询西藏地方对修路的意见，张荫棠指出：

山路崎岖，转运艰阻，有碍商务，……修治道路，保护行旅。⑤

西藏地方上层答复道：

凡商上所经并诸处修治崎岖各路，不致咸虞盗贼。……是否如此办理

---

① 《清实录·高宗实录》卷二六一，乾隆十一年三月壬辰。

② 《奏设川藏铁路》，见《广益丛报》第一百〇五号（第四年第九期），1906年5月13日（光绪三十二年四月二十日）。

③ 张荫棠：《奏复西藏情形并善后事宜折》，见吴丰培编辑《清代藏事奏牍·张荫棠驻藏奏稿》，中国藏学出版社1994年版，第1400页。

④ 张荫棠：《致外部电陈治藏刍议》，见吴丰培编辑《清代藏事奏牍·张荫棠驻藏奏稿》，中国藏学出版社1994年版，第1329－1330页。

⑤ 张荫棠：《传谕藏众善后问题二十四条》，见吴丰培编辑《清代藏事奏牍·张荫棠驻藏奏稿》，中国藏学出版社1994年版，第1336页。

……俟奉到复训，俟次办理。①

为征询西藏地方对开矿的意见，张荫棠指出：

西藏五金煤矿冠绝全球，英俄人已垂涎，欲起而攘夺之。苟不自行开采，适启戎心。……毋惑于鬼神风水之谬说，而闭塞山川之瑰宝。矿产既开，即可修矿路，商务更旺，富强之基，实根于此。其各据所见以对。②

西藏地方上层答复道：

西藏从前曾在堆里属挖金，并依地拉属，以及瞻对所属，向来只有挖金之规，其余银、铜、铁、锡等项并煤，实无开采之事。但以敌人逼近，万难坐视，系属实情。今虽不得不开挖备用。惟西藏乃系佛地，经传保佑黄教灵异护法各神山，并极要雪山甚多，若在此等地方开挖，设有不祥瘟疫饥馑等事，人心疑怪，触犯神灵，以为风水寝衰。是以将此节除开，实非不遵示谕，置诸膜外。拟除去此项地土外，其余查明果有矿产，若系合宜之地，自当尽力开采。③

从张荫棠的"问题"可见，他认为修路是商务兴旺的前提，是经济发展的基础；西藏地方的"答词"也表明了积极支持修路的态度。对于开矿，张荫棠意在既要抵制英俄对矿产的侵占，又要以开矿带动修路及商务发展。同时，他也了解到，"现在土人数百用土法开采，但器械苦窳，日获仅足糊口。其余各矿山，藏官素惑于鬼神风水之说，封禁不准开采"，但西藏地方的"答词"则表达了愿意"择地开采"的态度。后经张荫棠"迭向商上反复劝谕"，"商上现允除封禁灵异大雪山外，无论何山，凡有矿产之地，准汉藏人等赴局领照，划定地界，集股开采，暂免纳费"。④

---

① 张荫棠：《传谕藏众善后问题二十四条·附录藏众答词》，见吴丰培编辑《清代藏事奏牍·张荫棠驻藏奏稿》，中国藏学出版社 1994 年版，第 1340 页。
② 张荫棠：《传谕藏众善后问题二十四条》，见吴丰培编辑《清代藏事奏牍·张荫棠驻藏奏稿》，中国藏学出版社 1994 年版，第 1335–1336 页。
③ 张荫棠：《传谕藏众善后问题二十四条·附录藏众答词》，见吴丰培编辑《清代藏事奏牍·张荫棠驻藏奏稿》，中国藏学出版社 1994 年版，第 1339 页。
④ 张荫棠：《奏复西藏情形并善后事宜折》，见吴丰培编辑《清代藏事奏牍·张荫棠驻藏奏稿》，中国藏学出版社 1994 年版，第 1400 页。

在与西藏地方就修路、开矿分别磋商的同时,张荫棠制定"路矿局章程"十四条,并在征询西藏地方意见的基础上,饬立"路矿局"这一专门职能机构。路矿局设总办二人,具体负责修路、开矿事宜。张荫棠兴办路矿业的具体规划与主要内容,集中体现在"路矿局章程"之中,其内容如下:

路矿局应办事宜①

总办二员。帮办二员。文案四员。查路委员四员。查矿委员四员。

一、查路委员,查勘修理牛车路,以便商民往来。路式仿英人由大吉岭至加仑邦、由于都至春丕修路办法,须派员履勘详细办法。

一、路政为商货、转运、行军、调饷第一要事。日行以百里为一站,每站中间须设尖所。

一、道路平坦处酌设电车、人力车、自行车,以期公差来往迅速。

一、由拉萨至打箭炉一路,须极力设法,务求妥速,愈速愈妙。由拉萨至江孜、亚东、阿里之路亦然。转运迟滞,事事恐居人后。

一、沿途就近派土人逐段承修,给每人每日工食钱藏钱一个。垫低平高,开沟安桥,如法修理,包工赔修,不得草率。

一、路政局须选派聪勤少年往印度,或入学堂,或入铁路局学习铁路工程,学成俟商务矿务兴旺后,以为修筑铁路之用。

一、矿务局试办章程,凡藏地除封禁灵圣大雪山外,无论何地,准中藏官民人等报明矿务局,指定界址,领照开采。现不收分毫之费,俟出矿后,无论何项矿物,国家俱收十分之一。由该商照时价贩卖,一月结算一次,将银缴官,以为地方兴学练兵之公用。试办章程,现以六年为限,俟限满再体查情形,详订章程。

一、四川宁远府盐源县瓜别金矿及雅州府雅安县煤矿,皆有熟悉矿务之老矿工,可招来试办,或电川督调派来藏。至廓尔喀、珞瑜野矿工,亦可招聘。先以土法试办,俟矿苗探确,再置机器开采。

一、矿务以运路畅速为要义,先修牛车路,以便运载而轻成本。俟采得煤铁矿,即应赶紧筑修铁路。

一、查矿委员每月寻各矿山,详查共出矿之多寡,以校核共缴税之数。

一、矿务局应聘查探矿苗、开采、熔化矿师一二人,将藏属各矿详查

---

① 张荫棠:《咨外部为西藏议设交涉等九局并附办事草章》,见吴丰培编辑《清代藏事奏牍·张荫棠驻藏奏稿》,中国藏学出版社1994年版,第1349—1350页。

备载，并考究各家采矿是否合法。如无矿之地，劝勿妄凿，以免亏本。

一、矿场应设巡兵保护，运矿沿途亦应设兵护送，通饬地方官认真保护。

一、领照承领矿地，限以一年开工，逾期将照作废，另由他人认领，不准阻挠。

一、噶大克金矿应设局专办，精究开采、淘洗、熔化机器，仍任土人自行开采，局收什一之税，不管盈亏。如系用本局淘洗熔化机器代为淘洗熔化者，另酌收工费。又本局仿购开石椎凿炸药等物，以备矿工择宜售用，原价照缴。

由上可见，"路矿局章程"实际包含"路政局章程"六条和"矿务局章程"八条。"路矿局章程"对发展西藏路矿业的详细规划，反映出张荫棠完全是以"开发"西藏为出发点的，具有服务农、工、商业等各项实业发展的意义。换言之，张荫棠是按照清末新政中发展路矿业的思路，谋求西藏地方的经济发展。同时，由于面临"英俄交伺"西藏矿藏的紧迫形势，张荫棠对发展西藏矿业的规划具有鲜明的抵制侵略的意义。

路矿局成立后，张荫棠进一步完善改革方案，在"十六条"中专列"矿务宜振兴也"一条，再次强调开矿、筑路的重要性。其中就开矿与修筑铁路的关系指出："西藏幅员辽阔，跋涉为难，非筑铁轨无以利输挽，非与矿务无以养铁轨。日本人樱井基峰游记言，西藏矿产一端已有筑造铁路之资格。"此外，张荫棠还就开矿招工、购买机器以及矿产税收等做了进一步详细规划：

俟出矿后，无论何项矿质，官征什一之税。办法尚属简便。招选开平、漠河、大冶、雅州府等处及美洲、南洋华民老矿工，先用人工开采，俟办有成效，再购开矿机器。①

在筹办矿业时，张荫棠了解到"堆里及依地拉、瞻对三处，向有金矿，业经开采"，为进一步推进，他先后两次奏请朝廷选调专业人才：先是奏调美国留学归来的邝华泰前往西藏勘察矿藏，被告知邝华泰已故后，又请求四川总督从宁远府盐源县瓜别金矿以及雅安县煤厂选派老矿工来藏勘矿，但"惜不

---

① 张荫棠：《奏复西藏情形并善后事宜折》，见吴丰培编辑《清代藏事奏牍·张荫棠驻藏奏稿》，中国藏学出版社 1994 年版，第 1400 页。

果行"①。张荫棠离藏后,联豫与驻藏帮办大臣温宗尧对于开矿事宜,迫于"藏俗迷信风水","黎民所惧","横加阻力",最后决定从驻藏大臣直接管辖的三十九族地方先行办起,"然后顺其势而导之",计划由温宗尧约请"身家殷实,且热诚爱国"的南洋富商三品卿衔胡国廉、候补道四品京堂张煜南、候选道黄福基等好友来藏,集股开采,但最终未能实施。②

对于修路,在路矿局成立前后,张荫棠已着手查勘工布至巴塘等处道路,以为修建做准备。他奏陈:"现已派员查勘,由工部至巴塘有间道,闻比官路约省千余里,先修牛车路,以利商运。再将拉萨至江孜后藏之路修垫平直,一律可行牛车。"③ 为修建工布至巴塘的道路,张荫棠专门札饬波密总管予以配合支持,但后者回复:"波密系仙境福地,从未开辟之事,而且路险水恶,只有朝佛尚可勉强来往,惟祈照旧仍行大道。此地修路,万难承担。"鉴于此,张荫棠专门教育开导波密总管:

> 本大臣查卫藏地面辽阔,行旅往来皆大道,第以路途遥远,抑且千山万壑,跋涉艰难,行人苦之。因思波密介在藏边,地势平衍,由此经过直达巴塘,较大道程途计少一千余里,既便于往来,尤便于商贾。是以专派差弁牟占成等由工部边界亲入波密境内,先行考查。如可开辟,即行展修道路,上通西藏,下达巴塘。此路一开,出入往来,百商云集,他处之物既可贩运来藏,即波密本地之货亦可行销他处,商务发达,利益均沾,实系有益于波密之民生,并无损害于波密之地方。……殊不知各番部落均为黄教,三百年来糜不仰仗大皇帝保护之恩,尔波密官民人等想亦共见共知。若朝廷利尔之土地,亦何待于今日,何以尔等仍属怀疑,甚不可解。④

此番饬文开导教育后,张荫棠仍担心"即使长编累牍,谆谆晓谕,恐该总管等既于前札之意维持之心尚未释然了悟,终无以解尔等之疑虑",于是专门委派马朝阳"驰往硕板多一带,由大道绕入波密,详细委婉开导",将他

---

① 何藻翔:《藏语》,广智书局宣统二年(1910)版,第120页。
② 〔清〕联豫:《详陈筹办西藏事宜折》,见吴丰培编辑《清代藏事奏牍·联豫驻藏奏稿》,中国藏学出版社1994年版,第1518页。
③ 张荫棠:《致外部丞参函述筹藏详情及参劾番官原委》,见吴丰培编辑《清代藏事奏牍·张荫棠驻藏奏稿》,中国藏学出版社1994年版,第1361页。
④ 张荫棠:《札复波密总管等谕以修路利益》,见吴丰培编辑《清代藏事奏牍·张荫棠驻藏奏稿》,中国藏学出版社1994年版,第1367页。

"因公行利,有裨于波密之意,明白宣示,俾众咸知",并指示:"该总管等如知有益,即可遵照办理","若果事有不便,亦不妨将实在情形详告差弁马朝阳,由该弁从实具禀来藏,再由本大臣酌核办理"。① 此事足见藏事改革之举步维艰,但也反映出张荫棠务实的作风以及改革的毅力。

在请旨拨款修路时,张荫棠回顾由川入藏的三条道路后,就修路的重要性强调道:

> 西藏恃四川为后路,必须交通便捷,故路政实为要着。……此外尚有由拉萨至后藏、江孜、噶大克、亚东各路,皆应次第兴修。凡路工以易绳渡为桥梁,改颇仄为平坦,使两马可并行,牛车能往来为度。拟派工程师先将各路履勘明确,然后施工。期以五年毕事,每年约需费二十万。②

综上,张荫棠兴办西藏路矿业的核心是设立路矿局,分别由路政局负责先行整修便利"兴商务"与采矿的道路,然后次第修筑以拉萨为中心的道路交通网络;由矿务局负责探矿、采矿及相关事宜。在张荫棠开启的基础上,后来联豫"派汉番官携带工匠"勘察拉萨到昌都的道路等,继续推进。③ 总体而言,张荫棠饬立的路矿局是西藏近代第一个专管修路、开矿事务的职能机构,尽管其在业务上并没有太大的作为,但仍具有一定的积极意义。

值得一并提及的是,张荫棠还制订邮电通信规划,开启了西藏近代邮电通信的发展进路。由于"中国电线,现仅修至巴塘",他在"十九条"中就提出"巴塘电线应由部饬速接至拉萨"。后来进一步完善方案,在"十六条"中专列"电线宜速设也"一条,规划先将电线由巴塘接至拉萨,"俟拉萨电线成后,再延至江孜、阿里"。他同时强调:"藏事日棘,边报日繁,驿递迟延,事机贻误,亟应赶速接线,并由电报局兼办邮政,以冀文报迅速","应由邮传部饬速筹办"。④ 1908 年,《中英藏印通商章程》正式签订,根据第六条规定,英国将其由藏印边界架设至江孜的线路"移售"中国的前提条件是中国

---

① 张荫棠:《札复波密总管等谕以修路利益》,见吴丰培编辑《清代藏事奏牍·张荫棠驻藏奏稿》,中国藏学出版社 1994 年版,第 1367 页。

② 张荫棠:《上外部条议筹办藏政经费说帖》,见吴丰培编辑《清代藏事奏牍·张荫棠驻藏奏稿》,中国藏学出版社 1994 年版,第 1448－1449 页。

③〔清〕联豫:《修理西藏道路桥梁折》,见吴丰培编辑《清代藏事奏牍·联豫驻藏奏稿》,中国藏学出版社 1994 年版,第 1546 页。

④ 张荫棠:《奏复西藏情形并善后事宜折》,见吴丰培编辑《清代藏事奏牍·张荫棠驻藏奏稿》,中国藏学出版社 1994 年版,第 1399 页。

线路架设至江孜,由是西藏通电通邮关乎收回主权,刻不容缓。① 为此张荫棠专门禀呈"西藏邮电办法",具体措施如下:

> 亟宜慎选熟悉邮政之员先往西藏,与驻藏大臣妥筹,先设总局于拉萨,次设分局于江孜、亚东及后藏十卡子、噶大克、湿基②等处,分两路以达印边。俟布置既定,然后添设分局于拉里、察木多、江卡等处(此为由川入藏官路,亦称中路,向有塘汛),以达四川。又于藏属各营官分驻之地,择繁盛冲要之区,如三十九族、哈喇乌苏、阳八井、山南、波密、拉兹、定日、巴尔克、卢多克等处,次第推广。③

同时,张荫棠还就西藏尽快落实邮电通信的重要性指出,英国管理邮电线路所用的藏族夫役,"实系奸细,专为侦探藏情而设",而只有及时自行架设邮电线路,方可按《中英藏印通商章程》规定,要求英方将为其所用藏族夫役裁撤。他还强调"邮政与电线,均为交通机关",中国"亟宜勘明接修电线,与邮政相辅而行","沿途建设旅舍,将所有塘汛尽行裁撤,改办巡警,以保护商旅。不独于商务有益,而于西藏内政大有关系"。至于通电通邮的费用,张荫棠指出:"且用费无多,而为边务计,万不能惜此小费。"

总之,张荫棠认为,西藏发展邮电通讯兼具"以冀边报灵通"、服务经济社会发展以及抵制英国侵略等重要意义。在其大力推动下,邮传部以"查川藏电线关系紧要","一面由川派员勘路,一面由部札饬商局筹款,与川省分成协办各在案。兹准前因,是由川至萨,由萨至孜一线,亟应设法展修,以便早日收回印度边界至江孜之线,以固主权"。④ 后在邮传部的具体支持下,联豫在拉萨设立了西藏邮电局,开启了西藏近代邮电事业。

---

① 张荫棠:《咨外部呈送中英藏印通商章程请旨批准盖用御宝》,见吴丰培编辑《清代藏事奏牍·张荫棠驻藏奏稿》,中国藏学出版社1994年版,第1424页。
② 张荫棠自注"印藏交界之处,英人邮政推广至此"。
③ 张荫棠:《拟议西藏邮电办法禀呈》(一史馆藏邮传部档),见中国藏学研究中心、中国第一历史档案馆、中国第二历史档案馆、西藏自治区档案馆、四川省档案馆合编《元以来西藏地方与中央政府关系档案史料汇编》(第4册),中国藏学出版社1994年版,第1569页。
④ 《邮传部为据中英藏印通商章程速筹藏境电线以便收回权利事复外务部咨呈》(一史馆藏外务部档),见中国藏学研究中心、中国第一历史档案馆、中国第二历史档案馆、西藏自治区档案馆、四川省档案馆合编《元以来西藏地方与中央政府关系档案史料汇编》(第4册),中国藏学出版社1994年版,第1565页。

四、盐茶业

茶叶自唐代由内地输入西藏起，逐渐成了西藏人民日常生活的必需品，形成了巨大的茶叶需求市场。历史上，西藏茶叶的需求主要通过与内地的"茶马贸易"解决，汉藏"茶马贸易"由此成了西藏地方与内地经济文化交流的重要内容。清中叶以后，四川的打箭炉（康定）与松潘逐渐成了两大边茶贸易中心，西藏人消费的茶叶主要由此输入。乾隆时期随军进藏的周霭联所著的《西藏纪游》载："由打箭炉入口买茶者，络绎不绝于道。茶形如砖，土人呼曰'砖茶'"，"西藏所尚（茶叶）以邛州、雅安为最"。① 光绪十二年（1886），驻藏大臣色楞额奏称："藏中食茶一物，仰给于川。"② 光绪十八年（1892），四川总督刘秉璋向总理衙门报告："查川茶销藏，岁约一千四百余万斤，征银十数万两。"③ 1904 年，时任英国驻成都总领事 A. 霍西（A. Hosie）到打箭炉调查汉藏贸易情况。据其调查，当年经打箭炉销往藏区的茶叶达 11377333 磅，价值白银 948591 两，占当年经打箭炉销往藏区的内地产品价值总额 1052591 两白银的 90% 以上。④ 总之，直到清末，西藏巨大的茶叶需求主要由中国内地供给。

然而，西藏巨大的茶叶市场商机引起了英印当局的觊觎。众所周知，商品输出是殖民主义对外侵略的一个重要手段，在英属印度的向外扩张中，不断开拓"印茶"市场即其一个重要的经济侵略手段。早在乾隆年间，英印茶叶资本家就企图将印茶打入西藏市场。⑤ 19 世纪 30 年代，英国东印度公司在印度试种茶树成功。此后，英印当局不仅在印度东北部的阿萨姆等地建起了大片的茶园，并将茶叶种植扩及喜马拉雅山区与西藏接壤的地带。如大吉岭本系藏属哲孟雄土地，然而，英人"于道光年间辄来哲孟雄部落之大吉岭地过夏。初仅来往侨居，后竟浸淫不已，种树植茶，开行设肆，规模既大，包藏祸心，逾

---

① 〔清〕周霭联著，张江华、季垣垣点校：《西藏纪游》，中国藏学出版社 2006 年版，第 57–58 页。
② 〔清〕色楞额：《英人游历西藏派员开导藏番并沥陈藏地现在情形折》，见吴丰培编辑《清代藏事奏牍·色楞额驻藏奏稿》，中国藏学出版社 1994 年版，第 478 页。
③ 中国近代经济史资料丛刊编辑委员会主编：《中国海关与缅甸问题》，中华书局 1983 年版，第 162 页。
④ Alastair Lamb, Britain and Chinese Central Asia: the Road to Lhasa 1767 to 1905, London: Routledge and Kegan Paul, 1960, pp. 351–352.
⑤ 关于英属印度早期图谋"印茶入藏"，参见董志勇《关于"印茶入藏"问题》（载《中国藏学》1993 年第 1 期）一文。

岭百余里至布鲁克巴境，先在噶伦绷，继而广至波栋等处地方"，"渐次侵占"。① 19 世纪 80 年代，茶叶生产成了印度最大的产业之一，印度茶叶在国际市场上与中国茶叶展开了激烈竞争，这更加助长了英印当局谋划"印茶入藏"的野心，以致谋求"印茶入藏"成了英印蓄意与西藏地方通商的一个重要原因。

对于英印当局图谋"印茶入藏"，不仅西藏地方断然拒绝，驻藏大臣色楞额等亦高度警惕。1886 年色楞额奏报："近闻印度亦产有茶，一经与议通商，岂能禁其运藏出售"，一旦"印茶入藏"，"必使川省之茶无处营销"，但其并未能阻止英印当局图谋"印茶入藏"的步伐。② 1888 年英国第一次侵藏战争后，英方就从 1890 年的《中英会议藏印条约》中取得了"印茶入藏"特权。鉴于西藏地方坚决反对，英印茶商仿效中国茶叶，试制销藏印茶，"每磅成本二便士，成本虽轻"，但"藏人不喜印茶，称饮之腹痛"，故"印茶入藏为数极微"。③ 为改变这种情况，英方逼迫清政府与其继续谈判。1891 年，参与中英藏印交涉的英人赫政（James Hart）欲以茶税利诱驻藏大臣升泰允许印茶入藏，他向升泰称："印度现为产茶之区，远近贩运，如设关免税三年，则印度茶叶必运入西藏，大有碍于此处茶税。愚意以为：惟茶叶一项，自开关之日为始，照章收税，不得援照各货免税三年之例，未知是否，请贵大臣详酌核办。"④ 对此，升泰回复"藏民实不愿食印茶"，"看此情形，万不可行"。⑤ 赫政又向升泰咨询川茶在藏销售及"印茶入藏"情况等，升泰回复"无法探询"，并申明"商上禁茶最严"。⑥

"印茶入藏"不仅是对西藏地方的经济侵略，也祸及川茶，使川藏种茶、贩茶、运茶等以茶业为生计的数十万人面临失业，清政府对此高度重视。1892 年，总理衙门就相关问题电咨四川总督刘秉璋，刘秉璋从保护川茶及保持川藏

---

① 《三大寺僧俗大众禀辨明藏兵并未越界并递呈藏南形势图说》，见吴丰培编辑《清代藏事奏牍·文硕驻藏奏稿》，中国藏学出版社 1994 年版，第 603、605 页。

② 〔清〕色楞额：《英人游历西藏派员开导藏番并沥陈藏地现在情形折》，见吴丰培编辑《清代藏事奏牍·色楞额驻藏奏稿》，中国藏学出版社 1994 年版，第 478 页。

③ 中国近代经济史资料丛刊编辑委员会主编：《中国海关与缅藏问题》，中华书局 1983 年版，第 162–163 页。

④ 《赫政对英印所拟完结后三款各条陈述己见致升泰函》（二史馆藏海关档案），见中国藏学研究中心、中国第一历史档案馆、中国第二历史档案馆、西藏自治区档案馆、四川省档案馆合编《元以来西藏地方与中央政府关系档案史料汇编》（第 3 册），中国藏学出版社 1994 年版，第 1215 页。

⑤ 〔清〕升泰：《复赫政税司函请转达保政司将禁茶入关订明约内》，见吴丰培编辑《清代藏事奏牍·升泰驻藏奏稿》，中国藏学出版社 1994 年版，第 822 页。

⑥ 〔清〕升泰：《复赫政税司函茶向无统计无法探询》，见吴丰培编辑《清代藏事奏牍·升泰驻藏奏稿》，中国藏学出版社 1994 年版，第 823 页。

稳定的角度考虑，奏陈了"力禁印茶行藏，免贻后患无穷，川省幸甚，大局幸甚"①的意见，这得到了总理衙门的重视。总理衙门遂与英国驻华公使交涉，"并饬总税务司赫德，转饬赫政与印督商议"。最终，1893年《中英会议藏印续约》第四款规定："至印茶一项，现议开办时，不即运藏贸易；俟百货免税五年限满，方可入藏销售。应纳之税不得过华茶入英纳税之数。"②总之，在长达三年之久的谈判中，英方虽有通商、划界、游牧等其他要求，但"双方争辩最激烈的是关于印茶输藏问题"③。至此，"印茶入藏"虽一时未能打开局面，但条约的相关规定为日后埋下了祸患。

五年之后，英印当局以西藏地方不履行条约为由，迫不及待地重提"印茶入藏"等通商要求。对此，1899年十三世达赖喇嘛通过蒙古大活佛八世哲布尊丹巴转奏光绪帝"应请一并禁止"④，表示坚决抵制"印茶入藏"。然而，英印茶叶资本家为追求利润，对中方的反对声音置之不理。1901年、1902年，印度茶叶协会、印度孟加拉省商会分别向英印政府递交请愿书，请求当局采取措施迫使中国同意修改1893年有关条款，以便将印茶打入西藏市场，⑤于是，1903年底英国就发动了第二次侵藏战争。由此可见，英印茶叶资本家谋求"印茶入藏"，是促成英国发动侵藏战争的重要原因之一。英国在第二次侵藏战争取得胜利后，更是加紧谋求"印茶入藏"，并企图通过不平等条约达到目的。

总之，张荫棠进藏前，"印茶入藏"已成了中英交涉的一大焦点问题。对此，张荫棠一针见血地指出，"英人通商目的，首在于此"⑥。在此深刻认识下，张荫棠从内政方面采取"教民种茶"与设"官运茶局"以加强"炉茶官营"的措施，并在外交上与英方激烈斗争，坚决抵制"印茶入藏"。

---

① 中国近代经济史资料丛刊编辑委员会主编：《中国海关与缅甸问题》，中华书局1983年版，第162页。

② 《中英会议藏印续约》，见北京大学历史系等编著《西藏地方历史资料选辑》，生活·读书·新知三联书店1973年版，第178页。

③ [苏]列昂节夫著，张方廉译：《外国在西藏扩张（1888—1919年）》，民族出版社1959年内部资料，第29页。

④ 牙含章：《达赖喇嘛传》，华文出版社1999年版，第123页。

⑤ 关于英印茶叶资本家向英印政府的请愿活动，参见董志勇《关于"印茶入藏"问题》（载《中国藏学》1993年第1期）一文。

⑥ 张荫棠：《奏复西藏情形并善后事宜折》，见吴丰培编辑《清代藏事奏牍·张荫棠驻藏奏稿》，中国藏学出版社1994年版，第1400页。

(一)"教民种茶"与"盐由官营"

基于抵制"印茶入藏"、保护民族茶业的现实需要,张荫棠逐渐形成了改革整顿西藏茶业的思想。他通过对茶业的深入调研分析,得出了几点基本认识:第一,由于开埠在即,"印茶入藏"势难阻止。"开议商埠,英必要求印茶入藏","三埠既准通商,不准运茶颇难措辞";① 并且他已经探闻到印茶图谋进藏的两则消息,一则是"印商大集公司,仿制炉茶,运藏零售",另一则是英商"由噶大克运至后藏茶,值卢比三十二万,将来可望畅销"。② 第二,一旦"印茶入藏",(打箭)炉茶难以抵制,炉茶固有的利益链将遭破坏,进而可能引起严重后果。"炉茶市价一钱三分,至藏须购至二两五六钱","印茶无税路捷,炉茶运艰本重,万难相敌。炉税固将日绌,且川民岁失茶利数百万,商上岁放茶商债千万,久资为利数,亦不愿印茶攘夺"。③ 第三,印茶一时未必能广销,但有潜在的市场。"藏民素嗜炉茶。印茶苦涩,一时未必能广销,但价廉,贫民乐于购用。数年后习惯自然,茶利必尽为所夺"④。在分析形势的基础上,张荫棠在"治藏刍议十九条"中初步提出"以川茶子输藏,教民自种,以图抵制"⑤,即计划采取以"教民种茶"的措施,抵制"印茶入藏"。

"教民种茶"意味着要突破"茶法"对茶种的严格限制。为此,张荫棠向清廷详细论陈"教民种茶"的特殊意义及可行性后,请求"准茶种入藏"。关于西藏此前没有种茶的原因,他通过调查得知:"川素禁茶种入藏,藏愚不知自种,因得垄断居奇,关卡苛征,商上重利盘剥,此闭关时愚民之术。"关于西藏种茶的可行性,他调查得知:"查大吉岭、哲孟雄一带均能种茶,则西藏卓木、工部等处土性亦想能种。"关于"教民种茶"的意义,张荫棠认为,既可"免利权外溢",亦可保护川茶。他指出:"若以炉茶茶种输藏自种,茶味不殊,而市价稍平,雅州茶利或犹可保","准茶种入藏,教自种,亦免利权

---

① 张荫棠:《致外部电请预筹抵制印茶入藏》,见吴丰培编辑《清代藏事奏牍·张荫棠驻藏奏稿》,中国藏学出版社1994年版,第1377页。
② 张荫棠:《奏复西藏情形并善后事宜折》,见吴丰培编辑《清代藏事奏牍·张荫棠驻藏奏稿》,中国藏学出版社1994年版,第1401页。
③ 张荫棠:《致外部电请预筹抵制印茶入藏》,见吴丰培编辑《清代藏事奏牍·张荫棠驻藏奏稿》,中国藏学出版社1994年版,第1377-1378页。
④ 张荫棠:《奏复西藏情形并善后事宜折》,见吴丰培编辑《清代藏事奏牍·张荫棠驻藏奏稿》,中国藏学出版社1994年版,第1401页。
⑤ 张荫棠:《致外部电陈治藏刍议》,见吴丰培编辑《清代藏事奏牍·张荫棠驻藏奏稿》,中国藏学出版社1994年版,第1329页。

外溢"。① 经过充分论证，最终张荫棠在其藏事改革大纲"十六条"中提出，"今商战交通，物穷必变"，同时奏陈了"宜以炉茶茶种输藏，教藏民自种"的方案。② 在准备"教民种茶"的同时，张荫棠意识到保护川茶是抵制印茶最为直接有效的措施。他指出："（印茶）谋灌输入藏，恐难禁，炉税将恐日绌。第藏民现仍多不嗜印茶，似宜设炉茶官运局，务减轻成本，以平市价。"③

关于西藏盐业，周霭联《西藏纪游》载："盐形如卵，产后藏之扎野克登察噶山溪沙土中，随手捞取，不烦煎晒。"并做注解："番地盐有数种，其一种红色如砂石者，山中石岩所产；一种青色者，即戎盐，一名青盐是也。又一种在达木三十九族草地，蒙古人扫取澄晒，负贩易换青稞，如花马池盐所产。"④ 鉴于"藏盐素无厘税"⑤，张荫棠提出，"于鹿马岭、喀喇乌苏税局征税，官商并运，岁可得数万，将来可望征收至二三十万。巴塘盐税其前事之师也"⑥，随后他在"十九条"中予以重申强调。

为切实做到"教民种茶"与"盐由官营"，在与西藏地方磋商意见，特别是在制定"盐茶局章程"五条并得到西藏地方"决计遵办"回应后，张荫棠正式饬立盐茶局这一专门职能机构。盐茶局设总办二人，主要负责"教民种茶"和与"盐由官营"。"盐茶局章程"集中体现了张荫棠对"盐茶业"改革规划，其内容如下：

盐茶局应办事宜⑦
　　总办二员。委员八员。文案四员。
　　一、由四川省采办茶子，教民间自种。派人往四川、印度学种茶制茶之法。凡种茶宜于天气暖热之地，山坳岩间，当先从拉萨、工部、巴塘毗

---

① 张荫棠：《致外部电请预筹抵制印茶入藏》，见吴丰培编辑《清代藏事奏牍·张荫棠驻藏奏稿》，中国藏学出版社1994年版，第1378页。

② 张荫棠：《奏复西藏情形并善后事宜折》，见吴丰培编辑《清代藏事奏牍·张荫棠驻藏奏稿》，中国藏学出版社1994年版，第1400－1401页。

③ 张荫棠：《致外部丞参函述筹藏详情及参劾番官原委》，见吴丰培编辑《清代藏事奏牍·张荫棠驻藏奏稿》，中国藏学出版社1994年版，第1360页。

④ 〔清〕周霭联撰，张江华、季垣垣点校：《西藏纪游》，中国藏学出版社2006年版，第69页。

⑤ 《卫藏通志》卷十五，"达木蒙古"条载："达木驻牧之蒙古等，赴盐池采取盐斤，每年交纳商上税盐一百驮。"房建昌认为这是西藏盐税的最早记载，同时指出达木蒙古向商上交纳税盐只不过是盐贡，据此认为张荫棠所说"藏中向无盐税"是不正确的。

⑥ 张荫棠：《致外部丞参函述筹藏详情及参劾番官原委》，见吴丰培编辑《清代藏事奏牍·张荫棠驻藏奏稿》，中国藏学出版社1994年版，第1360－1361页。

⑦ 张荫棠：《咨外部为西藏议设交涉等九局并附办事草章》，见吴丰培编辑《清代藏事奏牍·张荫棠驻藏奏稿》，中国藏学出版社1994年版，第1346－1347页。

连洛隅野人一带和煦之地试种。

一、设官运茶局于打箭炉，务轻成本，照市价除运脚平沽，以抵制印度茶入口。又须分小包零卖，或每包一加刚，或两包一加刚，以便贫民零买。

一、设官盐局于鹿马岭盐井、加拉乌苏盐海等处，每一盐驼约百四十斤，收税银一两，任由商民来自采运。或由官自置驴马，运往各处。除脚税相外，照市价平沽，每年约可收税二三十万。盐池盐海各盐质，须有官设法淘净洁白。

一、运盐者如未纳税私运，即以偷漏论，除充公外，议罚，每盐一驼罚银二两。

一、盐局设兵沿途护送盐商。

由上可见，张荫棠改革盐业的核心是"盐由官营"，通过设局征税，以为其他各项改革筹集经费。后来，在预算各项改革经费时，他进一步完善了盐业改革规划："就藏中产地，收买盐斤，配引运销，分售于廓尔喀及沿边各部落。计开办需建筑厂栈之费，常年需收买之费，制包之费，驮运之费，及经理员司夫役薪公口食之费，约需资本银二十万两。"① 张荫棠离藏后，联豫于光绪三十三年（1907）九月二十二日发布征收盐税告示，其主要内容为：

为晓谕事。照得西藏地方，百端待理，练兵尤为急务，开办一切用项浩繁，必须就地措施，方可以应要需。……藏中产盐甚广，商贩私运，从未完课，竟成擅利。惟今昔情形不同，目下创办练军，饷项为重，不得不征收盐税，以资经费。兹据商上禀请，设局征税，并将章程、税票呈阅前来，本大臣详加查核，与例相符，自应及时开办，且查所拟税章，每盐一驮计重一百二十斤，仅抽藏钱一元，收数无多，谅不为难，……实无损于商人，而有益于兵饷。合行出示晓谕。为此谕仰商贩人等知悉。嗣后无论汉番贩盐运销，均须到卡报验，遵章完课，领票行销。倘有不遵定章，即为私枭，查出充罚。其各禀遵毋违，特示。②

---

① 张荫棠：《上外部条议筹办藏政经费说帖》，见吴丰培编辑《清代藏事奏牍·张荫棠驻藏奏稿》，中国藏学出版社1994年版，第1448页。
② 《驻藏大臣联豫为征收盐税发布告示》（原件系用汉藏两种文字书写，现藏于日喀则市档案馆），见西藏自治区档案馆编《西藏历史档案荟萃》，文物出版社1995年版，第70号档案。

可见，联豫在继续推行藏事改革时，督饬盐茶局按照张荫棠拟定的章程，对盐业改革进行了具体落实。

对于茶业，由"盐茶局章程"可见，除了"教民自种"，张荫棠还规划了"官运茶局"，由"官局督运""炉茶"，"以平市价"，进而抵制"印茶"。此外，张荫棠还提出："至打箭炉茶税，或应豁免，或应酌减，以轻成本。并修理道路，以利转运，而省运费。"他认为只有对炉茶"除苛税，利运道，零售便民"，"庶炉茶数百万之利或犹可保"。① 可见，张荫棠设"官运茶局"以加强"炉茶官营"的核心思想是通过减税免税、降低成本等整顿措施，增强炉茶的市场竞争力。

盐茶局一经设立，张荫棠即着手落实"教民种茶"。光绪三十三年四月，他向朝廷奏报："现派打箭炉噶尔琫仔仲洛桑甲错替身，宜玛监参之商人阿旺落布前往打箭炉一带采买茶种，并雇觅通晓种茶工人携同回藏，择地试种。"为此，张荫棠专门向四川总督说明了西藏种茶的几点理由，请其协助采买茶种。第一，"查西藏地广土腴，并非不能种植，只以风气闭塞，素未讲求，遂致有山皆童大田多荒，甚为可惜"。第二，"现藏人既拟试行种植，我主国自应力予提倡。惟闻藏人传言，从前曾屡次派人到川采买茶子，因山户辄以炒熟之子与之带回，施种不能发生，关卡亦盘诘綦严，不准将生茶子运出，此固为保守利权起见。但时至今日，情势不同，似宜量为变通，以免利权外溢"。第三，"缘印度出茶极旺，运道较便，藏中又是一销茶好市场。前虽订约限制，若至三埠开关征税之后，照通商公例，势难再行禁遏。将为川印茶一商战竞争时期"。第四，"以川茶与印茶较，香味固胜，而之工运脚不如彼省，则成本不能如彼之轻，即售价不能如彼之贱。去贵趋贱，人之恒情。倘藏人贪买印茶，则藏中银钱岁以数十万为川茶之利，而输入于川者，深虑为印茶所侵夺，而流出于印。是不独番商汉商交受其病，即川省茶厘亦将大受影响"。第五，"早为之计，似宜准藏人自种，且宜奖劝之使其多种，将来出产茂盛，就地行销，犹足以相抵制"。第六，"藏为前矛，川为后劲，藏之茶利兴而川之茶利亦仍旧可保。语有之，天下大利莫如农。藏卫沃野千里，果使地无不辟，田无不治，树艺兴、财赋瞻，他日以藏治藏，力可自给，不烦协拨，蔚为雄番。即尽免茶厘以通商运，俾争固有之利，犹计之得也"。第七，他向四川总督请求道："贵部堂统筹全局，谅必赞成。除禀批示并给护札外，相应咨请贵部堂查照，希即分行司局，转饬打箭炉一带产茶地方文武员弁，暨关卡委员知照。凡

---

① 张荫棠：《奏复西藏情形并善后事宜折》，见吴丰培编辑《清代藏事奏牍·张荫棠驻藏奏稿》，中国藏学出版社1994年版，第1400—1401页。

遇该番商阿旺落布随带护札前赴该境内采买茶种，觅雇茶工，勿事禁阻。其携同回藏时，经过关卡查无夹带违禁漏税货物，即便验札放行，毋稍留难，以慰藩属向慕之诚，而示抚绥无外之意。实为公便。望速施行。"①

当时，刚任署理四川总督兼川滇边务大臣的赵尔丰，鉴于"炉茶入藏，为川省商务大宗"，也正在为入藏炉茶"营销久已减色"筹措整顿办法。接到张荫棠的电文后，赵尔丰一面将其意见转发给雅州府的各级官员，指出"茶为川商大利，一经印茶充斥，商民必致交困，危机可虑"②，令其筹议具体措施；一面向外务部建议"布（茶）种入藏，联络主持茶务之商上为要点"③。由是，张荫棠在藏"教民种茶"开始起步。陈一石认为，张荫棠通过"教民种茶"，"在西藏地区就地生产、发展茶业，既大大降低成本，又能满足藏族人民的需要，因此是抵制印茶入侵，从根本上解决茶叶问题的正确途径"④。

（二）抵制"印茶入藏"的外交斗争

张荫棠抵制"印茶入藏"的外交斗争与"教民种茶"及"炉茶官营"相辅相成，是茶业改革的延伸，这集中体现在其奉命赴印与英方谈判《中英藏印通商章程》一事。⑤

张荫棠对"印茶入藏"的危害有深刻的认识，所以他在谈判中对英方的要求始终予以坚决抵制，双方博弈的焦点主要集中在印茶入藏的时间与征茶税这两个相互交织的问题上。关于印茶入藏时间问题，由于受1893年《中英会议藏印续约》及1906年《中英续订藏印条约》等前约限制，张荫棠只能依据1893年条约中"（印茶）不即运藏贸易；俟百货免税五年限满，方可入藏销售"的规定，采取延长免征百货税的期限以延后印茶入藏时间的策略。所以谈判开始后，他拟订了条款22条，其中第十四条规定："西藏商务萌芽，中国现拟暂免出入口货税，以冀商务日旺。应照十九年旧约，俟征税后，印茶方许进藏。"⑥张荫棠也策略性地一再向英方申明，"税的问题，不是实质性问题。

---

① 张荫棠：《咨川督请饬知各属放行采买茶种》，见吴丰培编辑《清代藏事奏牍·张荫棠驻藏奏稿》，中国藏学出版社1994年版，第1368页。
② 〔清〕赵尔丰：《致雅州道府县清溪县速筹抵制印茶入销办法电》，见吴丰培编《赵尔丰川边奏牍》，四川民族出版社1984年版，第90页。
③ 〔清〕赵尔丰：《致外务部整顿茶务电》，见吴丰培编《赵尔丰川边奏牍》，四川民族出版社1984年版，第89页。
④ 陈一石：《印茶倾销西藏与清王朝的对策》，载《民族研究》1983年第6期。
⑤ 详细论述见第四章第二节之"四、围绕开埠的斗争"。
⑥ 张荫棠：《致军机处外务部电拟条款二十二条》，见吴丰培编辑《清代藏事奏牍·张荫棠驻藏奏稿》，中国藏学出版社1994年版，第1385页。

主要问题是忧虑雅州和拉萨之间的农村丧失生计和因此带来的贫困",并坚持印茶入藏"无论如何应该给一个时期作为试验"。英方急于让印茶入藏,试图以征税为利诱,换取印茶先由西藏西部的噶大克入藏的权利,尽管西藏地方代表"有愿征百货茶税,准印茶入藏之意"①,但张荫棠予以坚决反驳,表示"中国并不争此小税"。然而英方全权代表戴诺爵士对第十四条以"英商久图运茶入藏,不能允"②反驳。此后交涉中,英方"仍坚持于关税印茶,驳之尤力",张荫棠亦"逐条辩论"。③

英方的企图不只印茶即刻入藏,还要求"华茶入印之税"设一很低的税率。戴诺所拟订的条款16条,其中的第十一条就表明了这样的无理要求,其内容为:"印茶未经纳税不得运进西藏,但其税不得重过华茶入印所抽之税。凡违此章者,应将其货物充公,并加重罚。"④对此,戴诺向英国印度事务部报告:"我们认为,茶叶是一项有希望在西藏大大增长的商品贸易,它具有极端的重要性,……如果不能使我们的建议得到实现,将会是非常令人失望的。"⑤对此,张荫棠除坚持自己所提条款之第十四条外,还提出"应照十九年通商章程,由今日起,再展后六年,由中国察看商务情形,可征税时即行征税。届时印茶方可进藏。将来所征茶税亦不得过于华茶入英之数"。同时,他向外务部密陈:戴诺重视印茶,"似故以关税留为互让地步,关税照陆路章程,由何时起征,系我自主权,英不能干预"⑥。

关于征税问题,当时"华茶入英,每磅征税五本士,其价值约九本士,几值百抽五十五分。华茶入印,估价仅值百抽五"⑦。由于"华茶入英之税"与"华茶入印之税""相差悬甚",所以对戴诺提出的征收百货税一年后即征茶税、印茶即时运进噶大克以及坚持"不得重过华茶入印之税"等要求,张

---

① 张荫棠:《致外部电陈拟改戴稿各条并迭次会议情形》,见吴丰培编辑《清代藏事奏牍·张荫棠驻藏奏稿》,中国藏学出版社1994年版,第1392页。

② 张荫棠:《致外部电述韦礼敦初次删驳条款》,见吴丰培编辑《清代藏事奏牍·张荫棠驻藏奏稿》,中国藏学出版社1994年版,第1387页。

③ 张荫棠:《致外部电述五次会议彼此辩驳情形》,见吴丰培编辑《清代藏事奏牍·张荫棠驻藏奏稿》,中国藏学出版社1994年版,第1387页。

④ 张荫棠:《致外部电陈戴使初次复稿条款十六条》,见吴丰培编辑《清代藏事奏牍·张荫棠驻藏奏稿》,中国藏学出版社1994年版,第1389页。

⑤《印度政府致莫利先生》(1908年1月4日),见《英国政府有关西藏事务函电》(F.O.535),第11卷,第7号文件《印度事务部致外交部》(1908年1月7日)附件。

⑥ 张荫棠:《致外部电陈拟改戴稿各条并迭次会议情形》,见吴丰培编辑《清代藏事奏牍·张荫棠驻藏奏稿》,中国藏学出版社1994年版,第1392页。

⑦ 张荫棠:《外部来电印茶征税过低须与磋商》,见吴丰培编辑《清代藏事奏牍·张荫棠驻藏奏稿》,中国藏学出版社1994年版,第1406–1407页。

荫棠坚持"准印茶运至三商埠，照征华茶入英之税"。①

在张荫棠的坚决抵制下，后来戴诺向张荫棠递来的"末次稿"15条中，仍坚持"直接交涉"等，但删去了"关税""印茶"两条。对其中原委，张荫棠认为："（英印）茶商必不满意，英廷亦难批准。今故借此挑剔，持我所必争，以为要索地步"②；"揣其意以为照十九年约，五年限满，印茶已有运藏之权利，俟我征税时，再由英使与大部商定茶税也"③。"末次稿"虽删去了"印茶入藏"条款，但面谈中戴诺却提出了更为苛刻的要求："未抽百货税以前，印茶即可由印度边界运入西藏，其税不得重过华茶入印之税。但此事只准由印边界往噶大克商埠之路运至噶大克，照已定之税完纳，违此章者，应将此货充公，并重罚。"张荫棠当即与之争论，双方"因争论茶税照入英入印之数征收，意见不合"④。同时，张荫棠奏报："查茶税照入英之数，十九年约既有明文，未便更改。诚如部电所云，但此次系因拉萨约有更改十九年约之语，则英亦可执此以请我更改。今既将此两节删去，在我似不宜再与提议。俟此次通商章程画押后，则我仍可执十九年约以征茶税。"⑤显然，谈判的焦点最终归结到了对1893年《中英会议藏印续约》第四款的争议，该条规定"印茶入藏"的一个条件是"应纳之税不得过华茶入英纳税之数"，但戴诺宁可印茶只销往噶大克一地，也坚持要求"华茶入印之税"，并要求印茶即刻入藏；而张荫棠始终坚持"华茶入英之税"，并坚持开征百货税后印茶方可入藏，双方在"入英之税"还是"入印之税"上相持不下。

戴诺递来"末次稿"后限期两日画押，并威胁"若不能照此稿议定，就此告别"。此间，双方就"茶税"等问题反复争论仍未能达成一致，但清廷认为"磋商至此，执事已煞费苦心，应即此签押"⑥。然而张荫棠认为"在我已让至无可再让"，拒绝签押。同时，他向外务部提了两点建议，一是"茶税不

---

① 张荫棠：《致外部电印茶税则请示征数》，见吴丰培编辑《清代藏事奏牍·张荫棠驻藏奏稿》，中国藏学出版社1994年版，第1406页。

② 张荫棠：《致外部电详陈各条款之轻重损益》，见吴丰培编辑《清代藏事奏牍·张荫棠驻藏奏稿》，中国藏学出版社1994年版，第1415页。

③ 张荫棠：《致外务部电陈税则改拟及会议详情》，见吴丰培编辑《清代藏事奏牍·张荫棠驻藏奏稿》，中国藏学出版社1994年版，第1410页。

④ 张荫棠：《致外务部电陈税则改拟及会议详情》，见吴丰培编辑《清代藏事奏牍·张荫棠驻藏奏稿》，中国藏学出版社1994年版，第1410页。

⑤ 张荫棠：《致外务部电陈戴使删去关税印茶两款》，见吴丰培编辑《清代藏事奏牍·张荫棠驻藏奏稿》，中国藏学出版社1994年版，第1411页。

⑥ 张荫棠：《外部来电约可照拟签押》，见吴丰培编辑《清代藏事奏牍·张荫棠驻藏奏稿》，中国藏学出版社1994年版，第1412页。

宜轻减"①；二是如果英国驻华公使交涉这一问题，请按他上述意见"相机因应"②。最终，外务部经与英方交涉，双方同意以戴诺"末次稿"为底本签字。《中英藏印通商章程》虽然签字生效，但"印茶入藏"问题尚未得到彻底解决。

由上可见，张荫棠在交涉中始终坚持"重税"原则及尽可能滞后印茶入藏时间，使得英方"轻税"及印茶即刻入藏的企图未能得逞。更为重要的是，"印茶入藏"事宜未成为《中英藏印通商章程》的条文，就意味着英印蓄谋已久的"印茶入藏"未取得合法地位。陈一石认为，"这是抵制印茶的一次胜利"③。然而，英国对"印茶入藏"是蓄谋已久，当然不会就此善罢甘休，且当时已有印茶私运进藏之情，因此，该章程签订后，中国仍面临着严峻的"印茶入藏"形势。如荣赫鹏认为：" 中国当局对茶之入口则始终顽强固执，最后始勉强同意许印茶入藏，其税率不超过华茶之输入英国者，惟华茶输英之税率为每磅六辨（便）士，……实际上即无异课以百分之一百五十乃至二百之税率，故此一让步直（真）毫无价值可言矣。"④英国政府亦指出："不能过分强调说我们的占领（春丕）要继续下去，直到对印度贸易有利的有关茶叶的条款为西藏和中国所接受。"⑤为此，张荫棠接连致函清政府、驻藏大臣、四川总督及西藏地方等相关各方，请预筹抵制措施。

在给外务部的建议中，张荫棠坚持"三埠印茶应可照华茶入英之数征收"⑥；同时，他从"当时会议情形""川茶与印茶之比较""川茶与藏地之关系"三个方面，详细论陈了抵制印茶的重要意义，并提出了"现拟办法"。其中指出："茶税一项，不必因戴诺有存俟后议之言。果与英使有提议商订之事，径直照会英使，告以我国将定于某年月日在西藏起征关税"，"照华茶入英纳税之数办理"。⑦他还就如何与英国公使交涉奏呈对策："英使或将以另订

---

① 张荫棠：《致外部电详陈各条款之轻重损益》，见吴丰培编辑《清代藏事奏牍·张荫棠驻藏奏稿》，中国藏学出版社1994年版，第1416页。

② 张荫棠：《致外部电请预防英使提议茶税》，见吴丰培编辑《清代藏事奏牍·张荫棠驻藏奏稿》，中国藏学出版社1994年版，第1411页。

③ 陈一石：《印茶倾销西藏与清王朝的对策》，载《民族研究》1983年第6期。

④ ［英］荣赫鹏著，孙熙初译：《英国侵略西藏史》，西藏社会科学院资料情报研究所1983年内部资料，第39页。

⑤ 《印度事务部致外交部》（1908年1月2日），见《英国政府有关西藏事务函电》（F.O.535），第11卷，第1号文件。

⑥ 张荫棠：《致外部电请整顿商埠事宜》，见吴丰培编辑《清代藏事奏牍·张荫棠驻藏奏稿》，中国藏学出版社1994年版，第1419页。

⑦ 张荫棠：《上外部条议中英藏印章程未完事件办法》，见吴丰培编辑《清代藏事奏牍·张荫棠驻藏奏稿》，中国藏学出版社1994年版，第1451－1452页。

茶税要求，与我开议，我则姑持初说以应之。倘必不允，然后于入英入印两数之间与议定一酌中税则，以示调合。彼或易从，而我亦不至过受亏损。"① 在给驻藏大臣联豫的叮嘱中，张荫棠强调要加强商埠管治，对英印茶商向噶大克等地私运茶叶要派员"查明情形"，"详细禀复，以凭核办"；同时要"特议茶税"，以为征收茶税做好准备。②

英印当局谋求的"印茶入藏"的本质是对中国对西藏主权的严重侵犯。具体而言，不仅是对西藏地方经济的掠夺，亦会挤占"边茶"，严重危害民族茶业，进而破坏西藏地方与内地的经济联系。张荫棠从内政、外交两方面坚决抵制"印茶入藏"的措施与斗争，暂时挫败了英印茶叶资本家谋求"印茶入藏"的企图，对维护国家主权以及西藏地方经济利益、民族茶业权益等具有积极意义。

综上，张荫棠改革盐茶业的核心是设立盐茶局，由盐茶局负责"教民种茶"及"炉茶官营"，以抵制"印茶"，并负责"盐由官营"相关事务。总体而言，张荫棠茶业改革措施兼具经济改革与外事斗争的双重意义，在其藏事改革全局中占有重要的地位，具有重要的历史意义。

其一，茶业改革的措施符合西藏地方广大人民的意愿。茶是藏族人民的生活必需品，以维护西藏茶业市场利益为宗旨的改革，与西藏地方一直反对"印茶入藏"的立场是一致的，使广大僧俗百姓感受到了清朝中央政府对他们切身利益的重视，从而也对重塑中央政府在藏权威具有重要意义。

其二，"教民种茶"结束了西藏不种植茶叶的历史。历史上茶马贸易逐渐发展为官营之后，茶法的主旨是"谓茶乃番人之命，不宜多给，已存羁縻节制之意"，清朝继承这一惯例，以致四川对茶种予以严格的限制。为防止茶种传入西藏，甚至有如张荫棠所言，川民把炒熟的茶种卖给藏民之事。张荫棠积极协调藏民采买茶种，并专门设立盐茶局这一职能机构专门教民种茶，完全突破了传统观念的束缚，是对西藏茶业的一次历史性的改革。受张荫棠此一改革的影响，十三世达赖喇嘛推行新政时，继续派人到内地学习种茶技术，并委任孜仲·帕东群孜主持试种茶树，获得了成功。③

其三，设"官运茶局"加强"炉茶官营"的改革是对输藏边茶市场的一

---

① 张荫棠：《上外部条议中英藏印章程未完事件办法》，见吴丰培编辑《清代藏事奏牍·张荫棠驻藏奏稿》，中国藏学出版社1994年版，第1451–1452页。
② 张荫棠：《复驻藏联大臣请派员接管江孜埠务并设学堂以养人才》，见吴丰培编辑《清代藏事奏牍·张荫棠驻藏奏稿》，中国藏学出版社1994年版，第1421页。
③ 西藏自治区政协文史资料研究委员会编：《第十三世达赖喇嘛年谱》［《西藏文史资料选辑》（第11辑）］，民族出版社1989年版，第128页。

次整顿。清代，四川的打箭炉和松潘成为输藏茶叶两大中心，为汉藏经济交流做出了重要贡献，亦为川藏交通道路沿途百姓提供了糊口的生计。然而，至清末之际，边茶"采制不精，且多搀伪"，加之"（茶）商愚无知""毫无宗旨""又狃藏嗜川茶之说"，以致"（川茶）行销久已减色"，且声誉日低。① 张荫棠规划设"炉茶官运局"，实施"炉茶官营"的改革方案对整顿输藏边茶市场具有积极意义。

其四，张荫棠抵制"印茶入藏"，是中国反对"印茶侵藏"斗争中的重要一环。张荫棠通过外交斗争，使英国没能通过《中英藏印通商章程》合法取得"印茶入藏"的权利。然而，1913—1914年西姆拉会议期间，英国政府全权代表麦克马洪背着中国全权代表陈贻范，与西藏地方代表夏札秘密签订了《英藏新立通商章程》，非法获取了包括"印茶入藏"在内的诸多特权。20世纪30年代，"印茶"最终侵占了西藏大部分茶叶市场。从中国反对"印茶入藏"的斗争看，自英印茶叶资本家图谋"印茶入藏"至民国时期"印茶"成功占据西藏茶叶市场，此间虽有清政府的反对态度，亦有一些驻藏大臣、四川总督的警惕，但大都未有采取实质性的措施。在英国于第二次侵藏战争后急谋印茶打开西藏市场的背景下，张荫棠抵制"印茶入藏"确实给了英方迎头一击。虽然他的坚决抵制措施只是滞后了"印茶入藏"的时间，但这在整个中国反对"印茶侵藏"斗争中仍具有重要的历史意义。

其五，张荫棠抵制"印茶入藏"，是当时中印茶叶在国际市场竞争的一个缩影。当中国茶叶在封建的、落后的生产、经营方式下停滞不前之际，印茶蓬勃兴起。19世纪30年代后，英印当局为种茶投入大量资本，并通过改进工艺、采用机器生产，雇佣印度大量廉价劳动力等，使其茶叶产量和销量逐年攀升，严重威胁到中国茶叶在国际贸易中的领先地位。19世纪80年代，印茶已能与中国茶叶在国际市场上展开激烈竞争，印茶以其成本低廉、讲求工艺、使用机器加工以及"集各处之茶合归一公司统领"等优势，使"华茶受印茶及锡兰茶叶竞争影响""外销逐渐低落"。"从1885年到1900年中国茶叶出口到英国减少了几乎五分之四"②；而"1850年印度茶始贩往英国，仅有四百八十八磅，至1887年核估约有九千万磅左右"，1887年前后"印度茶在英每年

---

① 〔清〕赵尔丰：《致外务部整顿茶务电》，见吴丰培编《赵尔丰川边奏牍》，四川民族出版社1984年版，第89页。

② 〔苏〕列昂节夫著，张方廉译：《外国在西藏扩张（1888—1919年）》，民族出版社1959年版，第30页。

多销于中国茶有七百万磅"。① 至1905年前后，印茶在国际市场中最终取代了中国茶叶的地位。在中印茶叶的国际市场竞争中，英国始终视西藏的茶叶市场为"主战场"。因此，张荫棠抵制"印茶入藏"，是中国茶叶的一场"保卫战"。

五、财政金融改革

光绪二十九年（1903），清政府设立财政处，由此作为清末新政重要举措的财政改革受到了高度重视。按照清末新政中的财政改革思路，张荫棠结合西藏实际，规划实施的西藏财政改革主要涉及币制改革与创设银行、饬立财政局、改革财政制度、规范税收制度等措施，以下分别讨论。

（一）改革币制与创设银行的思想与实践

银行在当时的西藏是全新的事物，张荫棠在藏事改革中创设银行的思想其来有自。洋务运动以来，面对兴办工商业在融资与资本流通方面遇到的问题，朝野提议仿西制设银行的呼声逐渐高涨。光绪二十二年（1896），盛宣怀奏呈："西人聚举国之财为通商惠工之本，综其枢纽皆在银行。中国亟应仿办，毋任洋人洋行专我大利。中国银行既立，使大信孚于商民，泉府因通而不穷，仿借国债可贷洋债，不受重息之挟制，不吃镑价之亏折，所以挽外溢以足国者，此其一也。"② 次年，盛宣怀在上海创办中国通商银行，宣告中国第一家近代意义的银行诞生。光绪三十年（1904），清政府设立大清户部银行，是为清政府的国家银行。此后，在"银行是实业发展之母"③ 的共识下，内地各省开始纷纷创办银行。这些为张荫棠在西藏创设银行提供了直接的思想资源与政策支撑。

统一的币制是国家主权的重要象征。清朝在西藏地方主持铸币始于乾隆时期。《卫藏通志》载："卫藏地方向系由廓尔喀铸造番钱，运来行使，仍兑换银两运回"，但后来廓尔喀人为从中牟取暴利，向银币中掺入铜，这不仅使西藏人民蒙受巨大的经济损失，也常常引发纠纷。为统一币制，维护国家主权，乾隆五十六年（1791），乾隆帝下旨整顿西藏地方"钱法"时指出：

---

① 中国近代经济史资料丛刊编辑委员会主编：《中国海关与缅甸问题》，中华书局1983年版，第162、172页。

② 盛宣怀：《奏呈自强大计折附片》，见谢俊美编《盛宣怀档案资料选辑之五·中国通商银行》，上海人民出版社2000年版，第705页。

③ 张謇：《论银行致铁尚书函》，见《张謇全集》（第二卷），江苏古籍出版社1994年版，第60页。

廓尔喀所铸钱文向卫藏行使，原为贪图利息起见。后又欲将旧钱停止，专用新钱，每银一两只肯用钱六个，固属贪得无厌，……我国家中外一统，同轨同文，官铸制钱通行无滞，区区藏地何必转用外番币货。①

按照乾隆帝的亲自指示，福康安等就"在藏安设炉座"、监造钱币制定具体计划。乾隆帝强调："所铸银钱，其正面用汉字铸'乾隆宝藏'四字，背面用唐古忒字亦铸'乾隆宝藏'四字，以昭同文而符体制"②，并添设粮务一员"专管监造银钱事务"。随后颁行的《钦定藏内善后章程二十九条》中，专列"钱法"一条，就西藏新铸银币的成色、款式、规格等做出了详细规定，此次由乾隆帝亲自主持的西藏币制改革，开创了由清朝中央政府监管西藏地方铸造银币制度。自此，"藏内自铸银钱使用，使廓尔喀无所居奇"③。乾隆朝以后，在清朝中央政府的监管下，西藏地方还铸有"嘉庆宝藏""道光宝藏"等钱币。总之，清朝前期对西藏地方币制的改革，为西藏经济发展发挥了重要作用，对维护国家主权产生了深远影响。

然而，随着英国对西藏经济掠夺的加剧，英印卢比逐渐渗入西藏市场，使西藏地方遭受越来越严重的经济损失。对此，清政府虽注意到"藏卫毗连印度，宝藏银币既日久废弛，洋钱乘虚而入，势所必然"④，但无力顾及。至清末，卢比渗入西藏的危害日益严重，这才引起清廷上下的重视。光绪二十二年（1896），四川总督鹿传霖奏请由四川铸造藏圆，以图抵制卢比。其后的几任四川总督也提出了同样的建议。光绪三十一年（1904），时任四川总督锡良奏陈："国币关系主权，西藏为我朝藩属，乾隆年间曾经大学士福康安等奏请停用廓尔喀番钱，督饬商上铸造重一钱暨一钱五分等纹银宝藏，以资行用，良于齐一币政之中，……乃日久而尽形废弛，印度卢比流行藏卫，……价值任意居奇，兵商交困，利权尽失。"为此，他奏请由四川仿照卢比铸造藏圆。清政府财政处、户部奉旨合议后准其所请，但强调所铸藏圆："一面标以汉文"，"仅资藏卫一隅之用"，"期于敷用而止"，"将新定国币一律交换通用，逐渐推广，

---

① 《清实录·高宗实录》卷一三八七，乾隆五十六年九月庚子。
② 《清实录·高宗实录》卷一四一八，乾隆五十七年十二月庚午。
③ 〔清〕松筠：《卫藏通志》卷十《钱法》，见吴丰培整理《〈西藏志〉〈卫藏通志〉合刊》，西藏人民出版社1982年版，第326页。
④ 中国人民银行总行参事室金融史料组编：《中国近代货币史资料》（第1辑），中华书局1964年版，第840-841页。

务期藏卫亦能全数信用国币，以收划一之效"。① 后来，赵尔丰在锡良开创的基础上，继续大量铸造藏圆，对此"商民乐用"②，一定程度抵制了英印卢比的渗入，对稳定西藏经济秩序、维护国家主权发挥了积极作用。

尽管川铸藏圆有利于抵制英印卢比的渗入，但驻藏大臣联豫认为川铸藏圆解到西藏后汇兑"亏累实甚"，使西藏仍蒙受经济损失，因此主张"藏中银钱，仍宜规复旧制，派员监造"。他进一步指出："奴才更有进者，英人欲侵藏地，匪伊朝夕，所铸卢比，遍行藏中，我若仍照旧式铸造银钱通用，是亦我于西藏确有主权之一证也。"为此，联豫提出具体方案："嗣后每年应解前藏之饷若干，靖西之饷若干，尽数仍解纹银到藏，之后由奴才派员监造。照从前式样，正面铸'光绪宝藏'，背面用唐古忒文字，以期利用。在公家既可免汇兑之费，且可得盈余之利。"度支部奉旨研究后，准其所请，并拨给专项经费及重庆铜元局机器，予以支持，但联豫迟迟没有行动。③ 直到光绪三十四年三月，他奏称因铸币机器"锅炉笨重"，"虽拆卸亦万难转运"，设银厂、铸银圆等事宜"只可暂作缓图"。④ 总之，联豫虽也注意到印度卢比渗透的危害以及使用川铸藏圆的弊端，但未能及时采取措施。

由上可见，张荫棠进藏后，面临着西藏地方币制十分混乱的局面，除流通西藏地方的私制钱币外，还有川铸藏圆，以及大量非法流入的印度卢比。川铸藏圆虽对抵制印度卢比具有重要意义，但存在运藏后汇兑亏累甚巨的问题。西藏地方的铸币，由于乾隆时期开创的由清朝中央政府监管西藏地方铸币的定制在晚清时期随着驻藏大臣放弃对西藏地方的财政监督审核权而"尽形废弛"，实际上更有一些贪官污吏违法私制。币制混乱不仅使西藏地方蒙受巨大的经济损失，更使清朝中央政府对藏主权严重受损。面对这一局面，张荫棠不仅主张实行币制改革，同时根据内地各省创设银行的普遍做法，力主创设银行。他在初步治藏意见"十九条"中提出："收回铸造银铜纸币之权，设银行以利转

---

① 《财政处、户部议复锡良奏请续铸藏元以济边用折》，见四川省民族研究所整理《清末川滇边务档案史料》，中华书局1989年版，第71–72页。

② 〔清〕赵尔丰：《鼓铸藏元片》，见吴丰培编《赵尔丰川边奏牍》，四川民族出版社1984年版，第94页。

③ 〔清〕联豫：《详陈藏中情形及拟办各事折·附录一·度支部遵旨议奏驻藏大臣联豫奏详陈藏中情形及拟办各事折》，见吴丰培编辑《清代藏事奏牍·联豫驻藏奏稿》，中国藏学出版社1994年版，第1478页。

④ 〔清〕联豫：《拨款不敷请饬部宽筹之款折》，见吴丰培编辑《清代藏事奏牍·联豫驻藏奏稿》，中国藏学出版社1994年版，第1499页。

输,官兵俸饷均由此发。"① 可见,面对币制混乱局面,张荫棠在最初拟订改革方案时,就是将改革币制与创设银行紧密联系在一体筹划的,不仅要创设银行,同时要恢复驻藏大臣对西藏地方的铸币监管权。随后,他向西藏地方征询意见:

  银行为商务之血脉,必周转便利,商务乃可大兴。藏库壅积而不流,币制尤换杂破碎,商民交病。应如何开拉萨总银行,分设支店打箭炉、江孜、扎什伦布、大吉岭等处,以便转输而扩商利。②

西藏地方讨论后,对开银行答复道:

  应设银行,因藏地土宇狭小,每年应进差赋犹如前票,悉作恭祝大皇帝及达赖佛爷平安经卷费用。今后亦须循照旧规办理。诚恐难有余溢,其库款大半生息,并无巨款存贮,委系实情。暂将格外设立银行,无论如何万难设措。③

对币制改革答复道:

  拟将现铸银钱暂行停止,用净银铸造五钱七钱五分两重钱模。从前藏钱一元,历经挽铜五分,今既系净银,若能准其藏内加倍行使,酌定章程,出示晓谕,庶始终裨益良深。谨当照办。④

从张荫棠向西藏地方的征询意见可见,他明确提出了设银行与币制改革,并没有提及"收回铸币权"。西藏地方的"答词"表明,他们同意改革币制,但因资金紧缺,对开设银行则表示"万难筹措"。为解决西藏地方设银行的资金紧缺问题,张荫棠提出:"拟由藏官先筹设银行,招股二百三十万,即以新

---

  ① 张荫棠:《致外部电陈治藏刍议》,见吴丰培编辑《清代藏事奏牍·张荫棠驻藏奏稿》,中国藏学出版社1994年版,第1329页。
  ② 张荫棠:《传谕藏众善后问题二十四条》,见吴丰培编辑《清代藏事奏牍·张荫棠驻藏奏稿》,中国藏学出版社1994年版,第1336页。
  ③ 张荫棠:《传谕藏众善后问题二十四条·附录藏众答词》,见吴丰培编辑《清代藏事奏牍·张荫棠驻藏奏稿》,中国藏学出版社1994年版,第1340页。
  ④ 张荫棠:《传谕藏众善后问题二十四条·附录藏众答词》,见吴丰培编辑《清代藏事奏牍·张荫棠驻藏奏稿》,中国藏学出版社1994年版,第1340页。

筹兵饷二十三万担保股息，按年于借揭溢利项下拨还兵饷，一切章程照银行通例办理。商上先将库款尽数附股，以为民倡，招股想亦不难。"① 即采取由藏官募股的方式，解决设立银行的资金紧缺问题。

经过前期准备，张荫棠制定"财政局章程"并饬立财政局，具体落实设银行与币制改革。后来，他进一步完善改革方案，在藏事改革大纲"十六条"中，专列"官银号宜分设也"一条，将设银行与改革币制的总体规划确定为"有银行然后制造银币，可冀流通"，即要先设银行而后改革币制。与一开始的方案相比，最终的改革方案之所以将设银行作为当务之急，原因在于经过一段时间的在藏实践，张荫棠认识到川铸藏圆运藏汇兑亏累及印度卢比渗透等问题，均可通过设立银行得以解决。同时，结合行政体制改革方案与"财政局章程"看，先设银行也有利于"收回铸币权"，即恢复驻藏大臣对西藏地方铸币监管权。由于创设银行与币制改革具体均由财政局落实，而财政局掌管归行部大臣节制，先设银行可先行赋予财政局掌管设银行的权力，再同样通过行部大臣节制财政局掌管的机制，恢复对西藏地方铸币的监管权，这样，"收回铸币权"就会减少阻力。

然而，联豫既没有认识到设银行的重要性，也反对继续使用川铸藏圆，而是主张"自行铸造藏圆"。联豫主张的"自行铸币"，实际是要禁止西藏地方铸币，完全由驻藏大臣行使铸币权，这比张荫棠所提恢复驻藏大臣对西藏地方铸币监管权显然要激进。两人因意见分歧，引发了一场争论。联豫反对川铸藏圆，主张"自行铸造藏圆"的理由是：

> 自西藏边防事起，解款不敷开支，各粮员遂俱向番商借贷，以顾兵饷。始犹四川解来之款争相汇兑，继则诸多要挟，近则每一两只交九钱，且须迟数月后交清。粮员不能赔累，故前办事大臣裕钢代为奏请，将番商汇水一项，作正开销。所以前藏每年额饷六万两，汇到只得五万四千两，亏累实甚。刻下奴才拟将制兵裁撤，改练新军，所需之饷，较前增加，若仍照现在汇兑办理，则亏耗何所底止。四川前铸藏圆，每圆库平三钱二分，打箭炉一带则争用之，市价有时竟涨至三钱八九分，察木多内外尚肯行用。至藏中则市价太低，寻常一圆只作二钱四五分，极涨之时，从未过三钱，若发给兵丁，虽照三钱二分，兵丁已不能堪。所以历任粮员只得交

---

① 张荫棠：《致外部丞参函述筹藏详情及参劾番官原委》，见吴丰培编辑《清代藏事奏牍·张荫棠驻藏奏稿》，中国藏学出版社1994年版，第1361页。

番商汇兑，而不敢领藏圆也。①

为使"自行铸币"的主张获得清廷批准，联豫奏呈使用"川铸藏圆"存在上述弊端的同时，指出"在藏岁铸藏圆十万两，余利岁可溢万余两"。对于联豫的意见，张荫棠在"十六条"中一一予以反驳。

第一，张荫棠从供求关系的角度，对联豫所提的"川铸卢比到藏，市价太低"反驳道："查货币义主流通，川藏卢比原重三钱，打箭炉市价涨至三钱三分，官遂定为三钱三分之价，颁发行用。现打箭炉市价涨至三钱五分或七分不等，而拉萨市价则三钱或一二分不等。查市价涨落无定，以商务涨缩为高低，万不能执市价以为原定之价。其至藏后所以低落者，皆由拉萨与打箭炉转运艰阻，商务未旺，往来周转，供过于求，此赢彼绌，市价不得不落。"②

第二，张荫棠指出，就算"今改由藏铸，则藏圆只可行于藏地，不能通于打箭炉"③，藏铸货币无法在内地市场流通是弊大于利的。

第三，针对联豫所预期的"在藏岁铸藏圆十万两，余利岁可溢万余两"，张荫棠反驳道："既有机器鼓铸，断不止岁铸十万两之数，将蹈前数年各省铜元局之弊，有放无收，市价更恐大落。若以价值二十万之机器岁仅铸币十万两，必无余利可图。"④

第四，张荫棠认为，如果骤然禁止西藏地方铸币而"自行铸币"，将引起西藏地方的强烈反对。他指出："且商上向以铸币余利，供制枪炮之用。在我亦遽难禁止商上之鼓铸，彼此各争余利，必至两败俱伤，且使藏官疑我攘夺其利权，甚非计之得者也。"⑤ 这是张荫棠反对联豫"自行铸币"最重要的原因。

对联豫的主张做了一番反驳后，张荫棠强调，"唯川铸卢比（指川铸藏圆——引者注），藏中不甚信用流通，其弊实由无银行以为周转，市价皆操纵于茶商之手"，这即指出了联豫所提川铸藏圆到藏汇兑"亏累实甚"的根本症结是"无银行以为周转"，以致不法商人从中操纵而牟取暴利。随即，他进一步

---

① 〔清〕联豫：《详陈藏中情形及拟办各事折》，见吴丰培编辑《清代藏事奏牍·联豫驻藏奏稿》，中国藏学出版社1994年版，第1478页。

② 张荫棠：《奏复西藏情形并善后事宜折》，见吴丰培编辑《清代藏事奏牍·张荫棠驻藏奏稿》，中国藏学出版社1994年版，第1401页。

③ 张荫棠：《奏复西藏情形并善后事宜折》，见吴丰培编辑《清代藏事奏牍·张荫棠驻藏奏稿》，中国藏学出版社1994年版，第1402页。

④ 张荫棠：《奏复西藏情形并善后事宜折》，见吴丰培编辑《清代藏事奏牍·张荫棠驻藏奏稿》，中国藏学出版社1994年版，第1402页。

⑤ 张荫棠：《奏复西藏情形并善后事宜折》，见吴丰培编辑《清代藏事奏牍·张荫棠驻藏奏稿》，中国藏学出版社1994年版，第1402页。

主张设官银行：

> 现在整顿藏务，设官兴学，练兵开矿，经费浩繁，综计约三百余万。无官银号，则汇拨维艰。似宜由度支部总银行分设支店，或派代理人，于打箭炉、拉萨、江孜、印度戛尔古达等处作为官银号。一切俸饷汇兑归其经理，所有卢比（指川铸藏圆）仍照旧归川局铸造，以节糜费。庶川藏内地流通，均无窒碍。我之卢比流行藏中，则商上所铸藏银等诸铜元相辅而行可矣。①

可见，张荫棠通过一段时间的实践及不断酝酿，更加坚持先设银行的主张；同时，恢复驻藏大臣对西藏地方铸币监管权后，继续使用西藏地方的铸币，也继续使用川铸藏圆。按照他的思路，通过设银行疏通川铸藏圆的流通环节，川铸藏圆运藏汇兑亏累问题就会迎刃而解。这样就会取得川铸藏圆"流行藏中"，西藏地方铸币"相辅而行"的向好局面。这不仅可抵制印度卢比的渗透；同时不禁止西藏地方铸币不致引起当地官员反对。换言之，张荫棠认为设立银行是扭转币制混乱局面的关键，所以他最终确定的改革思路的重点是设立银行，这与稍后陶思曾的认识不谋而合。1908年，四川试用道陶思曾奉命考察藏印边务后指出："西藏金融机关，绝不完备，内地银币不能通行，凡军饷政费皆须于打箭炉以见银交番人之商上，易换藏钱方能使用，而易换之时，须贴水②，须按期分交。层层剥削，利权遂倒制于番人之手，而印度卢比，反流通及于前藏，漏卮外溢，尤为无穷。"③ 可见，西藏当时未创设银行的弊端是显见的，由"内地银币不能通行"，进而导致以现银"易换藏钱"的种种弊端；更为甚者，清政府缺乏打击英印卢比非法渗透的有效途径。张荫棠力主创设银行，正是要从根本上解决这些问题。陶思曾的调研不仅反映了张荫棠此次改革切中要害，同时表明此次改革方向的正确性。

张荫棠力主创设银行，不只为解决币制混乱问题，他还强调了"银行既

---

① 张荫棠：《奏复西藏情形并善后事宜折》，见吴丰培编辑《清代藏事奏牍·张荫棠驻藏奏稿》，中国藏学出版社1994年版，第1402页。

② "须贴水"，作者自注为："藏钱一元值银一钱，而易换之时，须按九折计算，每库平银一两，只换藏钱九元。"

③〔清〕陶思曾：《藏輶随记》，见吴丰培辑《川藏游踪汇编》，四川民族出版社1985年版，第381－382页。

立，一切新政方有著手"①，即创设银行着眼于为其他各项改革解决筹资问题，以及西藏经济的长远发展。一方面，设银行便于各项改革所需巨额经费的汇拨。张荫棠预算各项实业的开办经费"约计首年连开办费共需四百万两，后每年需常年经费二百万两"②，对于这笔经费如何到藏，他指出"无官银号，则汇拨维艰"③。另一方面，受"银行是实业发展之母"思想的影响，张荫棠深刻认识到银行对于助力工商业等的重要性。他指出："银行为商务之血脉，必周转便利，商务乃可大兴。"④应当说，这些体现出张荫棠力主创设银行的前瞻性。

张荫棠与联豫二人推动币制改革的根本目的，都在抵制英印卢比的渗入以及解决川铸藏圆运藏汇兑亏累等严重问题，都是为了维护西藏地方的经济秩序和利益，进而维护中央政府对藏主权。他们因此而产生的争论，实际是两种改革意见的交锋。联豫的"自行铸币"方案，不仅反对继续使用川铸藏圆，而且要禁止西藏地方铸币。但川藏经济联系紧密，川铸藏圆"商民乐用"，且不论停止使用川铸藏圆可能引发的新问题，骤然禁止西藏地方铸币，将产生西藏地方强烈反对的风险，而联豫对这些全然不顾；即便"自行铸币"，也依然不是打击英印卢比非法渗入的有效途径。

张荫棠力主的以设银行为重点的改革方案，不主张完全禁止西藏地方铸币，认为这将使"藏官疑我攘夺其利权"，"必至两败俱伤"，"甚非计之得者也"。所以要策略性地"收回铸币权"，并与川铸藏圆一样通过银行这一环节予以约束，因势利导地加以使用。同时，设立银行也是打击英印卢比非法渗入的有效举措。不难看出，联豫的方案只是单纯的币制改革，治标不治本，且存在很大风险；张荫棠的方案不仅要从根本上解决问题，同时体现出稳妥性、策略性。比较而言，张荫棠的方案比联豫的方案更为周全。

成崇德认为，"张荫棠主张成立拉萨银行和整顿西藏币制，实际上就是清廷在清末新政期间成立户部度支银行和企图统一全国币制等政策在西藏地区的复制和翻版"⑤。由上述可见，张荫棠力主设立银行及币制改革，的确是与全

---

① 张荫棠：《致外部丞参函述筹藏详情及参劾番官原委》，见吴丰培编辑《清代藏事奏牍·张荫棠驻藏奏稿》，中国藏学出版社1994年版，第1361页。

② 张荫棠：《上外部条议筹办藏政经费说帖》，见吴丰培编辑《清代藏事奏牍·张荫棠驻藏奏稿》，中国藏学出版社1994年版，第1447页。

③ 张荫棠：《奏复西藏情形并善后事宜折》，见吴丰培编辑《清代藏事奏牍·张荫棠驻藏奏稿》，中国藏学出版社1994年版，第1402页。

④ 张荫棠：《传谕藏众善后问题二十四条》，见吴丰培编辑《清代藏事奏牍·张荫棠驻藏奏稿》，中国藏学出版社1994年版，第1336页。

⑤ 成崇德：《清代西部开发》，山西古籍出版社2002年版，第232-233页。

国各地一样将清末新政政策落地,然而,由于西藏地方的诸多特殊性,颇费周折。除与联豫产生争论外,"收回政权"是其整个藏事改革的核心,但考虑到完全禁止西藏地方铸币,将引发强烈反对,他不得不在坚持原则性的同时,予以灵活变通,策略性地"收回铸币权",可见,这种"复制""翻版"十分不易。总体而言,在近代银行兴起的时代,作为西藏设银行的首倡者,张荫棠将创设银行与币制改革紧密相连的改革方案,不仅体现出其改革的时代视野,也体现出改革的全局观照。

(二)饬立财政局及币制改革与创设银行的结局

在做上述前期准备的同时,为推进币制改革与创设银行等改革,张荫棠制定"财政局章程",交由西藏地方筹议,得到"决计遵办"的意见后,他饬立了财政局。财政局设总办二人,委员二人,文案八人,主要职责是按照"财政局章程"落实币制改革与创设银行等。"财政局章程"内容如下:

> 总办二员。委员二员。文案八员。
> 一、设官银行、铸币厂。银行招股,以汉银一百万两为率,每股藏银二十元,岁利藏银二元。无论官商,皆可附股。所有溢利,除提充公费外,按股均分。一切章程,按照各国银行通例办理。
> 一、设银行支店于扎什伦布、江孜、噶伦绷、打箭炉等处,以便汇兑而通转运。
> 一、民间附银,以藏银二十元起码,岁利藏银一元半。
> 一、按揭须以田契货物抵押。
> 一、铸币厂一钱藏银,分两等项,仍照旧式。
> 一、铸金币七成金,以定市价。
> 一、旧银有破烂及成色太低者,一律照价收回,另铸新式,精工花纹,倍加成色。
> 一、铸币局溢息,以半充兵费,以半归银行,按股均分。
> 一、银行准出银纸四十万两,市上通行。
> 一、汉官商上定准仍以藏银三元作英卢比一元,高低虽随市价涨落,仍不准过三元半,违者罚办。①

---

① 张荫棠:《咨外部为西藏议设交涉等九局并附办事草章》,见吴丰培编辑《清代藏事奏牍·张荫棠驻藏奏稿》,中国藏学出版社1994年版,第1346—1347页。

结合"财政局章程"与前述主张可见，张荫棠设银行的具体规划是：在拉萨设立西藏银行总行，于扎什伦布、江孜、打箭炉乃至大吉岭等处设立分行。设银行所需本金采用募股集资方式，官商及民间其他资本均可入股，"以汉银壹百万两为率，每股藏银二十元"，"所有溢利，除提充公费外，按股均分。一切章程，按照各国银行通例办理"。对于币制改革，很重要的一步是"收回铸币权"。由"财政局章程"可见，财政局掌管具体负责币制改革，而其归行部大臣节制，这就能够巧妙地恢复驻藏大臣对西藏地方铸币监管权的定制。在此前提下，西藏地方按照"财政局章程"规定，改进铸币工艺，铸造新式藏圆。有了这一步，最终在创设银行"以为周转"的前提下，继续使用川铸藏圆，同时使用西藏地方新铸藏圆。前者为主要流通货币，后者"相辅而行"。

清政府对张荫棠设银行及改革币制的方案表示了肯定的态度。据光绪三十二年十二月十五日《广益丛报》报道："户部银行拟于西藏设分行，现在决定实行，已电驻藏大臣调查该处一切情形，以便妥订章程，筹款开办。"① 次年十一月三十日，《广益丛报》报道："度支部现以西藏币权半为英、俄两国所夺，因议整顿西藏币制之法，以挽利权。议定办法三条如下：一、于西藏设立户部银行分行。二、厘定西藏货币，务使成色一定，不得纷歧。三、改定西藏货币形式，以便次第实行，抵制英、俄两国货币入藏。"② 然而，张荫棠离藏后，联豫一意孤行，不仅未设立银行，就是铸币也未按张荫棠的主张进行，而是依恃军威强行查封了西藏地方铸币厂，并在此基础上"自行铸币"。宣统二年（1910）七月，联豫"试铸银圆一种，铜圆两种"，正面均铸"宣统宝藏"字样，"背面中铸龙形，旁铸藏文库平一钱一分五厘字样"。然而，正如张荫棠所预料，此举激起了西藏地方的强烈反对。联豫还准备"次第扩充"铸币厂，③ 但不久辛亥革命就爆发了，其后续措施随之夭折。

（三）财政制度改革主张

按照《钦定藏内善后章程二十九条》的规定，驻藏大臣每年春秋两季对

---

① 《决意分设西藏银行》，见《广益丛报》第一百二十八号（第四年第三十二期），1907年1月28日（光绪三十二年十二月十五日）。

② 《整顿币制》，见《广益丛报》第一百五十九号（第五年第三十一期），1908年1月3日（光绪三十三年十一月三日）。

③ 〔清〕联豫：《进呈试铸银圆式样并拟扩充办法折》，见吴丰培编辑《清代藏事奏牍·张荫棠驻藏奏稿》，中国藏学出版社1994年版，第1554页。

西藏地方财政进行审核。① 然而，随着晚清时期驻藏大臣与西藏地方矛盾突出，尤其是十三世达赖喇嘛亲政后极力扩张自身权力，这一规定逐渐形同废止。因此，张荫棠财政制度改革的核心是按旧制恢复驻藏大臣对西藏财政的监督审核权。在饬立财政局的基础上，他在改革大纲"十六条"中专门做出具体规定：

> 西藏财政向有第穆寺藏王管理，其时汉官尚有督饬稽察之权。自十六年第穆革职②，财政之权始归商上。似宜规复旧制，复立第穆寺藏王，由行部大臣饬三大寺大公所会同选定奏补。③

按张荫棠此处所言，《钦定藏内善后章程二十九条》中规定的财政制度，在实际执行中是由摄政具体管理财政，驻藏大臣行使监督审核权，这一制度一直维持到至第穆活佛担任摄政期间（1886—1895）。但随着1895年第穆活佛卸任、十三世达赖喇嘛亲政，西藏地方财政转由商上掌管，驻藏大臣对西藏财政始无监督审核权。

结合张荫棠的行政体制改革方案及饬立财政局等改革来看，恢复驻藏大臣对西藏财政监督审核权，是整个财政改革的一部分，且与行政体制改革紧密相连。根据行政体制改革方案中"收回政权"的思路，财政局与其他各局一样均是行部大臣署内机构，财政局掌管与其他各局掌管一样，均归行部大臣节制。因此，恢复驻藏大臣财政监督审核权的关键性一步，是将西藏财政由商上掌管改为由张荫棠饬立的财务局管理，这样，行部大臣自然可行使财政监督审核权，即恢复财政监督审核权是以体制机制改革来实现。当时，作为恢复财政监督审核权设想中重要一环的财政局已经成立，并委任噶伦洛桑成来为财政局、学务局、巡警局三局掌管。值得指出的是，为促成财政权的顺利交接，张荫棠在颁发的"九局"掌管"委任令"中，于噶伦洛桑成来等的任命之后，特意单独明确"著财政局掌管玉托·平措旺旦和粮饷官堪穷·旦增曲扎，助

---

① 《钦定藏内善后章程二十九条》（西藏馆藏，原件藏文），见中国藏学研究中心、中国第一历史档案馆、中国第二历史档案馆、西藏自治区档案馆、四川省档案馆合编《元以来西藏地方与中央政府关系档案史料汇编》（第3册），中国藏学出版社1994年版，第828页。
② 此处"十六年第穆革职"当属有误，第穆活佛卸任摄政是在光绪二十一年（1895）。
③ 张荫棠：《奏复西藏情形并善后事宜折》，见吴丰培编辑《清代藏事奏牍·张荫棠驻藏奏稿》，中国藏学出版社1994年版，第1398页。

理拉亚加日巴·多吉杰布"等职员,"一体知晓"。① 可见,财政局的权力架构为噶伦洛桑成来兼管财政局、学务局、巡警局三局,而玉托·平措旺旦为财政局专职掌管。成立财政局,并任命掌管及其他职员,等于是向恢复驻藏大臣财政监督审核权迈出了重要一步。下一步,只要实现财政权由商上转交财政局,恢复驻藏大臣财政监督审核权也就顺理成章。但财政权毕竟是一项十分重要的权力,关涉全局,在当时情况下,要顺利实现由商上转交财政局并不容易,甚至阻力很大。上引张荫棠所言"似宜规复旧制,复立第穆寺藏王",当是见于第穆活佛担任摄政任内能积极配合驻藏大臣,所以他主张从第穆系统中重新选定、任命一人担任摄政,这样就便于促成商上将财政权移交给财政局。然而,在这关键之际,张荫棠奉旨离开了西藏。联豫继续推行新政期间,不仅张荫棠设行部大臣的改革主张未能实施,"复立第穆"也未能实现,恢复驻藏大臣对西藏财政监督审核权因未能迈出权力由商上向财政局转交这至为关键的一步,最后不了了之。尽管如此,张荫棠在其以"收回政权"为核心的全面藏事改革中,恢复驻藏大臣对西藏财政的监督审核权的改革主张值得肯定,其为此所做的努力也体现出一定的稳妥性。

（四）税制改革

名目繁多的乌拉杂税是压在西藏僧俗百姓身上的沉重负担,减轻税收无疑可以调动他们的生产积极性。清末新政期间的"实业救国"论者认为,不能仅以税收增加政府财政收入,而应以合理的税收来扶持和促进实业发展。受此影响,张荫棠本着"轻徭薄赋"的原则,制定了减免农业税、茶税及规范盐税的规划；本着保护、促进工商业发展的原则,出台了还是新事物的关税、矿产税等。

其一,减免农业税。一方面,本着鼓励"垦荒"、扩大生产的原则,张荫棠规定:"凡西藏除有主各庄田外,凡荒山废坡,各地招民领耕,每人限若干秤。第一、二年不收地租,第三年以后按其收获之物十分取一。"另一方面,他指出:"各家庄田常有荒废,无人领耕者,或领耕后而逃亡者,想业主不明农学公理。所索租税、差徭太重,耕户不足糊口。查农学公理,耕户终岁勤劬播种耕耨、购买牛骡农器、灌溉,及养育父母妻子费用甚繁。"所以,本着限制各庄园主税收、调动农奴生产积极性的原则,张荫棠规定:"每秤地每年收获之物,业主只可取十分之二,以为地租。若租徭太重,耕户即难觅食,地无

---

① 《驻藏大臣张荫棠等为新设路矿等局发布委任令书》,见西藏自治区档案馆编《西藏历史档案荟萃》,文物出版社1995年版,第69号档案。

人耕,业主亦属吃亏。以上两条,须向各庄田寺院业主讲明其理,使家喻户晓。"①

其二,减免茶税。鉴于"印茶无税,运费较轻,炉茶万难相敌",张荫棠本着保护"炉茶",抵制"印茶"的原则,做出了减免茶税的规定:"至打箭炉茶税,或应豁免,或应酌减,以轻成本。"②

其三,规范盐税。鉴于"巴塘新收盐税颇旺,而藏中向无盐税",张荫棠提出"在各盐井设局征税,官商并运"。③ 其具体规划是:"设官盐局于鹿马岭(在今工布江达县境内)、盐井、加拉乌苏(今那曲市)盐海等处,每一盐驼约百四十斤,收税银一两,任由商民来自采运。或由官自置驴马,运往各处。除脚税项外,照市价平沽,每年约可收税二三十万两。"与此同时,他对偷税、漏税行为的惩罚也做出了规定:"运盐者如未纳税私运,即以偷漏论,除充公外,议罚,每盐一驼罚银二两。"④

其四,厘定关税。在筹划开埠时,张荫棠就提出:"羊毛、牛尾、骨角、猪毛、药材,将来必为出口货大宗。三埠设关后,应酌定出入口税则。"⑤ 后来,在"埠务大略章程"中,他对征收关税的大体原则是:"酌收埠头货捐,专为该埠地方自治公益之用。敷用为止,亦不苛捐扰商。"⑥

其五,制定矿产税。本着鼓励开矿的原则,张荫棠规定:"无论何山,凡有矿产之地,准汉藏人等赴局领照,划定地界,集股开采,暂免纳费,俟出矿后,不论何项矿质,官征什一之税。"⑦

诚然,张荫棠税收改革也有增加西藏地方财政收入,以为藏事改革筹措经费的考虑。各项改革所需经费数额巨大,张荫棠主要是通过请旨拨款解决,但也希望能通过税收解决一部分。他指出,"我中国并非利西藏土地之财产,反

---

① 张荫棠:《咨外部为西藏议设交涉等九局并附办事草章》,见吴丰培编辑《清代藏事奏牍·张荫棠驻藏奏稿》,中国藏学出版社 1994 年版,第 1351–1352 页。
② 张荫棠:《奏复西藏情形并善后事宜折》,见吴丰培编辑《清代藏事奏牍·张荫棠驻藏奏稿》,中国藏学出版社 1994 年版,第 1401 页。
③ 张荫棠:《致外部电陈治藏刍议》,见吴丰培编辑《清代藏事奏牍·张荫棠驻藏奏稿》,中国藏学出版社 1994 年版,第 1329 页。
④ 张荫棠:《咨外部为西藏议设交涉等九局并附办事草章》,见吴丰培编辑《清代藏事奏牍·张荫棠驻藏奏稿》,中国藏学出版社 1994 年版,第 1347 页。
⑤ 张荫棠:《致外部电陈治藏刍议》,见吴丰培编辑《清代藏事奏牍·张荫棠驻藏奏稿》,中国藏学出版社 1994 年版,第 1329 页。
⑥ 张荫棠:《札发商务委员噶大克埠务大略章程》,见吴丰培编辑《清代藏事奏牍·张荫棠驻藏奏稿》,中国藏学出版社 1994 年版,第 1364 页。
⑦ 张荫棠:《奏复西藏情形并善后事宜折》,见吴丰培编辑《清代藏事奏牍·张荫棠驻藏奏稿》,中国藏学出版社 1994 年版,第 1400 页。

为西藏靡费千百数万，以救我唐古特黄种同胞"；但鉴于清政府国库空虚，按预算全额拨款困难重重，因此他也提出，"如盐茶、银行、矿务办有成效，更可供挹注。但求藏属多筹得一文，我国即少补助一文"。① 在与西藏地方上层筹议矿产税时，他劝导："应如何妥定章程，任民开采，官收什一之税，此天地自然之利。以西藏之财，办西藏之事，以西藏之地，养西藏之人。"② 又明确指出，盐茶税、关税以及银行开设后的盈利三项收益，"于（改革所需）经费不无小补"③。总之，张荫棠的税制改革规划，不是单纯地以增加财政收入为目的，而是以合理的税目、税率及税收管理措施，鼓励、促进西藏地方的实业发展，是顺应历史潮流的。

张荫棠的税制改革规划得到了清政府的肯定并有所推行。据宣统元年（1909）九月十日的《广益丛报》报道："政府以藏地僻远，不便交通，内地商民多不愿往，故上期政务处会议时，各大臣曾面商农工商部溥尚书，设法保护商（民），请减收商水，藉以鼓励。顷闻溥尚书已决定实行减收税则，日前通饬各省督抚转饬地方官，凡商民愿往西藏贸易者，即令切实保护，沿途关卡于寻常税厘减免五分之二，不得藉端需索留难。并闻准于今年九月初一日一律施行。"④ 张荫棠税制改革无疑是对西藏地方封建农奴制苛捐杂税制度的有力冲击；并且他在当时提出的"中央不取西藏一文利""以西藏之财，办西藏之事"等，至今仍闪耀着思想的光辉。

由上可见，清末张荫棠藏事改革中的财政改革思想与实践，涉及创设银行与币制改革、饬立财政局，以及改革财政制度与税制等，各项改革相辅相成。其中，币制改革与创设银行紧密相连，币制改革的直接目的是抵制英印卢比的渗入，维护西藏地方经济秩序；兼具改革全局关照和时代视野的创设银行，既要从根本上解决币制问题，也着眼西藏地方经济发展的长远需要。饬立财政局的直接目的是落实创设银行与币制改革，但此举兼具行政体制改革与财政改革的双重性质。财政制度改革的核心是恢复驻藏大臣对西藏财政监督审核权。税收制度改革虽也有为其他改革筹措经费的考虑，但更主要的目的是规范税收，

---

① 张荫棠：《致外部丞参函述筹藏详情及参劾番官原委》，见吴丰培编辑《清代藏事奏牍·张荫棠驻藏奏稿》，中国藏学出版社1994年版，第1360页。
② 张荫棠：《传谕藏众善后问题二十四条》，见吴丰培编辑《清代藏事奏牍·张荫棠驻藏奏稿》，中国藏学出版社1994年版，第1336页。
③ 张荫棠：《致外部电陈治藏刍议》，见吴丰培编辑《清代藏事奏牍·张荫棠驻藏奏稿》，中国藏学出版社1994年版，第1328页。
④ 《减收西藏关税之实行》，见《广益丛报》第二百十五号（第七年第二十三期），1909年10月23日（宣统元年九月十日）。

引导和调控各项实业发展。总之，张荫棠财政改革中的各项具体措施是从现实需要出发，紧紧围绕"收回政权"展开的，是其全面藏事改革的重要组成部分。

综上，清末张荫棠西藏经济改革主要涉及农牧业、工商业、路矿业、盐茶业，以及设银行、铸币与财政改革等，具体改革分别由"九局"中的农务局、工商局、路矿局、盐茶局、财政局等相关职能机构按照各自"章程"落实。张荫棠强调："如今欲求救亡之法，只有兴学、练兵两事是最紧要。农工商矿为致富根本，练兵为御外侮根本"①；"练新军必先筹饷"，"欲筹饷，必先振兴农工商业"。② 可见，经济改革在其以"收回政权"为核心的全面藏事改革中具有重要的地位。尤其是设立推动经济改革的各局兼具政治改革的意义，因而，经济改革首先与政治改革是相辅相成的。

张荫棠以"兴办实业"为核心的西藏经济改革具有重要的历史意义。其一，姚锡光批评清朝传统的治藏政策"统驭之意多，而充实之力少"③，张荫棠所推行的在清朝中央政府主导下，致力于西藏经济社会发展的一系列改革措施，体现出对西藏的"充实"与"开发"。因此，张荫棠西藏经济改革标志着清朝治藏"统驭之意多，而充实之力少"的传统的彻底终结，这是清朝治藏政策的一大转变。其二，经济改革中不管是创设职能机构，还是劝导推行具体的改革措施，其主要依据是清末新政的相关政策。清末新政对促进中国近（现）代化具有重要意义，因而张荫棠的经济改革拉开了西藏近（现）代化进程的帷幕。其三，张荫棠西藏经济改革是围绕"收回政权"展开的，有利于加强西藏地方与内地的经济联系，从而有利于增进西藏与内地关系的基础，这对巩固西藏地方与中央政府关系具有重要的意义。

尽管正值张荫棠大刀阔斧地推行改革之际，因其本人奉旨离藏，经济改革的各项措施未及深入推行，但仍为联豫继续推行新政打下了基础。张荫棠西藏经济改革思想与实践，不仅对后世西藏经济社会发展功不可没，同时也拓展了治藏思路，为后世治藏留下了一笔宝贵的思想财富。

---

① 张荫棠：《谕全藏僧俗官民筹办要政亟图自强》，见吴丰培编辑《清代藏事奏牍·张荫棠驻藏奏稿》，中国藏学出版社1994年版，第1371页。

② 张荫棠：《传谕藏众善后问题二十四条》，见吴丰培编辑《清代藏事奏牍·张荫棠驻藏奏稿》，中国藏学出版社1994年版，第1335页。

③ 姚锡光：《筹藏刍议》，见西藏社会科学院西藏学汉文文献编辑室编辑《西藏学文献丛书别辑》（第十二函，线装本），中国藏学出版社1995年版，叶二。

第四章　张荫棠军事、外事改革思想与实践

第一节　军事改革

清朝在藏军事力量是维护中央政府在藏权威、保持西藏地方稳定以及戍卫边防的重要保障。乾隆五十八年颁行的《钦定藏内善后章程二十九条》规定："额设三千番兵，分驻前后藏各一千名，江孜、定日各驻五百名，就近挑补。每五百番兵委一代本统领。"① 其中，对藏军的操防、军械、饷银、马匹等也一一做了详细规定。与此同时，清朝完善清军驻藏制度，额定驻藏清军1300多人，与藏军统归驻藏大臣指挥。② 清朝对西藏地方军事制度的此项重大改革，奠定了以后西藏地方军制的基础。总体而言，清朝建立藏军常备军以及清军常川驻防制度，加强了在西藏地方的军事力量，对于维护地方安宁、巩固国防发挥了重要作用。然而，晚清以降，随着清王朝的没落，驻藏清军及藏军逐渐"营务松弛""纲纪凌乱"，战斗力大大减弱，致使西藏边防空虚。1888年英国第一次侵藏战争就充分暴露了问题的严重性，但清朝一直未能采取措施加强边防，以致无力抵抗英国的第二次武装侵藏。面对日益严峻的西藏边疆危机，早在19世纪七八十年代，四川总督丁宝桢建议加强西藏"练兵"，而朝野上下有关加强西藏军事力量的呼声就从未间断过。有泰赴任驻藏大臣前甚至已提出了较为详细的加强军事力量的计划，但因英国发动第二次侵藏战争，此

---

① 《钦定藏内善后章程二十九条》（西藏馆藏，原件藏文），见中国藏学研究中心、中国第一历史档案馆、中国第二历史档案馆、西藏自治区档案馆、四川省档案馆合编《元以来西藏地方与中央政府关系档案史料汇编》（第3册），中国藏学出版社1994年版，第827页。

② 关于驻藏清军的具体数额，吴丰培、曾国庆的《清朝驻藏大臣制度的建立与沿革》（中国藏学出版社1989年版）中统计为1314人；曾国庆的《清代藏史研究》（西藏人民出版社、齐鲁书社1999年版）中统计为1273人；苏发祥的《清代治藏政策研究》（民族出版社2001年版）中统计为1258人。

一提议不了了之。张荫棠力主的西藏军事改革，包括编练新军、创设巡警两大方面。

一、编练新军

庚子之役后，清廷为了加强军事力量，决定编练新军。光绪二十九年（1903），清政府设立编练处，由庆亲王奕劻总理、袁世凯充会办编练大臣、铁良襄同办理，督饬全国各地裁汰绿营，改练新军。这为张荫棠在西藏规划编练新军提供了直接依据。

早在向清廷奏陈初步整顿藏事意见的《致外部电请速整顿藏政收回政权》与《致外部丞参函详陈英谋藏阴谋及治藏政策》两折中，张荫棠提出的一个重要主张就是加强军事力量。前折强调"今事机迫切，尤为刻不容缓"，请旨"遴派知兵大员，统精兵二万，迅速由川入藏，分驻要隘"①。后折在深刻分析英国和俄国的侵略形势，西藏地方内部的重重矛盾，驻藏大臣形同虚设，尤其是驻藏清军与藏军"不足示威"等情况的基础上指出，"窃思藏地东西七千余里，南北五千余里，为川滇秦陇四省屏蔽。设有疏虞，不独四省防无虚日，其关系大局实有不堪设想者。且各省办理边防均有重兵镇守，西藏密通印度，边患交涉，与行省不同，其危险情形尤与上年不同，诚如当轴所谓整顿西藏有刻不容缓之势矣"；紧接着又强调"惟整顿西藏非收回政权不可，欲收回政权非用兵不可"，并重申前折所提派"精兵二万"入藏的意见；但考虑到军费、后勤保障等问题，同时指出，"俟大局稍定，陆续添练番兵，再行逐年递减汉兵额数。此后常年驻藏汉兵约需五千，即足以资弹压"②。总体而言，张荫棠此两折中所提加强清朝在藏军事力量的途径是"调遣新练劲卒"，即由清政府直接调拨劲旅入藏；并认为加强在藏军事力量是整顿藏事的重要前提。这是张荫棠尚在印度谈判时，为加强边防所奏陈的意见。

后来，鉴于直接请拨两万精兵存在困难，张荫棠在"十九条"中提出调拨6000名北洋新军，并提出编练藏军的两条具体措施。他具体提出："拨北洋新军六千驻藏，藉壮声威。饷械由北洋拨给，归行部大臣调遣，三年后递撤

---

① 张荫棠：《致外部电请速整顿藏政收回政权》，见吴丰培编辑《清代藏事奏牍·张荫棠驻藏奏稿》，中国藏学出版社1994年版，第1304页。
② 张荫棠：《致外部丞参函详陈英谋藏阴谋及治藏政策》，见吴丰培编辑《清代藏事奏牍·张荫棠驻藏奏稿》，中国藏学出版社1994年版，第1306页。

回,改募土勇,以省远戍费繁","应如何调拨之处,由陆军部核办"。① 然而,就是请拨北洋新军六千,清政府也难以做到。张荫棠只得像全国各地一样,按照清末新政中的相关要求,就地筹划编练新军。实际上,在请旨直接调拨劲旅的同时,张荫棠就已经开始与西藏地方磋商编练新军的具体事宜。在得到西藏地方同意后,他结合清朝中央政府编练新军的规定和加强西藏军事力量的紧迫现实需要,制定"督练局章程"二十五条;并饬立督练局,作为编练新军的专门职能机构。督练局设总办四人,具体负责统筹以编练新军为核心的军事改革事宜。"督练局章程"如下:

督练局应办事宜②
　　一、每镇设粮饷局,全军官兵粮饷属焉。
　　军械局,全军械属焉。
　　司法局,弁兵犯罪者属焉。
　　参谋局,所有战守机宜属焉。侦探队归其调遣。
　　总办四员。文案十员。委员□员。教习十员。副教习十员。
　　一、西藏以练足洋操队,常备军四万人为额。
　　一、现年先练五千人,按年递增。
　　一、聘请中国北洋陆军毕业生为教习,兼统带,优给薪俸。
　　一、兵制五人为伍,五伍二十五人为队。每队设队长一人,十队为团。(二百五十人)设团官一人,帮带一人。十团为营,(二千五百人)设营将一人。两营为镇,设镇将一人。
　　一、每镇五千人。内设炮队两团(五百人,凡开战,炮队居前,以枪队辅之),工程队一团(二百五十人),辎重队一团,军医队一团,军乐队四队(共百人),侦探队六队(共百五十人),除外,实得马步队三千五百人。西藏山国,马步队宜各半,以利驰驱。
　　一、每月兵饷,以四两二钱为率,遇战事加战饷二两一钱发给,俾无家室之虞,专心日日训练,务成劲旅。
　　一、凡充常备军三年者,退伍后作为续备军,月饷一两。充续备军三年者,退为后备军,月饷七钱。每年调遣常备军操一月,此月照给四两二

---

① 张荫棠:《致外部电陈治藏刍议》,见吴丰培编辑《清代藏事奏牍·张荫棠驻藏奏稿》,中国藏学出版社1994年版,第1329页。
② 张荫棠:《咨外部为西藏议设交涉等九局并附办事草章》,见吴丰培编辑《清代藏事奏牍·张荫棠驻藏奏稿》,中国藏学出版社1994年版,第1345-1446页。

钱之饷。设遇西藏有战事，常备军不敷防剿之用，再调续备军、后备军。赴前敌，照给战饷。

一、选兵以十八岁至三十岁、身体强壮、矫捷、无嗜好者为合格。无论汉藏僧俗，均可赴选。廓布人亦可间用，唯不得过十分之一。

一、炮队以格林炮、过山炮为主，每队大炮一尊，小炮二尊。枪队一律改用后膛毛瑟枪，至子药尤宜自制多备。

一、全军兵衣皆宜短襟窄袖，以便行走（全军仿喇嘛不蓄发）。

一、参谋局总办，须选历练行阵、胆识兼优、精通洋操之员充当。平日宜周历全藏险要形势，熟悉胸中，将某处临时可安营叠碉堡，某路可以伏兵，某路可以运粮，某路可以包抄贼后，一一筹画，随机应变。

一、侦探队平日宜讲求侦探之术，临时四出侦探，密报参谋局总办。或扮小商贩，或用妇女，入敌营窥探虚实。

一、工程队于掘沟筑叠工程，宜讲究新法，随时演熟。或两军对垒，枪林弹雨之中，血肉相搏，必以能筑垒者操胜。盖军士俯伏坑内，仰首放枪，有所蔽身，乃能御敌而胜。筑叠宜用三合土，筑六七尺厚，临时以水淋至湿透，则泥软能藏弹子。掘坑于平地面，掘三四尺深，以能藏人为率，伏坑内昂首放枪。

一、与敌人接仗，宜用散队，或五人十人一队，行伍宜疏，则枪炮子弹多落空地。切勿数百人立于一处，敌人枪炮易于取准，死伤必多，在旁兵卒寒胆便走。

一、全镇战马约需三千五百匹，须选精壮，入战场操演纯熟，每匹月支喂养马银四两。

一、炮队，每炮一尊，须拉炮马六匹。每两尊用拉弹子车一辆。

一、每队兵须备棚帐、背包、粮袋、水壶、雨衣、雨帽、拆枪器具、短枪等。

一、每团须备铜吹哨、大锹、斧、锯、镢头等。

一、每团须备双筒千里镜、指南针、钲鼓、修理枪炮器具等。

一、队长月饷十二两，团官月饷二十两，经费二十两；营将月饷四十两，经费四十两；镇将月饷六十两，经费六十两。

一、凡五百人为一营，每营正教习兼统带一员，月薪壹百两，经费六十两。帮教习一员，兼统带，月薪七十两，经费四十两。每员马三匹，官给喂养。

一、全镇总教习，兼总统一员，月薪百五十两，经费百两，马六匹，官给喂养。

一、设陆军学堂，聘北洋学生充教习。

一、全军马匹，每年每百约倒毙三十匹垫补。

由上可见，"督练局章程"对编练新军的规模、兵源、营制、装备、训练、行军、作战、军粮、军饷等一一做出了明确规定，从而具有编练新军大纲的性质。后来，在改革大纲"十六条"中，张荫棠强调："至今年八月英俄又订协定①，貌似和平，实则英要求俄承认其藏约。英以波斯权利让俄，俄以西藏、阿富汗权利让英。前日尚赖英俄相互牵制。今协约既定，藏地益危。中英新订藏约，虽有不占土地、不干预内政之语，非有实力以盾其后，万不足恃。"② 可见，张荫棠认为英俄《西藏协定》签订后边疆形势更加严峻，因此，加强西藏军事力量，巩固边防更加刻不容缓。由是在成立督练局的基础上，张荫棠进一步完善编练新军的计划，最终确定了"练汉兵以资镇摄也""番兵应由汉官充教习统带也""枪炮宜购制也"三大方面。

（一）"练汉兵以资镇摄也"

由于驻藏清军"不足示威"，而直接请拨劲旅入藏又未获批准，"练汉兵以资镇摄也"成了张荫棠编练新军、加强清朝在藏军事力量的重点。清末，驻藏清军人数几乎减半，且军纪松弛、战斗力极其低下。张荫棠指出："查驻藏汉兵除护粮台官兵外，只有六百二十一员名，半供塘递巡卡之役。"就是这仅有的这600多名驻军，也由于轮换不及时，大多为老弱病残，足见当时西藏边防空虚之极。因此，"练汉兵以资镇摄也"具有十分重要的现实意义。张荫棠强调："盖兵威不壮，则兴革各事既有多方掣肘之虑，尤有变生意外之险。明知经费浩大，国帑支绌，诚属为难，但外患方殷，内变自亟，一旦有事，英人趁机入藏，我则鞭长莫及，将来再图补救，亦复无济，得失相权不待智者而后知矣。"③ 尤其是英俄《西藏协定》签订后"藏地益危"，而来自英国的"危险情形尤与上年不同"。显然，从巩固边防、抵御侵略的角度而言，"练汉兵以资镇摄也"刻不容缓。同时，张荫棠就英国第二次侵藏战争后，西藏地方上下对清朝中央政府严重不满等情形指出，"现在藏中情形，驻藏大臣虽拥尊号，而举办一事，藏番外示诚朴，阴实抗违"，整饬吏治及"固结人心"的

---

① 指1907年英俄《西藏协定》。

② 张荫棠：《奏复西藏情形并善后事宜折》，见吴丰培编辑《清代藏事奏牍·张荫棠驻藏奏稿》，中国藏学出版社1994年版，第1396页。

③ 张荫棠：《致外部丞参函详陈英谋藏阴谋及治藏政策》，见吴丰培编辑《清代藏事奏牍·张荫棠驻藏奏稿》，中国藏学出版社1994年版，第1306页。

一些措施，虽使形势有所好转，但仍不容乐观。总之，"练汉兵以资镇摄也"主要是出于抵御侵略的现实需要，但也有"以资弹压"地方，以为藏事改革创造稳定局面的考虑。同时，张荫棠认为，加强清朝在藏军事力量，巩固边防，才能使西藏地方获得安全保障，进而"依仗之心益坚"。

在前期的筹划基础上，张荫棠虽在"十六条""总论"中也提到"苟有练兵三千，足资镇抚"，但在"练汉兵以资镇摄也"中，他进一步明确提出，"驻藏汉兵窳败不堪用，宜一律淘汰。拟照陆军部练军新章，改练洋操队六千名"，同时对编练汉兵的兵源、营制、布防、兵饷以及军事指挥权等一一做出了具体规划。①

编练汉兵的兵源及营制为：

> 在打箭炉、雅州府等处招四千名，其余两千名在藏地招募训练，以壮声威。所有营制悉照陆军部新章办理。

新军练成后的具体布防为：

> 今日藏防要隘在西南，宜拨二千驻守春丕、帕克里、江孜等处，拨二千名驻守定日、阿克、噶大克等处，拨一千名驻拉萨。其十卡子、察木多分拨五百名，足敷弹压。自巴塘以东归川滇大臣管理，互相管应。又查藏属山路崎岖，非马不行，故马队宜多，饷需视内地尤重。

兵饷、训练以及军事指挥权等为：

> 应由陆军部②核算，综计军六千，岁需饷械薪俸营房马乾若干，咨明度支部筹拨。并由南北洋大臣选派教习及陆军学堂毕业生，来藏统带训练。其旧设之游都守千把各缺，均一律裁撤，以期饷不虚縻，兵有实用。理饷练兵，各派专员管理，而仍归行部大臣节制。

由"练汉兵以资镇摄也"的具体规划可见，张荫棠对加强清朝在藏驻军

---

① 张荫棠：《奏复西藏情形并善后事宜折》，见吴丰培编辑《清代藏事奏牍·张荫棠驻藏奏稿》，中国藏学出版社1994年版，第1399页。
② 1903年清政府成立练兵处时，原有的兵部并未裁撤，以致职权不清。1906年，清廷改兵部为陆军部，练兵处并入其中。

的规模,由最初的请旨调拨"精兵二万","俟大局稍定",通过陆续添练藏军,"再行逐年递减汉兵额数",保持"常年驻藏汉兵约需五千";再到"十九条"中请旨"拨北洋新军六千";最终在"十六条"中确定为裁撤旧的驻藏汉兵,编练汉兵新军6000名。所练汉兵新军归行部大臣节制;兵源由四川打箭炉、雅州等处招募4000人,在藏招募2000人组成;教官及管带由陆军部选派陆军学堂毕业生充任;所需经费由度支部拨给;驻防以西藏西南为重,分别为春丕、帕里、江孜等处驻2000人,定日、噶大克等处驻2000人,拉萨驻1000人,日喀则、昌都各驻500人。

张荫棠编练汉兵新军的规划公布后,《广益丛报》刊载的《西报论中国经营西藏问题续论》一文指出:

> 西藏今日非大加整顿不可也。乃观政府之意,似在若甚注意若甚不注意之间。何者既命张京卿(张荫棠——引者注)大治藏事矣,而练兵仅止六千,以镇数千里之疆土,分注(驻)防守,兵力单弱,何壮声威?①

可见,时论认为西藏编练新军的规模是远远不够的,然而张荫棠压缩计划实属无奈。

(二)"番兵应由汉官充教习统带也"

"番兵应由汉官充教习统带也"是编练藏军新军的重要前提。《钦定藏内善后章程二十九条》规定,藏军员额3000人,归驻藏大臣指挥,每年春秋两季由驻藏大臣检阅。然而晚清以降,藏军逐渐营务废弛,尤其是两次抗英斗争的失败,不仅暴露出藏军毫无战斗力,也反映出藏军的规模亟待扩充。为此,在《致外部丞参函详陈英谋藏阴谋及治藏政策》一折中,张荫棠就指出"番兵不过三千名,又星散数百里外",因此请求"陆续添练番兵"。②

随后,根据形势变化,张荫棠进一步认识到编练藏军刻不容缓。他指出,"英近由哲孟雄之干都新修一路,三日直达春丕",即西藏有随时受英国直接武装入侵的危险。同时,由于西藏地域辽阔,即便编练汉兵新军6000员,也"仅敷镇乱,以之防边,尚恐未逮","且川藏辽隔,赴援不易"。因此,要切

---

① 《西报论中国经营西藏问题续论》,见《广益丛报》第一百五十四号(第五年第二十六期),1907年12月4日(光绪三十三年十月二十九日)。

② 张荫棠:《致外部丞参函详陈英谋藏阴谋及治藏政策》,见吴丰培编辑《清代藏事奏牍·张荫棠驻藏奏稿》,中国藏学出版社1994年版,第1306页。

实加强西藏边防,不得不依靠藏军;然而藏军人数少、装备落后、未经训练、军事素质不高,尚不足以依靠。张荫棠指出:"西藏向用民兵之制,按亩征兵,散布各处,未经训练,乌合之众,殆同儿戏。"在此情况下,张荫棠在拟订编练汉兵新军计划的同时,提出了编练藏军的计划。他指出:"主客异形,以汉兵保护西藏,不如练番兵以自谋保护。且西藏向用民兵,可渐仿欧洲举国皆兵之制。"①"十九条"中提出的编练藏军的初步计划为:"藏番民兵约可得十万,饷由藏拨,拟派我武备生统带训练,俸薪军械子弹药由我给。"② 为征询西藏地方对编练藏军的意见,张荫棠指出:

> 知旧兵不可用,不能不改练洋操也。知旧枪不可用,不可不改制快炮也。粮饷不厚,不能得士卒之死力也。侦探不密,不能知敌军之内情。地图不精,营垒不能占形势也。测量不准,枪炮不能命中也。事前不能一一筹备,敌至复束手无策。尔等其熟筹方略以对。③

西藏地方答复:

> 查西藏因系佛教,不但不知战法,且未设法筹备,突然拒敌,交绥败北,职此之由。此后敌人逼处,万难如前宽怀坐待,自应新练防守兵丁,于旧有前后藏番兵三千名之上增添,后开共拟一万名……④

在"迭与商上筹议,改用募勇"的过程中,张荫棠还就练兵的规模、军械来源、筹饷等具体问题与西藏地方一一进行了磋商。他向西藏地方征询意见:

> 练新军必先筹饷,商上为全藏财赋之总汇,每岁究竟进款若干,支款若干,省无益之冗费,实能练兵若干。西藏向用民兵,平时未经训练,出

---

① 张荫棠:《奏复西藏情形并善后事宜折》,见吴丰培编辑《清代藏事奏牍·张荫棠驻藏奏稿》,中国藏学出版社1994年版,第1399页。
② 张荫棠:《致外部电陈治藏刍议》,见吴丰培编辑《清代藏事奏牍·张荫棠驻藏奏稿》,中国藏学出版社1994年版,第1329页。
③ 张荫棠:《传谕藏众善后问题二十四条》,见吴丰培编辑《清代藏事奏牍·张荫棠驻藏奏稿》,中国藏学出版社1994年版,第1335页。
④ 张荫棠:《传谕藏众善后问题二十四条·附录藏众答词》,见吴丰培编辑《清代藏事奏牍·张荫棠驻藏奏稿》,中国藏学出版社1994年版,第1338—1339页。

战时戈矛均由民备，每日仅给糌粑茶叶，不足糊口，安望其能杀敌。若招练常备新军数千，训练民兵，相辅而行，庶乎有济，尔等其详筹以闻。①

西藏地方答复：

查商上进款，已饬各公所将进出折抵余剩若干详细具复，俟递到再将清单具呈。未进款大宗均须念经作善支出，是以差徭每年并无余溢。凡遇增添支款，即于商上出银生息，亦皆按年悉作祝诵经典之用。所有练兵事宜，昨大众派令替身面谒。奉谕须练四万兵，每届年满退回，复调四万，轮替十年，即有四十万兵。其内须得常留给饷等谕。此事无论迟速，若果饬调拣选，或可足数。但藏地狭小，实难筹措兵饷。拟于前有三千番兵之外，前藏番兵田土较大，饬派二名，后藏番兵田土较小，凡番兵二顿派调一名。其余在商上世家寺院等处刚顿中摊派，择其强壮番兵五千人，每年轮换，连旧有番兵共计一万名。此项自当按其时势练习洋操。谨如示谕遵行。②

了解到西藏地方同意编练藏军的态度后，张荫棠饬立督练局，专门负责编练藏军。从"督练局章程"看，其中编练藏军的规模为："常备军四万人为额。现年先练五千人。"之所以做此规定，原因在于，在与西藏地方的磋商中，张荫棠开始提出"拟责令分年募练，足洋操队四万"，但因西藏财力所限，商上提出"岁筹常款二十三万，请由中国选派教习，恳恩赏给枪炮万支"。按照商上所能筹到的饷银，张荫棠估算"此饷只能岁练五千"③。后经与西藏地方进一步磋商，"商上允增岁饷二十四万，以练新军"，但对武器装备提出了"请拨给毛瑟枪一万枝，格林炮过山炮数十尊"的新要求。因此，在"十六条"中，张荫棠根据西藏所能筹到练兵饷银估算，"此饷仅足敷练番兵三千"。可见，受经费所限，编练藏军的规模，由最初"十九条"中所提可得民兵约10万人；到"督练局章程"中规定先练5000人，以后按年递增，练足藏军常备军4万人；最终"十六条"中定为了3000人。

---

① 张荫棠：《传谕藏众善后问题二十四条》，见吴丰培编辑《清代藏事奏牍·张荫棠驻藏奏稿》，中国藏学出版社1994年版，第1335页。

② 张荫棠：《传谕藏众善后问题二十四条·附录藏众答词》，见吴丰培编辑《清代藏事奏牍·张荫棠驻藏奏稿》，中国藏学出版社1994年版，第1339页。

③ 张荫棠：《致外部丞参函述筹藏详情及参劾番官原委》，见吴丰培编辑《清代藏事奏牍·张荫棠驻藏奏稿》，中国藏学出版社1994年版，第1360页。

为明确所编练藏军的指挥权,"十六条"强调"番兵应由汉官充教习统带也"。具体规划为:"至管带官,似应由陆军部选派南北洋陆军学堂毕业生来藏,以充教育统带。此项毕业生,宜选年富力强、未入仕途人员,优给川装薪俸,五年给假内渡休息,照异常劳绩保举,以资鼓励。"对于"番兵应由汉官充教习统带"的可行性,张荫棠指出,"查英驻印兵,率用土人,以英官驾驭其上。四处征剿,均调用印兵,并无抗命滋乱之事",故"番兵应由汉官充教习统带也"。最后强调:"番兵之饷由西藏自行筹给,但使番兵均归汉官教习统带,则全藏兵权均由我操,可免尾大不掉之弊。"① 总之,张荫棠编练藏军计划的重要前提和原则是"由汉官充教习统带",以确保清廷对藏军的指挥权。

(三)"枪炮宜购制"

编练藏军,改善武器装备是重中之重。当时藏军的武器装备十分落后,"汉番兵所用土炮,率皆朽废","亲莅校阅枪弹,多半不合腔口"。为此,张荫棠在"十九条"中提出,"拉萨向有制枪厂,惜狭陋,应派南北洋制造局匠头来藏另购机器,以图扩充",即最初计划以扩充拉萨原有的制枪厂解决武器装备。②

为征询西藏地方对解决武器装备的意见,张荫棠指出:

> 廓尔喀地虽小而兵甚强,近来采用西法,改用洋操,有精练民兵三十万,又有制造厂,能自铸枪炮,选聪强少年往外洋游学。……应如何速派噶布伦、戴琫亲往详查,参仿其兵制以练新军,改良一切政治。③

西藏地方答复道:

> 刻无军械,仅采办法,未必即见功效。俟练兵筹械备办时,自应参仿

---

① 张荫棠:《奏复西藏情形并善后事宜折》,见吴丰培编辑《清代藏事奏牍·张荫棠驻藏奏稿》,中国藏学出版社1994年版,第1399页。
② 张荫棠:《致外部电陈治藏刍议》,见吴丰培编辑《清代藏事奏牍·张荫棠驻藏奏稿》,中国藏学出版社1994年版,第1329页。
③ 张荫棠:《传谕藏众善后问题二十四条》,见吴丰培编辑《清代藏事奏牍·张荫棠驻藏奏稿》,中国藏学出版社1994年版,第1336页。

办法，藉作常规，认真筹画。①

在答复张荫棠关于编练藏军的询问时，西藏地方对所需枪支还提出：

> 所需枪枝，前于此间曾造洋枪，约计一千杆。惟劲力不及外藩枪枝，加以数目不多，不敷散给。新兵又难遽行制造。该外藩势亟强横，难保不突然进扰，以图先发制人。现在虽觉万难，只有仰恳据请代奏，赏给速率有劲新枪一万杆，配足弹药，并抬枪多杆。再将巧妙工艺数名，请由四川调藏，俾资教习番民。各望赏准办理施行。②

另外，在与西藏地方筹措编练藏军所需经费时，西藏地方亦向张荫棠提出"请拨给毛瑟枪一万枝，格林炮过山炮数十尊"的要求。总之，由于制枪厂的技术落后，自制枪炮一时"未必即见功效"，西藏地方对充实武器装备的意见始终是由张荫棠请旨拨给。

结合西藏地方的意见及编练藏军对武器装备的现实需要，张荫棠最终在"十六条"中明确提出"枪炮宜购制也"。他具体指出："现计须有毛瑟枪万杆，格林炮过山炮各数十尊，配足子药，方足备目前防守急需。藏地转运维艰，为久远计，非设厂自制不可。但经费浩繁，骤难创办。或各省旧有制造枪炮子药小机器可以拨运应用，或由南北洋、湖北、四川等厂制成，分批运解，应由陆军部查核奏明办理。"③ 可见，尽管张荫棠认为设军械厂是"为久之计"，但为解燃眉之急，不得不从内地省份购制武器装备。

随后，对于如何购制，张荫棠专门给督练局译文，开列出了湖北制造局所造新式枪炮种类及相应价目，并表明愿为代购。其开列的枪炮及价格清单如下：

> 毛瑟枪小口径步枪一支，连皮七件，价银十九两二钱。毛瑟马枪一支，连皮四件，价银十七两六钱。毛瑟钢头无烟药枪弹一千颗，价银三十三两六钱。格鲁森五生七二十倍口径过山快炮一尊，连炮架器具零件共十

---

① 张荫棠：《传谕藏众善后问题二十四条·附录藏众答词》，见吴丰培编辑《清代藏事奏牍·张荫棠驻藏奏稿》，中国藏学出版社1994年版，第1340页。

② 张荫棠：《传谕藏众善后问题二十四条·附录藏众答词》，见吴丰培编辑《清代藏事奏牍·张荫棠驻藏奏稿》，中国藏学出版社1994年版，第1338－1339页。

③ 张荫棠：《奏复西藏情形并善后事宜折》，见吴丰培编辑《清代藏事奏牍·张荫棠驻藏奏稿》，中国藏学出版社1994年版，第1401页。

二项，价银二千两。五生七开花炮弹一百枚，连磁火底火各一枝，无烟药黑炸药各一百出，价银二百四十两。炮药所用铜壳一百枚，价银三百二十两。以上所列价值，运费在外。中国各省采办，价目一律。西藏督练局如采办，可代奏咨立案。①

值得指出的是，在规划军事改革中，张荫棠始终高度重视军事人才培养及所需经费等重要问题。关于军事人才的培养，他多次提出设陆军学堂，聘北洋学生充教习，"督练局章程"与"学务局章程"中对此也有具体规划。后来，在对西藏地方的"尚武"精神教育中，他强调要设武备学堂，以考究战阵学问，培养将材。张荫棠离藏后，联豫在其规划基础上，设立了"西藏武备速成学堂"。关于军事改革所需经费，张荫棠最终预算："今限于财力，不敢轻言设防，拟设混成一协，姑为镇摄之谋。即就混成协计算，按照奏定练兵新章，官佐、兵马、薪水、饷糈，及服装、器械、营房、操场，杂支活支之款为数已属不赀，且万里戍边，饷糈不能不厚于内地。计当年费约需银五十万两。"② 对于这笔经费的来源，张荫棠一面请旨拨款，一面动员西藏地方筹措；并就如何筹措指出"欲筹饷，必先振兴农工商业"，即计划等工、农、商各业兴旺后，可予以支持；他还提出由盐茶局、矿务局等的税收予以支持。

此外，围绕军事改革，张荫棠还针对"地图不精，营垒不能占形势"，拟设图志局。图志局的具体规划为：

> 于拉萨招测绘生，分东西南北四路作大三角线。每路派人分起实测，精绘并沿途采访详为注说，随时寄局。局中亦派人司理总纂，并绘全图，编纂地志，期以五年毕事。计常年约需银五万两。③

为顺利推行军事改革，张荫棠还特别注重对西藏地方僧俗百姓进行军事教育。一是教育引导西藏地方僧俗百姓树立"尚武"精神。如在向民间刊发的《训俗浅言》中，他专列"尚武"一节，通过集中阐述"尚武"的重要性，敦勉西藏地方僧俗道：

---

① 何藻翔：《藏语》，广智书局宣统二年（1910）版，第131页。
② 张荫棠：《上外部条议筹办藏政经费说帖》，见吴丰培编辑《清代藏事奏牍·张荫棠驻藏奏稿》，中国藏学出版社1994年版，第1449页。
③ 张荫棠：《上外部条议筹办藏政经费说帖》，见吴丰培编辑《清代藏事奏牍·张荫棠驻藏奏稿》，中国藏学出版社1994年版，第1449页。

方今地球各国玉帛往来，无不恃枪炮为后盾，所谓武装世界也。语曰有强弱，无是非，诚有慨乎其言之。我苟不能自强，势必受人鱼肉。果人人有发奋为雄之志，有誓死报国之心，以铁血为主义，以军国民自任，一洗琐委宽博之态，具有威武不屈之风，一群皆血性男儿，虽有强者，亦莫予敢侮。但斗力不如斗智，必设武备学堂，以考究战阵学问，培养将材。虽不可轻开边衅，而武备不可一日不讲。"日日练兵，人人讲武"，是八字要诀。凡国民年二十岁不能骑马执枪当兵打仗者，是为废人。是在上有以教之，以养成其尚武精神。①

又如，在《藏俗改良》中，张荫棠明确提出，"男子十八岁学放毛瑟枪，练武艺，以御外敌"，并结合西藏严峻的军事形势进一步劝导道：

毛瑟枪为人生保护性命室家之根本，无枪必受人欺凌。每枝价银卢比三十六元，子药每千粒卢比七元。四川、印度等处均有卖。无论男女均各售一枝，共费卢比四十三元。无事时往各荒山打猎，猎得白狐、猞猁、虎豹数只，便可够枪子之资本，以后均为溢利。如外敌盗贼等来侵，各携枪齐心协力出战，为佛教出力。各如报私仇，倘杀得一敌人，便死了亦够本，杀两人便算溢利。但非两国交战，不可挑衅生事。如出人不意，暗中半途枪杀，以众欺寡，贻害国家，是为不武，是为愚民、乱民。不可不知此界限。②

对于在西藏地方推广"尚武"精神教育，张荫棠是特别注意策略的。如以廓尔喀为例激发藏民斗志。他指出："外国人不敢欺侮廓尔喀而敢欺侮唐古特者，以民智不开、民心不齐、民力不强故也。印度、哲孟雄已入陷井，布鲁克巴、拉达克又堕牢笼。唐古特事事当效法廓尔喀，同心并力，依托天朝宇下，以御外侮。举人人皆兵，家家自购枪炮，练习纯熟。"再如利用西藏百姓对佛教的虔诚。他指出："只许外国来通商贸易，断不许侵占我土地，誓死与之拼命，死后升天成佛，勿贪小财物，做奸细通事，死后入地狱。"③

---

① 张荫棠：《训俗浅言》，见吴丰培编辑《清代藏事奏牍·张荫棠驻藏奏稿》，中国藏学出版社1994年版，第1355页。

② 张荫棠：《藏俗改良》，见吴丰培编辑《清代藏事奏牍·张荫棠驻藏奏稿》，中国藏学出版社1994年版，第1357页。

③ 张荫棠：《藏俗改良》，见吴丰培编辑《清代藏事奏牍·张荫棠驻藏奏稿》，中国藏学出版社1994年版，第1357页。

二是结合第二次抗英斗争,提醒西藏僧俗百姓要树立忧患意识,时刻保持警惕,尤其是对英国的军事侵略要未雨绸缪、加强防范。张荫棠训勉西藏地方僧俗道:"拉萨城破,达赖出奔,实为唐古特千年未有之奇辱。尔等宜将战败杀戮惨状绘为图书,悬诸三大寺门口,永远不忘此耻。勿谓今日和约可长恃,当常思念敌人猝来挑衅,长驱直进,尔等有何策以御之","英军由哲孟雄之干多新修两路,直达春丕,将来商货必群趋此途。若一旦有兵事,防设亦莫要于此。英人全神注重于春丕、江孜一带平原,应如何先事预防"。①

综上,张荫棠以编练新军为核心的军事改革主张,包括编练汉兵新军及藏兵新军,开设陆军学堂,以及购制武器装备与设图志局等,这些均由督练局负责具体落实。因受财力所困,编练新军的规模不断被压缩,"十六条"中本已确定编练汉兵新军 6000 人,藏军 3000 人;但从张荫棠后来预算练兵经费时所提"今限于财力,不敢轻言设防,拟设混成一协,姑为镇摄之谋"来看,编练新军的规模最终减为由 4000 名汉兵、2000 名藏兵组成的"混成一协"。后来,联豫负责落实本计划中"先照新章练兵六千"②,但因种种原因,最终在奏调由钟颖率领的 1700 多人的入藏川军的基础上,编练新军的规模勉强为"混成一协"。

在西藏边疆危机空前而边防空虚之际,军事改革对巩固边防、维护主权至为重要。张荫棠就来自英国和俄国的军事威胁,以及西藏地方因在两次抗英斗争中未得到清政府的支持,而认为清政府"无足依赖"的具体形势,以及就编练新军以加强清朝在藏军事力量方面强调:"惟整顿西藏非收回政权不可,欲收回政权非用兵不可";"如今欲求救亡之法,只有兴学练兵两事","练兵为御外侮根本","非有实力以盾其后,万不足恃"。可见,张荫棠军事改革是其以"收回政权"为核心的全面藏事改革的重要前提。通过以编练新军为核心的军事改革,形成足以抵御侵略的清朝在藏军事力量,既是捍卫国家主权与领土完整的重要保障,同时,可使西藏地方"深有可恃,则依仗之心益坚"。换言之,实行军事改革主要是为加强边防、抵御侵略,同时也可使西藏地方有所依恃,尤其是可资震慑一些萌生"异志"之人。为此,张荫棠在军事改革上注意充分调动西藏地方的积极性,以期唤起其一致抵抗外敌的热情,从而缓和、化解内部矛盾。然而,联豫在继续推行新政的过程中过分迷信武力,在川

---

① 张荫棠:《传谕藏众善后问题二十四条》,见吴丰培编辑《清代藏事奏牍·张荫棠驻藏奏稿》,中国藏学出版社 1994 年版,第 1335–1336 页。

② 〔清〕联豫:《详陈藏中情形及拟办各事折》,见吴丰培编辑《清代藏事奏牍·联豫驻藏奏稿》,中国藏学出版社 1994 年版,第 1475 页。

军入藏后，自以为有武力做后盾，更是有恃无恐，以致将以十三世达赖喇嘛为首的西藏地方上层推向了对立面。辛亥鼎革后，入藏川军哗变引发乱局，成了西藏地方与中央政府关系恶化的罪魁祸首，这些显然有悖于张荫棠加强西藏军事力量的初衷。

二、创设巡警

光绪二十七年（1901），清廷谕令设立巡警，京师、天津、直隶、山西、四川等地率先行动，但"所定章程办法尚多参差"。光绪三十三年（1905），清廷谕令"巡警至关紧要"，"著即设立巡警部"，随即作为清政府最高巡警机构的巡警部成立，清廷要求"其各省巡警，并著该部督饬办理"①。随后，内地各省纷纷设立巡警，这为张荫棠创设西藏巡警提供了直接的政策与实践依据。

然而，由于面临严峻的侵略形势，西藏设立的巡警除维持社会秩序的一般性职能外，还负有抵制侵略的特殊任务。当时英国在春丕尚留有驻军，在亚东、江孜等地的侵略者依恃武力，常有任意欺凌百姓、苛派罚款等事。针对英国驻春丕武官坎贝尔"擅开市场、强占民房、武断词讼、苛派罚款、殴毙人命种种不法情事"；侵藏头目贝尔"擅到后藏、十卡子、江孜"，"并不知照地方官，逼卖民地，修筑公廨，与条约及亚东成案不符"等行径，张荫棠早在由印赴藏途中，于行至江孜时就请旨督饬有泰、联豫"知照商上"，"派汉番兵百五十名，以便改练巡警"。②当时英国不仅在春丕留有军队，还以保护英人为借口，派兵留驻江孜。张荫棠提出及时在江孜设立巡警，就是不予英国驻兵借口，从而清除其江孜驻兵。贝尔就此指出："彼（张荫棠）又以中国将设警察保护外人为词，欲英国撤退江孜所驻50名印度兵。"③ 可见，张荫棠最初是为抵制英方侵略而提出在西藏设巡警的。

清廷设立巡警部之前，张荫棠在"十九条"中提出："前后藏台站额兵老弱，缺额徒饱私囊，应裁撤改办巡警，以警兵兼督修路。"④ 同时，他在"十九条"的"行部大臣"规划中提出"兼办巡警裁判"，将设巡警纳入行政体制

---

① 《清实录·德宗实录》卷五四九，光绪三十一年九月庚辰。
② 张荫棠：《致外部电商开埠撤兵事宜》，见吴丰培编辑《清代藏事奏牍·张荫棠驻藏奏稿》，中国藏学出版社1994年版，第1313页。
③ [英]贝尔著，宫廷璋译，竺可桢、向达校：《西藏之过去与现在》，商务印书馆1930年版，第59-61页。
④ 张荫棠：《致外部电陈治藏刍议》，见吴丰培编辑《清代藏事奏牍·张荫棠驻藏奏稿》，中国藏学出版社1994年版，第1330页。

改革之中。显然,"十九条"中的规划赋予了巡警维护社会秩序的一般性职能。随后,为征询西藏地方对设巡警的意见,张荫棠指出:"站宿之处,又时虞盗贼。应如何设立巡警局,修治道路,保护行旅?"① 西藏地方答复:"如何设立巡警局,俟奉到复训,挨次办理。"② 在与西藏地方磋商的同时,张荫棠根据当时的巡警制度,制定"巡警局章程"八条,并在得到西藏地方"决计遵办"的意见后,正式饬立巡警局。"巡警局章程"内容如下:

巡警局应办事宜③

一、设巡警总局在拉萨,督率各营官,分地举办巡警。

一、巡警专为缉捕盗贼,安靖地方,弹压械斗,保护中外往来官商,兼分段修治道路。

一、巡警局内附设裁判局,管户婚、钱债、词讼之事。卫生局④,专管医院卫生之事。

一、巡警局先办三处,商埠城邑繁盛之区。至沿边荒僻之地,责成各营官按民户寺院抽丁,轮流当差值日。

一、巡警分巡街、站岗、休息三班,每日轮流值差,照中国印度等处巡警章程办理⑤。

一、沿边等处巡兵,每日持枪巡逻上下两站地方。沿界山僻之处,有无生眼外来之人及匪徒滋事,登日记簿,呈营官查阅。

一、外来客商往来三处商埠者,宜加意保护,勿分畛域,勿任土人欺凌生事。

一、西藏除三商埠外,凡属内地,照约不准外人游历。但须于入境之先即行劝阻,勿任意欺凌,仍须保护平安出境。

---

① 张荫棠:《传谕藏众善后问题二十四条》,见吴丰培编辑《清代藏事奏牍·张荫棠驻藏奏稿》,中国藏学出版社 1994 年版,第 1336 页。

② 张荫棠:《传谕藏众善后问题二十四条·附录藏众答词》,见吴丰培编辑《清代藏事奏牍·张荫棠驻藏奏稿》,中国藏学出版社 1994 年版,第 1340 页。

③ 张荫棠:《咨外部为西藏议设交涉等九局并附办事草章》,见吴丰培编辑《清代藏事奏牍·张荫棠驻藏奏稿》,中国藏学出版社 1994 年版,第 1344–1345 页。

④ 1905 年,清政府设立巡警部,相当于中央卫生机构的"卫生科"隶属巡警部。根据当时中央政府机构的设立原则,张荫棠在巡警局内下设卫生局。1906 年,清政府设民政部,巡警部改为民政部下属的巡警司,原巡警部下属的卫生科改为民政部卫生司。

⑤ 张荫棠制定"巡警局章程"之时,清朝中央政府尚未设立巡警部,内地各省设立巡警的章程不一,可参考的成例不多,所以此处提到"照中国印度等处巡警章程办理"。

张荫棠制定"巡警局章程"及成立巡警局,为西藏近代巡警制度的建立打下了基础。后来,张荫棠进一步完善规划,在"十六条"中将设巡警局纳入行政体制改革方案之中。与"九局"其他各局一样,巡警局作为行部大臣署内的机构之一,归行部大臣节制。各地方设巡警的具体计划为:"拟请于各营官分驻之地,择繁盛冲要之处,如江卡、察木多、拉里、三十九族、达木、哈喇乌苏、阳八井、山南、亚东、十卡子、拉兹、定日、巴尔喀、噶大克、卢多克等处,先设巡警局、裁判局作为差使,勿限以官阶,暂用陆军巡警法律学堂毕业生署理。……所有巡警裁判局长,均加四品衔,秩视同知,准食五品俸,以资镇摄,而示鼓励。除靖西同知兼管税务,暂免裁撤外,其余夷情司员,前后藏、拉里、察木多各粮台,均一律裁撤。"① 此外,在规划设巡警的过程中,张荫棠充分考虑到了西藏地广人稀的特点,为此提出:"首设总分各局,量置警官巡目,添设裁判相辅而行,兼办马巡,以辅兵力所不及。藏地道路绵长,亦非分布不足以资弹压。"筹办巡警的各项经费,张荫棠预算"常年经费约需银三十五万",由他请旨拨给。②

由于开埠在即,亚东、江孜、噶大克三埠筹设巡警刻不容缓,张荫棠设巡警正是由三埠先行办起。他在拉萨招募了100人的卫队,专门委派教习管带训练,计划随时改编为巡警派往三埠。鉴于"驻扎商埠地方亟宜加派大员督带,以资约束",张荫棠任命"谙练营务,堪以委令"的后藏戴瑃期美策旺为督带,饬令由其督带他的卫队,一旦与英国议妥开埠事宜,卫队即时改编为巡警,分派三埠。他具体安排期美策旺将服装、枪械等装备与卫队教习逐一点验清楚,接收管理。"所有六月份教习薪水、兵丁口粮,业经本大臣发给。其七八两月应支薪粮,乃由本大臣会计处具领散发,即行止截。一俟埠章议定,另拨给常年经费,再行改编巡警可也。"要求期美策旺"将任事日期具报查考,毋违"。③ 张荫棠这一安排表明,西藏巡警由三埠办起,已经筹备就绪,可根据开埠时间随时正式启动。在与英国谈判开埠事宜前,张荫棠正式向清廷汇报将卫队改编为巡警的方案:"棠现有卫队百四十名,月饷每兵六两,哨弁百两,暂由使费项下支给。训练数月,遣散可惜。拟拨六十名驻江孜,四十名驻亚东,四十名驻噶大克充巡警,足敷保卫。"同时,他就巡警的管理、经费、

---

① 张荫棠:《奏复西藏情形并善后事宜折》,见吴丰培编辑《清代藏事奏牍·张荫棠驻藏奏稿》,中国藏学出版社1994年版,第1398页。
② 张荫棠:《上外部条议筹办藏政经费说帖》,见吴丰培编辑《清代藏事奏牍·张荫棠驻藏奏稿》,中国藏学出版社1994年版,第1449页。
③ 张荫棠:《札后藏戴瑃督带卫队》,见吴丰培编辑《清代藏事奏牍·张荫棠驻藏奏稿》,中国藏学出版社1994年版,第1341-1342页。

营房等具体问题请示:"(巡警)拟归各关卡税司节制,以后常年经费,可否商总税司由关税项下支给。其新设三卡及巡警兵房工程,款项有限,一并饬总税司核议饬办。"①

由于三埠等处设立巡警,面临处理英商事宜等的特殊性,张荫棠对巡警的职权尤为重视。在制定的"噶大克埠务大略章程"中,他专门明确规定:"巡警弁兵不得擅入英官署内拿犯","巡警专为保护商旅,和事安民,与战兵不同。保护英商宜与保护藏商一律。如有外客势孤,被土人恃众凌弱者,应即保护平安回寓,或护送出境,以免滋事。他如指引迷路、调和争斗、查禁拐骗盗窃,遇有路中遗失银钱物件收拾贮好,以俟失主来认,相符原物送还,此皆巡警兵之义务"。② 对于在三埠创设巡警,张荫棠还不得不与英方进行斗争。最终,在清政府与英国签订的《中英藏印通商章程》第十二款中规定:"凡英国官商在商埠内及往各商埠道中之身家财产,应随时由巡警局及地方官实力保护。中国允在各商埠及往各商埠道中筹办巡警善法,一俟此种办法办妥,英国允即将商务委员之卫队撤退,并允不在西藏驻兵,以免居民疑忌生事。"③《中英藏印通商章程》议定后,为使巡警能切实发挥抵制侵略的作用,张荫棠特地叮嘱联豫:"目前亟应每埠选派熟悉交涉之汉官,充当监督,督饬藏官办理裁判、工程、巡警各局事宜,督饬藏官办理裁判工程巡警各局事宜,以维主权。除将来新军扼要分别驻扎外,应由各埠巡警局就近添练骑马巡警,分布各商路,名为保护商旅,隐与新军联成一气,以补兵力之不及。此商埠之急宜布置也。"④ 与此同时,张荫棠向外务部汇报此一意见,请旨"预筹饬办"⑤。在商埠及时设立巡警,不予英国驻兵借口,对抵制侵略、维护主权无疑具有积极作用。

综上,张荫棠在西藏设立巡警的总体规划是,在拉萨成立西藏巡警总局,督率各地营官,负责落实具体警政事宜。警员来源除改编营伍外,也采用招募方式,统一训练上岗。亚东、江孜、噶大克三埠先行派驻巡警,然后择繁盛冲

---

① 张荫棠:《致外部电请将税司兼办商务并卫队改充巡警》,见吴丰培编辑《清代藏事奏牍·张荫棠驻藏奏稿》,中国藏学出版社1994年版,第1377页。

② 张荫棠:《札发商务委员噶大克埠务大略章程》,见吴丰培编辑《清代藏事奏牍·张荫棠驻藏奏稿》,中国藏学出版社1994年版,第1364–1365页。

③ 张荫棠:《咨外部呈送〈中英藏印通商章程〉请旨批准盖用御宝》,见吴丰培编辑《清代藏事奏牍·张荫棠驻藏奏稿》,中国藏学出版社1994年版,第1426–1427页。

④ 张荫棠:《致驻藏大臣请妥筹藏务》,见吴丰培编辑《清代藏事奏牍·张荫棠驻藏奏稿》,中国藏学出版社1994年版,第1419页。

⑤ 张荫棠:《致外部电请整顿商埠事宜》,见吴丰培编辑《清代藏事奏牍·张荫棠驻藏奏稿》,中国藏学出版社1994年版,第1419页。

要之处渐次派驻。经过张荫棠的努力，西藏设立了近代巡警，他也成为西藏近代巡警制度的首推者。由于西藏面临抵御侵略的严峻形势，巡警不仅具有维护社会秩序的一般性职能，更具有维护主权与加强治权的特殊职能，因而它的设立有十分重要的意义。张荫棠离藏后，联豫进一步建设巡警，亦有一定成效。

第二节 外事思想与实践

张荫棠自 1904 年底随唐绍仪赴印与英国谈判重订"拉萨条约"起，抵制侵略、维护中国对藏主权的外交斗争一直是他处理藏事的一个重点。事实上，张荫棠在全面藏事改革期间的涉藏外交，用时最多，也用力最大。吴丰培认为张荫棠涉藏外交"争回权利甚多"，赞誉其"实为外交之良才"。① 康欣平、李志松通过分析张荫棠的时局观、主权思想、外交理念与方法，认为其在涉藏外交上形成了自己的一些外交思想。② 赵君认为，张荫棠涉藏外交的立场、观点和方法，充分展现了他炽热的民族感情和强烈的爱国情怀。③ 关培凤梳理了张荫棠在清末民初的外交斗争全过程，也称其为外交良才。④ 本节从张荫棠创设对外交涉机构的主张、加强西藏地方与邻邦关系的主张、警惕"西藏独立"以及围绕开埠的谈判斗争四个方面，具体讨论其藏事改革期间的外事思想与实践。

一、创设对外交涉机构的主张

乾隆五十八年（1793）颁行的《钦定藏内善后章程二十九条》明确规定，西藏地方的一切外事交涉权集权于清朝中央政府，具体由驻藏大臣负责办理，西藏地方任何官员均不得擅自对外交涉。然而，晚清以降，面对英俄竞相侵藏，驻藏大臣一味奉行妥协退让政策，"章程"中对外事权的规定不废自废。因此，创设对外交涉机构是加强清朝中央政府对西藏地方涉外事务的领导权的

---

① 吴丰培：《张荫棠驻藏奏稿·跋》，见吴丰培编辑《清代藏事奏牍·张荫棠驻藏奏稿》，中国藏学出版社 1994 年版，第 1457 页。
② 康欣平、李志松：《张荫棠外交思想探论——以 1906—1908 年间张荫棠的涉外言行考察》，载《西藏民族学院学报》2006 年第 2 期。
③ 赵君：《试论张荫棠查办藏事前后的外交思想》，载《西藏大学学报》2010 年第 1 期。
④ 关培凤：《张荫棠：清末民初的"外交良才"》，载《世界知识》2010 年第 37 期。

必要举措；同时，从西藏面临英国等国侵略形势而言，创设专门的对外交涉机构也是当务之急。一方面，英印当局施展各种手段，急谋与西藏地方"直接交涉"，创设对外交涉机构统一涉外事权，对抵制侵略十分必要；另一方面，《中英藏印续订条约》规定，亚东、江孜、噶大克三处开埠在即，对外交涉事务将不可避免地增多，更须创设专门的对外交涉机构，以便统一领导管理。此外，办理涉外事务须有掌握一定该领域专业知识的专门人才，而西藏地方"不谙交涉"，创设专门对外交涉机构，也便于造就外事人才。张荫棠外交阅历与经验丰富，对此有深刻的认识，他指出："樽俎之地，操纵迎拒之机关，得失间不容发，辄叹中国无外交专门之学，未可尽诿于国力孱弱也。"①

为向西藏地方上层申明创设专门的对外交涉机构的重要性和必要性，张荫棠弹劾有泰"颠顶误国"的同时，严厉批评西藏地方上层："起事之初，尔藏人本不谙交涉，专以意气用事，不明交邻之义，适以堕敌人诡计中。达赖并不禀明大皇帝，擅开兵衅，实已犯无君之罪。"同时严肃申饬：

> 尔噶布伦等擅与英军订立私约十条，失去种种权利，并未禀明大皇帝，实属专擅妄为。本应治以应得之罪，大皇帝曲谅尔等一时权宜救民之计，不加深究，尔等其知之耶。西藏系大皇帝统属，藏官无与他国立约之权，大皇帝故不肯承认拉萨之私约。英国不得已于光绪三十二年四月与唐侍郎（唐绍仪）在北京重定中英藏印续订条约六条，为藏人争回许多利权体面，奏经大皇帝批准，始将改定"拉萨之约"作为附件，由汉官督率藏众切实遵行。②

西藏地方申辩：

> 仰蒙大皇帝认真维持西藏事务，复订条约，实属感激。请将此约照抄赏发商上。至英军入藏立约一事，……因驻藏大臣乃系主持藏事之人，是以阖藏大众将苦楚情形只有一心倚靠驻藏大臣。大众均已同心商定迭次递呈公禀，谕以议和事宜，只有如此。……所盖图订约先后，并非藏人擅敢轻立条约。若蒙询问有大臣（有泰），自可明悉。藏人实无违背朝廷，恳

---

① 张荫棠：《使藏纪事·自序》，见张羽新主编《唐宋元明清藏事史料汇编》（第32册），学苑出版社2009年版，第188页。
② 张荫棠：《传谕藏众善后问题二十四条》，见吴丰培编辑《清代藏事奏牍·张荫棠驻藏奏稿》，中国藏学出版社1994年版，第1333–1334页。

请施恩，一并据情转奏施行。①

张荫棠不管是批评西藏地方上层"不谙交涉"，还是"专擅妄为"，首先是申饬西藏地方无对外交涉权，同时使他们认识到创设对外交涉机构的重要性和必要性。西藏地方上层申辩"非藏人擅敢轻立条约""藏人实无违背朝廷"，将签订"拉萨条约"的责任推到驻藏大臣有泰身上亦不无道理。但至为重要的是，他们对清政府与英国"复订条约"表示"仰蒙大皇帝认真维持西藏事务"，"实属感激"，这就表明了其对清朝中央政府加强对西藏地方涉外事务的领导权的拥护。与此同时，张荫棠将拟订好的"交涉局章程"交予西藏地方筹议，在得到他们"决计遵办"的明确态度后，张荫棠正式饬立交涉局。交涉局是专门负责对外交涉事务的职能机构，其职责集中体现在"交涉局章程"九条中。"交涉局章程"内容如下：

交涉局应办事宜②

　　总办二员。翻译四员，中英各二。委员八员。文案二员。
　　一、总局设在拉萨，应设分局在江孜。每年总办输值半年驻孜局，以期三埠交涉事灵通。
　　一、办事诸员，研究外交，应将万国公法译成藏文，俾得随时讲习，以免为他人所愚弄。
　　一、须将中英订西藏十六、十九、三十二年和约译成藏文，置诸局中，以便按约办事。又将译成约本颁发各地方营官，俾知遵循。
　　一、局内办事诸员，须派稍知外情、深明大局者充当。分年轮派三两员赴中国、印度等，考查内政外交。
　　一、两国交涉事件以条约为主，条约必应遵守。条约以外权利不能让人，亦不宜因小事而妄生衅。
　　一、选派深通藏文少年数人，往印度学习英文，以为译才之预备。闻藏人有在大吉岭英文学堂，通英文者亦可招回酌委，以免为外国所用。
　　一、交涉遇有重大事件，应电请中国外务部向英使印政府理论，勿与外国擅自商议。如外人哄诱以直接（交涉），宜婉辞，以须禀命中政府。

---

① 张荫棠：《传谕藏众善后问题二十四条·附录藏众答词》，见吴丰培编辑《清代藏事奏牍·张荫棠驻藏奏稿》，中国藏学出版社1994年版，第1337–1338页。
② 张荫棠：《咨外部为西藏议设交涉等九局并附办事草章》，见吴丰培编辑《清代藏事奏牍·张荫棠驻藏奏稿》，中国藏学出版社1994年版，第1344页。

一、局中购备中外国报纸数份，择要翻译成藏文，俾办事诸员得以周知外国形势。

一、将局中一年所办之事编辑成书存档，以备参考。

对外交涉事关国家主权，张荫棠制定的"交涉局章程"自然不同于其他各局章程。1907年清廷颁布的《各省官制通则》规定，各地方总督"总理该管地方的外交军政权利"，"总督巡抚于各部咨行筹办事件，均有奉行之责"，①这是张荫棠制定"交涉局章程"的直接依据。再从"九局章程"看，张荫棠将交涉局列于"九局"之首，足见他对外事改革十分重视。"交涉局章程"的规定及饬立交涉局首先旨在加强对西藏地方外事权的统一领导。在这一至为重要的问题上，除章程规定的"交涉遇有重大事件，应电请中国外务部向英使印政府理论，勿与外国擅自商议"外，交涉局与"九局"其他各局一样，均归行部大臣节制，即西藏地方涉外事务权归行部大臣。同时，张荫棠"辄叹中国无外交专门之学"，又批评西藏地方"不谙交涉"。针对这些问题和不足，"交涉局章程"中就如何提高外事人员的业务能力和水平，以及如何具体处理涉外事务等一一做了明确规定。总之，"交涉局章程"的规定及饬立交涉局，旨在加强中央政府对西藏地方涉外事务的领导权，这对抵制侵略、维护主权具有十分重要的现实意义，尤其是"交涉局章程"中对办理涉外事务的具体规定，对抵制英印当局"直接交涉"的阴谋具有直接作用。

在饬立交涉局的同时，出于与英印交涉的特殊性考虑，尤其是为抵制英印当局与西藏地方"直接交涉"，张荫棠还主张中国在印度加尔各答等处设领事。在"十九条"中，他就向外务部提出"由部拣派明干总领事驻印京，侦探印事，密报藏防备"②。后来，张荫棠进一步完善规划，在"十六条"中，专列"噶尔古达（即加尔各答——引者注）宜设总领事也"一条，提出了详细规划，其主要内容如下：

> 噶尔古达宜设总领事也。查噶尔古达、缅甸仰光等处，华侨数万，宜分设领事，以资保护。现在印藏通商，噶尔古达尤为总汇之处，应设总领事，以管理中藏商务，兼侦察敌情，其形与海参崴相似。应仿照海参崴商务委员章程，由外部向英使妥议，奏派干员充补，每季将印藏情形报告外

---

① 故宫博物院明清档案部编：《清末筹备立宪档案史料》，中华书局1979年版，第506页。
② 张荫棠：《致外部电陈治藏刍议》，见吴丰培编辑《清代藏事奏牍·张荫棠驻藏奏稿》，中国藏学出版社1994年版，第1330页。

务部，仍兼归驻英使臣节制。①

做此规划之时，张荫棠正作为中英交涉藏印通商事宜的中方全权代表，在印度与英方谈判。他利用这一时机，就中国在加尔各答设总领事事宜与英方全权代表戴诺进行了交涉。《中英藏印通商章程》签订后，张荫棠就双方未议定的茶税、百货税、交逃犯、设领事"四端"，向外务部递呈了"未完事件办法"条议，其中详细汇报了与戴诺关于设领事的一次会议交涉情况，现摘录如下：

戴诺：领事系派华官抑派藏官？
张荫棠：领事一官重在情形熟悉，人地相宜，将来选派不论为华官为藏官，而惟人地相宜之是择。且藏官即华官，固无庸畛域也。
戴诺：中国派领事驻印何为？
张荫棠：领事之责，夫人而知。英既得派领事或商务委员至中藏各埠，中国自亦得派领事驻印度各地，方见公平。
戴诺：英印商民至中藏，不得自由，故英须派领事为之代表，为之保护。若中藏商民至印度向得自由，与本地人民一例看待，不派领事无关紧要，中国何必急急于此。
张荫棠：中藏人在印得自由一说，未必尽实。然无论如何，我之派领事适行所宜行，又于英印无毫末之损，英何为苦拒不允。既失公平，尤伤友谊。②

可见，戴诺对张荫棠提出的中国在印度设领事的主张是极力反对的。在此后的谈判中，张荫棠继续力争戴诺同意，他"每会议，必以是端要之"，但戴诺最终"竟以此为藏印通商题外事，自承无权与我议订"。于是，张荫棠委托他的翻译向戴诺的助手韦礼敦探询戴诺拒绝的具体原委，得知"英不欲有华官在印，恐其监察鸦片事业也"，其实这只是英方的一种说辞而已。当时英印当局急谋与西藏地方"直接交涉"，他们自然不愿因中国设领事而受到牵制。更有甚者，英国在拒绝中国在印度设领事的同时，反而诱骗西藏地方派出驻加

---

① 张荫棠：《奏复西藏情形并善后事宜折》，见吴丰培编辑《清代藏事奏牍·张荫棠驻藏奏稿》，中国藏学出版社1994年版，第1402页。
② 张荫棠：《上外部条议中英藏印章程未完事件办法节略》，见吴丰培编辑《清代藏事奏牍·张荫棠驻藏奏稿》，中国藏学出版社1994年版，第1455页。

尔各答代表,以便他们实施"直接交涉"。可见,戴诺拒绝张荫棠所提中国在印度设领事的真实原因是,他们不愿意在与西藏地方"直接交涉"时受到第三方牵制。而张荫棠之所以力争中国在印度设领事,正是出于抵制英印当局与西藏地方"直接交涉"。然而,至《中英藏印通商章程》签字,张荫棠的努力只得到了戴诺回复以"俟中英两国政府另议"的结果。

为继续推动在印设领事,张荫棠向外务部详细汇报与戴诺交涉的情形后,强调"设领事之利益":"查印属各埠侨居华民,多者三四千人,少亦数百。以木工占多数,制革之工次之,商贾之次之。虽英人尚非薄待,而遇事轻重失平之处究所难免。两次在印,华侨来见,多以奏设领事为请,可见商情甚望设代表以资保护也。又近年华商入藏,每多假道印度,然行经大吉岭,辄被盘查阻滞,甚为不便。论华侨之众,固以噶尔古达为盛。若地居扼要,则以大吉岭为最。大吉岭盖印藏之通衢,苟设领事于此,不但保护我行旅,且于印藏交涉侦察动静,所关亦甚大也。"在分析形势的基础上,张荫棠提出了具体的"现拟办法":

> 今与英使提议,此端(指设领事——引者注)似不必以藏印通商为缘起,宜以中国名义与之商议。至印属应设领事,则先设噶尔古达及大吉岭两处。驻大吉岭者应兼摄格林绷,并声明以后查有应设领事之处,仍得与英国商明添派,以为将来中国在印属增设领事之张本。①

综上,张荫棠关于创设对外交涉机构的主张,包括创设交涉局与驻外领事等。交涉局在拉萨设总局,江孜等处设分局,均归行部大臣节制,主要负责办理开埠通商等涉外事宜。在印度加尔各答设中国驻印度总领事,在缅甸仰光等处分设领事,均归外务部节制,主要负责维护侨民利益、处理中英藏印通商事宜及侦察敌情等。其中,交涉局作为"九局"之一,在张荫棠离藏之前已与其他各局一并成立,但设驻外领事的主张,未见清廷明确批示。宣统元年(1909)五月,联豫连上两折,专门请旨设驻印领事,其中《闻藏欲在印京设代表请先事预防片》指出,"近闻欲令西藏人派一代表员驻于印京,名为保护藏人,扩张商务,实则隐行其直接之谋,现虽未实行,亦不可不虑";同时指出,"我无官驻印,则彼之筹划布置我不能知,即有知之者,亦无权过问","我设领事官,则藏商一并归我管辖保护,亦可明我于西藏之主权",最后请

---

① 张荫棠:《上外部条议中英藏印章程未完事件办法节略》,见吴丰培编辑《清代藏事奏牍·张荫棠驻藏奏稿》,中国藏学出版社1994年版,第1456页。

旨设驻印领事。① 可见，在当时于印度设领事十分必要，朝廷谕旨也批示"外务部议奏"，但最终并未真正得到落实。

二、加强西藏地方与邻邦关系的主张

与西藏地方接壤的喜马拉雅山地区的布鲁克巴（不丹）、哲孟雄（锡金）、廓尔喀（尼泊尔）等国家，在历史上深受西藏地方的宗教、政治、文化、经济等影响。其中，与西藏地方有不同程度隶属关系的布鲁克巴、哲孟雄，清朝以外藩视之；廓尔喀则被清朝列为藩属国，须向清朝定期纳贡。然而，由于清政府无力西顾英属印度的侵略扩张，至19世纪末，英属印度先后控制了上述国家。1888年英国第一次侵藏战争后，通过1890年《中英会议藏印条约》和1893年《中英会议藏印续约》两个不平等条约，英国正式吞并了哲孟雄，并使清朝丧失了西藏南部日纳至则利山一带的大片领土。

对于《中英会议藏印条约》中将哲孟雄划归英国及藏、哲划界等事，西藏地方"直斥"作为中方全权谈判代表的驻藏帮办大臣升泰"失信藏番，意图见好（英国）"，并"归怨升泰阻战"，"以致失地"。可见，英国的侵略行径，不仅严重损害了中国主权和领土完整，也加深了西藏地方与驻藏大臣及清朝中央政府的矛盾。更为甚者，为加紧侵藏，英印当局蓄意挑拨离间西藏地方与布鲁克巴、哲孟雄、廓尔喀的关系，而鉴于清政府软弱无能，这些国家转而亲英自保，乃至为虎作伥。如1896年，四川总督鹿传霖奏报"此时忽有廓藏失和之报，是廓之动兵必系英人主使"，"盖英不欲明露与俄失和之形，故嗾廓与藏构兵"。② 尽管随后鹿传霖查明"廓藏并无构兵情势"，但英方图谋侵藏的手段已是昭然若揭。1899年起，英国设驻锡金政务官（Political Officer in Sikkim），进一步加强了对锡金的控制，从而便利了其侵藏活动。在英方唆使下，布鲁克巴、哲孟雄、廓尔喀内部的亲英派，为英国第二次侵藏战争提供了不同程度的帮助，如后来在英印当局支持下登上布鲁克巴王位的终萨本洛（Tongsa Penlop），就为荣赫鹏侵藏英军提供了不少帮助。

对于英国利用上述国家和地区侵略西藏的手段，张荫棠在印度与英方谈判

---

① 〔清〕联豫：《闻藏欲在印京设代表请先事预防片》，见吴丰培编辑《清代藏事奏牍·联豫驻藏奏稿》，中国藏学出版社1994年版，第1521页。

② 〔清〕鹿传霖：《派员查办廓藏失和疏》，见吴丰培编辑《清代藏事奏牍·鹿传霖藏事奏牍电》，中国藏学出版社1994年版，第978页。

重订"拉萨条约"期间，向外务部奏陈："闻哲孟雄有当沙巴拉①系哲孟雄最有权势官员，熟悉藏情，前年随同英兵入藏，探听藏中虚实，随时报告英军，是以直达拉萨，及事定后英人封以王号，以旌其功"；同时指出，"外人于我国藩属，纯用阴险手段，使我不觉，及事机暴发，在彼则谋划夙定，在我则猝不及防"。② 在此认识下，张荫棠在筹划藏事改革方案时，逐步形成了加强西藏地方与布鲁克巴、哲孟雄、廓尔喀的关系，共同抵御英国侵略的思想。

光绪三十二年（1906）十二月，廓尔喀贡使途经拉萨，张荫棠了解到"廓尔喀自二十六年（1900）后未修贡职"后，对其此次朝贡高度重视。他一面乘"贡使大噶箕来谒"的机会，"宣布朝廷威德，兼谕以廓藏唇齿相依之义"，使其"颇知感悟"；一面请示清廷督饬四川总督将其"妥速护送到京"，到京后要"格外优待，密与联络，实为保藏要着"。同时，在《致外部电请优待廓尔喀贡使》中，张荫棠首次向清廷提出西藏地方与廓尔喀结为攻守同盟的建议：

> 查廓尔喀、布鲁克巴系藏属天然门户，布（布鲁克巴）贫弱受英牢笼，唯廓（廓尔喀）地险而兵强，廓王英明，近仿西法，有精练民兵十万，英颇忌之。西藏若图变法自强，先当取法于廓。棠（张荫棠）意倘派专使赴廓，宣布威德，挈带藏官往廓，考求兵制，阴与结廓藏攻守同盟之约，则敕书一纸贤于十万甲兵矣。③

与此同时，张荫棠就如何加强西藏地方与邻邦的关系，向西藏地方征询意见道：

> 西藏与布鲁克巴、廓尔喀，地势犬牙相错，实如唇齿之相依。应如何互相联络，以冀巩固吾圉。
>
> 廓尔喀地虽小而兵甚强，……西藏与廓尔喀接壤，风俗政治相似，又同是中国属地，应如何速派噶布伦、戴琫亲往详查，参访其兵制以练新

---

① 扎洛认为，此处哲孟雄应为布鲁克巴；当沙巴拉系英语音译，应为终萨本洛（Tongsa Penlop, 布鲁克巴东部终萨宗首领称谓）。参见扎洛《清代西藏与布鲁克巴》，中国社会科学出版社2012年版，第256页。

② 张荫棠：《致外部丞参函详陈英谋藏阴及治藏政策》，见吴丰培编辑《清代藏事奏牍·张荫棠驻藏奏稿》，中国藏学出版社1994年版，第1305页。

③ 张荫棠：《致外部电请优待廓尔喀贡使》，见吴丰培编辑《清代藏事奏牍·张荫棠驻藏奏稿》，中国藏学出版社1994年版，第1325页。

军，改良一切政治。与廓尔喀结攻守同盟之约，无事相亲睦，有事相扶持，庶敌人不敢觊觎侵侮。①

实际上，西藏地方对与邻邦的关系的认识，早在光绪二十五年（1899）十三世达赖喇嘛通过八世哲布尊丹巴转递的折内就有明确表态。其中就与哲孟雄的关系指出："巴赖忠部落（哲孟雄）原系归顺我朝，且钦服本达赖喇嘛，又兼曾经钦赏名号顶戴。现在英国将该部落之汗缚去，刑逼降书，该汗忍刑不降，历受艰苦。该部落恳求本达赖喇嘛转恳天恩，请将该地方仍旧赏还。"同时，十三世达赖喇嘛从哲孟雄对于西藏重要的安全屏障作用出发，请求将哲孟雄"赏还"西藏地方：

  查巴赖忠部落者，为藏之屏藩，藏人并未口许于英，均系大臣（升泰）一面之词，藏人无处诉冤。倘将巴赖忠地方给与英国，必致任意吞并，则藏地无安生之日。惟有恳祈速降谕旨，将巴赖忠地方仍为西藏所属，则巴赖忠之人有所依靠，庶不致降顺英国矣。②

关于西藏地方与布鲁克巴、廓尔喀的关系，十三世达赖喇嘛同样奏呈其与西藏的历史关系及其对西藏的安全屏障作用后，"恳乞速降谕旨，赏给衔爵，以慰其心"，使之作为抵御英国侵略的屏障。对于此次张荫棠征询意见，西藏地方答复：

  查历年唐（藏）、布（布鲁克巴）因系同教，凡年期布番派人至藏谒见，现在亦照向例，力敦和睦。至藏、廓（廓尔喀）犹如兄弟敬爱，向来立有和约，更宜设法彼此扶助。应如何再行会商，俟详细请示后，即当层次办理。③

---

① 张荫棠：《传谕藏众善后问题二十四条》，见吴丰培编辑《清代藏事奏牍·张荫棠驻藏奏稿》，中国藏学出版社1994年版，第1336页。
② 《昆冈等奏八世哲布尊丹巴会同喀尔喀四部盟长王公等会报英国侵犯西藏情形折》（光绪二十五年三月十六日）附一"达赖喇嘛等原咨哲布尊丹巴呼图克图文件"，见中国藏学研究中心、中国第一历史档案馆、中国第二历史档案馆、西藏自治区档案馆、四川省档案馆合编《元以来西藏地方与中央政府关系档案史料汇编》（第4册），中国藏学出版社1994年版，第1371页。
③ 张荫棠：《传谕藏众善后问题二十四条·附录藏众答词》，见吴丰培编辑《清代藏事奏牍·张荫棠驻藏奏稿》，中国藏学出版社1994年版，第1339–1340页。

此外，西藏地方在答复张荫棠如何联络黄教、红教，以"释前嫌而共谋御外侮"的询问时表示："至于布鲁克巴若果未被英人强服，应照前和睦。"可见，西藏地方不管是出于加强自身安全需要考虑，还是出于同情哲孟雄被英国侵占，均有加强与邻邦关系的强烈愿望。得到西藏地方的支持意见后，张荫棠在其初步治藏意见"十九条"中明确提出：

> 布鲁克巴、廓尔喀为藏门户，布贫弱，受英笼络，廓近仿西法，兵强，英颇忌之。世修职贡，宜派专使宣布威德，谕以唇齿之义，密结廓藏攻守同盟之约。①

后来，经过充分的酝酿，张荫棠在其改革大纲"十六条"中，正式提出西藏地方与廓尔喀结为攻守同盟的主张。在"十六条"中，张荫棠从西藏江孜、春丕等地与布鲁克巴、哲孟雄、廓尔喀犬牙相错的地缘关系，深刻分析英国的侵藏野心：

> 英自十六年蚕食哲孟雄后，极力经营西北一带，自大吉岭至新辣，碉堡星罗，隐为防俄之计。藏属江孜、春丕之地，形如箕舌，伸入哲孟雄、布鲁克巴中间，犬牙相错。日本人城田安辉游记言，英若蚕食春丕，可以贱价向布鲁克巴购地，联成一片大陆，而隆吐、咱利天险，迄成重镇。盖英人志图蚕食春丕、江孜一带，席卷后藏，以通阿里、拉达克、阿富汗、波斯湾等处，与俄西北（伯）利亚铁路争衡，此印度政府长驾远驱之远心，非徒为窥川滇计也。英于三十年进藏后，遣兵占据拉达克，近又屡派员查探后藏十卡子，煽惑班禅，志可知矣。②

同时，张荫棠认为近年印度民智渐开，抵制英货等反抗英国殖民统治的活动不断，以致英印政局不稳，加之"英廷深识之士多持印度宜先内治，勿邃外略政策"，这正是西藏地方与邻邦结盟的有利时机。在分析形势的基础上，张荫棠在"十六条"中专列"廓尔喀宜联络也"一条，再次建议加强西藏地方与邻邦的关系，尤其是要与廓尔喀结为攻守同盟。"廓尔喀宜联络也"的主

---

① 张荫棠：《致外部电陈治藏刍议》，见吴丰培编辑《清代藏事奏牍·张荫棠驻藏奏稿》，中国藏学出版社1994年版，第1329—1330页。

② 张荫棠：《奏复西藏情形并善后事宜折》，见吴丰培编辑《清代藏事奏牍·张荫棠驻藏奏稿》，中国藏学出版社1994年版，第1395—1396页。

要内容如下:

> 廓尔喀宜联络也。查布丹(不丹)、廓尔喀为藏屏蔽。布贫弱不足自存,廓尔喀王颇英明,世修职贡,近仿西法,练兵制械,国势颇强,拒英甚力,英颇忌之。西藏若图变法自强,必先取法于廓尔喀,宜由中国及商上派员,密与联络,喻以唇齿之势,结攻守同盟之约,于藏防当有裨益。①

由上可见,张荫棠关于加强西藏地方与布鲁克巴、哲孟雄、廓尔喀的关系的重点,是与"拒英甚力"的廓尔喀结为攻守同盟;目的是团结力量,增强西藏地方抵御侵略的能力。张荫棠深谙外交,在西藏地方遭受侵略、被动抵御的形势下,其主张与邻邦结盟的外交思想,体现出化被动抵御英国侵略为主动应对的思路,具有一定的策略性和积极意义。布鲁克巴、哲孟雄、廓尔喀与西藏地方一样,都遭到英国的侵略,虽然各自内部当权者中有一部分人为了自身利益转向了亲英,但抵御外来侵略是广大人民共同心愿,与西藏地方结盟有共同的利益目标。同时,西藏地方与他们之间有悠久的传统关系,结盟具有深厚的历史基础。应当说,张荫棠力主的西藏地方与廓尔喀结盟有一定的可行性。然而,对清政府而言,与藩属结盟意味着自毁朝贡体系。清政府虽实力不济,但难以放下对藩属居高临下的姿态,因此对张荫棠的结盟主张未有明确态度。

尽管没有得到清廷的支持,张荫棠还是采取了一系列行动,并有一定的收效。从英国角度而言,张荫棠力主加强西藏地方与布鲁克巴、哲孟雄、廓尔喀的关系,无异于虎口夺食,与英国展开激烈较量。在张荫棠采取行动的同时,英国也采取各种手段,一面阻扰破坏张荫棠的行动,一面加紧控制这些国家,这在英方的档案中有明确记载。1907 年 3 月 23 日,英印政府在给英国印度事务部大臣莫利的信中写道:"张先生(张荫棠)似乎怂恿拉萨政府派遣他们的代本到尼泊尔去学习军事方法,并且同该国政府结成同盟。也要求西藏政府向不丹请教,该国与西藏和尼泊尔一样,在一切方面都是中国宗主权之下的同类国家,因此,要团结一致反对英国势力。"② 1908 年,侵藏英军头目荣赫鹏团伙的骨干成员之一韦礼敦(E. C. Wilton)、英国首任驻江孜商务代表奥康纳上

---

① 张荫棠:《奏复西藏情形并善后事宜折》,见吴丰培编辑《清代藏事奏牍·张荫棠驻藏奏稿》,中国藏学出版社 1994 年版,第 1402 页。
② 《印度政府致莫利先生》(1907 年 3 月 23 日),见《英国政府有关西藏事务函电》(F. O. 535),第 9 卷,第 116 号文件《印度事务部致外交部》(1907 年 3 月 25 日)附件。

尉（Captain O'Connor）先后向英印政府递呈了"备忘录"，其中对张荫棠的措施则有更加详细的报告。

韦礼敦在《关于印度的东北边境关系的备忘录》中写道：

> 我打算用尼泊尔驻拉萨委员的信函描述，说明中国在拉萨的高级官员，像张荫棠在拉萨时一样，近三年来在拉萨从事鼓吹反英运动，试图把尼泊尔和西藏拉入共同的反印度的目标。现任驻藏大臣联豫，在同尼泊尔委员的谈话中，指责我们不同于其他欧洲人，好争吵，自私和背信弃义，欺骗和出卖他人。
>
> 他（张荫棠）公开谈到中国、尼泊尔、西藏、不丹和锡金之间的合作，将之比作五种颜色（"五彩"）：黄、红、蓝、黑、绿，能工巧匠可使其产生五彩缤纷的效果。他一再谈到合作，并且要求尼泊尔委员考虑他的谈话。……张先生在拉萨对西藏人的一个报告中，强调西藏、尼泊尔和不丹之间，有唇齿相依的相互关系。他指出，我们（英印政府）已经承认不丹是一个王国，我们在那里购买了土地，并且与不丹的国王结成了紧密的友谊关系，他号召西藏人提出他们的意见，采取什么步骤来抵消我们的行动。他甚至警告他们（西藏人），同英国直接交往意味着西藏被吃掉。……现在中国的政策包括，建立起一支40000名西藏人的能有效作战的军队，以少量中国士兵为骨干，中国、尼泊尔、西藏、不丹和锡金联合起来反对印度。①

奥康纳在《关于西藏的备忘录》中写道：

> 遗憾的是，最近一年半以来（自从张先生进入西藏以来），我们有理由认为，中国对我们的态度很有可能是敌意的和嫉妒的，而非友好的。……他（张荫棠）利用一切机会表现他的排外癖性，此外，他显然打算干预尼泊尔、锡金和不丹的边界。……中国现在似乎打算开始一种新的和更积极的政权制度，已经任命一个卓越的能干的官员（赵尔丰——引者注），他颇具好斗名声并有强硬的靠山。他努力将中国的影响向南部边界推进，……我以为，我们必须承认，这样一种政策会使我们困窘，一定会

---

① 《韦礼敦先生关于印度的东北边境关系的备忘录》（1908年3月9日），见《英国政府有关西藏事务函电》（F.O.535），第11卷，第101号文件《印度事务部致外交部》（1908年9月21日）附件2。

干扰邻国锡金和不丹，甚至在更远地区对我们造成不利。①

时任英国驻锡金政务官、侵藏头目查尔斯·贝尔也指出："张荫棠在拉萨时，努力施其宗主权于尼泊尔及布丹（不丹），此为中国在藏地位巩固，则将危及印度之朕兆"，"锡金亦承认中国之威权，其民公然谓中国人乃与英国人相匹敌。吾屡闻锡金部长及宰相（Maharaja and Maharani）谓若事势可能时，宁受治于中国而不愿受治于英国。张荫棠已伸展其势力于尼泊尔，尝谓代其代表曰，西藏与尼泊尔'在中国保护之下，相结如兄弟，应同心协力，进行互助'。此为中国试行其宗主权于尼泊尔之假定。他日张荫棠之政府，可随环境而力践之或否认之。"② 从韦礼敦、奥康纳、贝尔的记录可见，张荫棠采取加强西藏地方与布鲁克巴、哲孟雄、廓尔喀关系的措施，取得了一定的进展。

然而，英国也加快了控制这些国家的步伐。1907年年底，在英印当局的支持下，终萨本洛乌金旺秋（o-rgyan dbang-phyug）登上了布鲁克巴王位（1907—1926年在位）。面对布鲁克巴政局的剧变，光绪三十四年正月（1908年2月），噶厦致函张荫棠禀报，禀内详细回顾西藏地方与布鲁克巴的传统关系，指出，"况该部长（乌金旺秋——引者注）以及所属各员渥荷大皇帝赏给职衔，其为西藏部属，即系大皇帝藩属，确凿有据"。同时指出：

> 英人突然派员前往（布鲁克巴），任意废主，并驻员总管该部事务。似此恃强干预，恐将蹈哲孟雄覆辙。查藏布边境只隔一山，若布（布鲁克巴）属他人，则藏防更难慎固，于大皇帝及达赖疆土大有关碍。并闻该布鲁克巴人倾心何向，现在尚无定见，其情形万分急迫。此时若不料理，后患恐至无穷。③

该禀最后表示："应如何即与英人交涉之处，或遣派汉官前往布鲁克巴驻扎，以资保护而图补救。谨合词禀恳具奏大皇帝圣聪，恩予作主，于藩属边防实有裨益。"接到噶厦的禀告后，张荫棠立即向外务部建议采取补救措施。他指出，如能与英国交涉，"归中英两国共同保护，固属至善"，"否则亦宜先事

---

① 《奥康纳上尉关于西藏的备忘录》（1908年3月13日），见《英国政府有关西藏事务函电》（F.O.535），第11卷，第101号文件《印度事务部致外交部》（1908年9月21日）附件1。

② [英]贝尔著，宫廷璋译，竺可桢、向达校：《西藏之过去与现在》，商务印书馆1930年版，第59页。

③ 张荫棠：《咨外部陈明布鲁克巴危急情形请先事图维》，见吴丰培编辑《清代藏事奏牍·张荫棠驻藏奏稿》，中国藏学出版社1994年版，第1413页。

图维,令驻藏大臣饬商上早将藏布疆界勘划清楚,以杜后日缪辗"。驻藏大臣联豫也认为布鲁克巴与西藏成唇齿之势,"岂容外人觊觎,以撤我藩篱",遂派靖西同知马吉符(1876—1919)前往布鲁克巴调查,"以便咨部商办"。① 同时,联豫将此行动咨明当时身在印度的张荫棠,"请烦查明,就近酌办,仍冀见覆实行"。马吉符调查月余,向联豫报告了详细情况,联豫据此向理藩院进行了奏报,但清廷已不可能有进一步的措施。扎洛认为,马吉符的调查反而"促使布鲁克巴的亲英势力加快了投靠英国的步伐"②。马吉符赴布鲁克巴调查期间,贝尔建议英印当局加强对布鲁克巴的控制,否则若布鲁克巴接受中国派驻代表,英印政府将无计可施。③ 在贝尔等人的鼓动下,1910年英国与布鲁克巴签订《普纳卡条约》,加强了对布鲁克巴内政、外交的控制,布鲁克巴作为清朝藩属的地位实际宣告终结。

上引奥康纳与韦礼敦的"备忘录"不只是向英国报告张荫棠的行动,更是鼓动英国采取措施反制张荫棠。韦礼敦在"备忘录"中称:

> 假定在印度的东北边界,将来有可能受到威胁,最好要在仍然有充分时间采取预防措施之时就加以考虑,以预先防止这一威胁。我建议,……应该将东北边界的总的控制,尽可能置于住在甘托克的驻锡金的政务官的控制之下。他应该每年走访不丹,同班禅喇嘛保持私下接触,并且同受其影响的寺院保持私下联系,同重要的西藏人物也保持私下联系。……应该将给不丹的年度津贴增加到10万卢比。应派遣一个地质学专家和一个道路勘测员到不丹,由印度政府开支,对矿产资源和同印度往来的道路提出报告。应该在尼泊尔保持细心的观察,应向大君建议,哪怕是中国皇帝钦命的高级品位的中国官员访问尼泊尔,也不应该热情洋溢地欢迎他。④

奥康纳在"备忘录"中称:

> 我们已经有了印度西北边界的问题;我们必然不想又有东北边界问

---

① 〔清〕联豫:《札饬马吉符迅行秘探布鲁克巴情况》,光绪三十三年十一月(1907年12月),见吴丰培整理《清光绪朝布鲁克巴秘档》,中国藏学出版社1995年版,第109页。
② 扎洛:《清代西藏与布鲁克巴》,中国社会科学出版社2012年版,第262页。
③ [英]贝尔著,宫廷璋译,竺可桢、向达校:《西藏之过去与现在》,商务印书馆1930年版,第67页。
④ 《韦礼敦先生关于印度的东北边境关系的备忘录》(1908年3月9日),见《英国政府有关西藏事务函电》(F.O.535),第11卷,第101号文件《印度事务部致外交部》(1908年9月21日)附件2。

题。……关于尼泊尔和锡金,我认为我们不必担心。我们在这两个国家的地位是安全的,我们无需担心中国的诡计或阴谋。但是,我们自然应该小心注视事情的过程和迅速采取步骤以制止中国人向南方扩展其影响的任何意图,制止其打乱这些现状的任何企图。……关于不丹,我们现在只能说,不丹现在对我们是友好的,我们应该努力使不丹人保持现状,不允许中国以威胁或者贿赂的方式将不丹人从我们这边拉走。现在很容易做到这一点。过几年,事情就可能不那么简单。由于中国在西藏威信的增长,这些周边国家会更倾向于中国。在我们确定的影响下,不丹会构成一个很有用的缓冲国。不丹如果是敌对的或者疏远的,它就会变成边境的另一项难题,并且会倾向于造成"东北边界问题",我认为,现在我们特别应该避免这种问题。①

此外,上引英印政府给莫利的信中称:"对于中国试图通过在西藏的代理人,削弱西藏边境上印度属国(States in India)的忠诚的意图不能漠不关心。"1908年9月21日,英国印度事务部将奥康纳与韦礼敦的"备忘录"转呈英国外交部,以供参考。后来,张荫棠离藏后,面对英国步步紧逼的侵略步伐,联豫虽也做出了一些努力,但他们势难挽回清朝在喜马拉雅山地区弃藩自守的结局。1911年辛亥革命爆发后,清政府无暇顾及边务,英国进一步加强了对布鲁克巴、哲孟雄、廓尔喀的控制。

值得指出的是,张荫棠在致力于加强西藏地方与邻邦关系的同时,依据《中英藏印会议条约》的规定,有理有据地对进入西藏的瑞典人斯文·赫定、英人帕沃洛克等人予以坚决禁阻。1907年1月,张荫棠接西藏地方禀称,斯文·赫定带领翻译等人由拉达克进入纳尔仓(今申扎县)境内。由于此一消息是噶厦根据纳尔仓头人的报告向张荫棠禀报的,纳尔仓头人对斯文·赫定的身份并不确定,张荫棠根据禀报也以为来者是英营官亚班克丁。他随即谕饬商上指示纳尔仓头人"勿准过境"。然而,纳尔仓头人未能阻止斯文·赫定。斯文·赫定于2月到达日喀则,并"声称要见班禅"。九世班禅专差就此请示"可否接见",张荫棠当即谕令"援约劝阻出境,以免生事"。此时,张荫棠对斯文·赫定的身份仍不清楚,也不确定九世班禅方面的劝阻能否有效。他向外务部汇报:"未审该英员能否听从,难保不再往他处。查英官擅进藏属内地来往,倏忽无常,在我难任保护之责,且恐他国人效尤,亦难禁阻。请英廷饬下

---

① 《奥康纳上尉关于西藏的备忘录》(1908年3月13日),见《英国政府有关西藏事务函电》(F.O.535),第11卷,第101号文件《印度事务部致外交部》(1908年9月21日)附件1。

印政府饬禁，嗣后勿再越入藏属内地，以重睦谊，而杜他国口实。"① 随后，张荫棠查明此前纳尔仓头人所报英营官亚班克丁即为瑞典探险家斯文·赫定，其持有清政府驻英公使汪大燮（1905—1907 年任驻英公使——引者注）发给的游历护照。于是，他一面饬令后藏官员及江孜商务委员高恩洪进行劝阻，一面亲自致信斯文·赫定，对其探险精神表示赞赏，但也表示根据《中英藏印会议条约》规定，任何西方人不得进入三埠以外的任何地方，希望其尽快返回。与此同时，张荫棠向外务部汇报："棠以照约瑞典人不应到藏，即谕饬藏官遣送出境。私揣似系英人藉瑞典护照影射侦探后藏情形，我若不即禁阻，英反以渝约相责。查护照并无西藏字样，且有不得据此擅入他处之语，希转汪使向驻英瑞使查询追缴。以后发护照应指定地名，以杜影射。"② 斯文·赫定在遇到中方禁阻后，向英印当局请求帮助。当时英国正在与俄国谈判有关西藏的协定，不愿节外生枝，几经权衡后指示英印当局，应当给予援助，但援助仅限于有利于斯文·赫定返回印度。③ 最后，斯文·赫定不得不离开西藏。成功劝阻斯文·赫定后不久，西藏地方于 4 月向张荫棠禀称，英人帕沃洛克随带翻译等人，持有陕甘巡抚、西宁办事大臣发给的护照进入藏北那曲，经那曲营官劝阻始折回后藏，可能前往江孜。张荫棠随即向外务部提出："查前后内地照约不准外人游历，今英人故为尝试，应请咨各省疆臣，嗣后勿发西藏游历护照。并饬川、滇、甘肃、新疆、西宁、青海边界官，遵照防范，以杜藉口。"④ 根据张荫棠的建议，外务部要求各省不得向西方人发给进藏游历护照，并要求张荫棠会同联豫"通饬藏官，遇有入藏游历洋人，一体阻令折回，以符向章"⑤。至此，在张荫棠的努力下，自 1876 年《中英烟台条约》签订以来，西方人可通过游历护照进藏的特权宣告终结。张荫棠一面致力于加强西藏地方与邻邦关系，一面有理有据地坚决禁阻西方人进入西藏，足见其在维护主权的事务上既坚持原则，又不失灵活与策略。

---

① 张荫棠：《致外部电请禁阻英员背约擅进内地》，见吴丰培编辑《清代藏事奏牍·张荫棠驻藏奏稿》，中国藏学出版社 1994 年版，第 1327 页。
② 张荫棠：《致外部电请追还瑞人游历护照》，见吴丰培编辑《清代藏事奏牍·张荫棠驻藏奏稿》，中国藏学出版社 1994 年版，第 1327 页。
③ 《莫利致印度政府》（1907 年 2 月 27 日），见《英国政府有关西藏事务函电》（F.O.535），第 9 卷，第 85 号文件《印度事务部致外交部》（1907 年 3 月 2 日）附件。
④ 张荫棠：《致外部电英员至喀喇乌苏已阻回请咨各省勿发游历护照》，见吴丰培编辑《清代藏事奏牍·张荫棠驻藏奏稿》，中国藏学出版社 1994 年版，第 1342 – 1343 页。
⑤ 《外部来电洋人入藏一体阻回》，见吴丰培编辑《清代藏事奏牍·张荫棠驻藏奏稿》，中国藏学出版社 1994 年版，第 1343 页。

三、警惕"西藏独立"

所谓的"西藏独立"是近代英国、俄国等侵略中国西藏、妄图将西藏从中国分裂出去的产物。前文论及 1902 年所谓的"中俄关于西藏密约"及德尔智煽动十三世达赖喇嘛亲俄等,刺激英国以"俄诱藏自立,归俄保护"为借口,加紧发动侵藏战争。1904 年侵藏英军开进拉萨前夕,十三世达赖喇嘛出走内地,发动战争的主谋英印总督寇松及侵略军头目荣赫鹏等英国"侵藏急先锋"迫使十三世达赖喇嘛屈服,进而攫取利益的企图未能得逞。于是,荣赫鹏转而拉拢九世班禅。"达赖喇嘛一离开西藏,扎什伦布寺顿时显得格外重要,对此,荣赫鹏关注已久。"有泰奏请褫革十三世达赖喇嘛名号,并请九世班禅前往拉萨代为主持事务,更让荣赫鹏看到了机会,其向英国政府提出:"我认为参劾达赖喇嘛和提升扎什喇嘛(九世班禅)会有助于使当前困难得到令人满意的解决。我建议,陛下派驻北京公使敦促中国政府参劾达赖喇嘛。"①荣赫鹏的如意算盘是趁机拉拢九世班禅,其侵藏团伙的骨干、英国驻锡金政务官惠德及英国首任驻江孜商务委员奥康纳上尉完全赞同荣赫鹏的意见,并"深度参与到荣赫鹏使团的准备和执行过程中"。因为英国政府"命庵士尔勋爵(当时接替寇松任英印临时总督——引者注)削弱拉萨条约的效力后,他们都备受打击。他们决心用日喀则替换拉萨"。1905 年 5 月,在奥康纳前期拉拢九世班禅的基础上,鉴于英国王储乔治(即后来的英王乔治五世)将于年底访问印度,奥康纳的直接上司惠德决定:"将班禅喇嘛更坚定地拉入英国阵营的最佳办法莫过于劝说班禅喇嘛礼仪性地造访英属印度。"他认为届时"邀请"九世班禅赴印与英国王储见面,一方面,可使"班禅喇嘛在西藏人眼里便是亲英一派了";另一方面,"通过诸土邦王公的臣服展示英国的权威,有助于让这位懦弱的活佛相信,与英国保持友好关系是睿智之举"。惠德将此计划告诉奥康纳后,奥康纳提出:"班禅喇嘛显然绝不会采取亲往印度这样果断的措施,除非他能确保英国的确能够保护他,使其返回西藏之后免受中国政府或拉萨达赖喇嘛一派的攻击。"同时,奥康纳认为:"如果我们连这样的保证都无法做出,那么,我们还要求班禅喇嘛向我们做出妥协,这样无论如何都是对他不公。我认为他不会愿意这么做。"然而,惠德非常清楚,奥康纳在拉拢九世班禅时会宣称"英国会帮助他抵制中方或藏方的责难",但为获取英印政府同意,惠德在给英印政府的报告中却称"班禅喇嘛访印之行不会令印度政

---

① 《印度政府致布罗里德克先生》(1904 年 8 月 25 日),见《英国政府有关西藏事务函电》(F. O. 535),第 4 卷,第 55 号文件《印度事务部致外交部》(1904 年 8 月 26 日)附件。

府做出任何在西藏采取行动的承诺",以此掩盖其阴谋。显然,为实施这场阴谋,惠德玩弄了欺上瞒下的手段。对这一切,寇松(当时已卸任英印总督)"必然看到了这一计划下面隐藏的含义,他欣然表示同意"。①

9月23日,奥康纳正式受命率领一支30多人的卫队由江孜到达日喀则,加紧实施诱骗九世班禅赴印的行动。奥康纳分析过九世班禅当时的处境和心理后,千方百计地对其威逼利诱。其中最重要的一点是,奥康纳和九世班禅都清楚,未经清朝中央政府批准,九世班禅是不能擅自出境的。对于擅自出境的后果,奥康纳也很清楚,他在给惠德的报告中指出,中国政府会将此"看作是一种严重罪过",可能导致"中国斥责班禅及其主要官员,而将其撤职",到那时,对英国来说,"将是一种非常为难的局面",英国"在西藏几乎就没有地位了"。但奥康纳认为,九世班禅可能有"寻求我方的帮助,以对抗拉萨政府企图实施的报复"的心理,如果能抓住其这一心理,他就会成功诱骗九世班禅同意赴印。同时,奥康纳更加看重的是班禅"有如基督再现于欧洲居民"的重要影响,诱骗九世班禅赴印将使他们获得巨大的利益。他指出,"应当加深班禅喇嘛及其下属对我们的慷慨大方和强大威力的印象,我们就可能做到以小的代价赢得班禅喇嘛的感情和信赖,这胜过我们花费千百万去打赢战争、缔结条约、部署防军所能获得的东西";"收买(subsidize)和保护"九世班禅,可使之成为英国手中的一张王牌。因此,奥康纳尽管十分清楚这么做的后果,但依然决定冒险为之。为确保其阴谋顺利实施,奥康纳提出,"居第一位的必要条件"是将"拉萨条约"中规定的英国江孜商务委员改设在日喀则。他认为如果这样做,英国"就能摸到西藏那一地区的政治脉搏,也可使他(商务委员)在任何事情尚未引起太大注意之际就对之了如指掌",进而"可一定程度上抵消中国可能采取的旨在恢复班禅喇嘛现在所忽视的权柄";并且商务委员所带卫队"会被人们看成是班禅喇嘛的非正式的保护人",而让九世班禅感到英国提供的保护,就容易骗取他的信任。② 总之,奥康纳千方百计地企图打消九世班禅的顾虑,甚至许以某种承诺,最终成功诱骗九世班禅未报请清政府同意而前往印度。荣赫鹏团伙诱骗九世班禅赴印之时,张荫棠正在印度谈判重订"拉萨条约"事宜,其阴谋即为张荫棠所警觉。

10月28日,张荫棠洞悉到惠德、奥康纳等诱骗九世班禅赴印的阴谋活

---

① [英]阿拉斯泰尔·兰姆著,梁俊艳译,张云校:《中印涉藏关系史(1904—1914)——以"麦克马洪线"问题为中心》,社会科学文献出版社2017年版,第34-42页。

② 《奥康纳上尉致惠德先生》(1905年11月23日),见《英国政府有关西藏事务函电》(F.O. 535),第7卷,第10号文件《印度事务部致外交部》(1906年1月9日)附件。

动,他向外务部汇报:

> 闻印度政府乘达赖喇嘛未回,已遣人入藏诱班禅喇嘛来印,藉迎英储为名,实谋废达赖图藏。此事关系极大,拟请大部电有大臣(有泰)飞速严密防范,设法阻止,以遏阴谋。①

外务部当时对此并不知情,张荫棠的汇报虽是不确定性的"闻",但外务部得知这一重大消息后十分重视,次日即询问驻藏大臣有泰"此事藏中有无消息","希密探动静,设法防范阻止,并电复"。② 可见,在张荫棠汇报之前,清廷并没有接到有泰的汇报,反而是张荫棠首先洞悉了英方的阴谋。当时奥康纳等已到日喀则活动了一月有余,这离后来启程赴印仅差 10 天左右,从出行前需要完成各项准备的时间看,或许九世班禅已在奥康纳的威逼利诱下做出了赴印决定。有泰身在藏中对此竟无察觉,致使奥康纳的阴谋一步步得逞。

10 月 31 日,有泰接到后藏粮务委员范启荣、都司马友龙对奥康纳诱骗九世班禅赴印情形的详细汇报,但这还是没能引起其警惕,他在当天的日记中表示"是否属实,殊难尽信"③。经与下属商议后,有泰分别拟电给张荫棠、九世班禅进行咨询。11 月 4 日,张荫棠接范启荣的禀报:

> 八月二十六日(9 月 24 日),英员卧克纳(奥康纳)带兵三十名抵后招,声言朝佛,寓将军柳林及营官山寨。九月秒请班禅赴印看会,班禅坚不允从,复陆续调兵转运军火前来,声言非去不可,毋致后悔。似此强胁威吓,亟应设法阻止等情。④

张荫棠据此向外务部提出:"窃思此时似不宜以强逼班禅询问萨使(萨道义),恐彼不认,反以阻止班禅赴会为词。查后招即札什伦布,英语什卡子。按约英人不得前往。今英员并未照会,擅行带兵前至该处,可否先责问背约,

---

① 张荫棠:《致外务部电英诱班禅请有大臣阻止》,见吴丰培编辑《清代藏事奏牍·张荫棠驻藏奏稿》,中国藏学出版社 1994 年版,第 1298 页。
② 《外部转有大臣电嘱阻班禅赴印》,见吴丰培编辑《清代藏事奏牍·张荫棠驻藏奏稿》,中国藏学出版社 1994 年版,第 1298 页。
③ 〔清〕有泰撰,吴丰培整理:《有泰驻藏日记》,全国图书馆文献缩微复制中心 1991 年版,第 202 页。
④ 张荫棠:《致外务部电报英员卧克纳带兵前往后招请示办法》,见吴丰培编辑《清代藏事奏牍·张荫棠驻藏奏稿》,中国藏学出版社 1994 年版,第 1300 页。

请其迅饬该员退回之处，伏候钧裁。"① 11月5日，有泰接到上述外务部的电咨，次日根据范启荣、马友龙二人的禀报向外务部汇报："虽该员弁禀称班禅誓死不往，泰虑班禅年轻无识，特恐卧克纳（奥康纳）再三逼勒，或他言耸动，一经被诱前往，后患堪虞。然此事不难于阻止班禅，而难于英员以兵威逼。"同时，有泰认为："去春英兵退后，凡属交涉，印度并无只字来藏，是以难通照会。泰惟有力阻班禅，究非釜底抽薪之计，终恐于事无济。"最后，他提出的对策是由张荫棠"婉商印督，毋得强逼"，并请外务部"唔商驻京英使迅电印督，饬卧克纳（奥康纳）毋再立逼班禅，是为切要"。② 显然，有泰将责任推给了外务部和张荫棠。

11月7日，外务部采纳上述张荫棠的建议，以后藏"非通商交界，英员带兵前往，与条约不合"为依据，照会英国驻华公使萨道义"转达英政府饬令该员（奥康纳）将兵队即日退回"。③ 11日，有泰向外务部汇报，九世班禅一行"于十二日（11月8日）启程"；同时，他为自己的失职辩解："乃英员以兵威逼勒，班禅年轻，意甚畏惧。若果执意截阻，势必决裂，兵衅一开，藏事将不可收拾矣。"④ 13日，张荫棠继续致函有泰，请其"设法阻止"：

> 英逼班禅赴会，系印政府狡计，藉迎英储为名，用意叵测。此事止系酬应，不得作交涉论。且此事并非英廷主意，若向印政府商办，彼反得有藉口。是以外部照会萨使（萨道义），只责其带兵擅入后藏，应即按约迅饬该英员退回。业经电达尊处。现在班禅仍应始终坚持托病称谢，英员断不能拘其前往，亦断不能因班禅不往，擅开兵衅。今班禅既有允意，已为英员甘（坎贝尔）言所惑，倘若堕其术中，于西藏全局关系极大，应请尊处设法迅速阻止，严密防范，并勿使英人知我力阻，是所至要。乞为酌夺。⑤

---

① 张荫棠：《致外务部电报英员卧克纳带兵前往后招请示办法》，见吴丰培编辑《清代藏事奏牍·张荫棠驻藏奏稿》，中国藏学出版社1994年版，第1300页。

② 〔清〕有泰：《致外务部请商英使饬英员勿逼班禅赴印电》，见吴丰培编辑《清代藏事奏牍·有泰驻藏奏稿》，中国藏学出版社1994年版，第1217－1218页。

③ 《外务部来电已照会萨使转饬将英兵撤回》，见吴丰培编辑《清代藏事奏牍·张荫棠驻藏奏稿》，中国藏学出版社1994年版，第1300页。

④ 〔清〕有泰：《致外务部英逼班禅入印电》，见吴丰培编辑《清代藏事奏牍·有泰驻藏奏稿》，中国藏学出版社1994年版，第1218页。

⑤ 张荫棠：《致驻藏大臣有泰电请阻止班禅赴印》，见吴丰培编辑《清代藏事奏牍·张荫棠驻藏奏稿》，中国藏学出版社1994年版，第1300页。

然而有泰未能采取措施，其在日记中表示："暗阻班禅，不可令洋人知之，实无此本领。自负不晓交涉，于此更无可见，如此机心，自来无从而起，奈何。"① 18日，有泰在《英员强逼班禅额尔德尼赴印阻止不从折》中表示，"班禅仅一寺院，其他地方事宜仍归达赖派番官管辖。英如废去达赖，欲以班禅号令番民，则人心必不服从。英虽强盛，恐彼亦难施其计。且达赖班禅均归我属，似彼国家亦不得越俎代谋"，足见有泰之昏聩。但有泰虚伪地表示自己"不胜焦灼之至"，并继续推卸责任道："可否请旨饬下外务部及议约大臣，早为设法，婉转达明此义。"②

为阻止奥康纳诱骗九世班禅赴印，外务部按张荫棠所请，一面照会萨道义，要求英方饬令奥康纳退回，一面电令有泰设法阻止；有泰也批饬范启荣、马友龙二人"面见班禅，详说事理"，进行劝阻，但均未能阻止奥康纳的行动。11月17日，鉴于难以阻止奥康纳诱骗九世班禅赴印，并且英国王储也即将到印，而此时议约之事因英方罢议中断，张荫棠向外务部提出，他在加尔各答"有关国体"，"更难再留，应速回国"。③ 外务部批示："暂缓回国，希察探情形，随时电达。"④ 由此，"察探"九世班禅赴印情形成了张荫棠的一项特殊使命。

11月22日，张荫棠向外务部汇报："班禅已在途，印政府以最优相待，在棠对门盛设行馆，英储预备答拜。印报谓请班禅来印，非专迎英储，别有关系。又谓英政府不应请中国及西藏承认拉萨约，语多讥刺。"⑤ 接此报告后，外务部立即向英国驻华公使萨道义申明，"班禅世受封号，惟以喇嘛经为事，藏中政治概不预闻。现因英储赴印，前往致贺，倘有擅行约定事件，中政府概不承认"⑥，同时要求张荫棠继续密探情形。

12月3日，九世班禅一行在奥康纳所率卫队的严密"护送"下行抵印度

---

① 〔清〕有泰撰，吴丰培整理：《有泰驻藏日记》，全国图书馆文献缩微复制中心1991年版，第206页。
② 〔清〕有泰：《英员强逼班禅额尔德尼赴印阻止不从折》，见吴丰培编辑《清代藏事奏牍·有泰驻藏奏稿》，中国藏学出版社1994年版，第1219页。
③ 张荫棠：《致外务部电商交收赔款班禅将来印议已罢拟请回国》，见吴丰培编辑《清代藏事奏牍·张荫棠驻藏奏稿》，中国藏学出版社1994年版，第1301页。
④ 《外务部来电嘱暂缓回国及察探班禅赴印情形》，见吴丰培编辑《清代藏事奏牍·张荫棠驻藏奏稿》，中国藏学出版社1994年版，第1301页。
⑤ 张荫棠：《致外部电陈印政府优待班禅并舆论》，见吴丰培编辑《清代藏事奏牍·张荫棠驻藏奏稿》，中国藏学出版社1994年版，第1301页。
⑥ 张荫棠：《外部来电倘班禅擅定条约概不承认请密探班禅举动》，见吴丰培编辑《清代藏事奏牍·张荫棠驻藏奏稿》，中国藏学出版社1994年版，第1301页。

加尔各答。奥康纳等之所以能成功诱骗九世班禅赴印，根本原因在于侵藏急先锋荣赫鹏团伙对此蓄谋已久，而有泰失察，错失预杜良机，且在得知后不够重视、推卸责任、措施不力。张荫棠洞悉英方阴谋并首先向外务部汇报之时，木已成舟，此时清廷采取措施也只是亡羊补牢。

九世班禅到印后，惠德、奥康纳等安排其出席佛事活动，参观阅兵，以及与英国王储、新任英印总督敏托会晤等，他们对这些活动的安排"极为周密"，而张荫棠最关心的有无"擅行商定事件"情形则"甚难窥测"。12月30日，张荫棠向外务部汇报：

> 顷韩税司（韩德森）闻陆军总统述印度政府言，藏事与中国交涉十余年，订有约章，中国遇事诿藏，未能尽主国义务，徒托空言。我英自应实行政策，与藏直接，决不收中国代付赔款（当时张荫棠正与英方谈判"拉萨条约"中的战争赔款问题，力争赔款由清朝中央政府代付，以示主权——引者注）。中国只知力争主权，即如班禅来印亦不遵中国禁令等语。又查班禅来印待以王礼。韩探闻印政府拟令班禅请英扶藏自主，归英保护。俟回藏将中国不能治藏，令藏不能不图自治情形宣示全藏，以成独立。英人谓班禅将来不免举兵驱杀汉官，又谓见班禅意气自大，有心向英，似此情形，较私订密约尤为重大。事机重大，统乞荄筹。①

韩德森是清政府海关总税务司所雇英人，清廷派唐绍仪为全权代表赴印谈判时，其作为翻译与张荫棠等一同随往。此间，韩德森是张荫棠重要的情报来源之一，他提供的上述情报，使惠德、奥康纳等的阴谋真相大白。

1906年1月7日，张荫棠向外务部上《请速整顿藏政收回政权》一折，开篇就指出，前电（即上述12月30日的汇报）所称"英人私议及印政府阴谋，彼已实行与藏直接政策，决无疑义。英深知班禅与达赖不睦，怂令班禅回藏，滋生事端，英藉保护进兵，则全藏危矣。若待变象已见，即百计补救亦属无济"②。紧接着，张荫棠根据局势奏陈了整顿藏事的初步建议。显然，对英方此次诱骗九世班禅赴印阴谋的极大担忧，是促使张荫棠思虑整顿藏事之策的重要因素之一。

---

① 张荫棠：《致外部电述英廷对藏政策及班禅来印情形》，见吴丰培编辑《清代藏事奏牍·张荫棠驻藏奏稿》，中国藏学出版社1994年版，第1303页。

② 张荫棠：《致外部电请速整顿藏政收回政权》，见吴丰培编辑《清代藏事奏牍·张荫棠驻藏奏稿》，中国藏学出版社1994年版，第1305页。

九世班禅赴印之际,英国内阁更迭,自由党上台。出于与俄国较量的考虑,新任英国印度事务部大臣莫利与新任外交大臣格雷"都下定决心要防止印度边界上可能会出现的导致俄国抗议的一切行动",由此英国对西藏政策发生了重大变化。莫利认为,"在做出邀请班禅喇嘛的决定,更不用说发出邀请函之前,印度方面应当充分征询英国本土政府的意见"。他向敏托指出:"如果整桩事都按照惠德和欧康纳提倡的策略发展下去,很可能会发生重蹈荣赫鹏使团覆辙的情况。"① 据敏托1906年1月16日给莫利的信中称,他于1月10日和九世班禅见面时,九世班禅提出了三点请求:"①请我写一封信函给他,允诺在拉萨当局或中国人采取敌视态度的情况下,向他提供某种支援;②他如果受到攻击,请借给他若干武器;③请向我们驻江孜的官员下达指示,要他们保持同他的现有的友好关系,转送他的信函。"② 敏托对第一点请求答称,英国政府与中国政府就其"礼节性访问印度"的问题交换过信件,"只要不讨论公务,中国政府就不会提出反对意见",以此对九世班禅进行宽慰;对第二点请求则表示"我们目前不能考虑此事";对第三点请求则表示这点是"合理的"。这样,九世班禅没有得到奥康纳"先前给他暗示的那种可能","颇感失望"。莫利与格雷商议后,于2月5日正式电告敏托,"陛下政府批准你对班禅喇嘛的请求所作的答复",并就第三点做出特别指示:"至于将来的来往通信问题,我们在当地的官员,在同班禅喇嘛保持友好关系之际,应将他们同他的来往限制在尽可能狭小的范围之内,他们应当避免任何那种导致干预班禅喇嘛同中国皇帝的关系、干预班禅喇嘛同拉萨政府的关系,以及干预西藏内部事务的行为。应将包含此种意思的指示下达给驻江孜商务委员和英国在当地的其他官员。"③

　　按照上述英方档案记载,九世班禅在印期间没有与英印政府谈及任何实质性问题。并且,敏托发现惠德、奥康纳策划九世班禅赴印的真实意图后,批评惠德"误解了班禅喇嘛赴印的条件","惠德在某种程度上成了寇松的替罪羊";"奥康纳也遭到了一定的批评"。④ 张荫棠当时对此并不一定尽知,但他

---

① 《莫利致函敏托》(1905年12月28日),转引自[英]阿拉斯泰尔·兰姆著,梁俊艳译,张云校《中印涉藏关系史(1904—1914)——以"麦克马洪线"问题为中心》,社会科学文献出版社2017年版,第42页。

② 《印度事务部致莫利先生》(1906年1月16日),见《英国政府有关西藏事务函电》(F.O. 535),第7卷,第13号文件《印度政府致外交部》(1906年1月16日)附件。

③ 《莫利先生致印度政府》(1906年2月5日),见《英国政府有关西藏事务函电》(F.O.535),第7卷,第25号文件《印度事务部致外交部》(1906年2月6日)附件。

④ [英]阿拉斯泰尔·兰姆著,梁俊艳译,张云校:《中印涉藏关系史(1904—1914)——以"麦克马洪线"问题为中心》,社会科学文献出版社2017年版,第42-43页。

始终保持警惕。九世班禅既未得到英方任何实质性承诺，更对因未经清政府批准擅自出境而将会受惩罚而感到担忧。1906年1月9日，九世班禅派札萨克喇嘛向张荫棠递来关于此次赴印情形的书面报告，并面称："班禅此次被逼来印，并无与英员私商事件，惟未经奏准出境，恐干严谴，沥陈下情，求免处分，一俟奉有恩旨，恳请照转"，"现已会晤英储事毕，准于十二月十七日（1906年1月11日）由印启程回藏，仍前虔诵经典，以期仰答圣恩。恳请将启程回藏日期代奏"。① 张荫棠自然希望能促成九世班禅尽快返藏。因此，他在"责其不应前来，能推缓十日，则此事不行矣"后，向该札萨克喇嘛一行强调指出，"班禅如能做主，十七日即便启程，不得逗留，使英人另生枝节。如英人强留不允，自有本大臣主持；如虑夫马一切为难，应用一万八千，即在本大臣处支用；如临期不走，本大臣则唯尔问之"，随后对其予以厚赏。② 十七日，班禅一行如期启程回藏，当天张荫棠将此一并向外务部做了汇报。次日，清廷即谕旨斥责九世班禅"并未奏准，擅行出境，实有不合"，同时，"念其情词恭顺，尚属出于至诚，著即准其回藏，照旧恪供职守"。③ 九世班禅能及时返回，与张荫棠一面对其规劝，一面抵制英印当局的阴谋是分不开的。吴丰培指出，"班禅额尔德尼赴印，荫棠力争而得遄返"④。

九世班禅虽在已接替奥康纳担任代理江孜商务委员的贝利中尉等人的"护送"下启程返藏，但惠德、奥康纳等的阴谋活动并未停止。1月16日，张荫棠向外务部汇报：

> 印报载印政府遣班禅先回后藏，再赴拉萨，胁令藏番拥立班禅为达赖喇嘛，如达赖回藏，决意不认等语。迭饬韩税司（韩德森）密探大致，与十月东电相同（即前引1905年10月28日汇报——引者注）。⑤

印度报纸报道了惠德、奥康纳的阴谋，并借此公然给九世班禅强加了"拒绝达赖，以图独立"的立场，其影响是十分恶劣的，由此"班禅策动西藏

---

① 张荫棠：《致外部电奏班禅由印回藏恳免处分》，见吴丰培编辑《清代藏事奏牍·张荫棠驻藏奏稿》，中国藏学出版社1994年版，第1304页。
② 《后藏粮务范启荣禀藏臣访查班禅在途在印详情》，见吴丰培编辑《清代西藏史料丛刊第一集·班禅赴印记略》，台湾文海出版社1985年版，第29-30页。
③ 《清实录·德宗实录》卷五五三，光绪三十一年十二月丙辰。
④ 吴丰培：《张荫棠驻藏奏稿·跋》，见吴丰培编辑《清代藏事奏牍·张荫棠驻藏奏稿》，中国藏学出版社1994年版，第1457页。
⑤ 张荫棠：《致外部电述印政府煽惑班禅情形》，见吴丰培编辑《清代藏事奏牍·张荫棠驻藏奏稿》，中国藏学出版社1994年版，第1305页。

独立"的消息不胫而走。后来,萨道义给格雷的信中称,作为中国媒体代表的《中外日报》在2月评价道:英印当局打算"驱逐达赖喇嘛,把班禅喇嘛变成西藏的统治者"。① 面对英方公开诱骗九世班禅参与其阴谋活动的严重局势,张荫棠在向外务部汇报的同时,提出了"在藏先树主权"的应对之策:"英既不认我主权,又诱班禅请英保护,一旦有变,英必宣布(班禅)归英保护及代理政权等事,不可不虑。此时我能在藏先树主权,英人万无开衅之理。"②

印度报纸公开英方诱骗九世班禅赴印的阴谋,无疑更使张荫棠对九世班禅所派札萨克向其面称"并无与英员私商事件"的真实性进一步产生了怀疑。与此同时,有泰接到九世班禅回藏的谕旨后,指示范启荣、马友龙以及靖西同知松寿、靖西游击周占彪等,先期探明其进关日期,准备迎接。有泰要求要"酌派兵丁沿途小心护送,以昭妥慎","一俟班禅回藏后,其在印及沿途如何情形,察询明白,详细密禀来辕,以凭酌核",③ 可见有泰也在探查虚实。但从九世班禅进关,至2月9日返回扎什伦布寺,范启荣、马友龙等人以有英兵"护送"为借口,探查不力,有泰批评他们所提供的情报均"系微末细故,无关大局"。2月16日,张荫棠在《致外部丞参函详陈英谋藏阴谋及治藏政策》一折中,就他所探查到的进一步情形向外务部汇报:

> 班禅自回藏后,虽未探有私商事件的证,惟闻英与班禅已订私约,以哲孟雄及布丹两王作证等语。又闻哲孟雄有当沙巴拉系哲孟雄最有权势官员④,熟悉藏情,前年随同英兵入藏,探听藏中虚实,随时报告英军,是以直达拉萨,及事定后封以王号,以旌其功。又班禅处有信任藏官一人,名小忠,先为藏人驱逐,乃英人载至伦敦,并往印度,令学英印两处语言文字,英复令其回藏,渐为班禅倚任。英军入藏时,或谓小忠有私通消息情事。现在班禅回藏,受英恩遇,以当沙巴拉蛊惑于外,以小忠煽惑于

---

① 《萨道义致函格雷》(1906年4月10日),转引自〔英〕阿拉斯泰尔·兰姆著,梁俊艳译,张云校《中印涉藏关系史(1904—1914)——以"麦克马洪线"问题为中心》,社会科学文献出版社2017年版,第44页。

② 张荫棠:《致外部电述印政府煽惑班禅情形》,见吴丰培编辑《清代藏事奏牍·张荫棠驻藏奏稿》,中国藏学出版社1994年版,第1305页。

③ 《有泰札靖西同知松寿、游击周占彪及后藏粮务范启荣、都司马友龙班禅不日返藏先期探明进关日期派兵迎护》,见吴丰培辑《清代西藏史料丛刊第一集·班禅赴印记略》,台湾文海出版社1985年版,第21页。

④ 张荫棠此处所言当沙巴拉系终萨本洛(Tongsa Penlop)音译,应为布鲁克巴"最有权势官员",详见本节之"二、加强西藏地方与邻邦关系的主张"。

内，班禅或有异志，在所难免。①

尽管张荫棠对此"是否确实"，表示"难凭信"，但这使他更加看清了英方侵藏"纯用阴险手段"，"使我不觉，及事机暴发，在彼则谋画夙定，在我则猝不及防"。由此，张荫棠在对事态的严重性做了充分估计的同时，洞悉到英方将诱骗九世班禅赴印的阴谋通过报纸公开系故意挑拨离间。如果对九世班禅采取过激措施，就可能适得其反，刺激其按惠德、奥康纳的阴谋行事，从而正中惠德等的下怀。因此张荫棠在同折中再次汇报"此次又诱班禅来印，待以王礼。印报谓英人深知班禅与达赖不睦，劝令班禅请英保护，拒绝达赖，以图独立"后，对九世班禅的态度进行了一番分析："惟班禅年少质愚，虽无远志，难保不为所动。然班禅岂足以自立图存者，是即日本扶助高丽之故智耳。且西藏仰托我国庇下，深仁厚泽二百余年，其仇英之念极深，岂甘反面事英，降心以相从哉。盖深怵英之势力足以胁制全藏，而主国实有不能与抗之势，则藏一无可恃，恐不得不反颜以相向耳。"在分析九世班禅的态度及时局的基础上，张荫棠进一步提出了整顿藏事的大体性建议（在本书第二章已有详细讨论）。可见，警惕"西藏独立"、坚决抵御侵略，是张荫棠当时酝酿整顿藏事方案的一个基本出发点。

4月29日，清廷降旨派张荫棠入藏"查办事件"，由此他采取了一系列反侵略措施，力挫英国制造"西藏独立"的阴谋。此间，有泰一直在探查九世班禅赴印详情，据九世班禅向其汇报：

> 此次前赴印度，固知英怀虎狼，其情叵测，无如英员卧克纳（奥康纳）以强凌弱，威逼情形，非言语所能殚述。如其勿往，必致变起肘腋，不得已冒险前去。沿途英兵持械随行，藉护送为名，其实押我前进，起居不由自主。……到印后，复与印度执政及太子先后会晤二次。凡在途在印，所见英国大小官数员，其言论一切，大概系问安慰劳之语，实未议及公事，亦无别项新闻。竣事后不敢久延，当遣扎萨克喇嘛禀知议约大臣，定期起程。此番出入虎口，安然无事，实系仰托大皇帝鸿福，我班禅得以生还，殊非初料所及。②

---

① 张荫棠：《致外部丞参函详陈英谋藏阴及治藏政策》，见吴丰培编辑《清代藏事奏牍·张荫棠驻藏奏稿》，中国藏学出版社1994年版，第1305页。

② 〔清〕有泰：《班禅额尔德尼赴印详情片》，见吴丰培编辑《清代藏事奏牍·有泰驻藏奏稿》，中国藏学出版社1994年版，第1229页。

除九世班禅的汇报外,有泰也接到了范启荣的密报称,九世班禅赴印"属印政府狡谋","端发自英员卧克纳希图邀功"。范启荣的密报具体指出,奥康纳对九世班禅"虚声恫喝,挟制班禅偕伴起行,途中不离左右,防闲甚严";到印度后,"班禅与英储印督会晤,问答之词,均系酬应,未尝一言提及藏事。英人无机可乘,其谋不遂,仍令送还。卧克纳徒有接迎之劳,而威逼情形业已登诸报章,闻彼政府颇不以此事为然,且有虚縻帑项、致怨该英员之说,可见英廷已不直之"。①可见,九世班禅给张荫棠、有泰的汇报以及范启荣给有泰的密报主要内容是一致的,即九世班禅称他是被奥康纳胁迫赴印的,且到印后未与英方"私商事件"。但对张荫棠而言,班禅赴印之事仍然是个谜团,还须继续追查。

英印方面,敏托试图让英国官员可以随时与九世班禅联系,因此并没有遵守英国政府的指令,而是批准贝利中尉于1906年9月前往日喀则。莫利虽取消了贝利的日喀则之行,但在他发现之前,敏托又批准了接替惠德担任英国驻锡金政务官的查尔斯·贝尔于11月前往日喀则活动。②贝尔此次对九世班禅的拉拢,据其《西藏之过去与现在》一书云,其"依政府所嘱,温语安慰,此次至日喀则,或者可以保其不至遭逢不幸",但九世班禅"惧被(清政府)惩处,未知吾政府(英方)果能于必要时助之否也","又惧拉萨之西藏政府,吾政府(英方)与拉萨战而扎什伦布亲,则其中央政府之仇视,自不能免"。贝尔认为,九世班禅最大的担忧是清政府"疑扎什伦布欲乞援英国而独立"而采取措施。最终,这位侵藏谋略专家于11月16日无功而返。③

然而,对贝尔拉拢九世班禅的其中虚实,张荫棠不得而知,自然对此高度警惕。当时张荫棠正由印赴藏,据与其随行的何藻翔所著《藏语》一书载,他们一行行至江孜之时,张荫棠对九世班禅派札萨克喇嘛献氆氇、铜佛等物"不肯受",后经该札萨克托韩德森"道殷勤","因受铜佛两尊",但同时"厚犒以蟒袍绸缎"。当天晚上,该札萨克来见,"言达赖所用非人,侵削班禅权利,班禅岁用不给,达赖亦弗周恤。语次有欲自为藏王之意。张使(张荫棠)谕以阋墙招侮,唇亡齿寒,前后藏教出一源,当弃小怨而顾大局。因引

---

① 〔清〕有泰:《班禅额尔德尼赴印详情片》,见吴丰培编辑《清代藏事奏牍·有泰驻藏奏稿》,中国藏学出版社1994年版,第1229-1230页。

② 《敏托致函莫利》(1906年9月11日),转引自〔英〕阿拉斯泰尔·兰姆著,梁俊艳译,张云校《中印涉藏关系史(1904—1914)——以"麦克马洪线"问题为中心》,社会科学文献出版社2017年版,第43页。

③ 〔英〕贝尔著,宫廷璋译,竺可桢、向达校:《西藏之过去与现在》,商务印书馆1930年版,第54-58页。

哲孟雄王被囚事为前车之鉴。余以班禅袒英，路人皆知"。对此，何藻翔认为："札萨克为班禅心腹，竟敢于钦使（张荫棠）前露出藏王之要求，其愚可悯。此等人不可喻以正义，宜暗许以权利以诇其阴谋，言朝廷于班禅达赖一视同仁。倘能为地方兴利除弊，力固边围，将来可代奏，请旨加恩，以相笼络。"①

此外，英方诱骗九世班禅赴印的阴谋，对十三世达赖喇嘛是极大的刺激。十三世达赖喇嘛在英军开进拉萨前夕出走内地，其当时仇英、抗英的立场是坚定的。当得知英方以"班禅取代达赖，以成独立"的消息后，十三世达赖喇嘛立即派随行的功德林札萨克喇嘛向九世班禅询问情况，尽管九世班禅答复"所有与威尔士亲王（即英国乔治王储——引者注）和总督的会见都是礼仪性的"②，但十三世达赖喇嘛无疑心存怀疑，从而使其与九世班禅的矛盾进一步加深，而英国则利用此有利时机加紧拉拢十三世达赖喇嘛，这是其在寻求俄国援助无果的情况下，对英国态度发生转变的重要原因之一。面对如此错综复杂的局势，张荫棠在警惕英方诱骗九世班禅赴印阴谋的同时，密切关注着十三世达赖喇嘛的动向，由此奏陈了令十三世达赖喇嘛"暂缓回藏"以及允许十三世达赖喇嘛与九世班禅联袂入觐的意见。③ 之所以奏请九世班禅入觐，其原因在于，他途经江孜，与九世班禅所派迎接他的札萨克谈话时，该札萨克"微露班禅有欲代理达赖之意"，他"于是乘机即令转劝班禅呈请来京陛见"。张荫棠还就当时九世班禅"恃英援欲与达赖争权"的情形向军机处、外务部具体汇报：

> 棠查班禅素与达赖不睦，班禅所享权利皆由达赖赐给。达赖事败后，虽经有泰奏派班禅兼管藏事，亦不敢到拉萨接任，……班禅自到印京见英储后，志常鞅鞅，恃英援欲与达赖争权。英哄班禅立为印度等处黄教之主，意实图并春丕及后藏一带之地。棠日虑达赖回藏后，英人从中调唆构乱，坐收渔翁之利。前月班禅两次派员来谒，要求达赖赐伊以喀木湖前辈班禅降生之地。④

---

① 何藻翔：《藏语》，广智书局宣统二年（1910）版，第26—27页。
② 《驻锡金政务官致印度政府》（1906年7月7日），见《英国政府有关西藏事务函电》（F. O. 535），第8卷，第56号文件《印度事务部致外交部》（1906年8月23日）附件。
③ 详细论述见第二章第二节"藏事改革的时机与挑战"。
④ 张荫棠：《致军机处外务部电请代奏达赖班禅同请入京陛见》，见吴丰培编辑《清代藏事奏牍·张荫棠驻藏奏稿》，中国藏学出版社1994年版，第1325页。

鉴于九世班禅在英方拉拢下各种"志常鞅鞅"的表现，张荫棠一面"谕以朝廷恩德，当弃小嫌，同心以御外侮，不宜争私利而分畛域"，一面请旨九世班禅陛见。清廷批示"暂缓来京"后，他再次奏陈：

> 班禅虽受英笼络，而少从达赖受经，不过以小嫌而生龃龉，令联袂入觐，互释猜疑，益当矢志同心以御外侮。现藏属安谧，一切政治均由噶勒丹池巴商上等经理。所有达赖班禅晋京，于地方情形尚无窒碍。①

由此可见，力促九世班禅入京陛见是张荫棠面对班禅受英方拉拢"难保不为所动"的严峻局势下，为挫败英方阴谋而采取的应对措施。他希望九世班禅通过陛见，增强对清朝中央政府的向心力，而不为英方拉拢所诱惑。张荫棠力促九世班禅入觐虽未获清廷同意，但由此策略性地促成了十三世达赖喇嘛、九世班禅"各争先吁请陛见"。他认为"联袂入觐"可使其二人"互释猜疑，益当矢志同心以御外侮"。可见，努力促成十三世达赖喇嘛、九世班禅入京陛见，是张荫棠为抵御英国和俄国企图通过拉拢他们二人，制造"西藏独立"阴谋的一个策略。

从以上张荫棠、有泰给清廷的奏报以及他们与范启荣、马友龙等的来往文书看，张荫棠始终认为九世班禅赴印是受英方奥康纳等的诱骗，这从上述奥康纳团伙实施其阴谋的过程可以得到印证。有泰及其下属范启荣、马友龙则对九世班禅赴印持英方"挟持说"，这是从奥康纳前往日喀则加紧煽动九世班禅时带有一支30多人的卫队，并一路"护送"九世班禅至印这一角度而言的。对此，张荫棠分析指出，使九世班禅"坚持托病称谢"，"英员断不能拘其前往，亦断不能因班禅不往，擅开兵衅"。然而作为直接责任人的有泰及其下属束手无策，因此他们的"挟持说"更多是为了推卸责任。惠德、奥康纳等谋划、实施此一阴谋的相关英方官员自然不会言之为"挟持"；相反，他们出于一贯的侵略思维，在往来文书中将此冠冕堂皇地称之为"邀请"。在他们的计划中，奥康纳带一支30多人的卫队，主要意义在于给九世班禅造成英方为其提供"保护"的错觉，打消九世班禅的顾虑，以骗取其信任。九世班禅的态度是关键，从当时其与十三世达赖喇嘛的矛盾而言，他确有寻求援助的需要，后人由此也有指责其赴印系有意而为。然而，九世班禅在给有泰的汇报中称其赴印是奥康纳"藉护送为名，其实押我前进"，且在给有泰、张荫棠的汇报中都

---

① 张荫棠：《致军机处外务部请代奏达赖班禅应令其陛见》，见吴丰培编辑《清代藏事奏牍·张荫棠驻藏奏稿》，中国藏学出版社1994年版，第1330页。

表示在印期间没有与英方谈及实质性的政治问题；张荫棠当时对此极为关注，他追查的结果是"无确证"，这可印证九世班禅所言。在一份很重要的英方文件，即上引敏托给莫利的信中，明确承认九世班禅赴印是"礼节性访问"。因此，就目前史料所及来看，从九世班禅事前未经汇报获准以及表现出"志常鞅鞅"等，认为其赴印系"有意而为"是难以令人信服的。至于九世班禅赴印后英印当局故意公开"以班禅取代达赖，以成独立"的阴谋，显然是企图通过给九世班禅妄加政治立场，倒逼九世班禅就范，但这并非九世班禅的真正立场。综上，虽然各方对九世班禅赴印一事持不同意见，但张荫棠的"诱骗说"是其基于对英方阴谋的警惕和对九世班禅矛盾心理的把握，从反侵略斗争的角度对此事件的理解，其认识是深刻的。

到拉萨后，在整饬吏治、倡言革新的同时，张荫棠始终高度警惕"西藏独立"。在"二十四条"中，他专门就英国和俄国竞相侵藏的图谋，向西藏地方上层指出：

西藏介居英俄两大国之间，因系中国属土，故英未敢吞并，如有奸臣进谗，或劝祖英或劝祖俄，此皆可杀。或英俄行反间之计，劝尔背汉自立，归他保护，此系吞并之诡谋，切宜勿听。中国抚有西藏二百余年，未尝取西藏一文钱入中国，反为西藏靡费去数千百万，实念西藏百姓与中国血脉一线，如同胞兄弟一样。大皇帝抚莫大之恩，尔子孙世世不可忘。①

西藏地方上层答复：

英藏交兵后，该英人以为此后必须和睦，或达赖替身、或噶勒丹池巴、或商上官阶较崇之员，若到甲噶尔（加尔各答）谒见甲噶尔替身王子时，商务迅可了结，且与藏人甚有裨益。后又讲说了古事譬喻，寄到信函，虽哄骗引诱，因该英人不特惯用诡谋，且教道相反，是以商议拒绝，未敢轻率前往。伏念西藏，唯靠大皇帝作主施恩。至于俄罗斯国，亦属与英相同。将来西藏只有倚靠大皇帝，此外别无所望。务恳照前保护扶持。②

---

① 张荫棠：《传谕藏众善后问题二十四条》，见吴丰培编辑《清代藏事奏牍·张荫棠驻藏奏稿》，中国藏学出版社1994年版，第1335页。

② 张荫棠：《传谕藏众善后问题二十四条·藏众答词》，见吴丰培编辑《清代藏事奏牍·张荫棠驻藏奏稿》，中国藏学出版社1994年版，第1338页。

从"藏众答词"看,张荫棠对西藏地方上层的此番训诫与规劝是有积极意义的。

正当张荫棠大刀阔斧地推行藏事改革之际,九世班禅向其致函要求"拉章与商上各管各地"①。此时,前后藏团结和睦的局面对推进各项改革至为重要,然而英方为阻扰改革而蓄意从中挑拨离间,九世班禅提出此一要求很可能是受英方怂恿。因此,张荫棠随即复函九世班禅,表示"碍难照准",但耐心劝勉其"当念前后藏唇齿相依,同种同教,不宜各分畛域"。他首先向九世班禅分析英国、俄国竞相侵藏的形势:"现外藩屡进后藏,查考形势,日图吞并后藏,以通阿富汗、帕什米尔等处,其诡计奸谋,比前藏尤为危险。"紧接着对其规劝道:"此时唐古特人等同心协力,尚恐难以御外侮,不应同室操戈,以中外藩之计。"为使九世班禅充分认识到"盖前后藏合则力厚,分则力薄",张荫棠形象地指出:"譬如树枝然,一树枝则柔脆易折,合十树枝为一束,虽极勇力者不能折之矣","贵班禅夙慧明断,当知此理"。针对九世班禅身边的挑拨离间之人,他警示道:"意必左右札萨克等,有谗谄面谀之人,造谣生事,意图离间,以作奸细,荧惑聪听。本大臣若查出有此等小人,必当治以极重之罪。愿贵班禅亦将此人斥革,而屏逐之也。"张荫棠还结合佛法进一步规劝道:"普天之下,莫非王土。拉章与商上本无分别,佛法空诸所有,唯以慈悲普度众生,一切归诸清静寂灭。此身且非我有,而身外之物得失何足计焉?贵班禅转生,或为达赖,达赖转生,或为班禅,何彼何此,而田地之多寡,何足计焉。愿贵班禅恪诵佛经,参悟此旨,即心即佛矣。"最后,张荫棠训诫、劝勉九世班禅勿"争私利而不顾公义,致碍大局","著仍遵照前谕,俟达赖回藏,和平酌办"。②

在规劝九世班禅的同时,张荫棠致函噶厦"劝令速办九局事宜"③,显然他对规劝西藏地方抵御侵略与勉励推进藏事改革以图"自强"二者的关系有清醒的认识。即劝勉前后藏不为外人拉拢所动、共同抵御侵略是各项改革得以顺利推进的重要前提;而西藏地方在中央政府主导下改革自强,增进对中央政府的向心力,是抵御侵略的关键。

在与英方展开直接斗争并规劝西藏地方上层的同时,张荫棠也一直向清廷及时汇报情况,敦请清廷警惕"西藏独立"。在其藏事改革大纲"十六条"

---

① 张荫棠此处用"拉章"代指后藏班禅系统,用"商上"代指前藏达赖系统。
② 张荫棠:《致班禅函论拉章商上不宜各分畛域》,见吴丰培编辑《清代藏事奏牍·张荫棠驻藏奏稿》,中国藏学出版社1994年版,第1371–1372页。
③ 详细论述见第二章第三节"整饬吏治,倡言革新"。

中，他专门就英国从蚕食西藏周边国家和地区，蓄意侵藏，到以"俄诱藏自立，归俄保护"为借口，加紧发动第二次侵藏战争，再到英俄《西藏协定》签订后"藏局益危"的严峻形势进行深刻分析。其中强调："至今年（1907）八月，英俄又订协定（指英俄《西藏协定》），貌似和平，实则英要求俄承认其藏约，英以波斯权利让俄，俄以西藏、阿富汗权利让英。前日尚赖英俄互相牵制，今协约既定，藏局益危。中英新订藏约，虽有不占土地、不干涉内政之语。非有实力以盾其后，万不足恃。欧洲各国交涉手段朝夕百变，英俄互持，此厚彼薄，在我虽欲为瓯脱之弃，而强邻必持均势之说以相责。"在同折中，张荫棠再次就英方拉拢九世班禅的形势指出：

> 英人诮我在藏无主权，不能尽主国义务，自问亦惭恧。……近年达赖班禅又互相猜贰。班禅自到印京见英储后，隐恃英援，欲与达赖争权。英员时至后藏，煽惑班禅，又派班禅为印度夺岭地方佛教总管，百端笼络，冀遂其鬼蜮之谋。查英人记载侦探西藏者十数辈，皆从后藏而入，言蒙班禅优待，可见外人窥伺后藏处心积虑，已数十年。①

张荫棠也强调，抵制英俄的侵藏图谋，"非有实力以盾其后，万不足恃"，一方面要加强直接的军事防御，另一方面要加紧推进藏事改革，通过中央政府主导下的西藏政治、经济、军事、外事、文教、卫生以及民俗等的全面改革，加强中央政府对藏主权和治权，从而不予侵略势力机会。

综上，张荫棠警惕"西藏独立"，一方面是对当时俄国利诱十三世达赖喇嘛，图谋通过支持其"自立"，将中国西藏变为他们保护下的"独立国"的警惕；另一方面是对英国拉拢九世班禅、阴谋支持"班禅取代达赖，以成独立"的警惕。其中，为遏制英国的阴谋所采取的措施，一方面是对九世班禅进行规劝，另一方面是与英方直接斗争。"削弱英国人与班禅喇嘛的关系，显然也是张荫棠的主要目标之一"②，他对具体实施诱骗九世班禅赴印的罪魁祸首奥康纳进行坚决斗争，最终迫使英国将其调离印度。③

张荫棠对英国、俄国策划"西藏独立"的警惕，使英国侵藏狂热分子诱骗九世班禅赴印并扬言"以班禅取代达赖，以图独立"的阴谋未能得逞。而

---

① 张荫棠：《奏复西藏情形并善后事宜折》，见吴丰培编辑《清代藏事奏牍·张荫棠驻藏奏稿》，中国藏学出版社1994年版，第1397页。

② [英]阿拉斯泰尔·兰姆著，梁俊艳译，张云校：《中印涉藏关系史（1904—1914）——以"麦克马洪线"问题为中心》，社会科学文献出版社2017年版，第117页。

③ 详细论述见本节之"四、围绕开埠的斗争"。

对于英国转而拉拢十三世达赖喇嘛的端倪,张荫棠也高度警惕。他在整饬吏治时肃清噶厦中的亲英分子,以及建议清廷给予十三世达赖喇嘛部分"直接奏事权"以示"宠幸"等,就有抵御英国拉拢后者的考虑。十三世达赖喇嘛陛见事毕,准备启程回藏时,张荫棠洞察奥康纳携哲孟雄王子到京进一步拉拢十三世达赖喇嘛的图谋,立即向外务部提出:"窃恐其行至山西,俟达赖出京,于途中有交通情事,似应预为防范。拟请先行密电晋抚,派员随时严密监察侦探","以防其微,俾免别生枝节"。① 然而,清廷对英国加紧拉拢十三世达赖喇嘛的行动抵御不力,加之十三世达赖喇嘛回藏后因与驻藏大臣联豫关系恶化而出逃印度,继而立场完全转向亲英,由是英国支持下的"西藏独立"暗潮涌动以至蔓延。

四、围绕开埠的斗争

(一) 前期准备

要求西藏地方开埠,打通英属印度与中国西藏的通商贸易渠道,从而攫取经济利益,是英国侵略中国西藏的一项既定目标。1893年《中英会议藏印条约》签订后,亚东被迫设关开埠;然而英国第二次侵藏战争后,为扩大商品输藏、加紧经济掠夺,荣赫鹏以"西藏地方未履行条约规定,阻止其茶叶等商品入藏"为由,于逼迫西藏地方签订的"拉萨条约"中,不但重提亚东开埠,同时变本加厉地要求江孜、噶大克两地开埠。1906年《中英续订藏印条约》签订后,履行该约附约"拉萨条约"中第二款、第三款有关亚东、江孜、噶大克开埠的规定不可避免。其中,英国要求江孜开埠不止为获取经济利益,其更加看重江孜的战略地位,为此,"英自拉萨定约日派有委员,已作为开埠"②。为抵抗侵略,1906年3月13日,张荫棠向外务部提议:"彼已先行开办,似应由驻藏大臣饬令商上早日派妥员接洽办理,方能作为开埠实据。"③ 5月15日,清廷派其入藏"查办事件"的谕旨中明确指出:"现在中英两国新

---

① 张荫棠:《上外部请预防英员卧克纳与达赖交通说帖》,见吴丰培编辑《清代藏事奏牍·张荫棠驻藏奏稿》,中国藏学出版社1994年版,第1447页。

② 张荫棠:《致外部电拟定江孜开埠日期并告商场形势》,见吴丰培编辑《清代藏事奏牍·张荫棠驻藏奏稿》,中国藏学出版社1994年版,第1314页。

③ 张荫棠:《致外部电述英议员与印度大臣问答之词及查阻达赖回藏》,见吴丰培编辑《清代藏事奏牍·张荫棠驻藏奏稿》,中国藏学出版社1994年版,第1306页。

定约章，特命尔前往藏地查办事件。所有按约开埠事宜亟应切实筹办。"① 由此，办理开埠事宜是张荫棠奉旨入藏的一项重要使命。

英国之所以要求位于西藏西部的噶大克开埠，原因在于英方通过贿赂、威逼当地宗本，使该处成了英印商人走私茶叶等商品入藏的一条重要通道，且英印当局对该处金矿觊觎已久。张荫棠受命后，立即从噶大克入手筹划开埠事宜。在印等待随员到来期间，他带韩德森等从加尔各答前往印度西北部的西姆拉（Simla），计划经此前往噶大克先查勘情形。然而，在张荫棠到达西姆拉后，英印外交大臣路易斯·戴诺爵士急忙赶去，以路途险远、往返须数十日，"不宜冒险"前往，可将英国驻噶大克商务委员每周一次的报告抄阅等为由，予以阻扰。被张荫棠一一婉拒后，戴诺又以英国"不过望商务兴旺而已"，探问"商埠作何办法"，张荫棠答以必须亲往，方能定夺。鉴于张荫棠坚持要前往噶大克，戴诺提出请其阅看英方"印藏交界及噶大克地图"，欲以此试探张荫棠对英国侵略噶大克图谋的态度。张荫棠"虑其指图影射，藉以推广界线"，答以"我甚愿意看。但我不甚晓洋文，恐贵大臣所言我未能领会，辜负贵大臣美意"，巧妙避开了戴诺的试探。关于噶大克金矿，戴诺称："我政府不愿开西藏之矿，亦不愿意中国开，恐后各国垂涎，致来干预，中英两国兵力均有所不及。"对此，张荫棠"本欲直斥其非"，但鉴于这是其与韩德森私言，因此言之有据地回以"开矿系我内政，别国无从干涉，何至有用兵之事"。双方面谈不欢而散后，戴诺仍不死心，托韩德森转达"如欲知噶大克情形，可以逐款开列奉告"，张荫棠以"现在尚未奉到敕谕及政府训条，此时未便动问，恐溢出我权限之外"予以婉拒。随后对于戴诺托韩德森主动递来"噶大克情形一纸"，张荫棠只视之为其二人往来私函。其间英印总督敏托勋爵也赶来进行阻扰，鉴于英方对前往噶大克查勘情形"百端阻扰"，张荫棠不得已，以有公事料理为由，返回加尔各答。②

9月6日，接到敕谕关防后，张荫棠启程由印赴藏。此间，韩德森向他当面禀称，戴诺提出"噶大克烟户只数家"，"商务不旺"，"八九月开商会时，稍有贸易，彼此派员前往弹压，不必建关设官。印政府已禀达英政府批准"。张荫棠指出，他奉命按约开埠，"印外部今欲改变办法，如备文来，我自当请示政府核办"。同时，韩德森禀称"印政府因噶大克金矿甚旺，恐开埠后难禁

---

① 《旨著悉心经画藏务》，见吴丰培编辑《清代藏事奏牍·张荫棠驻藏奏稿》，中国藏学出版社1994年版，第1308页。

② 张荫棠：《致外部丞参函详陈由印过大吉岭至靖西沿路情形》，见吴丰培编辑《清代藏事奏牍·张荫棠驻藏奏稿》，中国藏学出版社1994年版，第1309–1310页。

各国生心。云其中恐别有阴谋"。据此,行至靖西后,张荫棠一面察看情形,详筹办法;一面将以上情况向外务部做了汇报,表示"俟看印督来文如何,当先派员查勘,再请示遵"①。后来,根据开埠的总体进程,张荫棠向三埠均拣派了商务委员,其中噶大克商务委员为毛秉科,曲觉汪曲、夺吉顿珠为帮办。同时,"恐各该员未经阅历,不得要领,爰拟大略章程,以为开办方针"。他所拟《噶大克埠务大略章程》②共14条,其中对如何与英方交涉,如何确定地租,如何建旅舍、市场、马路、税关,以及巡警职责等一一做了明确规定,为维护主权提供了指导。

9月22日,张荫棠行抵亚东。亚东毗连印度,战略地位十分重要,英国视之为侵略西藏的桥头堡,两次侵藏战争都是由此发起行动。英国自第一次侵藏战争后,就将其势力伸向了亚东南部临近印度的春丕(位于今亚东县下司马镇),以此为其侵藏"大本营"。第二次侵藏战争后,英国首任驻春丕官员贝尔,以及1905年继任的坎贝尔中尉(张荫棠奏稿中称之为"甘波洛",系音译)等依仗此处留有驻军,有恃无恐,无视清政府驻靖西官员和当地藏族官员,图谋将其在春丕的"临时占领变成更为长期的统治"。

9月24日,张荫棠移驻靖西同知署。当天午后,坎贝尔"猝来请见,声称要开中门迎接"。为申明中国主权,张荫棠"以其无礼,谢弗见"。是晚,坎贝尔"挟不见之嫌",竟派印兵30名围守其驻署、禁止采购薪草伙食。随后两天,张荫棠接靖西代理同知马吉符禀称,坎贝尔将其6名夫役拘殴。对于坎贝尔的骄横无礼,张荫棠在查得其在靖西"有擅开市场、强占民房、武断词讼、苛派罚款、殴毙人命"等官民控诉在案的"种种不法情事",而"甘(坎贝尔)之上司惠德(当时其英国驻锡金政务官职务已由贝尔代理——引者注)亦无纪律禁阻"后,立即一面向英印外交大臣戴诺控诉,一面请示外务部:"若不向英使问责,不独埠事诸多棘手,且恐藏民激变。"③张荫棠采取这些措施后,坎贝尔"稍敛迹","诡称派兵保护",但"不认拘殴夫役、禁止采购薪草等事"。经此斗争,9月30日晚,"甘(坎贝尔)之上司惠德代理人贝尔到靖(靖西),见韩(韩德森)道歉。翌日函托韩(韩德森)献花果蔬菜求见",对此,"棠因卧病,答称病愈再定期相见",以示抗议。后在韩德森私宅

---

① 张荫棠:《致外部电告到靖西察看情形》,见吴丰培编辑《清代藏事奏牍·张荫棠驻藏奏稿》,中国藏学出版社1994年版,第1309页。

② 张荫棠:《札发商务委员噶大克埠务大略章程》,见吴丰培编辑《清代藏事奏牍·张荫棠驻藏奏稿》,中国藏学出版社1994年版,第1363—1365页。

③ 张荫棠:《致外部电甘波洛无礼见情形》,见吴丰培编辑《清代藏事奏牍·张荫棠驻藏奏稿》,中国藏学出版社1994年版,第1309页。

接见，谨将马吉符"汇送藏民控诉各案抄呈备核"。① 同时，按"拉萨条约"第七条规定，英军"仍于春丕驻兵暂守作质，至赔款清缴或商埠妥立三年后最晚之日为止"。因此，张荫棠以甘波洛围署之事"太野蛮"，"故欲借此提议春丕界址及撤兵事"。② 一则贝尔、坎贝尔等依仗其春丕驻军，"混指亚东至帕克里统名春丕"，干预上至江孜，下至亚东地方事务，任意妄为，"非与明定界限，埠事恐多牵制"；二则倘能将撤兵期限缩短，宁可将下两期赔款提前交清。③ 于是，张荫棠首先对春丕界址进行了确查后，密电外务部指出："闻英兵混指亚东至帕克里百里之地统名春丕，以展拓势力范围，为久远驻兵之计。"④ 事实上，春丕是英方命名，即 Chumbi Valley，仅指距亚东峡谷以北20里的一片山间谷地，当地汉藏人均称之为桌木（Tomo）。英方因获取了在春丕的驻军权，故意将此处以外的地方统称春丕，蓄意扩大侵略利益。张荫棠奏报：

> 确查亚东（指亚东关）至仁进岗十五里，再到吉玛桥五里，到阜阜塘即靖西一里，由靖西到春丕五里。英人由哲孟雄之干多新开一路，两日可达春丕，故驻兵于此。春丕即为英兵照约应驻之地，乃英兵现在离春丕五里对河之下桌木，已与新约不符。又亚东至夺打塘统名桌木。春丕系山坳一片平壤。藏官均能指其界址，并无统名春丕之说。⑤

明确春丕界址后，张荫棠请示："今英员越界数十里在亚东一带骚扰，应向英使辩明春丕界址，转电英政府约束英兵。"同时指出，英国驻兵"不过为开埠赔款两事，亚东前经开埠，不过再为改良，印政府既有不愿噶大克开埠之意，则只有江孜一埠，无难妥办"。据此，他建议"婉商英使"，将给英国的第二、第三两期赔款并在第二期内一并交清，以便催促英兵提前撤走；如英方

---

① 张荫棠：《致外部丞参函详陈由印过大吉岭至靖西沿路情形》，见吴丰培编辑《清代藏事奏牍·张荫棠驻藏奏稿》，中国藏学出版社1994年版，第1310页。
② 张荫棠：《致外部电甘波洛敛迹情形》，见吴丰培编辑《清代藏事奏牍·张荫棠驻藏奏稿》，中国藏学出版社1994年版，第1312页。
③ 张荫棠：《致外部丞参函详陈由印过大吉岭至靖西沿路情形》，见吴丰培编辑《清代藏事奏牍·张荫棠驻藏奏稿》，中国藏学出版社1994年版，第1311页。
④ 张荫棠：《致外部电论春丕界址》，见吴丰培编辑《清代藏事奏牍·张荫棠驻藏奏稿》，中国藏学出版社1994年版，第1312页。
⑤ 张荫棠：《致外部电论春丕界址》，见吴丰培编辑《清代藏事奏牍·张荫棠驻藏奏稿》，中国藏学出版社1994年版，第1312页。

不肯缩短撤兵期限,宜划清春丕界址,稍资补救。① 随后,他进一步奏陈:"埠事与撤兵期限相表里,亟应先办","赶紧在交赔款以前宣告英廷先举行开埠礼"。②

经历坎贝尔的野蛮挑衅后,张荫棠对随行的韩德森产生了不信任。韩德森"袒英太甚","屡言入拉萨及后藏,不受禁制",并且"藏民忌英甚,不愿韩(韩德森)随入江孜,恐激变"。于是,张荫棠请示外务部:"若强留韩在亚东,又恐韩串英官败我,请设法或调离,勿露痕迹。"③ 对此,外务部批示:"并未允其入拉萨,应令无庸前往",同时由海关总署税务处派有多年海关工作经验、人甚练达、兼通英文的张玉堂为亚东税务司。④ 张玉堂"是当时担任此职务的第一位中国人,这无疑打破了全国各地海关均由洋人控制的格局"⑤,显然这是张荫棠奏请将韩德森调离,在反侵略斗争中保持高度警惕的结果。张荫棠在靖西与英国侵藏分子的斗争,"成功地以智取胜,在若干'面子'问题中击败英国人,令当地人对英国占领的有效性和持续性心生疑虑",令英国侵略分子"十分惊恐""尴尬无比",显然是要"摧毁英国留在喜马拉雅山脉以北的威望和影响"。⑥ 就连侵藏英军头目荣赫鹏也不得不承认,张荫棠拒绝坎贝尔由中门往见以及以卧病推辞,"颇系有意否认英在春丕驻兵权,而欲确认中国之主权"⑦。这些斗争使得当地僧俗百姓"复见汉官威仪",对张荫棠"颇为欢迎"。为进一步"固结人心"、树立中央权威,离开亚东前,张荫棠"举行了一个告别仪式,给当地头人赠送了少量钱财"。⑧

11月2日,张荫棠行至江孜。江孜是由印度经亚东入藏后,前往拉萨与日喀则的必经之地,英方要求江孜开埠,是为了加强他们在此处的势力,以便

---

① 张荫棠:《致外部电论春丕界址》,见吴丰培编辑《清代藏事奏牍·张荫棠驻藏奏稿》,中国藏学出版社1994年版,第1312页。

② 张荫棠:《致外部电商开埠撤兵事宜》,见吴丰培编辑《清代藏事奏牍·张荫棠驻藏奏稿》,中国藏学出版社1994年版,第1313页。

③ 张荫棠:《致外部电甘波洛敛迹情形》,见吴丰培编辑《清代藏事奏牍·张荫棠驻藏奏稿》,中国藏学出版社1994年版,第1312页。

④ 《外部来电派张玉堂为亚东税务司》,见吴丰培编辑《清代藏事奏牍·张荫棠驻藏奏稿》,中国藏学出版社1994年版,第1313页。

⑤ 刘武坤:《亚东海关及洋税务司》,载《中国藏学》1994年第1期。

⑥ [英]阿拉斯泰尔·兰姆著,梁俊艳译,张云校:《中印涉藏关系史(1904—1914)——以"麦克马洪线"问题为中心》,社会科学文献出版社2017年版,第113-117页。

⑦ [英]荣赫鹏著,孙煦初译:《英国侵略西藏史》,西藏社会科学院资料情报研究所1983年内部资料,第264页。

⑧ [英]阿拉斯泰尔·兰姆著,梁俊艳译,张云校:《中印涉藏关系史(1904—1914)——以"麦克马洪线"问题为中心》,社会科学文献出版社2017年版,第117页。

于开展侵略活动。张荫棠洞悉英方的图谋后指出,其欲以江孜为据点,不仅便于侵略前后藏,更有将后藏与布鲁克巴、哲孟雄、廓尔喀以及西藏西部阿里的噶大克等连成一片的狼子野心。因此,为防止英国侵略,张荫棠在江孜与英方侵略势力展开了激烈斗争。在江孜,针对"贝尔擅到后藏、十卡子、江孜,英官并不知照地方官。逼买民地,修筑公廨,与条约及亚东成案不符"的侵略行径,以及英国驻江孜代理商务委员贝利中尉要求同西藏地方"直接交涉",即绕开清政府驻藏官员,直接与西藏地方官员进行交涉,以此否认中国对藏主权的图谋,张荫棠立即向外务部进行汇报,"乞商英使饬阻"。① 同时,他从所奏调的随员中,选派"任事强毅"的得力干将高恩洪为江孜商务委员,并一面咨商有泰、联豫"知照商上,迅即派商务委员"前来,"随同办理";一面筹措开埠的各项具体事宜,"拟商场内所有马路、巡警、裁判等事均归我自办","冀收主权"。其中,关廨、旅舍、贸易商场等,"均仿亚东关成案,参酌办理"。关于设巡警,初拟请驻藏大臣派"汉番兵百五十名"改练巡警,后根据情形经多次筹划,将其卫队百四十名,分遣三埠,其中"拟拨六十名驻江孜"。关于地租,他指出:"藏民贫,地租极低,英官拟照民间最高时价加二分五。棠以商埠与田租不同,拟仿照内地地租最贱之岳州埠章,每亩租五十元。"关于房舍,张荫棠提出应自建,以"备英商租赁",不允许英方在租地上擅自建造。关于商场选址,在与贝尔、贝利的交涉中,张荫棠得知,其"私占逸阳河滨地,约四百余亩,议建公廨、坟茔、菜园",而他认为此处是从帕里经江孜到拉萨或日喀则的交通孔道,形势颇佳,因此"拟乘机展拓界址,作为江孜商场"。② 就开埠所涉及的各项具体问题,张荫棠还与贝尔、贝利进行了交涉,但两人都表示未经请示英印当局,他们无权做出任何决定。③ 完成这些准备后,11月16日,张荫棠向外务部汇报:"现勘定逸阳河④边为商场,以二十八日(1906年12月13日)作为开埠日期","并附商场地图一纸"。商场规模为:

  商场系磬折长方形,面积共约合二千二百六十万零五十七英方尺。英

---

① 张荫棠:《致外部电商开埠撤兵事宜》,见吴丰培编辑《清代藏事奏牍·张荫棠驻藏奏稿》,中国藏学出版社1994年版,第1313页。

② 张荫棠:《致外部丞参函详述由靖西入藏路程及视察各地情形》,见吴丰培编辑《清代藏事奏牍·张荫棠驻藏奏稿》,中国藏学出版社1994年版,第1316页。

③ 《张先生与贝尔先生会谈记录》(1906年11月12日于江孜),见《英国政府有关西藏事务函电》(F.O.535),第9卷,第87号文件《印度事务部致外交部》(1907年3月4日发)附件2。

④ 即年楚河。

占（A）（B）（C）号地段，除去马路外，体积约合三百三十七万六千二百六十七英方尺，系英私占为公廨铺栈之用。①

到拉萨后，12月15日，清廷向张荫棠做出"所有亚东开埠各事宜著张荫棠妥筹办理，以专责成。俟查办事竣后，再候谕旨"②的批示，进一步强调了其开埠的使命。实际上，张荫棠一直将开埠作为规划全面藏事改革的一个重要方面"通筹谋画"。在整饬吏治、倡言革新的同时，他就开埠事宜与西藏地方上层积极磋商，在"善后问题二十四条"中征询西藏地方意见：

> 查拉萨原约本有亚东、江孜、噶大克三处开作商埠之语，是该三处商埠系出于尔噶布伦等阖藏之意，业经允认，此时自不能背约失信。但开埠办法种种不同，必如何方能不失主权，而兴商利。稍有不慎，事权为人所牵制，而通商适成漏卮。
>
> 拉萨原约声明，三处商埠妥立及切实开办，足满英人之意，三年后春丕兵方可撤退等语。在我应如何筹办，方能副妥立切实之义，使英人无可藉口，届时不能不撤兵。③

西藏地方答复：

> 此案筹办妥立之关键，须即安设三处商埠，前已具禀。其应修估值商房，一切应遵大人之意，由番边修理。所需土木石三项，自当即行札饬备办。来年天时和暖，汉英番三处会集，俟查勘工程大小地方准定后，即行动工，不致违误。惟兵费银两，荷蒙圣恩赏拨帑库。今将来年三次兵费交清、商埠设妥后，该外藩虽未必藉词推诿之事。倘照前仍有前言后背开端藉口时，惟有据情向朝廷陈诉，此外别无所倚。以期免致争论，祈请预为饬禁。④

---

① 张荫棠：《致外部电拟定江孜开埠日期并告商场形势》，见吴丰培编辑《清代藏事奏牍·张荫棠驻藏奏稿》，中国藏学出版社1994年版，第1314—1315页。

② 《清实录·德宗实录》卷五六五，光绪三十二年十月癸巳。

③ 张荫棠：《传谕藏众善后问题二十四条》，见吴丰培编辑《清代藏事奏牍·张荫棠驻藏奏稿》，中国藏学出版社1994年版，第1334—1335页。

④ 张荫棠：《传谕藏众善后问题二十四条·附录藏众答词》，见吴丰培编辑《清代藏事奏牍·张荫棠驻藏奏稿》，中国藏学出版社1994年版，第1338页。

西藏地方对于英印当局开埠通商的要求一直是反对的，1894年英国逼迫设立亚东关后，并未"切实遵办"。在此次不得不按约开埠的情势下，张荫棠特别注意西藏地方上层的意见，以便形成统一认识。随后，在前已委任商务委员的基础上，张荫棠向三埠均拣派了藏族官员，具体为：高恩洪为江孜商务委员，青饶彭措、四朗达结为帮办；亚东关税司张玉堂兼充亚东商务委员（后张荫棠委任其为三埠总办），四朗工噶为帮办；毛秉科为噶大克商务委员，曲觉汪曲、夺吉顿珠为帮办。

其间，张荫棠与英方的交涉主要是与当时身在江孜的英国驻锡金政务官贝尔及英国驻江孜代理商务委员贝利进行的，侵略与反侵略斗争集中在江孜开埠事宜上。据英国印度事务部给英国外交部的文件称，张荫棠与贝尔会晤时处理的主要问题是，张荫棠对"英国商务委员的仆从压迫西藏人、以英国商务委员的名义勒索金钱和供给品"① 予以坚决反对。而在具体事宜上，斗争则是从高恩洪抵制贝利的"直接交涉"行径开始的。1906年12月3日，高恩洪就贝利与当地宗本直接联系，并强制让当地百姓接种疫苗等事，向其写信提出抗议。高恩洪指出："你很了解，英国商务办事处设置在江孜，仅仅是要照顾英国商人的利益，而不允许做干涉本地行政管理的任何事情。我已经通知了你，除了你的临时性的供给品之外，你没有权利直接同宗本联系。"② 次日，贝利回信狡辩，在他接到英印当局有关高恩洪职务的通知之前，他不能承认高恩洪是他与西藏官员之间的中间人；并表示在他离开之前，已经向其办事处留下了英国商务委员不在的时候，必须直接同西藏官员打交道的命令。③ 鉴于贝利的态度，高恩洪当天即向贝利的上司贝尔写信抗议：

> 我感到十分遗憾，不能不书面通知你，你们的驻江孜商务委员办事处以勒索方式取得供应，引起许多纠纷，我已经接到了二十多件公禀，控诉你们办事处雇用的本地人（指英方雇用的锡金、廓尔喀等土著——引者注）用强迫规定的价格取得供应。
>
> 这种强取豪夺的价格也许是由办事处规定的，也可能是由在办事处供职的土著规定的，不论怎么说，这种做法确实有伤一个文明国家的声誉，

---

① 《印度事务部致外交部》（1907年1月24日发），见《英国政府有关西藏事务函电》（F.O. 535），第9卷，第37号文件。
② 《高先生致贝利中尉》（1906年12月3日于江孜），见《英国政府有关西藏事务函电》（F.O. 535），第9卷，第37号文件《印度事务部致外交部》（1907年1月24日发）附件24。
③ 《贝利中尉致高先生》（1906年12月4日于江孜），见《英国政府有关西藏事务函电》（F.O. 535），第9卷，第37号文件《印度事务部致外交部》（1907年1月24日发）附件25。

并且会使当地藏族人因而反对洋人。

为了停止这种骚扰,我曾向贝利先生建议最好办事处通过我来取得供应,我也通知了他,有一个叫次仁尼玛的土著曾威胁附近地区的三个村民,说是因为他们不能照他所要求的那样供应物质,要把他们的财产充公。贝利先生告诉我说他将把此事向你报告,然后再把他接到的回答通知我。同时,我再次建议,最好不要像你们办事处次仁尼玛那样声名狼藉的任何人出来办理供应品。……看来以武力或强制手段取得供应品,是不正确的;同时,我冒昧附上一份由两个西藏人交给我的价格一览表给你,除非你指示你的办事处按照市场价格购买供应品,我将阻止宗本以强制价格为你们的办事处提供一个月的供应品。①

高恩洪与贝利之间的斗争,虽有涉及英方采购供应品价格等具体问题,但实质上是"直接交涉"的问题。由于高恩洪与贝利的职务均未得到对方正式承认,张荫棠专门向高恩洪发去"批词一道",指示其要特别注意斗争策略,其中指出:"遇有关乎主权之事,此时只可暗中设法阻止,以图补救,不必明与争论,致彼不认,转使事势抵牾,发而难收。故凡遇事务之来,必须细心思索,洞彻始终,然后动手办理,切不可一鼓作气,勇往直前,稍一挫折,则以后诸事更难措手,望阁下深味此言也。"②对高恩洪抵制贝利派医施种牛痘之事,张荫棠要求高恩洪"尽可设法和平办理",并具体叮嘱以"即由我派医前往噶拉一带劝民施种,医资由我发给"为条件,与贝利有理有据地交涉。对英方采购柴草伙食等供给品问题,张荫棠要求本着公平交易原则,"随时告以市价,劝令约束小娃,由彼自行采买,不必局中代为包办,亦不准藏官代办,免致枝节横生"。③然而,英印当局通过外交途径控诉高恩洪阻止"直接交涉",张荫棠向外务部解释"英藏言语不通,时形隔膜","并无阻禁","想系误会",④"近复添派藏官大堪布等五员往充三埠委员,照会印外部有案,其非

---

① 《高先生致贝尔先生》(1906年12月4日于江孜),见《英国政府有关西藏事务函电》(F.O. 535),第9卷,第37号文件《印度事务部致外交部》(1907年1月24日发)附件27。

② 张荫棠:《致江孜委员函论英员派医种痘》,见吴丰培编辑《清代藏事奏牍·张荫棠驻藏奏稿》,中国藏学出版社1994年版,第1322页。

③ 张荫棠:《致江孜委员函论英员派医种痘》,见吴丰培编辑《清代藏事奏牍·张荫棠驻藏奏稿》,中国藏学出版社1994年版,第1322页。

④ 张荫棠:《致外部电辩禁阻英藏交涉及无庸更正开不日期》,见吴丰培编辑《清代藏事奏牍·张荫棠驻藏奏稿》,中国藏学出版社1994年版,第1321页。

禁英藏官因商务直接（交涉）可知"①。事实上，贝利宣称他本人为英方驻江孜代理商务委员，是为了掩盖其奉命"护送"九世班禅由印返藏的真实目的；抑或其主要任务业已完成，贝利于1906年年底离开了江孜。然而贝利在江孜的一系列无理要求只是英方在开埠中侵略企图的开始，1907年1月奥康纳返回江孜后，其侵略行径则更加猖狂，高恩洪与其的斗争也更加激烈。

鉴于在江孜开埠事宜上，英方"不认我有商订埠章之权"②，"以致高恩洪现在江孜与英员办事未能浃恰"③，1907年1月17日，张荫棠致函英印外交大臣戴诺就两个问题进行交涉，一是对中英两国确定的开埠日期即公元1905年1月1日，予以沟通；二是提供他所任命的中方三埠商务委员名单，希望戴诺也能提供他们的商务委员名单，以便于具体事宜的接洽。但直到2月21日未接回复，张荫棠遂于当天再次致函戴诺，等到2月26日，仍未有回复。于是张荫棠向外务部奏报情形，请外务部照会英国驻华公使朱尔典解决。④

据英方文件显示，戴诺久不回信的主要原因在于为纵容其驻江孜商务委员"直接交涉"的行径，有意回避张荫棠信中的第二点。英印政府在2月3日给英国印度事务部大臣莫利的信中，就此提出两点建议：一是对于张荫棠坚决抵制其"直接交涉"，向清政府提出抗议和警告；二是同意提供英方派往噶大克、江孜两埠的商务委员名单，其亚东商务委员名单，等春丕驻军撤走时再通知，但要坚持"直接交涉"。⑤ 2月19日，朱尔典以"备忘录"的形式，将此意见递交外务部：

> 陛下政府（即英国政府）在英印总督2月3日的电报中得知，张大臣（张荫棠）向印度外交部寄送的一件信函，宣称他已任命驻各个商埠的中国官员，以进行国际事务和贸易事务，并且他要求得到英国商务委员的名字和官阶，以便商妥英国官员和中国官员之间的相互交往。我以为，在张大臣2月2日的电报中提到的任命的西藏官员，改换成了在印度总督2月

---

① 张荫棠：《致外部电辩未禁英藏商务直接》，见吴丰培编辑《清代藏事奏牍·张荫棠驻藏奏稿》，中国藏学出版社1994年版，第1324页。
② 张荫棠：《致外部电述英员藐视汉官》，见吴丰培编辑《清代藏事奏牍·张荫棠驻藏奏稿》，中国藏学出版社1994年版，第1341页。
③ 张荫棠：《致外部电请照会英使派商务委员》，见吴丰培编辑《清代藏事奏牍·张荫棠驻藏奏稿》，中国藏学出版社1994年版，第1330页。
④ 张荫棠：《致外部电请照会英使派商务委员》，见吴丰培编辑《清代藏事奏牍·张荫棠驻藏奏稿》，中国藏学出版社1994年版，第1330页。
⑤ 《印度政府致莫利先生》（1907年2月3日），见《英国政府有关西藏事务函电》（F.O.535），第9卷，第47号文件。

3日电报中提到的中国官员。我奉命表示，陛下政府认为，上述中国官员不能代替由西藏政府在各个商埠设立的西藏委员，这些西藏委员是依据"拉萨条约"的第五款的条件而设立的，并且询问，由张大臣任命的中国官员的确切职责和地位是什么。陛下政府决不能允许中国官员干涉江孜的英国商务委员与西藏委员之间的交往的自由。①

有英国政府通过外交途径给张荫棠施压，奥康纳在江孜更加有恃无恐。3月19日，张荫棠向外务部汇报，奥康纳"刁悍狡猾，坚持与藏直接（交涉）宗旨，不欲汉官干预。卧（奥康纳）后到江孜，藐视高委员（高恩洪），不肯先往见。两人至今仍未见面，埠事无从商办"②。张荫棠对奥康纳诱骗九世班禅等的侵略行径本已心有憎恨，因此，针对奥康纳"直接交涉"的企图，他也以其"未奉英廷商订埠章训条，亦无权商办"为由，坚决支持高恩洪与其斗争。然而，由于朱尔典"以高委员阻止英官与藏民直接交涉，迭向本部（外务部）辩论"，3月22日，外务部指示张荫棠：

  英使（朱尔典）以江孜英员与藏民可遇事直接，不必专指商务。该使既屡以为言，其中空有不接洽之处，应由委员和衷办理。嗣后英员与西藏官民，按约自可直接。希勿庸拦阻，以免枝节。③

奥康纳返回江孜后，不仅在开埠事宜上故意刁难，同时加紧拉拢九世班禅，张荫棠由此洞悉英方的侵藏图谋，于3月23日向外务部奏陈：

  印政府纯用侵略政策，开埠只表面名词，志与藏人直接，不欲我国干预。④

张荫棠此一认识是深刻的，可谓一针见血，因此他坚持抵制奥康纳包藏祸

---

① 《（朱尔典）1907年2月19日递交外交部的备忘录》，见《英国政府有关西藏事务函电》（F.O.535），第9卷，第144号文件《朱尔典爵士致爱德华·格雷爵士》（1907年3月4日发，4月20日收到）附件1。
② 张荫棠：《致外部电述英员藐视汉官》，见吴丰培编辑《清代藏事奏牍·张荫棠驻藏奏稿》，中国藏学出版社1994年版，第1341页。
③ 《外部来电勿阻藏民与英员直接办理》，见吴丰培编辑《清代藏事奏牍·张荫棠驻藏奏稿》，中国藏学出版社1994年版，第1342页。
④ 张荫棠：《致外部电请照会英廷商订埠章》，见吴丰培编辑《清代藏事奏牍·张荫棠驻藏奏稿》，中国藏学出版社1994年版，第1342页。

心的"直接交涉",以维护国家主权。鉴于当时各项前期准备基本就绪,而高恩洪与奥康纳无法直接商议,张荫棠向外务部建议"妥商英使,或请英廷派全权大员,在印京与棠会议埠章,或派商务委员,在江孜与我商务委员会商"。外务部当天就批复,将此意见照会朱尔典。① 4月28日,张荫棠就奥康纳"直接交涉"情形向外务部汇报:

> 卧克纳(奥康纳)后至江孜,不谓高委员无礼,故藏官堪布等至孜(江孜),亦不往谒卧(奥康纳),办事致形隔膜。棠奉部往电,迭饬高(高恩洪)英准英员与藏人按约直接交易,据复遵办。现在江孜英员与藏人直接和平贸易,亦无从前勒价强买诸弊。今英政府允卧(奥康纳)以礼往见高委员,此后自形接洽。②

然而,奥康纳"仍有异词",并通过外交途径控诉高恩洪。面对外务部的询问,5月27日,张荫棠向其汇报:奥康纳"任气骄傲失礼,不肯认过,因饰词禁阻直接,瞒耸印政府","棠于三埠皆派有藏官充商务委员,可见并无禁阻英藏人直接之心","倘卧(奥康纳)遵礼往见高(高恩洪),藏官必遵礼往见卧(奥康纳),一切冰消瓦解。仍请朱大臣(朱尔典)电印政府勿偏信一面之词,严饬卧(奥康纳)遵英廷训条办理"。同时,他指出:

> 又印政府力与藏官直接(交涉),即不认我主权之谓。卧(奥康纳)向在孜(江孜),任意宣传叱责藏官,视同印奴,何止直接。自棠到,藏官知平等自重,卧(奥康纳)故不欲汉官干涉,藉口禁阻直接(交涉)。但照约我自有"督饬"藏官办理之权。③

随后,奥康纳又以高恩洪"施行强硬手段,不准拉运麸料"等为由发难。张荫棠向外务部申辩:"华官始终未禁阻",是奥康纳"伪势瞒耸",其"喜事邀功,以英之苟欲生衅,何患无辞,岂能理阻。但须知此系卧(奥康纳)故

---

① 《外部来电已照灰电知照英使》,见吴丰培编辑《清代藏事奏牍·张荫棠驻藏奏稿》,中国藏学出版社1994年版,第1342页。

② 张荫棠:《致外部电陈英藏直接情形》,见吴丰培编辑《清代藏事奏牍·张荫棠驻藏奏稿》,中国藏学出版社1994年版,第1359页。

③ 张荫棠:《致外部电述英员饰词瞒耸及交涉详情》,见吴丰培编辑《清代藏事奏牍·张荫棠驻藏奏稿》,中国藏学出版社1994年版,第1363页。

生龃龉"。① 然而，外务部最终还是向英方妥协了。7月5日，外务部电告张荫棠："英使称高委员（高恩洪）阻止印藏直接交涉，英政府请即撤换，并录送该委员洋文信函有措词失当之处。"于是以高恩洪"屡与英员龃龉"，"饬令销差内渡"。② 高恩洪被销差后，奥康纳也于8月被英方调离江孜。奥康纳精通藏语，是荣赫鹏侵藏团伙的"最后一位资深成员"，也是当时"可供印度政府差遣的最有西藏事务经验的英国官员"。兰姆认为，"尽管印度政府费尽心机掩盖真相，但毫无疑问，欧康纳—高（恩洪）危机不仅令中国官员撤离，也导致英国官员的离任。这极有可能是张荫棠的计划之一"，九世班禅将奥康纳"视为真正的朋友；在听到他离任的消息后，班禅喇嘛十分失落"，"张荫棠能促使这样一个重要人物垮台的事实，的确是值得中国人骄傲自豪的事，我们或许可以确信，这也是促使张荫棠被整个西藏高原津津乐道、广为传颂的一件事"。③ 总之，不管是高恩洪与贝利，还是与奥康纳之间的矛盾，其实质是侵略与反侵略的斗争。在这场斗争中，贝利、奥康纳急于谋求与西藏地方"直接交涉"，他们以种种理由不断通过外交途径向张荫棠施压；而张荫棠始终顶着外务部的压力，支持高恩洪有理有节地坚持与之斗争，力挽主权。高恩洪被销差内渡后（被委任为奉天邮政总监），张荫棠及时调派亚东关四等官吴梅生代理江孜商务委员。

对于张荫棠抵制贝利、奥康纳等的"直接交涉"，荣赫鹏认为，"规定嗣后英人与藏人有所商洽，须以中国官为中介人"是"有意削减吾人之势力"，"显欲操纵于英藏之间"。④ 贝尔也认为：

> 张荫棠所特别致力者，乃在防止英国与西藏官吏之"直接交涉"。例如，吾国商业委员及其随从之供给，必须取于中国居间人之手，由中国人定其价格，即其证也。⑤

---

① 张荫棠：《致外部电辩并无阻运斛料事》，见吴丰培编辑《清代藏事奏牍·张荫棠驻藏奏稿》，中国藏学出版社1994年版，第1368页。
② 《外部来电令将高委员销差》，见吴丰培编辑《清代藏事奏牍·张荫棠驻藏奏稿》，中国藏学出版社1994年版，第1374—1375页。
③ ［英］阿拉斯泰尔·兰姆著，梁俊艳译，张云校：《中印涉藏关系史（1904—1914）——以"麦克马洪线"问题为中心》，社会科学文献出版社2017年版，第117—124页。
④ ［英］荣赫鹏著，孙熙初译：《英国侵略西藏史》，西藏社会科学院资料情报研究所1983年内部资料，第264—265页。
⑤ ［英］贝尔著，宫廷璋译，竺可桢、向达校：《西藏之过去与现在》，商务印书馆1930年版，第59页。

荣赫鹏、贝尔等是张荫棠的直接对手，他们所言虽也反映出张荫棠抵制侵略的一些细节，但过于绝对和片面，对张荫棠维护中国对藏主权的正义之举不免有诋毁之意。由上引张荫棠给高恩洪的指示可见，张荫棠要求有理有据地设法阻止英方的"直接交涉"图谋，并非一概而论地要求对英方采购供应品进行定价，也不是要求禁止一切在江孜的英人与西藏当地官员的接触；而是提供市场价，允许他们在公平的前提下进行正当采购。

高恩洪与奥康纳在江孜斗争的同时，外务部也与朱尔典积极交涉，争取英国放弃"拉萨条约"第三款英国与西藏地方直接谈判通商章程的规定，由中英两国展开谈判。朱尔典在给外务部的备忘录中回复道，英国政府将不再坚持单独与西藏地方的代表谈判通商章程，同意清政府派张荫棠前往西姆拉与英方代表谈判；但为使西藏地方承认新章程，要求西藏地方应派一名全权代表与张荫棠同往，他表示英国认为这种解决办法对西藏地方政府具有约束力。① 6月19日，外务部指出"似可就此定议"，指示张荫棠及时遴选藏官，做好准备，于下年公历1月1日之前往印度谈判。② 接此电后，张荫棠对英国要求的"有权代行画押之藏官"高度警惕，立即向外务部建议："惟藏官画押一节，仍恳向英使极力磋商，得已则已，埠事既由我与英员订定，则藏人之遵守我自担责任，无庸藏官画押。"他还就其中利害具体指出：

> 英若必以藏官押为凭，反似中英前订各章藏官未画押者，藏人可不遵守。而棠现与英员订议，亦全无效力，似须听命于藏官。且藏王噶布伦来谒，均用"禀见申呈"字样，今与英派大员平行画押，英亦袤国体，恐贻笑各国以中国为失优待与国之礼，窒碍甚多。……再查四月歌电，英引拉萨约第三款及会同前往等语，语意全以藏官为主，仍是坚持直接之意。然拉萨十条（"拉萨条约"）附件业经归并正约，系中国主持第四条，又声明十六、十九两约概应照旧施行，则我仍有"督饬"主权，断无专由藏官商改之理。大部斥为体制不合，已深烛其隐。今来电既称自愿派品位与棠相当之员会议，非独体制较合，是已认我有主议之权，似应由大部先行照会英使，提议整顿埠务。……先占主国地步。③

---

① 《朱尔典爵士递交外务部的备忘录》，见《英国政府有关西藏事务函电》（F.O.535），第10卷，第1号文件《朱尔典爵士致爱德华·格雷爵士》（1907年5月14日发，7月1日收到）附件2。

② 张荫棠：《外部来电请遴选藏官往印会议》，见吴丰培编辑《清代藏事奏牍·张荫棠驻藏奏稿》，中国藏学出版社1994年版，第1369页。

③ 张荫棠：《致外部电议藏官往印画押之窒碍应派大臣前往遴藏官随从》，见吴丰培编辑《清代藏事奏牍·张荫棠驻藏奏稿》，中国藏学出版社1994年版，第1369－1370页。

在张荫棠看来，英国要求藏官有权代行画押，是蓄意与西藏地方"直接交涉"，企图以此否认中国对藏主权。英方的要求受到张荫棠抵制后，中英双方就西藏地方代表的画押权问题展开了一番外交斗争。实际上，外务部和张荫棠都清楚，英方要求西藏地方代表画押权的依据是"拉萨条约"第三款，即"西藏允派掌权之员与英国政府所派之员会议"的规定，英方是不会轻易妥协的。6月30日，外务部电告张荫棠"欲除去令番官画押之权，恐难做到"①，表示将再做交涉；同时，对于会议地点，英方不同意张荫棠提议的江孜或大吉岭，而执意要在西姆拉举行，外务部对此表示同意。

鉴于外务部与英方交涉无果，张荫棠只好做遴选藏官等准备。对此，他一方面警惕英方"直接交涉"的图谋，另一方面担心所选藏官临时生变，以致他在谈判中"进退维谷，更失我国体面"②，因此对人选格外慎重。"因恐藏官反复，焦灼万分，故用反击（激）法，连日传集商上大公所，佯称照拉萨约第三款，藏官应往森罗（西姆拉），自与英员会议，棠不愿与闻。藏官彷徨无主，环跪哀求。棠再三坚持，徐约以藏官反复议定后，恐临时不画押失信与外人。藏官联誓，唯棠命是听，棠始允去。似此当不至中变。"③ 对于噶厦选出的8人"牵扯多派"，张荫棠表示可让他们顺便前往印度考察新政。外务部强调："须有一人代行画押，此外考察新政各员无足轻重，应将名位较崇、能代画押之各专员迅即转饬选定"，"以免英使临时挑剔"。④ 最终，张荫棠选定"花翎二品衔擦戎噶布伦汪曲结布（tsha-rong-dbang-phyug-rgyal-po，今通译为擦绒·旺秋杰布——引者注）"⑤。擦绒·旺秋杰布反英立场坚定，深得张荫棠信赖，被张荫棠提拔为噶伦，委以督练、路矿、盐茶三局掌管等重任。藏官选定后，张荫棠于7月5日由拉萨启程。

7月14日，行至江孜后，英国对张荫棠所选藏官是否携有全权画押凭据发起刁难。朱尔典威胁，"印政府拟以办法直达西藏，请于所派之员发给掌权之据，方可开议"，并要求"使藏官确有由藏发给会议随同画押之掌权，并使

---

① 《外部来述与英使会商派员赴印经过》，见吴丰培编辑《清代藏事奏牍·张荫棠驻藏奏稿》，中国藏学出版社1994年版，第1370页。
② 张荫棠：《致外部电拟即携藏官赴印惟藏官疲玩反复中变可虑》，见吴丰培编辑《清代藏事奏牍·张荫棠驻藏奏稿》，中国藏学出版社1994年版，第1370页。
③ 张荫棠：《致外部电陈藏官联誓听命》，见吴丰培编辑《清代藏事奏牍·张荫棠驻藏奏稿》，中国藏学出版社1994年版，第1375页。
④ 张荫棠：《外务部来电令选定番官往印画押》，见吴丰培编辑《清代藏事奏牍·张荫棠驻藏奏稿》，中国藏学出版社1994年版，第1375页。
⑤ 张荫棠：《致外部电告藏官已派定》，见吴丰培编辑《清代藏事奏牍·张荫棠驻藏奏稿》，中国藏学出版社1994年版，第1375页。

西藏将发给此项掌权之据直达印度政府"。① 外务部在询问张荫棠准备情况的同时,也指出朱尔典所称"仍是印藏直接(交涉)之意"。在英方不肯让步的情势下,张荫棠回复外务部,擦绒·旺秋杰布已携有代理摄政洛桑坚赞发给画押凭证;但对朱尔典所提将西藏地方代表画押凭证由西藏地方政府直接发给英印政府的要求,他认为事关"直接交涉",且西藏地方政府无对外交涉权,因此明确表示反对。张荫棠指出:"此事朱大臣(朱尔典)已奉有英廷训条,与大部议定办法,何必印督行文商上。商上无权,未便咨行答复。"同时反驳道:"试问朱大臣,印度系英属地,印督由英廷所派,是否听英廷节制,岂有朱大臣奉英廷训条与大部议定之事,犹须印督行文商上再订之理。英廷若不能节制印督,前日副条不能作准。印督必欲得商上复文为凭,不如径派藏官及亚东税司与英所派员在江孜会议,禀由棠核定。"② 接着,张荫棠向外务部具体指出:

> 又查新旧约,均无准印藏"直接交涉"字样。不过去冬英藉口江孜禁止锄草事,借此要求,公牍上始有此四字。部电初曰"商务直接",次曰"照约直接",始终不肯承认。若一经承认"直接交涉",西藏即成独立国性质,所有从前代偿赔款改订藏约,均成画饼。泰西通例,断无准其属地与他国直接交涉之理。但现在声明不准直接,英国不允;若认直接,主权全失;只可含糊不说,暗与主持。此次系印藏试行"直接交涉"之始,似宜审慎。印督有事,应行文驻藏大臣转行商上,我应不认印督可直达行文商上,商上亦无直达印督办理交涉之权。③

最后,张荫棠向外务部建议将谈判改在江孜,以此给英方一个回击,还列出了三点理由供外务部向朱尔典交涉:一是江孜通电便捷;二是他"病笃恐难赴印";三是按内地办理开埠通例,由督抚派道府税司与领事议定的惯例,无庸两国特派大员。④ 对张荫棠以上意见,外务部先是予以一番褒奖:"此事

---

① 《外部来电转英使节略并询藏官曾否携画押凭据》,见吴丰培编辑《清代藏事奏牍·张荫棠驻藏奏稿》,中国藏学出版社1994年版,第1376页。
② 张荫棠:《致外部电请与英使解决英藏直接交涉问题》,见吴丰培编辑《清代藏事奏牍·张荫棠驻藏奏稿》,中国藏学出版社1994年版,第1376页。
③ 张荫棠:《致外部电请与英使解决英藏直接交涉问题》,见吴丰培编辑《清代藏事奏牍·张荫棠驻藏奏稿》,中国藏学出版社1994年版,第1376页。
④ 张荫棠:《致外部电请与英使解决英藏直接交涉问题》,见吴丰培编辑《清代藏事奏牍·张荫棠驻藏奏稿》,中国藏学出版社1994年版,第1376页。

前后为难情形，执事身在局中，贤劳倍著。来电所虑各节，俱见荩筹深挚"；然后指出，在西姆拉举行会议业经两国议定，改在江孜"势难办到"，"现当事机吃重之际，持之过激，更恐别生枝节，转难收拾"；最后指示"务希仍照原议，勉为其难，力疾前往，俾得早日开议，至为切要"。①

外务部督促张荫棠启程的同时，戴诺也致函张荫棠表示催促。7月24日，戴诺在给张荫棠的信中指出，他们两人分别是中、英两国政府此次谈判的代表，两国政府已经交换意见，达成了一致；英印当局给商上行文是据"拉萨条约"第三款的规定，确认西藏代表的签字权，又对未回复张荫棠之前的去信也做了解释。②对外务部和张荫棠而言，既已突破"拉萨条约"第三款的规定，争取到会议由中英两国派代表举行，这就表明了英国对中国对藏主权的承认，也即英方承认西藏地方代表的画押权必须接受张荫棠的"督饬"。于是张荫棠回复戴诺，申明擦绒·旺秋杰布的签字权，但对其行文商上之举"概置不答"③。几天后，奥康纳向张荫棠递呈了戴诺给十三世达赖喇嘛的信的抄件，其中主要内容是申明西藏代表的画押权。④至此，中英双方在西藏地方代表画押权的争论上都做出了一些让步，对清政府而言，争取到张荫棠"督饬"西藏地方代表不得不说是一个胜利；英方之所以愿意让步，原因在于其已谋划好了如何在谈判中向张荫棠施压，以达到他们的目的，并且英国政府不得不考虑英俄《西藏协定》对其的牵制。

在江孜停留期间，张荫棠与英方交涉的同时，对三处商埠具体事宜做了进一步的布置。与英方就以上问题达成一致后，他于7月27日从江孜启程，经靖西、大吉岭，前往西姆拉。

---

① 《外部来电改由委员于江孜商议势难办仍请力疾前往》，见吴丰培编辑《清代藏事奏牍·张荫棠驻藏奏稿》，中国藏学出版社1994年版，第1377页。

② 《印外部戴诺来电西藏代表须有签字全权》，见吴丰培编辑《清代藏事奏牍·张荫棠驻藏奏稿》，中国藏学出版社1994年版，第1378页。

③ 张荫棠：《致外部电述与戴诺往来电文》，见吴丰培编辑《清代藏事奏牍·张荫棠驻藏奏稿》，中国藏学出版社1994年版，第1379页。

④ 张荫棠：《致外部电请照会英使早日开议》，见吴丰培编辑《清代藏事奏牍·张荫棠驻藏奏稿》，中国藏学出版社1994年版，第1380页。

（二）赴印与英国谈判《中英藏印通商章程》①

8月24日，张荫棠率文案何藻翔、英文翻译刘田海以及西藏地方代表噶伦擦绒·旺秋杰布等一行，抵达印度西姆拉。英国派出的全权谈判代表为英印外交大臣（the India Foreign Secretary）路易斯·戴诺爵士，韦礼敦为其助手并担任中文翻译，奥康纳为藏语翻译。张荫棠抵达时，戴诺派其助理霍兰与奥康纳等到火车站迎接，举行了鸣礼炮15响（1906年迎接唐绍仪的仪式上英印方鸣礼炮13响——引者注）的隆重欢迎仪式。28日、29日，张荫棠与戴诺进行互访。30日，接清廷敕谕："朕惟中英续订藏印条约内附约第三款，光绪十九年中英所订藏约有应酌改之处。今英国特派大臣与中国所派专使会议，订定开埠章程。尔张荫棠忠诚亮达，特命为全权大臣，督同噶布伦汪曲结布前赴辛辣（西姆拉——引者注），与英国专使会同商议。尔其敬谨将事，毋负委任。特谕。"② 9月6日，张荫棠与英印总督敏托举行了非正式会晤。9月12日，双方开始谈判。

此次谈判名义上是中英两国关于中国西藏与英属印度通商贸易事宜的谈判，其实内容远不止于此。英国的直接目标是扩大觊觎已久的通商权利，并以正式条约予以确定；但其更大的野心是利用此次谈判，使"同西藏直接交往的权利的问题比现有条约中规定的更为准确"。为达到此目标，英国做了充分准备。8月7日，朱尔典向格雷提出，谈判中关键的一点，是要明确准备在多大程度上接受驻藏大臣作为英印当局和西藏地方之间的中介，为此他建议要对"西藏政府"一词有明确的定义。③ 英国企图与西藏地方"直接交涉"，以此否认中国对藏主权，被张荫棠坚决抵制。因此，此次谈判实际上是中英双方在中国对藏主权问题上的一场较量。

谈判当天，双方首先在互验文聘上发生了争论。戴诺故意挑剔擦绒·旺秋杰布的文聘中有"随时将会议情形禀呈拉萨核定"字样，认为"全权未足"，"恐画押后拉萨不认"。其指出擦绒·旺秋杰布虽可将会议情形随时向西藏地

---

① 《中英藏印通商章程》，今也常作《中英修订藏印通商章程》，当是联系1893年条约的理解。张荫棠作为中方全权代表，与英方全权代表韦礼敦在条约签字后，向外务部奏呈签字文本，请旨"盖用御宝"一折中明确写道"计呈送中英藏印通商章程一本"，名称中并没有"修订"二字；当时条约英文本的名称写作"Thibet Trade Regulation"，也无"修订"之意。本书统一采用张荫棠奏呈条约"签字本"时使用的名称。

② 《外部来电颁赐敕谕》，见吴丰培编辑《清代藏事奏牍·张荫棠驻藏奏稿》，中国藏学出版社1994年版，第1383页。

③ 《朱尔典爵士致爱德华·格雷爵士》（1907年8月7日），见《英国政府有关西藏事务函电》（F. O. 535），第10卷，第75号文件。

方政府汇报,但文聘上不应有此表述,要求须将文聘寄回拉萨,删去该句。经张荫棠反驳后,戴诺表示会议可继续,但到画押时必须有修改后的文聘。张荫棠亦挑剔戴诺"未奉英皇敕谕,仅有印督转述英政府允派之文凭",表示"碍难承认",坚持要求下次会议时,其须有英王颁给的文聘,戴诺对此"语塞",不得不表示同意。事实上,早在7月23日,英国印度事务部大臣莫利就戴诺是否有必要由英王颁给敕谕,向英国外交大臣格雷爵士征询过意见。① 7月27日,格雷回复,除非莫利有异议,他不打算颁给戴诺英王敕谕,"因为按照1904年条约,通商章程是英国当局和西藏当局之间直接讨论的问题,正如1893年的先例一样",但表示如果张荫棠坚持,可重新考虑。② 紧接着,双方在由谁先拟草案的问题上又起争执。张荫棠提出此次会议是为解决英国要求改订1893年《中英会议藏印条约》中的通商事宜,应由英方先拟草案。尽管英方对草案早有准备,但戴诺以"不熟西藏情形,不能悬拟"为由,表示此次谈判是中方提出的,应由中方代表先提出草案,作为谈判基础。双方为此"磋商至两钟之久",亦无结果,后经韦礼敦提议,双方同意9月21日举行下次会议时,"各拟草稿,开列条款互换,彼此酌改"。③ 第一次会议就此不欢而散。

  会后,双方在落实彼此提出的文聘问题时,戴诺进一步发难。其分别向张荫棠、擦绒·旺秋杰布致函指出,擦绒·旺秋杰布的文聘中的"人员""递交""列空"等措辞存在歧义。对此,张荫棠本人亲自出面并安排擦绒·旺秋杰布向其解释:"人员"一词按藏族习惯泛指任何一类官员,不是一个降低品级的措辞;"递交"一词,除"述说""报告"之意,没有其他更多意思;"列空"表示开会处理政府事务的地方,这些用词没有不礼貌之意。④ 戴诺对此解释表示欣然接受。关于草案,张荫棠拟订涉及开埠具体事宜的条款计19条,加上导语及"批准""换文"三条,共计22条。外务部审核后,除强调注意个别体现中国对藏主权的措辞外,对此草案表示同意。

  互换草案延期至9月27日举行,然而,戴诺坚持要求草案应由中方提出,

---

  ① 《印度事务部致外交部》(1907年7月23日),见《英国政府有关西藏事务函电》(F.O.535),第10卷,第20号文件。
  ② 《爱德华·格雷爵士致朱尔典爵士》(1907年7月27日),见《英国政府有关西藏事务函电》(F.O.535),第10卷,第22号文件。
  ③ 张荫棠:《致军机处外务部电陈初次会议彼此执驳情形并请汇款》,见吴丰培编辑《清代藏事奏牍·张荫棠驻藏奏稿》,中国藏学出版社1994年版,第1383-1384页。
  ④ 《张荫棠致印度政府》(1907年9月20日),《擦绒噶伦1907年9月20日来函的译文》,见《英国政府有关西藏事务函电》(F.O.535),第10卷,第104号文件《印度事务部致外交部》(1907年11月7日)附件20、21。

其在给张荫棠的备忘录中仅提出了五点作为双方讨论基础的建议：

(1) 印度和西藏之间的贸易的征税和进口税问题；
(2) 驻在各个商埠的英国委员同西藏官员和百姓进行交往的问题；
(3) 英国商务委员和英国臣民在各个商埠的居住问题；
(4) 假如在英国臣民同在西藏的其他国籍的人之间发生事端，对英国臣民的管辖权问题；
(5) 关于邮件传输的安排问题。①

在此情况下，张荫棠派刘田海与韦礼敦进行交涉，结果英方对其草案22条"尽行删驳"，尤其是在韦礼敦反馈的驳复稿中，前言首列"拉萨条约"，并将中英两国全权代表与西藏地方代表并列。张荫棠指出，这仍是寇松"印藏直接（交涉）宗旨，不认我主权，昌言不讳"，他向外务部表示"主权攸关，万难稍让"，"拟逐条驳复"。② 不仅如此，英方为达到"直接交涉"的目的，有意将张荫棠与擦绒·旺秋杰布分别安排在两处下榻，以便其极力笼络擦绒·旺秋杰布等。为此，张荫棠一面揭露英方的诡谋，密为防范；一面对擦绒·旺秋杰布反复晓谕，并通过支付西藏地方代表的差旅费等，以示体恤，使英方"计不得逞"。③

10月21日至23日，双方以张荫棠的草案22条为基础，举行了5次会议，对其进行逐条讨论。但由于英方以"直接（交涉）、印茶为两大端"，双方争论的焦点包括"直接交涉"相关问题以及关税、"印茶入藏"等具体问题。其中，涉及"直接交涉"的问题主要有导语中是否写明"拉萨条约"、西藏地方代表的身份、藏文文本以及一些重要的措辞等。至10月31日，戴诺向张荫棠递交的草案16条，完全体现了英方在这些问题上的要求；并且戴诺将于11月初起随同敏托巡边月余，实际上是故意以离开西姆拉向张荫棠施压。为抵制英方的侵略图谋，同时给戴诺的故意刁难一个回击，张荫棠也于11月5日率擦绒·旺秋杰布等前往加尔各答；但为使谈判不致破裂，张荫棠离开西姆拉之前致函戴诺，表示愿在加尔各答与其继续谈判。由此，谈判地点由西姆拉改到了

---

① 《路易斯·戴恩爵士致张大臣》（1907年9月27日），见《英国政府有关西藏事务函电》（F. O. 535)，第10卷，第95号文件《印度事务部致外交部》（1907年10月23日）附件1。
② 张荫棠：《致外部电述韦礼敦初次删驳条款》，见吴丰培编辑《清代藏事奏牍·张荫棠驻藏奏稿》，中国藏学出版社1994年版，第1387页。
③ 张荫棠：《致外部丞参函述赴印详情及报英俄法各国消息》，见吴丰培编辑《清代藏事奏牍·张荫棠驻藏奏稿》，中国藏学出版社1994年版，第1394–1395页。

加尔各答。在随后的谈判中，张荫棠对戴诺草案亦是逐条酌改，与之展开了激烈斗争，以维护国家主权。

第一，关于导语中是否写明"拉萨条约"的问题。如上所述，此次谈判的直接目标是中英两国解决中国西藏与英属印度之间的通商贸易具体事宜，即根据1906年《中英续订藏印条约》第一款，解决"拉萨条约"第三款规定的修订1893年《中英藏印会议条约》事宜。但对张荫棠而言，这其中至为关键的一点是，如果导语中写明荣赫鹏逼迫西藏地方签订的"拉萨条约"，就意味着承认"直接交涉"。因此，张荫棠力争导语中写进《中英续订藏印条约》即可，无需写明"拉萨条约"。他坚持的意见为：

> 今因英国和中国之间于1906年4月27日，即光绪三十二年四月四日所订藏印条约第一款的规定，如遇有应行设法之时，彼此随时设法采取必要的步骤将约之内各节切实办理。又因同一条约的附约的第三款规定，1893年中英条约要求更改修订。①

然而，英方对此拒不同意。莫利向格雷表示，如果答应张荫棠的要求，就意味着英国放弃"拉萨条约"，实际上就开了一个先例：从此以后也许就不能迫使中国政府遵守代表西藏所承担的义务，而西藏地方将会据此辩解条款的责任不在他们，而在中国政府。② 按照英方高层的意见，戴诺坚持要求导语中必须把"拉萨条约"写进，他向莫利表示，如此可表明此次章程承认了"拉萨条约"。③ 英方坚持此一要求，实际上是想以后约追认前约，所以自然是不会对张荫棠让步的。外务部在与朱尔典的交涉中，虽然措辞有所改变，但不得不接受朱尔典坚持将"拉萨条约"写进导语的要求。最终的章程导语为：

> 今因光绪三十二年（1906）四月初四日续订藏印条约第一款内开，光绪三十年（1904）七月二十八日英藏所立之约，暨其英文汉文约本附入现立之约，作为附件。如遇有应行设法之时，彼此随时设法将约内各节切实办理等语。又据光绪三十年（1904）拉萨约之第三款内开，光绪十

---

① 《（中方）印度和西藏之间通商章程条约草案》，见《英国政府有关西藏事务函电》（F.O. 535），第10卷，第104号文件《印度事务部致外交部》附件7。
② 《印度事务部致外交部》（1907年11月2日），见《英国政府有关西藏事务函电》（F.O. 535），第10卷，第103号文件。
③ 《印度政府致莫利先生》（1907年12月17日），见《英国政府有关西藏事务函电》（F.O. 535），第10卷，第122号文件《印度事务部致外交部》（1907年12月20日）附件1。

九年（1893）十月二十八日中英条约所有更改之处，应另行酌办等因。现值应行更改此项章程之时……①

尽管"拉萨条约"被写进了导语之中，但张荫棠在交涉中始终向英方申明《中英续订藏印条约》修改了非法的"拉萨条约"，而中英两国修约一事本身表明英国承认"直接交涉"是无效的。

第二，关于西藏地方代表的身份问题。戴诺以擦绒·旺秋杰布是西藏地方委派的全权代表为由，在其草案的导语中将擦绒·旺秋杰布与中英双方全权代表并列，企图体现"直接交涉"，否认中国对藏主权。张荫棠反驳道，中国对西藏拥有完整的主权和行政管理权，西藏地方任命代表是经中国中央政府同意的。西藏除了通过中国中央政府，在中英两国之间的谈判中是没有发言权的。② 因此，张荫棠申明，擦绒·旺秋杰布是秉承他的训示行事。英方也考虑到章程的执行需要清政府发挥作用，故不得不在此问题上做出让步。最终双方达成一致，章程导语中写明，擦绒·旺秋杰布的身份为"秉承张大臣训示，随同商议"，这样，英方的企图未能得逞。

第三，关于藏文文本的问题。戴诺收到张荫棠的草案后，分别致函张荫棠和擦绒·旺秋杰布，要求有一份擦绒·旺秋杰布签字的与汉文文本对应的藏文文本草案，表示这样可使他确信西藏地方代表了解和同意草案内容。③ 擦绒·旺秋杰布按照张荫棠的指示复函指出，因为这只是草案，他不想签署，张荫棠和他本人的意见一致，他们之间不存在任何分歧；并且将汉文翻译成藏文，可能会产生不一致之处。④ 张荫棠本人也向戴诺复函表明了类似意见，并保证擦绒·旺秋杰布对草案内容是完全了解和同意的，但也表示等所有问题达成一致意见后，将提供藏文文本。⑤ 后在戴诺的执意要求下，擦绒·旺秋杰布按照张

---

① 张荫棠《致军机处外务部电告戴使末次复稿十五条》，见吴丰培编辑《清代藏事奏牍·张荫棠驻藏奏稿》，中国藏学出版社1994年版，第1407页。

② 《印度政府致莫利先生》（1907年10月22日），见《英国政府有关西藏事务函电》（F.O.535），第10卷，第94号文件；又，《韦礼敦先生关于修订西藏商务条款的谈判问题的记录》，见《英国政府有关西藏事务函电》（F.O.535），第10卷，第118号文件《印度事务部致外交部》（1907年12月4日）附件5。

③ 《印度政府致张大臣》（1907年10月2日），《印度政府致擦绒噶伦》（1907年10月2日），见《英国政府有关西藏事务函电》（F.O.535），第10卷，第104号文件《印度事务部致外交部》附件2、3。

④ 《擦绒噶伦致戴恩爵士》（1907年10月6日），见《英国政府有关西藏事务函电》（F.O.535），第10卷，第104号文件《印度事务部致外交部》附件4。

⑤ 《张大臣致戴恩爵士》（1907年10月7日），见《英国政府有关西藏事务函电》（F.O.535），第10卷，第104号文件《印度事务部致外交部》附件5。

荫棠的指示复函：

> ……涉及西藏对外关系的所有重要事务，都是由中国政府进行的，并且，审查所有英国和中国之间为印度和西藏而订的条约和章程时，我发现总是有这样的条款"华英文本俱经详细校对，如果产生任何分歧，将以英文作为正义"。那么，藏文文本对我们这次条约又有什么用处呢？……如果你可能对我完全了解和同意汉文文本所提出的所有建议有所怀疑，那么，你可以从我这里得到一份藏文文本；请让我向你保证，所有这些建议都是由张先生阁下和我本人共同拟定的，并且拉萨和西藏代表我本人绝不会提出不同意和不接受。①

戴诺从一开始就要求中方提供草案的藏文文本，原因在于朱尔典早就授意英印当局，章程的藏文文本是十分重要的。英印政府则进一步表示，他们会坚持藏文文本由三名全体委员签署，这样将能表明履行"拉萨条约"的首要责任在西藏地方。②朱尔典与外务部在交涉时也始终要求"用华藏英三文缮写章程"，张荫棠就此向外务部提出反对意见：

> 藏文入约，颇有关系。从前藏约所无，似乖体制。中英约无印文，中俄约无满蒙文。英方不认我完全主权，防他日藉口。且约以英文为主，何须藏文。藏文陋略，互译无恰当字。如英政府译大公所驻京使臣，译传递书信官之类，多一文字，即多一处罅漏，徒滋解释歧异之弊。③

同时，张荫棠提议等双方在章程的中英文本签字后，再译出一份藏文文本，由他本人和擦绒·旺秋杰布签字交印度政府。然而，朱尔典拒不让步，坚称，只有藏文文本才能确保西藏地方充分了解章程内容，进而确保西藏地方履行章程，其也表示可由英方代译藏文文本。④张荫棠在此问题上也毫不妥协，

---

① 《擦绒噶伦致戴恩爵士》（1907年10月10日），见《英国政府有关西藏事务函电》（F. O. 535），第10卷，第104号文件《印度事务部致外交部》附件10。
② 《印度政府致莫利先生》（1907年12月17日），见《英国政府有关西藏事务函电》（F. O. 535），第10卷，第122号文件《印度事务部致外交部》（1907年12月20日）附件1。
③ 张荫棠：《致外部电论藏文无须入约》，见吴丰培编辑《清代藏事奏牍·张荫棠驻藏奏稿》，中国藏学出版社1994年版，第1402-1403页。
④ 《外部来电英使仍主藏文入约望与戴使妥商》，见吴丰培编辑《清代藏事奏牍·张荫棠驻藏奏稿》，中国藏学出版社1994年版，第1403页。

坚持与之斗争。

第四，关于"西藏政府"等事关"直接交涉"的措辞。为达到"直接交涉"的目的，英方在谈判中根据上述朱尔典8月7日的建议，急于明确"西藏政府"的含义。为试探中方的理解，韦礼敦在与刘田海的交涉中表示："我认为藏语'第巴雄'（Deba Shung）的意思是'西藏政府'，而汉语'商上'（Shang Shang）表示在西藏的'文官政府'，因为商上管理西藏的岁入和总的内政。"他也表示，英国政府理解和承认的"西藏政府"是由摄政、四位噶伦、三大寺及大公所会议组成，"西藏"在汉文文本中也许可以代替"西藏政府"，但是章程正式文本是以英文为准的。刘田海向其表示，张荫棠是反对使用"西藏政府"一词的。① 戴诺在与张荫棠交涉时表示，他将建议英国政府替换"西藏最高当局"或"西藏"等措辞，要求在导语中用具有"西藏地方最高行政当局"的措辞表述西藏地方代表的派出机构，否则他担心西藏人不承认章程。② 张荫棠则坚持驻藏大臣在西藏地方的权威。经过斗争，最终章程导语中对西藏地方代表的派出机构用"西藏大吏"一词表述。

事实上，为迫使张荫棠就范，英方早就准备在谈判中以春丕撤军问题作为要挟的筹码，以换取一个令他们满意的谈判结果。③ 按照《中英续订藏印条约》相关规定，英国同意撤军的三个条件是：①赔款每年交付一期，分三年三期付清；②商埠有效开通三年；③西藏地方履行条约的其他规定。如前所述，中英两国已达成一致，开埠时间从1905年1月1日算起，如此1908年1月1日是撤军期限。交付第二期赔款之时，张荫棠建议外务部与朱尔典交涉，争取将第三期赔款并于第二期中提早付清，以便催英方提早撤军；但此一建议未能实施，清政府只如期交付了第二期赔款计88万卢比。撤军期限将到之际，英印政府在给莫利的信中提出，要以延迟撤军向张荫棠施压，同时，第三期赔款必须由西藏地方代表交付，以示"直接交涉"。④ 张荫棠就此向戴诺表示

---

① 《韦礼敦先生同张先生的秘书刘先生于1907年9月和10月会谈记录》，见《英国政府有关西藏事务函电》（F.O.535），第10卷，第104号文件《印度事务部致外交部》（1907年11月7日）附件1；又，《韦礼敦先生同张先生的秘书刘先生之间会谈的纪要》（1907年10月19日），见《英国政府有关西藏事务函电》（F.O.535），第10卷，第104号文件《印度事务部致外交部》（1907年12月4日）附件4。

② 《韦礼敦先生关于修订西藏商务条款的谈判问题的记录》，见《英国政府有关西藏事务函电》（F.O.535），第10卷，第118号文件《印度事务部致外交部》（1907年12月4日）附件5。

③ 《印度事务部致外交部》（1907年8月15日），见《英国政府有关西藏事务函电》（F.O.535），第10卷，第34号文件。

④ 《印度政府致莫利》（1907年12月29日），见《英国政府有关西藏事务函电》（F.O.535），第11卷，第1号文件《印度事务部致外交部》（1908年1月2日）附件2。

"深愧不能同意",坚持赔款须由他本人交付,而英方对英俄《西藏协定》有所顾忌,因此双方最终达成一致:第三期赔款计银44.9万余两,由张荫棠在清政府汇款到印度的支票上签字,再由西藏地方代表转交。1908年1月27日,擦绒·旺秋杰布将有张荫棠签字的支票递交给了戴诺。① 随后,在张荫棠的催促下,英国以2月8日为停止驻军日期,下令撤走了驻春丕的200多名英军。荣赫鹏后来就此次赔款之争写道:

> 张荫棠暗示本人之所以反对由扎让(擦绒·旺秋杰布)送交赔款者,盖虑英印当局与藏政府发生直接关系也。印当局由此确信张荫棠氏之旨趣,殆欲坚决行使中国在藏主权,而不许地方当局自决,并欲阻碍英藏间一切直接交通。②

尽管英方在赔款上"直接交涉"的企图被张荫棠挫败,但戴诺于1月25日递给张荫棠的"二次复稿"及2月17日递来的"末次稿"15条中,在上述双方争论问题上"仍毫不肯让"。张荫棠指出,自戴诺的"初次稿"中,英方寓"直接交涉"宗旨于第三条、第十四条之中,"我所不能不争"。于是,2月18日,双方重点围绕此两条展开交涉。

关于有"直接交涉"内容的第三条的交涉。戴诺"初次稿"此条内容包含"英国商务委员得自由与地方官或人民直接交通,或用函件,或面会";同时,戴诺指出其中"地方官系指藏官,英官只认定藏官交接,若中国督饬不督饬我亦不管"。当时张荫棠一面向戴诺指出"印藏约向无直接字样","若直接交涉万难承认";一面请外务部在与朱尔典的交涉中也予以"坚拒"。③ 外务部表示"所见甚是",支持张荫棠此一斗争。④ 他遂向戴诺提出将第三条修改为:

> 各商埠治理权,应仍照向来归中国官督饬藏官管理。英国商务官及边

---

① 《印度政府致莫利先生》(1908年1月27日),见《英国政府有关西藏事务函电》(F.O.535),第11卷,第28号文件《印度事务部致外交部》(1908年1月28日)附件。
② [英]荣赫鹏著,孙熙初译:《英国侵略西藏史》,西藏社会科学院资料情报研究所1983年内部资料,第270页。
③ 张荫棠:《致外部电请坚拒藏英直接交涉字样》,见吴丰培编辑《清代藏事奏牍·张荫棠驻藏奏稿》,中国藏学出版社1994年版,第1403页。
④ 《外部来电直接字样当坚持偿款可由噶布伦转交》,见吴丰培编辑《清代藏事奏牍·张荫棠驻藏奏稿》,中国藏学出版社1994年版,第1404页。

界官与各埠之商务官及地方官往来会晤及文移往返，均以平等礼貌优待。凡彼此商务官及地方官有意见难合之事，应各禀请驻藏大臣及印度总督酌夺办理。如有重大交涉事件，按照《北京条约》第一款，应由中英两国政府商办。①

然而，他虽与戴诺争论至"舌敝唇焦"，但愈是辩驳，戴诺愈坚持，无可转圜。戴诺"二次稿"中虽删去了"直接"字样，但张荫棠认为其中"凡商务委员与边务官等意见难合，应各禀请该管上司办理"一句，仍有"直接交涉"的含义，他指出"虽改换字面，无裨于事"。②经交涉，戴诺"末次稿"将第三条内容改为：

各商埠治理权，应归中国官督饬藏官管理。各商埠商务委员与边界官均须合宜品级，彼此往来会晤以及文移往返，应互以礼貌相待。凡商务委员及地方官因意见难合，不能断定之事，应请拉萨西藏大员及印度政府核办。印度政府照会之意，应并行知照中国驻藏大臣。如拉萨西藏大员与印度政府不能断定之事，应按光绪三十二年《北京条约》第一款，由中英两国政府核办。③

张荫棠对此更是不满意。在2月18日会议上，他坚持按戴诺"二次稿"进行修改，双方议定将其中有争论的一句改为"各禀请该管上司核办，如仍不能断定，应禀请中英政府核办"。张荫棠还专门就其中的"该管上司"做出声明："该管上司兼指驻藏大臣、西藏大员、印度政府而言，如印度政府将来因彼此商务边务官意见难合之事行文西藏大员商办，应并知照驻藏大臣，驻藏大臣允督饬西藏大员和衷妥办。"戴诺对此亦表示同意。④

关于第十四条"藏文入约"的交涉。戴诺"末次稿"此条内容为：

---

① 张荫棠：《致外部电陈拟改藏稿各条并迭次会议情形》，见吴丰培编辑《清代藏事奏牍·张荫棠驻藏奏稿》，中国藏学出版社1994年版，第1390页。
② 张荫棠：《致外部电陈戴诺使坚持印藏直接及转圜收束之法》，见吴丰培编辑《清代藏事奏牍·张荫棠驻藏奏稿》，中国藏学出版社1994年版，第1406页。
③ 张荫棠：《致军机处外务部电告戴诺末次复稿十五条》，见吴丰培编辑《清代藏事奏牍·张荫棠驻藏奏稿》，中国藏学出版社1994年版，第1407-1408页。
④ 张荫棠：《致外务部电陈税则改拟及会议详情》，见吴丰培编辑《清代藏事奏牍·张荫棠驻藏奏稿》，中国藏学出版社1994年版，第1410页。

> 此次章程，华藏文字俱经详细校对。遇有因解释此章字句而起辩论，应以英文作为正义。①

张荫棠始终认为，英方要求"藏文入约"亦是"直接交涉"的体现，他也已让步到了上述意见；英方对此也准备做出让步，但提出的条件是"应该给拉萨送去由三名全体委员签署的这个译文的另一个副本"②。在2月18日会议上，张荫棠以要求更改第三条"直接交涉"措辞为条件，与戴诺议定第十四条改为：

> 华英文细校相符，应以英文作为正义。另译藏文两份，一咨印政府以备印证，一交拉萨大员存案，此藏文译本由两国全权大臣及西藏代表员签押。③

张荫棠在2月18日的会议上争取到戴诺同意对第三条、第十四条的如上修改并不容易，这是其根据英俄《西藏协定》中，英国与俄国"除通过中国政府外，不与西藏直接交涉"等规定，予以坚决反驳，使戴诺"无词以对，故允通融"的结果。此外，戴诺"末次稿"也删去了"关税"与"印茶入藏"此两节焦点问题，并且在2月18日的会议上戴诺也不再提起。④ 张荫棠就此向外务部汇报："揣其意以为照十九年约，五年限满，印茶已有运藏之权利，俟我征税时，再由英使与大部商订茶税也。"又表示："在我似不宜再与提议。俟此次通商章程画押后，则我仍可执十九年约以征茶税。"⑤

然而，2月18日的会议结束后，戴诺限于20日下午两点画押，并提出"如不能照此稿议定，就此告别"。张荫棠回复须接到政府训条，方可画押。19日晚，戴诺两次派韦礼敦催促画押，其表示可对在未接到清政府训条前画押做出声明，如清政府不同意，可作废纸，张荫棠因尚未接到外务部的批示，坚持不先行画押。到21日，张荫棠方接到外务部批示：可照18日会议"收

---

① 张荫棠：《致军机处外务部电告戴诺末次复稿十五条》，见吴丰培编辑《清代藏事奏牍·张荫棠驻藏奏稿》，中国藏学出版社1994年版，第1409页。
② 《印度政府致莫利先生》（1908年2月7日），见《英国政府有关西藏事务函电》（F.O.535），第11卷，第37号文件《印度事务部致外交部》（1908年2月7日）附件1。
③ 张荫棠：《致外务部电陈税则改拟及会议详情》，见吴丰培编辑《清代藏事奏牍·张荫棠驻藏奏稿》，中国藏学出版社1994年版，第1410页。
④ 关于关税、"印茶入藏"的交涉，详细论述见第三章第二节之"四、盐茶业"。
⑤ 张荫棠：《致外务部电陈藏使删去关税印茶两款》，见吴丰培编辑《清代藏事奏牍·张荫棠驻藏奏稿》，中国藏学出版社1994年版，第1411页。

束"，然而，戴诺已于20日离开了加尔各答。张荫棠向外务部表示，戴诺送来"末次稿"仅两日，即催画押，未免不情。匆匆遽去，不言移交何人接议，亦非和平交涉之礼，乞向朱尔典诘责。① 24日，外务部褒奖张荫棠"磋商至此，执事已煞费苦心"，指示"应即此签押"；同时，对戴诺的离开，外务部评价其"二日不候""实属不情"，并乐观地认为其会折回。②

戴诺非但没有返回，且朱尔典在与外务部交涉时态度更加后退。朱尔典向外务部提出，戴诺与张荫棠于2月18日会议议定的第三条、第十四条"办法太繁"③，且其"语意坚执"地表示，即使戴诺按18日会议议定结果签字，英国政府亦不能批准，不但不允照改，反而对戴诺"末次稿"第三条段首"亦欲翻异（议）"。④ 在此情势下，外务部为求得第三条段首"断不能更改"，询问张荫棠是否可照戴诺"末次稿"签押。张荫棠表示，18日会议议定的结果是"融合历次会议彼此意见"的"通融办法"，"私擅"并非英国政府万不能照允之事；他还表示："在我已让至无可再让"，"如欲更改"，"断不肯画押"。⑤ 随后，张荫棠向外务部奏陈将他撤回，以示坚持之意："谕令始终其事，事苟有济，何敢诿卸"，"惟第三、第十四条两款关系颇重，无可再让"，"今欲翻议。棠是原议之人，若再接议，仍不肯让，势必至罢议。与其空言磋磨，于大局无补，不如奏请将棠撤回，以示坚持之意。另派员接替，徐图转机"。⑥ 外务部告知，朱尔典的态度倒退到了戴诺"初次稿"的地步，即第三条段首重新加进了"直接交通字样"，段末删去"知照驻藏大臣"以下内容，且其坚执不让，"几至无可商榷"，其对戴诺"末次稿""能否就范，尚未可必"。据此，外务部表示能取得18日会议结果"想见当时磋议之苦"，最后指示："惟此事业经磋议及此，已属不易，执事仍应始终其事，一手办结，以裨

---

① 张荫棠：《致外部电告戴使离印请询英使由何人接议》，见吴丰培编辑《清代藏事奏牍·张荫棠驻藏奏稿》，中国藏学出版社1994年版，第1411页。

② 《外部来电约可照拟签押》，见吴丰培编辑《清代藏事奏牍·张荫棠驻藏奏稿》，中国藏学出版社1994年版，第1412页。

③ 《外部来电询第三款是否议定》，见吴丰培编辑《清代藏事奏牍·张荫棠驻藏奏稿》，中国藏学出版社1994年版，第1414页。

④ 《外部来电告与英使商约情形并嘱与韦礼敦继续议约》，见吴丰培编辑《清代藏事奏牍·张荫棠驻藏奏稿》，中国藏学出版社1994年版，第1415页。

⑤ 张荫棠：《致外部电详陈各条款之轻重损益》，见吴丰培编辑《清代藏事奏牍·张荫棠驻藏奏稿》，中国藏学出版社1994年版，第1415页。

⑥ 张荫棠：《致外部电自请撤回另派员接议》，见吴丰培编辑《清代藏事奏牍·张荫棠驻藏奏稿》，中国藏学出版社1994年版，第1416页。

大局。切勿遽回，致难收束。"① 鉴于此，3月15日，张荫棠接连向外务部递呈了两份报告。

其一，针对朱尔典"复执"戴诺"初次稿"，"愈说愈远"，张荫棠强调要严杜其"直接狡谋"。他奏陈：

> 不意今复翻悔。总之，无论彼族如何变幻，在我必于西藏大员上加驻藏大臣字样，于地方上加中国字样，以杜其直接狡谋，以符北京约"督饬"之义。②

其二，建议外务部坚持18日会议结果，与朱尔典从缓磋商。他指出：

> （戴诺"末次稿"）第三条，按英文解释西藏大员，系专指达赖，地方官系专指藏官，若照此定议以后，华官无权办事，万难应允。勿因华文语涉两歧，含糊误会轻允。乞坚持从缓磋商。③

3月19日，外务部电告张荫棠，在与朱尔典的交涉中，已"握定"了戴诺"末次稿"字句，"不令更易一字"，且英国政府已允照办。外务部认为"中国主权似尚无大损"，"此时实未便再改"，指示张荫棠与英方接替戴诺出任全权代表的韦礼敦进行签押。④

按照外务部的指示，1908年4月20日（光绪三十四年三月二十日），张荫棠作为中方全权代表，与英方全权代表韦礼敦在印度加尔各答签署了《中英藏印通商章程》，其内容即上述戴诺"末次稿"15条。由上可知，张荫棠本已争取到了2月18日会议的成果，但因英方反悔，最终又回到了戴诺"末次稿"。尽管张荫棠多次向外务部陈明其中各条的轻重损益，尤其是第三条、第十四条的危害，然而，外务部认为"握定"戴诺"末次稿"已属不易，并认为对"中国主权似尚无大损"，其言耐人寻味。

---

① 《外部来电现正与英使磋议条款仍请始终其事》，见吴丰培编辑《清代藏事奏牍·张荫棠驻藏奏稿》，中国藏学出版社1994年版，第1416页。

② 张荫棠：《致外部电请严杜英使直接狡谋》，见吴丰培编辑《清代藏事奏牍·张荫棠驻藏奏稿》，中国藏学出版社1994年版，第1417页。

③ 张荫棠：《致外部电请坚持原议从缓磋商》，见吴丰培编辑《清代藏事奏牍·张荫棠驻藏奏稿》，中国藏学出版社1994年版，第1417页。

④ 《外部来电约已与英使议定可与韦礼敦签押》，见吴丰培编辑《清代藏事奏牍·张荫棠驻藏奏稿》，中国藏学出版社1994年版，第1417页。

《中英藏印通商章程》并未完全解决开埠通商相关事宜，后来张荫棠对遗留的赎旅舍、定税则（包括茶税与百货税）、交逃犯、设领事四端，一一进行了条议。其中强调，应将赎旅舍首先按约办结，紧接着自行厘定税则，至于交逃犯、设领事应相机而动。①

《中英藏印通商章程》签字前后，张荫棠就如何办理相关具体事宜，分别向外务部、驻藏大臣及西藏地方一一提出了相应对策。一是就如何整顿商埠事宜，向外务部建议："应由驻藏大臣速派汉官充三埠监督各一员，督饬藏官与英员划定商场建筑地址，兼办巡警、裁判、工程局事宜，以维主权。"同时建议缓征西藏土货出口税，"以冀土货畅销"，"以兴商务"。对于电线邮政，他提醒按照章程规定，英方撤去相关设施的条件是中国自设。② 二是就重点及急需办理事宜叮嘱驻藏大臣："三埠商务尚在幼稚时代，重要全在边防。江孜为前后藏孔道，亚（东）噶（大克）为全藏门户。商路纷歧，兵力有限，防不胜防。今埠章以画押之日通行，英人久已预备，事事力争先着，我若不急为布置，日后更难补救"，"目前亟应每埠选派熟悉交涉之汉官，充当监督，督饬藏官办理裁判、工程、巡警各局事宜，以维主权"。③ 同时强调"无汉员督饬，流弊滋甚，诚然诚然"，希望驻藏大臣及时向江孜派出汉官，"以先其急"，如能向三埠各派汉官，"更属完善"。此外，要特别注意印茶由噶大克进藏事宜。④ 三是勉励十三世达赖喇嘛及代理摄政洛桑坚赞等西藏地方上层"整顿地方亟图自强"，切实办理商埠事宜。十三世达赖喇嘛进京觐见期间，美国驻华公使柔克义（William W. Rockhill）对其进行了秘密拜访，据朱尔典向格雷的汇报："柔克义通知了我，西藏人对前不久的商务章程谈判完全满意。"⑤ 可见，以十三世达赖喇嘛为首的西藏地方是认可章程的。

《中英藏印通商章程》签订后，中英双方相关当事者对此有不同认识。清政府内部最关心的问题是章程是否有失主权，当时已被任命为驻藏大臣的赵尔丰首先认为是有失主权的。赵尔丰向清廷上密折对章程进行了逐条议驳，尤其

---

① 张荫棠：《上外部条议中英藏印章程未完事件办法节略》，见吴丰培编辑《清代藏事奏牍·张荫棠驻藏奏稿》，中国藏学出版社 1994 年版，第 1456 页。

② 张荫棠：《致外部电请整顿商埠事宜》，见吴丰培编辑《清代藏事奏牍·张荫棠驻藏奏稿》，中国藏学出版社 1994 年版，第 1419 页。

③ 张荫棠：《致驻藏大臣请妥筹藏务》，见吴丰培编辑《清代藏事奏牍·张荫棠驻藏奏稿》，中国藏学出版社 1994 年版，第 1418 页。

④ 《复驻藏联大臣请派员接管江孜埠务并设学堂以养人才》，见吴丰培编辑《清代藏事奏牍·张荫棠驻藏奏稿》，中国藏学出版社 1994 年版，第 1421 页。

⑤ 《朱尔典爵士致爱德华·格雷》（1908 年 10 月 24 日），见《英国政府有关西藏事务函电》（F.O.535），第 11 卷，第 109 号文件。

是对第三条意见颇大。他指出,"藏官归我督饬固不待言",而条文中"督饬藏官"四字,"于我国完全之主权反觉留有缺憾,似应全行删去"。另外,"应请拉萨西藏大员及印度政府核办一语","应并行知照中国驻藏大臣一语","拉萨西藏大员与印度政府不能断定一语","皆俨然视西藏大员为主体,而视我驻藏大臣若赘旒。隐失国权,莫此为甚!深机所伏,难免不为他日藉口之资","应将拉萨西藏大员名称概改为中国驻藏大臣字样,而将印度政府照会之意应并行知照中国驻藏大臣一语全行删去,以保主权,而正藩服"。① 尽管赵尔丰认为章程有失主权,建议修改,但其在密奏之末对张荫棠赞赏有加:

> (张荫棠)谙练情形,熟于交涉,此番开埠章程既由其一手议结,则其深明底蕴,自胜他人十倍。②

同时,赵尔丰请旨让张荫棠留藏经理一切,"以免贻误而资熟手"。随后,赵尔丰再上一折指出,章程"未甚得手,不尽由此时之因应失宜,实由续订中英藏印条约时认英藏之约为附件,致我对藏事之设施不能越英藏条约之范围"③。针对赵尔丰的批评,张荫棠逐条予以议复。总体而言,二人争论的关键在于:一是赵尔丰仍拘泥于传统的藩属观;而张荫棠已初步具有了近代主权国家边疆观念。张荫棠在签注赵尔丰的指责时明确指出:"窃按今日时势,对于西藏当作边地观,不当拘泥旧制,仍作藩属观也。即以藩属论,亦应尽主国义务,实行监督,庶几可永保藏地为我属土乎?"④ 二是赵尔丰显然不能理解1906年《中英续订藏印条约》将"拉萨条约"作为附约。张荫棠则指出,《中英续订藏印条约》"看似平淡,实已煞费苦心","于拉萨约已失之利权暗中收回不少",尤其是挫败了侵藏急先锋与西藏地方"直接交涉"的企图。由此,张荫棠反驳赵尔丰:"谓修订通商章程之因应失宜,实原因于《北京条约》之未善,是真未知中英藏印交涉之历史也","故今日修订藏印通商章程,英人虽持直接主义,仍不得不与我会议者,未始非《北京条约》之效力也。

---

① 〔清〕赵尔丰:《密陈修改西藏通商章程并恳筹拨的款及早经营折》,见吴丰培编《赵尔丰川边奏牍》,四川民族出版社1984年版,第179页。

② 〔清〕赵尔丰:《密陈修改西藏通商章程并恳筹拨的款及早经营折》,见吴丰培编《赵尔丰川边奏牍》,四川民族出版社1984年版,第179页。

③ 张荫棠:《上外部签注驻藏赵大臣函·附驻藏赵大臣原函》,见吴丰培编辑《清代藏事奏牍·张荫棠驻藏奏稿》,中国藏学出版社1994年版,第1437页。

④ 张荫棠:《上外部签注驻藏赵大臣函》,见吴丰培编辑《清代藏事奏牍·张荫棠驻藏奏稿》,中国藏学出版社1994年版,第1435页。

况续约之商章,皆声明十九年约仍应照行,是不啻已失故物仍还原主。乃不明其中之曲折,不谅当局之苦心,辄为旁观者之訾议,持论岂得谓平?不知事贵得情,而行之尤贵得闲。约章文字虽有一成不变之性质,而以例中英所定西藏之约却又微有不同。盖英将与藏直接者,其意谓华官无权督饬,屡立之约悉成虚文,故自为之耳。若我果能尽主国义务,实行监督,永保西藏确为我之属地,而又充实其内力,北足以防俄,南足以蔽印,则主权在握,英方倚我为重,有不遇事就我范围者哉";"故可一言以断之曰,能整顿藏政,虽约文疏漏,无害于事实;不能整顿藏政,虽有极完善之约文,亦无济于事功。明乎此以谈藏事,思过半矣"。①

外务部、度支部、农工商部、邮传部、理藩部等遵旨议复赵尔丰的意见后,奏称:"总之,西藏自英人用兵拉萨,与番众径行订约以后,局势遂已大变。三十二年我国与英人另立新约,意在亡羊补牢。而既有拉萨之约在前,其对待为难之情形,迥非往年可比。此次所议西藏通商章程,臣等详加复核,其中英人原拟妨我主权之语,均经磋议删除。就现在定稿而论,处处委曲维持,于所以保存主权者,实属不遗余力。如将来驻藏大臣能扫除积习,切实经营,未始不可收照约应得之权利","应请无庸置议"。② 1908 年 10 月 20 日(光绪三十四年九月二十六日),朝旨"依议"。至此,清廷对《中英藏印通商章程》给出了定论。

作为当事人,张荫棠在谈判中始终坚决维护主权,但其本人对最终签订的章程并不满意,甚至感到内疚。他写道:

> 自维庸陋,任重材轻,幸赖枢府外务府王大臣主持于上,参赞何藻翔同心协力于下,得免陨越。条款十五章,不敢溢出内地埠章以外,而权利丧失,时复疚心。③

英方对章程的意见亦不尽相同。侵藏头目贝尔指出:

> 西藏代表仅以张荫棠之属员资格加入会议,亦得签名。此等条约之结

---

① 张荫棠:《上外部签注驻藏赵大臣函》,见吴丰培编辑《清代藏事奏牍·张荫棠驻藏奏稿》,中国藏学出版社 1994 年版,第 1436 页。
② 张荫棠:《外部等奏议复西藏通商章程及筹拨的款折》,见吴丰培编辑《清代藏事奏牍·张荫棠驻藏奏稿》,中国藏学出版社 1994 年版,第 1443-1444 页。
③ 张荫棠:《使藏纪事·自序》,见张羽新主编《唐宋元明清藏事史料汇编》(第 32 册),学苑出版社 2009 年版,第 188 页。

果,只足驱逐英国人及印度人出西藏。吾不愿详引以聒读者。单举一例:如第九款吾政府同意"英国官及人民(包括印度人)"不得游历西藏越过江孜。吾等在西藏历史中,素未承受此种约束。印度香客常往满列沙罗卫(Manasarowa)①等处,朝谒印度教之圣地。今日乃成不法行为矣。②

贝尔的不满正表明张荫棠的努力确实维护了主权。奥康纳也承认章程"非常完整地和正式地承认了中国对西藏人的权威"③。韦礼敦表示很荣幸与张荫棠签订章程,表明其对章程是满意的;尤其是韦礼敦认为通过解决悬而未决的商场界址等问题,获取局部利益,可让西藏地方承认"拉萨条约"所加给他们的义务。然而韦礼敦也指出,张荫棠始终坚持《中英续订藏印条约》"不是确认而是订正了'拉萨条约'",以维护中国对藏主权,其"贯穿整个谈判的行为,是由此一政策的方针所左右的";"也有足够的证据表明,拉萨的西藏最高当局为中国人所使,误以为1906年的《北京条约》取代了1904年的'拉萨条约'"。④可见,张荫棠在此次与英方的交涉中抓住了要害,挫败了英方"直接交涉"的既定目标,这不仅体现在对"拉萨条约"的态度上,也体现在章程的关键性条文中规定驻藏大臣督饬西藏地方官员与英方办理通商贸易具体事宜,以防止"直接交涉"等。《中英藏印通商章程》虽然仍具有不平等条约的性质,但在当时最大限度地维护了中国的主权。章程签字后,张荫棠向清廷提出了上述具体对策。英方则野心更大,又蓄谋诱骗西藏地方签订一份新约,以取代旧约。⑤

综上,清末张荫棠藏事改革中以抵御侵略、维护主权为根本宗旨的外事思想与实践,主要涉及创设对外交涉机构的主张、加强西藏地方与邻邦关系的主张、警惕"西藏独立",以及围绕开埠的谈判斗争等。张荫棠在涉藏外交上,既坚持原则,又不失灵活与策略。他一改过去数任驻藏大臣妥协退让的软弱形象,充分展示了中国政府捍卫主权与领土完整的正义立场,给侵藏气焰正盛的

---

① 即玛旁雍错。
② [英]贝尔著,宫廷璋译,竺可桢、向达校:《西藏之过去与现在》,商务印书馆1930年版,第59-61页。
③ 《奥康纳上尉关于西藏的备忘录》(1908年3月13日),见《英国政府有关西藏事务函电》(F.O.535),第11卷,第101号文件《印度事务部致外交部》(1908年9月21日)附件1。
④ 《韦礼敦先生致印度政府》(1908年4月23日),见《英国政府有关西藏事务函电》(F.O.535),第11卷,第86号文件《印度事务部致外交部》(1908年5月19日)附件1。
⑤ 为取代1908年《中英藏印通商章程》,攫取觊觎已久的各项权利,1913—1914年西姆拉会议期间,英国全权代表麦克马洪(Henry McMahon)背着中国北洋政府代表陈贻范,与西藏地方代表夏扎秘密签订了一份所谓"英藏新订通商章程",这对中国及其西藏地方的权益造成了巨大损害。

英国殖民者以有力回击，尽最大可能和限度挽回了主权。英国侵藏头目贝尔不得不承认张荫棠"实行减削英国在藏势力之政策"，巩固了中国对藏主权。①兰姆博士亦认为，张荫棠使中国在西藏取得相当大的进展之一，是"消除了英国在西藏高原残留的威望"②。总体而言，张荫棠是晚清以来办理涉藏外交事务官员中的佼佼者，抵御侵略最坚决，取得的成果最突出，对清季涉藏外交颇有贡献，后世赞誉其为"外交之良才"，实至名归。同时，张荫棠"辄叹中国无外交专门之学，未可尽诿于国力孱弱也"的理念，在当时具有积极的现实意义。

---

① ［英］贝尔著，宫廷璋译，竺可桢、向达校：《西藏之过去与现在》，商务印书馆1930年版，第59页。

② ［英］阿拉斯泰尔·兰姆著，梁俊艳译，张云校：《中印涉藏关系史（1904—1914）——以"麦克马洪线"问题为中心》，社会科学文献出版社2017年版，第146页。

第五章　张荫棠文化教育、医疗卫生、民俗改革思想与实践

第一节　文化教育改革

　　清末全国新政的指导性文件"江楚三折"强调救亡图存系于教育："非育才不能图存，非兴学不能育才。"随后，清政府先后颁行《钦定学堂章程》（"壬寅学制"）、《奏定学堂章程》（"癸卯学制"），并于1905年底设立学部，作为统管全国教育事务的中央行政机构。这些举措为全国各地发展新式教育提供了指导，清末"兴学"浪潮由此高涨。西藏作为边疆少数民族地区，创办新式学堂、发展教育，较之内地有更为重要和特殊的意义。诚如与张荫棠同期在川边"兴学"的赵尔丰所言："非有以开导其智识，不足以化其冥顽，况时值朝廷锐意兴学，尤贵于推广教育之中，寓劳来匡直之意。"①

　　西藏地方封建农奴制社会的教育主要有三种形式：一是寺院教育。寺院教育是西藏传统教育的主要形式，所谓"舍寺院外无学校，舍宗教外无教育，舍僧侣外无教师"。二是官学教育。18世纪中叶以后，西藏地方相继办起了俗官学校（孜康拉扎）、僧官学校（孜拉扎）以及药王山医科学校等各类官学。官学教育是政教合一的封建农奴制的产物，主要目的是为统治阶级培养各级官吏。三是私学。私塾主要集中于城镇，学生绝大多数是上层贵族的子弟，也有小商贩及富裕的城镇居民的子弟，而农奴子弟则几乎是没有的。由于农奴主贵族对教育权的垄断，广大农奴阶级是没有受教育的权利的。据统计，旧西藏文盲率高达95%，有文化知识的多数是喇嘛。② 总之，西藏传统教育是为政教合

---

　　① 〔清〕赵尔丰：《护理川督赵尔丰咨边务大臣关外学务事宜》，见四川省民族研究所编《清末川滇边务档案史料》，中华书局1989年版，第145页。

　　② 参见多杰才旦：《西藏封建农奴制社会形态》，中国藏学出版社2005年版，第590–614页。

一的封建农奴制服务的，具有鲜明的阶级性与宗教性特征。教育的局限性不仅不利于西藏文化的传播，还严重阻碍了西藏地方对中华文化的认同。

张荫棠在戊戌变法时期，就曾参与张元济创设西学堂（后改名通艺学堂）的活动，因此，其本人对"兴学"的重要性早有深刻的认识。① 清末新政中发展新式学堂等文化教育改革政策的颁行，则为其进行西藏教育改革提供了直接依据。在"十九条"中，张荫棠就提出：

> 广设汉文学堂，使通祖国语言文字。兼习学兵式体操，教习均用南北洋、蜀、粤陆军毕业生。三年后兼教英文，六年毕业。所有藏中官兵，均由此选。②

然而，西藏地方教育基础薄弱，"兴学"意识严重缺乏，尤其是对通过设新式学堂推行世俗大众教育一时茫然无知，为此，张荫棠首先进行劝学，阐明教育的重要性。在"二十四条"中，他指出：

> （藏民）多不识藏文。既系中国百姓，又不识汉文，不懂汉语。达赖、班禅本应专管教务，应如何广兴教育，汉藏文兼教，使藏民人人能读书识字，以开民智。③

西藏地方答复：

> 谨当催饬大众，应如何设所教读，俟奉训诲，陆续遵照办理。④

此外，张荫棠在《藏俗改良》中劝导："儿童七八岁宜教识汉字，学汉语，以便到内地为官或为商。否则人人专做喇嘛，未易发大财。"⑤ 在《训俗浅言》中则更为具体地劝导："士农工商，各有学问，件件都要考究。凡天

---

① 汤志钧：《戊戌变法人物传稿》，中华书局1980年版，第245－248页。
② 张荫棠：《致外部电陈治藏刍议》，见吴丰培编辑《清代藏事奏牍·张荫棠驻藏奏稿》，中国藏学出版社1994年版，第1329页。
③ 张荫棠：《传谕藏众善后问题二十四条》，见吴丰培编辑《清代藏事奏牍·张荫棠驻藏奏稿》，中国藏学出版社1994年版，第1336页。
④ 张荫棠：《传谕藏众善后问题二十四条·附录藏众答词》，见吴丰培编辑《清代藏事奏牍·张荫棠驻藏奏稿》，中国藏学出版社1994年版，第1340页。
⑤ 张荫棠：《藏俗改良》，见吴丰培编辑《清代藏事奏牍·张荫棠驻藏奏稿》，中国藏学出版社1994年版，第1356页。

文、地理、机器、工艺、商业、农业、算学、兵刑、钱谷、水利、矿务、一切经典史书，皆要学习。至于声、光、电、化、医诸学，皆有益于民生日用，并宜设学堂，分门肄习。"① 经过耐心劝导，尤其是"学务局章程"得到西藏地方的支持后，张荫棠饬立学务局这一职能机构，专门负责"兴学"事宜。张荫棠兴办新式教育的具体措施，集中体现在"学务局章程"十二条中。"学务局章程"内容如下：

学务局应办事宜②

总办二员。文案二员。帮办二员。巡学官二员（每年往各处考查学务，择共善普寺各寺改良）。

一、藏属大小寺千余间，每寺应设学堂一间。凡大寺学生以三百名、中寺以百五十名、小寺以八十名为率，俱选十二岁以上、二十岁以下者充学生。前三年专学习汉文汉语，兼习笔算数学、兵式体操。三年后兼习英文，学级程度日高，共以五年毕业。

一、汉人教习，用湖北、四川、北洋、广东陆军学堂毕业生，兼晓算学者，每人每月薪水约百元。

一、幼童如不识藏文者，加藏文教习一员，夜间专教藏文经典，月薪四十两。

一、学堂购备地图、书籍、测量仪器、天文镜、显微镜、兵式体操器械，以备学生公用。

一、学堂一切支用经费，由该寺大喇嘛总理，月薪四十两。

一、各学堂奏明学部立案，毕业后考试分别等第，赏给举人、秀士、进士，或充汉藏文武官，或充教习，或补额兵。

一、学生毕业后，选高等者派往外国，入专门学堂，每年酌给学费津贴。学农、工、商、矿、路、机器制造、声、光、电、化、医之学，五年毕业回藏者，赏给最优等文凭，拔升高官。

一、汉文教习，暇时宜兼学藏语，以期浃洽。

一、学生在学堂中宜专讲汉语，所用服役小娃宜用川人，则一年全通汉语。他日到中国游学经商，皆有裨益。藏人往中国内地贸易，皆大

---

① 张荫棠：《训俗浅言》，见吴丰培编辑《清代藏事奏牍·张荫棠驻藏奏稿》，中国藏学出版社1994年版，第1353页。

② 张荫棠：《咨外部为西藏议设交涉等九局并附办事草章》，见吴丰培编辑《清代藏事奏牍·张荫棠驻藏奏稿》，中国藏学出版社1994年版，第1350－1351页。

发财。

一、每晨七点半钟各学生到学堂上课，夜七点半钟散学回家宿。

一、学堂无论汉藏僧俗皆可收录，不分界限，暂免学费，午饭糌粑应由寺给。

一、官绅助学堂经费，即是祖佛普度众生之旨，功德无量。

"学务局章程"对教学场所、教师来源、教学设备、教学内容、办学经费，以及学生毕业后如何量才而用等，均一一做出了明确的规定。其中，教学内容与清末新式教育内容同步，促进了西藏教育近代化；而"汉藏僧俗皆可收录，不分界限，暂免学费"的规定，打破了长期以来教育被农奴主贵族垄断的局面，为广大农牧民子弟提供了受教育的机会。总体而言，"学务局章程"是一份西藏教育近代化的基本纲领，对改变西藏封建农奴制教育体系具有重要意义。

学务局作为"九局"之一，与其他各局于光绪三十三年三月十二日（1907年4月24日）一并宣告成立。按照"学务局章程"规定，学务局设总办二人。藏官总办由噶伦洛桑成来兼任，汉官总办由通判职衔、候补县丞的驻藏系统官员齐东源充任。[①] 总办之下设管理员、监学员、收支员、管理书籍司事、书识等，分办各事。[②] 学务局是西藏地方历史上第一个教育行政机构，它的设立开启了西藏地方教育的近代化进程。

在成立学务局的同时，张荫棠还就办学场所、开办经费及教学模式等事关设学堂的几个关键问题，及时与清廷及西藏地方上层进行积极沟通，最终在其藏事改革大纲"十六条"中予以明确。

第一，办学规模及场所。在与代理摄政洛桑坚赞等西藏地方上层多次磋商中，他指出："计前后藏各寺院三千余，拟令自筹经费，各立汉文蒙学堂一所"，"督办得人，立可得蒙学堂四五百所"。[③] "学务局章程"也规定："藏属大小寺千余间，每寺应设学堂一间。"后来考虑到设学堂须逐渐推行，张荫棠修订完善之前的计划，主张先在"户口稠密之处""冲要繁盛地方"，"约设蒙

---

① 〔清〕联豫：《为委齐东源为学务局总办委员事给总办学务局噶伦札》（原件藏西藏自治区档案馆），见中国藏学研究中心、中国第一历史档案馆、中国第二历史档案馆、西藏自治区档案馆、四川省档案馆合编《元以来西藏地方与中央政府关系档案史料汇编》（第4册），中国藏学出版社1994年版，第1550页。

② 参见朱先华《清末西藏新设机构及其活动概述》，载《中国藏学》1988年第2期。

③ 张荫棠：《致外部丞参函述筹藏详情及参劾番官原委》，见吴丰培编辑《清代藏事奏牍·张荫棠驻藏奏稿》，中国藏学出版社1994年版，第1360页。

小学堂五十间"。最终也是按"以全藏计之,至少当有学堂五六十间"来进行经费预算的。

第二,办学经费。初"拟令自筹经费",也动员鼓励"官绅助学堂经费"。后来考虑到"惟藏人寒素居多,欲施教育,固难向收学费","尤需供给伙食、书籍、笔墨、纸张",且聘请内地教习"薪水亦当比内地为优"。因此,将筹措办学经费计划修改为:校舍由寺院提供,中央财政提供修缮维持经费;购置教学设备费及学生生活费、学习必需品采购费等杂费,由西藏地方筹措一部分,中央财政补贴一部分;教员薪俸由中央财政承担。其中,须中央财政拨款支持的部分,张荫棠预算"常年各费约需三十万两"。对于各学堂经费的管理,他规定由学堂所在寺院选派一名喇嘛专门总理。①

为及时解决办学经费短缺问题,张荫棠带头捐资设立基金,建立奖学金制度,以实际行动支持"兴学"。他向联豫指出"然无以奖劝之,不足以资鼓励",遂将自己所积攒的薪俸"金砂十包,计重五十两,大宝银七锭,计重三百五十两",交由随他赴印的擦绒·旺秋杰布带回拉萨,"发交商上验收,妥为存放生息"作为"捐备","分给拉萨现在已设及将来续开各学堂汉文学生,年终大考奖赏之款"。对于奖学金基金如何使用,张荫棠向联豫交代:"临时由商上将是年所收息银实数开列清单,并由学务局将各学堂列最优等课卷汇齐,一并呈请贵大臣(联豫)酌量核定。惟只能以每年所收息银匀拨分给,不得动用本银。息银如果有盈余,次年即入本银计算,以为持久之计。"他还就如何管理奖学金基金交代道:"其经营人员务宜妥慎经理,并按季将放收本息银数造具详晰清册,呈报商上稽核。无论何项急需,不准移作他用。除译行署理掌办商上事务卸任噶勒丹池巴查照,即将发去金砂银锭验明印花,拆封估包,派饬妥员核实变价,放存生息,认真经理,无任亏欠,用兴教育而植人材,并转行学务局遵照外,相应咨明贵大臣,请烦查照。"② 设立奖学金制度无疑对"兴学"具有积极意义。

在张荫棠的带动下,西藏地方官商为设学堂等积极捐资。据联豫奏称,其与有泰及驻藏系统官员共捐银一千余两,在藏经商多年的云南富商杨聚贤捐银六千两。此外,联豫将张荫棠在查处腐败官员时所查抄的刘文通赃物,约值白银千余两,予以变价归公。后来,联豫用这笔资金在拉萨创办藏文传习所与汉

---

① 张荫棠:《上外部条议筹办藏政经费说帖》,见吴丰培编辑《清代藏事奏牍·张荫棠驻藏奏稿》,中国藏学出版社 1994 年版,第 1449 页。

② 张荫棠:《咨驻藏大臣捐助各学堂汉文学生奖赏基金》,见吴丰培编辑《清代藏事奏牍·张荫棠驻藏奏稿》,中国藏学出版社 1994 年版,第 1422 页。

文传习所各一所，初等小学堂两所，并创办白话报馆、施医馆、商品陈列馆各一所。①

第三，教学模式。规定采用"汉藏语双语教学"模式，并计划三年后兼习英文。为使教员与学生"语言易通"，确保"双语教学"顺利推行，张荫棠一面计划"延用邻省教习"，并要求教员学习藏语，"以期浃洽"；一面要求"选用浅近课本"，先"教以识字谈话之音"，再教以"造句成章之法"，"以期渐归同化"。此外，"学务局章程"还规定，对不懂藏文的藏族学生，要利用晚上时间补习，使其尽快掌握藏文。

第四，学制。张荫棠依据《奏定学堂章程》，结合西藏实际规定，先广设小学堂，学生五年毕业；再设中学堂，学生三年毕业；中学堂毕业生择优选送到内地高等大学堂深造，或送往国外留学。先广设小学堂，"以冀教育普及"，"数年之后，藏童皆晓汉文汉语，再设中学堂，教以英印文字及各种科学，择优选派赴四川、南北洋高等大学堂肄业"。后来，联豫在具体落实时又提出初等小学堂改为三年毕业，学部复议指出："将来升入中学之时，恐程度不合，且初等小学堂仅止三年，即学生毕业后，不求深造，自谋生计，亦恐所学太浅，获用甚难。"要求联豫遵照《奏定学堂章程》规定执行，但也允许根据实际情况酌改。②

第五，学生入学年龄及毕业生录用。初拟学龄为"十二岁以上、二十岁以下"，后修订为"凡藏童七岁以上者"一律入小学堂。毕业生录用方面，中学堂毕业生"拔其优者，赏给生员举人。所有文武藏官兵丁，均由此选"。③

光绪三十四年三月二十八日（1908年4月28日），张荫棠在谈判《中英藏印通商章程》事宜即将告竣、准备离印返京之时，专门致函驻藏大臣联豫及西藏地方，叮嘱落实"兴学"事宜。他强调：

> 时势艰难，百事待举。人才缺乏，实为隐忧。藏中后进，非广读汉文书籍，能阅汉文报章，无由开智识而长见闻。故凡藏中子弟，亟应普习汉

---

① 〔清〕联豫：《将杨聚贤捐款作传习所报馆等经费片》，见吴丰培编辑《清代藏事奏牍·联豫驻藏奏稿》，中国藏学出版社1994年版，第1491－1492页。
② 《学部议复联豫奏陈在藏兴学折》（一史馆藏军机处录副奏折），见中国藏学研究中心、中国第一历史档案馆、中国第二历史档案馆、西藏自治区档案馆、四川省档案馆合编《元以来西藏地方与中央政府关系档案史料汇编》（第4册），中国藏学出版社1994年版，第1551页。
③ 张荫棠：《奏复西藏情形并善后事宜折》，见吴丰培编辑《清代藏事奏牍·张荫棠驻藏奏稿》，中国藏学出版社1994年版，第1398页。

文，以期养成办事人才。此实为西藏谋富强之要着也。①

此中指出，通过教育"以期养成办事人才"，"此实为西藏谋富强之要着也"，这是张荫棠藏事改革中人才观的核心。对于急需人才，他曾计划"须回京搜罗人材备用，事机危迫，不在纸上空谈，贵得人切实办理"②；同时建议代理摄政洛桑坚赞用好现有人才，并向其提出了一份推荐名单。③

在《谕全藏僧俗官民筹办要政亟图自强》一文中，张荫棠叮嘱西藏地方：

如今欲求救亡之法，只有兴学、练兵两事，是最紧要。……均非广开学堂，切实考究，不能开通智识，增长才艺。尔藏民系大清国皇帝百姓，尤须先练习中文，通晓汉语，然后考求西国文字技艺。因西国各种技艺，中国皆有已译成之书也。④

由此可见，"兴学"在张荫棠以"收回政权"为核心的藏事改革中具有重要的地位与作用。具体而言，张荫棠认为在西藏地方"兴学"的重要性体现在两个层次。首先是发挥教育的一般性功能，即"开通智识"，培养人才；而更为重要的是发挥教育的社会教化功能，这在作为边疆地区的西藏地方具有"联络属地，同化祖国之要枢"的特殊意义。对于后者，张荫棠指出，解决"西藏内属二百余年，语言不相通，办事致形隔膜，汉番时相仇视"问题的根本途径是，通过发展教育，"使语言文字相通，然后能固结其祖国思想"。⑤ 总之，张荫棠认为通过"兴学"促进西藏地方与内地文化交融，是增进西藏地方文化认同与国家认同的根本方法，此一认识是深刻的。

张荫棠创设学务局后，联豫"始由前藏办起，以次推及于后藏、靖西、达木、山南等处，亦皆有学"，"以国文为教科之主体，改良其习惯语言，期于同我文化"。⑥ 朱先华根据宣统三年（1911）西藏学务局向清政府学部报送

---

① 张荫棠：《咨驻藏大臣捐助各学堂汉文学生奖赏基金》，见吴丰培编辑《清代藏事奏牍·张荫棠驻藏奏稿》，中国藏学出版社1994年版，第1422页。
② 张荫棠：《致外部电陈治藏刍议》，见吴丰培编辑《清代藏事奏牍·张荫棠驻藏奏稿》，中国藏学出版社1994年版，第1328页。
③ 详细论述见第二章第三节之"二、倡言革新"。
④ 张荫棠：《谕全藏僧俗官民筹办要政亟图自强》，见吴丰培编辑《清代藏事奏牍·张荫棠驻藏奏稿》，中国藏学出版社1994年版，第1373页。
⑤ 何藻翔：《藏语》，上海广智书局宣统二年（1910）版，第119页。
⑥ 〔清〕联豫：《请拨学务经费片》，见吴丰培编辑《清代藏事奏牍·联豫驻藏奏稿》，中国藏学出版社1994年版，第1533页。

的材料梳理，联豫创设的新式学堂包括：山南蒙养院（1904年3月）、西藏第一蒙养院（1905年2月）、西藏第二蒙养院（1906年3月）、西藏第三蒙养院（1906年11月）、西藏藏文传习所（1907年5月）、西藏汉文传习所（1907年6月）、西藏第一初等小学堂（1907年6月）、西藏第二初等小学堂（1907年8月）、达木第一蒙养院（1907年8月）、达木第二蒙养院（1907年8月）、达木第一初等小学堂（1907年9月）、达木第二初等小学堂（1907年9月）、后藏汉文小学堂（1908年5月）、西藏汉藏文半日学堂（1908年5月）、江达蒙养院（1909年8月）、西藏第四蒙养院（1909年12月）、西藏第五蒙养院（1910年3月）、江达汉文小学堂（1910年6月）、工布汉文小学堂（1911年2月）。此外，据称在察木多、拉里、靖西等处各设汉文蒙学堂一处；并拟在曲水、哈拉乌苏、三十九族、类乌齐、硕板多等地筹设新式学堂。① 按西藏学务局的汇报，加上联豫在拉萨创办的武备速成学堂一所，清末藏事改革期间创办的各类新式学堂计有23所。顾祖成认为，西藏学务局的汇报不免有浮夸虚报。比如，1904年3月正值英国第二次侵藏战争之时，且《奏定学堂章程》颁行仅3个月，而报称当时就成立了山南蒙养院，让人难以置信。② 实际情况当是如宣统元年联豫所奏称的，限于清政府拨款短缺，只以各项捐款"先行试办"，"自光绪三十三年五月间开办以来，迄今两年"，"计前后设立共一十六所，程度固有蒙小之别"。联豫也指出，"然以藏地幅员如是之广，而学堂只区区之数，断难期教育之普及。欲筹推广，又以既无的款"③，"已办者尚虞中辍，未办者更难兴举"④。结合联豫奏牍来看，其虽奏称设立学堂16所，但除西藏藏文传习所、西藏汉文传习所、西藏第一初等小学堂、西藏第二初等小学堂等，在拉萨办学具有一定规模外，其余的规模不大，如据称开办达木小学堂两所，仅"选派二人，携带中国浅近书籍"前往。⑤

尽管清末西藏地方的新式教育起步艰难，但在张荫棠创设学务局的基础上，联豫毕竟创办了一批新式学堂，这不仅具有培养人才、传播文化等教育的一般功能和意义，更有消除民族隔阂、增进西藏地方国家认同的特殊意义。总

---

① 朱先华：《清末西藏新设机构及其活动概述》，载《中国藏学》1988年第2期。
② 顾祖成：《清末藏事改革中的兴学堂》，载《西藏民族学院学报》1991年第1期。
③ 〔清〕联豫：《详陈筹办西藏事宜折》，见吴丰培编辑《清代藏事奏牍·联豫驻藏奏稿》，中国藏学出版社1994年版，第1517页。
④ 〔清〕联豫：《请拨学务经费片》，见吴丰培编辑《清代藏事奏牍·联豫驻藏奏稿》，中国藏学出版社1994年版，第1533页。
⑤ 〔清〕联豫：《达木设小学堂三十九族派员驻扎片》，见吴丰培编辑《清代藏事奏牍·联豫驻藏奏稿》，中国藏学出版社1994年版，第1494页。

体而言，清末张荫棠、联豫的西藏教育改革，打破了农奴主贵族长期垄断教育的局面，开启了西藏教育近代化的进程，这在西藏教育史上是浓墨重彩的一笔。

在"兴学"的同时，张荫棠积极筹办报馆、印书局等，以传播维新思想文化，"渐开民智"。由印入藏之时，他就购买石印机器一台带到西藏，为在西藏创设报馆、印书局提供了物质基础。① 后来，联豫在此基础上落实了设报馆与印书局事宜。

综上，张荫棠文化教育改革的核心思想是传播20世纪初的新文化、新知识，具体改革内容包括创设学务局，进而创办各类新式学堂，创设报馆、印书局等。在清末内地"兴学"浪潮高涨，以及维新思想文化蓬勃发展的时代背景下，张荫棠的改革措施，为西藏地方与内地文化教育一体化发展铺设了一条重要通道，这对引领西藏传统文化向近（现）代转型具有重要促进作用。

第二节　医疗卫生改革

晚清以来，受"西学东渐"影响，中国的"卫生"观念与实践处于由传统向近代的转变之中，一股以疾病防疫、讲究个人卫生以及清洁环境等为主要内容的"卫生新风"逐渐吹起。清末新政期间，清政府设立中央卫生机构，将推广"卫生新风"正式纳入国家职能范围之内。这为张荫棠进行西藏医疗卫生改革提供了思想资源和实践依据。张荫棠规划的西藏医疗卫生改革的主要内容，涉及提倡清洁环境卫生、讲究个人卫生，推行以"种痘"和"设医院"为主的疾病防疫措施以及改善医疗条件等。

清末西藏的环境卫生，据跟随侵藏英军入藏的原英国《每日邮报》驻印记者埃德蒙·坎德勒在其《拉萨真面目》一书中的描述："我们发现，（拉萨）这座城市脏得无法形容，没有下水道，路面也没有铺砌石块。没有一栋房子看上去清洁干净或经常有人打扫。下雨之后，街道就成了一洼洼的死水塘，猪狗则跑到这些地方来寻找废物渣滓。甚至在望不见金顶的近处看大昭寺时，它也显得很脏，令人产生不舒服之感"；"人们却拥挤地居住在满是尘土的肮脏房子里，十分可怜"，"当人们离开树林和花园围墙之间的大道而进入城市（拉

---

① 〔清〕联豫：《开设白话报馆及汉文藏文传习所片》，见吴丰培编辑《清代藏事奏牍·联豫驻藏奏稿》，中国藏学出版社1994年版，第1490页。

萨）时，全部感官都会感到十分难受，因为这儿的一切既不好看，又实在太脏。猪和无主的杂交狗在黑乎乎的稀泥中闻来闻去"。此外，坎德勒在书中还引用比他早90年入藏的曼宁的描述："满街都是狗，有的在狂叫，啃咬这遍地都是的兽皮，这些碎皮散发出来的气味就像停尸房所散发的气味一样。有的狗在一颠一跛地行走，看上去气色发青；有的狗则患了溃疡病；有的则饿得半死，被渡鸦啄着；有的则已经死了，成了其他动物的腹中之物。简言之，一切似乎都显得下贱阴沉，使人感到这一切都不是真的似的。"对于个人卫生情况，坎德勒引用曼宁的描述："这里的人身上满是污垢尘土。"① 由于坎德勒是站在侵略者的立场，其书中不免有颠倒是非的言论，但对于拉萨环境卫生和个人卫生状况的描述，他以置身于异文化圈的敏感，基本反映了真实情况。②

关于医疗卫生，西藏的医药学源远流长，逐步发展形成了独具特色的藏医药学，涌现出了《月王药诊》《四部医典》等有代表性的藏医药经典。然而，晚清以降，随着政教合一的封建农奴制的日益腐朽，藏医药自身发展日益萎缩，难以发挥济世为民的社会作用。多杰才旦指出，随着西藏封建农奴制社会的没落，"作为社会文化现象之一的医药学，其弱点逐步暴露出来，并且妨碍了它自身的发展"；格鲁派掌政后，"医学的传播全部掌握在几个主要寺庙里。专设的医药学校同样要由具有僧徒身份的人进行研究和学习。这种形式虽然有利于通过宗教系统向外传播，但它却阻碍了其走向民间，造成了医药学只为寺庙中极少数人所掌握，民间无从发展的萎缩局面"；在等级森严的封建农奴制度下，"官方和寺庙培养的医生，只为贵族、官员等少数人进行医疗服务，医术高明者被任命为医官，专为达赖喇嘛服务。广大农奴生活极端贫困，他们连维持最低的生活都很困难，哪还有钱物求医问药"。③ 据任乃强的调查："番中亦有医，其法甚单纯，而不尽合理"，药"不过十余品，遗弃珍药甚多"；"大多数之疾病，不求医而求喇嘛。喇嘛闻病状，先行占卜，判为某鬼作祟，须念经若干始有禳解。病家以财物贿请喇嘛念之"。④

面对这种状况，为敦勉西藏地方进行医疗卫生改革，张荫棠对西藏的人口

---

① ［英］埃德蒙·坎德勒著，尹建新、苏平译：《拉萨真面目》，西藏人民出版社1996年版，第189－204页。

② 至民国时期，这些方面改变不大。据民国十八年（1929）任乃强的调查：男妇终身不洗脸，故无脸盆。偶有盥者，用茶杯盛水，以指蘸而揩之，俾面皮沾水而止。汗垢之属，堆积过后，得水粘润，则以指力搓去其一部。妇人为保其面部光润，常以蜂蜜或碗儿糖涂于两颧及额间；除涂甚光亮，隔日而晦。灰尘粘附后，乃黑如漆。以上内容见任乃强著，西藏社会科学院整理《西康图经》，西藏古籍出版社2000年版，第346页。

③ 多杰才旦：《西藏封建农奴制社会形态》，中国藏学出版社2005年版，第698页。

④ 任乃强著，西藏社会科学院整理：《西康图经》，西藏古籍出版社2000年版，第346页。

状况做了一番推算:"乾隆间,全藏丁口百七十万。以西国生理学公例推之,三十年丁口当增一倍,藏民应有一千万之数。现据商上册报,只存一百万,百余年间丁口反减七十万。由此类推,再阅三百年,唐古特人种将如美洲红夷,仅供博物院玩具,至可悯也。"尽管这是为了使西藏地方认识到百年间当地人口负增长问题的严重性,但张荫棠的推算不免过于夸张。不过从另一个角度来看,他以此劝导西藏地方树立医疗卫生改革意识的用意是值得肯定的。在进一步的分析中,张荫棠将西藏人口不增反减的原因归结为两点:一是"全藏喇嘛十居其七,例禁嫁娶,生齿因以不繁";二是"惟卫生一节,民命攸关。藏人素不明医药洁净卫生之理,不知种痘育婴之法,是以疵疠疾病短折者众,生齿日绌,亦由于此"。① 总之,张荫棠主张必须进行医疗改革,以改善落后的医疗卫生条件,从而增加人口。

针对环境卫生、个人卫生及医疗卫生状况,张荫棠向西藏地方征询改革方案时指出:

> 洁净为卫生之要义,身体头发宜常洗浴,居室宜多开窗户,饮水宜求清洁,屋旁宜留空地,多种树木,以吸空气。楼下不宜畜养牛马,粪溺郁蒸,有碍卫生。治病宜精究医药。以上诸事,藏人皆素未讲究。应如何设卫生局医院,以保护民命。②

西藏地方答复:

> 洁净洗浴,即当遵行。至医药,向来商上在当差内派有喇嘛医生二名,且贾热札仓系医道精晓者。现只有喇嘛五十余人,总须便于医治病人,惟有竭力保护民命。③

可见,张荫棠所提卫生改革内容,与清末新政中卫生改革的基本精神是一致的。清末新政中提倡推行诸如"清积秽以肃观瞻,免发毒染""挑清粪溺,祛除病毒,以免传染""引导山泉,以饮以濯,免井水苦咸杂质之弊"等卫生

---

① 张荫棠:《奏复西藏情形并善后事宜折》,见吴丰培编辑《清代藏事奏牍·张荫棠驻藏奏稿》,中国藏学出版社1994年版,第1400页。
② 张荫棠:《传谕藏众善后问题二十四条》,见吴丰培编辑《清代藏事奏牍·张荫棠驻藏奏稿》,中国藏学出版社1994年版,第1336–1337页。
③ 张荫棠:《传谕藏众善后问题二十四条·附录藏众答词》,见吴丰培编辑《清代藏事奏牍·张荫棠驻藏奏稿》,中国藏学出版社1994年版,第1341页。

改革措施,是张荫棠在藏倡导推行卫生改革的直接依据。为提倡卫生新风,除多次教育引导民众外,张荫棠还在《藏俗改良》中专列三条,以进一步劝导。一是"身体每日宜洗浴,头发宜常梳洗,衫裤勿使污秽";二是"楼下不宜养牛马、堆积粪溺,有碍卫生。屋内宜多开玻璃窗,户宅傍多种树木。河水亦澄洁,乃可供饮。秽水有毒,宜多开井";三是"人死宜用棺木,或用氆氇扎束,掘地七八尺,埋荒野。勿用天葬,以喂鹰狗。勿用水葬,以喂鱼。因秽气四扬,水染户毒,于他人卫生有碍,不得已或用火葬较可"。① 可见,张荫棠是以清末卫生改革为导向,劝导卫生新风的,这对西藏地方革除长期以来的不良卫生习惯具有积极意义。

在疾病预防方面,张荫棠对预防西藏地方流行性传染病"痘疾"(天花)重视有加。民国时期,任乃强经过调查指出,青藏高原的"痘疾"有"黑痘、白痘二种。黑痘尤危险。番人积千百年经验,知其为传染恶病;对于发天花者,例向深山岩穴中置之。听其死去,至亲密友,莫敢探视。如一家染病,则全村避之。一村有病,阖部避之。番人认痘疮为恶鬼作祟"②。乾隆五十九年(1794),面对"痘疾"肆虐,驻藏大臣和琳专门采取措施防治疫情,据他为"整饬西藏风俗碑"撰写的碑文记载:

> 夫痘疹之症,乃先天余毒,人所不免,苟治养得宜,断无不生之理。乃唐古忒遇有出痘之人,视恶疮毒痛为尤甚,即遂至旷野岩洞,虽亲如父子、兄弟、夫妇,亦不暇顾,竟至百无一生者,深堪悯恻。予以藏北浪荡沟之处,捐资修平房若干间,俾出痘番民得以栖止,捐给口粮,派拨汉番弁兵经理调养,全活者十有其九。僧俗当已知痘症非必不可治之患,严谕前后藏,劝令达赖喇嘛、班禅捐给口粮,作为定例。③

和琳采取措施救治"痘疾"患者,减轻了民间疾苦,但在当时的医疗条件下,当地的"痘疾"无法根除。张荫棠针对西藏地方"不知种痘育婴之法",以致"疵疬疾病短折者众,生齿日绌"的状况,着力将内地的"种痘术"引入西藏,以解民间疾苦。他就推行"小孩周岁必须种牛痘",首先劝导西藏地方:

---

① 张荫棠:《藏俗改良》,见吴丰培编辑《清代藏事奏牍·张荫棠驻藏奏稿》,中国藏学出版社1994年版,第1355-1356页。

② 任乃强著,西藏社会科学院整理:《西康图经》,西藏古籍出版社2000年版,第344页。

③ 〔清〕松筠:《卫藏通志》卷十四《抚恤》,见吴丰培整理《〈西藏志〉〈卫藏通志〉合刊》,西藏人民出版社1982年版,第496页。

> 小孩周岁必须种牛痘，将胎毒发出。其毒既轻，则后日出痘亦不为害。中国从前不知种痘之法，小孩之死于痘毒者极多。近五十年处处通行种痘，小孩易于养育。外国人不论男女老少，每年种痘一次，并无苦痛而获康宁。①

张荫棠在西藏具体推行"种牛痘"的同时，盘踞江孜的英印侵略分子也企图借此向西藏渗透。由是张荫棠所派江孜商务委员高恩洪为抵制英方在当地"派医种痘"，与英方驻江孜商务委员发生了矛盾。张荫棠就此指示高恩洪，"即由我派医前往赴噶拉一带劝民施种，医资由我发给"②，坚决抵制英印当局的渗透阴谋。总之，在痘疾肆虐，而民间不懂"种牛痘"预防的情势下，张荫棠积极"劝民种痘"，对解除百姓疾苦起到了积极作用。

在清末的中央行政机构改革中，相当于中央卫生机构的"卫生科"是1905年设立的巡警部的附属机构，因此，根据清政府中央官制设置原则，张荫棠在西藏设立"九局"时也只能将卫生局作为巡警局的附设机构，但强调"卫生局，专管医院卫生之事"。1906年，清廷设民政部，此前的巡警部改为巡警司，同时，原巡警部下属的卫生科改为民政部卫生司。根据中央政府的这一调整，后来张荫棠在其改革大纲"十六条"中，专列"卫生局宜设也"一条，对医疗卫生改革做了进一步的具体规划：

> 亟应设卫生总局，附设施医院，派北洋医学堂毕业生数人，赠施医药；并设医学堂，招聪颖藏童数十人，教以西医诸法，五年毕业，学成俾往各属地治病谋生，以广传授。③

综上，张荫棠以清末全国新政中所提倡的卫生新风为导向，规划的西藏卫生事业改革的内容包括：注重个人卫生、清洁环境卫生，以及以设卫生局，进而设施医院，并设医学堂培养医疗人才等为核心的医疗卫生条件改革。其改革总体思路是将当时的卫生新风引入西藏，改善藏族百姓的人居环境，保障生命健康。其中，前两者西藏地方虽表示"即当遵行"，但并未达到预期的效果，

---

① 张荫棠：《训俗浅言》，见吴丰培编辑《清代藏事奏牍·张荫棠驻藏奏稿》，中国藏学出版社1994年版，第1357页。
② 张荫棠：《致江孜委员函论英员派医种痘》，见吴丰培编辑《清代藏事奏牍·张荫棠驻藏奏稿》，中国藏学出版社1994年版，第1322页。
③ 张荫棠：《奏复西藏情形并善后事宜折》，见吴丰培编辑《清代藏事奏牍·张荫棠驻藏奏稿》，中国藏学出版社1994年版，第1400页。

其原因在于此两项改革与藏族风俗传统有一定的冲突，而劝导风俗改良一般是很难立竿见影的。尽管如此，张荫棠劝导卫生新风仍不失其积极意义。医疗卫生改革则有一定收效。联豫在张荫棠的规划基础上，在拉萨创设了施医馆一所，"以济贫乏之无力医药者"。据联豫奏称，施医馆以其随员陈启昌"董其事"，谢文藻司医治，洪声华副之。药品以官商捐资，"托购粤省丸散，以济药料之不足"。施医馆向所有人开放，"无论其为汉为藏，为富为贫，凡求治者，必竭力以调摄之"。为免病人奔走之劳，联豫专为施医馆"修葺十余室，洁之明之，备病者居止"。施医馆自开馆始，"日凡数十人，痊愈者居大半"。①张荫棠、联豫作为西藏近代医疗卫生改革的先行者，他们创设西藏施医馆等，无疑是西藏人民的福音。

第三节　劝导"藏俗改良"

张荫棠改革藏事期间撰译了《训俗浅言》《藏俗改良》两本小册子，劝导藏俗改良。20世纪80年代以来，学界对此展开了热烈讨论，形成了截然相反的两种有代表性的观点。一种是否定的观点，认为这两本小册子流露出汉族官僚对藏族文化的偏见和歧视，试图以儒家伦理取代西藏传统伦理，推行大民族主义思想，强令藏族人民改变传统的风俗习惯、语言文字、生活方式、道德规范、宗教生活等，违背了西藏地方的客观实际和各阶层人民的心愿。另一种是肯定的观点，认为张荫棠是以儒家文化为本位的大民族主义者，并非狭隘的大汉族主义者，藏俗改良有利于西藏社会的进步和风俗的改良，体现出维新改良的思想，具有爱国主义性质。② 本节就此问题进行具体讨论。

一般认为，民俗是一个国家、民族或地区的民众在生产生活过程中所创造、共享、传承的民间生活文化。钟敬文认为，"民俗一旦形成，就成为规范人们的行为、语言和心理的一种基本力量"③。西藏传统民俗文化的形成与发展经历了一个漫长的历史过程，深深地受到独特的高原地理环境、浓郁的宗教文化、政教合一的政治经济制度等诸多地理、人文、社会因素的影响与制约，

---

① 〔清〕联豫：《西藏施医馆记》，见吴丰培整理《联豫驻藏奏稿》，西藏人民出版社1979年版，第195页。

② 详细论述见绪论。

③ 钟敬文主编：《民俗学概论》，上海文艺出版社1998年版，第1页。

呈现出独具风格的民族特色和地域特性。在中国统一多民族国家的历史演进中，西藏地方与内地在政治、经济、文化等方面广泛交流，其民俗文化深受内地风俗文化的浸润，饱含内地文化的因子；同时，西藏民俗文化丰富了内地风俗文化。总之，历史上西藏地方与内地风俗文化的交融互动，共同铸就了中国传统风俗文化。

晚清以降，在"西俗东渐"影响下，中国传统风俗文化中的一些糟粕不断受到冲击。至清末，经历维新变法思想的洗礼，中国社会风俗处于准备冲破封建意识形态的长期禁锢，构建20世纪初社会新风俗文化的重要时期，尤其是清末新政的深入助推了传统风俗文化的变迁。然而，同时期西藏文化却停滞不前，"近乎于死水一潭"。中国传统风俗文化顺应时代潮流的整体变迁，为引导西藏风俗文化走出"困境"提供了机遇。张荫棠劝导"藏俗改良"正是在此背景下进行的。

一、"藏俗改良"思想的形成

张荫棠藏俗改良的思想是在酝酿藏事改革的整体方案时逐渐形成的。1905年，《东方杂志》的一篇时论就社会风俗改良与其他各项改革的关系指出："我国近十年来，举国上下，竞言变法，揭其纲目，不外政俗二端，揣其要旨，则曰改良。上之所操者政，下之所习者俗。变政而不变俗，则政无由施；变俗而不变政，则俗无由化。"① 可见，清末全国新政期间，人们对改良社会风俗逐渐有了深刻的认识。

严重封闭、排他的社会氛围对改革制造了重重阻力，因此，张荫棠在规划全面藏事改革时，逐渐认识到须改良藏俗，借此为其他各项改革开辟道路。他就规划改良藏俗指出："冀荡涤藏众龌龊窳惰之积习，而振其日新自强之气。"② 在此深刻认识下，在与西藏地方磋商改革方案时，张荫棠就特别注意教育引导西藏地方上层树立社会风俗改良意识，借此为专门的藏俗改良做准备。在"二十四条"中，他就涉及民俗的"一妇宜配一夫""洁净为卫生之要义，身体头发宜常洗浴""屋旁宜留空地，多种树木""楼下不宜蓄养牛马""鳏寡孤独残废老弱之人，应如何设院收养"等，一一征询西藏地方上层的意见。其中，他针对藏传佛教的一些弊端指出：

---

① 苏晋：《论改良政俗自上自下之难易》，见《东方杂志》1905年第2卷第7期。
② 张荫棠：《使藏纪事·自序》，见张羽新主编《唐宋元明清藏事史料汇编》（第32册），学苑出版社2009年版，第188页。

> 西藏本系佛地，藏民人人为喇嘛，各寺不宜限定数额，必广为剃度，方合佛教普度众生之旨。或虑喇嘛多则生齿寡，不知佛教真诠，原不禁人娶妻生子食肉。其不愿娶妻者，别为苦行喇嘛，其愿娶妻者听。喇嘛仍可充农工商兵诸业，唪经只在密室中，子时功课，盖佛教三昧。只重本心，不重形式也。昔日本原系教，自僧空海离鸾发明本愿真诠，遂成富强之业。应如何厘订章程，其详对以备采择。①

总之，张荫棠在构思藏事改革的整体规划时，就已经开始酝酿藏俗改良，并且考虑到了藏族一些特殊的民俗，但当时尚未形成具体的方案。

在继续酝酿和思考期间，张荫棠遭弹劾一案发生。此案中，张荫棠是因为与藏俗改良密切相关的"有令喇嘛尽数还俗，改换洋装"之事而遭弹劾的。但据陈鹏辉的考证，这是一场有目的、有计划的诡谋，即张荫棠遭弹劾的"罪名"是"莫须有"的。② 此案的发生反映出藏俗改良将面临很大的阻力，然而张荫棠并没有就此却步，而是继续更加妥慎地酝酿改良方案。同时，为激发广大僧俗去旧从新、亟图自强的意识，张荫棠利用大公所会议的机会，亲自到场宣讲《天演论》，痛陈"物竞天择""优胜劣败"等"文明进化论"的新思想。

经过耐心劝勉，光绪三十三年（1907）三月，张荫棠收到了西藏地方递呈的"善后问题二十四条"的"答词"。从"藏众答词"看，西藏地方上层对包括藏俗改良在内的诸多具体改革，都不同程度地表示支持；但对上述涉及宗教的改革意见，西藏地方的答复是：

> 查西藏为佛教正宗根本所系之地，允宜纯一崇奉，宣衍真诠，实非敢违示谕。兹将缘由缕晰陈诉。若冀跻升佛域，首宜戒除密格十事，讲练格娃十规，系从登巴传流，继由黄教宗喀佛祖一再解释，无论何经，皆详述根源。释教最重要之事，不娶妻室，所有喇嘛娶妻等事，于佛教应用经规二百二十四件必难保守。且现在常加管束，各寺不准稍有越犯。今若饬示听其意愿娶妻，黄教定必衰败。此事委系万难办理。前已禀明，实非任意违背示谕，务恳宽恕。乞将黄教诸事维持振兴，藏民获安，边防静谧。一

---

① 张荫棠：《传谕藏众善后问题二十四条》，见吴丰培编辑《清代藏事奏牍·张荫棠驻藏奏稿》，中国藏学出版社1994年版，第1337页。

② 陈鹏辉：《张荫棠遭弹劾考释》，载《中国藏学》2012年第2期。

切仍恳照前垂念不遗，妥善筹办。①

尽管张荫棠本是针对"人人皆为喇嘛"造成的"生齿寡"、农牧工商各业不兴等弊端，劝导宗教"只重本心，不重仪式"，"（喇嘛）其不愿娶妻者，别为苦行喇嘛，其愿娶妻者听"等，希望以此解决西藏人口负增长问题，并增加社会劳动力；但鉴于西藏地方上层对此十分抵触，他在完善该方案时，对其中的一些方面不再坚持。

西藏地方递呈"藏众答词"的同时，对张荫棠创设"九局"等改革，禀复了"决计遵办"的意见。据此，张荫棠饬立"九局"，并会同联豫"先行选派藏官，分途次第筹办"。在"九局"等各项改革已经开启的情势下，劝导改良藏俗以为全面藏事改革打开局面就十分必要。而此时藏俗改良方案经与西藏地方多次筹议，也最终酝酿成熟。光绪三十三年三月，张荫棠"撰译《藏俗改良》《训俗浅言》两编，刊发民间"②。《藏俗改良》《训俗浅言》是两种重点解决社会伦理思想问题的通俗易懂的宣讲教育读本，其刊发标志着张荫棠劝导藏俗改良正式开始。

二、"藏俗改良"的核心内容

（一）《藏俗改良》

《藏俗改良》③全篇34条，共计2369字，主要内容涉及生活常识、忠孝、礼仪、诚信、信仰、工商、经济、军事、科学、卫生等方面。包括：劝导讲究个人、环境卫生，以及为改善医疗卫生条件做舆论宣传的第五、六、十九与第二十四条；劝导适龄儿童上学、成年男子尚武备战的第八、九、二十三与第二十五条；劝导种植、开矿、贸易、务工等的第十、十三、十四、十六、十七、二十二、二十八、二十九与第三十条；而专门劝导"民俗"的核心内容如下。

其一，劝导"一夫一妻"以及家庭伦理的内容：

---

① 张荫棠：《传谕藏众善后问题二十四条·附录藏众答词》，见吴丰培编辑《清代藏事奏牍·张荫棠驻藏奏稿》，中国藏学出版社1994年版，第1341页。

② 张荫棠：《奏复西藏情形并善后事宜折》，见吴丰培编辑《清代藏事奏牍·张荫棠驻藏奏稿》，中国藏学出版社1994年版，第1395页。

③ 张荫棠：《藏俗改良》，全文见吴丰培编辑《清代藏事奏牍·张荫棠驻藏奏稿》，中国藏学出版社1994年版，第1355-1358页。原文各条序号均为"一"，为了论述方便，此处在不打乱原文次序的前提下，加上序号。

第一条　一妇只配一夫，兄弟不得同娶一妇。

第二条　闺女寡妇，不得私通苟合。

第三条　兄妹姊弟叔嫂姆侄，不得同坑卧宿。

第四条　父母老病，为子妇者宜侍奉汤药饮食，以终其身。一息未绝，不得弃置别室。

第十条　男子出外谋生，充农工商乌拉，妇人在内管理家务，养育儿女。

第十二条　夫死，其妇宜留以侍养翁姑，抚养儿女，不宜改嫁。如系赤贫，无人倚靠者，亦应俟一年服满后，方可改嫁。故妇死，其夫亦一年后方再娶，以尽夫妇之义。

第二十六条　两兄弟同娶一妇，则生育子女必寡，因妇人必隔一年方能孕育一子女也。生齿日寡则国弱，必为外人所侵凌。各国均无此风俗，令人耻笑。

第二十七条　妇人配定一夫之后，必不可与人偷合，此最耻辱之事。且生子女受毒，不能养育。

受特殊的自然环境、社会经济以及历史文化等多重因素的影响，历史上西藏形成了独特的一妻多夫婚姻习俗。这种婚俗主要表现为：兄弟共妻、少数朋友共妻以及个别父子共妻。其中，以兄弟共妻最为普遍，兄弟共妻以两兄弟共妻最为常见，三兄弟共妻次之，也有少数四兄弟以上共妻的现象。据《西藏志》载："一家弟兄三四人，只娶一妻共之。如生子女，兄弟择而分之，其妇人能和三四弟兄同居者，人皆称美，以其能治家。"[①]"西藏的一妻多夫制家庭，除了在朗生（即奴隶——引者注）和牧工中没有以外，几乎在各个阶层中都有"，因此，一妻多夫占西藏婚姻形式的比重较大。[②] 人类历史上长期存在过的一夫多妻制和一妻多夫制是造成男女家庭地位不平等，进而社会地位不平等的婚姻制度。20世纪初，中国传统的一夫一妻多妾婚姻模式受到维新派的激烈抨击，康有为、梁启超等人明确主张一夫一妻制。张荫棠针对西藏独特的一妻多夫制，劝导一夫一妻，显然是受维新思想的影响。张荫棠也就一夫一妻对实现男女地位平等的作用，强调"一妇宜配一夫"，"则男女均平，举国

---

① 《西藏志·夫妇》，见吴丰培整理《〈西藏志〉〈卫藏通志〉合刊》，西藏人民出版社1982年版，第28页。

② 据20世纪50年代的调查，"旧西藏一妻多夫家庭占24%，一夫多妻家庭占5%"。见西藏自治区人民政府新闻办公室编印《西藏自治区妇女境况白皮书》，1995年，第5页。

无旷夫怨女矣"。① 他劝导一夫一妻虽收效不大，但为后世废除旧西藏一妻多夫、一夫多妻等婚姻陋俗奠定了一定的舆论基础。

其二，劝导改良服饰的主要内容：

第七条 衣服宜改短窄，以便做事。

戊戌变法期间，康有为专门上《请断发易服改元折》，指出在"万国竞争之世"，以"褒衣博带，长裙雅步"为特点的传统服饰，"诚非所宜矣"，劝谏光绪帝带头易服，"与民更始"；强调易服具有举国"光彻大新"，"于推行维新之政，犹顺风而披偃草也"的重要意义。② 维新派随后进一步指出，以袍服为主流的传统服饰"衣冠重累"，有不便于日常劳动及军队操练等诸多弊端；尤其是"章服之繁，为五大洲所未有。其致贫也以此，其致贪也亦以此"，因此强烈要求服饰"删繁就简，化奢为俭"。③

在维新派掀起的易服浪潮中，以肥腰、长袖、大襟等为基本特点的藏族传统服饰也在改良之列。因此，张荫棠本着"以便做事"的原则，劝导"衣服宜改短窄"，是顺应近代"易服"潮流的，这本无可厚非。然而，有泰、联豫等为攻击张荫棠，捏词诬告其"有令喇嘛尽数还俗，改换洋装之事"，致使张荫棠遭到清廷训诫；并且有泰、联豫捏造的诬告词载于《清德宗实录》及《有泰驻藏日记》，给后人造成了一定的误解，因此，有人以此指责张荫棠有"大汉族主义"。还原历史真相，对张荫棠劝导服饰改良的理解，应回归其"衣服宜改短窄，以便做事"的本意。

其三，劝导喇嘛参加生产的主要内容：

第十一条 喇嘛诵经功课，宜在早晨六钟，或在夜里九钟，白昼不必诵经。宜兼做农工商业，以生财，不可望人舍施。

张荫棠认为"藏民人人为喇嘛"，是导致社会劳动力缺乏，进而社会生产落后的重要原因，因此劝导喇嘛"兼做农工商业"，其初衷是为充实社会劳动

---

① 张荫棠：《传谕藏众善后问题二十四条》，见吴丰培编辑《清代藏事奏牍·张荫棠驻藏奏稿》，中国藏学出版社 1994 年版，第 1336 页。

② 康有为：《请断发易服折》，见杨家洛编《戊戌变法文献汇编》（第 2 册），台湾鼎文书局 1973 年版，第 263－264 页。

③ 《剪辨易服说》（原载《湖北学生界》1903 年第 3 期），见张枬、王忍之编《辛亥革命前十年间时论选集》（第一卷，上册），生活·读书·新知三联书店 1960 年版，第 472－475 页。

力，从而振兴农牧工商各业。

其四，劝导诚信、礼仪新风等的主要内容：

> 第十五条　欺人一句话，人终身不信尔。骗人一文钱，人每事提防尔。
>
> 第十八条　见客礼，宜以合掌为常见礼。凡屈躬吐舌竖指头之礼，贻笑各国，皆不可行。中国礼作揖请安，外国礼握手免冠，在各人因时择用亦可。
>
> 第二十条　男子不宜戴耳环，妇人不宜用儿茶涂脸，又饭碗等物不宜藏胸怀里，此皆各国所无，免失观瞻。

戊戌变法期间，维新派批判见面礼、称呼等礼仪旧俗渗透着封建伦理纲常，大力倡导以鞠躬取代跪拜，以"先生"取代"大人""老爷"等礼仪新风。至20世纪初，维新派倡导的礼仪新风更加成为一股时代潮流，受到社会普遍认同。正是在此背景下，张荫棠结合实际，劝导改良西藏传统礼仪。

西藏传统礼俗受宗教文化影响至深，一些日常礼俗常有特定的宗教含义。如"顶礼曲躬者系表身密；伸舌者系表口密"①。因此，尽管张荫棠指出"屈躬吐舌竖指头之礼"，"贻笑各国"，但仍有论者就此批评其不尊重宗教文化。对此的理解有两点是应该注意的，一是西藏虽然宗教文化盛行，但毕竟仍存在世俗文化；二是张荫棠并没有专门针对僧尼劝导改良此一习俗。

此外，张荫棠曾出使多国，已见识过西方的握手之礼，抑或也已意识到握手礼不久会取代传统的作揖礼，为何还要劝导藏人行作揖之礼，对此，我们应该看到，一方面，劝导藏俗改良总体上是以时代新风为导向，旨在构建西藏与内地一体化的风俗新风，以文化认同促进国家认同。当时握手礼虽有使用，但作揖礼影响更大，劝导作揖显然是从有利于国家认同出发的。另一方面，握手礼是西方式见面礼，当时尚未被国人普遍习用，在劝导西藏地方坚决抵制西方侵略的同时，仅劝导握手就有可能被误解为崇洋媚外，而引起反感。因此，张荫棠在作揖之礼与握手之礼二者之间，劝导"在各人因时择用亦可"。此外，从文化多样性的角度看，其所劝导的"男子不宜戴耳环"在今天看来确显苛刻，但其思想局限也是时代的局限，亦不必苛责。

其五，劝导"国家认同"的内容：

---

① 妙舟法师：《蒙藏佛教史》，江苏广陵古籍刻印社1993年版，第4页。

第二十一条 西藏系大皇帝土地，达赖系大皇帝敕封，唐古特系大皇帝百姓，依托大清国庇荫，故能安居乐业，黄教昌盛。切勿受人愚骗，劝尔独立为自主之国，归英俄保护等语。昔法兰西劝越南王自立，而灭越南；英国劝缅甸王自立，而灭缅甸；日本劝高丽王自立，而灭高丽。外国当用此法，以灭人国，最易误入其牢笼。未灭之先，必诿辞歆动之，诡称他系独立自主之国，我认保护，数年即灭之，而主国不能干预矣。其灭哲孟雄亦用此法。伊近谓布鲁克巴，宜及早分清界限，竖明界石，以免越占。西藏今日边防吃紧处，由春丕以直卷后藏、阿里一带，最为危险，敌人虎视眈眈者在此处。

在西藏地方对清朝中央政府产生不满的时刻，劝导树立国家认同无疑具有特殊的重要意义。

其六，劝导提倡科学的内容：

第三十一条 西藏宜遵用大清正朔钦颁黄历书，每年宜用藏文译出，颁发民间通用。

第三十二条 敬鬼神而远之，不可谄渎祈祷。天道不外福善祸淫，作善降祥，作不善降殃，非延僧诵经祈祷所能为力。妇女小儿之畏鬼神者，皆由无见识妄生恐怖。切不可迷信降福，卜卦符咒，皆虚渺无凭骗人之事。

第三十三条 月蚀、日蚀、电雷、雪雹、风雨、孛彗、山崩、地震，皆天地运行自然之理。现经中西天文家推算明确，数年前能预知其时刻，丝毫不差，并非灾异之事，乃经纬度一定之理，且不可听神怪之煽惑。藏人祭蚂蝗、狐妖、山水、树石等神，家家悬竿幡，最为可笑，其愚实甚。

第三十四条 风方吉凶，时日拘忌，皆虚渺不可信。某地某山有矿即开，有树即斩，断无风水之说，又无雪山灵异圣迹之事。

除以上劝导提倡科学的内容，张荫棠还在"兴学"规划中明确提出要为学堂购置地图及测量仪、天文望远镜、显微镜等科学仪器，计划将近代科学知识纳入学堂教育，以让近代科学知识在西藏更广泛地传播；他也计划选派学生到内地深造及赴国外留学，学习"农、工、商、矿、路、机器制造、声、光、电、化、医之学"等，借此为西藏经济社会发展培养掌握专门科学知识的人才。尽管劝导提倡科学收效不大，但毕竟为西藏送去了一股科学之风，对破除迷信，启发民智等具有积极意义。

张荫棠以在藏亲身感受和亲眼看见的事实，对当时的"龌龊窳惰之积习"有深刻认识。他认为长期延续的一妻多夫制已不合时宜；不讲究个人卫生、很少洗澡、妇女以儿茶涂脸、不注重公共卫生、见面竖指吐舌、饭碗等物藏于胸怀等是为陋习；喇嘛不从事生产，造成劳动力缺失，致使种植、开矿、贸易、务工等各业不兴；惑于鬼神风水之说，不准开矿，是因为科学常识匮乏；等等。所以，他在《藏俗改良》中 7 次用"不可"，4 次用"且不可"，8 次用"不得"，7 次用"不宜"，具体指出"龌龊窳惰之积习"；同时，12 次用"可"，26 次用"宜"，指明具体的改良方向。总之，"藏俗改良"的改革内容大都体现出 20 世纪初中国社会风俗的时代潮流，着眼于促进西藏社会文明进步和经济社会发展。

张荫棠对藏俗改良所涉及的面非常广，并没有回避诸如一妻多夫制、天葬以及竖指吐舌等容易引起文化抗拒、排斥的显眼的旧习俗。后人"见仁见智"，其中多以"保持藏族特色文化"为由，认为劝导改良抹杀了藏族文化特色。以藏族传统的价值体系与标准来衡量，一妻多夫制、天葬和竖指吐舌等，本无可厚非；然而，这世上没有一成不变的风俗文化，任何民族文化都处于有意识或无意识的动态变迁中，西藏文化亦是如此。比如，西藏的葬俗就不是一成不变的。藏族最早的葬俗是"野葬"，后来土葬取代"野葬"成为主流。余仕麟认为，"野葬习俗被土葬代替是藏族社会进步的必然"①。佛教传入西藏后，在多种因素的综合影响下，天葬逐步盛行。除天葬外，西藏的葬俗还有水葬、土葬、野葬、崖葬、火葬、塔葬等。张荫棠从近代"卫生"观念出发，指出天葬、水葬，"因秽气四扬，水染户毒，于他人卫生有碍"，从而劝导改为土葬或火葬。总之，不应简单地认为一妻多夫、天葬和竖指吐舌，是一成不变的"民族传统"，这些风俗文化是在西藏历史发展中形成的，西藏文明的继续向前发展，必然催促着自己的风俗文化随时代进步而变迁。在 20 世纪初进化论盛行之际，深受维新变法思想影响的张荫棠，是从文明进步的角度劝导一夫一妻制、土葬、握手等的。

（二）《训俗浅言》

《训俗浅言》② 开宗明义地指出："西藏人皆是大清国百姓，当遵奉大皇帝政教，忠心事主，心如铁石，至死不变。大清皇帝为黄教之主国，教之紧要有

---

① 余仕麟：《藏族传统社会天葬习俗的缘由辨析》，载《西南民族大学学报》2010 年第 12 期。
② 张荫棠：《训俗浅言》，全文见吴丰培编辑《清代藏事奏牍·张荫棠驻藏奏稿》，中国藏学出版社 1994 年版，第 1353 – 1355 页。

数件，今为尔等申明之。"紧接着，将"教之紧要有数件"之"教"分为以"三纲五常之正理"为核心的"中国古学"和以"爱国合群尚公尚武之新义"为核心的"中国新学"两大部分。"中国古学"的主要内容如下：

父子有亲。父爱其子，子爱其父，互相亲爱。子受父母鞠育教诲之恩，当终身孝养其父母。勿以货财私妻子，不顾父母衣食之养。

君臣有义。君待臣以礼，臣事君以忠，各尽其义。君有过则臣当谏，勿阿谀取容。做官者以爱民为本，勿苟图富贵而刻剥百姓。

夫妇有别。夫在外谋生计，妇在内理家事，各有分别。男女同姓，不得为婚。兄弟不得同娶一妇。男子成丁，与姊妹姑嫂不得同床而睡。

长幼有序。长兄行在前，幼弟行在后，各循次序。兄勿欺凌其弟，弟当推让其兄，勿因分家产而相争。

朋友有信。与朋友说话做事，勿相欺诈，当有信实。信约在前，后勿反复。一言一行不信实，嗣后人不信汝。

博学。士农工商，各有学问，件件都要考究。凡天文、地理、机器、工艺、商业、农业、算学、兵刑、钱谷、水利、矿务、一切经典史书，皆要学习。至于声、光、电、化、医诸学，皆有益于民生日用，并宜设学堂，分门肄习。

审问。凡事有不晓者，必要详细问人，不问则终身不晓。问人不是耻辱，终身不晓才是耻辱。虚心请教，人必乐告。

慎思。凡日中耳闻目见各事物，其中皆有道理，必以我心细细思想，推溯其来因，审察其现象，揣测其结果，则我心中于是非得失自然了亮。思察道理要以我心为主，勿囿于习俗之偏，勿为古人所愚。

明辨①。一人之见识有限，或执自己之私见以争论，往往错误疏忽。必与有学问、有阅历之朋友同堂辩论，将道理事势辩得明明白白，自无似是而非之弊。

笃行。读经读史原为明理晓事，增长见识。但我所做之事，必要凭着天理做去，真实无妄。切勿口诵圣贤，行同禽兽。

智。智者知人，凡人之善恶、事之是非，皆知之明。由于平日读书明理，临时有阅历，细心推究，此心公平无私，故见理自明。

仁。仁者爱人，施舍衣食，以活穷民。教人读书，使明道理。己所不欲，勿以施诸人，即佛法之慈悲，普救众生。

---

① 《清代藏事奏牍·张荫棠驻藏奏稿》作"明办"，《使藏纪事》作"明辨"。此处取后者。

勇。见忠义之事，奋勇做去，决不畏缩，是谓勇于为义。见非礼之事勿动，临非义之财物勿取，是谓勇于知非。即使从前做过非礼之事，取过非义之财，今能痛自改悔，决不再蹈前非，是谓勇于改过。譬如打仗，临阵独当前敌，收队独居人后，是谓勇于公战。佛入地狱，以救众生，亦只是个勇字。

孝。尽爱尽敬，以孝养其父母，务使父母丰衣美食安居，心身畅乐。自己品行不端，陷于罪戾或是刑罚，即是羞辱了父母。

悌。兄弟由父母一体而来，故推爱父母之心以爱兄弟。自幼时同卧起同饮食，不可因妻子货财而伤和气。

忠。待人做事皆要尽吾心之所安。如做官者忠心爱国爱民，不贪财不怕死。

信。做事不欺人，出言不诳语。

礼。待人谦虚恭敬，言动无粗暴，揖让必循礼。

义。义所应为之事，勇往去做，不顾身家性命。忠臣义士死后登天堂，证佛果。

廉。俭以养廉，不受昧心之财。做官者昧良心贪利，不过为子孙积资财，作马牛，自己却落得臭名万载，何苦来？万一败露，首领不保，即不败露，死后作骡马猪狗还债，殊为不值。

耻。凡卑污苟贱不可对人言之事，皆当耻而勿为。人苟无耻，是为下流，清夜自思，面赤背汗。

"中国古学"以儒家伦理思想为纲，但并非一成不变地将其照搬，而是赋予了与时代进步相吻合的新内容，并注重与西藏实际情况相结合，通俗易懂。"中国古学"体现出以下特点：第一，跳出儒家传统伦理观的局限性阐释人伦关系；第二，甩开儒家伦理中的阶级意义代以根本的普遍意义；① 第三，以儒家"追求精神"劝导发展农、牧、工、商各业；第四，紧密联系宗教以劝导"忠义""正义""善行"等。

"中国新学"的主要内容有四大方面，除前文论及的"实业"与"尚武"，

---

① 张岱年认为，儒家所讲的仁、义、礼、智、信都有一定的阶级意义，但也有根本的普遍意义。仁的根本意义是承认别人与自己是同类，在通常情况下对于别人应有同情心；义的根本意义是尊重公共利益，不侵犯别人的利益；礼的根本意义是人与人的相互交往应遵守一定的规矩；智的根本意义是肯定"是非善恶"的区别；信的根本意义是对别人应遵守诺言。他同时指出，在阶级社会，仁义礼智信的普遍原则不可能贯彻执行，但是必须在一定程度上、一定范围内有所遵行。见张岱年《中国伦理思想研究》，江苏教育出版社 2009 年版，第 125 页。

还有"合群、"公益"两方面。

> 合群。人心散涣,各顾私利,外敌即从而欺凌。从前印度等藩王争权,各教会争利,同堂互斗,英人乘之,卒灭其国。后世子孙为人奴隶,两败俱伤,究属何益。今前后藏无论汉番官商军民人等,总宜万众一心,互相联络,以充内力,外敌自无由侵入。凡读书做官者,宜设学堂及学会。为农工商者,宜设农工商各会及大公司。互相研究,互相提携,以厚集势力。凡设会,会友愈多愈妙。

> 公益。各人宜顾公益,勿专顾私利。凡事于大众有益者,方真是利,若仅利于己而不利于人者,不足为利。我今要与地球上万国争利,须要放开眼孔,看得远大些,勿徒与同室争利。

关于"中国新学",1902年至1906年,梁启超陆续发表了《新民说》系列文章,为锻造中国之"新民"大声疾呼,其中包括《论合群》《论义务思想》《论尚武》《论生利分利》等篇。① 1905年,张之洞在《劝学篇》中提出:"四书五经、中国史书、政书、地图为旧学,西政、西艺、西史为新学,旧学为体,西学为用,不使偏废。"② 此二人提倡的"新学",尤其是梁启超的《新民说》在当时一石激起千层浪,对许多人的固有观念带来了巨大的冲击。张荫棠劝导的"中国新学",明显受到梁启超、张之洞的影响,尤其是"合群""尚武"明显系直接受梁启超的影响。总之,张荫棠劝导的以"合群""公益""尚武""实业"为核心的"中国新学",是顺应当时社会思潮发展趋势的,对提振西藏僧俗百姓的精神具有重要意义。

总体而言,在作为边疆民族地区且反侵略形势严峻的西藏,张荫棠劝导"中国新学"不只具有锻造"新民"的一般性意义,更具有一些特殊意义。其一,劝导"合群"。旨在整合人心,以一致对外抵御侵略。在外国侵略势力挑拨离间,致使汉藏隔阂,前后藏不睦,十三世达赖喇嘛与九世班禅关系失和的情势下,张荫棠多次劝谕前后藏当念唇齿相依,同种同教,"不宜各分畛域","不应同室操戈",不应"互相猜忌,互相倾陷",以免"堕敌之狡计之中";同时他强调"西藏百姓与中国血脉一线,如同胞兄弟一样",劝谕"破除汉番畛域"。他在专门劝导"合群"时指出:"前后藏番汉官商军民万众一心,以充内力,抵御侵略。"显然,劝导"合群"是从抵御侵略的大局出发,要求西

---

① 《梁启超全集》,北京出版社1999年版,第655–735页。
② 〔清〕张之洞:《劝学篇·设学三》,上海书店出版社2002年版,第41页。

藏地方内部矛盾服从侵略与反侵略这一主要矛盾，在引导西藏地方一致抵御侵略中"固结人心"。其二，劝导"公益"。旨在引导在西藏僧俗百姓树立大是大非意识，"勿徒与同室争利"，以营造风清气正的良好社会风气。其三，劝导"尚武"。旨在激发西藏地方加紧备战御敌的意识，同时也是为编练新军做募兵思想动员。其四，劝导"实业"。旨在引导西藏僧俗百姓重视发展社会经济，"以充内力"，为其他各项改革及抵御侵略夯实基础。总之，《训俗浅言》的改革内容结合西藏实际，不仅对"中国古学"加以创新，而且有维新改良思想所广泛倡导的"中国新学"，对促进西藏传统伦理道德具有积极意义。

三、"藏俗改良"的影响

《藏俗改良》《训俗浅言》的改革内容，是张荫棠藏事改革的重要组成部分，与其他改革相辅相成。在其改革大纲"十六条"中，张荫棠指出："先设善后问题二十四条，交商上筹议……随饬立九局，译撰草章，分途次第筹办，又撰译《藏俗改良》《训俗浅言》两编，刊发民间。"这表明"藏俗改良"与"饬立九局"在其全面藏事改革中的地位是同等的。接着，张荫棠强调："为今之计，自以破除汉番畛域，固结人心为第一要义，以收回政权、兴学、练兵为入手办法。"①"固结人心"与其在《训俗浅言》中对"合群"的解释是一致的，这表明张荫棠对藏俗改良寄予了"固结人心"的厚望。在为自著的《使藏纪事》所作的序中，张荫棠写道："（与藏众）筹商救亡之策，为手订九局办事简章，撰译《藏俗改良》《训俗浅言》两编，刊发民间。"②此处同样将"藏俗改良"与"饬立九局"等量齐观。刊发《藏俗改良》《训俗浅言》的时间与"九局"开始实施的时间，都是光绪三十三年三月，前后相差不久，可以说是齐头并举的。由上可见，张荫棠藏俗改良与其政治、经济、军事、文教等的改革是相辅相成的，是其藏事改革全局中的重要一环。

《藏俗改良》《训俗浅言》的改革内容深刻触及社会意识的变革，体现出三层内涵：一是对旧的、过时了的、保守的思想观念的辩证否定；二是促进僵化的、落后的思维方式适时地转变；三是蕴含着思想先导的力量，具有引领和推动改革实践的作用。同时，《藏俗改良》《训俗浅言》的改革内容，体现出西藏文化与内地文化融合、传统文化与时代新风尚融合、宗教文化与世俗文化

---

① 张荫棠：《奏复西藏情形并善后事宜折》，见吴丰培编辑《清代藏事奏牍·张荫棠驻藏奏稿》，中国藏学出版社1994年版，第1395页。

② 张荫棠：《使藏纪事·自序》，见张羽新主编《唐宋元明清藏事史料汇编》（第32册），学苑出版社2009年版，第188页。

融合、中国文化与西方文化融合等特点，紧贴20世纪初中国社会风俗进步的脉搏，而并非简单地把汉族传统文化移植到西藏。因此，张荫棠劝导的藏俗改良并不是要抹杀西藏文化，不应简单地认为是"大汉族主义""大民族主义"。

尽管西藏地方对藏俗改良的一些方面有不同意见，但总体上藏俗改良是在充分尊重西藏广大僧俗百姓意愿的前提下进行的。一方面，《藏俗改良》《训俗浅言》的改革内容是在与西藏地方上层多次磋商的基础上形成的；另一方面，藏俗改良是以"劝导"的方式推行的。需要指出的是，后人常以《清德宗实录》"光绪三十三年正月己亥"条（卷五九六）所载张荫棠"有令喇嘛尽数还俗，改换洋装"为据，展开讨论。《清实录》史料价值高、影响大，人们通常不会对其记载产生质疑。笔者在第六章就此则史料做专门探讨后认为，这并非历史真相。然而，以往人们常受此则史料误导，认为藏俗改良的方式是"强令"，也对张荫棠有一些指责。回归历史真相，藏俗改良是以"劝导"而并非"强令"的方式推行的，这两者的性质是截然不同的。① 此外，从张荫棠藏事改革的为政风格看，无不体现出他对包括藏俗改良在内的各项改革"妥慎通筹""悉心经画""眷眷在怀"的良苦用心，即使遭受弹劾，其本人也没有因此懈怠。最难能可贵的是，在得知自己即将被调离西藏后，他还仍在做最后的努力，一面叮嘱联豫继续推行藏俗改良，一面劝谕西藏地方上层抓紧落实。在张荫棠给清廷的奏牍中，都是以"冀""开导""晓谕"等字眼，表达对藏俗改良的寄望；而在给西藏地方的诸多公文中，均是以"劝勉""尤望"等用词，督饬西藏地方抓紧落实。总之，《藏俗改良》《训俗浅言》的改革内容，是在充分采纳西藏地方意见的基础上酝酿而成的；藏俗改良的推行更是在充分尊重西藏广大僧俗百姓意愿的前提下，以"劝导"的方式进行的。

张荫棠总结了他在藏时藏俗改良的落实情况："又撰译《藏俗改良》《训俗浅言》两编，刊发民间，将藏俗污点切实晓谕。改良徐遵以孔孟三纲五常之正理，爱国合群尚公尚武之新义，颇知警悟。"② 这表明当时藏俗改良取得了使藏族僧俗百姓"颇知警悟"的良好效果。但遗憾的是，藏俗改良开始两个多月后，张荫棠因奉旨赴印与英方谈判《中英藏印通商章程》离开了西藏，未能继续亲自主持推行。张荫棠离藏后，藏俗改良的具体落实情况因史料缺失尚无法尽知，但从以下几方面可粗知大略。

---

① 参见陈鹏辉《论张荫棠藏事改革中"藏俗改良"》一文，载周伟洲主编《西北民族论丛（第十辑）》，中国社会科学出版社2014年版，第213—214页。

② 张荫棠：《奏复西藏情形并善后事宜折》，见吴丰培编辑《清代藏事奏牍·张荫棠驻藏奏稿》，中国藏学出版社1994年版，第1395页。

第一,作为改革的发起者,张荫棠本人对其尚在拉萨时的落实效果是不满意的,其离藏后藏俗改良之举步维艰可想而知。离藏之前,张荫棠在"晓谕全藏僧俗官民筹办要政亟图自强"时指出:"刊发《藏俗改良》《训俗浅言》两书,民间虽颇踊跃传抄,未审真能实力奉行,以图进化否。"同时,他对包括设立九局在内的各项改革措施落实不力自责道:"此皆本大臣督饬无方,以致办理数月,茫无成效,清夜自思,实无以对尔藏民者也。"最后叮嘱:"本大臣既去拉萨之后,犹望尔西藏官民人等按照我所订《九局章程》《藏俗改良》各书,一一切实办理,以立基础而图精进。"① 可见,张荫棠离开之时,藏俗改良因开展仅两个多月,尚未形成风气,而其本人在改革的关键时刻奉调离开后,因无人力推,其结果自然更加不尽人意。

第二,作为落实改革的主力,噶厦并未彻底执行张荫棠的政策。尽管张荫棠通过宣讲《天演论》等,一再试图唤起西藏地方上层改良维新的意识,但从"藏众答词"看,他们虽然对诸多改革表示积极支持,但也有一些反对意见,尤其是对涉及婚姻习俗及宗教方面的改革诸多推诿。侵藏头目贝尔的观察是:"西藏人每以英国方法与中国比较,谓英未尝干涉其旧俗,中国则有意化除之。此最顽固之人民不肯改其国装而采用中服,一切旧俗皆不愿听外人之言而改之。"② 牙含章与恰白·次旦平措都认为,即使是张荫棠改革措施中的积极部分,也因触及西藏地方上层的根本利益,"噶厦没有彻底执行"③。不仅西藏地方上层不会主动推行,作为改革主体的西藏广大僧俗百姓,更是缺乏"亟图自强"的意识,不会主动响应张荫棠的呼唤,由是张荫棠离藏后,藏俗改良自然难以继续推行。吴丰培认为,"撰译《藏俗改良》《训俗浅言》两编,宣示民间,以改革旧习。其意非不善。乃为政日浅,积习难除,故未克有所成效"④。

第三,作为张荫棠离藏后继续推行新政者,联豫虽未完全把《藏俗改良》《训俗浅言》的改革内容深入推行,但其一些具体改革措施却不失藏俗改良的意义。一方面,联豫认为译印相关书籍,"渐次推广","是亦移风易俗之一

---

① 张荫棠:《谕全藏僧俗官民筹办要政亟图自强》,见吴丰培编辑《清代藏事奏牍·张荫棠驻藏奏稿》,中国藏学出版社1994年版,第1373页。
② [英]贝尔著,宫廷璋译,竺可桢、向达校:《西藏之过去与现在》,商务印书馆1930年版,第62页。
③ 恰白·次旦平措等著,陈庆英等译:《西藏通史——松石宝串》(下),西藏古籍出版社2008年版,第970页;牙含章:《达赖喇嘛传》,人民出版社1984年版,第185页。
④ 吴丰培:《张荫棠驻藏奏稿·跋》,见吴丰培编辑《清代藏事奏牍·张荫棠驻藏奏稿》,中国藏学出版社1994年版,第1457页。

助"。联豫创办译书局及印书局后,首先译印了有清一代具有重要教化作用的《圣谕广训》一书,"广为分布",并计划"再择有关于实学实业之书,陆续译印"①。尽管在20世纪初这个思想激荡的时代,不加改良地宣扬以封建伦常为内核的《圣谕广训》有很大的局限性,但这表明联豫也认识到了藏俗改良的重要性。另一方面,联豫创设新式学堂,创办白话报馆、施医馆等改革措施,从多个方面为藏俗改良奠定了基础。其中,关于教育,联豫指出"以国文为教科之主体","期于同我文化";关于创办《西藏白话报》,他指出,"渐开民智,莫善于白话报","与其开导唇舌,实难家谕而户晓,不如启发以俗话,自可默化于无形"。该报以"爱国尚武开通民智"为宗旨,内容涉及上谕,奏议及藏事时论,各省学务、农工、商贾、路矿、军政,国外新闻等,这些对倡导社会新风自然具有积极意义。② 总之,联豫对推行藏俗改良也是做了一番努力的。

西藏民俗文化是西藏人民在长期的生产生活中逐渐形成的,根植于特殊的自然生态环境、政教合一的社会政治经济氛围等土壤之中,因此,藏俗改良难以推行更有深层次的社会文化原因。民族文化只有兼收并蓄,以开放的胸襟和姿态对异文化"取其精华,去其糟粕",才能始终保持自身的活力;故步自封、盲目排外只会自取灭亡。仁真洛色认为,"18世纪后期,由于格鲁派的'政教合一'在大清王朝的支持下形成后,藏族传统文化逐步走向自我封闭和经院教条体制,诠释代替了注入,排斥代替了包容,教育脱离了民众,形成一种维古而是的文化风尚。……正是这种唯古唯佛,封闭排外的妄自尊大,导致藏族传统文化因陋就简循规守旧,近乎于死水一潭"③。总之,三大领主为了维护自身利益,在精神上对广大农奴长期禁锢,压抑他们革旧从新的意识,从而形成了严重封闭、排他的社会文化氛围,这是藏俗改良难以推行的深层原因。再者,劝导藏俗改良属于有意识地指导藏族民俗文化变迁。有意识的民族文化变迁有主动变迁、指导性变迁和强制性变迁这三种途径。④ 指导性变迁"是个人或群体主动地和有目的地介入另一个民族的技术、社会和思想的习俗"⑤。然而,任何方式的文化变迁,难免发生文化抗拒、文化排斥现象,张

---

① 〔清〕联豫:《开设译书局武备学堂片》,见吴丰培整理《清代藏事奏牍·联豫驻藏奏稿》,中国藏学出版社1994年版,第1501页。
② 〔清〕联豫:《开设白话报馆及汉文藏文传习所片》,见吴丰培整理《清代藏事奏牍·联豫驻藏奏稿》,中国藏学出版社1994年版,第1489-1490页。
③ 仁真洛色:《正确认识和对待藏族传统文化》,载《中国藏学》2001年第3期。
④ 石奕龙:《应用人类学》,厦门大学出版社1996年版,第111-113页。
⑤ [美]克莱德·M.伍兹著,何瑞福译:《文化变迁》,河北人民出版社1989年版,第65页。

荫棠劝导藏俗改良也不例外，难免引起"阵痛"，从而遭到抵触。

尽管《藏俗改良》《训俗浅言》的改革内容未能深入推行，但在西藏文化发展面临"近乎于死水一潭"的困境之际，张荫棠劝导的藏俗改良向封闭的社会文化氛围吹进了一股清风，触动了广大僧俗百姓的固有思想观念，对社会旧风陋俗是一次空前的冲击，为后世西藏风俗的变迁奠定了一定的基础，具有深远的历史意义。

其一，在中国统一多民族国家历史演进中，西藏风俗文化在与内地风俗文化的互动中，长期受内地风俗文化的浸润，《藏俗改良》《训俗浅言》的改革内容，首次把这种浸润的内容条理化、书面化，这有助于西藏文化与内地文化同步向顺应时代潮流的方向迈进。尤其是从中国大一统局面长期得以延续的内在机制看，"中华文化"发挥了黏合剂的重要作用，是维系大一统的内在基石，而《训俗浅言》《藏俗改良》的改革内容充分体现出20世纪初处于维新改革中的"中华文化"特质，这对引领西藏文化内向发展具有积极意义，进而对增进西藏人民的国家认同感具有重要意义。

其二，从风俗文化对国家治理的作用而言，中国历代统治者高度重视社会风俗，形成了"为政必先究风俗"的社会治理传统理念。柳诒徵认为，以礼俗治国"博言之，即以天然之秩序为立国之根本也"①。然而自入主中原以来，清王朝始终奉行"因俗而治"的治藏方针，未尝全面、深入地改良藏俗。张荫棠在特殊的历史时刻敢为人先，劝导藏俗改良，正是秉承传统的社会治理理念，旨在以构建同质化的风俗文化为纽带，铸牢西藏地方与中央政府关系的根基，这不仅丰富了清朝治藏的内涵，对后世治藏亦有积极意义。扎洛站在近代民族国家构建的角度认为，"张荫棠新政的目标之一就是如何让藏人与内地'汉人'拥有共同的文化，实现文化的同质性，最终成为一个文化－政治共同体——国族"②。抑或正是由于改良藏俗的特殊重要性，在当时不仅联豫继续予以推行，一些有识之士的筹藏建言也提到了藏俗改良。1908年12月13日《广益丛报》载："日前政府诸公会议整顿西藏政策，某中堂谓开通风气、推广教育为各项新政之起点"，建议亟宜注重教育，教以汉文、汉语各科，"以期逐渐普及，为改良政俗之基础"。③次年，日本法政大学毕业的陈赞鹏在给驻藏大臣的《治藏条陈》中提出，发展邮政、电信等各项具体改革，"皆于政

---

① 柳诒徵：《中国礼俗史发凡》，见《柳诒徵说文化》，上海古籍出版社1999年版，第255－301页。
② 扎洛：《清末民族国家建设与张荫棠西藏新政》，载《民族研究》2011年第3期。
③ 《注意西藏教育》，见《广益丛报》第一百九十号（第六年第三十期），1908年12月13日（光绪三十四年十一月二十日）。

教、风俗,大有关系,亦不可不逐渐筹设也"。可见,改良藏俗是时人筹藏的一个共识。

其三,民俗的改变不是一朝一夕就能实现的,它需要一个长时间的潜移默化的过程。张荫棠撰译《藏俗改良》《训俗浅言》两本小册子,刊发民间,为日后藏俗改良的继续开展打下了广泛的社会基础。①

总体而言,张荫棠劝导的藏俗改良兼具促进西藏社会风俗向时代潮流迈进及巩固西藏地方与中央政府关系的文化根基的双重意义。具体而言,藏俗改良是以20世纪初的中国主流风俗文化为导向劝导西藏风俗文化发展,具有加强文化认同,增进国家认同的积极意义。尽管在历史发展中,西藏风俗文化形成了鲜明的特色,但始终与国家主流文化同呼吸共命运。20世纪初,在中国传统文化受"西俗东渐"的影响处于剧烈的变迁重构之际,劝导藏俗改良是顺应历史潮流的,对初开近代西藏社会风气功不可没,其中的宝贵经验与教训值得总结。

张荫棠全面藏事改革中的文化、教育、卫生及民俗改革,是以20世纪初内地社会发展水平为导向进行的,旨在把西藏地方整合进与内地一体化的发展进程之中,从而在引领西藏地方经济社会发展中筑牢中央政府对藏主权和治权的基础,这些治国理政根基性方面的改革无疑是对西藏长治久安的深远谋划。尽管不久后清王朝覆灭,但这些改革对增进西藏地方之于中国统一多民族国家的向心力及对后世西藏经济社会的发展影响深远。

综上,张荫棠藏事改革内容涉及政治、经济、军事、外事、文化教育、医疗卫生以及民俗7大方面,至少17项具体内容。分别是:政治方面的行政体制改革、"政教分离"与革除弊政;经济方面的农牧业、工商业、路矿业、茶盐业与金融业改革;军事方面的编练新军与创设巡警;外事方面的创设对外交涉机构、与邻邦结盟、警惕"西藏独立"及围绕开埠的外交斗争;文化教育方面的以"兴学"为主的改革;医疗卫生方面的创办医院及个人与环境卫生改革;民俗方面的"藏俗改良"。各项改革由饬立的"九局",即交涉局、巡警局、督练局、盐茶局、财政局、工商局、路矿局、学务局及农务局具体推行,一度掀起了改革热潮。

张荫棠强调:"惟整顿西藏非收回政权不可,欲收回政权非用兵不可";"欲收回政权",非"改定官制,更换名目,假以重权",不足以"崇体制而重事权"。"练新军必先筹饷","欲筹饷,必先振兴农工商业"。"如今欲求救亡

---

① 据笔者对拉萨及周边藏族群众的访谈,直到西藏和平解放后,有人家里还存有藏文本《藏俗改良》《训俗浅言》,可惜后来遗失了。

之法，只有兴学、练兵两事是最紧要。农、工、商、矿为致富根本，练兵为御外侮根本"。兴学"以期养成办事人才"，"此实为西藏谋富强之要着也"。"为今之计，自以破除汉番畛域，固结人心为第一要义，以收回政权、兴学、练兵为入手办法。""又撰译《藏俗改良》《训俗浅言》两编，刊发民间"，"冀荡涤藏众龌龊窳惰之积习，而振其日新自强之气"。由此可见，张荫棠的改革思路是十分清晰的。其中，"收回政权"即加强中央政府对藏主权与治权，是全面藏事改革的核心；七大改革内容相辅相成、环环相扣，重点突出、次第分明，在改革全局中各有明确的定位和作用。具体而言，政治改革、外交斗争是"收回政权"的直接措施，军事改革是前提条件；经济、教育、卫生改革以及民俗改良，既着眼于夯实"收回政权"的基础，也着眼于西藏经济社会发展。政治改革、军事改革及外交斗争等应对紧迫现实危机的意义明显，经济、教育、卫生改革与"藏俗改良"，具有促进西藏地方与内地一体化发展的意义，从而具有多维度巩固西藏地方与中央政府关系的重要意义。可以说，清末张荫棠以"收回政权"为核心的藏事改革，是一场全面的、系统的改革，既具抵御侵略、加强清朝中央政府对西藏的主权与治权的重要意义，也具有追求西藏经济社会发展的积极意义，同时着眼于西藏的长治久安。

作为清末全国新政的一部分，张荫棠藏事改革改革的性质总体上与全国新政一致，但也有自身的特点。崔志海指出，直至20世纪80年代初，学界多从革命史观出发，对新政予以否定评价，认为新政是"假维新，伪变法"，是洋务运动的"翻版"或"老调重谈"；具有封建性和买办性，是清政府"进一步买办化的标志"；是清政府在镇压义和团运动之后，为防止和镇压新的革命运动而采取的反动措施，不但不可能让国家实现独立和富强，也无补于民族资本主义的发展和社会的进步；或曰新政是以"慈禧太后为首的守旧地主官僚"主导的"一次自救与变革事件"。20世纪80年代以来，国内愈来愈多的学者倾向认为清末新政是一场具有资本主义性质的改革，或认为这是一场比较全面的近代化运动，是中国现代化历史上一个重要的发展阶段。[1] 崔志海还认为，由一个封建旧政权推行具有资本主义性质的改革，"令清末新政改革具有保守的一面，不能完全资本主义化"[2]。由本书绪论对张荫棠藏事改革性质的相关研究的梳理可见，学界对此的认识正如对清末新政性质的认识基本一样，分歧主要在于张荫棠藏事改革是否属于资本主义性质的改革。循着学界对清末新政性质的认识，张荫棠藏事改革的一些方面虽有近代资本主义性质，但他的出发

---

[1] 崔志海：《建国以来的国内清末新政史研究》，载《清史研究》2004年第3期。
[2] 崔志海：《清末十年新政改革与清朝的覆灭》，载《社会科学辑刊》2013年第2期。

点和忠君体国的立场决定了藏事改革的方向不可能是完全的资本主义化。正如成崇德所言，张荫棠并不是为了在西藏实行资本主义，而是仅仅采取一些近代西方资本主义的先进生产方式改变西藏的贫困面貌，以维护清王朝的统治。①同时，张荫棠藏事改革具有反对侵略、维护主权的特殊性，体现出鲜明的反帝爱国的一面。总体而言，清末张荫棠藏事改革开启了西藏近代化进程，是一场具有进步性的改革。

---

① 成崇德、张世明：《清代西藏开发研究》，北京燕山出版社1997年版，第173页。

第六章　张荫棠离藏及其后的藏事改革

第一节　遭弹劾与奉旨离藏

张荫棠藏事改革地过程并不是一帆风顺的，不仅面临着来自西藏地方保守势力的阻力、英国等列强的干涉以及各种客观困难，就是驻藏系统官员也对他进行蓄意攻击。光绪三十三年（1907）六月底，正值藏事改革的关键时刻，张荫棠奉旨离藏赴印，作为中方全权代表与英国谈判中英藏印通商事宜。作为改革的开启者，张荫棠奉旨离藏使藏事改革力度大打折扣，最终未能达到预期效果。学界由是认为张荫棠藏事改革是失败的，并对其中原因做了不同的诠释。[①] 本节具体讨论张荫棠遭弹劾及其改革所受到的阻力与困难，奉旨离藏及其改革的结局等问题。

一、遭弹劾[②]及其藏事改革的阻力与困难

光绪三十三年正月初七日（1907年2月19日），正当张荫棠大刀阔斧地推行各项改革之际，他本人却遭人恶意奏参，并因此受到了朝廷的训诫。关于此案，《清德宗实录》"光绪三十三年正月己亥"条载：

> 谕军机大臣等：电寄张荫棠。有人奏："风闻张荫棠有令喇嘛尽数还俗，改换洋装之事"等语。藏番迷信宗教，如果操之太急，深恐激成事

---

① 详细论述见本章第二节"联豫继续推行的新政"。
② 关于张荫棠遭弹劾一案，在拙文《张荫棠遭弹劾考释》（载《中国藏学》2012年第二期）及《张荫棠训诫与离藏原因探析》（载《西藏民族学院学报》2014年第1期）已有探讨，以下内容主要据此两文。

变。著张荫棠将藏务妥慎通筹,毋涉操切。①

这道朝旨清楚地表明,张荫棠是被人以"有令喇嘛尽数还俗,改换洋装之事"为"罪状",以"风闻奏事"的方式控告而遭清廷训诫的。既然是以不问言事者"其言所从来,又不责言之必实"的"风闻奏事"的方式奏参,其中所指张荫棠"罪状"的真实性是令人质疑的。

张荫棠接到清廷训诫的朝旨后,立即向军机处、外务部上《请代奏辩未强令喇嘛改装》一折自辩道:

> 臣自抵藏,屡与喇嘛演说佛理,即借宗教以联络藏众,因所明以通所蔽。曾发西藏善后问题二十四条,交商上三大寺会议。并无令喇嘛尽数还俗、改换洋装之事。如朝下此令,夕即激变,臣愚亦不至此。臣办事切直,致招蜚语。十二月中拉萨即宣传微臣被言官参劾之谣,臣自问无他,上可对朝廷,下可对藏众,毁誉一听之公论。今感激圣明,益当恪遵训谕,妥慎从事,不敢稍涉操切……谨据实复陈,堪以上纾宸虑。伏乞圣鉴。②

从张荫棠全面藏事改革的为政风格看,其自辩中所言"借宗教以联络藏众,因所明以通所蔽",以及"如朝下此令,夕即激变,臣愚亦不至此",应是属实的。

从遭弹劾的时间看,当时张荫棠来到拉萨才两个多月,这期间他的主要精力放在了惩治腐败、整饬吏治上,几乎是没有时间抓"令喇嘛尽数还俗,改换洋装"之事的。尤其是当时对包括藏俗改良在内的各项改革方案,正以设"善后问题二十四条"的方式,与西藏地方上层反复磋商,尚未酝酿成熟。至三月其得到"藏众答词"后,据此撰译《藏俗改良》《训俗浅言》两编,刊发民间,才正式开启了藏俗改良。在此之前,因没有得到西藏地方的确切意见,他一直只是在劝导树立革新意识,而不可能单独推行某一藏俗方面的改良,因此其自辩"并无令喇嘛尽数还俗,改换洋装"是令人信服的。

张荫棠自辩词中提到"十二月中拉萨即宣传微臣被言官参劾之谣",可见在遭清廷训诫之前,就已经有人在蓄意造谣。这实际上是张荫棠在整饬吏治、倡言革新的过程中,面临受惩之人或利益受到触动之人向其发出的"警告",

---

① 《清实录·德宗实录》卷五六九,光绪三十三年正月己亥。
② 张荫棠:《致军机处外务部电请代奏辩未强令喇嘛改装》,见吴丰培编辑《清代藏事奏牍·张荫棠驻藏奏稿》,中国藏学出版社1994年版,第1328页。

然而张荫棠并未屈服，抑或正是因为没有理会谣言，以致一些不顾大局的利益受损者恶意奏参了他。后来，在《使藏纪事·自序》中提及遭弹劾一事时，张荫棠只寥寥数语道："十二月横被蜚语，有人奏参以强勒喇嘛还俗，尽改西装，旦夕恐激变。幸蒙两宫明察，洞见万里，弗加罪斥，训以办事勿过操切，恪遵弗敢逾。"① 这表明他始终认为自己是被人以子虚乌有的"蜚语"诬告的。

从张荫棠进藏后"善后"的进展看，他遭训诫之时正值彻查官员腐败的关键时期，难免引起面临受惩之人的畏惧，这些人很可能对张荫棠实施诬告以求自保。张荫棠奏陈"参劾番官原委"时指出，西藏地方对查处贪腐官员"无怨言""无阻抗""皆言棠太宽"，尤其是"今朝旨宽大，言义而不言利"，由商上自行查抄乃琼寺寺产，"一切资财仍归藏官，充藏地公用，不经汉官之手，以示无私"，使"番情更感激矣"，然而"汉官反讥棠太猛"。② 可见，诬告张荫棠之人极有可能属于驻藏系统官员，而不可能是西藏地方官员。事实上，西藏地方包括达赖喇嘛在内都没有直接奏事权，能把远在西藏的张荫棠控告到北京，有直接奏事权的驻藏大臣无疑嫌疑最大。总之，张荫棠的自辩表明，他受清廷训诫纯属遭他人捏造"有令喇嘛尽数还俗，改换洋装之事"罪名的蓄意诬告。那么，究竟是谁，为何要以此为"罪状"诬告张荫棠？

本书第二章探讨了张荫棠彻查腐败、整饬吏治，其中揭露驻藏大臣有泰"颟顸误国"等罪状后使其面临受惩，有泰由此对张荫棠的态度发生了逆转。此前，有泰曾对张荫棠在印度谈判重订"拉萨条约"、为国家力挽主权的功劳表示"久仰芝仪""倍惬蚁忱"；并对其大加赞扬道："敬审海国宣劳，星轺笃祜，争雄坛坫，实赖东里之词，修好邻邦，永造西天之福，彤廷懋赏，青史麻扬，引睇襜帷，莫名轩舞。弟乌斯滞迹，鹈诮滋惭，愧控驭之无方，虚抛驹隙：幸准绳之足式，弥觉欢腾。"③《中英续订藏印条约》签订后，有泰对张荫棠的功劳再次赞赏道："改订争回主权，第一期赔款在印交收，是皆阁下与唐大臣内外主持，乃能成此特出功效。鄙怀钦佩莫名。"④ 这是有泰在张荫棠揭露其罪行之前，对张荫棠所表示出的钦佩。其间清廷已下旨"有泰著来京当

---

① 张荫棠：《使藏纪事·自序》，见张羽新主编《唐宋元明清藏事史料汇编》（第32册），学苑出版社2009年版，第188页。
② 张荫棠：《致外部丞参函述筹藏详情及参劾番官原委》，见吴丰培编辑《清代藏事奏牍·张荫棠驻藏奏稿》，中国藏学出版社1994年版，第1361-1362页。
③〔清〕有泰：《复议约大臣张荫棠达赖明年回藏函》，见吴丰培编辑《清代藏事奏牍·有泰驻藏奏稿》，中国藏学出版社1994年版，第1223页。
④〔清〕有泰：《复议约大臣张嘱备夫马已译行商上照办函》，见吴丰培编辑《清代藏事奏牍·有泰驻藏奏稿》，中国藏学出版社1994年版，第1238页。

差"①，有泰本来可以马上离藏返京；然而张荫棠揭发其罪状，使其面临受惩，并可能沦为阶下囚，返京当差的大好前程随之将成为泡影，有泰对张荫棠的态度因此由钦佩转变成恨之入骨。为了自保，有泰开始精心策划并反控告张荫棠，以为自己"伸冤"。《有泰驻藏日记》②对谋划反控告张荫棠的记载虽较为隐讳，但依然难掩真相，以下据此讨论。

光绪三十二年十一月十二日（1906年12月27日），有泰日记云：

……晚饭后至联建侯署内闲谈，因张憩伯出告示，甚至劝番民换洋服，殊可笑。③

十一月二十二日（1907年1月6日），有泰日记云：

早无事，午后马竹君来痛谈靖西沿路事。李海山来。张大人痛斥噶布伦等欲令喇嘛还俗，并不准支应夫马，恐番边皆不能应，且恐惹出意外之事，大不妥。鹤孙来，联大人约其打麻雀牌，并约晚饭。④

当时有泰正处于被张荫棠揭发罪行，等候清廷处理的敏感时期，他还不至于贸然对张荫棠实施反控告，但已经在与联豫及自己下属的"闲谈"中，捕风捉影般地炮制了"甚至劝番民换洋服"与"欲令喇嘛还俗"这两条张荫棠随后被人恶意奏参的"罪证"。

有泰为何此时与联豫及自己下属"闲聊"张荫棠有"甚至劝番民换洋服"与"欲令喇嘛还俗"之事？前述张荫棠当时正在与西藏地方上层磋商藏俗改良方案，其中与有泰等的"闲聊"相关的两条分别是：其一，张荫棠顺应维新派倡导的"易服"时代潮流，劝导"衣服宜改短窄，以便做事"；其二，张荫棠从"人人为喇嘛"造成"生齿寡"及社会劳动力缺乏的现状，提出喇嘛

---

① 《清实录·德宗实录》卷五六五，光绪三十二年十月癸未。

② 有泰自同治四年（1865）三月二十五日考取额外蒙古协修官起，至光绪二十一年（1895）五月一日简放常州知府止，30年的生活琐事，均用蝇头小楷记于历书夹缝之中，文字简略，仅记行止。自出任常州知府起，他改用红格稿本写日记，记述较详，至宣统二年（1910）七月病殁于戍所前数十日止，历年十六，很少遗漏，分订四册，可称大观。有泰驻藏时期的日记约占其全部日记篇幅的四分之三，吴丰培先生对此进行整理，辑为《有泰驻藏日记》，是目前所知唯一完整的驻藏大臣日记。

③〔清〕有泰撰，吴丰培整理：《有泰驻藏日记》，全国图书馆文献缩微复制中心1991年版，第272页。

④〔清〕有泰撰，吴丰培整理：《有泰驻藏日记》，全国图书馆文献缩微复制中心1991年版，第273页。

"不愿娶妻者,别为苦行喇嘛,其愿娶妻者听"及"宜兼做农工商业"。然而,有泰以上两天的日记表明,他将张荫棠本着"以便做事"的原则劝导"衣服宜改短窄",曲解为"甚至劝番民换洋服",表示"殊可笑";将张荫棠出于增加西藏人口及社会劳动力对喇嘛的劝导简单地认为是"欲令喇嘛还俗"。有泰是一个思想保守的封建官僚,对张荫棠的诸多改革措施是无法理解的;但此时"闲聊"中所涉及的这两条并不是"无法理解"这么简单,抑或他认为以此作为张荫棠有过激措施的"罪证"实施控告恰能击中要害。总之,有泰等的"闲聊"中涉及的两条并非张荫棠的本意,或许日记中有泰与联豫及自己下属所谓的"闲谈",其实就是他们在合谋炮制"罪证"对张荫棠反控告,以达到自保的目的。

十一月二十五日,清廷对有泰等做出了从严处理的批示,二十九日(1907年1月13日),有泰获知清廷的处理意见,其当日日记云:

> ……晚饭后,联大人遣余钟麟、李福林送文书一角,由张大人知照,本日奉军机处电开,奉旨:张荫棠电奏悉。据陈藏中吏治之污,鱼肉藏民,侵蚀饷项,种种弊端,深堪痛恨……有泰庸懦昏愦,贻误事机,并用浮冒报销情弊,著先行革职,不准回京,听候归案查办。仍著张荫棠严切彻查,据实复奏。①

此时有泰已经寄走了行李,正准备离藏返京,得知此一消息后,他并无表现出任何震惊或惧怕,而是从容地表示"不过多耽数月",可见,其当时认为凭借自己在藏多年打下的根基,足以应付初来乍到的张荫棠,尚有自己将问题在藏解决的胜算,甚至有张荫棠不可能真的查处他的侥幸心理。接下来的整个十二月,有泰一直在藏采取措施。翻检其日记可见,有泰一直密切关注着张荫棠处理案情的动向,采取与联豫帮助自己下属串通抗供、让涉案下属搬至粮台衙署等手段以防张荫棠"密查",对抗调查取证。② 其间,有泰的心理活动是复杂的,当联豫出面安慰其受审的下属时,其表示"极可人";当看到张荫棠复查案件因其刁难而受挫时,其表示"皆可笑""尤可笑""殊可笑";当看到下属不怀好意地企图将张荫棠"拉入浑水"时,其表示"大为可笑";当听到

---

① 〔清〕有泰撰,吴丰培整理:《有泰驻藏日记》,全国图书馆文献缩微复制中心1991年版,第274页。

② 有泰十二月初六日日记云:"早……与鹤孙在院内略谈数语,盖昨余粮务令少韩、鹤孙搬至粮署,防张大人密查。午后少韩来,约其明日搬至西署,即可住慎安屋内。"

下属用俗语诋毁张荫棠时，其表示"夫可笑"；等等。有泰各种"笑"的背后，更多的是希望张荫棠知难而退，尽快离开的心理，其此一急切心理有多次流露，而联豫则直接"耸之早走"。更为甚者，为迫使张荫棠离开，有泰与其下属采取了编造谣言诋毁张荫棠的无赖做法。十二月十六日，有泰日记云：

> 早鹤孙来，谈昨大众在粮台作对子，李肖臣对句：四委（江余恩范）三台（恩李范）六铁锁（范兼委台）；范湘梅出句：五臣（惠臣、肖臣、化臣，善佑号保臣，余钟麟号介臣，虽未在案，怨毒自有在也）两介（介臣，松寿号介眉）二梅花（湘梅，介眉乃借音）。可谓聪明，亦见冤枉不平之气。①

据有泰在日记上的自注，李肖臣、范湘梅二人所作对子"四委三台六铁锁，五臣两介二梅花"中，共涉及九人，分别是：江潮（号少韩）、余钊（号鹤孙）、恩禧（号惠臣）、范启荣（号湘梅）、李梦弼（号肖臣）、刘文通（号化臣）、善佑（号保臣）、余钟麟（号介臣）、松寿（号介眉）。其中，江潮、余钊、恩禧、范启荣四人是有泰奏调的随员，有泰平日称之"委员"，即对子中的"四委"；李梦弼、恩禧、范启荣三人先后担任粮台，即对子中的"三台"。"四委三台"中，范启荣兼有"委员"和粮台身份，故实为六人。恩禧、李梦弼、刘文通、善佑、余钟麟五人号中均有"臣"字，即对子中的"五臣"；余钟麟、松寿两人号中均有"介"字，即对子中的"两介"；范启荣、松寿二人号中均有"梅"（松寿号介眉，有泰自注"眉"是借"梅"音）字，即对子中的"二梅花"。本书第二章论及张荫棠对他们罪状的揭露，此时他们都是张荫棠遵旨复查的对象。他们能聚在粮台衙署作对子，显然其人身是自由的，并非如对子所言的"四委三台六铁锁"，可见，他们作此对子是蓄意造谣张荫棠刑讯逼供。然而，有泰对李梦弼、范启荣用他们各自的号和职衔编造对子之举以"可谓聪明，亦见冤枉不平之气"做评价，这实际反映出其此时支持自己下属造谣诋毁张荫棠的心态。二十七日，有泰自作"《狂风谣》七古"一首，"倩呈联大人"。"倩"，意为含笑的样子。有泰含笑将此呈给联豫，意味深长。二十八日，有泰随员江潮用四川俗语诋毁张荫棠。有泰日记云：

> 少韩云，弓长为人可所恶，川省有两句成语，"曹操背时过蒋干，胡

---

① 〔清〕有泰撰，吴丰培整理：《有泰驻藏日记》，全国图书馆文献缩微复制中心1991年版，第276页。

豆背时过稀饭",盖食稀饭多用胡豆瓣也,夫可笑。①

有泰与下属编造谣言,以致"外面风声甚不好",这即前述张荫棠所言"十二月横被蛮语"的原委。有泰自诋毁张荫棠起,其日记中对张荫棠也不再以"大人""大臣"或其名与字相称,而改用"弓""长"隐讳地代指"张",其初八日、二十八日的日记多次写道"弓长处人心瓦解","闻弓长人可皆找其要主意,大为可笑"等,这无疑是其对张荫棠恨之入骨的直接心理反映。由上可知,有泰自十一月二十九日得知清廷对他的处理意见后,一面授意下属串供,对抗调查取证,一面正式开始对张荫棠实施攻击。大概是在藏攻击了一个月后,有泰看到张荫棠并不屈服,于是开始采取进一步的措施,即向清廷进行诬告以为己"伸冤"。

光绪三十三年正月初三日(1907年2月15日),有泰日记云:

> 写家信一封,(交鹤孙托慎安由家信寄往,用小信封内写初四日寄)……年前本要启程,因张大人参奏,奉旨均革职,刻下无可查,急得吐血。托联大人不管,其行为似凤大人,令喇嘛还俗,教番子换洋衣服,人人皆骂,联大人日夜派人防守,恐闹事。办案人着急,在案人为可笑。恐有谣言,万不可听。……②

至此,有泰在这封家信中将此前谋划好的两条足以给张荫棠致命一击的"罪证"合到一起,连成了"令喇嘛还俗,教番子换洋衣服",并以"凤全事件"嘲讽,以向收信人控告张荫棠。有泰的这封家信由其下属余钊(号鹤孙)转交联豫的文员张其勤(号慎安)发出。正月初四日,有泰日记云:

> 早至鹤孙屋内略谈,将家信当面交给。闻张处人心不一,止有何(何藻翔——引者注)为其一党。……③

有泰虽未明记此信寄给了何人,但这封信对其而言是十分重要的,他希望

---

① 〔清〕有泰撰,吴丰培整理:《有泰驻藏日记》,全国图书馆文献缩微复制中心1991年版,第277页。
② 〔清〕有泰撰,吴丰培整理:《有泰驻藏日记》,全国图书馆文献缩微复制中心1991年版,第277页。
③ 〔清〕有泰撰,吴丰培整理:《有泰驻藏日记》,全国图书馆文献缩微复制中心1991年版,第278页。

通过收信人的操作达到控告张荫棠的目的，所以是不会轻易寄给一般人的。有泰能称为"家信"，料想能帮到他的人，当是其表弟溥颋。有泰随后的日记中几次明记向溥颋写信诬告张荫棠。溥颋时为左都御史，兼掌度支部，完全具备为有泰从中操作的条件。溥颋究竟有没有从中发挥作用，虽然目前限于材料不足尚不能确知，但有泰初四日寄信，初七日清廷就训诫张荫棠，从时间逻辑上看，有泰这封家信很有可能起了作用。然而有泰控告词中最要害的"罪状"是"令喇嘛还俗，教番子换洋衣服"，而张荫棠被以"风闻奏事"方式奏参的"罪状"是"令喇嘛尽数还俗，改换洋装"，细品之下，后者比前者性质更为严重。结合有泰日记看，有泰极有可能是始作俑者，但尚不能完全肯定他寄出的这封控告信直接起了作用。

正月初四日寄出家信后，有泰继续加紧对张荫棠实施控告。正月初十至十三日，有泰日记云：

> 正月初十日（2月22日）　午后，联大人由后门过谈。旋借其与七弟联厚山密电本，给那相由厚山转（住北京东安门内南池子）一电。至鹤孙屋内，约少韩来商。晚饭后，鹤、韩来定妥，托竹筠转联处代看。
>
> 正月十一日（2月23日）　早，少韩、鹤孙来，联大人将电大加删改，可感之至。文曰：北京金鱼胡同那中堂鉴，洪密。张大臣入藏后，诸事纷更，致使番民僧众人人衔恨，此事关系甚大，然非泰所敢言。至电参各节，泰固不敢辞失察之罪，惟以传闻入奏。奉旨后始出招告，终无一人告发。各革员已加锁禁，过两堂，用刑讯，供证俱无，泰系奉旨听候归案查办之人，责令呈递亲供，一切均不合例。此案既无证据，似难武断，奈张刚愎自用，回护前奏，声言不凭证据，即以查实复奏，从重拟罪，请旨惩办，以欲置泰于死地，显系有心陷害。泰本应静听治罪，惟是非不明，死不瞑目，不得不专电沥陈，祈达庆邸，俾知底蕴，则毕生衔感矣！更请告知溥尚书，有泰叩。
>
> ……电可明早走，四日可到靖西。旋齐浙生来谈，鹤孙来，电已备齐，即交竹筠，专丁寄往。
>
> 正月十二日（2月24日）　……午后将昨电改洪密，遣王永福星夜至噶里古答电发北京那相处。闻江孜、靖西，张俱派有人电局看守。
>
> 正月十三日（2月25日）　早，少韩、鹤孙过谈，将电备齐，并备

假信致惠德，王永福即走。……（金鱼胡同电，昨晚即发。电底存）。①

有泰这四天的日记清楚地表明，其又煞费心机地与随员江潮（号少韩）、余钊（号鹤孙）、马吉符（号竹君，有泰日记中也常写作"竹筠"）等合谋写信给外务部会办大臣那桐控告张荫棠。由于张荫棠对通信管理严格，有泰事先借了联豫与其七弟联厚山通电的密码本，与下属合谋好控告词后，以给英国驻锡金政务官惠德送信为名，派亲信王永福到印度加尔各答发报给联厚山，再由其转交那桐。联豫不仅为有泰提供发报渠道，并在有泰与其亲信江潮、余钊、马吉符等拟好控告词后"大加删改"，显然他也积极参与了有泰对张荫棠的控告。

有泰为何向那桐写信控告张荫棠？其一，那桐位高权重，尤其是他时任外务部会办大臣，是张荫棠的直接上级。《清史稿》载："那桐，字琴轩，叶赫那拉氏，内务府满洲镶黄旗人。光绪十一年举人，由户部主事历保四品京堂，授鸿胪寺卿，迁内阁学士。二十六年，兼直总理各国事务衙门，晋理藩院侍郎。……二十九年，擢户部尚书，调外务部，兼步军统领，管工巡局事，创警务，缮路政。……三十一年，晋大学士，仍充外务部会办大臣。历兼釐订官制、参预政务、变通旗制，署民政部尚书。宣统元年，命为军机大臣。"② 张荫棠自随唐绍仪赴印谈判修订"拉萨条约"，均直接受命于外务部，有泰向外务部会办大臣那桐控告张荫棠，即是向其直接上级控告。其二，有泰与那桐的直接或间接关系可加利用。有泰本人与那桐的交集，其于光绪二十八年（1904）十一月初三日得旨派为驻藏大臣，至次年二月初六日由京启程这一段时间的日记中几次提及。十一月初五日，有泰到颐和园恭谢皇恩，得赏银三千两。后在外务部进早饭，"旋至那琴轩（那桐）金吾公所大谈，其银款即派琴轩营兵同家人押车先回，因又痛谈"③；初六日，"早接那琴轩信，庆邸欲见，未果"；二十六日，"给琴轩太夫人拜寿"；十二月十八日，有泰午后到外务部会晤英署使后，"适琴轩在署，得晤"；次年正月十二日，"赴金鱼胡同，外务部那琴轩大弟（那桐）"。④ 从以上有泰日记看，他虽也称那桐为"大弟"，但

---

① 〔清〕有泰撰，吴丰培整理：《有泰驻藏日记》，全国图书馆文献缩微复制中心1991年版，第278－279页。

② 赵尔巽等：《清史稿》卷四三九《那桐传》。

③ 〔清〕有泰撰，吴丰培整理：《有泰驻藏日记》，全国图书馆文献缩微复制中心1991年版，第1页。

④ 《稿本有泰文集》（第七册），全国图书馆文献缩微复制中心2005年版，第272、279、289、297页。

更多的是为了"攀援"。事实上，联豫与那桐确实有近亲关系，《辛壬春秋·西康篇》载："驻藏大臣联豫者，军机大臣那桐之戚也。"① 有泰日记云："联（豫）为那相姑舅舅。"② 联豫对有泰控告张荫棠是积极支持的，其能为有泰提供密码本，显然是同意有泰仰仗他与那桐的关系。其三，有泰在给那桐的信文末特意表示"更请告知溥尚书"，溥尚书即其表弟溥颋，显然有泰给那桐写信也仰仗了溥颋。抑或有泰心里对给那桐写信并无十足的把握，而更多的是寄希望于溥颋，甚至连做梦都梦见溥颋在帮他。正月十五日，即王永福前往印度给那桐寄信的两天后，有泰日记云：

亮炮前，梦在京与同人相聚，似作诗又似对对，余得一联云"种树须求培荫广，买山多为看云生"，生又拟改来字。因犹疑，旁有仲路弟云"生字好，有生生不已之意"。并无题，不可解。③

总之，此间有泰通过向位高权重的那桐与皇室亲胄溥颋二人写信诬告张荫棠，以为自己"伸冤"而图自保。

那桐接到控告信后，很快对张荫棠给予了批评。据有泰正月二十四日、二十五日两天的日记云：

正月二十四（3月8日） ……鹤孙来，闻介臣云，折子已发。并闻陈晓东至张处辞行，张云：接那相信，案子须平和了，并不准虚张声势，总要谨慎等语，未知真否。张为那相及门，总之小人言语，不可尽信。

正月二十五（3月9日） 早，王永福由南路回，沿途大雪，其辛苦非常，赏之。少韩来谈，闻张为联大教训，联为那相姑舅舅，张为那相及门。殊可笑。④

有泰这两天的日记表明，正月二十四日，他已探知那桐训示了张荫棠："案子须平和了，并不准虚张声势，总要谨慎等语。"二十五日，联豫又乘势

---

① 〔清〕尚秉和：《辛壬春秋》卷二二《西康篇》，民国十三年（1924）刻本，第15页。
② 〔清〕有泰撰，吴丰培整理：《有泰驻藏日记》，全国图书馆文献缩微复制中心1991年版，第280页。
③ 〔清〕有泰撰，吴丰培整理：《有泰驻藏日记》，全国图书馆文献缩微复制中心1991年版，第279页。
④ 〔清〕有泰撰，吴丰培整理：《有泰驻藏日记》，全国图书馆文献缩微复制中心1991年版，第280页。

对张荫棠"大教训"一番。张荫棠受到"压力"之时，因有前旨，有泰受惩已属无疑。前文论及张荫棠按照那桐"案子须平和了"的指示，为使有泰案顺利结案，二十六日向军机处、外务部汇报复查腐败案件结果时，对有泰请旨"加恩从宽"。二月初三日（3月16日），清廷依据张荫棠的复查结果及处理意见，对有泰重新发落，"有泰身为大臣，未能洁己率属，实属辜恩。所请议罚，不足蔽辜，著改为发往军台效力赎罪"①，有泰案至此顺利结案。清廷对有泰罪行的定性，从初次措辞严厉的"庸懦昏愦，贻误事机，并用浮冒报销情弊"，到最终的"未能洁己率属，实属辜恩"，显然是宽容了许多。可见，有泰通过那桐、溥颋的"操作"还是争得了从轻处理的结果。

有泰对清廷的处理结果相当满意。其在由拉萨往张家口的途中，于五月十七日行至察木多时，给溥颋写了一封长信，其中写道：

> 张家口乃吾弟服官之地，不知兄之效力有何差使，或云驿路跑折报，或云驿路挂公文出入号，跑折报又须分年齿老幼，不知然否？总之比驻藏大臣差使较轻。或云"此地极浮华"，答云"与在京何异？"或云"此地极荒凉"，答云"与在真武庙何异？"更有庆幸者，兄本察哈（尔）蒙古，俗云发回去了，虽无可识之人，究竟本籍②，风土如何，藉此可以一看，亦是人生之乐境。比语且不可为外人道，不然改地发遣，则大失所望矣。哈哈。③

对于"发往军台效力"的惩处结果，有泰暗自庆幸"总比驻藏大臣差使较轻"，更庆幸在花甲之年回到"本籍"，"亦是人生之乐境"；同时表示"且不可为外人道"，以免引起忌惮，"改地发遣，则大失所望"，可见，他对发往张家口军台效力赎罪的结果是十分满意的。然而其"哈哈"一语意味深长，抑或这是庆幸之外另一种心境的表达，但无论如何，有泰反控告张荫棠争得了令自己满意的处理结果。

然而，有泰对张荫棠的恨并没有因为争得满意的处理结果而释怀。其在五月十七日写给溥颋的长信中，开篇即称"张之到藏，其地方之危险，行事之怪诞，特叙梗概"。其具体指出的"怪诞"包括：对张荫棠由印赴藏时骑洋马

---

① 《清实录·德宗实录》卷五七〇，光绪三十三年二月甲子。
② 有泰出身蒙古正黄旗，自称察哈尔蒙古；而张家口地属察哈尔，故其言之"究竟本籍"。
③ 〔清〕有泰撰，吴丰培整理：《有泰驻藏日记》，全国图书馆文献缩微复制中心1991年版，第304页。

表示"已觉甚怪";诬蔑张荫棠辞授帮办大臣后,"趾高气扬,无复忌惮矣";对张荫棠严查贪腐各员的方式表示"殊觉新奇";将张荫棠设立意见箱视之为"无情柜";将张荫棠以设"善后问题二十四条"的方式与西藏地方上层进行磋商,断章取义地诬蔑为"令其捐款练兵,勒令喇嘛还俗等事十数条",并以"凤全事件"予以嘲讽;指称张荫棠出资让西藏地方在拉萨至曲水的道路边种树,是向英国投降之意;等等。最为要害的是,信中指控张荫棠为"康党"。有泰此信从头至尾指出张荫棠的种种"怪诞"和"可笑"之事后,附录张荫棠揭露他罪状的原奏,表示"尤为可笑",并抵赖复查结果是"皆托诸空言",而他自己所申辩的"不过略见一斑,究未窥全豹为恨"。吴丰培在整理《有泰日记》时,对有泰在此信后加以"以谋申辩"的按语亦特做按语指出:"当有泰被张荫棠参劾时,已密电那桐和溥颋,请予说项。此时复写长函,申诉已冤,诋毁荫棠,称为'康党',不外乎为自己解脱颟顸贪污之罪,因有内援,故从轻处理。设在乾隆时代,早已枷锁到京,严于惩办,何容他从容回京?清末吏治,只靠攀援,不问是非,以致如此。"① 总之,有泰并没有因为争得满意的处理结果而停止对张荫棠的攻击,其在给溥颋的长信中继续对张荫棠大加诋毁,已不只是为己"伸冤",而是为了报复,大有须使张荫棠受严厉惩治方肯罢休之意。

由上可见,自张荫棠揭发有泰颟顸误国,有泰就开始谋划攻击张荫棠。在未得知清廷对自己的处理意见之前,有泰与联豫及其下属已谋划好了实施攻击的"罪证",做好了准备。得知清廷的处理意见后,有泰在藏大肆制造诋毁张荫棠的谣言,企图以此迫使张荫棠知难而退,离开西藏,从而使彻查腐败流产。看到张荫棠并不理会谣言,有泰转而给溥颋、那桐写控告信,以向清廷进行诬告。这一阶段有泰制造谣言诋毁与写信诬告,主要是为了自保,其最终获得了从宽处理的结果。有泰五月十七日写给溥颋的长信,则表明其由自保完全转向了报复。在有泰一再实施诬告的过程中,其给那桐的控告信是在清廷训诫张荫棠之后发出的,且此信中也未见有"令喇嘛尽数还俗,改换洋装"的内容,所以从时间、内容看,这封信与清廷训诫张荫棠没有直接关系;而其五月十七日写给溥颋的信,更不可能与清廷训诫张荫棠有关。因此,张荫棠被人以"风闻奏事"方式奏参,如果与有泰的诬告有直接关系,只能是其正月初四日发出的家信起了作用。但此信中所诬告的最为致命的"罪状"是"令喇嘛还俗,教番子换洋衣服",而张荫棠被人奏参的"罪状"则是性质更为严重的

---

① 〔清〕有泰撰,吴丰培整理:《有泰驻藏日记》,全国图书馆文献缩微复制中心1991年版,第304页。

"令喇嘛尽数还俗,改换洋装"。两者雷同,绝非偶然,结合有泰日记看,可以肯定有泰是始作俑者,但尚不能认为起了直接作用的是他。

那么,究竟是谁对张荫棠的奏参起了直接作用?据中国第一历史档案馆藏光绪三十三年正月初五日(1907年2月17日)外务部所收联豫的一封密电所示,以"有令喇嘛尽数还俗,改换洋装之事"奏参张荫棠之人是联豫。此份密电内容如下:

> 张大臣抵藏后,传谕番官所办之事,并未咨商,风闻共二十余条,中有令喇嘛尽数还俗,改换洋服及裁撤夫马等事。在张大臣固欲急图富强,然番人则谓,为洋人所使,欲灭黄教,纷纷议论,骇人听闻。……深恐激成事变。①

联豫此份密电诬告张荫棠的"罪状"是"令喇嘛尽数还俗,改换洋装",这与清廷训诫张荫棠时所指"罪状"完全一致;且外务部初五日收到联豫密电,初七日清廷训诫张荫棠,时间上也是完全符合逻辑的;再者,外务部是张荫棠的直接上级,而联豫又是外务部会办大臣那桐的姑舅舅,其向外务部诬告张荫棠,既有所仰仗又是直接渠道。可见,张荫棠遭清廷训诫极有可能是联豫的这份密电起了直接作用。

联豫为何要恶意奏参张荫棠?光绪三十一年(1905)三月,清廷赏给联豫副都统衔,派为驻藏帮办大臣,②其于次年七月二十二日行抵拉萨。联豫到藏后,"擅自行动,不与有泰会商,自恃清廷有其内援,早谋取有泰职而代之","故有泰日记中,屡讥豫'嗜吸雅片(鸦片)','侈谈洋务','好弄笔墨','腹笥甚简',等等","足见其二人初见,已不能相矣"。③十月二十日,清廷下旨,有泰归京当差,联豫为驻藏大臣,张荫棠为帮办大臣。张荫棠对此任命坚辞不授,清廷随即应其所请,改由联豫兼署。④关于联豫奏参张荫棠的原因,《辛壬春秋·西康篇》云:"钦差大臣张荫棠入藏查办,荫棠娴外交,处藏事得宜,联豫恐夺其位,构与政府,那桐助之,竟挤荫棠去。"⑤吴丰培

---

① 《光绪三十三年正月初五日收驻藏联大臣致外务部电》,中国第一历史档案馆藏,收发电档,第2087卷。
② 《清实录·德宗实录》卷五四三,光绪三十一年三月壬辰。
③ 吴丰培:《联豫驻藏奏稿·跋》,见吴丰培编辑《清代藏事奏牍·联豫驻藏奏稿》,中国藏学出版社,1994年,第1590页。
④ 《清实录·德宗实录》卷五六五,光绪三十二年十月癸。
⑤ 〔清〕尚秉和:《辛壬春秋》卷二二《西康篇》,民国十三年(1924)刻本,第15页。

亦指出:"迫豫得升任驻藏大臣兼帮办大臣后,俨然以督府自居。因忌张荫棠之娴于外交,才出其上,构于那桐,挤之出藏,于是大权独揽。"① 具体而言,张荫棠雷厉风行地整饬吏治、倡言革新,引起了联豫的嫉妒和不安,但从接到任命到正式接印任事是其擢升的敏感时期,其对张荫棠表面上还算配合,背后却积极支持有泰诬告张荫棠。等到十一月二十五日清廷对张荫棠奏报查处腐败做出初次批示,有泰受惩成为定局,不会对其构成威胁;紧接着十一月二十八日与有泰进行交接后,为大权独揽,联豫将张荫棠"挤之出藏"的心情与有泰为自保而诬告的心情同样急切,于是不动声色地奏参张荫棠。总之,联豫完全是出于大权独揽的一己私利,不顾大局,蓄意诬告张荫棠的。

联豫为何以"令喇嘛尽数还俗,改换洋装"的"罪状"对张荫棠实施诬告?这不是简单地盗用了有泰的控告词。事实上,"令喇嘛还俗"并非空穴来风,但真正明确提出此事之人不是张荫棠,而正是联豫本人。据有泰光绪三十二年九月初七日记云:

> 晚饭后,鹤孙过谈,闻联大人昨日传噶布伦等,惟擦绒未到,因告以十条,练兵一,走队二,筹饷三……喇嘛还俗十。噶布伦等唯唯,推言达赖未在,不敢做主,痛训之,以回噶勒丹池巴推之,遂去。②

可见,令"喇嘛还俗"是联豫本人到藏不足两个月时提出的十条措施之一,而此时张荫棠尚未行抵拉萨。三个月后,联豫在给清廷的《详陈藏中情形及拟办各事折》中,详呈"十条"中的其他各条,却独不提"喇嘛还俗",这就表明联豫在藏一段时间后,深感"喇嘛还俗"是一大忌,可能激起事变,而这是清廷最为担心的;然而当他要攻击张荫棠时,以此诬告恰能击中要害。加之联豫从积极参与前述有泰与下属合谋以"令喇嘛还俗,教番子换洋衣服"诬告张荫棠中受到"启发",于是他索性对有泰控告词中的"令喇嘛还俗"加了"尽数"二字,改为"令喇嘛尽数还俗",将不专指喇嘛易服的"教番子换洋衣服",改为"改换洋装",使之与前句连在一起表达出"只令喇嘛易服"的意思。显然,经联豫此番颇费心机的修改后,扣到张荫棠头上的"令喇嘛尽数还俗,改换洋装"这一"罪状",比有泰的诬告性质更加严重。不仅如

---

① 吴丰培:《联豫藏事奏稿·跋》,见吴丰培编辑《清代藏事奏牍·联豫驻藏奏稿》,中国藏学出版社1994年版,第1590页。

② 〔清〕有泰撰,吴丰培整理:《有泰驻藏日记》,全国图书馆文献缩微复制中心1991年版,第263页。

此，抑或联豫也估计到了"张（荫棠）为那相门生"① 这层关系，以及那桐通过张荫棠向外务部的及时汇报，对其倡言革新的情况是清楚的。要让那桐相信他诬告张荫棠的"罪状"，并能据此对张荫棠做出处理，就不仅要使所言"罪状"具有真实感，还要强调所引发的后果十分严重。因此，联豫将"罪状"的出处言之为张荫棠与西藏地方上层磋商的"善后问题二十四条"中的一条，再加以"然番人则谓，为洋人所使，欲灭黄教，纷纷议论，骇人听闻"，而他自己表示"深恐激成事变"这一严重的后果，最后采用无须负责的"风闻奏事"方式予以奏参。经过联豫的精心谋划，那桐接到密电电文后无疑信以为真，鉴于"事态"严重，不得不奏请圣裁，这使张荫棠遭清廷训诫。

由上可知，有泰、联豫二人都对张荫棠进行了诬告。有泰先是为了自保，继而为了报复；联豫则是欲将张荫棠排挤出藏，以求大权独揽。光绪三十三年正月初七日，张荫棠被清廷训诫，可能是有泰正月初四日发给溥颋的家信起了直接作用，也可能是联豫正月初五日发给那桐的密电起了直接作用，还有可能两条线共同起了作用，其中"联豫—那桐"这条线的可能性最大，这就是人们看到的前引《清德宗实录》所载"有人奏：风闻张荫棠有令喇嘛尽数还俗，改换洋装之事"的原委。总之，张荫棠遭弹劾一案系有泰、联豫精心组织的一场有目的、有计划的诡谋，他们控告张荫棠的"罪状"，并非历史真相，而是捏造的伪证。

前引张荫棠的自辩中并没有明言奏参他的是何人，难道他对此不知情？据目前所见材料，张荫棠本人虽未明言他是否知情，但其文员何藻翔在为张荫棠草拟的自辩词后写道，"后闻为联豫电参，非御史也"②，可见，何藻翔得知是联豫所为的。何藻翔是张荫棠奏调的随员，张荫棠的奏稿几乎都是由其草拟底稿，他既能如此写，张荫棠自然对联豫电参自己也是知道的。但除此之外，张荫棠对联豫与有泰同流合污、沆瀣一气，对他实施诬告的细节并不一定尽知。

除上述光绪三十二年十二月"横被蜚语"，以及被有泰、联豫分别给溥颋、那桐写信诬告而遭清廷训诫外，次年三四月间，张荫棠还遭人捏造"俚歌"大加诋毁。有泰在光绪三十三年四月初八日（1907年5月19日）的日记对此"俚歌"有详细记载，其内容如下：

> 自从英兵入西藏，明知藏中不投降，

---

① 〔清〕有泰撰，吴丰培整理：《有泰驻藏日记》，全国图书馆文献缩微复制中心1991年版，第303页。
② 何藻翔：《藏语》，广智书局宣统二年（1910）版，第82页。

回去聘来一康党，其人就是张荫棠。
伊子外国为降将，伊妻广东作洋娼。
得了英金几百镑，来藏做事报英王。
参了汉官去汉党，参赞随从①作主张。
番官也被谎本上，恐吓还要绑杀场。
密查老李来劝讲，快出银子有商量。
张三何二五千两，开复噶伦奏君王。
密查谢银一千两，巡捕通事共分赃。
害人妙计真会想，条陈喇嘛接婆娘。
吩谕蛮子教场上，剃了头发学西洋。
摊子不准撑好帐，日晒雨淋好凄凉。
招此蛮兵费皇饷，弄得市上无口粮。
骑起洋马柳林望，此地好修天主堂。
九个局子②真希样，报答洋人真算强。
不是藏王③常劝解，奸贼早已见无常。
联宪④也是来西藏，不念汉番念地方。
趁早把他驱出藏，落得芳名万古扬。
不信我把话说上，恐怕僧俗来生方，
窄路遇着刀架项，看看又是一巴塘！⑤

当天有泰于"发往"张家口途中行至拉里，关于获悉此"俚歌"的时间与渠道，其日记云："弁兵接藏内来信，不知为谁所发。"又云："丁未四月初八日小住拉里，适折差过，给弁兵一信，内封此歌，不知何人所寄。"关于此"俚歌"的散播情况，有泰日记云："后又接藏友来信，此歌遍处皆有"，"录计所贴之地，□□岭大门上汉夷字共五张，二□□一张，丹达庙一张，钦差辕门一张，大招一张，厦萨口一张，大塔子一张，财神庙一张"。有泰对此的态度是："乃俚歌一纸，大骂张憩伯，抄存以作笑话观可也"，"鄙俚不堪，然张贴各处，殊胆大也，姑存之"。他还幸灾乐祸地表示："张（荫棠）又奉旨不

---

① 系指张荫棠的随员何藻翔等。
② 系指张荫棠饬立的"九局"。
③ 系指代理摄政洛桑坚赞。
④ 系指驻藏大臣联豫。
⑤ 〔清〕有泰撰，吴丰培整理：《有泰驻藏日记》，全国图书馆文献缩微复制中心 1991 年版，第 290－291 页。

准离藏,当如之何?"①

"俚歌"是谁所编?从内容看,此"俚歌"完全是对张荫棠的恶意人身攻击,捏造"俚歌"之人对张荫棠本人及藏事改革是非常了解的。从风格看,此"俚歌"明显不是藏族街谣的风格,出自藏族人之手的可能性不大;就是汉族人,非有一定传统文学修养之人,是达不到此"俚歌"所体现出的文采的。综合来看,具备捏造此"俚歌"条件之人,只可能是驻藏系统的官员,其中江潮、马吉符有一定的嫌疑,而有泰、联豫的嫌疑最大。

江潮、马吉符二人是有泰的随员,与有泰关系密切,难免有"护主"的动机,他们两人也具备编造"俚歌"的文学才能。加之"俚歌"传出之际,清廷早已对张荫棠参劾各员一一进行了惩处,而江潮、马吉符两人不在受惩之列,尤其是江潮在张荫棠初次参劾之列,但复查之后却不再追究,可谓有惊无险,此时其二人继续在藏留任,具备编造"俚歌"的条件。有泰初见江潮时"细询藏中情形","该员面陈一切,深得要领"。有泰由此"足见"江潮"熟悉番情,留心时事","因奏调带藏差遣委办洋务局文案处事件"。江潮到藏后,有泰称其"于满汉奏牍及一切公文,罔不尽心经理",认为江潮"洵属不可多得之员";加之江潮在平定巴塘事件中有功,有泰保举时指出"且该员系翻译生员出身,曾充笔帖式,以之就武,未免可惜","改请文职,以知县归部铨选,庶不致用违其材"。② 可见,江潮深得有泰信赖。江潮为有泰送行时"必欲执弟子礼,其志甚坚",这更加表明其对有泰的忠诚。江潮的才能也为联豫所器重,有泰离藏时,联豫让余钊随同,而留江潮办理文案,有泰对此表示"如此办理,实为万幸"③。总之,江潮完全具备编上述"俚歌"的才能和条件。至于动机,江潮不在张荫棠惩治腐败的最终名单中,难说为己,但其忠诚于有泰,始终参与有泰蓄意攻击张荫棠的各种计划,这就不排除其为有泰"鸣不平"的可能。马吉符,号竹君,安徽人,四川试用府经历,有泰行经四川时由四川提督马介堂所荐,④ 其为文"词藻遒丽,结构谨严",完全具备编造"俚歌"的才能。尽管马吉符自始至终不在张荫棠惩治腐败的受审之列,为己的动机亦不是很强,但其与有泰关系紧密,也不排除其有为泰"鸣不平"

---

① 〔清〕有泰撰,吴丰培整理:《有泰驻藏日记》,全国图书馆文献缩微复制中心1991年版,第290-291页。

② 〔清〕有泰:《禀军机大臣保举防守出力人员》,见吴丰培编辑《清代藏事奏牍·有泰驻藏奏稿》,中国藏学出版社1994年版,第1224页。

③ 〔清〕有泰撰,吴丰培整理:《有泰驻藏日记》,全国图书馆文献缩微复制中心1991年版,第283、284页。

④ 《稿本有泰文集》(第7册),全国图书馆文献缩微复制中心2005年版,第418、457页。

的可能。

联豫极力排挤张荫棠,且"好弄笔墨",具备捏造"俚歌"的动机和条件。但从有泰于当天日记记此"俚歌"的疑点及"俚歌"的内容来看,更让人怀疑有泰就是捏造"俚歌"其人。

其一,有泰记其获悉"俚歌"的时间与渠道,看似将自己置身局外的形象包装得天衣无缝,但显然前后自相矛盾,可见他是欲盖弥彰。

其二,有泰具有捏造"俚歌"的直接动机。有泰因受惩对张荫棠恨之入骨,并且这种仇恨并没有因通过反控告张荫棠获得减刑而释怀,直至五月十七日他还给溥颋写信进行控告,所以他是最希望张荫棠落难之人,完全具备捏造"俚歌"进行攻击张荫棠的动机。

其三,有泰具备捏造"俚歌"的文学才能。有泰喜好诗文,其驻藏期间作有不少律诗、文章等文学作品,并且常常以此与属员交流,他是具有良好的文学功底的,而此"俚歌"非具有一定文学功底之人是不可能写出来的。

其四,"俚歌"中诋毁张荫棠的内容与有泰日记中对张荫棠的诋毁如出一辙。有泰思想保守,对张荫棠藏事改革很不理解,其在日记中多次嘲讽、诋毁,与"俚歌"中对张荫棠大加诋毁的内容雷同,这绝非偶然。

其五,"俚歌"中攻击张荫棠为"康党"是最为致命的一点,而有泰正是以此攻击张荫棠之人。有泰在五月十七日写给溥颋的信中提到曾与联豫在背后议论张荫棠是"康党":"彼时无技可施,因扬言于众,俟将有泰置之死地再治联豫。建侯对兄云,死一康广仁,欲令八旗人均给其偿命耶。"信中还写道:

> 现在革命党、排满党遍天下,大半广东人居多。曾与联(豫)皆面询(张荫棠),方知荫桓为其族兄,伊族甚大,同族不同县人甚多。此为唐中丞绍仪所荐,与康(康有为)、梁(梁启超)皆为广州府属,前悻毓鼎参唐绍仪之语,一字不虚。愚谓新政不可不办,乱党不可不防,吾弟以为然否?①

在清廷严查革命党、排满党的敏感时期,加之时值"丁未政潮",有泰将张荫棠与康有为、梁启超、张荫桓联系起来,扣上"康党"的帽子,显然是要置张荫棠于死地。不仅如此,有泰还指控张荫棠为唐绍仪所举荐,而唐绍仪

---

① 〔清〕有泰撰,吴丰培整理:《有泰驻藏日记》,全国图书馆文献缩微复制中心1991年版,第303-304页。

曾被御史恽毓鼎以"引用私人"所奏参。① 有泰以革命党、排满党、"康党"以及"引用私人"攻击张荫棠，并冠冕堂皇地向溥颋表示"乱党不可不防，吾弟以为然否？"，显然是要给足溥颋证据，以实施借刀杀人之计，这足见其政治手腕之老道，用心之险恶。总之，有泰向溥颋指控张荫棠为"康党"，是其为"俚歌"始作俑者的有力证据。

其六，"俚歌"最后一句"窄路遇着刀架项，看看又是一巴塘"，系借用驻藏帮办大臣凤全在巴塘一带改革激起当地僧俗反对而遭戕害事件，恶毒地诅咒张荫棠将落得与凤全一样的下场；而有泰在光绪三十三年正月初四日发出的控告信中，就曾诬蔑张荫棠"其行为似凤大人（即凤全）"。这也是有泰为"俚歌"始作俑者的有力证据。

综上，尽管有泰绝不会在日记中承认"俚歌"是自己所为，甚至有意掩饰成他是通过折差送来的藏内来信得知的，但捏造"俚歌"之人极有可能就是有泰，抑或是其授意亲信所为。总之，张荫棠遭弹劾及被人捏造"俚歌"等诋毁，均是有泰、联豫各有目的的恶意攻击与蓄意诬告。

张荫棠遭弹劾及被人捏造"俚歌"等诋毁，集中反映出以有泰、联豫为首的一些驻藏系统官员对藏事改革的干扰破坏。除对张荫棠的人身攻击外，驻藏系统的历史积弊以及一些人在思想上对改革认识不足等也对改革的推行极为不利。前文探讨了晚清以来驻藏系统官员"聊图敷衍"、"纲纪凌夷"、相互倾轧、贪污腐化等历史积弊，张荫棠整饬吏治不可能骤然扭转这种风气，仍有一些人存在"蹈常袭故"、"相率因循"、任满即去的思想；同时，整饬吏治难免引起一些人的嫉恨，他们对张荫棠的各项改革横加干扰、不予积极配合。具体而言，以有泰为首的一些人墨守成规、思想保守，缺乏改革意识，对改革冷嘲热讽。例如，对张荫棠督饬西藏地方在拉萨至曲水沿路种植柳树一事，有泰就大为不解，乃至与联豫一起诋毁，其在日记中云："张（荫棠）发千金交拉鲁佛公并番官，令其种树由藏（拉萨）至曲水，不知其意。后询建侯（联豫），方知此外国通例，洋人曾走之地，如民间种树，即为投降之意，此有人之可证。看其奉承洋人至矣。"② 而以联豫为首的另一部分人虽有一定的改革意识，

---

① 关于恽毓鼎奏参唐绍仪，据恽毓鼎1907年1月14日日记云："严旨申饬邮传部尚书张百熙，侍郎唐绍仪……邮传部则纯徇情面，欺罔无所不至。"1月30日日记云："严饬该侍郎（唐绍仪）引用私人。倘再师心自用，定不宽恕。雷霆奋发，群臣当知所戒惧矣。"见恽毓鼎著，史晓风整理《恽毓鼎澄斋日记》，江苏古籍出版社2004年版，第285、334、335、337页。有泰此处所言恽毓鼎以"引用私人"奏参唐绍仪，系指绍仪举荐张荫棠是"引用私人"，以此攻击张荫棠"出身不正"。

② 〔清〕有泰撰，吴丰培整理：《有泰驻藏日记》，全国图书馆文献缩微复制中心1991年版，第303页。

但其为一己私利,不顾大局、不识大体。然而,张荫棠藏事改革所遇的阻力与困难远不止于此,还有以下的这些方面。

第一,西藏地方改革基础薄弱,缺乏改革意识,上层中一部分人反对和阻挠改革。首先,西藏长期处于封建农奴制社会,生产力水平极端低下,经济基础十分薄弱。"洋务运动"期间,驻藏大臣衙门虽也设立了洋务局,但形同虚设,未能真正发挥促进西藏地方近代化的作用,改革仍是在落后的封建农奴制社会基础上开展。更为甚者,英国两次侵藏战争给西藏造成了"生灵涂炭,白骨遍野,四民失业,十室九空"的严重创伤,对西藏的社会经济发展无疑是雪上加霜。

其次,以十三世达赖喇嘛为首的西藏地方上层一部分人对改革施加阻力。一方面,改革难免触及以十三世达赖喇嘛为首的西藏地方上层一部分人的既得利益,因而遭到这些势力的反对、阻挠,尤其是十三世达赖喇嘛不甘心失去世俗权力,因而对实行政教分离是坚决反对的。另一方面,前任数位驻藏大臣尤其是有泰的"颠陨误国",导致以十三世达赖喇嘛为首的西藏地方上层对清政府心存不满,对改革疑虑重重。张荫棠开启各项改革虽是利用了十三世达赖喇嘛出走内地,对西藏事务控制力有所减弱的有利时机,但其仍能遥控指挥藏事。据联豫奏称:十三世达赖喇嘛"于兴学务农,以及讲求工艺等事,尚俱顺从;而于接电线、修道路、建营房等事,则大施其阻力。盖疑贰之心,久蓄于中。加以外人煽惑,故敢公然抗拒"①。下文还将进一步探讨十三世达赖喇嘛对藏事改革的反对态度。

再次,西藏地方缺乏改革意识。有泰感叹,西藏地方"绝不图自强之策,奈何奈何"②。尽管张荫棠一直以"固结人心为第一要义",并通过宣讲《天演论》等方式试图唤起西藏地方上层"亟图自强"的意识,以及劝导"藏俗改良","冀荡涤藏众龌龊窳惰之积习,而振其日新自强之气",但他在藏"为政日浅",西藏地方上层及广大僧俗百姓不可能在短时间内冲破长期存在的封建农奴制意识形态的藩篱,思想上对改革认识不足,因而在行动上不可能积极主动地推行改革。

最后,当时西藏地方的政治氛围很不利于改革的推行。关于当时西藏地方的政治氛围,据联豫的随员张其勤云:

---

① 〔清〕联豫:《遵旨复岑春煊奏陈统筹西北全局折》,见吴丰培编辑《清代藏事奏牍·联豫驻藏奏稿》,中国藏学出版社1994年版,第1497页。

② 〔清〕有泰:《复议约大臣张荫棠达赖明年回藏函》,见吴丰培编辑《清代藏事奏牍·有泰驻藏奏稿》,中国藏学出版社1994年版,第1223页。

> 近因达赖出亡未归，一切政治，暂由噶勒丹池巴主持。其下有官四员，名噶布伦，佐理达赖办事者也。又有三大寺，曰色拉、曰别绷、曰噶勒丹。又设有公所一区，则僧俗人皆有之，有事传谕噶布伦等，噶布伦必须开公所会议，传集三大寺及僧俗人等以决可否，然会议不过徒有虚名，黠者不敢言，愚者不能言，恐一发论，则其责归之于己也。往往一事，虽开公所数次而不能决断者，亦有番官不愿照办，而藉以延宕者，故办事为最难。①

西藏地方上层中"黠者不敢言，愚者不能言"，"往往一事虽开公所数次而不能决断者，亦有番官不愿照办，而藉以延宕者"，这种"办事为最难"的政治氛围对改革是极为不利的。此外，西藏地方还存在人才、经费严重短缺等具体困难。关于人才短缺问题，下文将论及张荫棠的建议。关于经费，张其勤指出："藏中无款可筹，即番民之富者，亦俱坐拥厚资，视一钱如性命，欲求其慷捐乐助以便兴办一切，共起而扶之，则断断乎无有。"②

第二，英国等侵藏势力对改革极力阻挠、遏制。张荫棠围绕"收回主权"的诸多改革措施与英国等西方殖民势力的侵略行径针锋相对，这是一场侵略与反侵略之间的激烈较量。如前述张荫棠清肃亲英势力就为英方干涉阻挠；而英国为达到"直接交涉"目的，对张荫棠筹措江孜开埠的干涉阻挠最为突出。张荫棠坚决抵制英国图谋与西藏地方"直接交涉"的斗争，就连侵藏头目贝尔都不得不承认张在一定程度上抵制了其图谋，然而英方并未善罢甘休。英国驻江孜商务委员奥康纳说："张荫棠的这一行动终将葬送我们远征队在西藏取得的成果，除非我们决意与之作对，坚持我们的正当权利。否则，我们在西藏的声望一定会降低到从前那种使我们有必要远征拉萨的无足轻重的程度。"为此，英国一方面向清政府抗议，施加外交压力，另一方面则是极力拉拢亲英分子，并且挑拨西藏地方与清朝中央政府的关系，为改革设下层层障碍。③

第三，清政府支持不力，这集中体现在改革方案与经费两大方面。改革方案方面，张荫棠规划的藏事改革涉及政治、经济、军事、外事、文教、卫生及民俗等，这些改革事项在规划上环环相扣，以"九局"具体推行。清廷虽然批示了"善后事宜十六条"，使之具有了"改革大纲"的性质，但对设立"九局"之上的行部大臣的方案迟迟没有明确态度。按照张荫棠的规划，行部大

---

① 〔清〕张其勤撰，〔清〕联豫补记：《炉藏道里最新考》，见吴丰培辑《川藏游踪汇编》，四川民族出版社1985年版，第407－408页。
② 〔清〕张其勤撰，〔清〕联豫补记：《炉藏道里最新考》，见吴丰培辑《川藏游踪汇编》，四川民族出版社1985年版，第407－408页。
③ 参见许广智《张荫棠查办藏事始末》，载《西藏研究》1988年第2期。

臣不仅节制"九局",更与诸多具体改革直接相关,是改革全局的核心和灵魂,其地位与作用十分重要。然而,设立行部大臣没有得到清廷哪怕是变通形式的指示,致使张荫棠全面藏事改革方案的顶层设计没有落实到位,这使得各项具体改革措施存在致命缺陷。经费方面,清政府财政入不敷出,难以为藏事改革提供有力的经费保障。对于改革所需经费,张荫棠在条陈改革主张时均有预算,并且均为请旨拨款。在"治藏刍议十九条"中,他指出"岁费综计约二百万,由部核议指拨"①。在"十六条"中,他就各项改革"开办及常年经费"做了详细预算,具体如下:

> 开办及常年经费宜统筹也。以上所拟各条,常年经费,练兵约需一百二十万两,学堂约需三十万两,官俸约需三十余万,卫生局医学院约需十万,拉萨所设督练交涉等九局约需二十万,巡警局约二十处,因地方繁简,酌设巡兵月饷四两,约需六十万。其余矿务、工艺、枪炮等局,因款项之多寡以为规模之大小,尚难预算。综计常年经费共约需三百万。应由各该部详细核议,咨商度支部筹拨。②

这份经费预算,包括了"十六条"中练兵,官俸、设学堂、卫生局及医院、九局、巡警以及矿务局、工艺局、枪炮局等各项改革所需经费,共计需银300万两,其中占比最大的是练兵经费,约需120万两。而联豫对练兵经费的预算为"非百三四十万不可"③,相比之下,张荫棠的预算还是比较保守的。

对于改革所需经费,清廷于光绪三十四年(1908)二月在任命赵尔丰为驻藏大臣及赵尔巽为四川总督的同一道谕旨中批示:"应需款项,著度支部按年筹拨的款银五六十万两,俾济要需。并由四川总督无分畛域,随时接济。"④稍后,清廷在批示"善后事宜十六条"时又强调:"现值库款支绌,百废待举,骤以数百万之款取给部库,势难应付。仍责成赵尔巽等就现有人才、物力分别缓急,次第筹办,以收循序渐进之效。"⑤可见,清政府由于国库空虚、

---

① 张荫棠:《致外部电陈治藏刍议》,见吴丰培编辑《清代藏事奏牍·张荫棠驻藏奏稿》,中国藏学出版社1994年版,第1330页。
② 张荫棠:《奏复西藏情形并善后事宜折》,见吴丰培编辑《清代藏事奏牍·张荫棠驻藏奏稿》,中国藏学出版社1994年版,第1402页。
③〔清〕联豫:《拨款不敷请饬部宽筹的款折》,见吴丰培编辑《清代藏事奏牍·张荫棠驻藏奏稿》,中国藏学出版社1994年版,第1499页。
④《清实录·德宗实录》卷五八七,光绪三十四年二月癸亥。
⑤《清实录·德宗实录》卷五八八,光绪三十四年三月戊子。

入不敷出，对藏事改革所需经费只能勉强筹拨预算数字的 1/6，其余大量资金缺口须依靠四川接济。然而，就是清廷所许诺的这五六十万两，度支部也无款直接拨给，不得不"竭力腾挪"。联豫在具体请旨拨款时，度支部先奏准从四川、广东盐务项下各拨银 10 万两，共计 20 万两。光绪三十四年（1908）三月十七日，度支部再次奏准了"先就四川应解洋款截留济用"的新方案："查四川应解俄、法款银四十万两，英、德款银五十五万两，拟即令该省自本年起，于应解俄、法款内截留银二十万两，英、德款内截留三十万两，共五十万两，尽数拨解西藏，俾得及时妥为规划。其四川应解俄、法、英、德款银五十万两，即由江海关按年于洋税、洋药厘项下如数垫解"，"倘有不敷之款，应由四川总督遵旨随时接济，以固边陲"。① 度支部奏称，这次筹拨 50 万两，较之联豫此前请拨 20 万两，"加增一倍有余，办理当已裕如，应请无庸再行添拨"②。按照度支部的安排，至光绪三十四年五月，清政府实际为藏事改革拨款共计银 70 万两，这与张荫棠预算的 300 万相差甚远。

同年十月，在清廷批准改革按照"十六条"推行后，张荫棠对改革所需经费重新做了预算。他在《上外部条议筹办藏政经费说帖》中首先指出："我政府欲经营藏事，原应规宏远而策万全，但值帑项支绌之际，计惟择要举办，先立基本，徐图扩充。固不宜铺张以糜费，亦不可因陋就简，授外人以窥伺之隙"；"预算各费，实难以内地为比例。就目前拟办各端而论，约计首年连开办费共需四百万两，以后每年需常年经费二百万两，庶使藏臣得所藉手，竭力经营。虽巨款难筹，而英俄交迫，以他日防边之费为今日治藏之用，所省实多。但使得人而理，庶几款不虚糜耳"。③ 然后，张荫棠将所需经费分开办费、常年费两大类共 16 项做了具体预算。其中，开办费分为行政费与兴业费，合计 200 万两，常年费 200 万两，两者共计需款 400 万两（详见表 6-1）。张荫棠指出，以上经费预算"均系力求撙节，不敢稍涉虚糜"，但即便如此，仍需 400 万两。清廷对此项预算的实际筹拨情况，据宣统二年（1910）联豫奏称，光绪三十四年与宣统元年，按度支部此前安排的"四川应解洋款截留济用"每年 50 万两，分别用作开埠、练兵等改革事项；但自宣统二年起"川省财政困难，库储奇绌"，原议由江海关按年于洋税洋厘项下垫解的四川截留洋款，

---

① 《度支部遵旨筹拨的款以济西藏要需折》，见四川省民族研究所整理《清末川滇边务档案史料》，中华书局 1989 年版，第 174-175 页。

② 《度支部议奏驻藏大臣联豫奏藏事亟宜整顿恳宽筹的款片》，吴丰培编辑《清代藏事奏牍·联豫驻藏奏稿》，中国藏学出版社 1994 年版，第 1500 页。

③ 张荫棠：《上外部条议筹办藏政经费说帖》，见吴丰培编辑《清代藏事奏牍·张荫棠驻藏奏稿》，中国藏学出版社 1994 年版，第 1447-1448 页。

"势难久垫",四川总督赵尔巽"屡请减免协饷"。① 于是度支部提出"减半截留俄法款内银十万两,英德款内银十五万两,其余不敷之二十五万两,由川省另筹接济"。而赵尔巽同意截留洋款由50万两减半为25万两,但对"其余不敷之二十五万两",先奏请"改由应解甘饷内截留银一十五万两,北洋军需内截留银一十万两",后又奏请由东北边防经费中截留,可见四川当时也难以筹款接济。② 从联豫的奏陈看,光绪三十四年与宣统元年的经费,经度支部"极力腾挪",实际筹拨共计120万两白银;至于宣统二年,由于四川财政困难,直到九月联豫还在争取之中,赵尔巽能拨解截留洋款25万两已属不易。清政府与川藏两地在经费上均感捉襟见肘,难以满足藏事改革的需要。

表6-1 张荫棠藏事改革经费预算明细表

单位:万两

类别		具体项目	所需经费	合计
开办费	行政费	开埠	60	100
		建筑	30	
		制办	10	
	兴业费	盐务	20	100
		矿务	40	
		畜牧	10	
		种植	10	
		工艺	20	
常年费		道路	20	200
		学堂	30	
		练兵	50	
		巡警	35	
		添设汉官	30	
		公费	20	
		图志	5	
		活支	10	

注:据张荫棠《上外部条议筹办藏政经费说帖》(见吴丰培编辑《清代藏事奏牍·张荫棠驻藏奏稿》,中国藏学出版社1994年版,第1448-1450页)整理。

---

① 〔清〕联豫:《藏事危迫请照章按年拨解藏饷折》,见吴丰培编辑《清代藏事奏牍·张荫棠驻藏奏稿》,中国藏学出版社1994年版,第1536页。

② 〔清〕联豫:《请饬部筹拨的款以济西藏要需折》,见吴丰培编辑《清代藏事奏牍·张荫棠驻藏奏稿》,中国藏学出版社1994年版,第1560页。

二、奉旨离藏及其藏事改革的结局

光绪三十三年六月底（1907年8月），正当张荫棠大刀阔斧地推行改革之际，清政府与英国议定由中英两国各派全权代表在印度谈判中英藏印通商事宜，清廷派其作为中方全权代表前往谈判，由是张荫棠离开了西藏①。他在改革的关键时刻奉旨离藏，无疑使各项改革效果大打折扣。

张荫棠奉旨离藏距其到达拉萨前后仅有9个多月时间，各项改革正处于"次第开办"的关键时刻，清廷为何在此节骨眼将他调离？其一，当时与英国谈判藏印通商事宜也是当务之急，急需既有外交才能又熟悉藏事之人。张荫棠曾出使欧美多国，"娴于外交"，才能深得清廷赏识，尤其是他此前赴印谈判重订"拉萨条约"，即参与《中印续订藏印条约》的谈判，而中英藏印通商章程的谈判是《中印续订藏印条约》的后续；并且张荫棠此时已经深谙藏事，符合此次与英方谈判中英藏印通商章程谈判人选的条件。其二，从此前安排看，清廷派张荫棠入藏"查办事件"时的谕旨就强调由他落实"所有按约开埠事宜"；后来清廷在同意他辞授驻藏帮办大臣的谕旨中再次强调"所有亚东关开埠各事宜著张荫棠妥筹办理，以专责成"②，要求张荫棠负责开埠自然包括与英国谈判中英藏印通商事宜。其三，张荫棠自进藏一直在开展开埠的各项前期准备，他通过筹措具体事宜最为了解情况。其四，外务部在与英国围绕中英藏印通商事宜做前期交涉期间，外务部侍郎唐绍仪一直在与张荫棠沟通具体事宜。张荫棠到藏才两个月时，有泰日记云："又闻唐大人绍仪有电给张（荫棠）送联（豫）大人，后至少韩屋内遇竹筼，唐（绍仪）电乃因款不能继，是以张（荫棠）有走之说。"③ 此时有泰就得知唐绍仪电催张荫棠，而有泰一个"又"字表明他们已沟通不止一次，随后有泰日记还有几次关于他们沟通的记载。总之，清廷派张荫棠派张荫棠赴印与英国谈判中英藏印通商事宜，是因为他是不二人选。张荫棠在藏事改革的关键时刻奉旨离开，于各项改革极为不利，但赴印谈判毕竟是藏事的重要内容，且他离藏却未离开藏事，这尚在情理之中。

离藏赴印前，张荫棠仍对藏事改革"眷眷在怀"，他叮嘱联豫继续推行各项改革的同时，接连致函噶厦与九世班禅，敦勉西藏地方深入推行改革、亟图

---

① 详细论述见第四章第二节之"四、围绕开埠的斗争"。
② 《清实录·德宗实录》卷五六五，光绪三十二年十月癸巳。
③ 〔清〕有泰撰，吴丰培整理：《有泰驻藏日记》，全国图书馆文献缩微复制中心1991年版，第276页。

自强，并就具体事宜予以一一交代。五月二十二日，在给西藏地方政府的《译行商上暨札噶厦劝令速办九局事宜》一文中，张荫棠强调："西藏地方内政外交亟需整顿，而现象贫弱，尤应急谋挽救"，饬立"九局"及"分派职事"，"以冀共相讲求，力图振作，俾尔西藏蒸蒸日上，蔚成富强"。针对"数月以来各局虽据报成立，而详加考核，于一切局务多未实力奉行"的情况，他劝勉道："倘竟长此因循，诚恐向之所谓整顿挽救者，徒托空言，观成无日，不但负本大臣一片热心，尤非尔藏众自求富强之道。兹本大臣以办理埠务，将赴江孜，不能如在拉萨时与尔等朝夕见面，时相劝勉。然念兹九局，眷眷在怀，所望自督办以至各总理各职员尽心竭力，将该局之务，按照章程，速为兴办。尤望尔大众同心合力，会议妥筹，将各局局务何者宜先、何者可后，分别商定，俾任事者得以次第举行。总期过一日，必办一日之事，办一事必有一事之效，是所厚望。况强邻压境，藏事岌岌可危，及今图之，已憾其晚，失今不图，悔将何及？"接着，张荫棠就各项改革所需人才及具体用人问题建议道："至于用人不拘一格，人材愈多，事愈易办。既属一群之人，总宜同具公忠，结为团体，且不可自分党派，各怀疑忌，以至人心不固，内力不充，于事无益，反为有损。即如已革前任噶布伦布赖绷鲁领、卸任堪布青饶丹增能珠、大招卸任商卓特巴小堪布降巴曲桑，及辞退商上职分达苏济美、曲觉江，监视人革隆阿旺洛布厦、札娃摆足夺吉、学康巴顿柱、彭错、腔青巴阿、旺青饶摆桑等，老成具在，尚有典型，九局中事自不妨加以委任，或招其会议，以资参决。彼等更事较多，阅历较深，藉可集思广益也。"最后，张荫棠给代理摄政洛桑坚赞等西藏地方上层情真意切地作"临别赠言"道："要而言之，今日之西藏，教宜保旧，而政必维新。凡任事僧俗各员，断不可镠执成见，仍沿陋习，不思改革，以自处于劣败之地位，将被强者之鱼肉，可危可惧。勉之慎之"，"此本大臣临别赠言。望尔大众幸勿河汉"。①

在发给西藏地方的《谕全藏僧俗官民筹办要政亟图自强》一文中，张荫棠进一步地勉励西藏地方树立"亟图自强"意识，切实推进"九局"改革任务。他首先自我批评道："本大臣到拉萨以来，业经半载，自愧德薄才疏，不能为尔藏民办得一事，不能仰副大皇帝眷眷西顾之心。"但表示"本大臣此身虽去拉萨，此心未尝一刻忘也"。针对"九局"各局，"规模虽具，任事者才识短浅，又未能切实举办"，以及"藏俗改良"未能"实力奉行"等改革不力的情况，张荫棠又做出"此皆本大臣督饬无方，以致办理数月，茫无成效，

---

① 张荫棠：《译行商上暨札噶厦劝令速办九局事宜》，见吴丰培编辑《清代藏事奏牍·张荫棠驻藏奏稿》，中国藏学出版社1994年版，第1371页。

清夜自思，实无以对尔藏民者也"的自我批评，同时批评警示道："以图进化否。"接着，他通过分析时局，试图唤起西藏地方僧俗官民的改革急迫感和"亟图自强"的意识："本大臣总览西藏大势，介居英俄两大国之间，虎视眈眈，岌岌可危，敌兵日日可以直驱而入，和约万不足恃。今日一语不合，明日敌兵即可至城下。尔等须刻刻将败亡逃窜之惨状时悬心目，梦寐不忘，互相警戒，覆巢之下，断无完卵。彼时汉番前后藏廓布数十万男女同被羁缚，同受宰割，迟早同归于尽，岂有畛域之分。尔等切不可各争党派，一室之中自分畛域，互相猜忌，互相倾陷，置国事于不顾，适以堕敌之狡计之中。尔等试观印度、哲孟雄等处，土地已归他人，受人鱼肉，佛教衰微，渐为耶稣教所灭，可为寒心。"随后，他就如何具体推进改革强调："如今欲求救亡之法，只有兴学、练兵两事，是最紧要。农、工、商、矿为致富根本，练兵为御外侮根本，均非广开学堂，切实考究，不能开通智识，增长才艺。尔藏民系大清国皇帝百姓，尤须先练习中文，通晓汉语，然后考求西国文字技艺。因西国各种技艺，中国皆有已译成之书也。本大臣即去拉萨之后，犹望尔西藏官民人等按照我所订九局章程、藏俗改良书，一一切实办理，以立基础而图精进。"最后，张荫棠敦勉"汉番官僧俗人等"："做官者不顾身家，以为百姓办事；为民者同心协力，以赴公家之急。庶西藏蒸蒸日上，驯致富强，足与环球各大国争衡，大皇帝亦可稍纾西顾之忧，佛教日见昌隆之势，亦不枉本大臣一场苦心也。"①

与此同时，张荫棠向九世班禅发去《致班禅函论拉章商上不宜各分畛域》一文，对其规劝道："当念前后藏唇齿相依，同种同教，不宜各分畛域"，"此时唐古特人等同心协力，尚恐难以御外侮，不应同室操戈，以中外藩之计"。②

到印度谈判期间，张荫棠进一步完善藏事改革方案，于十一月条陈的"善后事宜十六条"，最终引起了清廷的高度重视。光绪三十四年（1908）二、三月间，张荫棠在印度谈判即将告竣时，清廷对藏事接连做出了两项重大决策。一是加强藏事人事安排。二月初四日（3月6日），清廷下旨："赏川滇边务大臣赵尔丰尚书衔，作为驻藏办事大臣，仍兼边务大臣。"③又任命赵尔丰之兄赵尔巽为四川总督，"以免扞格，而便联络"。二是三月初三日（4月3日），清廷下旨批准张荫棠条陈的"善后事宜十六条"作为藏事改革的"改革

---

① 张荫棠：《谕全藏僧俗官民筹办要政亟图自强》，见吴丰培编辑《清代藏事奏牍·张荫棠驻藏奏稿》，中国藏学出版社1994年版，第1372—1373页。
② 张荫棠：《致班禅函论拉章商上不宜各分畛域》，见吴丰培编辑《清代藏事奏牍·张荫棠驻藏奏稿》，中国藏学出版社1994年版，第1371—1372页。
③ 《清实录·德宗实录》卷五八七，光绪三十四年二月庚申。

大纲",① 要求"赵尔巽、赵尔丰、联豫、张荫棠按照单开各条体察情形,会同悉心妥议,随时奏明,请旨办理"②。这两项决定表明清廷正式着手推动藏事改革,后文还将专门进行讨论清廷将藏事改革作为加强整个西南边疆治理的核心进行的一系列总体部署。然而,其中对张荫棠的安排却是命令其在《中英藏印通商章程》签字后"返京复命"。

赵尔丰虽曾秘折批评张荫棠签订《中英藏印通商章程》"有失主权",但在得知清廷要求张荫棠返京复命后,他从大局出发,请旨饬留张"经理一切",等到"诸事略有头绪,再请饬令回京","以免贻误,而资熟手",③ 然而,清廷并未同意。张荫棠在藏期间"固结人心",深得西藏僧俗百姓拥戴。得知其返京复命的消息后,代理摄政洛桑坚赞即致函张荫棠"再三禀恳",予以挽留。但同时,英国侵略分子得知张荫棠离藏消息后却拍手称快,英印政府向英国政府报告称:"我们现在听到,张先生不返回西藏了,希望他的继任者对我们更友好一些。如果是那样,一切都好。"④ 这足见张荫棠被调离,令亲者痛而仇者快,令人扼腕叹息。

张荫棠本人在"返京复命"已成定局的情势下,分别致函驻藏大臣联豫及西藏地方上层,叮嘱他们继续推进藏事改革。在给联豫的《致驻藏大臣请妥筹藏务》《复驻藏联大臣请派员接管江孜埠务并设学堂以养人才》《复驻藏联大臣函述在印议约情形并告行将返京请妥筹藏务》《咨驻藏大臣捐助各学堂汉文学生奖赏基金》等文中,张荫棠结合各项改革开展情况及《中英藏印通商章程》签订后的面临的形势,就如何继续推行改革一一叮嘱联豫。其中,他在《致驻藏大臣请妥筹藏务》中强调:"以破除汉番畛域,固结人心为第一要义,以收回政权,兴学练兵为入手办法。在我绝不存利西藏土地财产之见,助以经费,派员代理农、工、商、矿诸务,以西藏之财办西藏之事,但求西藏多筹一文,我国即刻少助一文。握其政权,不宜占其利权,使先怀疑贰。西藏苟能自固其圉,则边境安谧,我之所获多矣。"⑤ 与此同时,张荫棠还向十三世达赖喇嘛发去《复达赖函请善筹藏务》,向代理摄政洛桑坚赞发去《复噶勒

---

① 详细论述见第二章第三节之"二、倡言革新"。
② 《清实录·德宗实录》卷五八八,光绪三十四年三月戊子。
③ 〔清〕赵尔丰:《密陈修改西藏通商章程并恳筹拨的款及早经营折》,吴丰培整理《赵尔丰川边奏牍》,四川民族出版社1984年版,第179页。
④ 《奥康纳上尉关于西藏的备忘录》(1908年3月13日),见《英国政府有关西藏事务函电》(F.O.535),第11卷,第101号文件《印度事务部致外交部》(1908年9月21日)附件1。
⑤ 张荫棠:《致驻藏大臣请妥筹藏务》,见吴丰培编辑《清代藏事奏牍·张荫棠驻藏奏稿》,中国藏学出版社1994年版,第1419页。

丹池巴函饬改良政治》一文，勉励他们"善筹藏务""改良政治"。其中，勉励洛桑坚赞："约虽订定，而整顿地方亟图自强，是在执事之督率藏官，力为后盾耳。夫西藏政治疲敝极矣，非一切改良，不能争雄于天演物竞时代。识时务者当能早见及此也。"① 这些是张荫棠回京前对藏事改革所做的最后努力。

表面上看，张荫棠在藏事改革的关键时刻奉旨赴印是清廷派其入藏"查办事件"的职责所在，《中英藏印通商章程》签字后"返京复命"亦是顺理成章，但其中还有复杂的原因。

第一，清廷对藏事改革没有充分的思想准备、支持不力。清廷内外交困，对藏事"畏难苟安"，《中英续订藏印条约》签订后派张荫棠入藏"查办藏事"，更多强调的是"按约开埠"，这在一定程度上仅是为应付时局的权宜之计，而不是通盘考虑实行改革。张荫棠大刀阔斧地开启各项改革期间，一直未见清廷明确支持的态度，直到批准"善后事宜十六条"，清廷方才下定了藏事改革的决心。这期间，清廷未能及时对各项具体改革给予指示，实际上给张荫棠造成了极大的考验，乃至消磨其改革志气。如在条陈"治藏刍议十九条"时，张荫棠不得不谨慎地表示："因先献刍议，乞公裁正，或交外部作公牍，密向邸枢妥筹。倘蒙采纳，即代奏赐复，俾先布置"，"倘鄙意不可行，则棠开埠事竣，查而不办，奉身而退，以俟能者而已"。② 总之，清廷对藏事改革思想准备不足，不能量才用人，是导致张荫棠被一步步调离的根本原因。

第二，张荫棠被调离与联豫的排挤有直接关系。前文已讨论了联豫出于大权独揽的一己私利，不顾大局，为将张荫棠"挤之出藏"，对其恶意攻击。联豫不仅排挤张荫棠，赵尔丰也因其排挤未能实际出任驻藏大臣。赵尔丰受命任驻藏大臣后，联豫一面直接致函赵尔丰，以"西藏寺庙及巴（巴塘）、炉（打箭炉）等处寺庙领袖僧众呈诉，要求奏撤尔丰，勿再简放新任驻藏大臣"③ 为由，予以直接阻挠；一面向军机处报告："闻有（番官）调兵拦阻赵尔丰入藏之说，民心殊不谓然。……再三开导，置若罔闻，其貌玩情形如此。"④ 军机

---

① 张荫棠：《复噶勒丹池巴函饬改良政治》，见吴丰培编辑《清代藏事奏牍·张荫棠驻藏奏稿》，中国藏学出版社1994年版，第1420－1421页。
② 张荫棠：《致外部电陈治藏刍议》，见吴丰培编辑《清代藏事奏牍·张荫棠驻藏奏稿》，中国藏学出版社1994年版，第1328页。
③〔清〕赵尔丰：《赵尔丰致电军机处西藏等处寺庙呈诉要求奏撤尔丰请于达赖到京时宣示威德》，见四川省民族研究所编《清末川滇边务档案史料》，中华书局1989年版，第208页。
④〔清〕联豫：《联豫电复军机处闻藏调兵拦阻赵尔丰入藏》，见四川省民族研究所编《清末川滇边务档案史料》，中华书局1989年版，第210页。

处据此上呈"联豫、赵尔丰咨送西藏等处寺庙要求奏撤赵尔丰公禀"①，并附呈了联豫的《西藏僧俗员弁禀请撤回赵尔丰以堵糜乱》《西藏格登池巴等禀请赵尔丰请勿带兵进藏并惩办程凤翔》两折，清廷由此同意撤回对赵尔丰的任命，仍以联豫为驻藏大臣。赵尔丰在川边"改土归流"，一度引起了当地僧俗民众的不满，联豫奏称西藏地方反对其进藏似在情理之中，但以此奏请撤回赵尔丰显然是不顾大局。正如吴丰培所言："惜清廷重用联豫，仍调张回京。即素与联豫友谊极深之赵尔丰也因政见不和，权力之争，虽赵已受驻藏大臣之任命，而终被排挤而不能入藏到任。这是清廷用人不当。"②

第三，清廷对张荫棠的一系列安排，与那桐、唐绍仪对其仕途"关照"有一定的关系。张荫棠回京后，先授外务部右丞参，次年补授外务部左丞，他被排挤出藏并没有影响仕途，至少与那桐、唐绍仪的"关照"有关。据那桐日记记载，光绪三十年（1904）二月十三日，张荫棠由翰林院编修关伯衡介绍来拜门，那桐认为其人"阅历有为"，二人"畅谈"。③ 那桐时为外务部会办大臣，是张荫棠的直接上级，张荫棠受擢升，与那桐的赏识大有关系。④ 另外，张荫棠自被唐绍仪奏调为参赞一同赴印谈判重订"拉萨条约"起，一直受唐绍仪的器重、提携。张荫棠作为全权代表赴印谈判《中英藏印通商章程》，主要是唐绍仪大力举荐。《韦礼敦先生关于印度的东北边境关系的备忘录》云：

> 唐绍仪现在是奉天巡抚，1905年在加尔各答是中国谈判条约的委员，1906—1907年在北京外务部是侍郎。……张荫棠是被唐绍仪提名的，外务部的大臣们都知道，张荫棠受他的恩师所左右的，甚至在他（指唐绍仪）转到奉天去了之后，也是这样。⑤

结合张荫棠在藏遭联豫排挤一事看，清廷将其调离后予以擢升，既满足了联豫的权力欲望，也不失对张荫棠的"关照"。清廷为平衡各方利益所做的安

---

① 《军机处进呈联豫、赵尔丰咨送西藏等处寺庙要求奏撤赵尔丰公禀》，见四川省民族研究所编《清末川滇边务档案史料》，中华书局1989年版，第214-219页。
② 吴丰培：《张荫棠驻藏奏稿·跋》，见吴丰培编辑《清代藏事奏牍·张荫棠驻藏奏稿》，中国藏学出版社1994年版，第1457页。
③ 北京市档案馆编：《那桐日记》（上册），新华出版社2006年版，第498页。
④ 马忠文：《清季查办藏事大臣张荫棠的家世、宦迹与交游》，载《学术研究》2019年第6期。
⑤ 《韦礼敦先生关于印度的东北边境关系的备忘录》（1908年3月9日），见《英国政府有关西藏事务函电》（F.O.535），第11卷，第101号文件《印度事务部致外交部》（1908年9月21日）附件2。

排还有赵尔丰受命驻藏大臣后遭联豫排挤而改授四川总督。清廷这样的安排看似两全其美，但实际上未能充分重视藏事改革的用人问题，这对藏事改革极为不利。

第四，高原反应对张荫棠本人的身体健康所造成的损害，是不容他久留西藏的客观原因。张荫棠行抵拉萨的前一天，有泰派去迎接的下属就报告"张憩伯身体亦不见好，多喘"①。后来有泰在日记中几次写道"闻张大人病甚重""闻弓长病甚重，已不能理公事云云"等。② 张荫棠自己也奏陈："棠自抵拉萨，患咯血气喘，日食虚粥半瓯，夜不成寐。力小任重，忧劳殆不能支。日盼埠事粗定，即行告假回京养病。"③

总之，清廷在《中英藏印通商章程》签字后，对张荫棠的安排是"返京复命"，那么"返京复命"究竟有无必要？1908年6月25日《申报》一篇题为《张荫棠来京原因（要闻）》的报道内容如下：

  政府电召驻藏帮办大臣张荫棠来京，其原因颇为紧要。闻系其要件：（一）中英通商事宜。（二）撤退英兵事宜。（三）驻藏练兵事宜。（四）优待达赖喇嘛事宜。（五）对付英俄协约事宜。一俟召见事毕，即与外部堂官及理藩部堂官会议办理藏务事宜，以资整顿云。④

这篇报道所言不虚，张荫棠返京后要向朝廷汇报的这些问题都是当时事关藏事的重大问题，尤其是经他促成的十三世达赖喇嘛入京朝觐一事在即，他须参与前期准备，因此返京复命确实十分必要。

光绪三十四年六月二十四日（7月22日），张荫棠由印度回到北京。次日，慈禧太后在颐和园召见，"垂询良久，始命往见庆邸（庆亲王奕劻）、袁军机（袁世凯），会商整顿西藏之策"。张荫棠"复命"后，就有报道称"大约明春张大臣当偕达赖同归拉萨"⑤。紧接着，张荫棠忙于十三世达赖喇嘛入京朝觐的各项前期准备，十三世达赖喇嘛朝觐期间，又与理藩部侍郎达寿奉旨

---

① 〔清〕有泰撰，吴丰培整理：《有泰驻藏日记》，全国图书馆文献缩微复制中心1991年版，第267页。
② 〔清〕有泰撰，吴丰培整理：《有泰驻藏日记》，全国图书馆文献缩微复制中心1991年版，第275页。
③ 张荫棠：《致外部丞参函述筹藏详情及参劾番官原委》，见吴丰培编辑《清代藏事奏牍·张荫棠驻藏奏稿》，中国藏学出版社1994年版，第1362页。
④ 《张荫棠来京原因（要闻）》，《申报》，1908年6月25日。
⑤ 《西藏问题近述》，《竞业旬报》（第二十二期），1908年7月28日（光绪三十四年七月初一日）。

"照料"一切。这期间清廷仍有复派张荫棠入藏的考虑,据 1908 年 10 月 21 日《申报》报道:"政务处决议将西藏改设行省,简派重臣驻守,张荫棠为副亦议决。"10 月 28 日《申报》报道,议政王大臣会议藏事,"佥以改建行省,一时遽难着手,俟达赖回藏时,令张荫棠随同回藏,届时相度情势再行商办较为妥善"①。直到 12 月 27 日,《申报》再次报道:"政府诸大臣以西藏关系紧要,拟仍请简派外部张丞堂荫棠复往西藏治理一切,并经拟请旨加恩赏,以本部侍郎升用,以示隆崇。"②然而遗憾的是,清廷最终并没有做出复派张荫棠入藏的决定。次年六月,张荫棠奉旨出使美国、墨西哥、秘鲁等国,自此远离了藏事。

清廷为何最终没有复派张荫棠入藏?主要原因在于,虽然清廷从批示张荫棠条陈的"十六条"起就下定了推行藏事改革的决心,但在具体的改革方案以及是否改建行省及实行政教分离等重大问题上尚难决定,随之对是否复派张荫棠入藏犹豫难决。

光绪三十四年(1908)六月二十一日,在张荫棠一再坚持下,清廷下旨同意十三世达赖喇嘛入京朝觐,计划就有关重大改革事宜面询十三世达赖喇嘛。张荫棠"返京复命"后,清廷加紧筹措藏事改革方案。然而在是否建省等关键问题上,慈禧太后、光绪帝多次召见庆亲王奕劻及军机大臣袁世凯、张之洞、世续等人奏对,但"屡议未决","两宫以改革西藏各事,须面询达赖"③。九月二十日,十三世达赖喇嘛觐见时,"两宫垂询藏事,并饬谕整顿各节,达赖颇赞成之"④,随即其也将"筹议藏事策略交由庆邸转呈两宫御览"。据《申报》九月二十七日报道称,"现经探得内容分六大纲":

(一)请颁礼教法规。(二)重订传教约章。(三)拉萨各矿准由藏民协力开采。(四)扩充唐古忒学校兼习汉文。(五)印藏边界妥定设防章程。(六)请驻荷出使大臣宣布印藏界址于保和会。⑤

《申报》同篇报道称,清廷接到十三世达赖喇嘛提出的意见后,军机处与政务处随即组织外务部、度支部、理藩部、陆军部、邮传部、农工商等部各自"预筹西藏政事办法",自二十二日起会议藏事,专门要求张荫棠列席,"以便

---

① 《藏事改革之困难》,《申报》,1908 年 10 月 28 日。
② 《整顿西藏之计划》,《申报》,1908 年 12 月 27 日。
③ 《达赖喇嘛在京情形(北京)》,《申报》,1908 年 10 月 11 日。
④ 《达赖喇嘛在京情形(紧要新闻)(北京)》,《申报》,1908 年 10 月 31 日。
⑤ 《达赖喇嘛与西藏(紧要新闻)(北京)》,《申报》,1908 年 10 月 21 日。

诸事转商达赖，不致隔膜"。军机处与政务处议妥与十三世达赖喇嘛商议条件后，"两宫"派"于西藏情形极为熟悉"的肃亲王善耆为"会议藏务大臣"，与十三世达赖喇嘛进行磋商。其中，"农工商、理藩两部以藏地情形不甚熟悉"，请十三世达赖喇嘛"亲随喇嘛二员，逐日至部考证西藏地理图籍"；与此同时，赵尔丰、赵尔巽联衔请旨"订明达赖于地方官之权限，以免改革藏政有所阻碍"。

清廷在与十三世达赖喇嘛磋商改革事宜中，十三世达赖喇嘛起初"谓班禅昔日与某国有私约，欲改革藏事，须班禅一律赞成"，以"坚请特召班禅来京陛见"为由，故意节外生枝；① 后因"此次觐见两宫礼遇之优，出其意外"，"极表感激之忱"，"故对于西藏改建行省及整顿西藏各要政"，态度"大有转机"，"已不似前此之唯唯诺诺"，并呈进贡品，以表敬意。② 其间，清廷也已同意为十三世达赖喇嘛恢复名号，优加封赏，但十三世达赖喇嘛仍因担心失去权利而对改革心存芥蒂，加之英国、俄国、美国、日本等的加紧拉拢，使其对改革态度反复。如《中央日报》报道称，理藩部尚书寿耆与张荫棠"屡次与达赖喇嘛提议西藏改建行省一节。喇嘛甚称此举之善，惟对于地方行政，请另行详改藏律，以备凡遇交涉裁判等事，免使蒙人受损，并请凡地方要政须互相磋商云"③；而据《申报》报道称，张荫棠奉命与之婉商"筹藏开办细节"时，其"忽多方反对"④。时任美国驻华公使柔克义在给美国总统罗斯福的信中称，德尔智拜访他时表示："达赖喇嘛绝不反对在西藏扩大教育，也不反对军事改革。……他只是会害怕清政府会侵犯他的世俗权威。"柔克义还称，他从报纸上了解到清政府正在酝酿有关西藏行政体制、军事、财政、教育，农牧业以及交通等改革。他认为："如果这真是计划中的改革内容，我看不到达赖喇嘛反对这项改革的任何理由。不仅如此，军事、外交和教育问题（在某些地区）都是皇家中央的分内之事，不应该留给各个省份去单独处理。"同时，柔克义通过与德尔智的谈话得出结论："凡不影响他（指十三世达赖喇嘛——引者注）个人特权的事情，他几乎都不会在意；他将自己的事业与西藏人民的事业区分得泾渭分明，他愿意将西藏人民的事业完全交由清廷任意处置。只要他觉得他的个人荣誉和特权能有所保障，如有可能还可增加的话，他就会特

---

① 《达赖喇嘛在京情形（紧要新闻）》，《申报》，1908 年 11 月 2 日。
② 《达赖喇嘛在京情形（北京）》，《申报》，1908 年 10 月 26 日。
③ 《理藩部与达赖》，《中央日报》，1908 年 10 月 28 日。
④ 《达赖喇嘛在京情形（紧要新闻）（北京）》，《申报》，1908 年 10 月 31 日。

别在意（清廷）打算在西藏进行的行政改革。清政府一定也得出了同样的结论。"① 然而，正如柔克义关注到的一样，十三世达赖喇嘛对各项改革的态度取决于其所提出的"两个他认为至关重要的问题"能否得到满足，一是宗教地位，二是"直接奏事权"。对于第一个要求，清廷最终加封其为"顺诚赞化西天大善自在佛"，并予以厚赏；但清廷未能同意第二个要求，这更加重了十三世达赖喇嘛对改革的疑虑。②

总体而言，清廷在与十三世达赖喇嘛磋商藏事改革期间，其态度"时而唯唯，时而反覆"③，尤其是对西藏改设行省"不甚赞成"④，对政教分离"颇不愿意"⑤。实际上，这些改革事关十三世达赖喇嘛的切身利益，他是不会同意的。清廷本拟与十三世达赖喇嘛就藏事改革方案达成一致，但其态度仍让清廷难以决断；加之当时川边部分僧俗阻挠赵尔丰进藏被夸大为"藏众暴动"，清廷"恐激而生变"，遂决定西藏改设行省之事"暂作缓图"；后又反复筹议，直至十三世达赖喇嘛离京返藏，也未能与其就藏事改革的关键问题达成一致意见。因此之前筹议的擢升张荫棠并随同返藏也就没有定论，这或许是清廷最终没有复派张荫棠进藏的重要原因。

无论如何，张荫棠在各项改革正处于进一步深化推行的关键时刻被调离，无疑使藏事改革因失去主心骨而举步维艰。张荫棠离藏时，除惩治腐败基本完结外，各项改革的总体推行情况及效果，据他自己勉励西藏地方上层抓紧推行"九局"改革任务时所言，各局"规模虽具，任事者才识短浅，又未能切实举办"。可见，"九局"虽已具有一定规模，但仍需要加紧建设才能真正发挥作用。贝尔就张荫棠抵御英国侵略指出："虽其方法有不为英人所赞许者，但要须承认吾等之在西藏，实为彼所不喜欢。彼依一己之信仰，竭力为其国家谋利益，凡吾政府之政策，或当或不当，皆足为彼促进中国利益之具也。"因此，西藏地方大都视张荫棠为"抵抗英国之干城"。对于张荫棠开启的各项改革，贝尔指出其"初甚得众心"，"其后计划未有结果"，"然西藏人今日犹多敬仰此海外驻藏大臣也（因其是由海道至加尔各答，而未经西藏东部陆道，故藏

---

① 《柔克义致罗斯福总统》（1908 年 11 月 8 日），见程龙《晚清美国驻华公使柔克义涉藏档案选编》，五洲传播出版社 2016 年版，第 105－107 页。
② 详细论述见第三章第一节之"二、政教分离"。
③ 《论西藏乱事（论说）（朔）》，《申报》，1908 年 11 月 14 日。
④ 《达赖喇嘛与西藏（紧要新闻）（北京）》，《申报》，1908 年 10 月 30 日。
⑤ 《达赖喇嘛在京情形（紧要新闻）》，《申报》，1908 年 10 月 22 日。

人称之为'海外驻藏大臣')"。① 兰姆认为,"1908年秋,在张荫棠离开西藏之际,中国已经在西藏取得了相当大的进展,不仅消除了英国在西藏高原残留的威望,而且还为在中部西藏建立起一个全新的、中国主导下的行政体系打下了基础"②。总体而言,张荫棠离藏时,他所规划推行的政治、经济、军事、外事、教育、卫生、民俗七大方面的改革,得到了西藏地方的拥护和支持,一度掀起了改革高潮,尤其是"九局"已具有一定规模,抵御侵略亦颇有成效。西藏地方各界人士不仅敬称张荫棠为"海外驻藏大臣",甚至把张荫棠带进西藏种植的七瓣梅称为"张大人花"③,以此对其深表纪念。

第二节 联豫继续推行的新政

张荫棠离藏后,联豫在其改革的基础上,继续推行各项改革直至辛亥鼎革。由于正值全国新政时期,联豫在奏牍中将其继续推行的各项改革常称之为"举办新政",学界因此通常将联豫的改革称之为"联豫新政",有时也将其与张荫棠的改革统称为清末西藏新政,并已有不少研究成果。④ 本节扼要勾陈联豫新政的主要成就与特点,并讨论联豫新政与清末西藏政局等问题。

一、联豫新政的主要成就与特点

联豫,字建侯,内务府正白旗,汉军驻防浙省,原姓王,生卒年不详。曾

---

① [英]贝尔著,宫廷璋译,竺可桢、向达校:《西藏之过去与现在》,商务印书馆1930年版,第59—61页。

② [英]阿拉斯泰尔·兰姆著,梁俊艳译,张云校:《中印涉藏关系史(1904—1914)——以"麦克马洪线"问题为中心》,社会科学文献出版社2017年版,第146页。

③ 恰白·次旦平措等著,陈庆英等译:《西藏通史——松石宝串》(下),西藏古籍出版社2008年版,第970页。

④ 除西藏通史类著作外,专题性研究主要有张世明的《论联豫在清末新政期间对西藏开发》(载《中国边疆史地研究导报》1990年第6期),黄维忠的《联豫功过论》(载《西藏民族学院学报》1995年第2期)与《清季筹藏新政评述》(载《中国藏学》1995年第1期),许广智的《联豫在西藏推行近代化改革的历史作用及评价》(载《西藏研究》1995年第1期),赵云田的《清末西藏新政述论》(载《近代史研究》2002年第5期),康欣平的《联豫与十三世达赖喇嘛"失和"析论》(载《青海民族大学学报》2013年第3期)等。

随薛福成出使欧洲。① 光绪三十一年（1905）驻藏帮办大臣凤全遭戕害后，清廷赏给时为四川雅州府知府的联豫副都统衔，派为驻藏帮办大臣。② 当时清廷本已决定驻藏帮办大臣改驻昌都，以便"居中策应"，但联豫提出"似亦稍失轻重"，奏请"宜复旧制，仍驻前藏"，③ 清廷从其所请，其于次年七月二十二日（1906年9月10日）行抵拉萨。十月十二日，张荫棠到达拉萨后，清廷于十月二十日（12月5日）做出人事调整，命有泰返京当差，由联豫接任驻藏大臣，张荫棠作为驻藏帮办大臣。④ 对此安排，张荫棠坚辞不授，并奏准驻藏帮办大臣由联豫暂行兼署。十一月二十八日（1907年1月12日），有泰向联豫移交关防文书，联豫正式接印任事。光绪三十四年（1908）二月，清廷为加强藏事改革，任命赵尔丰为驻藏大臣。赵尔丰受命后，奏准肄业于香港华洋学堂的江苏候补道温宗尧为驻藏帮办大臣，联豫不再兼署。然而，赵尔丰因遭联豫排挤未能实际到任，联豫仍为驻藏大臣。联豫自进藏至辛亥鼎革被迫经由印度返京，驻藏时间长达六年，是清朝最后一任驻藏大臣。

前述张荫棠规划藏事改革方案就有联豫参与，开启各项改革更是"会同"联豫，"先行选派藏官，分途次第筹办"，⑤ 所以联豫对张荫棠的改革方案、思路是清楚的。联豫"通晓洋务"，本身有一定的改革意识，他也认识到"挽回主权"刻不容缓，对继续推行改革有一定的思想准备。张荫棠在离藏赴印及由印度返京复命之际，两次就如何进一步推行改革向联豫做了专门交代。清廷批示张荫棠"善后事宜十六条"时，明确要求联豫、赵尔丰等按照"十六条"所列各条"体察情形，会同悉心妥议，随时奏明，请旨办理"。这些为联豫继续推行新政奠定了各种基础。具体而言，联豫推行新政的主要成就有：

其一，行政体制改革。联豫的行政体制改革具体包括：①至宣统二年（1910），陆续裁撤原设粮台，改设理事官，并择要地设驻地委员。理事官与驻地委员分别职掌地方诉讼及保护行旅、清查田亩与赋税、兴学、筹办工商各业、调查矿产、盐务等事务。⑥ ②宣统三年（1911），裁撤驻藏帮办大臣，改

---

① 吴丰培：《联豫小传》，见吴丰培编辑《清代藏事奏牍·联豫驻藏奏稿》，中国藏学出版社1994年版，第1459页。
② 《清实录·德宗实录》卷五四三，光绪三十一年三月壬辰。
③ 〔清〕联豫：《请将驻藏帮办大臣复旧制仍驻前藏练兵各事由川督办理折》，见吴丰培编辑《清代藏事奏牍·联豫驻藏奏稿》，中国藏学出版社1994年版，第1467-1468页。
④ 《清实录·德宗实录》卷五六五，光绪三十二年十月癸未。
⑤ 张荫棠：《奏复西藏情形并西藏善后事宜折》，见吴丰培编辑《清代藏事奏牍·张荫棠驻藏奏稿》，中国藏学出版社1994年版，第1395页。
⑥ 〔清〕联豫：《西藏地方择要酌设委员折》，见吴丰培编辑《清代藏事奏牍·联豫驻藏奏稿》，中国藏学出版社1994年版，第1539-1540页。

设左右参赞。左右参赞秩从二品，① 任用罗长裿为左参赞、钱锡宝为右参赞。②③驻藏大臣衙门内部改设治事议事厅；裁撤公房，改设幕职分科办事制度。宣统三年，裁撤原设稿房、满印房、汉印房、吏房、礼房、户房、兵房、夷情房、译字房、廓尔喀房、掌房、看书房以及工、刑、药材房等，改设吏科兼礼科、法科参事一员，度支科兼营缮科参事一员，军政兼巡警科参事一员，交涉兼邮电科参事一员，学务兼农工商科参事一员，番务兼夷情藩属科参事一员，秘书一员，协理一员。③

其二，振兴实业。光绪三十三年，派员到四川劝工局学习工艺，并开设陈列馆一所，"罗列标本"④。宣统二年，铸造发行"宣统宝藏"⑤；同年架设驻藏大臣衙门至西大关30里的电报线路⑥，随后在拉萨设立西藏邮电局。除此之外，联豫对开垦、修路、开矿等虽有所准备规划，但限于人才、财力缺乏，未能实施。如光绪三十三年，联豫计划"速购秧苗，并办农器"，拟在拉萨河两岸开垦，但至宣统元年，限于"藏俗未通，款项复形支绌"，"尚难轻议举办"。⑦ 宣统二年，联豫提出修整拉萨至昌都的道路，"幅以宽一丈五尺，能行牛车两辆为度"，同时计划西路、北路"接续查勘修治"，但该提议仅此而已，开矿也是止于奏调勘察人员。⑧

其三，文化教育与卫生方面，创办白话报馆，开设译书局、印书局，兴办新式学堂，设施医馆、戒烟馆。光绪三十三年，联豫在张荫棠由印带进西藏"石印机器一副"这一关键设备基础上，⑨ 创办了西藏最早的白话文报纸——

---

① 〔清〕联豫：《请定左右参赞品秩片》，见吴丰培编辑《清代藏事奏牍·联豫驻藏奏稿》，中国藏学出版社1994年版，第1574页。

② 〔清〕联豫：《请裁帮办大臣改设左右参赞折》，见吴丰培编辑《清代藏事奏牍·联豫驻藏奏稿》，中国藏学出版社1994年版，第1565–1566页。

③ 〔清〕联豫：《改设治事议事厅设立幕职分科办事折》，见吴丰培编辑《清代藏事奏牍·联豫驻藏奏稿》，中国藏学出版社1994年版，第1574页。

④ 〔清〕联豫：《详陈藏中情形及拟办各事折》，见吴丰培编辑《清代藏事奏牍·联豫驻藏奏稿》，中国藏学出版社1994年版，第1477页。

⑤ 详细论述见第四章第二节"经济改革"。

⑥ 〔清〕联豫：《设建西藏电线请宽拨的款折》，见吴丰培编辑《清代藏事奏牍·联豫驻藏奏稿》，中国藏学出版社1994年版，第1569页。

⑦ 〔清〕联豫：《详陈筹办西藏事宜折》，见吴丰培编辑《清代藏事奏牍·联豫驻藏奏稿》，中国藏学出版社1994年版，第1517页。

⑧ 〔清〕联豫：《修理西藏道路桥梁折》，见吴丰培编辑《清代藏事奏牍·联豫驻藏奏稿》，中国藏学出版社1994年版，第1516页。

⑨ 〔清〕联豫：《开设白话报馆及汉文藏文传习所片》，见吴丰培编辑《清代藏事奏牍·联豫驻藏奏稿》，中国藏学出版社1994年版，第1490页。

《西藏白话报》。同年，联豫由印度购买铝制藏文字母及印刷机器，择就民房安置，开设印书局，同时开设译书局。兴学方面，至宣统三年，联豫在学务局的基础上具体兴办了西藏藏文传习所、西藏汉文传习所、西藏第一初等小学堂、西藏第二初等小学堂等16所新式学堂。① 卫生等方面，按照张荫棠设卫生总局、附设施医院的规划，联豫于光绪三十三年"创设施医馆一所，以济贫乏之无力医药者"②。光绪三十四年八月，根据清政府在全国范围内戒烟的要求，联豫在拉萨设立戒烟馆；十一月，又设立查验公所，"派员及医生实力查验"③。

其四，军事改革方面，设立陆军小学堂、督练公所，奏调川军入藏、编练新军。光绪三十四年，联豫奏调浙江陆军步队管带徐方诏为"西藏陆军学堂总办正参领"④，浙江武备学堂毕业生谢国梁为总办，四川武备将弁两堂毕业生14人为教习，遴选汉、藏学生20余人，设立陆军小学堂。⑤ 宣统二年正月，设立督练公所，"以为军政总汇之区"。督练公所下设兵备、参谋、教练三处，调派"晓畅军事"的罗长裿为兵备处总办，兼摄参谋、教练事宜。兵备处下设计划、赏罚科、检阅、测绘四科，"遴选深通本科之学者，派为科官"。⑥ 同年，应联豫所请，清廷调拨四川新练陆军一协，1700多人，由钟颖率领入藏。联豫以此为基础，编成步队三营，马队一营，炮队一队，军乐一队，并派人赴内地招募兵员，"编配合之"。加上"原练土兵一营"以及留驻拉萨的"游击之师"⑦，联豫编练新军的规模约为一个混成协。宣统三年，联豫裁撤驻藏各处绿营制兵1000多名，汰其老弱，择其精壮者，或充实新军，或编入巡警。⑧

---

① 详细论述见第五章第一节"文化教育改革"。
② 〔清〕联豫：《西藏施医馆记》，见吴丰培整理《联豫驻藏奏稿》，西藏人民出版社1979年版，第195页。
③ 〔清〕联豫：《设立戒烟查验所及办理戒烟经过片》，见吴丰培编辑《清代藏事奏牍·联豫驻藏奏稿》，中国藏学出版社1994年版，第1507页。
④ 《徐方诏为启用关防事致噶厦移》，见中国藏学研究中心、中国第一历史档案馆、中国第二历史档案馆、西藏自治区档案馆、四川省档案馆合编《元以来西藏地方与中央政府关系档案史料汇编》（第4册），中国藏学出版社1994年版，第1567页。
⑤ 〔清〕联豫：《开设译书局武备学堂片》，见吴丰培编辑《清代藏事奏牍·联豫驻藏奏稿》，中国藏学出版社1994年版，第1501页。
⑥ 〔清〕联豫：《添设兵备处派罗长裿兼摄片》，见吴丰培编辑《清代藏事奏牍·联豫驻藏奏稿》，中国藏学出版社1994年版，第1533页。
⑦ 〔清〕联豫：《编练新军现筹布置情形折》，见吴丰培编辑《清代藏事奏牍·联豫驻藏奏稿》，中国藏学出版社1994年版，第1540–1541页。
⑧ 〔清〕联豫：《裁撤制兵改员缺添练新军折》，见吴丰培编辑《清代藏事奏牍·联豫驻藏奏稿》，中国藏学出版社1994年版，第1570页。

此外，宣统二年二月，联豫在设巡警的基础上，在拉萨设立巡警总局，分派巡官巡长，于二月十一日起，带领修业步警兵140名、马警兵24名，一律站岗梭巡。①

另外，联豫负有按约开埠的责任。《中英藏印通商章程》签订后，亚东、江孜、噶大克三处"均宜开埠设关，以固主权"。光绪三十四年，联豫计划"三埠各设监督一员，并开办巡警裁判工程等处，督同番官办理"，经与赵尔丰会衔咨请外务部批准，亚东关监督仍由靖西同知马师周兼充，商务委员由原亚东关税务司张玉堂兼任；江孜监督以后藏粮员马吉符充任，商务委员以亚东关税务司供事吴松年兼任。马师周等于十月底之前先后到任，亚东、江孜两处"先行试办"。但噶大克由于路途遥远，加之没有合适的差遣之员，一时难以筹办开埠。十二月，驻藏帮办大臣温宗尧到任后，提出以亚东关为税务司，江孜、噶大克两处"暂作为分卡"，查验委员由亚东税司总理分派；同时，提出江孜、噶大克两处监督作为专差，裁判分别由商务委员暂兼。另外，温宗尧会同联豫向亚东添派藏官商务委员一人，英文英语翻译一名，藏文藏语翻译一名，印语翻译一名，护兵十名，护目两名，巡拦八名。② 宣统元年，联豫派出随员林润钊、吕逢镰两人前往噶大克测量调查，"以顾主权"。后经外务部奏准，噶大克作为亚东分关，派副税司一员前往，归亚东税务司管辖；江孜不再设关卡，由亚东关税务司派一查验委员，设立分卡，料理稽征事宜。③ 至于张荫棠规划的在印度加尔各答设立领事馆，联豫虽也一度奏请，④ 但未及实施，"而藏乱已起"。

联豫推行的上述新政内容，基本上是对张荫棠开启的相关改革的具体落实。但联豫也有一些新政内容并没有按照张荫棠的规划推行，而是有自己的思路。

其一，联豫首重武力。光绪三十二年十二月，联豫在首次奏陈拟办事宜就强调："惟有先行练兵，以树声威，而资震慑"，而兴学、设陈列馆、铸币、驻藏官员优给薪水、裁撤粮员改设理事官等五事虽"皆目前刻不容缓"，但

---

① 〔清〕联豫：《拉萨现已开办巡警并续办三埠折》，见吴丰培编辑《清代藏事奏牍·联豫驻藏奏稿》，中国藏学出版社1994年版，第1541页。
② 《温宗尧奏拟办开埠情形折》，见吴丰培编辑《清代藏事奏牍·联豫驻藏奏稿》，中国藏学出版社1994年版，第1505–1506页。
③ 〔清〕联豫：《详陈筹办西藏事宜折》，见吴丰培编辑《清代藏事奏牍·联豫驻藏奏稿》，中国藏学出版社1994年版，第1519页。
④ 〔清〕联豫：《请设印度嘎里嘎达领事官折》《闻藏欲在印京设代表请先事预防片》，见吴丰培编辑《清代藏事奏牍·联豫驻藏奏稿》，中国藏学出版社1994年版，第1521–1522页。

"练兵尤为急务，故拟先行办理"，至于接电线、修道路、查矿产、设警察等则"以期次第兴办"。① 就当时局势而论，联豫、张荫棠都强调练兵，本身无可厚非。所不同的是，张荫棠明确指出"如今欲求救亡之法，只有兴学练兵两事，是最紧要"，"以破除汉番畛域，固结人心为第一要义，兴学练兵为入手办法"，显然张荫棠强调练兵的前提是"固结人心"，并且"练兵"位列"兴学"之后；而联豫则把"练兵"列为第一位。总之，依恃武力推行新政是联豫的一个基本认识。由是联豫始终过分倚重武力，试图以军事高压手段达到让全藏"畏服"之势。川军入藏及派兵平定波密叛乱等军事行动的胜利，使其更加坚信推行新政要以强大的军事力量为后盾。联豫虽然也认识到"西藏之事，不用压力，则一事均不能办，过用压力，又恐启其外向之心"，但其更强调"惟兵力足以制之，或可相安无事"。② 联豫首重武力，却不能以"固结人心"为"第一要义"，不仅不能取得让全藏"畏服"的结果，反而是依恃武力强行推行新政的一些举措，引起了以十三世达赖喇嘛为首的西藏地方上层的强烈逆反。如在币制改革问题上，前述张荫棠极力反对联豫"自行铸币"，两人因此还发生了一场争论。张荫棠指出"自行铸币"，将会"使藏官疑我攘夺其利权"，"至两败俱伤"，"甚非计之得者也"；而联豫刚愎自用，强行查封西藏地方的铸币厂，以此为基础"自行铸币"，其结果正如张荫棠所预料。武昌首义的消息传到西藏后，联豫所依恃的新军则成了西藏乱局的罪魁祸首。

其二，联豫在推行新政中未能充分依靠西藏地方。在藏推行新政，能否充分依靠西藏地方上层及广大僧俗百姓至为重要，直接关乎新政成败。然而，联豫对西藏地方上层及僧俗百姓过分指责、批评，对其始终不够信任，不能充分依靠。联豫奏称："藏人则愚顽性生，罔知利害，亦且心怀疑贰"，"西藏番官，性情执拗异常，往往札饬一事，迟至数月而不禀复，或藉口于达赖之未归，或托词于会议之未协，虽极力催询，置若罔闻。至于三大寺僧众，则尤为恃众藐玩，总谓佛法无边，外人决不足虑，其执迷已久，一时断难醒悟"。联豫越是过分指责，结果越是"急应速办之事，虽再三晓谕，终多阻挠"。③ 有了武力可恃后，联豫强行推行新政的一些举措则直接将西藏地方推向了对立面。更为甚者，联豫与十三世达赖喇嘛"不相能"，使得推行新政更是困难重

---

① 〔清〕联豫：《详陈藏中情形及拟办各事折》，见吴丰培编辑《清代藏事奏牍·联豫驻藏奏稿》，中国藏学出版社1994年版，第1475–1480页。
② 〔清〕联豫：《西藏宪政骤难筹办折》，见吴丰培编辑《清代藏事奏牍·联豫驻藏奏稿》，中国藏学出版社1994年版，第1522页。
③ 〔清〕联豫：《详陈藏中情形及拟办各事折》，见吴丰培编辑《清代藏事奏牍·联豫驻藏奏稿》，中国藏学出版社1994年版，第1475–1476页。

重。"西藏风气痼蔽最深"固然是改革面临的一大困难，但面对同样的困难，张荫棠的应对方法则不同。张荫棠自进藏，始终以"固结人心"为"第一要义"，"日接见噶勒丹池巴、商上、噶布伦、三大寺、大堪布等，商议善后办法"，设"善后问题二十四条"，广泛征询西藏地方上层意见，"屡与喇嘛演说佛理，即借宗教以联络藏众，因所明以通所蔽"，以及团结代理摄政洛桑坚赞等，从而获得了西藏地方上层的信任与支持。同时，为扫除思想障碍，张荫棠通过宣讲"天演论"等不断激励西藏地方树立"亟图自强"的改革意识；为调动西藏地方上层的改革主动性和积极性，张荫棠在"九局"等新设机构的用人上坚持"一藏一汉"，并将一些改革事宜直接交由西藏地方上层落实，如前述督饬拉鲁佛公负责栽树等。张荫棠充分依靠西藏地方上层的作风和措施，赢得了西藏地方的积极支持。相比之下，联豫对西藏地方上层及僧俗百姓则过分批评、没有充分信任，与张荫棠积极应对的结果自是截然不同。联豫在推行新政中不能充分依靠西藏地方致使矛盾激化，新政举步维艰，这也是给后世的深刻教训。

其三，联豫的行政体制改革仅限于驻藏系统，没有触及西藏地方政教合一的封建农奴制，是片面的行政体制改革。在当时的情势下，彻底改革西藏地方政教合一的封建农奴制确实困难巨大，但张荫棠并未知难而退。前述张荫棠设立"九局"，委任代理摄政洛桑坚赞为"九局"总管，噶伦分别担任"九局"掌管，以及噶厦的官俸均由清朝中央政府优给等，实际上是以平稳的方式对西藏地方政府进行逐步改革。同时，张荫棠力主政教分离。相比之下，联豫的行政体制改革不仅没有触及西藏地方政府，更没有提及政教分离，只是不顾西藏地方的特殊情况，简单照搬清末新政中的官制改革模式，对驻藏大臣制度进行了不彻底的改革。

其四，联豫未能充分利用有利时机，新政大多仅为创设。联豫推行新政之际，清廷不仅批准了张荫棠的"十六条"，也进行了"川藏一体"的总体部署，[①] 这为其推行新政提供了良好的条件。赵尔丰受命驻藏大臣后，更是对联豫鼎力相助。如联豫奏请川军入藏得以顺利实施，就得益于赵尔丰从中支持；联豫最为得意的武功，即平定波密叛乱也是在赵尔丰协助下取得的。不仅赵尔丰积极支持，张荫棠一度也在北京积极奔走。除推动清廷对藏事改革更加重视外，张荫棠分别向外务部、邮传部、度支部等争取对开埠、架设电报线以及改革经费等的支持。然而联豫没能充分利用好有利时机和条件。至辛亥鼎革被迫离藏，联豫推行的新政仅限于编练新军，兴学，创设印书局、《西藏白话报》、

---

① 详细论述见第七章第一节"张荫棠藏事改革与清朝治藏思想的转变"。

陈列所、施医馆、巡警、邮电局，以及铸币与不彻底的行政体制改革等，其中大多仅为创设，未及推广。而且，联豫推行新政很少涉及张荫棠所规划的发展农牧业、工商业等，经济领域改革乏善可陈。

由上可见，除文化教育与卫生方面外，联豫推行的新政偏离张荫棠的规划之处不少，且"收回政权"的举措缺乏策略性和灵活性。正如成崇德、张世明在论及清末西藏新政教训时指出："张荫棠开发方案的制定与联豫开发措施的执行之间缺乏密切联系"，"联豫的开发措施显得胜丛零碎，没有做到有条不紊，影响了西藏开发的效果"。① 总体而言，联豫推行新政功不可没，但其方法过于简单粗暴、缺乏策略，尤其"收回政权"不能刚柔相济，对西藏政局恶化负有直接责任，后世论者在肯定其推行新政之功的同时，对此也多有批评。丁实存指出：联豫"举办各种新政，颇有改革之意。但其人实无开济之才"，"其所办理事项"，"多为张荫棠、赵尔丰主张所创设"，"联豫踵成其事，而其才又不足以干济之，故多无成就。川军入藏与收平波密，亦为赵尔丰之协助，当时且反对赵尔丰为驻藏大臣，阴阻其来拉萨，忌才昏聩，尤不足数。而与达赖十三世失和，致使逃亡大吉岭，为亲英之张本，罪尤不可恕"。② 吴丰培认为"所论极中肯綮，洵为定论"，并进一步指出："究豫之治藏，不过为输新政为名，向清廷多所请饷，求饱私囊而已"，"不问藏情是否相洽，人力物力能否相济，擅自兴革"。③ 但黄维忠认为批评联豫"擅自兴革""中饱私囊"有失偏颇。④

二、联豫与清末西藏政局

十三世达赖喇嘛由内地返回西藏是联豫继续推行新政的转折点。十三世达赖喇嘛回藏后，联豫与之"不相能"，致使西藏政局一步步恶化，西藏政局恶化则使联豫推行新政举步维艰。总之，联豫推行新政与清末西藏政局息息相关，同时又对清末西藏政局产生重大影响，两者之间有很强的互动关系。

联豫先后排除张荫棠、赵尔丰、温宗尧等异己，大权独揽，对清末西藏政局恶化负有不可推卸的直接责任。《辛壬春秋·西康篇》称，联豫"为人小有

---

① 成崇德、张世明：《清代西藏开发研究》，北京燕山出版社1997年版，第206、209页。
② 丁实存：《清代驻藏大臣考》，蒙藏委员会民国三十二年（1943）版，第156页。
③ 吴丰培：《联豫驻藏奏稿·跋》，见吴丰培编辑《清代藏事奏牍·联豫驻藏奏稿》，中国藏学出版社1994年版，第1590页。
④ 黄维忠：《联豫功过论》，载《西藏民族学院学报》1995年第2期。

才,不识大体"①,这点在联豫与同僚及下属关系方面有突出体现。联豫以驻藏帮办大臣身份到藏后,与有泰"不相能","擅自行动,不与有泰会商,自恃清廷有其内援,早谋取有泰职而代之",故有泰屡讥其"奢吸鸦片""侈谈洋务""好弄笔墨""腹笥甚简",等等,"足见其二人初见,已不相能矣"。有泰受惩后,联豫得以升任驻藏大臣兼署帮办大臣,"俨然以督府自居",将张荫棠"挤之出藏"后,"于是大权独揽"。②光绪三十四年二月,清廷任命赵尔丰为驻藏大臣,本是要撤换联豫。两人此前"同宦川省",关系"颇为密切"。赵尔丰受命驻藏大臣后,一度对联豫鼎力相助;然而联豫大加排挤,使其未能实际到任,两人关系由此紧张。原本对藏事很想有一番作为的赵尔丰颇为泄气地向其兄赵尔巽先后致密函称:"联(豫)贪功不顾大局,可恨可笑"③,"总之,温(宗尧)不足道,联(豫)亦大暗弱,在藏种种失败,皆由自取,闻之有令人可恨可笑者"④。驻藏帮办大臣温宗尧到藏之初,颇有进取之心,无奈联豫刚愎自用、专权独行,两人政见不合,温宗尧遂被调离出藏。宣统三年,联豫裁撤驻藏帮办大臣,改设左右参赞,由是进一步大权独揽。钟颖率川军到藏后,联豫委任其为造办厂掌办,堂而皇之地剥夺了钟颖的军权,从而把驻藏清军掌握在自己手中。大权独揽自有政出一门的优势,但从辛亥鼎革后联豫竟一度被亲信拘押来看,就连亲信也因其专权独行而有逆反之心。民国三年(1914)袁世凯签发处决钟颖(钟因辛亥年西藏动乱中罗长裿被害一案被处决)的"大总统申令"后,钟颖妻子在法庭上的辩护词指出"西藏变乱,罪在联豫一人",理由是联豫有"六误":一误失和达赖,二误结怨番官,三误轻开边衅,四误酿成兵变,五误纵容乱党,六误任用非人。⑤钟颖妻子所列联豫"六误"虽不免夸大,但绝非空穴来风。总之,联豫排除异己,不能保持驻藏系统内部的团结,可谓祸起萧墙。

联豫"一误失和达赖,二误结怨番官",是其不能团结和依靠西藏地方上层的真实写照,这也是后世论者认为联豫致使西藏政局恶化的重要依据。前述联豫缺乏"固结人心"的意识,不能充分依靠西藏地方,反而依恃军威强制

---

① 〔清〕尚秉和:《辛壬春秋》卷二二《西康篇》,民国十三年(1924)刻本,第15页。
② 吴丰培:《联豫驻藏奏稿·跋》,见吴丰培编辑《清代藏事奏牍·联豫驻藏奏稿》,中国藏学出版社1994年版,第1590页。
③ 〔清〕赵尔丰:《致川督联贪功不顾大局电》,见吴丰培编《赵尔丰川边奏牍》,四川民族出版社1984年版,第431页。
④ 〔清〕赵尔丰:《致川督联太暗弱失败自取电》,见吴丰培编《赵尔丰川边奏牍》,四川民族出版社,1984年,第432页。
⑤ 西藏社会科学院西藏学汉文文献编辑室编辑:《钟颖疑案》,全国图书馆文献缩微复制中心1992年版。

查封西藏地方的造币厂、枪械厂等，无疑"结怨番官"。而梳理联豫与十三世达赖喇嘛之间的关系可见，两人是从川军入藏问题开始产生矛盾的，即两人从未"和"过，实际也就无所谓"失和"。应当说，钟颖妻子指称联豫"失和达赖"，在措辞上用"失和"并不十分准确。尽管如此，自此以后人们在论及联豫与十三世达赖喇嘛关系时，常常沿用其"失和"说，似乎并没有影响人们对两人关系内涵的理解。按联豫自己的说法是"至积不相能"①，实际是关系恶化。联豫与十三达赖喇嘛的关系具有特殊性，两人分别代表的是中央政府与西藏地方，两人关系的好坏直接影响着中央政府与西藏地方的关系。按照常理，关系的恶化双方都有一定的责任，但在清政府亟待加强对藏主权与治权的特殊时期，起主导作用的应当是联豫；而联豫不能因势利导，以致与十三世达赖喇嘛关系恶化，从而致使西藏政局一步步失控。

联豫与十三世达赖喇嘛"至积不相能"的直接起因是川军入藏问题。十三世达赖喇嘛对联豫奏调川军入藏"大加反对"，于是两人在此一问题上开始了直接较量。两人相互"成见"颇深，又都刚愎自用，缺乏沟通，以致恶性循环。联豫认为："其达赖喇嘛夜郎自大，一切事权，咸欲操之于己，蔑视汉官，大肆倔强，加以外人觊觎，势逼利诱，百计千方，各藏官亦俱为其所惑"②，"达赖貌似和平，而阴用数人，相为抵抗"，"较之乾隆年间珠尔默忒之事，尤为明目张胆"，"至其左右助虐济恶之辈，必须悉予芟除，方足以伸国威而销隐患。奴才等日夜愁思，迄无良策。我欲和平而彼思决裂"。③ 就当时情势看，联豫所指十三世达赖喇嘛的"问题"并非子虚乌有，且预防其"独立"的本意无可厚非，这一点与张荫棠的认识基本一致。所不同的是，张荫棠在论陈形势的基础上积极筹措应对之策，提出以"尊为藏中教主""不令干预政治""岁给厚糈"为核心的政教分离主张，这虽在实施层面上面临困难，但体现出对十三世达赖喇嘛的尊重态度和一定的策略性。然而，联豫进一步得出"就现在情形论，我益让，则彼愈进"④ 等一系列认识，由是依仗军威压服十三世达赖喇嘛的思想不断膨胀。可以说，联豫对十三世达赖喇嘛"成见"

---

① 温宗尧：《驻藏大臣联豫温宗尧致枢垣达赖欲图自立遂至积不相能电》，见王彦威辑，王亮编，王敬立校《清宣统朝外交史料》卷十一，民国二十二年（1933年）版，第27页。

② 〔清〕联豫：《遵旨复岑春煊奏陈统筹西北全局折》，见吴丰培编辑《清代藏事奏牍·联豫驻藏奏稿》，中国藏学出版社1994年版，第1497页。

③ 〔清〕联豫：《详陈西藏近日情形折》，见吴丰培编辑《清代藏事奏牍·联豫驻藏奏稿》，中国藏学出版社1994年版，第1527页。

④ 《联豫温宗尧致外部请速简知兵大员带兵入藏震慑电》，见西藏自治区社会科学院、四川省社会科学院合编《近代康藏重大事件史料选编》，西藏藏文古籍出版社2001年版，第599页。

很深，以致其更加沉溺于意气之争，不能实事求是地采取应对之策。

联豫作为驻藏大臣，十三世达赖喇嘛对其也有一定的"成见"。十三世达赖喇嘛早就诋丑驻藏大臣为"熬茶大臣"，有泰请旨褫革其名号更加深了其对驻藏大臣的不良印象，这无疑使其对联豫推行新政心存芥蒂。朝觐期间受到清廷优待以及恢复名号等，使十三世达赖喇嘛得到了一定的慰藉；但"直接奏事权"等请求未能获准，十三世达赖喇嘛对清廷的不满也未完全释怀，甚至可以说他是带着一定的失落感返藏的。与此相反的是，十三世达赖喇嘛在内地期间，受英国等的利诱拉拢，其出走前坚决反英的态度开始动摇。如其向英国官员庄士敦表示"返回西藏后，将注意会见从印度来的英官员"①；向英国驻华公使朱尔典表示"前不久发生的事件不是他造成的；事件已属过去，他真诚希望双方应该存在和平友好。他希望公使（朱尔典）将这些话报告给国王（英王）"②。离京返藏前，其派人再次向朱尔典表示："确信此后只要藏方能确守条约，则藏印之间必可保持友谊，此实达赖入京以来最有价值之成就也。"③返藏途中，其致函英国与俄国驻华公使，希望他们就川军入藏等向清廷提出抗议，"书中力言彼对英印政府实有依依之情，……异日如有必要时深盼英公使尽力为之声援"④。返藏后，其又派人到印度向英印总督寻求援助。⑤ 十三世达赖喇嘛对英国态度的转变，直接关乎其对联豫的态度。

为阻止川军入藏，除请求英国等干涉外，十三世达赖喇嘛还于返藏途中致函章嘉呼图克图和东科尔呼图克图两大活佛，称川军入藏是联豫、张荫棠等"蒙蔽圣上"之举，请设法代为控诉。⑥ 更甚者，其指示噶厦加紧军事部署，

---

① 《朱尔典爵士致爱德华·格雷爵士》（1908年7月21日发，9月7日收到），见《英国政府有关西藏事务函电》（F.O.535），第11卷，第100号文件。
② 《梅尔思先生备忘录》，见《英国政府有关西藏事务函电》（F.O.535），第11卷，第117号文件《印度事务部致外交部》（1908年10月25日）附件。
③ ［英］荣赫鹏著，孙熙初译：《英国侵略西藏史》，西藏社会科学院资料情报研究所1983年内部资料，第291页。
④ ［英］荣赫鹏著，孙熙初译：《英国侵略西藏史》，西藏社会科学院资料情报研究所1983年内部资料，第291页。
⑤ 《印度总督致印度事务大臣电》（1910年2月15日），见《西藏地方历史资料选辑》，生活·读书·新知三联书店1963年版，第269页。
⑥ 西藏自治区政协文史资料研究委员会编：《第十三世达赖喇嘛年谱》[《西藏文史资料选辑》（第十一辑）]，民族出版社1989年版，第110页。

公然阻抗入藏川军、公开对抗联豫，并要求以西藏公会①的名义向清廷控告赵尔丰与联豫，表示"如政府不将联、赵及其兵士即行撤回，藏众必将反叛"②。

宣统元年十一月初九日（1909年12月21日），十三世达赖喇嘛由内地回到拉萨，受到噶厦、三大寺、广大僧俗百姓以及廓尔喀、克什米尔代表等隆重欢迎，③联豫也"循例出迎"。联豫对其的印象是"达赖气象矜张，言调傲慢，护卫皆系马兵，执持快枪，导以号鼓，如临大敌"④，这是联豫与十三世达赖喇嘛初次、也是唯一一次相见，由联豫的印象可见两人见面时气氛很不融洽。据朱绣的《西藏六十年大事记》载，对联豫出迎，"达赖不理，目若无见"，"联豫甚愤"，于是以"达赖私运俄国军火"，亲赴布达拉宫检查，并派人赴那曲翻检十三世达赖喇嘛的行李，结果未有证据，"于是达赖深恨联豫"。⑤由是联豫虽于出迎当天与其"订期往见"，但"均以无暇推辞"。不仅如此，十三世达赖喇嘛回藏后，一面调兵遣将，并"于楼上竖狮形大旗"；一面指示噶厦"暂行停止"⑥给联豫的供给，并以"毫无根据之语"开列联豫罪状19条，请温宗尧转奏清廷，要求撤换联豫。⑦联豫由此认为"显其夺我主权之伎俩"⑧。

由于联豫与十三世达赖喇嘛二人"不相能"，入藏川军前锋部队抵藏的前一天，即宣统二年正月初二日（1910年2月11日），温宗尧匆忙约见十三世

---

① 据联豫奏称："藏无公会有公所，假名番官喇嘛集议，冒称阖藏代表，实则达赖私用之边觉多吉等数人主持，并非英藏联合在印所设。"［《联豫等为所谓西藏公会电呈一事复军机处》，见中国藏学研究中心、中国第一历史档案馆、中国第二历史档案馆、西藏自治区档案馆、四川省档案馆合编《元以来西藏地方与中央政府关系档案史料汇编》（第4册），中国藏学出版社1994年版，第1599页］。外务部据联豫奏陈认为："所谓公会者，乃三四人之私见，煽惑人心，妄逸驻藏大臣，停止供应，擅请撤兵。"［《西藏公会请将联豫及兵队撤回查办呈外务部电》，见中国藏学研究中心、中国第一历史档案馆、中国第二历史档案馆、西藏自治区档案馆、四川省档案馆合编《元以来西藏地方与中央政府关系档案史料汇编》（第4册），中国藏学出版社1994年版，第1602页］。

② 《西藏公会呈外部请辅助佛教撤回联赵否则藏众必将反叛电》（宣统元年十月二十六日），见王彦威辑，王亮编，王敬立校《清宣统朝外交史料》卷十一，民国二十二年（1933）版，第10－11页。

③ 西藏自治区政协文史资料研究委员会编：《第十三世达赖喇嘛年谱》［《西藏文史资料选辑》（第11辑）］，民族出版社1989年版，第116－117页。

④〔清〕联豫：《详陈已革达赖私逃情形并请惩番官折》，见吴丰培编辑《清代藏事奏牍·联豫驻藏奏稿》，中国藏学出版社1994年版，第1537页。

⑤ 朱绣：《西藏六十年大事记》，民国十四年（1935）版，第21页。

⑥ 《西藏公会呈外部请辅助佛教撤回联赵否则藏众必将反叛电》，见王彦威辑，王亮编，王敬立校《清宣统朝外交史料》卷十一，民国二十二年（1933年）版，第10－11页。

⑦ 温宗尧：《驻藏帮办大臣温宗尧致枢垣请旨申明川兵进藏专为保护黄教》，见王彦威辑，王亮编，王敬立校《清宣统朝外交史料》卷十一，民国二十二年（1933年）版，第28－29页。

⑧〔清〕联豫：《详陈已革达赖私逃情形并请惩番官折》，见吴丰培编辑《清代藏事奏牍·联豫驻藏奏稿》，中国藏学出版社1994年版，第1537页。

达赖喇嘛,并达成了"七点共识"。温宗尧允其所请四事:一,入藏川军将来酌派各处保护地方;二,入藏川军决不坏寺观伤害喇嘛;三,诸事均和平办理;四,十三世达赖喇嘛固有教权决不侵夺。十三世达赖喇嘛亦允温宗尧三事:一,遵旨不阻川军入藏,立将调集之藏兵一律遣散归农;二,进京陛见渥荷殊封异数,锡赉骈番,请驻藏大臣代为叩谢天恩;三,照常尊重联豫,恢复供给。双方达成"七点共识"后,"达赖称口说无凭,请彼此对换公文,互照信守"①。就"七点共识"的内容本身看,十三世达赖喇嘛要求入藏川军不伤害西藏地方,并不过分。至于教权问题,即便张荫棠积极推动政教分离,其前提也是保留教权,应当说,温宗尧所允十三世达赖喇嘛固有教权决不侵夺,并无不妥。可以说,"七点共识"对联豫推行改革并不矛盾,它可以打消十三世达赖喇嘛的诸多顾虑,从而便于推行改革。然而联豫认为"全藏为我属地,向无立约之例","将其约内'和平办理'四字,改为'秉公持平办理',由温宗尧单衔印发"②。尽管如此,十三世达赖喇嘛依然表示"允照办",可见只要双方能达成谅解,即便是其大加反对的川军入藏,十三世达赖喇嘛也是可以接受的,这在当时与联豫"不相能"的情势下,是十分难能可贵的。

正月初三日,入藏川军前锋部队抵藏,联豫派出卫队及新军一队出迎,然而其对出迎队伍管束不严,其中一人当众开枪"击毙藏人一名",十三世达赖喇嘛看到"七点共识"并未被遵守,从而彻底对联豫失去信任,"恐祸及己身,仓皇失措","决计私逃"。温宗尧深感事态严重,力请联豫预防,却被"以无要员可派为辞",以致次日"天亮前"十三世达赖喇嘛离藏去往印度。③温宗尧于晚上得知消息紧急向联豫汇报后,联豫方才派人出寻,但为时已晚。在此过程中,温宗尧虽积极奔走,但联豫既不重视"七点共识",也不听温宗尧力主预防出逃的建议,以致温宗尧在向清廷汇报情形时对其颇有微词:"西藏事务,向由办事大臣主政,帮办大臣徒拥虚名,由来已久。"④总之,十三世达赖喇嘛出逃的直接原因在于联豫意气用事,试图以武力压服十三世达赖喇嘛,而不愿重视"七点共识"。"七点共识"的内容本身既无不妥,更何况就

---

① 温宗尧:《温宗尧奏报达赖外逃经过情形》,见西藏自治区社会科学院、四川省社会科学院合编《近代康藏重大事件史料选编》,西藏藏文古籍出版社2001年版,第687页。

② 〔清〕联豫:《详陈已革达赖私逃情形并请惩番官折》,见吴丰培编辑《清代藏事奏牍·联豫驻藏奏稿》,中国藏学出版社1994年版,第1537页。

③ 西藏自治区政协文史资料研究委员会编:《第十三世达赖喇嘛年谱》[《西藏文史资料选辑》(第11辑)],民族出版社1989年版,第118-119页。

④ 温宗尧:《温宗尧奏报达赖外逃经过情形》,见西藏自治区社会科学院、四川省社会科学院合编《近代康藏重大事件史料选编》,西藏藏文古籍出版社2001年版,第688页。

算联豫要求将"和平办理"四字改为"秉公持平办理",是为强调中央政府对藏主权,这也得到了十三世达赖喇嘛的同意。联豫之所以不愿重视,从根本上说,是其在认识上视西藏"地为藩属"①,从而囿于传统的藩属观,刻意追求居高临下的姿态。

十三世达赖喇嘛出逃后,清廷应联豫所请,再次褫革其名号,此举引起了英俄等国的强烈干涉,为缓和压力,清廷"有旨切责驻藏大臣办理不善"②,直接将责任推给了联豫。与此同时,清廷试图通过"另立达赖"的方式强行实现政教分离,③ 这不仅再次激起了以十三世达赖喇嘛为首的西藏地方对清廷的不满,更加剧了联豫与十三世达赖喇嘛及西藏地方的矛盾,由是联豫推行新政受到西藏地方的公然抗阻,举步维艰,终致酿成辛亥革命后驻藏系统官员及中央政府在藏驻军被迫出藏的严重事件。可以说,这一系列恶果的酿成,联豫作为驻藏大臣负有不可推卸的直接责任。

联豫推行新政的根本出发点本是"收回政权",却在辛亥鼎革后以引起西藏乱局,本人被迫出藏而告终。人们通常由此认为整个清末藏事改革是失败的,前文也梳理了学界对其中原因所做的不同诠释,应当说,诸说都有一定道理。清末藏事改革的失败,显然是多种原因综合所致。特别重要的一点在于,改革本身具有颠覆清朝传统治藏方式的内在动力,而新的治藏方式完全尚未布置就绪,清朝已被革命推翻;再者,从改革与西藏政局关系而言,联豫依恃武力推行新政的一些具体措施,加剧了西藏政局的恶化,而西藏政局的恶化加速了改革的失败及清朝在藏统治的终结。

总体而言,张荫棠、联豫都是以改善和加强清朝中央政府对西藏的主权与治权为改革目的的,他们推行改革都与清末西藏政局之间有很强的互动关系。张荫棠通过改革使西藏政局逐渐向好,改革总体上进展还算顺利;联豫推行新政则致使西藏政局恶化,从而使新政举步维艰。最终,随着清朝被革命所推翻,清朝在西藏的统治以联豫被迫出藏而告终。并且,清朝覆灭后,英国等外国势力趁机制造"西藏独立",由是西藏地方与中央政府的关系一度极不正常。从这个意义上来说,清末藏事改革完全失败了。但就清末藏事改革内容及其所产生的实际效果与影响来说,它并没有完全失败:一则清末藏事改革的诸多内容铸牢了西藏地方与中央政府关系的内在联系性,为西藏地方与新的中央

---

① 〔清〕联豫:《西藏宪政骤难筹办折》,见吴丰培编辑《清代藏事奏牍·联豫驻藏奏稿》,中国藏学出版社1994年版,第1522页。

② 朱绣:《西藏六十年大事记》,民国十四年(1925)版,第25页。

③ 详细论述见第三章第一节"政治改革"。

政府的关系的确立奠定了基础；二则对西藏地方来说，诸多改革内容并没有因为清朝统治被推翻而夭折，而是对后世西藏经济社会发展影响深远，尤其是为十三世达赖喇嘛新政奠定了基础。因此，我们既不必因清朝在藏统治结束而否定藏事改革的进步性，也不必对清末藏事改革没能挽救清政府在藏统治感到惋惜。

从张荫棠开启藏事改革，到联豫在其基础上继续推行新政至辛亥鼎革，清廷主导的清末藏事改革前后持续了5年多的时间。从1906年1月张荫棠力请整顿藏事至1907年7月奉旨离藏，是张荫棠整饬腐败、倡言革新，大刀阔斧地开启各项改革的重要阶段。这一阶段虽有一些曲折，但打下了改革的基础。1907年7月至1908年4月张荫棠由印度返京复命，是张荫棠继续大力推动、联豫开始接续的阶段。前一阶段的改革在这一阶段初步显示出抵御侵略、加强中央政府对藏主权与治权的积极成效；并且，为进一步加强改革力度，清廷在此基础上做出了"川藏一体"的总体战略部署。1908年4月至1910年12月十三世达赖喇嘛返藏，是联豫主持推行新政的前一阶段，联豫在赵尔丰的支持下推行的新政仍有积极意义，但也因其不讲究策略以及川军入藏遭到反对等，西藏地方已有公开阻挠新政之势；1910年12月至辛亥鼎革之际驻藏川军乱起，是联豫主持推行新政的后一阶段，因西藏政局逐渐恶化，联豫推行新政举步维艰，终致辛亥鼎革后西藏乱局，清政府主导的清末藏事改革就此告终。

尽管清末藏事改革以失败告终，但张荫棠藏事改革及联豫新政中的诸多举措，为西藏的近（现）代化奠定了基础，也为后世治藏留下了一笔宝贵的思想资源。清末藏事改革留给后世治藏的启示是多方面的，其中西藏地方对张荫棠、联豫二人的态度是最好的体现：前者深受西藏广大僧俗百姓爱戴，西藏民众还将其带进西藏种植的七瓣梅称为"张大人花"，深表纪念；而后者则被驱逐出藏。无怪乎吴丰培扼腕叹息道："设张赵（赵尔丰）联手办事，则藏政必有革新，何止引起辛亥革命时之仇杀。益信改革端赖乎得人善用。"①

---

① 吴丰培：《张荫棠驻藏奏稿·跋》，见吴丰培编辑《清代藏事奏牍·张荫棠驻藏奏稿》，中国藏学出版社1994年版，第1457页。

第七章　多维视野下的张荫棠藏事改革

第一节　张荫棠藏事改革与清朝治藏思想的转变

清朝前期在平定准噶尔的进程中，根据藏传佛教格鲁派在蒙古诸部具有广泛影响的形势，采取了"兴黄教即所以安众蒙古"的基本方略，此一方略因势利导地使西藏与蒙古诸部分布的广大西北边疆地区建立了密切的地缘关系，体现出西藏是西北边疆战略重心的特点。清朝奉行的"兴黄教即所以安众蒙古"的基本方略，不仅是重要的治藏方略，亦是统一、治理广大西北地区的重要方略。晚清以降，西南边疆危机不断加剧，西藏对西南边疆安全的战略屏障地位日益凸显。英国第二次侵藏战争后，清廷推行藏事改革，以巩固西南边疆安全。清末张荫棠藏事改革体现出清朝将西藏在清朝边疆战略中的重心地位由西北转向西南，这一着眼于西藏边疆地缘关系的重大转变，使西藏回归到了其作为西南边疆安全天然屏障的实际作用。

一、清朝前期西藏在西北边疆战略中重心地位的确立

（一）尊崇格鲁派及西藏在西北边疆战略中地位的奠立

17世纪上半叶，由宗喀巴于15世纪创立的藏传佛教格鲁派（黄教）后来居上，与助其从与西藏各派势力斗争中胜出的和硕特蒙古固始汗部，建立了蒙藏上层联合掌政的甘丹颇章政权。不仅如此，格鲁派在蒙古诸部中形成了"其势有不能禁者"[①]的重要影响，蒙古上层"惟喇嘛之言是听"[②]，"凡决疑

[①]〔清〕福格：《听雨丛谈》卷七《喇嘛》，中华书局1997年版，第167页。
[②]《清实录·世祖实录》卷六八，顺治九年九月壬申。

定计，必咨于喇嘛而后行"①。而蒙古诸部广泛分布在广大西北地区，缘此，崛起中的后金对格鲁派重视有加。如皇太极"遣察汉喇嘛等致书图白忒汗"，邀请西藏地方选派高僧前去"宣扬佛教"②。同时，为笼络蒙古诸部，后金统治者注意借助格鲁派在蒙古诸部的宗教影响。如努尔哈赤在其根据地赫图阿拉城东兴建七座大庙，明确表示尊崇藏传佛教；皇太极征服察哈尔之后，下令修建实胜寺，并将内蒙古的护法神像移至沈阳供奉"以示尊崇"等。后金统治者尊崇格鲁派，不仅为顺治年间西藏和平归附奠定了基础，也为清朝统一漠南蒙古以及喀尔喀蒙古起到了积极作用。

1644年，清军入关后，顺治帝在北京举行即位大典，标志着清朝正式取代明朝成为全国性的中央政权。1652年，五世达赖喇嘛赴京朝觐，次年，清朝以册封五世达赖喇嘛与固始汗的方式实现了西藏和平归附。此后，西北的准噶尔蒙古成了清朝推进大一统的最大障碍。17世纪中叶后，噶尔丹逐步统一卫拉特蒙古部落，建立了雄踞西北的准噶尔汗国，与清朝分庭抗礼。为实现复兴蒙古帝国的目标，准噶尔试图控制西藏，从而以"挟制达赖喇嘛而号令众蒙古"③。由是，康熙帝、雍正帝在推进统一西北疆域的过程中，继续奉行尊崇格鲁派的方略，绝不容许格鲁派领袖为准噶尔所利用。

一方面，清廷采取册封等措施，加强扶植格鲁派。康熙帝除正式册封掌管后藏的班禅额尔德尼外，还册封蒙古地区的格鲁派两大活佛哲布尊丹巴呼图克图与章嘉呼图克图"以示尊崇"。雍正帝即位后宣布："蒙古之人，尊信佛教，惟言是听，故欲约束蒙古人，则喇嘛之教亦不可轻弃。"④ 雍正初年，专程从库伦赴京叩谒康熙帝的一世哲布尊丹巴在京圆寂，雍正帝亲往祭奠，并照达赖、班禅之例，"给赐名号印册，以示优典"⑤。康熙、雍正时期，清朝虽未完全消灭准噶尔，但其奉行尊崇格鲁派的方略，不仅进一步巩固了其对西藏的统治，亦为设西宁办事大臣，将青海完全置于中央政府统辖之下起到了积极作用。

另一方面，康熙、雍正时期采取"逐准安藏"方针，不容准噶尔的阴谋得逞。1705年，康熙帝分析准噶尔大汗策妄阿拉布坦试图劫持第巴桑结嘉措所立六世达赖喇嘛仓央嘉措的用心时指出："朕意以众蒙古俱倾心皈向达赖喇嘛，此虽系假达赖喇嘛，而有达赖喇嘛之名，众蒙古皆服之。倘不以朝命遣人

---

① 乾隆《皇舆西域图志》卷三九《风俗·准噶尔部》。
② 《清实录·太宗实录》卷四九，崇德四年十月庚寅。
③ 《准噶尔史略》编写组编：《准噶尔史略》，广西师范大学出版社2007年版，第152页。
④ 《雍正上谕内阁》，雍正五年四月初八日。
⑤ 《清实录·世宗实录》卷三，雍正元年正月丙申。

往擒,若为策妄阿喇布坦迎去,则西域、蒙古皆向策妄阿喇布坦矣。"因此,"特遣席柱等前去"①。雍正时期,准噶尔多次袭扰喀尔喀蒙古,"觊觎抢夺"喀尔喀"普同供养"的大活佛哲布尊丹巴,试图以此挟制喀尔喀部。对此,雍正帝下旨将哲布尊丹巴移至多伦诺尔,使得准噶尔"失意空还"②。1727年卫藏战争时,为防止准噶尔乘机挟制七世达赖喇嘛,雍正帝下旨将其移至理塘,并派兵守护。③ 不久以后,清军正式进驻西藏,雍正帝对此明确指出:"西藏驻扎弁兵,本为保护唐古特人等,以防准噶尔贼夷侵犯而设。"④ 总之,康熙、雍正时期为确保西藏稳定所采取的"逐准安藏"战略,将西藏与西北边疆战略紧密联系在了一起。综上,清朝前期奉行尊崇格鲁派的方略,已比较清晰地显示出西藏在清朝整个西北边疆战略中的重心地位。

(二) 统一准噶尔及西藏在西北边疆战略中重心地位的确立

乾隆帝最终完全统一西北疆域并确立了西藏在西北边疆战略中的重心地位。乾隆帝即位后明确指出:"达赖喇嘛在国初导诸藩倾心归命,其功最巨"⑤,"本朝之维持黄教,原因众蒙古素所皈依,用示尊崇,为从宜从俗之计"⑥。在用兵准噶尔时,乾隆帝指示:"准噶尔人等向知尊崇佛法,朕特为广布黄教,在伊犁设立库伦,宣诵经典,俾群生咸知敬奉。"⑦ 随后又指示:"蒙古等遵奉黄教,固勒扎系伊犁善地,理宜重新庙宇,遣大喇嘛前往诵经。"⑧ 由于采取这些措施,清军在平定准噶尔及回部的过程中,得到了伊犁的一些有影响力的大喇嘛的积极配合。总之,乾隆帝最终完成统一西北疆域大业,尊崇格鲁派的策略起到了积极作用。

平定准噶尔后,乾隆帝向卫拉特蒙古各部上层表示"蒙古向敬佛,兴黄教"⑨;并下令在热河"依西藏三摩耶庙之式"为之修建普宁寺,后又饬令在热河仿照布达拉宫修建普陀宗乘之庙,供蒙古王公朝觐时瞻仰,以示优崇。在治理西北边疆时,乾隆指示伊犁将军明瑞:"自应照蒙古例设立喇嘛",修建

---

① 《清实录·圣祖实录》卷二二七,康熙四十五年十月乙巳。
② 《清实录·高宗实录》卷一一〇,乾隆五年二月甲午。
③ 《清实录·世宗实录》卷一四五,雍正十二年七月癸巳。
④ 《清实录·世宗实录》卷一二九,雍正十一年三月壬午。
⑤ 〔清〕乾隆帝:《重修黄寺碑文》。
⑥ 《清实录·高宗实录》卷一四二七,乾隆五十八年四月辛巳。
⑦ 《清实录·高宗实录》卷四九〇,乾隆二十年六月庚戌。
⑧ 《清实录·高宗实录》卷五一七,乾隆二十一年七月癸未。
⑨ 〔清〕乾隆帝:《普宁寺碑文》。

寺庙，举行佛事，① 并"著由京选派副大喇嘛、苏拉喇嘛各一名，前往伊犁教训厄鲁特喇嘛人等"②。1793年，乾隆帝在《御制喇嘛说》中正式提出："兴黄教即所以安众蒙古，所系非小，故不可不保护之。"③ 此番对清初以来尊崇格鲁派以笼络蒙古的方略的总结，标志着西藏在清朝西北边疆战略中的重心地位的完全确立。换言之，清朝前期西藏在西北边疆战略中重心地位的逐步确立，突出体现为"兴黄教即所以安众蒙古"的方略。事实上，康、雍、乾时期的"防准安藏"方针，也都反映出清朝治藏是以蒙古诸部广泛分布于西北地区这一整体局势为出发点的。

清朝"兴黄教即所以安众蒙古"这一融宗教政策、民族政策及边疆政策于一体的基本方略，始终是将治藏与统一、治理蒙古诸部分布的广大西北地区紧密相连的，它不仅是重要的治藏方略，亦是统一、治理西北边疆地区的重要方略。魏源对此评价道："（广大西北地区）皆黄教，使无世世转生之呼毕勒罕以镇服僧俗"，"盖边方好杀，而佛戒杀，且神异能降服其心，此非尧、舜、周、孔之教所能训也"，"故卫藏安，而西北之边境安；黄教服，而准、蒙之番民皆服"。④ 总之，清朝事实上遵循了"卫藏安"才能"西北安"，而"西北安"对国家统一、稳定至为重要的战略思路。

清朝前期之所以逐步确立西藏为西北边疆战略的重心，根本原因在于统一蒙古诸部广泛分布的西北地区，尤其统一西北准噶尔部是实现大一统的既定目标，而藏传佛教格鲁派在准噶尔及其他蒙古诸部中具有重要的影响，因此作为格鲁派中心的西藏对清朝西北边疆战略具有重要的战略价值。经乾隆帝确立后，西藏作为西北边疆战略重心的定位成了清朝的祖宗定制，一直延续到清末。如嘉庆帝宣布："因众蒙古崇奉喇嘛，最信黄教，因而加以保护，用示怀柔。"⑤ 清宗室昭梿亦言："国家宠幸黄僧，并非崇奉其教以祈福祥也。只以蒙古诸部敬信黄教已久，故以神道设教，藉仗其徒，使其诚心归附，以障藩篱。"⑥ 清末的驻藏帮办大臣桂霖指出："查藏部本属羁縻，当年不惜劳费。竭力经营者，非倚屏蔽川疆，实藉以牢笼蒙古。"⑦ 清朝以西藏为西北边疆战略的重心，奉行"兴黄教即所以安众蒙古"的方略，不仅对驾驭广大蒙藏地区

---

① 《清实录·高宗实录》卷六七八，乾隆二十八年正月庚申。
② 《清实录·高宗实录》卷六八〇，乾隆二十八年二月甲午。
③ 《清实录·高宗实录》卷一四二七，乾隆五十八年四月辛巳。
④ 〔清〕魏源：《圣武纪》卷五《国朝抚绥西藏记下》，岳麓书社2011年版，第223页。
⑤ 〔清〕嘉庆帝：《普陀宗乘之庙瞻礼纪事诗》。
⑥ 〔清〕昭梿：《啸亭杂录》卷十《章嘉喇嘛》。
⑦ 王彦威辑，王亮编，王敬立校：《清季外交史料》卷一九七，民国二十二年（1933）版，页七。

发挥了重要作用,亦加深了蒙古族、藏族等融入中国统一多民族国家的内在联系。

值得指出的是,清朝前期将西藏确立为西北边疆战略重心,也有借助格鲁派笼络蒙古诸部以反击沙俄侵略西北边疆的用意;① 同时,清朝最高统治者有将西藏视为西南边疆屏障的考虑,如康熙帝指出:"以西藏屏蔽青海、滇、蜀,苟准夷盗据,将边无宁日。"② 尽管清朝前期以西藏为西北边疆战略的重心,过分尊崇格鲁派的方略也有一些弊端,但从统一、治理西北边疆的战略角度而言是成功的。

鸦片战争后,英、俄等国分别勾结中亚的阿古柏反动势力,图谋侵略中国西北,但左宗棠收复新疆及新疆建省,粉碎了沙俄等的企图,清朝加强了对新疆的统治,维护了国家主权与领土完整。

二、清中叶以后西藏对西南边疆安全的战略地位凸显

(一) 西藏边疆危机加剧及其在西南边疆安全中的地位凸显

1793 年,清朝颁行《钦定藏内善后章程二十九条》,全面加强了中央政府对藏主权与治权,确保了其后半个多世纪西南边疆的安全;然而,鸦片战争后,随着清朝国势衰微,西藏边疆危机日益凸显,给清朝的西南边疆安全带来了严峻考验,这主要体现在以下几个方面。

其一,英、俄竞相侵略。英国为实现其"北上"战略目标,一步步地蚕食侵吞了本属清朝藩属的位于喜马拉雅山南麓与西藏毗邻的廓尔喀(尼泊尔)、哲孟雄(锡金)、布鲁克巴(不丹)后,又加紧侵略西藏。1876 年,英国逼迫清政府签订《烟台条约》,据其中的"西藏专条"取得了英人入藏游历、探险的特权,从此打开了中国西南边疆的门户。19 世纪 70 年代以后,俄国为实现其"直叩印度的大门"③ 的目标,企图"以西藏据印度之巅顶,故思得藏以图印,以取建瓴之势"④。

---

① 参见马汝珩、马大正主编《清代的边疆政策》,中国社会科学出版社 1994 年版,第 139 – 140 页;《准噶尔史略》编写组编《准噶尔史略》,广西师范大学出版社 2007 年版,第 70 – 78、88 – 96 页;等等。
② 〔清〕魏源:《圣武纪》卷五《国朝抚绥西藏记上》,岳麓书社 2011 年版,第 209 页。
③ 〔德〕恩格斯:《俄国在中亚西亚的进展》,见《马克思恩格斯全集》(第 12 卷),人民出版社 1960 年版,第 642 页。
④ 〔清〕鹿传霖:《瞻对收复请撤回番官并陈英俄窥藏情形疏》,见吴丰培编辑《清代藏事奏牍·鹿传霖藏事奏牍》,中国藏学出版社 1994 年版,第 1017 页。

其二，西藏地方内讧不断，政局不稳。晚清以降，西藏地方"私相械斗，弱肉强食，不听约束，不服公断，聚众哄堂，轻侮官长之事"① 时有发生，其中导致政局不稳的大型内讧就有如"哲蚌寺布施事件""甘丹战争""第穆事件"等。此外，九世至十二世达赖喇嘛都是短命而亡，实际上"这几世达赖都是作了僧俗大农奴主争权夺利的牺牲品"②。

其三，驻藏大臣庸懦无能、贪污腐败，履职渐趋松弛。一些驻藏大臣"久为藏番所轻，竟至威令不行"③ "藏政不修，而深责藏员顽固不化"④ "一切政权得贿而自甘废弃"⑤。面对英、俄等国咄咄逼人的侵略气焰，"竟开门而揖盗"，"只见其（驻藏大臣）挟英以要藏，未闻挟藏以拒英"等，⑥ 以致"达赖喇嘛谓中朝不知用人，无足依赖"⑦。尤其是英国两次侵藏战争期间的驻藏大臣升泰、有泰等的"颟顸误国"，导致了以十三世达赖喇嘛为首的西藏地方与驻藏大臣的关系恶化，进而对清政府强烈不满的严重后果。

西藏是西南边疆的天然屏障，西藏地方危机的加剧，尤其是英、俄等的侵略威胁日甚一日，危及整个西南边疆安全，由此西藏在西南边疆安全中的战略地位日益显现。19世纪七八十年代，时任四川总督的丁宝桢就洞悉此一情势并提出了"固川保藏"⑧的战略构想，然而，由于清政府内外交困、无力西顾，其建议并未引起朝廷足够的重视。不仅如此，此后清政府内部虽也有一些加强西藏边防的筹议，但直到1888年英国发动第一次侵藏战争后，仍未有实际行动，使得西藏边防长期处于松弛状态。

继丁宝桢后，四川总督鹿传霖等人也提出了"保川图藏"的建议。1896年，鹿传霖围绕瞻对（位于今四川省新龙县）问题，向清廷提出："西藏地方

---

① 〔清〕文硕：《会奏会议边防酌拟大纲折》，见吴丰培编辑《清代藏事奏牍·文硕驻藏奏稿》，中国藏学出版社1994年版，第563页。

② 牙含章：《达赖喇嘛传》，华文出版社1999年版，第75页。

③ 〔清〕鹿传霖：《密陈西藏情形可虑折》，见吴丰培编辑《清代藏事奏牍·鹿传霖藏事奏牍》，中国藏学出版社1994年版，第975页。

④ 吴丰培：《讷钦驻藏奏稿·跋》，见吴丰培编辑《清代藏事奏牍·讷钦驻藏奏稿》，中国藏学出版社1994年版，第965页。

⑤ 张荫棠：《致外部电请代奏参藏中吏治积弊请旨革除惩办》，见吴丰培编辑《清代藏事奏牍·张荫棠驻藏奏稿》，中国藏学出版社1994年版，第1319页。

⑥ 吴丰培：《讷钦驻藏奏稿·跋》，见吴丰培编辑《清代藏事奏牍·讷钦驻藏奏稿》，中国藏学出版社1994年版，第965页。

⑦ 吴丰培：《文硕奏稿·跋》，见吴丰培编辑《清代藏事奏牍·文硕驻藏奏稿》，中国藏学出版社1994年版，第699页。

⑧ 参见徐君《从"固川保藏"到"筹边援藏"：晚清西南边防意识之形成——以丁宝桢督川十年（1876—1886）为例》，载《中国边疆史地研究》2009年第2期。

与四川唇齿相依，关系甚重"①，"一旦弃归藏中，……川省且无门户可守，危亡可立而待。……不能不及早图维，预筹布置，以弭后患也"②，"且英俄交窥藏地，隐而未发，我若力促制藏，英甚愿藉藏为我属，公法两不相侵为辞，因以拒俄，则蜀尚有藩篱可恃，藏或可保暂安"③。随后，鹿传霖奏请"统筹川藏情形，瞻对亟宜改设汉官，以顺民心而固边圉"④。对鹿传霖的建议，侍御高燮曾等人表示支持，高燮曾认为"固川疆即以安藏境"，建议在理塘、巴塘、江卡、察木多等处，安设台站粮员，"俾川藏两境联为一气"⑤。另外，给事中吴光奎也提出"里塘、巴塘一带为四川入藏门户，请于该处设立汉官"。对这些建议，清廷起初认为"系为豫杜窥伺起见"，"洵于时局有益"⑥，着鹿传霖与驻藏大臣等"会商妥办"，但不久又表示"事多窒碍，即著毋庸置议"⑦。

随着形势的发展，清廷对鹿传霖的"保川图藏"建议进一步批示："保川固要，保藏尤要。筹善后，设流官，此保川之计，非保藏之计也。叛则诛之，服则抚之，已给之地不索还，已授之官不更易，隐示达赖以兵威，而不使藉口生衅，此保藏而并保川之计也。"⑧ 就在清廷试图寻求两全其美之策，故一时难以决定是否采纳鹿传霖的建议的关键时刻，先前支持鹿传霖的文海与成都将军恭寿，"二人受到藏人重贿，奏请将瞻对仍还藏管辖"⑨。文海态度的逆转，使本来犹豫不决的清廷决定放弃收回瞻对。清廷训诫鹿传霖等"从来办理边疆重务总以持平稳慎为主"，批评其"偏执己见"。⑩ 1897年12月2日，清廷

---

① 〔清〕鹿传霖：《密陈西藏情形可虑疏》，见吴丰培编辑《清代藏事奏牍·鹿传霖藏事奏牍》，中国藏学出版社1994年版，第974页。

② 〔清〕鹿传霖：《派营官严防窜回并预筹收回瞻对疏》，见吴丰培编辑《清代藏事奏牍·鹿传霖藏事奏牍》，中国藏学出版社1994年版，第981页。

③ 〔清〕鹿传霖：《藏事奏牍·序》，见吴丰培编辑《清代藏事奏牍·鹿传霖藏事奏牍》，中国藏学出版社1994年版，第968页。

④ 〔清〕鹿传霖：《统筹川藏情形瞻对亟宜收回改设汉官疏》，见吴丰培编辑《清代藏事奏牍·鹿传霖藏事奏牍》，中国藏学出版社1994年版，第1002页。

⑤ 〔清〕鹿传霖：《高燮曾侍御禀请收回瞻对建置汉官疏并请改设文武各员片》，见吴丰培编辑《清代藏事奏牍·鹿传霖藏事奏牍》，中国藏学出版社1994年版，第1025页。

⑥ 《清实录·德宗实录》卷三九二，光绪二十二年六月癸酉。

⑦ 《清实录·德宗实录》卷三九四，光绪二十二年八月己巳。

⑧ 《清实录·德宗实录》卷三九六，光绪二十二年十月庚午。

⑨ 吴丰培：《文海驻藏奏稿·跋》，见吴丰培编辑《清代藏事奏牍·文海驻藏奏稿》，中国藏学出版社1994年版，第1061页。

⑩ 《清实录·德宗实录》卷四一〇，光绪二十三年九月辛卯。

下旨将"所有三瞻地方,仍著一律赏给达赖喇嘛收管,毋庸改土归流"①。此一决定表明,经过近两年的反复酌量,清廷仍未能跳出传统的治边方略。不过,围绕瞻对问题的讨论及西藏形势的日益恶化,促使清廷加深了对西藏在整个西南边疆安全中的重要性的认识,为日后筹边思路的转变奠定了基础。

(二) 西藏在西南边疆安全中的重要性引起清廷重视

随着英、俄等国侵藏步伐加快以及川边各处土司内斗不断,不断有人建议清廷经营川边以加强西藏边防,这些建议敦勉清廷逐步接纳了"藏卫者,川滇之屏蔽也"的重要认识,由此清廷的边疆战略随之逐步转变。

1899年8月10日,宗室昆冈、会章与裕德、清锐等重臣联名奏呈《统筹藏务折》,此折在深刻分析"强邻迫胁,设有动摇,关系非浅"的"时局艰难"后,提出:"臣等所以鳃鳃过虑者,当此应请密饬驻藏大臣设法固结其心,启发其愚,仍将一切事宜,和衷商酌,及时兴举,毋再因循观望。并请密饬川、滇督抚臣,统筹全局,同力维持,勿稍推诿歧视,使晓然知朝廷之所以固藏卫者,即所以固川滇也,亦即所以预弭衅端也。抑臣等更有请者,达赖喇嘛自输诚以来,垂三百年矣,此次可否特颁温谕,将休戚相关之意,剀切宣布,俾得释其疑而安其心之处。"② 清廷随即谕令:"著文海、裕钢传谕该达赖喇嘛,开导番众人等,因时制变,知己知彼,务释群疑而防后患。并将应办事宜和衷商酌,及时整顿,勿再因循贻误。藏卫为川、滇屏蔽,应如何未雨绸缪豫为防范之处,并著奎俊、崧蕃、丁振铎统筹全局,协力维持。勿得稍存观望,以期外绥藩服,内固边防。"③ 此一决定表明,随着西南边疆局势的日益紧张,清廷开始认识到西藏对于川、滇等西南边疆安全的重要性。

清廷对经营川边的决策之所以如此慎重,前后历时20多年,一个重要的原因在于其难以突破"兴黄教即所以安众蒙古"的祖宗之制,即难以跳出以西藏为西北边疆重心的传统边疆战略的束缚。对此,《统筹藏务折》中明确指出:"达赖喇嘛为黄教之领袖,尤为西、北两路蒙部番族所尊崇供奉者也","溯查达赖喇嘛自太宗朝遣使输诚以来,举北鄙西陲衺延二万余里之蒙部番族,糜然内附,丕成大一统之休,来享来王,远迈前古,于是列圣恩礼有加,令其世守藩封,屏翰边徼,为之建官列戍,布置固详"。显然,对于更改祖宗

---

① 《清实录·德宗实录》卷四一二,光绪二十三年十一月甲午。
② 《昆冈等奏统筹藏务折》(一史馆藏军机处录副奏折),见中国藏学研究中心、中国第一历史档案馆、中国第二历史档案馆、西藏自治区档案馆、四川省档案馆合编《元以来西藏地方与中央政府关系档案史料汇编》(第4册),中国藏学出版社1994年版,第1384页。
③ 《清实录·德宗实录》卷四四八,光绪二十五年七月庚戌。

之制，昆冈等是非常慎重的，他们在深刻分析西藏及西南边疆的危局后，才谨慎地提出了"诚以藏卫者，川滇之屏蔽也"的重要谏言及相应对策。应当说，昆冈等的《统筹藏务折》标志着清朝围绕西藏的筹边思路开始发生转变，即由重西北开始转向重西南。

庚子之役后，1900年7月12日，清廷谕令军机大臣字寄理藩院、驻藏大臣、四川总督以及云贵总督等"妥筹全局"，明确指出："西藏为川、滇屏障，……朝廷顾念西陲，时深廑系。况藏卫为英、法所久涎，藏卫危则川、滇之屏蔽既撤，而黄教亦恐不能自存。……即著理藩院、驻藏大臣传谕达赖喇嘛等，保守藏卫，严密防维。如敌人有意开衅，即著相机应敌，饷项枪弹等，亦著自行筹备。从前英法侵藏，曾经达赖喇嘛、班禅额尔德尼筹办兵饷，守护地方，朕甚嘉之。此次义声所动，度亦不难克期兴作也。"① 同旨"著奎俊、丁振铎慎守封疆，协力维持，勿得稍存观望，以固我边隅，兴我黄教。将此谕知理藩院，并由六百里加紧谕令庆善、裕钢、奎俊、丁振铎知之"。此番部署表明，在八国联军侵华后，清廷在"变法图强"的整体运筹中，完全意识到了西南边防的重要性。由其中所强调的"藏卫危则川、滇之屏蔽既撤，而黄教亦恐不能自存"可见，在外敌入侵造成西南边疆危机空前严重之际，清廷更加重视西藏与四川、云南等地的地缘关系，并初步确立了治藏与加强整个西南边疆安全紧密相连的战略思维；然而此时清廷元气大伤，思想上的重视并未立即真正落实到实践上。

三、清末西藏在西南边疆战略中重心地位的确立

（一）英国第二次侵藏战争后清廷的筹藏部署

1904年英国第二次武装侵藏，英军开进拉萨及逼迫西藏地方签订"拉萨条约"后，清廷迫于各方压力，终于开始了一系列筹藏部署。

第一，决定"查办藏事"。9月26日，即"拉萨条约"签订后的第19天，朝旨派唐绍仪"前往西藏查办事件"②，次日即以唐绍仪的任命照会了英国驻华公使萨道义，显然此举的主要目的是向荣赫鹏表达不承认非法的"拉萨条

---

① 《字寄庆善等八国联军入侵传谕达赖喇嘛保守卫藏严密防维》（一史馆藏军机处上谕档），见中国藏学研究中心、中国第一历史档案馆、中国第二历史档案馆、西藏自治区档案馆、四川省档案馆合编《元以来西藏地方与中央政府关系档案史料汇编》（第4册），中国藏学出版社1994年版，第1387—1388页。

② 《清实录·德宗实录》卷五三四，光绪三十年八月癸亥。

约"的立场。然而,派唐绍仪入藏的决定是在侵藏头目荣赫鹏已率部离开拉萨 3 天后做出的,当时清廷不可能如此迅速地获悉消息。当获知英军从拉萨撤走的消息后,经与英方交涉,清廷改派唐绍仪等赴印谈判重订"拉萨条约"事宜,但由于英方的侵略野心不减,两国谈判历时一年多,致使"查办藏事"的计划拖后。

第二,决定驻藏帮办大臣改驻察木多(昌都),以加强对"西藏各边"的经营。10 月 3 日,朝旨强调:"西藏为我朝二百余年藩属,该处地大物博,久为外人垂涎。近日英兵入藏,迫胁番众立约,情形叵测。亟应思患豫防,补救筹维,端在开垦实边,练兵讲武,期挽利权而资抵御,方足自固藩篱。前有旨令凤全移驻察木多,西宁办事大臣昨已简放延祉。"同旨具体部署:"所有西藏各边,东南至四川、云南界一带,著凤全认真经理;北至青海界一带,著延祉认真经理。各将所属蒙番设法安抚,并将有利可兴之地切实查勘,举办屯垦畜牧,寓兵于农,勤加训练,酌量招工开矿,以裕饷源。目前所需经费,著会商崧蕃、锡良妥筹具奏";同时责成相关人"尽心筹画,不避艰难,竭力经营,慎重边圉,用裨大局"。①

第三,筹备收复三瞻。10 月 31 日,朝旨指出,"有人奏:西藏情形危急,请经营四川各土司,并及时将三瞻收回内属",同时着锡良、有泰、凤全"体察情形,妥议具奏"。② 从以上三旨环环相扣的接连部署可见,在西藏边疆危机空前之际,清廷开始从加强西南边疆安全的宏观战略层面进行筹藏部署,即清廷的筹藏思路开始转向了重视西藏对西南边疆安全的战略价值。

在落实以上部署时,凤全在前往昌都途中,因在巴塘、理塘等地的一些改革措施偏激,引起了当地藏族寺院上层和土司头人的强烈不满,次年 4 月 3 日即遭戕害。"凤全事件"后,清廷对此前部署做了几点修改和完善。一是简放联豫为驻藏帮办大臣,并接受其"驻藏帮办大臣宜复旧制仍驻前藏"③ 的建议,这即修改了原定驻藏帮办大臣移驻昌都的计划。二是决定收复瞻对。1905 年 10 月 6 日,朝旨决定"将三瞻地方收回内辖,改设官屯,俾资控驭",着有泰、联豫、锡良、赵尔丰等"通筹妥办"。④ 收复瞻对无疑体现出清廷筹藏思路的转变。三是决定川边"改土归流"。1906 年,清中枢官员姚锡光在上军机处王大臣的"规划川藏说帖"中提出"于川藏之交大小金川、金沙江、澜沧

---

① 《清实录·德宗实录》卷五三四,光绪三十年八月庚午。
② 《清实录·德宗实录》卷五三五,光绪三十年九月戊戌。
③ 《清实录·德宗实录》卷五四九,光绪三十一年九月癸酉。
④ 《清实录·德宗实录》卷五四九,光绪三十一年九月戊寅。

江、怒江五大水域之中,以全力经营,比照西北边防各大臣或江北提督成案,姑设川西边务大臣或提督"①。与此同时,四川总督锡良密折保荐建昌道赵尔丰为经营川边人选。8月22日,朝旨任命赵尔丰为川滇边务大臣,令其"居中擘画,将一切开垦防练事宜切实筹办",其驻地、所需经费等未尽事宜,著会同川、滇总督"通盘筹画";同时强调:"四川、云南两省毗连西藏,边务至为紧要。若于该两省边疆开办屯垦,广兴地利,选练新兵,足以固川滇之门户,即足以保西藏之藩篱,实为今日必不可缓之举。"② 此举表明,清廷内部讨论了20多年之久的"固川保藏",至此,最终确定在川边推行"改土归流"。赵尔丰走马上任后,大刀阔斧地推行"改土归流"以及经营藏东南,为随后的藏事改革提供了"以为声援"的有力支援与配合。较之"西藏为西北边疆战略重心"的传统筹边思路,上述加强"西藏各边"、收复瞻对、川边"改土归流"以及与英方展开外交斗争等一系列部署表明,清廷已从地缘关系上将西藏视为了西南边疆安全的屏障。

(二) 清末藏事改革与西藏在西南边疆战略中重心地位的确立

1906年4月27日《中英续订藏印条约》在北京签订,重订"拉萨条约"宣告议结,清廷立即转向落实原定"查办藏事"的计划。29日起,清廷连下三旨擢升随唐绍仪赴印与英方谈判的张荫棠为五品京堂候补,并赏给副都统衔,派往西藏"查办事件"。其中强调:"朕惟西藏地方关系至为重要,……特命尔前往藏地查办事件。所有按约开埠事宜,亟应切实筹办。至藏中应行布置一切,并即悉心经画,随时详晰具奏。"③ 张荫棠对西藏的战略地位有清醒的认识,尚在印度谈判时就奏呈,西藏"为川、滇、秦、陇四省屏蔽。设有疏虞,不独四省防无虚日,其关系大局实有不堪设想者"④,可见其当时就已形成了西藏是整个西南边疆安全屏障的筹边思想。张荫棠到藏后,在惩治腐败、整饬吏治的基础上,倡言革新、筹划新政,大刀阔斧地开启了涉及政治、经济、军事、外事、文化教育、医疗卫生以及民俗等的全面改革。张荫棠以

---

① 姚锡光:《筹藏刍议》,见西藏社会科学院西藏学汉文文献编辑室编辑《西藏学文献丛书别辑》(第十二函,线装本),中国藏学出版社1995年版,叶六。

② 《清实录·德宗实录》卷五六二,光绪三十二年七月戊戌。

③ 《谕张荫棠查办西藏事件》(一史馆藏军机处录副奏折),见中国藏学研究中心、中国第一历史档案馆、中国第二历史档案馆、西藏自治区档案馆、四川省档案馆合编《元以来西藏地方与中央政府关系档案史料汇编》(第4册),中国藏学出版社1994年版,第1511页。

④ 张荫棠:《致外部丞参函详陈英谋藏阴谋及治藏政策》,见吴丰培编辑《清代藏事奏牍·张荫棠驻藏奏稿》,中国藏学出版社1994年版,第1306页。

"收回政权"为核心的藏事改革,对抵御侵略、维护主权与加强中央政府对藏治权起到了积极作用,清朝以西藏为西南边疆安全屏障的战略部署取得了一定成效。

1907年6月间,正当张荫棠深入推行藏事改革的关键之际,清廷派其赴印与英方谈判《中英藏印通商章程》事宜,他再次转向了维护主权的外交斗争。不久,驻藏大臣联豫奏请"速简经济夙优,声名素著大员"前往西藏,"渐图补救",并加强"西南北一带地方"的治理。① 同年年底,张荫棠结合藏事改革实际及此前一系列的规划,向清廷奏呈了其藏事改革的总体性规划"西藏善后事宜十六条"。此时,十三世达赖喇嘛也正在赴京朝觐途中,清廷认为这是加紧推进藏事改革的有利时机,进一步地调整部署。

1908年3月6日,清廷赏给赵尔丰尚书衔,授其驻藏办事大臣,仍兼边务大臣,以便其将边务、藏务会同川、滇督臣"通盘筹画"②。3月9日朝旨强调,赵尔丰"特加崇衔,以重事权";同时,为使川、藏"联络一气",四川"作为西藏之后援",调其兄赵尔巽为四川总督,"以免扞格,而便联络",勉励其兄弟二人"合衷筹办,共济时艰,用副朝廷绥固边陲之至意";同旨要求"即责成赵尔丰会同联豫察度情形,将藏中应办各事通盘筹画,详拟章程,次第奏请施行"。③ 3月11日,朝旨强调"朝廷顾念西陲紧要",以上人事安排"以期固我藩篱,与寻常委任不同",同时,做了两点具体安排:一是财力上,"复著度支部岁拨银五六十万两以应要需,又责成四川总督无分畛域,随时接济,所需人员亦优加体恤。总期饷糈无缺,实力充足,诸事应手";二是赵尔丰的驻扎地方,"俟到藏后察度情形酌量择定,只可居中调度,亦无需疲于奔走。遇有重要事务,不妨按时巡查,亦不必一一周历"。最后该旨强调:"西藏为川滇屏蔽,藏务即是边务,如西藏布置完固,川滇边务自开松简。"④ 4月3日,清廷批示张荫棠的"十六条""颇多可采",著赵尔丰、联豫等"随时奏明,请旨办理",⑤ 即将张荫棠的"十六条"确定为藏事改革的纲领,为落实以上三旨调整加强性的部署提供了依据。

在后来落实上述部署的过程中,赵尔丰虽未能实际就任驻藏大臣,但其继续在川边推行"改土归流"及经营藏东南,对巩固西南边疆起到了积极作用。

---

① 〔清〕联豫:《遵旨复岑春煊奏陈统辖西北全局折》,见吴丰培编辑《清代藏事奏牍·联豫驻藏奏稿》,中国藏学出版社1994年版,第1498页。
② 《清实录·德宗实录》卷五八七,光绪三十四年二月庚申。
③ 《清实录·德宗实录》卷五八七,光绪三十四年二月癸亥。
④ 《清实录·德宗实录》卷五八七,光绪三十四年二月乙丑。
⑤ 《清实录·德宗实录》卷五八八,光绪三十四年三月戊子。

联豫推行改革的个人才能虽遭后世史家批评,但其毕竟在张荫棠所开启的基础上继续推行藏事改革,直至辛亥革命爆发后才不得不离藏。综上,由于清末西藏对西南边疆安全的战略价值凸显,清廷上述一系列的筹边部署完全体现了将西藏与西南边疆紧密相连的思路。

值得指出的是,清末藏事改革除体现了西藏在清朝边疆战略中的重心地位由西北转向西南外,还体现出以下两大显著变化。

第一,重视对西藏的开发。早在1884年,七品京官陈炽就提出了一份包括"通商、惠工、开屯、劝学"等在内的"开发"西藏的建议,结果清廷裁定:"西藏地处极边,素崇佛教,言语不通,文字不同,一旦改弦更张,恐求其治而反速其乱,陈炽所奏各节碍难议行。"① 但在清末筹藏之际,随着各类筹藏建言的不断提出,"开发西藏"的呼声也日益高涨。其中,1906年姚锡光批评清廷治藏"统驭之意多,而充实之力少",以致"只巴、里两塘,拉萨都会尚略具规模",建议推行兵屯民垦等开发措施。② 这些建议为清廷最终采纳张荫棠一系列发展实业的规划提供了思想准备。张荫棠饬立的"九局"中的农务局、工商局、路矿局、盐茶局、学务局等,对推动近代西藏各项实业的发展发挥了积极作用。总之,清末藏事改革体现出清朝治藏由传统的注重"统驭"向重视开发充实的转变。

第二,重视加强西藏地方的军事力量。上述丁宝桢提出的"筹边援藏",实际上已经呼吁清廷要加强西藏地方的军事力量。嗣后,面对英国武装入侵的严峻局势,"整军备战"成了迫切需要。1896年,鉴于"藏番现在情形非慑以兵威于事无济",驻藏大臣文海奏请"拟招勇五百名,带领进藏,以壮声威",清廷批示"著照所请,并著迅速前往,毋稍迟延"。③ 1903年,驻藏帮办大臣桂霖提出"藏兵数仅千余人,分布单薄。拟就边地选募土勇三千人,分起扼要,轮流换防",清廷批示:"所陈办法不为无见,其应如何筹拨饷需暨大臣分驻要地各节,著锡良、有泰、桂霖迅即详细会商妥筹,奏明办理。"④ 随后,桂霖进一步指出"非精锐饱腾,不足以振威棱而固边圉",并计划拟仿湘军营制,募勇入藏。⑤ 有泰被任命为驻藏大臣后,也提出整顿藏务"此时最要关键

---

① 《清实录·德宗实录》卷一九三,光绪十年九月丙午。
② 姚锡光:《筹藏刍议》,见西藏社会科学院西藏学汉文文献编辑室编辑《西藏学文献丛书别辑》(第十二函,线装本),中国藏学出版社1995年版,叶二。
③ 《清实录·德宗实录》卷三九二,光绪二十二年六月癸酉。
④ 《清实录·德宗实录》卷五二一,光绪二十九年九月庚子。
⑤ 〔清〕桂霖:《募勇入藏拟仿湘军营制折》,见四川省民族研究所编《清末川滇边务档案史料》(上册),中华书局1989年版,第3页。

首在练兵"①。然而，桂霖、有泰提出"整军备战"后不久，英国就发动了第二次侵藏战争，计划未及实施。但清廷采纳驻藏大臣加强西藏军事力量的建议，无疑是晚清治藏思路的一个变化，这为张荫棠藏事改革中的军事改革提供了一定的依据。

综上，清朝前期，统一西北疆域对于巩固多民族的大一统国家至为重要，西藏对西北边疆具有重要的战略价值，西藏是西北边疆战略的重心。鸦片战争后，随着列强竞相侵略或威胁西藏，整个西南边疆局势日益严峻。西南边疆危机的出现，迫使清朝开始关注加强西藏地方的边防与治理，但彼时清朝国力衰微，陷入内忧外患，无力西顾，导致问题一拖再拖，一直到1904年英国第二次侵藏，西南边疆危机空前，清朝的筹藏思路终于出现了转变。清末张荫棠藏事改革体现出了这一转变，即出于加强西南边防的需要，清朝把西藏地方与广大西北地区紧密联系在一起的传统治藏方针，转向了将西藏地方与整个西南边疆治理紧密联系在一起。

清朝围绕治藏的边疆治理战略由重西北向重西南的转变，也与经济重心的转移密切相关。清朝前期一直奉行"兴黄教即所以安众蒙古"的治藏方略，始终是把西藏与蒙古诸部分布的广大西北地区紧密联系在一起的，以西北"茶马贸易"的兴盛为经济基础。蒙古诸部先后归附后，清朝"防准安藏"的战略目标已经达到。清朝中期以后，西北"茶马贸易"逐步衰落，西北地区的经济贸易中心地位下降，而西南的打箭炉等地成为新兴的"边茶"贸易中心，西藏地方所需的茶叶等大宗物资大多经此输入，这使得西藏地方逐步融入了西南边疆地区的"经济圈"，而且，清政府对西藏地方的财政拨款等各类支援大多由四川承担。应当说，西藏地方在经济上由与西北紧密联系转向依赖西南，是清廷治藏思路转变的基础。虽然如此，作为应对西南边疆危机的对策，清廷治藏思路的转变体现出很大的被动性，并且是在清末边疆新政的大背景下实现的。

---

① 〔清〕有泰：《起行赴藏沿途查看情形通筹藏务折》，见吴丰培编辑《清代藏事奏牍·有泰驻藏奏稿》，中国藏学出版社1994年版，第1182页。

第二节　清末西藏建省论与张荫棠藏事改革

西藏建省论是清末朝野为应对西藏边疆危机而形成的一股改革呼声。台湾、新疆以及东三省先后改置行省的成功实践，更助长了西藏建省的呼声。在西藏形势岌岌可危、西南边疆危机空前严重的时局中，着眼于反对分裂、维护主权的西藏建省论为清廷筹藏固边提供了一种思路。孙宏年认为，清末西藏建省论的提出，主要是因为在英俄争夺加剧的形势下，清朝前期形成的西藏行政管理体制本身暴露出某些弱点。① 李勇军认为，清末西藏建省论从民间舆论、督抚朝议最后上升到政府的实际作为，体现了清政府收回西藏主权和治权的决心。② 在西藏建省论被热议之际，作为藏事改革开启者的张荫棠，为何选择不求建省之名的改革思路？以下就此问题具体讨论。

一、清末朝野的西藏建省论

目前文献所见，西藏建省论在19世纪八九十年代就已出现了。当时有论者以台湾、新疆建省为例，指出"屏障藩篱迥非守在四夷之旧"，台湾、新疆建省"示久安长治规模"，由此提出"藏与滇蜀相邻，逼近印度，有不得仍恃驻防者"，不若"改为行省，徐策富强"，"既可杜旁伺之心，复不致前功尽弃，时哉"。③ 清末舆地学家王锡祺进一步提出：

> 西藏紧邻印度，英人久欲假道以通市于川、滇，所不敢公然争占者，因我驻有重臣，地久内属，……然处心积虑，匪伊朝夕。猝遇事变，必多要求。不如未雨绸缪，固我藩篱，绝其窥伺。考西藏辖城六十八，营一百二十四，设戴㗎治兵，设碟巴治民，设堪布治喇嘛，虽受制于达赖喇嘛，而总其成于两驻藏大臣。形格势禁，井井有条，酌建行省似甚易。如前藏、中藏、后藏、拉里，可分驻提、镇、司、道也；里塘、巴塘、察木

---

① 孙宏年：《20世纪初英国对中国西藏的侵略与西藏建省问题研究》，载《西藏研究》2004年第3期。
② 李勇军：《清末民初的西藏建省论》，载《中南民族大学学报》2011年第5期。
③〔清〕佚名：《西藏改省会论》，见《小方壶斋舆地丛抄》（第三帙），著易堂清光绪十七年（1891）印行，第96页。

多、拉里等粮台可建府也；江卡、乍丫、洛龙宗、硕班多、冰坝、江达、墨竹、工卡等处可建州县也。①

光绪二十八年（1902），《时务汇报》一篇题为《西藏置行省论》的文章提出设西藏巡抚，官邸设拉萨，总理全藏事务；改驻藏大臣为西藏将军，移驻后藏扎什伦布，以控遏江孜；改四川总督为川藏总督。同时，这篇文章注意到西藏设省面临的三大困难：一，西藏地广人稀，设官少不足以控制，设官多则难以供给；二，藏地苦寒，农业不发达，建省后面临粮食供给问题；三，西藏建省所需巨款，只能依靠四川调拨，而四川财力有限。文章最后还指出，不能以为建省即可高枕无忧，还须加强军备，巩固边防。②

光绪三十二年（1906），《东方杂志》一篇题为《拟改西藏行省策》的文章指出：

> 故中国不欲保西藏，西藏可以不改为行省。中国若欲保西藏，为两川之屏蔽，使人之势力不能由印度以直达西藏，长驱直入，贯通于扬子江诸行省，则保藏即所以保两川，保两川即所以保湘、鄂、皖、豫、宁、苏六省之腹地。西藏改为行省一策，万不能坐失事机，再缓须臾。③

由上可见，面对西藏边疆危机，时人对西藏建省寄予了极高期许，呼声高涨。支持西藏建省论者抵御侵略、维护主权的立意固然良好，但大多只是提出大体性意见，尤其是上述除《西藏置行省论》一文外，其他论者都忽视了西藏建省的现实困难，对西藏地方诸多特殊性更是认识不足，更有人不切实际地认为"酌建行省似甚易"。

伴随西藏建省呼声的高涨，反对建省的意见也一直不断，其中比较有代表性的是光绪三十年《东方杂志》刊载的一篇题为《西藏不能设行省》的文章。该文指出：

> 近人谋西藏善后者，多有设为行省之说。而政府诸公谓藏地辽阔，且苦寒，民情慓悍，若设行省，恐不易治。当派一将军，镇以重兵，足以管

---

① 〔清〕王锡祺：《西藏建行省议》，见《小方壶斋舆地丛抄》（第三帙），著易堂清光绪十七年（1891）印行，第97页。
② 《西藏置行省论》，见《时务汇报》1902年第11期。
③ 《拟改设西藏行省策》，见《东方杂志》1906年第3卷第2期。

辖等语。按政府处理西藏之事，不能实行向者对于保护国之权利，反纷纷焉拟设行省，所谓治丝愈纷也。……乃欲建设行省，无论其宗教、语言、文字之大相径庭也，即幸而与我渐习而同化焉，然以我国行政区域之纠纷，其与新疆置省之利相去又几何哉。①

此一反对西藏建省的意见是在英国第二次侵藏战争致使西藏边疆危机空前严重之际提出的。论者在反对建省的同时，指出"处理西藏之事"重在"操有权利"，可见，即便是反对西藏建省论者，其着眼点也是积极筹措应对之策，而不是简单地批评反驳建省论；同时，论者关注到了西藏宗教、语言、文字与内地大相径庭，且存在"行政区域之纠纷"等特殊情况与困难，这反映出时人对西藏建省问题的认识趋为务实。

不管是主张还是反对西藏建省，都是时人为应对西藏边疆危机的积极探索，并最终引起了廷臣疆吏的重视。光绪三十年（1904），赵尔丰向四川总督锡良上"平康三策"，其第三策提出"移川督于巴塘，而于四川、拉萨，各设巡抚，仿东三省之例，设置西三省总督"②，这是廷臣疆吏中较早提议西藏建省者。光绪三十一年（1905），内阁中书尹克昌上奏：

> 今日能收回西藏，改建行省最为上策。若其不能，惟有划出四川雅州、宁远、打箭炉府厅，云南丽江一府、永北一厅、永宁一土府之地，附以巴塘、里塘、明正、瞻对各土司之地，设为建昌行省。③

赵尔丰、尹克昌二人主张西藏建省，反映出当时西藏建省已经引起了当权者的关注。光绪三十三年（1907），岑春煊在《统筹西北全局酌拟变通办法折》中提出：

> 现设滇蜀边务大臣，拟以原来察木多地，东括打箭炉，南至乍丫，西至宁静，属滇蜀大臣，名曰川西省；布达拉及扎什伦布、阿里，则仍属之驻藏大臣，名曰西藏省。④

---

① 《西藏不能设行省》，见《东方杂志》1904年第1卷第11期。
② 吴丰培：《赵尔丰传》，见吴丰培编《赵尔丰川边奏牍》，四川民族出版社1984年版，第2页。
③ 《内阁中书尹克昌奏请添设建昌行省折》，见《东方杂志》1905年第2卷第8期。
④ 岑春煊：《统筹西北全局酌拟变通办法折》，见四川省民族研究所编《清末川滇边务档案史料》（下册），中华书局1989年版，第925页。

岑春煊的西藏建省建言得到了清廷的高度重视。清廷将原折抄给徐世昌、袁世凯、赵尔巽、锡良、唐绍仪、联豫等相关廷臣疆吏，要求"各抒己见"。对此，赵尔丰积极支持，奏陈："以形势论，西藏亦当建省，提前经营，以杜外患，未雨绸缪"，"康藏以前之横散，实因无人经营。如令建省，连贯一致，共筹边圉，俾便国防负责有人，随时预防，以备不虞。依其俗而导其政，练兵、兴学、采矿、开垦悉为蕴富之源，数年之后，当有可观，此边、藏时不容缓之事，亦势也"。①

综上，从19世纪八九十年代起，为应对西藏边疆危机，时人围绕建省方案形成了主张与反对两种意见。虽然两种意见的论者大都没有在藏经历，只是从西藏面临的严峻形势出发进行理论探讨，但这些探讨丰富了筹藏思想资源，尤其是正反两面的讨论加深了时人对西藏建省问题之复杂的认识。

二、张荫棠不求西藏建省之名的政治改革方案

作为藏事改革的开启者，张荫棠直接面临西藏建省与否的抉择。由于清朝内忧外患，国库空虚，西藏建省除存在上述一些建省论已注意到的巨大困难外，在实践上面临西藏地方长期以来的政教合一的封建农奴制的特殊性，这是建省的最大障碍。具体而言，清朝前期建立的治藏体制是驻藏大臣与达赖喇嘛共同领导噶厦的"二元"权力体制，西藏建省只有改革噶厦及政教分离，从而将"二元"权力结构整合为"一元"化的权力模式，实现清朝中央政府对西藏地方的直接治理，才能实现真正意义上的建省，否则建省徒有虚名。但骤然改革噶厦及实施政教分离，必然会因为招致西藏地方上层的反对而难以成功。西藏建省论者并没有提及如何改革噶厦及实施政教分离这两大西藏建省的关键性难题。然而，从理论角度而言，西藏建省论呼吁的省治改革目标旨在建立"一元"化的权力结构模式，着眼于从体制上加强中央政府对藏主权和治权，这不失为应对西藏边疆危机的一种改革思路。

在理论与现实之间，张荫棠在规划藏事改革方案上明确奏陈：

> 窃惟行政之道，不尚纸上而谈，而贵实事求是，尤重在得人而理，因时制宜。……我政府欲经营藏事，原因规宏远而策万全，但值帑项支绌之

---

① 〔清〕赵尔丰：《议复岑春煊统筹西北全局奏请川边建省折》，见四川省民族研究所编《清末川滇边务档案史料》（下册），中华书局1989年版，第921页。

际，计惟择要举办，先立基础，徐图扩充。①

在此认识的基础上，张荫棠结合西藏建省面临的特殊性以及骤改行省或激事变的现实，具体规划了以设行部大臣"总制全藏"为目标的行政体制改革方案及政教分离方案，并策略性地逐步推行。其总体改革方案与思路是废止驻藏大臣制度，改设位高权重的西藏行部大臣"总制全藏"，达赖喇嘛、班禅额尔德尼归其节制，同时节制噶厦核心成员从而逐步改革噶厦。具体而言，在一时难以骤改噶厦及政教分离的情势下，张荫棠改革噶厦的思路是饬立"九局"，委任代理摄政担任"九局"总管，几位噶厦分别担任各局掌管，而"九局"总管及各局掌管归行部大臣节制，以此实现平稳过渡。就"政教分离"而言，达赖喇嘛、班禅额尔德尼等宗教领袖"不令干预政治"，保留宗教权利，但也归行部大臣节制，这同样是策略性的逐步改革。与此同时，地方一级行政体制改革以逐步推行州县制为目标。最终，将"二元"权力结构整合为行部大臣"总制全藏"的"一元"权力结构。在张荫棠政治改革方案与思路中，有策略地改革噶厦及实施政教分离，正是解决两大关键性问题，以实现"一元"权力结构的具体措施；而其废止驻藏大臣制度，重新构建行部大臣"总制全藏"的"一元"权力结构则体现出改革的彻底性。可见，在西藏建省论高涨之际，张荫棠不求建省之名，而是本着"择要举办，先立基础"的原则推行实质与省治模式一致的政治改革，以具体的改革实践对建省论作出了回应。

至于张荫棠为何不求省治之名？虽然其没有直接奏陈意见，但驻藏大臣联豫的一番分析道明了其中原因。联豫在《遵旨复岑春煊奏陈统筹西北全局折》中指出："为今之计，自非改设行省不可，万无疑义。然政贵实行以收效，不尚虚声，事以积久而日非，难期骤革。藏中之事，惟有徐徐布置，设官驻兵，藉防英、防俄为名，而渐收其权力。布置既已周密，三四年后，只须一道纶音，则诸事均可就绪。"该折还通过分析以十三世达赖喇嘛为首的西藏地方对清廷的不满，进一步指出：

若今日正值藏番疑贰之际，改设行省之议，彼亦久有所闻，满腹群疑，时刻防范，我则无兵无饷，一切均未布置，忽然改设行省之命下，则番官必至于梗顽不从，因而生变，铤而走险，不惟坚其外向之心，且恐祸

---

① 张荫棠：《上外部条议筹办藏政经费说帖》，见吴丰培编辑《清代藏事奏牍·张荫棠驻藏奏稿》，中国藏学出版社1994年版，第1447页。

起萧墙，又不知烦几许兵力，而得失尚难逆料也。①

同时，该折强调："时事至于今日，但求实事，不在虚名，若驻藏大臣忽改为总督巡抚，是徒启番人之疑惑而于事实无益。驻藏大臣名目暂时不必更换，俟数年后，我果能展其权力，然后再正其名，未为晚也。"联豫不主张骤改行省，却对建省抱有幻想，实际上是在不得不遵旨就岑春煊上奏的建省主张表明态度的情况下的一种巧妙奏对。尽管如此，联豫奏陈骤改行省抑或激变，实际道明了建省是行不通的，这正是张荫棠不求建省之名的原因所在。相比之下，同样是面对建省行不通的情况，张荫棠不摆困难，务实地推行与省治模式实质一致的政治改革；联豫对建省抱有幻想，却对建省必须改革噶厦及实施"政教分离"这两大关键问题没有清醒的认识，改革思路不清。后来，新任驻藏帮办大臣温宗尧也明确奏陈"不必遽改西藏之地为行省，而不可不以治行省之道而治之"②，更加表明张荫棠的政治改革进路是务实的。

总体而言，在西藏建省论高涨之际，作为藏事改革的具体推行者，张荫棠与联豫、温宗尧三人都认识到骤改行省抑或激变，是行不通的，因而都主张"不求虚名"，但求以"改设行省之张本"推行具体改革。这一改革思路与实践，既着眼应对西藏严峻的边疆危机，同时兼顾西藏地方政教合一制的特殊情况，是对筹藏固边进路的一种务实选择，体现出一定政治智慧和改革策略性。然而，十分遗憾的是，正值张荫棠深入推进改革的关键时刻，其本人却被清廷调离出藏。张荫棠离开时，作为其政治改革进路关键环节的"九局"虽已成立，但继续推行新政的联豫未能完全沿此思路进行改革。联豫在行政体制改革上，仅裁撤驻藏帮办大臣，改设左右参赞，对驻藏大臣制度进行了不彻底的改革，却奏称"自上年川军进藏以后，政权渐次收回，事务日繁，往来文件较前增至数倍，几与边小省治无异"③。事实上，联豫在改革噶厦与政教分离这西藏建省所必须解决的两大关键性问题上一筹莫展，权力结构"二元"化的现状毫无改变，其称"几与边小省治无异"，只是自欺欺人而已。

---

① 〔清〕联豫：《遵旨复岑春煊奏陈统筹西北全局折》，见吴丰培编辑《清代藏事奏牍·联豫驻藏奏稿》，中国藏学出版社1994年版，第1497–1498页。

② 温宗尧：《温宗尧为陈治藏当务之急请代奏致赵尔巽函》，见中国藏学研究中心、中国第一历史档案馆、中国第二历史档案馆、西藏自治区档案馆、四川省档案馆合编《元以来西藏地方与中央政府关系档案史料汇编》（第4册），中国藏学出版社1994年版，第1622页。

③ 〔清〕联豫：《改设治事议事厅设立幕职分科办事折》，见吴丰培编辑《清代藏事奏牍·联豫驻藏奏稿》，中国藏学出版社1994年版，第1575页

三、清廷对西藏建省的态度及其结局

清廷自要求相关廷臣疆吏针对岑春煊的西藏建省意见各抒己见起,就有推行西藏建省的倾向。据当时报道称,岑春煊奏呈西藏建省意见后不久,清廷内部就开始筹议"将西藏改设行省制度"①。但因时局维艰,"革命风潮时起于外,大臣意见交困于内,议平满汉,议立宪法,远调疆臣,入京会议,万几丛脞,时廑主忧","况东三省迫于日俄之交侵",当年筹议的结果是"度支部迫于财力之缺乏,是以顾于内不遑兼顾于外,顾于东不遑兼顾于西,遂将西藏建置行省之说暂行罢议"。②次年,清廷同意十三世达赖喇嘛入京觐见,拟就藏事改革事宜与其磋商,于是清廷内部再起西藏建省之议。1908年7月3日报纸报道:"议政王大臣,近日会议布置西藏事务,以筹久远之谋。拟将前后藏疆域,划为两省,择其扼要,改设州县。另请简派重臣统辖一切。"③8月4日报纸报道:"日前政府会议改建西藏办法,其官制拟照东三省,惟用款须大加撙节,以免糜费。"④清廷虽在筹议西藏建省,但面临诸多困难与阻力,同时不得不重视张荫棠、联豫等"不求虚名"的改革意见,因此"议而未决"。至十三世达赖喇嘛入觐,慈禧太后、光绪帝就西藏是否建省等重大改革事项,多次召见庆亲王奕劻及军机大臣袁世凯、张之洞、世续等人奏对,但"屡议未决","两宫以改革西藏各事,须面询达赖"。⑤然而十三世达赖喇嘛对这些事关切身利益的改革"阳为维诺而阴实阻难之"⑥,是不可能同意的。清廷与其磋商期间,其态度"时而唯唯,时而反覆"⑦,尤其是对西藏改设行省最终"不甚赞成"⑧,对政教分离"颇不愿意"⑨。因此,清廷试图就西藏建省、政教分离等与十三世达赖喇嘛达成一致,既不现实也不可行。虽然其间也有决定"政务处决议将西藏改设行省,简派重臣驻守,张荫棠为副亦议决",但紧接

---

① 《开辟西藏之计划》,见《振华五日大事记》第八期,1907年5月27日(光绪三十三年四月初十日)。
② 《西报论中国经营西藏问题续论》,见《广益丛报》第一百五十四号(第五年第二十六期),1907年12月4日(光绪三十三年十月二十九日)。
③ 《筹议西藏改行省之办法》,见《东莞旬报》第一期,1908年7月3日(光绪三十四年六月初五日)。
④ 《商议改建西藏》,见《半星期报》第十九期,1908年8月4日(光绪三十四年七月初八日)。
⑤ 《达赖喇嘛在京情形(北京)》,《申报》,1908年10月11日。
⑥ 《御史奏请缓改西藏(北京)》,《申报》,1908年11月21日。
⑦ 《论西藏乱事(论说)(朔)》,《申报》,1908年11月14日。
⑧ 《达赖喇嘛与西藏(紧要新闻)(北京)》,《申报》,1908年10月30日。
⑨ 《达赖喇嘛在京情形(紧要新闻)》,《申报》,1908年10月22日。

着议政王大臣会议藏事"佥以改建行省,一时遽难着手,俟达赖回藏时,令张荫棠随同回藏,届时相度情势再行商办较为妥善"。① 最终,至十三世达赖喇嘛离京,清廷对西藏是否建省仍是议而未决。

直到十三世达赖喇嘛回藏,被清廷褫革名号后,清廷仍在筹议西藏建省事宜。1910 年 4 月 24 日《国风报》报道:"政府对于藏卫改建行省一事,迭经会议,窒碍之处甚多。"5 月 29 日有报道称,清廷试图通过"另立达赖"的方式强行实现政教分离,并以此"立将来改建行省之基本";同时"拟定办法四端":"一为急进政体,一为缓急并用政体,一为政教分行政体,一为政教兼行政体,由政务处会同理藩部,详细覆核,再行决议"。② 8 月 24 日《广益丛报》报道:"西藏改建行省,久经筹议,兹闻先从议改西藏官制入手",其中所列三条措施中第一条为"裁撤驻藏大臣以下各员,而请钦派督办大臣总督全藏开矿、练兵诸要政,复设左右参赞各一员,帮同办理"。③ 此中的"督办大臣"与张荫棠规划的行政体制改革方案中的"行部大臣"虽不同名,但实质一致;而筹议改设州县、简派重臣统辖一切以及仿照东三省改革官制等,也均在张荫棠的方案之中。可见,清廷对西藏建省问题经过几年时间的筹议,最后还是回到了张荫棠规划的方案上。此后,清廷仍在犹豫之中,辛亥革命就爆发了,西藏建省之议遂不了了之。

清廷在西藏建省问题上之所以长时间议而难决,其根本原因在于清季国力衰微,在这一重大改革上力不从心,纵使方案再佳,也是纠结于改与不改之间,难以抉择。具体而言,除面临人力、物力、财力难以支撑,以及西藏地方自身建省基础薄弱等现实困难外,还面临重重阻力。其一,清廷内部受传统思想束缚深重,面对西藏建省这一重大改革问题,缺乏打破"祖宗定制"的改革勇气;其二,以十三世达赖喇嘛为首的西藏地方上层因不甘失去既得利益而极力反对;其三,英俄等国侵藏气焰正盛,他们为达到侵略目的而极力干扰破坏,"推某国之心,不但以西藏改省为不利,而西藏苟有一事改革者皆其心之不所欲也"④。

总体而言,清末西藏建省论者试图以骤改行省从而达到治藏固边的主观立意值得肯定,但其对建省的客观困难估计不足,尤其是未充分注意到西藏地方

---

① 《藏事改革之困难》,《申报》,1980 年 10 月 28 日。
② 《预筹藏地政教分权办法》,见《国风报》第一年第十一期,1910 年 5 月 29 日(宣统二年四月二十一日)。
③ 《议改西藏官制之概略》,见《广益丛报》第二百四十二号(第八年第十八期),1910 年 8 月 24 日(宣统二年七月二十日)。
④ 《论西藏乱事》,《申报》,1908 年 11 月 14 日。

的特殊性，因而是不切实际的。较之西藏建省论，张荫棠不求省治之名，但求"以治行省之道而治之"的改革进路，坚持治藏固边的改革目标的同时，不失历代治藏充分兼顾西藏地方特殊性的传统，兼具原则性与策略性，体现出一定的政治智慧。张荫棠、联豫的改革虽不成功，但作为建立新的治藏体制的一次重要尝试，为后世提供了历史借鉴。

  西藏地方具有边疆、民族及宗教三重特殊属性，自元朝推行行省制度以来，元、明两代对西藏地方一直未以省治，清朝纵使在鼎盛时期对西藏地方行政体制进行多次改革，也都充分兼顾到了西藏的特殊性。清末，西藏建省对清廷不失为应对西藏边疆危机的一种改革选择，清廷也就建省进行了长时间筹议；但清朝处于内忧外患，缺乏建省实力，清廷难以做出改置行省的抉择。在面临西方侵略势力妄图分裂中国西藏这一新问题之际，清廷对西藏建省与否的纠结，其实也不难理解，抑或这正是在面临反对分裂、维护主权新情况时，清廷对治藏路径选择的一种艰难探索。清廷的探索及失败表明：随着西藏反对分裂、维护主权这一新问题的出现，传统的治藏体制已不能适应时代的发展，必须打破政教合一的封建农奴制，建立新的治理体系。但同时，西藏具有边疆、民族及宗教等多重特殊属性，与内地划一的省治模式对其并不适合。清末西藏建省的尝试虽昙花一现，然而，张荫棠不求省治之名，但求"以治行省之道而治之"的改革实践，一定程度上冲击了西藏地方政教合一的封建农奴制，为新的治理体系的建立打下了一定基础，同时其改革思路也给后世以深刻启示。新中国成立后，在汲取历史经验、把握历史规律的基础上，在西藏实施民族区域自治制度无疑是正确的。

第三节 清末边疆治理视野下的张荫棠藏事改革

  在面临严重的边疆危机之际，为抵御侵略，加强中央政府对边疆地区的主权和治权，清末新政开始后，边疆地区以此为契机，掀起了一轮有别于传统的边疆治理高潮，后人一般称之为清末边疆新政。20世纪90年代以来，学界关于清末边疆新政的研究已有不少成果。① 作为清末边疆新政的重要组成部分,张荫棠藏事改革既有清末边疆新政的一般性,也有自身特点。

一、清末边疆危机的加深与清朝治边思想的转变

马汝珩、马大正认为,19世纪以前,中国历史上规律性出现的边疆问题不是来源于外来政治势力,而是来源于边疆地区本身。因此,清朝前期边疆政策的目的是稳定边疆地区本身,而针对外来政治势力的政策和措施则几乎没有。② 实际上,清朝的边疆政策更与统治者的边疆观密切相关。清朝皇帝从传统的天下观出发,视边疆地区为"藩部",并认为"藩部"是拱卫"中心"的"屏藩"。在此理念下,清帝总体上奉行"因其教不易其俗,齐其政不易其民"的传统治边思想。在具体施政方面,清朝中央政府设立专门管理边疆少数民族地区事务的理藩院;各边疆地区在清军常川驻守的基础上,根据具体情况采用多元化的管理体制。东北地区主要是军府制与旗民制相结合;蒙古地区主要是军府制与盟旗制相结合;新疆是军府制与札萨克、伯克制相结合;西藏则是驻藏大臣制度与政教合一的地方政府噶厦相结合。清廷派驻各边疆地区的将军、办事大臣执掌军政,民政事务基本由各民族上层人士掌管。总体而言,清朝前期奉行的"恩威兼施"与"因俗而治"的治边政策是成功的,对维护国家统一、确保边疆地区稳定发挥了积极作用。

鸦片战争之后,西方列强从逐步控制清朝周边藩属,到进一步觊觎蚕食边疆地区,不仅打破了清朝"抚有四夷"的局面,也使广大边疆地区直接遭受侵略的威胁日益严峻。在东北,俄国通过不平等条约先后割占了黑龙江以北、外兴安岭以南以及乌苏里江以东100多万平方公里的中国领土;日本、英国、美国等也加紧与俄国争夺东北。在西北,1864年,俄国通过不平等条约割占中国领土44万多平方公里;此后,俄国与英国支持阿古柏入侵新疆,使西北局势一时紧张。在西南,英国一方面于19世纪70年代以前先后控制了由西藏管辖或与西藏有不同隶属关系的拉达克、廓尔喀、哲孟雄、布鲁克巴等地,做好了"北上"侵藏准备;另一方面,1876年,英国逼迫清政府签订《烟台条

---

① 代表性成果主要有:马汝珩、马大正的《清代的边疆政策》(中国社会科学出版社1994年版),成崇德、张世明的《清代西藏开发研究》(北京燕山出版社1997年版),马大正的《中国边疆经略史》(中州古籍出版社2000年版),成崇德的《清代西部开发》(山西古籍出版社2002年版),赵云田的《清末新政研究——20世纪初的中国边疆》(黑龙江教育出版社2004年版),苏德毕力格的《晚清政府对新疆、蒙古和西藏政策研究》(内蒙古人民出版社2005年版)等。

② 马汝珩、马大正:《清代的边疆政策》,中国社会科学出版社1994年版,第97页。

约》，据此取得了英人由中国内地进入西藏、云南的特权。在东南，日本于1879年侵占琉球后，又加紧侵略台湾。在此情势下，清朝传统的边疆观及治边思想无疑受到了空前冲击。1874年起，清廷内部就边防问题展开大讨论，"海防"与"塞防"之争由此产生，争论的直接结果是新疆和台湾先后建省。边疆建省是清朝边疆治理思想及其实践转变的重要体现。但清朝未能及时采取措施加强西藏边防，以致1888年英国发动第一次侵藏战争，西南边疆门户被打开。

甲午战争后，随着西方列强掀起瓜分中国的狂潮，中国边疆危机进一步加深。俄国与日本争夺东北；俄国加紧向蒙古渗透；英国与俄国竞相侵略西北和西藏；1903年底，英国发动第二次侵藏战争。为应对空前严重的边疆危机，清末全国新政开启后，边疆地区也先后开始推行新政。由于边疆地区普遍面临西方列强侵略的威胁，抵御侵略、维护主权无疑是边疆新政的一致目标；同时，边疆新政是在全国新政的大背景下由清廷主导推行的，因而，清末边疆新政在具体措施上体现出诸多共性。这些共性主要可归纳为：第一，改设行省及改革官制。受新疆、台湾建省的影响，清末边疆新政期间，清廷上下对通过建省以加强中央政府对边疆地区的主权与治权的认识是一致的。由此边疆建省首先在东北实施，经赵尔巽、徐世昌等人的努力，至1907年，东北奉天、吉林、黑龙江三省正式确立了行省体制。新疆、台湾（自1885年设省至1895年被日本割占期间）则在建省的基础上，于新政期间进一步改革官制，并以府州县制为导向调整地方行政制度。蒙古、西藏虽最终未能建省，但此一时期清廷内部一直在筹议建省事宜。第二，编练新军，加强边防。出于抵御侵略、巩固边防的现实需要，边疆新政期间，各边疆大员都以加强边防为重中之重，由是根据清政府陆军部的规定，采取了编练新军的举措。边疆地区在编练新军期间，也都设立了武备学堂，同时都不同程度地建立起近代巡警制度。第三，发展实业，开发、建设边疆。边疆新政期间，各边疆地区普遍采取了发展农牧业、工商业以及开矿、筑路、发展邮电通信等经济建设措施。第四，发展文化教育事业，开启民智。各边疆地区广泛设立新式学堂，创设印书局、办报纸等，对于传播科学文化知识、移风易俗、强化边疆各族民众的国家认同产生积极的作用。总体而言，清末边疆新政中的这些改革措施，打破了清朝长期以来对边疆地区"因俗而治"的传统，开启了边疆地区的近代化大门。

此外，清朝向例派往边疆的将军、办事大臣都是满蒙亲贵，汉族官员被排除在外，但在清末满汉畛域问题突出之际，清廷为缓和矛盾，不得不采纳张之洞上奏的"将军、都统等官，可兼用汉人"①的建议，从而使众多具有锐意改革思想的汉族官员有机会参与边疆事务决策及被破例授命为边疆大员。正是清廷这一用人政策的变化，张荫棠才得以被派往西藏"查办事件"，他是有清一代首位汉族"驻藏大员"（其后有驻藏帮办大臣温宗尧）。总之，较之传统，清末边疆新政体现出清朝治边思想与政策的重大转变。

二、清末边疆新政视野下对张荫棠藏事改革的检讨

张荫棠藏事改革具有清末边疆新政的共性，但也因面临诸多特殊因素而体现出自身的特点。其一，西藏面临的侵略形势尤为严峻，因而张荫棠藏事改革过程中反侵略斗争的形势十分严峻。1904年侵藏英军头目荣赫鹏逼迫西藏地方签订"拉萨条约"后，张荫棠从与英国在印度重订"拉萨条约"的谈判，到在藏期间与英方围绕开埠的交涉，再到后来作为中方全权代表与英方谈判《中英藏印通商章程》，他在外交斗争中坚决捍卫国家主权。时人评价他"自胜他人十倍"，后人评价他"权利颇有争回之处"，而他自己检讨"辄叹中国无外交专门之学，未可尽诿于国力屡弱也"②。其二，由于西藏地方长期实行政教合一的封建农奴制这一特殊性，在当时形势下难以骤改行省，张荫棠只得不求建省之名，实事求是地具体规划并策略性地推行以设行部大臣为核心的行政体制改革及政教分离。其三，东三省建省有较充分的前期准备，蒙古地区推行新政在前期也有一定的酝酿准备，新疆新政更是在建省基础上推行的；相比而言，张荫棠藏事改革是他在筹措英国第二次侵藏战争善后的基础上展开的，虽然他本人对改革有充分的思想准备，但改革对清廷而言是仓促的。清廷因缺乏充分酝酿而对改革缺乏思想准备，以致对张荫棠的一些改革主张举棋不定。其四，受英国第二次侵藏战争影响，清末藏事改革相比其他边疆地区推行新政起步较晚。张荫棠于1907年逐步开启藏事改革，联豫继续推行新政更是接近辛亥鼎革。藏事改革起步晚，推行时间短，从而影响到改革的广度与深度。

还值得指出的是，张荫棠本人返京后向清廷奏陈："窃按今日时势，对于西藏当作边地观，不当拘泥旧制，仍作藩属观也。"③此中"边地"与"边疆"内涵一致。张荫棠的这一认识，十分清楚地表明他突破了传统的"藩属"

---

① 苑书义等主编：《张之洞全集》（第12册），河北人民出版社1998年版，第10696页。
② 张荫棠：《使藏纪事·自序》，见张羽新主编《唐宋元明清藏事史料汇编》（第32册），学苑出版社2009年版，第188页。
③ 张荫棠：《上外部签注驻藏赵大臣函》，见吴丰培编辑《清代藏事奏牍·张荫棠驻藏奏稿》，中国藏学出版社1994年版，第1435页。

观,具有了近代主权国家观及边疆观,在此理念下进行的藏事改革无疑具有近代主权国家边疆治理的意义,较之清朝传统的"藩属"观下的西藏治理,这是一大转变。张荫棠本人的近代边疆观也对促使清廷与时俱进地转变边疆观发挥积极作用。1885年,时任驻英公使曾纪泽在给军机处的《陈英人遣马科蕾入京欲开印藏通商函》中,对相关的"属国"与"属地"概念有一番辨析。他指出:"窃思西洋各大国,近者专以侵夺中华属国为事,而以非真属国为词。盖中国之属国,不问其国内之政,不问其境外之交,本与西洋各国之待属国迥然不同。西藏与蒙古,同乃中国之属地,非属国也","西洋与该处,亦只称中华属国而已,视内地省份固为有间。我不于此时总揽大权,明示天下,则将来称属地为属国者,将复称属国为非真属国,又有侵夺之虞矣。……我之主权既著,边界益明,关权日饶,屏篱永固,兴利也而除害之道在焉"。① 从曾纪泽辨析"属国"与"属地"之严格不同,提请要谨防西方将本为中国"属地"的西藏以"属国"相称的险恶用心,再到张荫棠明确奏陈"对于西藏当作边地观",最终使清朝摒弃了传统概念,开始明确使用"边疆"一词。光绪三十四年(1908),上谕明确指出"藏务即是边务"②,进而在布置藏事时强调"边疆有事不得不格外审慎"③。至此,清朝对西藏从传统的藩属观迈向了具有近代主权国家观意义的边疆观。在这一点上,张荫棠功不可没。关培凤认为,"(张荫棠)称中国应改变视西藏为'藩属'的传统观念,以'边地'视之。从'藩属'到'边地',这种认识上的转变无疑是一个巨大的历史性的进步,反映了张荫棠对中国在藏主权的高度重视"④。

张荫棠藏事改革作为清末边疆新政的重要组成部分,与清末边疆新政属于局部与整体的关系,研究局部有助于加深对整体的认识和理解,也可由整体反观局部。学界对清末边疆新政的认识与评价,至少有以下几种意见。其一,边疆建省或官制改革,破除了这些地区的旗民制、盟旗制、札萨克及伯克制等特殊性,使得传统的边疆地区上层治理模式转变为清朝派官直接治理的模式,这就打破了清朝在边疆治理中传统的双重体制,具有政治制度近代化的积极意义。其二,边疆地区建省或官制改革,重构中央与地方的行政体制,实现了政令统一,使得边疆与内地同处于中央政府的直接管理之下,从而加强了中央政

---

① 《军机处录呈曾纪泽陈英人遣马科蕾入京欲开印藏通商节略》(一史馆藏军机处录副奏折),见中国藏学研究中心、中国第一历史档案馆、中国第二历史档案馆、西藏自治区档案馆、四川省档案馆合编《元以来西藏地方与中央政府关系档案史料汇编》(第3册),中国藏学出版社1994年版,第1067页。
② 《清德宗实录》卷五八七,光绪三十四年二月乙丑。
③ 《清德宗实录》卷五九七,光绪三十四年十月癸丑。
④ 关培凤:《张荫棠:清末民初的"外交良才"》,载《世界知识》2010年第3期。

府对边疆地区的主权和治权,有效杜绝了受近代民族主义思潮影响的边疆地区民族上层离心隐患。其三,边疆新政期间推行的兴学堂、办报纸等启发民智的措施,具有锻铸民族国家"国民"的重要意义,加深了边疆地区各族人民的国家认同,对近代中国民族国家构建具有积极意义。其四,清末边疆新政具有近代主权国家边疆治理的积极意义。其五,边疆新政期间推行的经济改革措施,为边疆地区的经济社会发展打下了一定基础,促进了边疆地区的近代化。① 总体而言,学界对清末边疆新政的评价相当客观。循此理解,对同一时期同一性质的张荫棠藏事改革也应作如上观。即张荫棠藏事改革开启了西藏近代化进程;其策略性地改革噶厦及政教分离等政治改革措施具有政治制度近代化的积极意义;其文化教育等改革具有加强当地民众国家认同的积极意义;等等。这些应是对张荫棠藏事改革的基本认识。以往学界对张荫棠藏事改革却有一些不同认识,如认为其政治改革等触犯了西藏地方上层的利益,不够实事求是;其经济改革是幻想走资本主义发展道路;其民俗文化改良体现出大汉族主义思想,等等,似乎过于苛刻。

张荫棠后来总结道:"嗟夫!天下事知之匪坚,行之维艰,虽有良法,能言而不能行,与行之不得其人,尤无法也。又岂特藏事为然哉!"② 这是他本人对藏事改革的最好检讨。

---

① 参见前文所引20世纪90年代以来清末边疆新政研究成果等。
② 张荫棠:《使藏纪事·自序》,吴丰培编《清代藏事奏牍·张荫棠驻藏奏稿》,中国藏学出版社1994年版,第1287页。

结　语

　　本书主要依据张荫棠藏事奏牍，相关驻藏大臣的藏事奏牍，光绪、宣统两朝实录、上谕，军机处、外务部档案，西藏地方档案以及英国、俄国解密档案等相关史料，在前人研究的基础上，对清末张荫棠藏事改革进行了研究。前文分别详细讨论了张荫棠藏事改革的背景、内容及结局等，以下予以扼要总结。

一

　　张荫棠自1904年11月涉足藏事至1909年8月远离藏事，前后近五年时间，根据清廷对他的任命安排，可分为四个阶段。

　　第一阶段：1904年11月奉旨随唐绍仪赴印度与英国谈判重订"拉萨条约"，至1906年4月《中英续订藏印条约》签订后即刻被派往西藏"查办事件"。张荫棠这一年多时间主要是参加外交谈判，同时开始酝酿整顿藏事方案，并两次上陈整饬藏事意见。此一阶段以1905年9月唐绍仪奉旨回国又可分为前后两段，唐绍仪回国前张荫棠是参赞身份，之后则直接负责继续谈判。

　　第二阶段：1906年4月奉旨前往西藏"查办事件"，至1907年8月奉旨赴印度开展外交谈判。这一年多时间是张荫棠由印入藏，彻查腐败、整饬吏治，倡言改革、大刀阔斧地开启各项改革的重要时期。其中，从1906年4月临危受命至9月启程入藏，主要是做进藏前的各项准备。从9月11日由加尔各答启程至11月27日到达拉萨，沿途两个多月的时间里，他从行抵亚东就开始抵制英国侵藏头目在当地的侵略行径，筹划亚东开埠事宜。行至江孜后，同样停留了较长时间，抵制英国在江孜的侵略活动，筹划江孜开埠事宜。到达拉萨后的前三四个月，主要是集中整饬吏治。倡言改革、饬立"九局"，大刀阔斧地开启各项改革则集中在到达拉萨至离藏的10个月时间里。如从1906年9月22日行抵亚东算起，至奉旨离藏，张荫棠实际在藏时间也仅为一年。

　　第三阶段：1907年8月由靖西离藏赴印，至1908年4月由印度返京。此一阶段是张荫棠奉旨作为中方全权代表与英国谈判《中英藏印通商章程》时期,这是他第二次负责涉藏外交谈判。此次在印谈判期间,张荫棠进一步完善改革方案,上陈的"善后事宜十六条"最终得到了清廷的肯定。

第四阶段:1908年4月《中英藏印通商章程》签字后由印度返京复命,至1909年8月奉旨出使美洲诸国。这是张荫棠关注藏事的最后一个阶段。这一阶段正值十三世达赖喇嘛入京觐见,张荫棠除奉旨"照料"外,还就藏事相关问题直接向"两宫"进行面奏,并积极向军机处、外务部、度支部、邮传部等争取对藏事改革的相关支持。此外,这期间他整理完成了《使藏纪事》一书。

张荫棠治藏事的四个阶段,主要涉及整饬吏治、开启藏事改革、两次涉藏外交谈判、十三世达赖喇嘛朝觐期间奉旨"照料"5项使命,而以"收回政权"为核心的藏事改革是贯穿其治藏事始终的一条主线,因此可统称为清末张荫棠藏事改革。其中整饬吏治为改革开辟了道路;外交与改革是这条主线的两个重点,互为表里,外交服务于"收回政权"这一改革的核心任务和目标;十三世达赖喇嘛朝觐期间奉旨"照料"是政治改革的延伸。

清末张荫棠以"收回政权"为核心的藏事改革内容,主要涉及政治、经济、军事、外事、文化教育、医疗卫生以及民俗这相辅相成、环环相扣的7大方面,至少17项具体内容。具体包括:政治方面的行政体制改革、政教分离与革除弊政;经济方面的农牧业、工商业、路矿业、盐茶业与金融业改革;军事方面的编练新军与创设巡警;外事方面的创设对外交涉机构、加强西藏地方与邻邦关系、警惕"西藏独立"及围绕开埠的外交斗争;文化教育方面的以"兴学"为主的改革;医疗卫生方面的创办医院及个人与环境卫生改革;民俗方面的"藏俗改良"。张荫棠治藏事体现了敢为天下先的改革勇气和精神,其开启的清末藏事改革是一次全面的、系统的改革。各项改革以饬立的"九局"(交涉局、巡警局、督练局、盐茶局、财政局、工商局、路矿局、学务局和农务局)为抓手具体推行,一度掀起了改革高潮。

二

张荫棠在藏事改革的关键时刻被调离,令人扼腕叹息。他离藏后,联豫继续推行新政,使各项改革得到一定的深化,但联豫推行新政期间措施不当致使西藏政局恶化,从而加速了改革的失败及清朝在藏统治的终结。

张荫棠藏事改革虽未收到预期效果,但在清朝在藏权威严重受损、西藏边疆危机空前严峻的形势下,掀起了清朝全面治理西藏的一次高潮,将清朝中央政府在藏权威从低谷提升到一个新高度,因而具有重要的历史意义。

其一，加强了清朝中央政府在藏权威，改善了西藏地方与中央政府关系。张荫棠进藏前，西藏地方诋丑驻藏大臣为"熬茶大臣"，并对清政府未能支持两次抗英斗争及褫革十三世达赖喇嘛名号等产生不满，以致清朝中央政府在藏权威每况愈下。张荫棠严惩以有泰为首的驻藏系统腐败官员及一批贪赃枉法的西藏地方官员，西藏地方僧俗百姓为之拍手称赞，使晚清以来驻藏大臣"声名狼藉"的丑恶形象得以洗刷。整饬吏治取得"汉官威令始行，民气一振"的积极成效。同时，张荫棠以"固结人心为第一要义"，充分信任和依靠藏族官员，擢升重用抗英骨干，团结广大僧俗百姓，使他本人得到了拥护和爱戴。由是清朝中央政府在藏权威得以重树，西藏地方与中央政府的关系得以改善。

其二，有力打击了英国等列强侵略西藏的嚣张气焰，捍卫了国家主权。晚清以来，驻藏大臣对外一味奉行妥协退让政策，对英俄等国竞相侵藏束手无策，以致清末西藏边疆危机空前严重。张荫棠不仅在两次涉藏外交谈判中坚决维护国家主权，同时，他肃清西藏地方上层中的亲英分子，在与英国交涉开埠、赔款、撤军以及"印茶入藏"与关税等一系列问题上维护国家主权，尤其是对英国试图与西藏地方"直接交涉"予以坚决抵制，从而被西藏地方称为"抵抗英国侵略之干城"。张荫棠一改驻藏大臣一贯妥协退让的软弱形象，充分展示了中国捍卫主权与领土完整的正义立场，给侵藏气焰正盛的英国以有力打击，甚至"消除了英国在西藏高原残留的威望"，这就一定程度上缓解了西藏的边疆危机。

其三，有力地冲击了西藏地方政教合一的封建农奴制。张荫棠不求省治之名，具体推行与省治实质一致的各项改革，尤其是行政体制改革及政教分离的主张及实践，直接触及政教合一的封建农奴制的关键；各项改革为封闭的封建农奴制社会吹进了一股清风，也为打破封建农奴制的藩篱奠定了一定的社会基础，对西藏群众则是一次维新思想洗礼。这些努力虽收效不大，但为政教合一的封建农奴制的最终废除做了一定的铺垫。

其四，清末张荫棠藏事改革在清朝两百多年的治藏历史中占有重要地位。1793年，清朝颁行《钦定藏内善后章程二十九条》，全面改革藏事，将中央政府在藏权威提升到了空前的高度，奠定了此后清朝治藏的基本政策。但由于晚清时期一些驻藏大臣"几同守府"，章程规定形同虚设，致使清朝在藏施政面临严峻的挑战。张荫棠以空前的广度和深度推行藏事改革，其中诸如裁撤驻藏大臣，改设西藏行部大臣，打破西藏地方政教合一的封建农奴制，实施政教分离，等等，具有颠覆清朝传统治藏体制，构建全新的治藏体制的气魄。可以说，清末张荫棠藏事改革是继1793年改革藏事后，清朝治藏历史上最全面的一次改革，也是最后一次重大改革。

清末张荫棠藏事改革打破了清朝"因俗而治"的治藏传统，标志着传统皇权体制下的治藏方略向近代主权国家体制下边疆治理思想的转变，具有深远影响。其一，文化教育等方面的改革巩固了西藏地方与中央政府关系的根基。张荫棠藏事改革在试图重构西藏地方与中央政府关系的体制机制的同时，其文化教育改革与藏俗改良等，是以同质性的文化锻铸民族国家"国民"的直接举措，具有加强文化认同、国家认同，铸牢西藏地方与中央政府关系的根基的重要意义。在清朝覆灭、民国肇始的历史大转变中，文化认同对西藏地方与新的中央政府关系的构建无疑具有承上启下的纽带作用。其二，开启了注重发展经济的治藏新思路。张荫棠的一系列经济改革主张与实践，打破了清朝治藏"统驭之意多，而充实之力少"的传统，开始注重西藏地方的经济发展，这为后世治藏提供了宝贵的经验教训。其三，拉开了西藏近（现）代化进程的帷幕，对西藏经济社会发展影响至深。晚清时期，随着西藏地方政教合一的封建农奴制日益腐朽没落，加之英、俄等国的侵略，西藏地方经济社会日益凋敝。洋务运动期间，驻藏大臣衙门虽也设立了洋务局，但几乎形同虚设，使西藏错失了一次重要的发展机遇。张荫棠抓住清末新政的时机，以近代化发展理念推行藏事改革，为西藏注入了与时俱进的发展活力，开启了西藏地方的近（现）代化进程，对促进西藏社会由传统向近（现）代变迁具有积极作用。

张荫棠藏事改革主张虽未完全得到实施，但其改革方案及实践备受后世推崇。1914年，陈去病在提出西藏建省建议时指出："区区之作，什未当一，规划尽善，自有人在。"他特举例："如前使张荫棠之善后事宜折，及九局章程、藏俗改良、训俗浅言等，俱足以资治理。"足见其对张荫棠改革方案的推崇，以致表示"余故弗复赘云"。① 十三世达赖喇嘛推行新政期间，诸多措施就是直接在张荫棠改革方案的基础上改良和推行的。1938年，国民政府派蒙藏委员会委员长吴忠信入藏主持十四世达赖喇嘛坐床仪式，其间吴忠信派随行的朱少逸拜访十三世达赖喇嘛推行新政的干将龙夏·多吉次杰，龙夏向朱少逸明确指出："前清张钦差荫棠驻藏时，曾创设农务局、建设局、盐茶局等机构，至今藏人犹受其利，吴委员长至少应立一计划，交由西藏政府执行。"② 西藏地方各界人士在张荫棠离藏三十多年后，依然对他的改革推崇有加，足见其深得民心，也是顺应时代潮流的。张荫棠离藏后，西藏地方各界人士为表示对他的

---

① 陈去病：《西藏改建行省议》，见《夏星杂志》第一期，1914年6月20日（民国三年六月二十日）。

② 朱少逸：《拉萨见闻记》，见西藏社会科学院西藏学汉文文献编辑室编辑《〈使藏纪程〉〈西藏纪要〉〈拉萨见闻记〉三种合刊》，全国图书馆文献缩微复制中心1991年版，第94页。

缅怀、感恩，将其从印度带进西藏种植的七瓣梅称为"张大人花"，"这种花现在遍及西藏的东南西北，成为纪念这位大臣业绩的象征"①。这不仅是西藏人民对张荫棠个人的缅怀，也可谓"西藏民族团结之花"。

　　后世对清末张荫棠藏事改革如此推崇，足见其改革是经得起时间和实践的检验的。这也有力地说明张荫棠藏事改革是应对西藏危机的一剂良药，其改革方案描绘的西藏发展远景是对西藏长治久安的深远谋划。同时，张荫棠在当时就提出的诸多主张至今仍不失现实意义。如在西藏建省呼声高涨的时局中，他坚持不求省治虚名，但求以"改设行省之张本"推行具体改革，既兼顾西藏实际，又不失省治模式实质。在用人方面，他指出"万里戍边，非优给养廉公费，无以激励廉能"，从而强调汉藏官员一律"官俸优给"。他还指出，"安边之要，首在察吏，必大吏廉洁，率属办事，乃能刚正而服远人"，彻查有泰等一批驻藏系统及西藏地方官员，得到广大群众的拥护，即是有力证明。他坚持"固结人心为第一要义"，紧密团结和依靠藏族官员与群众，很快扭转了局势，这与有泰、联豫不能做到这一点而招致西藏地方逆反形成鲜明对比。他主张"不拘一格降人才"，坚持"一藏一汉"的官员任用原则，以及各项改革按轻重缓急次第推行，反分裂斗争既坚持原则又不失灵活性等，这些都是留给后世的一笔治藏思想财富。尽管张荫棠藏事改革思想中难免存在一些维护封建正统的色彩，这是他作为一位忠君体国的封建官员，不得以此体现改革的合法性，以及本人受时代局限性制约，但瑕不掩瑜，其改革的进步性是应当被肯定的。

三

　　1908年十三世达赖喇嘛入京觐见期间，清廷虽有复派张荫棠进藏之议，但终因在西藏建省、政教分离等重大问题上举棋不定，此事不了了之。1909年年初，张荫棠被补授外务部左丞参。其间，他将自己与军机处、外务部、四川总督、驻藏大臣等有关藏事的二百多件往来公文整理成《使藏纪事》五卷，"冀后之筹藏防者有所考焉"。他在《使藏纪事》自序中写道："嗟夫！天下事知之匪坚，行之维艰，虽有良法，能言而不能行，与行之不得其人，尤无法也。又岂特藏事为然哉。"抑或这是张荫棠本人对藏事改革的最好检讨。《使藏纪事》完成后，张荫棠请恽毓鼎为之作序。恽毓鼎在日记中写道："书中详

---

①　恰白·次旦平措等著，陈庆英等译：《西藏通史——松石宝串》（下册），西藏古籍出版社2008年版，第970页。

录一时公牍，英谋之狡，藏番之愚，情势了如指掌，筹藏最要之编也。"① 同年8月，张荫棠奉旨出使美国、墨西哥、秘鲁，自此远离藏事。

辛亥革命后，张荫棠辞去驻外公使职务。1912年，中华民国临时政府委任张荫棠为驻美外交代表，他任职一年多后辞任。1914年，袁世凯任命张荫棠为参政院参政，他坚辞不受，自此远离政坛，深居简出。1925年孙中山先生去世后，他赠送挽联一副："富有独立性，绝无依赖心，时势造成，乃大英雄本色；理论作先锋，民气为后盾，艰危挽救，是新中华一人"②。其立场和观点全然超越了清廷旧臣的局限。③ 1935年冬，卒于北京寓所。④ 张荫棠不仅因藏事改革青史留名，他在清末民初的外交同样"颇著政声"。

---

① 史晓风整理：《恽毓鼎澄斋日记》，江苏古籍出版社2004年版，第452页。
② 刘作忠选编：《挽孙中山先生联选》，兰州大学出版社2000年版，第293页。
③ 马忠文：《清季查办藏事大臣张荫棠的家世、宦迹与交游》，载《学术研究》2019年第6期。
④ 吴丰培：《张荫棠小传》，见吴丰培编《清代藏事奏牍·张荫棠驻藏奏稿》，中国藏学出版社1994年版，第1287页。

参 考 文 献

（按著者姓氏拼音首字母排列）

一、主要汉藏文史料

（一）汉文史料

[1] 北京大学历史系，等．西藏地方历史资料选辑［G］．北京：生活·读书·新知三联书店，1963．

[2] 东方杂志［J］（1904—1911）．

[3] 故宫博物院明清档案部．清末筹备立宪档案史料［G］．北京：中华书局，1979．

[4] 顾祖成，王观容，琼华，等．清实录藏族史料［G］．拉萨：西藏人民出版社，1982．

[5] 何藻翔．藏语［M］．上海：广智书局，1910（宣统二年）．

[6] 黄沛翘．西藏图考［G］//《西藏研究》编辑部．《西招图略》《西藏图考》合刊．拉萨：西藏人民出版社，1982．

[7] 卢秀璋．清末民初藏事资料选编［G］．北京：中国藏学出版社，2005．

[8] 清实录：第59册［M］．影印本．北京：中华书局，1987．

[9] 尚秉和．辛壬春秋·西康篇［G］．刻本．1924（民国十三年）．

[10] 四川省民族研究所．清末川滇边务档案史料（全三册）［G］．北京：中华书局，1989．

[11] 松筠．卫藏通志［G］．吴丰培，整理//《西藏研究》编辑部．《西藏志》《卫藏通志》合刊．拉萨：西藏人民出版社，1982．

[12] 松筠．西招图略［G］//《西藏研究》编辑部．《西招图略》《西藏图考》合刊．拉萨：西藏人民出版社，1982．

[12] 王铁崖．中外旧约章汇编［G］．北京：生活·读书·新知三联书店，1957．

[14] 王锡祺．小方壶斋舆地丛钞：第三帙［G］．上海：著易堂，1891（光绪

十七年）．

[15] 王彦威．清季外交史料［G］．王亮，编．王敬立，校．北京：书目文献出版社，1987．

[16] 魏源．圣武记［M］．北京：中华书局，1984．

[17] 佚名．西藏志［G］//《西藏研究》编辑部．《西藏志》《卫藏通志》合刊．拉萨：西藏人民出版社，1982．

[18] 吴丰培．联豫驻藏奏稿［G］．拉萨：西藏人民出版社，1979．

[19] 吴丰培．赵尔丰川边奏牍［G］．成都：四川民族出版社，1984．

[20] 吴丰培．川藏游踪汇编［G］．成都：四川民族出版社，1985．

[21] 吴丰培．张荫棠驻藏奏稿［G］//吴丰培．清代藏事奏牍．北京：中国藏学出版社，1994．

[22] 吴丰培．清代藏事奏牍［G］．北京：中国藏学出版社，1994．

[23] 《西藏历史汉文文献丛刊》编辑委员会．钦定大清会典事例：理藩院［G］．北京：中国藏学出版社，2006．

[24] 西藏自治区政协文史资料研究委员会．西藏人民抗英斗争史料·第二次抗英斗争（《西藏文史资料选辑：第七辑》）［M］．内部资料，1985．

[25] 西藏自治区政协文史资料研究委员会．第十三世达赖喇嘛年谱：(《西藏文史资料选辑：第十一辑》)［M］．北京：民族出版社，1989．

[26] 徐鼒霖．筹藏刍言（全一册）［G］//陈家琎，等．西藏学文献丛书别辑（第十二函，线装本）．北京：中国藏学出版社，1995．

[27] 姚锡光．筹藏刍议（全一册）［G］//陈家琎，等．西藏学文献丛书别辑（第十二函，线装本）．北京：中国藏学出版社，1995．

[28] 姚莹．康輶纪行［M］．西藏社会科学院西藏学汉文文献编辑室，整理．拉萨：西藏人民出版社，1991．

[29] 有泰．有泰驻藏日记［G］．吴丰培，整理//西藏社会科学院西藏学汉文文献编辑室．《松溎桂丰奏稿》《筹瞻奏稿》《有泰驻藏日记》《清代喇嘛教碑文》四种合刊．北京：全国图书馆文献缩微复印中心，1991．

[30] 张其勤．清代藏事辑要［G］．吴丰培，整理．拉萨：西藏人民出版社，1983．

[31] 张荫棠．使藏纪事［G］//张羽新．唐宋元明清藏事史料汇编：第32册．北京：学苑出版社，2009．

[32] 赵尔巽．清史稿［M］．北京：中华书局，1977．

[33] 中国藏学研究中心，中国第一历史档案馆，中国第二历史档案馆，等．元以来西藏地方与中央政府关系档案史料汇编［G］．北京：中国藏学出版社，1994．

［34］中国第一历史档案馆．光绪宣统两朝上谕档［G］．桂林：广西师范大学出版社，1996．

［35］中国第一历史档案馆．光绪朝朱批奏折［G］．北京：中华书局，1996．

［36］中国第一历史档案馆．清代军机处电报档汇编［G］．北京：中国人民大学出版社，2005．

［37］中国科学院历史研究所第三所．锡良遗稿·奏稿［M］．北京：中华书局，1959．

［38］中国社会科学院中国边疆史地研究中心．清代理藩院资料辑录［G］．北京：全国图书馆文献缩微复制中心，1988．

［39］周霭联．西藏纪游［M］．张江华，季垣垣，点校．北京：中国藏学出版社，2006．

［40］朱寿朋．光绪朝东华录［G］．北京：中华书局，1958．

（二）藏文史料

［1］白马朗杰，孙勇，仲布·次仁多杰．水牛年（乾隆五十八年）西藏噶厦商上所收公文译辑［G］．北京：中国藏学出版社，2012．

［2］西藏自治区档案馆．西藏历史档案荟萃［G］．北京：文物出版社，1995．

［3］扎西旺都．西藏历史档案公文选·水晶明鉴［G］．王玉平，译．北京：中国藏学出版社，2006．

［4］中国第一历史档案馆，中国藏学研究中心．清末十三世达赖喇嘛档案史料选编［G］．北京：中国藏学出版社，2002．

［5］中国社会科学院民族研究所，西藏自治区档案馆．西藏社会历史藏文档案资料译文集［G］．北京：中国藏学出版社，1997．

［6］中国社会科学院民族研究所历史室，西藏自治区历史档案馆．藏文史料译文集［G］．内部资料，1985．

二、中文论著

（一）著作

［1］白眉初．西藏始末纪要［M］．刊印本．北平：北平建设图书馆，1930．

［2］陈庆英，高淑芬．西藏通史［M］．郑州：中州古籍出版社，2003．

［3］陈旭麓．近代中国社会的新陈代谢［M］．上海：上海社会科学院出版

社，2006.

[4] 成崇德，张世明. 清代西藏开发研究［M］. 北京：北京燕山出版社，1997.

[5] 成崇德. 清代西部开发［M］. 太原：山西古籍出版社，2002.

[6] 戴逸. 18世纪的中国与世界［M］. 沈阳：辽宁人民出版社，1999.

[7] 丁实存. 清代驻藏大臣考［M］. 南京：蒙藏委员会，1941.

[8] 东噶·洛桑赤列. 论西藏政教合一制度［M］. 郭冠中，王玉平，译. 北京：中国社会科学院民族研究所，民族学研究室，1983.

[9] 多杰才旦. 西藏的封建农奴制社会形态［M］. 北京：中国藏学出版社，2005.

[10] 多杰才旦. 元以来西藏地方与中央政府关系研究［M］. 北京：中国藏学出版社，2005.

[11] 费孝通. 中华民族多元一体格局［M］. 修订本. 北京：中央民族大学出版社，1999.

[12] 费正清，刘广京. 剑桥中国晚清史［M］. 北京：中国社会科学出版社，1993.

[13] 冯明珠. 中英西藏交涉与川藏边情（1774—1925）［M］. 北京：中国藏学出版社，2007.

[14] 顾祖成. 明清治藏史要［M］. 拉萨：西藏人民出版社，2000.

[15] 黄玉生，等. 西藏地方与中央政府关系史［M］. 拉萨：西藏人民出版社，1995.

[16] 梁启超. 新民说［M］. 郑州：中州古籍出版社，1998.

[17] 梁俊艳. 英国与中国西藏（1774—1904）［M］. 兰州：兰州大学出版社，2012.

[18] 廖祖桂，李永昌，李鹏年.《钦定藏内善后章程二十九条》版本考略［M］. 北京：中国藏学出版社，2006.

[19] 刘赞廷. 驻藏大臣沿革［M］. 油印本. 北京：民族文化宫图书馆，1960.

[20] 陆兴祺. 西藏交涉纪要［M］. 手抄影印本. 1931.

[21] 吕绍义. 英属印度与中国西南边疆（1774—1911）［M］. 北京：中国社会科学出版社，1996.

[22] 吕秋文. 中英西藏交涉始末［M］. 台北：台湾商务印书馆，1974.

[23] 罗贤佑. 历史与民族：中国边疆的政治、社会和文化［M］. 北京：中国社会科学出版社，2005.

[24] 马大正. 中国边疆经略史［M］. 郑州：中州古籍出版社，2000.

[25] 马汝珩，马大正. 清代的边疆政策［M］. 北京：中国社会科学出版

社, 1994.

[26] 恰白·次旦平措, 等. 西藏通史: 松石宝串 [M]. 陈庆英, 等, 译. 拉萨: 西藏古籍出版社, 2008.

[27] 苏发祥. 清代治藏政策研究 [M]. 北京: 民族出版社, 2001.

[28] 苏德毕力格. 晚清政府对新疆、蒙古和西藏政策研究 [M]. 呼和浩特: 内蒙古人民出版社, 2005.

[29] 王尧、王启龙、邓小咏. 中国藏学史 (1949年前) [M]. 修订本. 北京: 中国社会科学出版社, 2013.

[30] 王晓秋, 尚小明. 戊戌维新与清末新政: 晚清改革史研究 [M]. 北京: 北京大学出版社, 1998.

[31] 王远大. 近代俄国与中国西藏 [M]. 北京: 生活·读书·新知三联书店, 1993.

[32] 吴楚克. 中国边疆政治学 [M]. 北京: 中央民族大学出版社, 2005.

[33] 吴丰培, 曾国庆. 清代驻藏大臣传略 [M]. 拉萨: 西藏人民出版社, 1988.

[34] 吴丰培, 曾国庆. 驻藏大臣制度的建立与沿革 [M]. 北京: 中国藏学出版社, 1990.

[35] 伍昆明. 西藏近三百年政治史 [M]. 厦门: 鹭江出版社, 2006.

[36] 伍昆明. 早期传教士进藏活动史 [M]. 北京: 中国藏学出版社, 1992.

[37] 西藏社会历史调查资料丛刊编辑部. 藏族社会历史调查 [R] // 《中国少数民族社会历史调查资料丛刊》修订编辑委员会, 修订. 北京: 民族出版社, 2009.

[38] 《西藏自治区概况》编写组. 西藏自治区概况 [M]. 拉萨: 西藏人民出版社, 1984.

[39] 西藏自治区钱币协会. 中国西藏钱币 [M]. 北京: 中华书局, 2002.

[40] 喜饶尼玛. 近代藏事研究 [M]. 拉萨: 西藏人民出版社, 2000.

[41] 萧一山. 清代通史 [M]. 北京: 中华书局, 1986.

[42] 萧一山. 清史大纲 [M]. 上海: 上海古籍出版社, 2014.

[43] 肖怀远. 西藏地方货币史 [M]. 北京: 民族出版社, 1987.

[44] 牙含章. 班禅额尔德尼传 [M]. 拉萨: 西藏人民出版社, 1987.

[45] 牙含章. 达赖喇嘛传 [M]. 北京: 华文出版社, 2013.

[46] 杨公素. 中国反对外国侵略干涉西藏地方斗争史 [M]. 北京: 中国藏学出版社, 2001.

[47] 余仕麟, 刘俊哲, 李元光, 等. 儒家伦理思想与藏族传统社会 [M]. 北

京：民族出版社，2007.
- [48] 曾国庆．清代藏史研究［M］．拉萨：西藏人民出版社，1999.
- [49] 张云．西藏历史问题研究［M］．增订本．北京：中国藏学出版社，2008.
- [50] 张植荣．中国边疆与民族问题：当代中国的挑战及其历史由来［M］．北京：北京大学出版社，2005.
- [51] 赵云田．清末新政研究：20世纪初的中国边疆［M］．哈尔滨：黑龙江教育出版社，2004.
- [52] 郑天挺．清史［M］．天津：天津人民出版社，2011.
- [53] 周平．民族政治学［M］．北京：高等教育出版社，2003.
- [54] 周伟洲．英国俄国与中国西藏［M］．北京：中国藏学出版社，2000.
- [55]《藏族简史》编写委员会．藏族简史［M］．3版．拉萨：西藏人民出版社，2006.

（二）论文

- [1] 车明怀．西藏社会从封建农奴制跃入社会主义的历史必然［J］．西藏研究，1999（3）：16－26.
- [2] 陈鹏辉．张荫棠遭弹劾考释［J］．中国藏学，2012（1）：129－134.
- [3] 陈鹏辉．张荫棠"藏俗改良"的历史人类学考察：基于《藏俗改良》《训俗浅言》文本［J］．中国藏学，2014（3）：138－144.
- [4] 陈鹏辉．张荫棠遭训诫与离藏原因探析［J］．西藏民族学院学报（哲学社会科学版），2014（1）：10－16，153.
- [5] 陈鹏辉．论张荫棠藏事革新中的"藏俗改良"［G］//周伟洲．西北民族论丛：第十辑．北京：中国社会科学出版社，2014：203－217.
- [6] 多杰才旦．十三世达赖喇嘛阿旺洛桑土登嘉措浅析［J］．中国藏学，2004（3）：88－98.
- [7] 戴鞍钢．清末新政与新疆、西藏、川边地区经济的演变：兼与东部地区的比较［J］．云南大学学报，2008（6）：85－91，94.
- [8] 房建昌．清代西藏的行政区划及历史地图［J］．中国边疆史地研究，1993（2）：59－73.
- [9] 冯丽霞．试论张荫棠"查办藏事"的性质［J］．西藏研究，1987（4）：94－99.
- [10] 顾祖成．清末藏事改革中的兴学堂［J］．西藏民族学院学报（社会科学版），1991（1）：60－64，73.
- [11] 顾祖成．清朝前期治藏政策述略［J］．西藏研究，1989（4）：34－

44,46.

[12] 顾祖成.中国统一多民族国家历史的总体演进与西藏主权归属的历史形成：兼批达赖集团篡改历史,鼓吹"西藏独立"[J].西藏民族学院学报（哲学社会科学版）,2008（5）：36-41,167.

[13] 关培凤.张荫棠：清末民初的"外交良才"[J].世界知识,2010（3）：58-59.

[14] 郭卫平.张荫棠治藏政策失败原因初探[J].青海民族学院学报,1988（1）：56-61.

[15] 国庆.论清代驻藏大臣的历史作用[J].西藏研究,1998（2）：55-61.

[16] 黄鸿钊.1904年英国侵略西藏战争[J].中国藏学,1993（1）：136-145.

[17] 黄维忠.清季筹藏新政评述[J].中国藏学,1995（1）：17-28.

[18] 黄维忠.联豫功过论[J].西藏民族学院学报（社会科学版）,1995（2）：50-54.

[19] 康欣平,李志松.张荫棠外交思想探论：以1906—1908年间张荫棠的涉外言行考察[J].西藏民族学院学报（哲学社会科学版）,2006（2）：28-31,55,106.

[20] 康欣平.张荫棠治藏的思想资源[J].西藏民族学院学报（哲学社会科学版）,2007（3）：31-34,53,122.

[21] 康欣平.张荫棠的民族主义思想：以张荫棠筹藏时期为考察[J].青海民族研究,2009（2）：152-157.

[22] 康欣平.张荫棠筹藏时期的经济思想[J].西藏大学学报（社会科学版）,2009（1）：137-141.

[23] 康欣平."大民族主义"抑或"普适主义"：张荫棠《藏俗改良》《训俗浅言》析论[J].西藏民族学院学报（哲学社会科学版）,2010（1）：36-39,122.

[24] 李清凌.藏传佛教与中国传统文化的关系[J].中国藏学,2001（3）：67-71.

[25] 刘士岭.清末西藏新政失败的主观原因探析[J].兰州学刊,2007（3）：157-159.

[26] 柳陞祺.所谓"西藏独立"及西藏的"宗主权"[M]//柳陞祺.柳陞祺藏学文集.北京：中国藏学出版社,2008：286-291.

[27] 罗布.清末西藏新政失败的原因探[J].西藏研究,2003（4）：1-8.

[28] 马大正.中国疆域的形成与发展[J].中国边疆史地研究,2004（9）：

1-17.

[29] 祁美琴,赵阳.关于清代藏史及驻藏大臣研究的几点思考[J].中国藏学,2009(2):23-34.

[30] 仁真洛色.正确认识和对待藏族传统文化[J].中国藏学,2001(3):116-120.

[31] 史云峰.20世纪初西藏新政改革失败原因的制度分析[J].西藏民族学院学报(哲学社会科学版),2009(1):43-48,122.

[32] 苏德.试论晚清边疆、内地一体化政策[J].中国边疆史地研究,2001(3):1-11.

[33] 孙宏年.清朝末年达赖、班禅关系与治藏政策研究[J].中国边疆史地研究,2009(1):25-34,148.

[34] 王川.从新近刊布的史料看晚清民国藏政要员的洋务背景[J].西藏民族学院学报(哲学社会科学版),2003(3):13-19.

[35] 王曙明、周伟洲.清末川边藏区近代教育研究[J].中国藏学,2013(2):30-41.

[36] 吴宝晓.清季藩属观念调适与边疆政策变化[J].清史研究,2002(3):76-83.

[37] 吴福环,苗健.辛亥革命前后中国的边疆危机[J].新疆大学学报(社会科学版),2001(4):35-42.

[38] 许广智.张荫棠"查办藏事"始末[J].西藏研究,1988(2):48-55.

[39] 许广智.联豫在西藏推行近代化改革的历史作用及评价[J].西藏研究,1995(1):51-57.

[40] 牙含章.试论西藏封建农奴制度[J].中国藏学,1988(1):30-48.

[41] 杨公素.所谓"西藏独立"活动的由来及剖析[J].中国藏学,1989(1):26-65.

[42] 永红.清代治藏政策的特点及其演变[J].中国藏学,2005(2):32-39.

[43] 曾国庆.论清季驻藏大臣张荫棠[J].康定民族师范高等专科学校学报,2005(5):21-25.

[44] 曾国庆.论驻藏大臣对治理西藏的影响[J].中国藏学,2009(1):177-182.

[45] 扎洛.清末民族国家建设与张荫棠西藏新政[J].民族研究,2011(3):51-62,109.

[46] 张永江.论清代西藏行政体制的演变及其特点[J].清史研究,2000

(3)：31-43.

[47] 张小平. 拉萨的"张大人"花及其他 [J]. 中国西藏，2002 (4)：32-33.

[48] 赵云田. 清末西藏新政述论 [J]. 近代史研究，2002 (5)：100-134.

[49] 赵富良. 试论张荫棠"查办藏事"及其治藏方针 [J]. 西藏研究，1992 (2)：20-25，19.

[50] 赵君. 试论张荫棠查办藏事前后的外交思想 [J]. 西藏大学学报（社会科学版），2010 (3)：105-111.

[51] 周伟洲. 清驻藏兵制考 [J]. 清史研究，2009 (1)：113-118.

[52] 周伟洲. 驻藏大臣琦善改订西藏章程考 [J]. 中国边疆史地研究，2009 (3)：17-24，148.

[53] 周伟洲. 清代藏史杂考三则 [J]. 清史研究，2012 (2)：121-124.

[54] 周伟洲. 清代西藏的地方行政建制研究 [J]. 中国边疆史地研究，2012 (4)：65-76，149.

[55] 周伟洲. 19世纪西方探险家、传教士在我国藏区的活动 [M] //周伟洲. 唐代吐蕃与近代西藏史论稿. 北京：中国藏学出版社，2006：175-190.

[56] 周源. 清末张荫棠的藏事改革 [G] //西藏民族学院. 藏族历史与文化论文集. 拉萨：西藏人民出版社，2009：68-74.

[57] 朱先华. 清末西藏新设机构及其活动概述 [J]. 中国藏学，1988 (2)：105-115.

[58] 陈鹏辉. 普适伦理：张荫棠劝导藏俗改良的文化诠释 [D]. 咸阳：西藏民族学院，2012.

[59] 郭兆祥. 十三世达赖喇嘛与西藏上层关系述评 [D]. 北京：中央民族大学，2005.

[60] 林士俊. 清末边疆治理与国家整合研究 [D]. 北京：中央民族大学，2010.

[61] 廉湘民. 1751年至1951年西藏地方行政体制研究 [D]. 北京：中国社会科学院，1997.

[62] 周晶. 20世纪前半叶西藏社会生活状态研究（1900—1959）[D]. 西安：西北大学，2005.

三、外国资料与论著

[1] Great Britain Foreign Office Record, Correspondence Respecting the Affair of

Thibet［A］.

［2］India Office Library and Record［A］.

［3］LAMB A. The McMahon Line：A Study in Relations between India China and Tibet，1904-1914［M］. London：Boutledge and Kegan Paul，1966.

［4］LAMB A. British India and Tibet，1766-1910［M］. London：Boutledge and Kegan Paul，1986.

［5］YOUNGHUSBAND F E. India and Tibet［M］. London：John Murray，1910.

［6］别洛夫. 俄国与西藏：俄国档案文件汇编（1893—1914）［M］.陈春华，编译. 北京：社会科学文献出版社，2017.

［7］坎德勒. 拉萨真面目［M］.尹建新，苏平，译. 拉萨：西藏人民出版社，1989.

［8］安德森. 想象的共同体：民族主义的起源与散布［M］.吴靓人，译. 上海：上海人民出版社，2005.

［9］柏尔. 西藏之过去与现在［M］.宫廷璋，译. 上海：商务印书馆，1930.

［10］贝尔. 十三世达赖喇嘛传［M］.冯其友，等，译. 拉萨：西藏社会科学院汉文文献编辑室，1985.

［11］费莱明. 刺刀指向拉萨［M］.向红笳，胡岩，译. 拉萨：西藏人民出版社，1987.

［12］杜齐. 西藏中世纪史［M］.李有义，邓锐龄，译. 中国社会科学院民族研究所民族史室，民族学室，1980.

［13］杜赞奇. 从民族国家拯救历史：民族主义话语与中国现代史研究［M］.王宪明，译. 北京：社会科学文献出版社，2003.

［14］杜赞奇. 文化权力与国家：1900—1942年的华北农村［M］.王福明，译. 南京：江苏人民出版社，2008.

［15］河口慧海. 西藏秘行［M］.孙沈清，译. 乌鲁木齐：新疆人民出版社，1998.

［16］柯文. 在传统与现代性之间：王韬与晚清改革［M］.雷颐，等，译. 南京：江苏人民出版社，2003.

［17］拉铁摩尔. 中国的亚洲内陆边疆［M］.唐晓峰，译. 南京：江苏人民出版社，2005.

［18］戈尔斯坦. 喇嘛王国的覆灭［M］.杜永斌，译. 北京：中国藏学出版社，2005.

［19］青木文教. 西藏游记［M］.唐开斌，译. 商务印书馆，1939（民国二十八年）.

[20] 荣赫鹏. 英国侵略西藏史[M]. 孙熙初, 译. 内部资料. 拉萨: 西藏社会科学院资料情报研究所, 1983.

[21] 山县初男. 西藏通览[M]. 西藏自治区历史档案馆, 编印. 郑州: 中州古籍出版社, 1996.

[22] 戈伦夫. 现代西藏的诞生[M]. 伍昆明, 王宝玉, 译. 北京: 中国藏学出版社, 1990.

附录　张荫棠生平

张荫棠（1860—1935），字朝弼，号憩伯。广东新会双水人，出身官宦之家。生父张蓉光（？—1886），字仁千，号芙卿，早年随兄张其光来浙，由军功历保，留浙尽先副将，奉旨实授花翎，统领浙江巡洋师船。生母莫氏，诰赠夫人。聘妻陈氏，"廪贡生名仲焘公之六女"，举人陈文灿之妹。张荫棠为张蓉光长子，出嗣堂叔张同。张同，字威千，壮岁从戎，没于王事，覃恩貤赠振威将军。母谭氏，覃恩貤赠一品夫人。张荫棠父辈张同、张蓉光、张其光、张元亨四人中，张其光官至提督，光耀祖上，蒙荫后人。张其光（1831—1896），字信千，别字奎垣，在浙江水师屡立战功，擢至副将、总兵，后历任台湾总兵、福建福定镇总兵、署理浙江提督等，是清朝在东南沿海筹办海防事宜的重要将领。光绪二十二年（1896）病故于营中，奉旨依提督例赐恤，诸子优恤有差。张元亨，字健千，军功五品蓝翎拔补把总，因积劳病故军营，奉旨优恤，世袭云骑尉罔替。

光绪八年（1882），张荫棠中举人，遵例报捐内阁中书。次年三月到阁，十一月派充海军衙门船政股章京，并充该衙门撰文。二十年（1894）正月，派充万寿庆典撰文并缮写恩诏；二月派充总办万寿庆典点景。甲午之役后，海军衙门被裁撤，张荫棠又转回内阁，派充管理中书科事务，兼办诰敕房事务。其间与粤籍同乡京官陈昭常、何藻翔、曾习经及浙江海盐人张元济等在京结"健社"，"相约探讨实学，以自相勉"。后张元济筹设西学堂（后改名通艺学堂），招收京官及其子弟习英文、天算、舆地，"荫棠也曾与议，算得上是京城中适应时代潮流的趋新官员"。二十二年（1896）十一月，经粤籍同乡，出使美国、西班牙、秘鲁大臣伍廷芳奏调，张荫棠奉旨随使出洋，始涉外交。次年正月，奏准为美使署三等参赞官，三月随伍廷芳抵达华盛顿，九月兼充驻美国旧金山总领事。二十四年（1898）闰三月，抵达马德里，任驻西班牙代办。四月，以"明敏干练"，经伍廷芳奏请，改任驻西班牙二等参赞，代办驻西班牙出使事务。至庚子事变，张荫棠一直为驻外领事。二十六年（1900），时局变幻，中外交涉陷入混乱。六月，交卸西班牙代办回国。次年，报捐知府，分发试用，并奖戴花翎。二十八年（1902）七月，经伍廷芳奏保，因出使美国、西班牙劳绩，"荫棠免补本班，以道员分省补用，并请赏加布政使衔"。①

光绪三十年（1904），英国发动第二次侵藏战争。三十一年（1905）八月，侵藏英军头目荣赫鹏逼迫西藏地方签订"拉萨条约"。九月，旨命外务部侍郎唐绍仪为议约全权大臣，取海道前往印度与英谈判重订"拉萨条约"事宜。经唐绍仪奏准，张荫棠、梁士诒等为参赞随行。由是，张荫棠始与藏事结缘。三十一年正月，唐绍仪一行抵达加尔各答，即与英谈判。八月，谈判僵持，旨着唐绍仪回国，命张荫棠接议。谈判中，张荫棠饱尝"敌谋之狡悍"，深感"藏事危险"，遂请速整饬藏事收回政权。三十二年（1906）四月，《中英续订藏印条约》签字，旨命张荫棠以五品京堂候补，特加副都统衔，前往西藏"查办事件"。七月由印度启程，十月行抵拉萨。因其是第一位经海道由印入藏的驻藏大员，被藏族群众敬称为"海外驻藏大臣"。

到藏后，张荫棠撰译"传谕藏众善后问题二十四条"，积极与代理摄政、诸噶伦以及三大寺上层等"筹商救亡之策"。从整饬吏治入手，倡言革新，开启藏事改革。严惩驻藏大臣有泰等驻藏官员，及贪赃枉法的藏族官员，"汉官威令始行，民气一振"。十二月，"横被萤语"，"幸蒙两宫明察"，"弗加罪斥"。三十三年（1907）三月，饬立"九局"；撰译《藏俗改良》《训俗浅言》两编，刊发民间，"冀荡涤藏众齷龊窳惰之积习，而振其日新自强之气"。六月，奉旨作为全权代表赴印与英谈判藏印通商事宜。次年三月，《中英藏印通商章程》在印签字。新授驻藏大臣赵尔丰，请旨饬留张荫棠仍"经理一切"，"以免贻误，而资熟手"。未准，仍著返京复命。回京后，"两宫"召见，"垂询良久"，始命往见庆亲王奕劻、袁世凯，"会商整顿西藏之策"。此间，值十三世达赖喇嘛觐见，与理藩部侍郎达寿奉旨"照料"。朝议复派进藏，未果。张荫棠离藏后，西藏地方将其从印度带进西藏种植的七瓣梅称为"张大人花"，以此深表纪念。

宣统元年（1909）正月，张荫棠补授外务部左丞参。六月，奉旨补授驻美国、墨西哥、秘鲁钦差大臣。八月，乘专车出京，经天津，由大沽乘轮出洋。办理外交，"颇著政声"。宣统三年（1911）二月，上疏请仿西制酌改官制，奉旨命交宪政编查馆与政务处。辛亥鼎革后，辞去驻外公使。民国元年（1912），受命驻美外交代表，民国二年（1913）辞任。民国三年（1914），袁

---

① 以上见马忠文《清季查办藏事大臣张荫棠的家世、宦迹与交游》，载《学术研究》2019年第6期。

世凯任命张荫棠为参政院参政，坚辞不受。民国二十四年（1935）冬，卒于北京寓所。① 著有《使藏纪事》五卷，"冀后之筹藏防者有所考焉"。

---

① 吴丰培：《张荫棠小传》，见吴丰培编辑《清代藏事奏牍·张荫棠驻藏奏稿》，中国藏学出版社1994年版，第1287页。

后　　记

　　此书是在我的博士毕业论文基础上修改完成的。2009 年，我进入西藏民族学院（2015 年更名为西藏民族大学），在顾祖成先生的指导下，以西藏地方和祖国关系史为研究方向攻读硕士学位，其间有幸参与顾先生主持的"西藏百年史汉文资料选编"课题，顾先生放手让我负责清代后期部分。在这个过程中，得顾先生悉心指导，我开始接触大量核心文献资料，也正是在爬梳《张荫棠驻藏奏稿》的过程中，萌生了研究张荫棠藏事改革的念头。但当时初涉藏学，深感要完成好这项大课题力不从心，几经周折，只选择了张荫棠藏事改革中的藏俗改良作为研究对象，以《普适伦理：张荫棠劝导藏俗改良的文化诠释》为题完成了硕士毕业论文。此文获得答辩组的好评，是对我继续这项研究的极大鼓舞。毕业当年有幸进入陕西师范大学，忝列周伟洲先生门下攻读博士学位，我得以完成上一阶段的未竟目标。当我忐忑地向周先生汇报了研究张荫棠藏事改革的计划后，他当即予以肯定，使我坚定了信心。在周先生悉心指导下，2016 年我以《清末张荫棠藏事改革研究》为题完成毕业论文，获得博士学位。接下来的几年里，我在博士毕业论文的基础上继续逐字修改，今粗成此书，不揣浅陋，以见教于大方。

　　此书是一项持续 10 年但仍不成熟的研究成果。这项研究之所以拖沓 10 年之久，除了自己才疏学浅，勤奋不够外，很重要的一点是对此项研究的敬畏，从而不敢轻易停下思考。众所周知，清末西藏空前严重的边疆危机，危及西藏地方和祖国的正常关系。在此背景下，张荫棠大刀阔斧地推行涉及政治、经济、军事、外事、文化、医疗卫生以及民俗等方面的藏事改革，以捍卫主权、维护西藏地方和祖国关系，这不仅在当时具有十分重要的现实意义，更有积极深远的影响。对于这样一项内容丰富、影响深远的重大改革的研究，我唯恐思虑不周，不能准确反映基本史实，不能深刻揭示历史与现实之间的关联，自然不敢稍有懈怠。正因如此，此书以博士毕业论文为基础，又经过了四年时间数十次的反复修改，反复推敲，力图做到基本史实叙述确切，历史意义阐述深刻到位。

　　此书终得完成，饱含了我的两位业师顾祖成先生、周伟洲先生的大量心血。两位先生在西藏地方和祖国关系史、藏族史、少数民族史等研究领域数十年如一日地辛勤耕耘，有深厚的学术积累和广博的学术识见，他们的耳提面命、身教言传，如醍醐灌顶。两位先生严谨的学术精神、诲人不倦的治学态度、高风亮节的大家风范无不深深感染着我，给我以莫大的鼓舞和启迪。他们不仅是我学业上的导师，亦是人生恩师。或许这本书与两位先生的期许还有不少差距，唯有在他们的精神鼓舞下，今后在志业上孜孜以求，以图弥补。

本书在搜集资料及写作过程中，得到了学界诸位良师益友的关心和帮助，在此由衷地表示感谢。妻子严琦及家人在我完成书稿期间给予了极大支持，使我得以安心写作，感谢他们的理解和支持。中山大学出版社副总编辑嵇春霞老师、编辑叶枫老师，对本书的出版给予了鼎力支持，付出了艰辛劳动，在此一并表示感谢。

在此向所有为本项研究给予热心帮助和指导的学界前辈和朋友们致以诚挚的感谢！

陈鹏辉
2020年10月31日